Nr.-1-Bestsellerautor

TONY ROBBINS

MONEY

Nr.-1-Bestsellerautor

TONY ROBBINS

SPIEGEL
Bestseller-
Autor

MONEY

DIE 7 EINFACHEN SCHRITTE ZUR FINANZIELLEN FREIHEIT

Bibliografische Information der Deutschen Nationalbibliothek
Die Deutsche Nationalbibliothek verzeichnet diese Publikation in der Deutschen Nationalbibliografie. Detaillierte bibliografische Daten sind im Internet über **http://dnb.d-nb.de** abrufbar.

Für Fragen und Anregungen:
info@m-vg.de

17. Auflage 2025

ein Imprint der Münchner Verlagsgruppe GmbH
Türkenstraße 89
80799 München
Tel.: 089 651285-0

Redaktion: Werner Wahls
Redaktionelle Bearbeitung: Judith Engst
Korrektorat: Veit Ladstetter
Umschlaggestaltung: Pamela Machleidt
Umschlagabbildung: Simon & Schuster, Tony Robbins
Satz: inpunkt[w]o, Haiger; Andreas Linnemann, Oberhaching
Druck: GGP Media GmbH, Pößneck
Printed in Germany

ISBN Print 978-3-89879-914-0
ISBN E-Book (PDF) 978-3-86248-738-7
ISBN E-Book (EPUB, Mobi) 978-3-86248-739-4

Inhalt

Was bekannte Persönlichkeiten über Tony Robbins sagen …

»Er besitzt eine große Gabe. Die Gabe zu inspirieren.«
Bill Clinton, *ehemaliger Präsident der Vereinigten Staaten*

»Tony Robbins ist ein Menschenöffner – er versteht es, bei anderen den Geist für größere Möglichkeiten zu öffnen. Durch die Übertragung seiner einzigartigen Erkenntnisse über die menschliche Natur auf das Finanzinvestment hat er einen Weg gefunden, die Strategien der herausragendsten Investoren der Welt zu vereinfachen und ein simples siebenstufiges System zu entwickeln, das jeder anwenden kann, um sich die finanzielle Freiheit zu verschaffen, die er verdient.«
Paul Tudor Jones II, *Gründer der Tudor Investment Corporation und legendärer Wertpapierhändler, der in 28 aufeinanderfolgenden Jahren positive Renditen für seine Investoren erzielt hat*

»Tony Robbins hat das Leben von Millionen von Menschen beeinflusst, einschließlich meines eigenen Lebens. In diesem Buch liefert er Erkenntnisse und Strategien der erfolgreichsten Investoren der Welt. Verpassen Sie nicht die Chance, den lebensverändernden Wert dieses Buches zu erleben.«
Kyle Bass, *Gründer von Hayman Capital Management und Investor, der mitten in der Subprime-Krise aus 30 Millionen Dollar 2 Milliarden gemacht hat*

»In diesem Buch stellt Tony Robbins sein einzigartiges Talent für die Vereinfachung komplexer Sachverhalte unter Beweis, indem er die Konzepte der besten Investoren der Welt in praktische Lektionen verwandelt, von denen erfahrene Profis und unerfahrene Anleger gleichermaßen profitieren können.
Ray Dalio, *Gründer und Co-Chief Investment Officer von Bridgewater Associates, dem größten Hedgefonds der Welt*

»*Money* wird Anlegern eine große Hilfe sein [...] Tony Robbins kam zu einem Termin in mein Büro geschneit, der 40 Minuten dauern sollte. Daraus wurden vier Stunden. Es war das provozierendste und herausforderndste Interview meiner langen Karriere – eine Empfindung, die, da bin ich sicher, von den anderen Profis mit festen Investmentwerten und einem scharfen Finanzverstand, die in diesem hervorragenden Buch genannt werden, geteilt wird. Dieses Buch wird Ihnen neue Erkenntnisse verschaffen, Ihr Verständnis für die meisterliche Beherrschung des Investmentgeschäfts fördern und Ihnen langfristig zu finanzieller Freiheit verhelfen.

John C. Bogle, *Gründer der Vanguard Group und des Vanguard Indexfonds, des größten Investmentfonds der Welt*

»Dieses Buch ist in keinerlei Hinsicht ein typisches Finanzbuch. Es birst vor Weisheit und vitalen Philosophien, die Ihr Leben bereichern werden. Eine Menge Bücher auf dem Markt verkaufen nur heiße Luft. Tonys Buch ist anders. Es wird Ihr Leben verändern.«

Dr. David Babbel, *Professor für Finanzwirtschaft an der Wharton School der University of Pennsylvania*

»In diesem Buch verwebt Tony meisterhaft Fachwissen mit Anekdoten, um dem Leser den Prozess der Finanzinvestitionen vereinfacht darzustellen, Finanzbildung zu vermitteln und ihm dabei zu helfen, eine effektive Finanzplanung für die Zukunft zu betreiben.«

Mary Callahan Erdoes, *CEO von J.P. Morgan Asset Management, das Aktiva im Wert von 2,5 Billionen Dollar verwaltet*

»Tony Robbins muss man nicht vorstellen. Er engagiert sich dafür, das Leben eines jeden Investors zu verbessern. Jeder Investor wird dieses Buch extrem interessant und erkenntnisreich finden.«

Carl Icahn, *milliardenschwerer aktivistischer Investor*

»Eine Goldmine an Informationen über erfolgreiche Finanzinvestitionen!«

Steve Forbes, *Herausgeber des Forbes-Magazins und CEO von Forbes, Inc.*

»Ich habe in den letzten Jahren mehrmals Vorträge auf Tonys Finanzveranstaltungen gehalten, für die er mich bezahlt. Wenn ich jedoch näher darüber nachdenke, sollte ich ihm eigentlich etwas zahlen. Er hat das unglaubliche Talent, komplexes Wissen führender Finanzexperten in einfache Schritte herunterzubrechen, die der durchschnittliche Anleger anwenden kann, um sich finanzielle Sicherheit und Freiheit zu verschaffen.«

Marc Faber, *Gewinner des Barron's Roundtable und Herausgeber des Berichts Gloom, Boom & Doom*

»Man kann Tony Robbins nicht kennenlernen und seinen Worten lauschen, ohne sich zum Handeln inspiriert zu fühlen. Dieses Buch wird Ihnen die Strategien liefern, mit denen Sie sich und Ihrer Familie finanzielle Freiheit verschaffen können.«

T. Boone Pickens, *Gründer, Chairman und CEO von BP Capital und TBP, der bei CNBC 18 von 21 Mal mit seinen Prognosen über den Ölpreis richtig gelegen hat*

»Robbins unermüdliches Engagement, um die echten Wege zu finanzieller Sicherheit und Unabhängigkeit zu finden, sowie seine Leidenschaft, die Erkenntnisse der Superreichen dem Durchschnittsbürger nahezubringen, ist wirklich inspirierend. Dieses Buch könnte tatsächlich Ihr Leben verändern.«

David Pottruck, *ehemaliger CEO von Charles Schwab und Bestsellerautor des Werkes Stacking the Deck*

»Wenn Sie nach Antworten suchen und fest entschlossen sind, sich und ihrer Familie finanzielle Freiheit zu verschaffen, ist Tony Robbins Ihr Mann. Lesen Sie dieses Buch, es wird Ihr Leben verändern.«

Farnoosh Torabi, *prämierte Autorin des Werkes When She Makes More: 10 Rules for Breadwinning Women*

»Als ich vor fast zwanzig Jahren noch relativer Neuling bei Financial Destiny war, studierte ich Tony Robbins, weil ich den Traum hatte, einer Million Frauen Finanzwissen zu vermitteln und sie dazu zu befähigen, klügere Finanzentscheidungen zu treffen. Dank Tony hielt ich ein Jahr später auf seinen Veranstaltungen Vorträge, schrieb das Buch *Smart Women Finish Rich* und entwickelte schließlich ein Programm, das sich an Millionen von Frauen weltweit richtete. Inzwischen hat mein Buch eine Auflage von mehr als sieben Millionen Exemplaren erreicht und wurde in

19 Sprachen übersetzt. Tony verändert Leben und er wird auch Ihres verändern. So wie Sie werde auch ich dieses Buch von der ersten bis zur letzten Zeile lesen und mit meinen Freunden darüber sprechen.

David Bach, *neunmaliger New-York-Times-Bestsellerautor von Titeln wie The Automatic Millionaire, Start Late, Finish Rich, Smart Women Finish Rich und Smart Couples Finish Rich; Gründer von FinishRich.com*

»Wir wurden von *Forbes* in vier aufeinanderfolgenden Jahren zum innovativsten Unternehme der Welt gekürt. Unsere Umsätze liegen inzwischen bei mehr als 5 Milliarden Dollar jährlich. Ohne Tony und seine Lektionen würde Salesforce.com heute nicht existieren.«

Marc Benioff, *Gründer, Chairman und CEO von Salesforce.com*

»Tony besitzt übermenschliche Kräfte [...] er ist ein Katalysator, der Menschen dazu bringt, sich zu verändern. Ich habe die Lektion mitgenommen, dass nicht so sehr die Motivation entscheidend ist, als vielmehr zuzulassen, dass Menschen die Fähigkeiten nutzen, die bereits in ihnen angelegt sind.«

Oprah Winfrey, *mit dem Emmy ausgezeichnete Medienmanagerin*

»Tony Robbins' Coaching hat in meinem Leben Beachtliches bewirkt – sowohl auf dem Tennisplatz als auch außerhalb. Er hat mir geholfen herauszufinden, aus welchem Holz ich wirklich geschnitzt bin und hat mein Tennisspiel sowie mein Leben auf eine neue Ebene gehoben!«

Serena Williams, *18-malige Grand-Slam-Gewinnerin und Gewinnerin der olympischen Goldmedaille*

»Ich hatte Angst, mein Erfolg würde meiner Familie etwas wegnehmen. Tony lehrte mich, das Ganze aus einer anderen Perspektive zu betrachten, nämlich dass ich Millionen von Menschen geholfen hatte. Das war wahrscheinlich eines der intensivsten Gefühle, die ich je hatte.«

Melissa Etheridge, *Sängerin, Songwriterin und zweimalige Grammy-Gewinnerin*

»Egal wer Sie sind, egal wie erfolgreich, egal wie glücklich – Tony hat Ihnen etwas zu bieten.«

Hugh Jackman, *mit dem Emmy- und Tony-Award ausgezeichneter Schauspieler und Produzent*

»Wenn Sie Ihre Denkhaltung und Ihre Ergebnisse verändern wollen, dann sind Sie bei Tony richtig.«

Usher, *mit dem Grammy ausgezeichneter Sänger, Songwriter und Entrepreneur*

»Als ich mit Tony Robbins zusammenarbeitete, fühle ich mich unaufhaltsam. Von jenem Moment an hatte ich überhaupt keine Zweifel mehr darüber, was ich wollte und wie ich es erreichen würde. Mit dieser Klarheit ist es mir gelungen, ich wurde World Champion.«

Derek Hough, *Tänzer, Choreograph und fünfmaliger Sieger der ABC-Sendung Dancing with the Stars*

»Tony Robbins ist ein Genie [...] Seine Fähigkeit, Menschen strategisch durch jede Herausführung zu führen, ist beispiellos.«

Steve Wynn, *CEO und Gründer von Wynn Resorts*

»Bevor ich Tony kennenlernte, hatte ich mich von meinen Ängsten leiten lassen. Danach fasste ich den Beschluss, nie wieder Angst zu haben. Das war eine grundlegende, lebensverändernde Entscheidung. Ich bin so aufgeregt und Tony Robbins für das unglaubliche Geschenk, das er mir gemacht hat, sehr dankbar.«

Maria Menounos, *Schauspielerin, Journalistin und TV-Persönlichkeit*

»Was Tony mir gegeben hat, einem jungen Typen, der am Venice Beach T-Shirts verkauft hat, war der Mut, Risiken einzugehen, aktiv zu werden und etwas aus mir zu machen. Ich sage Ihnen das als jemand, der diese Strategien seit 25 Jahren anwendet, und ich werde mir immer wieder Rat von ihm holen.«

Mark Burnett, *fünfmaliger Emmy-Gewinner als TV-Produzent*

»Was hat dieser Mann, das alle wollen? Er ist das Zwei-Meter-zehn-Phänomen!«

Diane Sawyer, *Emmy-Award-Gewinnerin, ehemalige Nachrichtenjournalistin von ABC World News und Good Morning America*

»Tony Robbins hilft Ihnen, die ersten Schritte zu echten Veränderungen in Ihrem Leben zu machen. Ich habe ein ziemlich gutes Leben, aber alle von uns haben irgendwelche Lebensbereiche, die sie gerne verbessern würden. Diese Erfahrung ist lebensverändernd, und das ist sie wirklich.«

Justin Tuck, *Verteidiger der Oakland Raiders und zweimaliger Super-Bowl-Champion*

»Tony Robbins kennt den Rhythmus des Erfolgs. Er ist eine unglaubliche Quelle der Inspiration, und seine Methoden haben die Qualität meines Lebens verbessert. Ich arbeite nur mit den Besten der Besten, und Tony ist der Beste.«

Quincy Jones, *Musiker und Produzent, mehrfacher Grammy-Award-Preisträger*

»Tony Robbins ermöglicht es einem, eine wunderbare neue Sicht auf sein Leben zu bekommen, eine Mission aufzunehmen, herauszufinden was einen zurückhält und was man braucht, um vorwärts zu kommen.«

Donna Karan, *legendäre Modedesignerin und Gründerin des Labels DKNY*

All denen gewidmet, die sich nie mit weniger zufrieden geben, als sie sein, tun, teilen und geben können.

Die Zukunft hat viele Namen. Für die Schwachen ist sie unerreichbar. Für die Verzagten ist sie unbekannt. Für die Kühnen ist sie ideal.
VICTOR HUGO

Wenn du Kritik vermeiden willst, sage nichts, tue nichts, sei nichts.
ARISTOTELES

Vorwort

Als ehemaliger Prozessanwalt mit jahrelanger Erfahrung in der Zusammenarbeit mit Börsenfirmen der Wall Street kann ich ruhigen Gewissens behaupten, dass mir so einige Lügner, Kanaillen und Betrüger über den Weg gelaufen sind. Da sowohl das Rechts- als auch das Finanzwesen seinen Anteil an professionellen Abzockern kennt, lernte ich schnell, die Guten von den Schlechten zu unterscheiden. Außerdem bin ich von Natur aus skeptisch. Als mich Tony Robbins wegen des Unternehmens High Tower, das ich im Jahr 2007 gegründet habe, für dieses Projekt gewinnen wollte, war ich daher zwar neugierig, aber auf der Hut. *Gibt es wirklich irgendetwas Neues über persönliche Finanzen und Geldanlage zu sagen? Und ist Tony Robbins der Richtige, um sich dazu zu äußern?*

Natürlich kannte ich Tonys herausragenden Ruf als Topmann für Lebens- und Geschäftsstrategien. Und wie viele andere wusste ich auch, dass er mit praktisch allen Leuten von Rang und Namen gearbeitet hat – von US-Präsidenten bis zu milliardenschweren Unternehmern – und ihr Berufs- und Privatleben nachhaltig verändert hat.

Was ich allerdings bis zu unserem Treffen nicht wusste, war, dass Tony Robbins der »Real Deal« ist. Dieser Mann lebt den Hype seiner Marke. Seine Authentizität war offensichtlich und seine Leidenschaft ansteckend. Anstatt mit erhobenem Finger auf die Sünden der Finanzindustrie zu zeigen, hat Tony dieses Projekt mit dem Ziel in Angriff genommen, Finanzdienstleistungen zu demokratisieren und Taktiken und Lösungen vorzustellen, die zuvor nur von superreichen Investoren geschätzt und angewendet wurden.

Tony und ich waren auf Anhieb auf gleicher Wellenlänge, weil wir die Mission teilen, andere Menschen dazu zu befähigen, ihre Finanzentscheidungen sehr viel besser informiert zu treffen. Das ist der Kern meines Unternehmens und das, was mich persönlich antreibt. Zwar offenbarte die Finanzkrise von 2008 die dem Finanzsystem inhärenten Konflikte und Ungerechtigkeiten, allerdings hatten nur wenige Menschen praktische und reale Lösungen für Familien und Einzelpersonen parat, die wirklich etwas bewirkten. Warum? Wegen der systemimmanenten Konflikte. **Die größten Finanzinstitute sind so strukturiert, dass sie sich selber Profite bescheren, aber nicht ihren Kunden.** Investoren mögen vielleicht denken, sie würden für qualitativ hochwertige, objektive Ratschläge Gebühren zahlen, tatsächlich zahlen sie oft für das Privileg, eine kleine Auswahl »geeigneter« Anlageprodukte und Serviceleistungen angeboten zu kommen, die im ständigen Konflikt mit der Gewinnsteigerung des anbietenden Unternehmens stehen.

HighTower ist die Lösung, und das ist der Grund, weshalb Tony ursprünglich mit der Bitte auf mich zutrat, mich interviewen zu dürfen. Wir bieten lediglich Investmentberatung und verfügen über eine Plattform aus führender Technologie, führenden Produkten und Lösungen, die die Bedürfnisse beider Seiten – der Berater und der Anleger – erfüllen. Wir halten uns von den zahlreichen toxischen Aktivitäten fern, die in Großbanken zu massiven Interessenskonflikten führen. Wir haben einfach die besten Finanzberater der Nation zusammengebracht. Anders ausgedrückt, haben wir ein besseres Modell für transparente Finanzberatung entwickelt.

Tonys Mission besteht darin, die ehrlichsten und praktischsten Finanzlösungen – einige sind sogar »Geheimnisse« – so zu organisieren und darzustellen, dass sie dem Kleinanleger verständlich und von Nutzen sind. Tony weiß, dass Anleger, die keine Finanzprofis sind, mehr als Wissen brauchen; sie brauchen einen klaren Wegweiser zu finanzieller Sicherheit.

Die Anleitung, die dieses Buch bietet, ist das Ergebnis eines beispiellosen Zugangs zu dem Wissen und der Erfahrung weltweit führender Finanzexperten. Ich kenne niemanden außer Tony, der ein solches Vorhaben in die Tat umsetzen könnte. Nur er besitzt diese vielfältigen Kundenbeziehungen, diesen ansteckenden Enthusiasmus und die nicht nachlassende Leidenschaft, mit denen er die Finanzspezialisten, die hier zu Wort kommen und die zu den herausragendsten der Branche gehören, davon überzeugen konnte, an diesem Projekt mitzuwirken.

So wie ich vertrauen sie darauf, dass Tony in der Lage ist, ihre Denkweise zu erfassen und sie auf die Bedürfnisse der breiten Masse an Kleinanlegern zu übertragen. Gerade weil Tonys Leidenschaft der Befähigung von Menschen gilt, gelingt es ihm, die Gespräche mit ausgewiesenen

Finanzexperten von der Theorie in die Praxis zu übersetzen und Instrumente anzubieten, die praktisch jeder nutzen kann, um seine Finanzsituation zu verbessern.

Tony brachte mich dazu, die Lösungen, die wir für wohlhabende Investoren entwickelt hatten, neu zu betrachten und einen Weg zu finden, sie der breiten Masse der Anleger zugänglich zu machen. Ich bin stolz darauf, sagen zu können, dass wir mit großem Engagement an einer Reihe von Projekten arbeiten und uns über die positive Wirkung freuen, die wir gemeinsam auf so viele Menschen erzielen können.

Tony will mit diesem Buch nichts Geringeres, als Einzelanleger in die Lage zu versetzen, kluge, profitable Finanzentscheidungen zu treffen, und gleichzeitig denjenigen helfen, die entweder durch die Ritzen der Gesellschaft gerutscht sind oder von ihr abgehängt wurden. Während zwei Drittel der Amerikaner darüber besorgt sind, dass ihnen die Altersrente nicht reichen wird, haben im vergangenen Jahr zwei Millionen amerikanische Bürger keine Essensmarken mehr bekommen. Viele wissen nicht, woher sie ihre nächste Mahlzeit nehmen sollen.

Tony ist auf den Plan getreten, um hier Abhilfe zu schaffen. Er hat offen über seine eigene Erfahrung mit Hunger und Obdachlosigkeit gesprochen und engagiert sich für die Verbesserung der Lebensumstände dieser oft vergessenen Bevölkerungsschicht. Mithilfe der Anthony Robbins Foundation und ihren Mitteln ernährt Tony Robbins jedes Jahr 4 Millionen Menschen in 56 Ländern und arbeitet daran, diese Zahl zu verdoppeln.

Tony hat eine Partnerschaft mit dem Verlagshaus Simon & Schuster gegründet, um Exemplare seines Bestsellers *Notes from a Friend: A Quick and Simple Guide to Taking Charge of Your Life* all denen zugänglich zu machen, die sich in Not befinden und gerade erst zu einem neuen, selbstbestimmten Leben aufbrechen. Sein Ziel ist, Geist und Körper zu nähren.

Ich fühle mich geehrt, demütig und dankbar, Teil dieses Projektes zu sein und ich bin sehr gespannt darauf, die Veränderungen zu erleben, die wir gemeinsam erreichen können. Und ich bin neugierig auf die Reaktion unserer Leser. Sie sind dabei, die Naturgewalt Tony Robbins kennenzulernen und eine Reise anzutreten, die wahrhaft lebensverändernd sein wird.

ELLIOT WEISSBLUTH, 2014
Gründer und CEO von HighTower

Einleitung

Ich lernte Tony Robbins vor 25 Jahren durch eine Audiokassette kennen. Nachdem ich im Fernsehnachtprogramm eine Werbesendung gesehen hatte, kaufte ich mir die Kassetten *Personal Power* – ein 30-Tage-Programm zur Selbstoptimierung. Ich hörte diese Kassetten jeden Tag auf meinen einstündigen Pendelfahrten zwischen meinem Zuhause in San Francisco und meinem Büro bei Oracle Corporation in Redwood Shores. Ich war so von Tonys Worten bewegt, dass ich an einem Wochenende zu Hause blieb und mir volle zwei Tage lang alle Kassetten des 30-Tage-Programms noch einmal anhörte. Mir wurde schnell klar, dass Tony eine äußerst erstaunliche Person war und seine Ideen und Konzepte anders waren als alles, was ich zuvor kennengelernt hatte. *Tony veränderte mich.*

Als jüngster Vice President von Oracle war ich im Alter von 25 Jahren unglaublich erfolgreich – dachte ich zumindest. Ich verdiente mehr als eine Million Dollar im Jahr und fuhr einen brandneuen Ferrari. Ja, ich besaß alle sogenannten Insignien des Erfolgs: ein tolles Zuhause, ein todschickes Auto und ein unglaubliches Sozialleben. Und dennoch wusste ich, dass irgendetwas fehlte. Ich wusste nur nicht, was. Tony half mir, mir über meinen Standort im Leben klar zu werden und meine wahren Lebensziele und meinen tieferen Lebenssinn zu definieren. Kurz darauf nahm ich an Tonys Intensiv-Wochenendseminar mit dem Titel *Unleash the Power Within – Setze deine inneren Kräfte frei* teil. Im Rahmen dieses Seminars konnte ich meine Vision verfeinern und verpflichtete mich dazu, auf ganz neue Weise aktiv zu werden. Ich beschäftigte mich noch eingehender mit Tony Robbins' Arbeit, startete mit voller Kraft durch und gründete Salesforce.com.

Ich wandte Tonys Erkenntnisse und Strategien an und entwickelte ein beeindruckendes Instrument namens V2MOM, das für *Vision, Values, Methods, Obstacles* und *Measurement* steht, also für Vision, Werte, Methoden, Hindernisse und Messung. Mithilfe dieses Instruments fokussierte ich meine Arbeit und letztlich mein Leben auf die Dinge, die ich wirklich erreichen wollte. Das V2MOM-Programm stützte sich auf fünf von Tonys Fragen:

1. Was will ich wirklich? (Vision)
2. Was ist daran wichtig? (Werte)
3. Wie kann ich es erreichen? (Methoden)
4. Was hält mich davon ab? (Hindernisse)
5. Woher werde ich wissen, ob ich erfolgreich bin? (Messung)

Tony brachte mir bei, dass die Qualität meines Lebens von der Qualität der Fragen abhängt, die ich mir stelle. Bald darauf begann ich, alles in meinem Leben bewusst zu modellieren – meine Arbeit und meine Zukunft –, indem ich mir einfach diese grundlegenden Fragen beantwortete und meine Antworten festhielt. Was dann passierte, war höchst erstaunlich.

Am 8. März 1999, dem Gründungstag von Salesforce.com, schrieben wir ein V2MOM, und heute müssen alle unsere 15.000 Mitarbeiter das Gleiche tun. Das erzeugt eine gemeinsame Ausrichtung, Aufmerksamkeit und Kommunikation, und all das basiert auf dem, was mich Tony in den letzten zwei Jahrzehnten gelehrt hat. Laut Tony ist die Wiederholung die Mutter der Fertigkeiten – sie ist die Grundlage der echten Meisterschaft –, und daher schreiben wir unsere V2MOMs ständig neu und feilen an ihnen. Das ist einer der Gründe, weswegen uns *Forbes* gerade zum vierten Mal in Folge zum »innovativsten Unternehmen der Welt« gekürt hat, und das Magazin *Fortune* schrieb, wir seien das »meistbewunderte Softwareunternehmen« und der siebtbeste Arbeitgeber der Welt des Jahres 2014. Wir erzielen einen Jahresumsatz von 5 Milliarden Dollar und wachsen ständig weiter.

Ich kann ganz aufrichtig sagen, dass es ohne Tony und seine Lehren kein Salesforce.com gäbe.

Dieses Buch mit seinen 7 einfachen Schritten zu finanzieller Freiheit, das Sie in der Hand halten, besitzt das Potenzial, das Gleiche für Sie zu erreichen, was Tony Robbins' *Personal-Power*-Audioprogramm für mich getan hat. Es wird Ihnen Tonys Weisheit nahebringen (ergänzt durch die Weisheit der 50 brillantesten Finanzexperten der Welt!) und Ihnen die Instrumente an die Hand geben, die Sie benötigen, um Ihr Leben noch besser und erfüllender zu gestalten. Ich bin sicher, dass Sie Tonys Worte während der Lektüre in Ihrem eigenen Leben umsetzen und Ihre eigenen Methoden finden werden, um erfolgreich und frei zu sein.

Als Tony mir den Buchtitel nannte, war meine erste Reaktion, »Tony, bei dir geht es doch nicht allein um Geld! Du hilfst anderen Menschen, sich eine außerordentliche Lebensqualität zu verschaffen!«

Ich fand schnell heraus, dass es sich in diesem Buch nicht allein um Geld dreht; es geht vielmehr darum, dass Sie lernen, sich *das* Leben einzurichten, das Sie sich wünschen.

Dazu gehört natürlich auch, dass Sie sich überlegen, welche Rolle Geld in Ihrem Leben spielen soll. Wir alle haben ständig mit Geld zu tun; eigentlich geht es aber darum, das Geld zu beherrschen, und sich nicht von ihm beherrschen zu lassen. Wenn Sie das erreicht haben, sind Sie wahrhaft frei, um nach Ihren eigenen Bedingungen zu leben.

Einer meiner engsten Mentoren, General Colin Powell, ehemaliger US-Außenminister und Vorsitzender der Vereinigten Stabschefs, äußerte sich folgendermaßen über Geld: »Finde etwas, das du gerne und gut machst. Konzentriere dich darauf, es wird dir Lebenszufriedenheit verschaffen. Das kann Geld sein, aber es muss es nicht sein. Es kann viele Titel bedeuten, muss es aber nicht. Wichtig ist, dass es dir Lebenszufriedenheit verschafft.« Tony Robbins sagt das Gleiche. Echte Lebensfreude resultiert daraus, dass man seine wahre Bestimmung findet und jeden Alltagshandgriff darauf abstimmt.

Colin Powell drängte mich auch, über die Rolle nachzudenken, die Geld bei der Realisierung meines Traums spielen sollte, ein Softwareunternehmen zu gründen, das die Welt verändert. Er sagte mir, ein Unternehmen sei nicht nur dazu da, Gewinn zu erwirtschaften, sondern Gutes zu tun – Gutes zu tun und dabei gut zu verdienen. Tony Robbins' Fokus auf den sozialen Beitrag, den er schon vor 25 Jahren verfolgte, hinterließ ebenfalls einen starken Eindruck auf mich und beeinflusste mein Denken. Als ich Salesforce.com gründete, wollte ich drei Dinge erreichen: 1. ein neues Computing-Modell für Unternehmen entwickeln, das heute als »Cloud Computing« bezeichnet wird; 2. ein neues Geschäftsmodell für Unternehmenssoftware entwickeln, das auf Abonnements basiert, und 3. ein neues philanthropisches Modell entwickeln, das den Erfolg eines Unternehmens eng mit seiner Fähigkeit verknüpft, der Gesellschaft etwas zurückzugeben.

In den vergangenen 15 Jahren ist daraus ein Unternehmen geworden, das inzwischen die gesamte Softwareindustrie umgekrempelt hat und einen Marktwert von mehr als 35 Milliarden Dollar besitzt. Die beste Entscheidung, die ich jedoch je getroffen habe, bestand darin, ein Prozent unseres Eigenkapitals, ein Prozent unseres Gewinns und ein Prozent der Arbeitszeit unserer Mitarbeiter in ein philanthropisches Projekt namens Salesforce Foundation zu investieren. So konnten wir Nonprofit-Gesellschaften weltweit mit bislang mehr als 60 Millionen Dollar unterstützen; mehr als 20.000 Nonprofit-Gesellschaften nutzen unsere Software kostenlos; und unsere Mitarbeiter leisten mehr als 500.000 freiwillige Arbeitsstunden für ihre jeweiligen Gemeinden. All das geschah, nachdem Tony mir geholfen hatte, Instrumente zu entwickeln, mit denen ich mir Klarheit darüber verschaffen konnte, was ich wirklich aufbauen, geben und werden will. Und nichts hat mich glücklicher gemacht und mir mehr Zufriedenheit und Freude geschenkt.

Das ist auch der Grund, warum ich Tony bei seinem Vorhaben mit dem Nonprofit-Swipe-out-Programm unterstütze, das sich zum Ziel gesetzt hat, mehr als 100 Millionen Menschen kostenlose Mahlzeiten zu bieten, mehr als 3 Millionen Familien täglich mit sauberem, keimfreiem Trinkwasser zu versorgen und Kinder und Erwachsene aus der Sklaverei zu befreien.

Ich habe meine Eltern, meine engsten Freunde und meine wichtigsten Führungskräfte in Tonys Seminare geschickt, damit sie seine Arbeit studieren, und alle haben mir dasselbe gesagt: »Tony Robbins ist einzigartig, und wir sind glücklich darüber, dass er eine Rolle in unserem Leben spielt.« Nun wird Tony mit diesem Buch auch Ihnen die Tür öffnen, die er mir geöffnet hat. Ich bin sicher, dass auch Sie – mit Tony als Coach – Ihr Leben verändern und einen Weg finden werden, der Ihnen alles verschafft, was Sie wirklich wollen!

MARC BENIOFF
Gründer und CEO von Salesforce.com

TEIL I
WILLKOMMEN IM DSCHUNGEL: DIE REISE BEGINNT MIT DEM ERSTEN SCHRITT

Kapitel 1
Es ist Ihr Geld! Es ist Ihr Leben! Übernehmen Sie das Steuer

Geld ist ein guter Diener, aber ein schlechter Herr.
SIR FRANCIS BACON

Geld.

Wenige Worte haben die Macht, derart extreme menschliche Regungen auszulösen, wie dieses. Viele von uns weigern sich sogar, überhaupt über Geld zu sprechen! Genau wie Religion, Sex oder Politik ist Geld ein Tabuthema bei Tisch, und auch am Arbeitsplatz gilt es als unfein, über Geld zu reden. Wir mögen in angenehmer Gesellschaft über *Reichtum* sprechen, aber *Geld* ist viel zu direkt. Es ist vulgär. Es ist grell. Es ist äußerst persönlich und aufgeladen. Es kann bei Menschen, die mehr als genug davon haben, Schuldgefühle auslösen – oder Schamgefühle bei Menschen, die keines haben.

Aber was bedeutet es wirklich?

Für einige von uns ist Geld zwar unerlässlich, aber nicht alles. Es ist einfach ein Instrument, eine Quelle der Macht, die man dazu verwendet, gut zu leben und anderen zu dienen. Andere sind so von der Gier nach Geld besessen, dass sie und ihre Umgebung davon zerstört werden. Einige sind sogar bereit, Dinge für Geld zu opfern, die weitaus wichtiger sind: ihre Gesundheit, ihre Zeit, ihre Selbstachtung und manchmal sogar ihre Integrität.

Im Wesentlichen bedeutet Geld Macht.

Wir haben alle gesehen, dass Geld die Macht hat, zu erschaffen und zu zerstören. Es kann Träume finanzieren oder einen Krieg auslösen. Sie können Geld zum Geschenk machen oder es als Waffe benutzen. Es lässt sich als Ausdruck Ihres Geistes, Ihrer Kreativität und Ideen verwenden oder Ihrer Frustration, Wut oder Ihres Hasses. Man kann damit Regierungen und Individuen beeinflussen. Einige heiraten des Geldes wegen, nur um dann seinen wahren Preis zu entdecken.

Aber wir alle wissen, dass es bis zu einem gewissen Grad eine Illusion ist. Geld ist heute nicht einmal mehr gleichbedeutend mit Gold oder Papier; es sind Nullen und Einsen in Bankcomputern. Was ist es also? Es ist so etwas wie eine leere Leinwand, auf die sich jede Bedeutung oder Emotion projizieren lässt.

Am Ende sind wir gar nicht hinter Geld her ... oder nicht? Was wir wirklich wollen, sind Gefühle, von denen wir glauben, dass Geld sie erzeugen kann:

- das Gefühl der eigenen Macht und Selbstbestimmung,
- das Gefühl von Freiheit,
- das Gefühl von Sicherheit,
- das Gefühl, Menschen, die wir lieben, und Menschen, die bedürftig sind, helfen zu können,
- das Gefühl, Wahlmöglichkeiten zu haben und
- *das Gefühl, lebendig zu sein.*

Geld ist auf jeden Fall eines der Dinge, mit dessen Hilfe wir unsere Träume verwirklichen können.

Aber selbst wenn Geld nur eine Wahrnehmung ist, ein abstraktes Konzept, fühlt es sich trotzdem anders an, wenn man einfach nicht genug davon hat! Und eines ist gewiss: **Entweder Sie benutzen es, oder es benutzt Sie. Entweder Sie sind Herr über das Geld, oder das Geld beherrscht Sie in gewisser Weise.**

In Ihrem Umgang mit Geld spiegelt sich Ihr Umgang mit Macht wider. Ist es Fluch oder Segen? Last oder Lust?

Als ich den Titel für dieses Buch auswählte (*Money – Master the Game*), waren einige wirklich empört, dass ich suggerierte, Geld sei ein Spiel. Wie konnte ich für ein derart ernstes Thema eine so »frivole« Bezeichnung finden! Aber nun zur Sache. Wie Sie auf den folgenden Seiten sehen werden, besteht der beste Weg zur Veränderung Ihres Lebens darin, Menschen zu finden, die das, was Sie vorhaben, bereits erreicht haben, und deren Verhalten nachzumodellieren. Sie wollen Meister über Ihre Finanzen sein? Finden Sie jemanden, der das geschafft hat, und machen Sie sich den Umgang dieser Person mit Geld zu eigen. Und schon haben Sie einen Weg zur Macht gefunden.

Ich kann Ihnen gleich an dieser Stelle verraten, dass ich sehr viele der reichsten Menschen der Welt interviewt habe, und die meisten von ihnen betrachten Geld als ein Spiel. Warum sonst sollte jemand täglich zehn bis zwölf Stunden arbeiten, nachdem er schon viele Milliarden gescheffelt hat? Und vergessen Sie nicht: Nicht alle Spiele sind frivol. Spiele sind ein Spiegelbild des Lebens. Einige Menschen sitzen am Spielfeldrand und einige mischen aktiv mit, um zu gewinnen. Wo stehen Sie? Ich möchte Sie daran erinnern, dass es ein Spiel ist, das Sie und Ihre Familie sich nicht leisten können zu verlieren.

Mein Versprechen an Sie lautet wie folgt: Wenn Sie mir folgen und die 7 einfachen Schritte in diesem Buch befolgen – die Schritte, die das komprimierte Wissen und die Erfahrung der erfolgreichsten Finanzgenies weltweit enthalten –, werden Sie und Ihre Familie dieses Spiel gewinnen. Und Sie können riesige Gewinne erzielen!

Um gewinnen zu können, müssen Sie allerdings die Regeln kennen und sich die besten Erfolgsstrategien von denjenigen abgucken, die das Spiel bereits beherrschen. Die gute Nachricht ist, dass Sie in wenigen Minuten viele Jahre an Zeit einsparen können, indem Sie einfach lernen, welche Fallstricke Sie vermeiden und welche Abkürzungen Sie nehmen sollten, um nachhaltig erfolgreich zu sein. Die Finanzindustrie gibt sich oft Mühe, dieses Thema unglaublich komplex wirken zu lassen, in Wahrheit ist es aber recht simpel, wenn Sie einmal die Regeln kennen und den Jargon beherrschen. Dieses Buch ist Ihre Chance, sich von dem Gefühl zu befreien, eine ferngesteuerte Schachfigur auf einem fremden Brett zu sein, und sich in den Schachspieler zu verwandeln, der die Figuren bewegt. Sie werden überrascht sein, wie leicht Sie mit dem entsprechenden Expertenwissen Ihre Finanzlage verändern und die Freiheit genießen können, die Sie verdienen.

Lassen Sie uns also beginnen. Stellen Sie sich einfach vor, wie das Leben aussehen würde, wenn Sie dieses Spiel bereits beherrschen würden.

Wie wäre es, wenn Geld keine Rolle spielen würde?

Wie würden Sie sich fühlen, wenn Sie nicht jeden Morgen ins Büro fahren und sich keine Sorgen machen müssten, ob Sie Ihre Rechnungen bezahlen oder Ihren Ruhestand finanzieren können? Wie würde es sich anfühlen, wenn Sie ein Leben nach Ihren eigenen Bedingungen führen könnten? Was würde es Ihnen bedeuten, Ihr eigenes Unternehmen gründen zu können, es sich leisten zu können, ein Haus für Ihre Eltern zu kaufen, Ihren Kindern eine kostspielige Ausbildung zu finanzieren. Oder einfach die Freiheit zu besitzen, die Welt zu bereisen?

Wie würden Sie leben, wenn Sie jeden Tag mit dem Wissen aufwachen würden, dass genug Geld hereinkommt, um nicht nur Ihre grundlegenden Bedürfnisse, sondern auch Ihre Wünsche und Träume zu erfüllen?

Die Wahrheit ist, dass viele von uns einfach weiterarbeiten würden, weil wir darauf getrimmt sind. Aber wir würden es aus Spaß machen und nicht aus Notwendigkeit. Unsere Arbeit würde sich fortsetzen, aber ohne das Hamsterrad. Wir würden arbeiten, weil wir es wollen, nicht weil wir müssen.

Das ist finanzielle Freiheit. Aber ist das ein Luftschloss? Ist sie für den Normalbürger – und noch wichtiger, für *Sie* – erreichbar?

Ob Sie leben wollen wie das eine Prozent der Megareichen, oder ob Sie einfach nur die beruhigende Gewissheit verspüren wollen, dass Ihre Ersparnisse für Ihren Lebensabend reichen, die Wahrheit lautet, dass Sie stets einen Weg finden können, um das Geld zu verdienen, das Sie brauchen. Wie? Das Geheimnis des Reichtums ist simpel: Finden Sie einen Weg, um mehr für andere als für sich selber zu tun. Steigern Sie Ihren Marktwert. Tun Sie mehr. Geben Sie mehr. Seien Sie mehr. Dienen Sie mehr. Und Sie werden die Chance erhalten, mehr zu verdienen – ob Sie den besten Imbisswagen in Austin, Texas, besitzen oder der Topverkäufer Ihres Unternehmens sind oder gar der Gründer von Instagram.

In diesem Buch geht es jedoch nicht nur um Mehrwert, sondern vielmehr darum, wie Sie von Ihrem aktuellen Standort aus zu Ihrem Ziel gelangen, ob das finanzielle Sicherheit, Unabhängigkeit oder Freiheit bedeutet. Es geht darum, heute Ihre Lebensqualität zu steigern, indem Sie die eine grundlegende Kompetenz erwerben, die die überwältigende Mehrheit Ihrer Mitbürger nie erworben hat: die Kunst des Geldgeschäfts zu beherrschen. Tatsächlich geben 77 Prozent der Amerikaner – das sind drei von vier Bürgern – an, sie hätten finanzielle Sorgen, aber nur 40 Prozent sagen, sie hätten irgendeine Art von Investment- oder Ausgabenplan.

Jeder dritte Babyboomer hat weniger als 1.000 Dollar auf der hohen Kante!

Umfragen zeigen, dass nicht einmal jeder Vierte dem Finanzsystem vertraut, und das aus gutem Grund! Der Ruf von Aktien befindet sich auf einem Rekordtief, vor allem bei der jüngeren Generation.

Die Wahrheit ist, dass Sie sich Ihren Weg zur finanziellen Freiheit nicht mit Erwerbsarbeit verdienen können. Wie Sie an späterer Stelle dieses Buches erfahren werden, haben selbst Menschen mit Einkommen in vielfacher Millionenhöhe, wie Francis Ford Coppola, Regisseur des Filmklassikers *Der Pate*, der Boxer Mike Tyson und die Schauspielerin Kim Basinger alles verloren, weil sie nicht die grundlegenden Prinzipien angewendet haben, die Sie bald lernen werden. Sie müssen in der Lage sein, nicht nur einen Teil ihres Einkommens zurückzulegen, sondern vor allem Ihr Einkommen zu vervielfachen – sozusagen Ihr Geld im Schlaf zu verdienen.

Sie müssen den Sprung von einem Wirtschaftskonsumenten zum Eigentümer schaffen, und das gelingt Ihnen, indem Sie zum Investor werden.

Tatsächlich sind viele von uns bereits Anleger. Vielleicht war Ihr Einstieg in dieses Spiel der Moment, als Ihnen Ihre Großmutter zur Geburt einige Anteile ihrer bevorzugten Aktie schenkte, vielleicht hat Ihr Arbeitgeber eine betriebliche Altersvorsorge für Sie abgeschlossen, oder Sie wurden zum Anleger, als Ihr Freund Ihnen sagte, Sie sollten Ihr Kindle vergessen und stattdessen Amazon-Aktien kaufen.

Aber reicht das? Ich wette, Sie wissen die Antwort, wenn Sie diese Zeilen lesen: keineswegs! Ich muss Ihnen nicht sagen, dass dies nicht die Finanzwelt unserer Großeltern ist. Einst war alles so einfach: Geh studieren, such dir einen sicheren Job, rackere dich ab, und dann bekommst du vielleicht einen besseren Job in einem größeren Unternehmen. Danach bestand der Schlüssel darin, einen Weg zu finden, um den eigenen Marktwert zu steigern, die Einkommensleiter zu erklimmen, in Unternehmensaktien zu investieren und sich mit einer auskömmlichen Rente zur Ruhe zu setzen. Erinnern Sie sich an staatliche Renten? Das Versprechen, nie versiegender Ruhestandszahlungen für den Rest des Lebens? Das war einmal. Sie und ich wissen, dass diese Welt der Vergangenheit angehört. Wir leben heute länger mit weniger Geld. Neue Internettechnologien tauchen auf und mischen ein System auf, das oft darauf angelegt zu sein scheint, uns von unserem Geld zu trennen, anstatt uns dabei zu helfen, es zu mehren. Während ich diese Zeilen schreibe, sinkt die Verzinsung unserer Sparguthaben gegen null, während der Markt steigt und fällt wie die Wellen des Ozeans. Gleichzeitig sind wir mit einem Finanzsystem grenzenloser Auswahlmöglichkeiten und schwindelerregender Komplexität konfrontiert.

Es gibt heute mehr als 10.000 Investmentfonds, 1.400 verschiedene Staatsfonds und Hunderte globaler Börsenplätze, aus denen Sie auswählen können.

Es scheint, als wolle man uns jeden Tag immer komplexere Investment-»Vehikel« aufdrängen, die wie ein einziger Buchstabensalat aus Akronymen wirken: CDOs, REITs, MBS, MLPs, CDSs, CETFs ... WTF?

Wie sieht es mit HFT aus? Das ist die Kurzform für *High-Frequency Trading* (Hochfrequenzhandel), bei dem 50 bis 70 Prozent der vielen Millionen Trades, die jeden Tag an den Märkten abgewickelt werden, von High-Speed-Maschinen durchgeführt werden. Was bedeutet das für Sie? Es dauert gerade einmal eine halbe Sekunde oder rund 500 Millisekunden, um per Mausklick eine E*Trade-Order durchzuführen. In derselben kurzen Zeit haben die Big Boys mit ihren Supercomputern Tausende von Anteilen derselben Aktie mehrere hundert Male gekauft und wieder verkauft und an jeder Transaktion Minigewinne erzielt. Michael Lewis, Bestsellerautor des HFT-Exposés *Flash Boys: A Wall Street Revolt* sagte in der Fernsehsendung *60 Minutes*: »Der US-Aktienmarkt, der ikonischste Markt des globalen Kapitalismus, wird ständig manipuliert ... von einer Kombination aus den Börsenmärkten, den großen Wall-Street-Banken und Hochfrequenzhändlern [...] Sie sind in der Lage, Ihren Wunsch, Microsoft-Aktien zu kaufen, zu erkennen, sie vor Ihrer Nase zu kaufen und sie dann zu einem höheren Preis an Sie zu verkaufen!«

Wie schnell sind diese Jungs? Eine HFT-Gesellschaft verlegte für eine Viertelmilliarde Dollar zwischen Chicago und New York Glasfaserkabel, um die Übertragungszeit um 1,4 Millisekunden zu verringern! Schon bald wird die HFT-Technologie ermöglichen, dass diese Transaktionen in Nanosekunden stattfinden, das ist eine *milliardstel* Sekunde. Derzeit werden Transatlantikkabel verlegt, und man spricht sogar schon von solarbetriebenen Drohnen, die als Mikrowellenrelais dienen sollen, um die Börsen von New York und London miteinander zu verbinden.

Wenn Ihnen das den Atem verschlägt, kann ich nur sagen, mir geht es genauso. Wie groß sind Ihre Chancen, mit fliegenden Robotern mitzuhalten, die in Lichtgeschwindigkeit mit Wertpapieren handeln?

An wen wenden Sie sich, um sich einen Pfad durch dieses technologieintensive, höchst risikobehaftete Dickicht an Auswahlmöglichkeiten zu bahnen?

Ein Experte ist ein gewöhnlicher Mensch,
der – wenn er nicht daheim ist – Ratschläge erteilt.
OSCAR WILDE

Das Problem ist, dass jeder eine Meinung hat, wenn es um Geld (und Geldanlage) geht. Jeder hat irgendeinen Tipp. Jeder hat eine Antwort. Aber ich sage Ihnen eines: Selten ist ein Tipp dabei, der Ihnen wirklich nützt. Ist Ihnen aufgefallen, dass die Überzeugungen rund um Geld quasireligiösen beziehungsweise politischen Charakter haben? Die Gespräche über Geld können sehr erhitzt und emotional werden. Vor allem im Internet, wo Menschen ohne jedes Wissen ihre eigenen Theorien verbreiten und die Strategien anderer mit Vehemenz attackieren, ohne selber irgendeine Erfolgsbilanz auf diesem Gebiet vorweisen zu können. Das ist so, als würde ein mit Antidepressiva vollgestopfter Psychologe Ihnen erzählen, wie Sie ein erfülltes Leben führen können; oder eine übergewichtige Person Sie darüber belehren, wie Sie fit und schlank werden. Ich neige dazu, Experten in »Schwätzer« und Menschen zu unterscheiden, die ihren Worten Taten folgen lassen. Ich weiß nicht, wie es Ihnen geht, aber ich kann all diese selbst-ernannten Experten nicht mehr hören, die genau wissen, was andere zu tun haben, aber selber nichts im Leben vorzuweisen haben.

Wenn Sie geglaubt haben, Sie würden hier einen weiteren Investmentguru irgendwelche Versprechen machen hören, dann sind Sie hier falsch. Das überlasse ich den Alleinunterhaltern aus der Finanzbranche, die Sie lauthals drängen, die »heißesten« Aktien zu kaufen, oder intensiv auf Sie einwirken, damit Sie Ihr Geld sparen und in irgendeinen mythischen Investmentfonds investieren. Sie wissen schon, ein Fonds von der Sorte, der Ihnen kontinuierlich 12 Prozent Wachstum verspricht. Sie werfen mit Ratschlägen um sich, die oft überhaupt keine reale Grundlage haben, und häufig investieren sie selber nicht einmal in die von ihnen angepriesenen Produkte. Einige von ihnen denken vielleicht wirklich, dass sie anderen Leuten helfen, aber Menschen können eben ganz ehrlich sein und ganz ehrlich falsch liegen.

Sie sollen wissen, dass ich keiner dieser »Positivdenker« bin, der Ihnen eine falsche Weltsicht aufdrängen will. Ich glaube an Informationen. Sie müssen die Dinge sehen, wie sie wirklich sind, aber nicht schlechter, als sie sind – diese Lebenssicht bietet Ihnen einfach eine Ausrede, um in Passivität zu verharren. Sie kennen mich vielleicht als der »lächelnde Typ mit den großen Zähnen« aus dem Fernsehen, aber ich bin nicht hier, um einen Haufen Behauptungen aufzustellen. Ich bin der Typ, der sich darauf konzentriert, Ihnen dabei zu helfen, tief zu schürfen, echte Probleme zu lösen und Ihr Leben zu verbessern.

Seit 38 Jahren bin ich davon besessen, Strategien und Instrumente zu entwickeln, die die Lebensqualität der Menschen unmittelbar verbessern können, und habe ihre Effektivität mit messbaren Ergebnissen unter Beweis gestellt. Was ich von Anbeginn wusste, ist, dass Erfolg Hinweise bietet.

Die erfolgreichsten Menschen haben nicht einfach Glück gehabt; sie machen irgendetwas anders, als alle anderen.

An diesen Menschen bin ich interessiert; an denen, die einen unermüdlichen Wissensdurst haben, die ständig lernen, wachsen und etwas erreichen wollen. Verstehen Sie mich nicht falsch. Ich mache mir keine Illusionen. Mir ist vollkommen klar, dass es nur sehr wenige Menschen auf der Welt gibt, die fit und gesund sind und dafür sorgen, dass das so bleibt. Die meisten Menschen erleben keine jahrzehntelang anhaltende Liebe und Leidenschaft in ihren privaten Beziehungen, noch erleben sie anhaltende Dankbarkeit und Freude. Es gibt nur sehr wenige Menschen, die ihre Geschäftschancen maximieren. Und noch weniger starten mit nichts und erlangen finanzielle Freiheit.

Einigen wenigen gelingt es jedoch! Einige ganz wenige führen großartige Beziehungen, erleben große Freude, überwältigenden Reichtum und endlose Dankbarkeit. **Ich habe die wenigen studiert und mit den vielen verglichen, die zwar viele Worte machen, aber nicht das leben, was sie predigen.** Wenn Sie nach *Hindernissen* Ausschau halten – die gibt es immer. Das gilt aber auch für *Chancen!* Ich bin ein Jäger der menschlichen Vorzüglichkeit. Ich spüre die Menschen auf, die die Normen brechen und uns zeigen, was alles möglich und machbar ist. Ich lerne, dass das, was diese wenigen außergewöhnlichen Menschen tun, sich von dem unterscheidet, was alle anderen tun. Und dann mache ich sie nach. Ich finde heraus, was funktioniert, und dann arbeite ich die Quintessenz heraus und vereinfache sie, damit das Wesentliche klar und verständlich wird, und systematisiere es so, dass andere Menschen es auf ihr Leben anwenden können.

Seit der Finanzkrise im Jahr 2008, dem Beinahezusammenbruch des globalen Finanzsystems, versuche ich mit allen Mitteln einen Weg zu finden, um dem Durchschnittsbürger zu helfen, die Kontrolle über sein Geld zu gewinnen und einem System Widerstand zu leisten, von dem er oft genug abgezockt wurde. Seit Jahren wird über Reformen diskutiert, aber letztlich hat sich nicht viel verändert. In einigen Bereichen hat sich die Situation sogar verschlechtert. Auf der Suche nach Antworten habe ich 50 der brillantesten und einflussreichsten Finanzstrategen der Welt interviewt. In diesem Buch finden Sie weder bloße Worthülsen noch meine eigene Meinung. Was Sie hören, stammt direkt aus dem Mund der Meister ihres Faches: Selfmade-Milliardäre, Nobelpreisträger und Finanztitanen. Hier nur eine kleine Auswahl der Finanzgenies, von denen Sie auf den folgenden Seiten lernen werden:

- John C. Bogle, der 85-Jährige mit 64 Jahren Erfahrung in Börsengeschichte und Gründer der Vanguard Group, der Nummer eins unter den Investmentgesellschaften weltweit.
- Ray Dalio, Gründer des größten Hedgefonds der Welt, der 160 Milliarden Dollar an Vermögen verwaltet.
- David Swensen, einer der größten institutionellen Investoren, der das Stiftungsvermögen der Yale University in weniger als zwei Jahrzehnten von 1 Milliarde Dollar auf mehr als 23,9 Milliarden Dollar gesteigert hat.
- Kyle Bass, der mitten in der Subprime-Krise aus 30 Millionen in nur zwei Jahren 2 Milliarden Dollar machte.
- Carl Icahn, der in den letzten Ein-, Fünf- und Zehnjahreszyklen Warren Buffett, den Markt und praktisch jeden anderen übertrumpft hat.
- Mary Callahan Erdoes, die viele als die einflussreichste Frau der Finanzwelt betrachten. Sie wacht als CEO von J.P. Morgan Asset Management über mehr als 2,5 Billionen Dollar.
- Charles Schwab, der eine Revolution auslöste, indem er das elitäre Börsengeschäft für den Einzelanleger öffnete und dessen ikonenhaftes Unternehmen heute 2,38 Billionen Dollar verwaltet.

Ich bringe Sie in diesem Buch mit diesen und vielen anderen Superstars zusammen, die über Jahrzehnte beständige Ergebnisse erzielen, in Bären- wie in Bullenmärkten, in Boomzeiten wie in Krisenzeiten. Gemeinsam werden wir die zentralen Geheimnisse ihres Investmenterfolgs lüften und sehen, wie sie sich selbst auf die kleinsten Anlagesummen übertragen lassen.

Und hier das Wesentliche: Ich habe für dieses Buch die große Erfahrung und das Wissen der erfolgreichsten Investoren der Welt »angezapft«. Niemand weiß, welche Richtung die wirtschaftliche Entwicklung nimmt, während Sie dieses Buch lesen. Werden wir eine Inflation oder eine Deflation erleben? Einen Bullen- oder einen Bärenmarkt?

Die Grundidee ist, dass Sie lernen, in jeder Situation Ihre Schäfchen ins Trockene zu bringen. Und diese *echten* Experten werden Ihnen erklären, wie es geht.

Außerdem werden sie ihre Portfolios öffnen und Ihnen die Zusammensetzung zeigen, auf die sie sich verlassen, um jeder Großwetterlage trotzen zu können. Und sie werden diese Frage beantworten: Wenn Sie Ihr Finanzvermögen nicht Ihren Kindern vererben, sondern ihnen nur einige Prinzipien mit auf den Weg geben könnten, wie würden diese lauten? Das könnte am Ende das wichtigste Erbe überhaupt sein, und Sie müssen weder Sohn noch Tochter dieser Genies sein, um es zu bekommen!

Das Geheimnis voranzukommen, ist anzufangen.
MARK TWAIN

Machen Sie sich bereit! Wir brechen nun gemeinsam auf zu einer Reise durch die 7 einfachen Schritte zu Finanzsicherheit, Unabhängigkeit und Freiheit! Ob Sie gerade erst am Anfang Ihres Erwachsenendaseins stehen, ein Babyboomer sind, der bald in den Ruhestand geht, oder ein erfahrener Anleger, der seinem Wissen mehr Schliff verleihen möchte, dieses Buch liefert eine praktische Vorlage für das Formulieren und Erreichen Ihrer Finanzziele und hilft Ihnen, sich von Verhaltensweisen zu verabschieden, die Sie bisher davon abgehalten haben, finanziell frei und unabhängig zu sein. Wir werden in die Psychologie des Reichtums eintauchen; ein Thema, das ich seit fast vier Jahrzehnten studiere und lehre. Wir werden über die Fehler in Sachen Finanzen sprechen, die immer wieder gemacht werden, und genau unter die Lupe nehmen, was uns davon abhält, die eigenen guten Pläne auch umzusetzen. Und um sicherzustellen, dass Sie die erwünschten Ergebnisse erzielen, habe ich mit den weltbesten Verhaltensökonomie-Experten gesprochen, denn ich wollte **Lösungen finden, die wirklich funktionieren – kleine, einfache Anpassungen, die automatisch**

dazu führen, dass Sie das tun, wofür andere große Disziplin aufwenden müssen; Strategien, die den Unterschied zwischen Altersarmut und einem komfortablen Ruhestand ausmachen können.

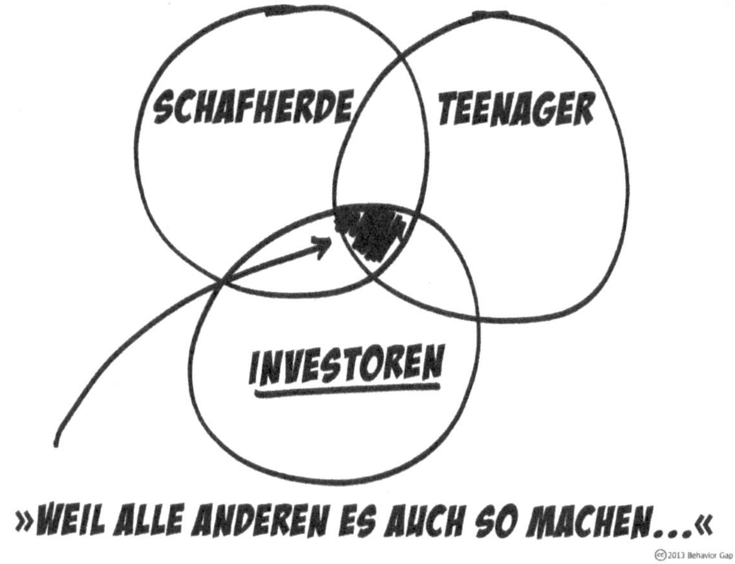

Seien wir ehrlich, sehr viele kluge und erfolgreiche Menschen haben das Thema Geldanlage ad acta gelegt, weil es ihnen zu kompliziert erschien und sie sich von ihm überwältigt fühlten. Eine der ersten Personen, der ich dieses Manuskript in die Hand drückte, damit sie es überprüfte, war eine brillante Freundin namens Angela, die in vielen Bereichen des Lebens Großartiges geleistet hat – allerdings nie auf dem Gebiet Geldanlage. Sie sagte mir, die Leute würden sie bewundern, weil sie mit einem kleinen Segelboot 20.000 Meilen durch einige der unruhigsten Gewässer der Welt gesegelt sei. Aber sie wusste, dass sie ihre Finanzen vernachlässigte, und das war ihr peinlich. »Das erschien mir so verwirrend, und ich kannte mich einfach nicht aus. Ich fühlte mich so inkompetent, dass ich es einfach aufgab, und das ist eigentlich gar nicht meine Art.« Aber dann stellte sie fest, dass sie mithilfe der 7 einfachen Schritte, die in diesem Buch vorgestellt werden, die Kontrolle über ihre Finanzen gewinnen konnte, und zwar auf leichte und schmerzlose Weise! »Mein Gott, ich sparte plötzlich für meine Zukunft, einfach indem ich einige Dinge eliminierte, die mir keinerlei Vergnügen bereiteten«, erzählte sie mir. Sobald sie angefangen hatte, sich mit dem Thema Sparen zu beschäftigen, legte sie ein Investmentkonto an, und als sie mit der Lektüre bei Kapitel 12 angekommen war, hatte sie bereits ihr Leben verändert. Wenige Tage später besuchte sie mich und berichtete, sie habe sich ihr erstes fabrikneues Auto gekauft. Ich fragte: »Wie hast du das gemacht?« Sie antwortete: »Mir wurde klar, dass ich für Benzin und Reparaturen meines alten Autos mehr ausgab, als mich die Finanzierung eines neuen kostet!« Sie sollten den Ausdruck auf ihrem Gesicht gesehen haben, als sie mich in ihren glänzenden perlmuttfarbenen Jeep Wrangler zog.

Sie sollen wissen, dass dieses Buch nicht nur davon handelt, wie Sie sich eine komfortable Rente ermöglichen, sondern auch die Lebensqualität, die Sie sich heute wünschen und die Sie verdienen. Sie können zu Ihren eigenen Bedingungen leben und gleichzeitig Ihre zukünftige Lebensqualität absichern! Die Kompetenz, innere Stärke und Gewissheit, die Sie empfinden werden, wenn Sie diesen Bereich des Lebens beherrschen, werden sich auf alle anderen Lebensbereiche übertragen: Ihre Karriere, Ihre Gesundheit, Ihr Gefühlsleben und Ihre Beziehungen! Wenn Sie kein Selbstvertrauen im Umgang mit Geld besitzen, dann wirkt sich das auch auf andere Lebensbereiche aus. Wenn Sie die Verantwortung für Ihre Finanzen übernehmen, gewinnen Sie an Macht und Selbstbehauptung, sich auch anderen Herausforderungen zu stellen.

Was hält uns davon ab, den Weg zur finanziellen Freiheit zu beschreiten? Bei vielen von uns ist es – wie bei Angela – das Gefühl der Überforderung. Wir haben gelernt zu denken, »Das ist viel zu komplex« oder »Das ist nicht mein Gebiet.« Ehrlich gesagt, ist das System *darauf angelegt*, zu verwirren, damit Sie die Kontrolle über Ihre Finanzen einem »Profi« überlassen, der enorme Gebühren dafür kassiert, dass er Sie im Dunkeln lässt. In den folgenden Kapiteln werden Sie lernen, wie Sie das verhindern. Und vor allem werde ich Ihnen zeigen, dass die Geldanlage mit dem Ziel, sich finanzielle Freiheit zu verschaffen, keineswegs verwirrend ist.

Ein Grund, aus dem Menschen erfolgreich sind, liegt darin, dass sie Wissen haben, das andere nicht besitzen. Sie bezahlen einen Anwalt oder Arzt dafür, dass sie Dinge wissen und in Ihrem Interesse anwenden, von denen Sie keine Ahnung haben. Diese Profis verständigen sich darüber hinaus in einem Fachjargon, den Nichteingeweihte kaum verstehen.

So war zum Beispiel im *Journal of the American Medical Association* (Journal des amerikanischen Ärzteverbands) zu lesen, dass im vergangenen Jahr 225.000 Menschen den »iatrogenischen Tod« gestorben sind. Es sei die dritthäufigste Todesursache in den USA. *Iatrogenisch?* Klingt beeindruckend, oder nicht? Aber was bedeutet es? Verbirgt sich dahinter eine Tropenkrankheit? Eine Genmutation? Nein, *iatrogenisch* nennt man schlicht den unbeabsichtigten Tod eines Patienten aufgrund eines Behandlungsfehlers.

Warum wird es dann nicht beim Namen genannt? Weil es nicht im Interesse der medizinischen Institutionen ist, es so zu beschreiben, dass ein Laie versteht, worum es geht. Auch die Finanzindustrie hat ihren eigenen Jargon, zum Beispiel spezielle Ausdrücke, hinter denen sich nichts anderes verbirgt, als zusätzliche Gebühren, sodass der Amateuranleger gar nicht merkt, wie viel ihm für eine Finanzdienstleistung abgeknöpft wird.

Aber seien Sie versichert: Gemeinsam werden wir die Codes knacken und die Komplexität beseitigen, die vielen von uns das Gefühl geben, der Finanzwelt nicht gewachsen zu sein.

Heute gibt es so viele Informationsquellen, dass sich selbst der erfahrenste Investor leicht überfordert fühlen kann. Vor allem, wenn wir erkennen, dass uns Produkte aufgedrängt werden, die überhaupt nicht zu unseren Bedürfnissen passen. Nehmen wir an, Sie hätten leichte Schmerzen in der Brust und würden das Wort *Heart* googeln. Was wird in der Ergebnisliste stehen? Nichts über den möglichen Herzinfarkt, den Sie gerne verhindern möchten. Stattdessen erfahren Sie etwas über eine Rockband namens Heart, die seit über 20 Jahren keinen einzigen Hit mehr gelandet hat. Hilft Ihnen das weiter?

Meine Absicht ist, Ihnen dabei zu helfen, Ihre eigene persönliche Finanzsuchmaschine zu werden, und zwar eine kluge Suchmaschine, die das ganze überflüssige oder sogar schädliche Finanzgetöse herausfiltert und nur einfache, klare Lösungen anbietet.

Bevor Sie es sich versehen, werden auch Sie ein Insider sein. Sie werden lernen, warum die Jagd auf Renditen einfach nichts bringt, warum niemand langfristig den Markt schlägt[1] und die überwältigende Mehrheit der Finanzexperten rechtlich nicht verpflichtet ist, in Ihrem besten

[1] Mit Ausnahme einer kleinen, exklusiven Gruppe von »Finanzmagiern«, zu denen wir aber normalerweise keinen Zugang haben, die ich Ihnen in den folgenden Kapiteln aber vorstellen werde.

Interesse zu handeln. Verrückt, oder? Sie werden erfahren, warum die Renditen, mit denen Investmentfonds werben, nicht die Renditen sind, die Sie tatsächlich erhalten. Sie werden Möglichkeiten entdecken, Ihre thesaurierten Gewinne im Verlauf des Lebens buchstäblich um Millionenbeträge zu steigern – statistische Untersuchungen haben ergeben, dass Sie zwischen 150.000 und 450.000 Dollar sparen können, einfach nur, indem Sie die in Teil 2 dieses Buches genannten Prinzipien anwenden! Sie werden das Geld zurück in Ihre eigene Tasche leiten, anstatt in die »Gebührenfabriken«. Sie werden auch bewährte Methoden der Vermögenssteigerung erfahren, die Ihnen 100 Prozent Kapitalschutz bieten und obendrein steuerbegünstigt sind. Endlich sind diese Finanzinstrumente auch Einzelanlegern zugänglich.

Und hier das zentrale Merkmal, das dieses Buch von anderen unterscheidet: Ich erzähle Ihnen nicht nur von den Investmentstrategien, die die Megareichen anwenden und die Sie sich nicht leisten können oder die Ihnen als Einzelanlegern verwehrt sind; ich habe Wege gefunden, sie Ihnen zugänglich zu machen und dafür zu sorgen, dass Sie sich diese Lösungen leisten können! Warum sollte die kleine Gruppe der Privilegierten die einzige sein, die diese außerordentlichen Chancen nutzen kann? Ist es nicht Zeit, für gleiche Bedingungen zu sorgen?

Die Erkenntnis eines einzigen Augenblicks ist
manchmal so viel wert wie lebenslange Erfahrung.
OLIVER WENDELL HOLMES, SR.

Bevor wir weitermachen, will ich Ihnen erzählen, was mich motiviert hat, dieses Buch zu schreiben. Wenn Sie die ein oder andere Rezension oder diverse Presseberichte über meine Arbeit oder eines meiner früheren Bücher gelesen haben, kennen Sie wahrscheinlich meine Erfolgsbilanz bezüglich drastischer und messbarer Veränderungen. Ich habe Menschen geholfen, zwischen 30 und 300 Pfund Übergewicht zu verlieren, angeblich zerrüttete Beziehungen zu kitten oder innerhalb von einem Jahr ein Geschäftswachstum zwischen 30 und 130 Prozent zu erzielen. Ich habe auch dabei geholfen, Tragödien zu überwinden – von Paaren, die ein Kind verloren haben, bis zu Soldaten, die mit einem posttraumatischen Stresssyndrom aus Afghanistan zurückgekehrt sind. **Menschen zu helfen, echte**

Durchbrüche in ihren Beziehungen, ihren Gefühlen, ihrer Gesundheit, ihren Karrieren und auch ihren Finanzen zu erzielen, ist meine Passion.

Seit fast 40 Jahren genieße ich das Privileg, Menschen aus allen möglichen Bereichen zu coachen, einschließlich einiger der mächtigsten Männer und Frauen der Welt. Ich habe mit US-Präsidenten und mit Kleinunternehmern gearbeitet, mit gefeierten Leistungssportlern, wie dem einstigen Eishockeystar Wayne Gretzky oder dem Tennis-Ass Serena Williams. Ich hatte das Glück, mit großen Schauspielern zu arbeiten, wie dem coolen Leonardo DiCaprio oder dem warmherzigen Hugh Jackman, aber auch mit weltbekannten Musikern, wie Aerosmith, Green Day, Usher, Pitbull und LL Cool J. Außerdem habe ich mit milliardenschweren Konzernlenkern, wie dem Kasinomagnaten Steve Wynn und dem Internetmagier Marc Benioff gearbeitet. Es ist also offensichtlich, dass meine Kunden nicht zu mir kommen, weil es ihnen an Motivation mangelt. Davon haben sie genug. Was sie von mir bekommen, sind Strategien, die ihnen dabei helfen, sich zu verbessern und stets an der Spitze mitzumischen.

Im Finanzbereich habe ich seit 1993 die Ehre, Paul Tudor Jones zu coachen, einen der Top-Ten-Wertpapierhändler. Paul sagte den Schwarzen Montag im Oktober 1987 voraus, der immer noch der größte Börseneinbruch an einem einzigen Tag (gemessen in Prozent) in der Geschichte ist. Während auf der ganzen Welt die Märkte einbrachen und alle enorme Verluste erlitten, konnte Paul 1987 das Geld seiner Investoren verdoppeln. Das gelang ihm 2008 erneut, was seinen Investoren eine Rendite von fast 30 Prozent einbrachte, während die Märkte um 50 Prozent einbrachen! Meine Aufgabe in der Zusammenarbeit mit Paul besteht darin, die Prinzipien zu erfassen, von denen er sich in all seinen Entscheidungen leiten lässt. Diese Prinzipien fasse ich dann zu einem System zusammen, auf das er täglich und – was noch wichtiger ist – in Krisenzeiten zurückgreift. Ich bin kein Coach, der positives Denken bewirbt. Ganz im Gegenteil: Ich bin ein Coach, der predigt, sich auf alle Szenarien vorzubereiten. Ich habe Paul aus nächster Nähe beobachtet und begleitet und während achterbahnähnlicher Marktschwankungen sein Vorgehen festgehalten. Von der New-Economy-Blase bis zum 11. September; von der Bildung der Immobilienblase über den Zusammenbruch des Subprime-Marktes bis zur Beinahe-Kernschmelze des globalen Finanzsystems im Jahr 2008. Ich war an seiner Seite während der nachfolgenden europäischen Schuldenkrise und auch im Jahr 2013 während des größten prozentualen Einbruchs des Goldpreises an einem einzigen Tag.

Trotz der Unterschiedlichkeit dieser Situationen hat Paul in 28 aufeinanderfolgenden Jahren nicht ein Verlustjahr erlebt. Von diesen 28 Jahren habe ich 21 Jahre mit ihm gearbeitet. Seine Fähigkeit, Wege zu finden, um aus jeder Situation Gewinn zu schlagen, ist einmalig. Ich hatte das Privileg, während dieser ganzen Zeit Schulter an Schulter mit ihm zu arbeiten, während er beständig Geld verdiente, egal wie volatil die Märkte waren. Von ihm habe ich mehr über die reale Investmentwelt und die Entscheidungsfindung in schweren Zeiten gelernt, als ich in hundert MBA-Studiengängen je hätte lernen können.

Was ich an Paul, mittlerweile einer meiner engsten Freunde, liebe und respektiere, ist, dass er nicht nur positive Finanzergebnisse für sich selbst erzeugt, sondern überdies einer der außergewöhnlichsten Philanthropen der Welt ist. Im Verlauf der Jahre habe ich beobachtet, wie er aus der Robin Hood Foundation, die zunächst aus der simplen Idee bestand, die Kräfte der freien Märkte zu nutzen, um die Armut in New York zu lindern, »eine der innovativsten und einflussreichsten philanthropischen Organisationen unserer Zeit« machte, wie das Magazin *Fortune* lobte. Bisher hat Robin Hood mehr als 1,45 Milliarden Dollar an Finanzhilfen und Initiativen verteilt und damit viele Millionen Leben verändert.

Auf diesem Weg habe ich auch meine eigenen Lektionen gelernt – einige durch die Schmerzen meiner eigenen Versuche und Irrtümer. Dieses Buch soll verhindern, dass Sie die gleichen Fehler machen. Ich habe mir an der Wall Street einige Narben geholt. Mit 39 Jahren habe ich ein Unternehmen an die Börse geführt und mein persönliches Vermögen in wenigen Wochen auf mehr als 400 Millionen Dollar klettern sehen – nur um dann den großen Crash zu erleben, als im Jahr 2000 die Dotcom-Blase platzte!

Diese »Marktkorrektur« war jedoch nichts im Vergleich zu dem, was wir alle in jüngster Zeit erlebt haben. Der Beinahezusammenbruch des globalen Finanzsystems 2008/09 löste die schlimmste Wirtschaftskrise seit der Großen Depression aus. Erinnern Sie sich, wie es sich anfühlte, als unsere Finanzwelt zusammenzubrechen schien? Der Dow-Jones-Index brach um 50 Prozent ein und riss unsere Rentenpläne mit in den Abgrund. Der Immobilienmarkt kollabierte, sodass Ihr Haus möglicherweise um 40 Prozent oder mehr an Wert verlor. Millionen von Menschen verloren die Ersparnisse eines ganzen Lebens harter Arbeit und weitere Millionen verloren ihren Arbeitsplatz. Während dieser schrecklichen Monate erhielt ich mehr Anrufe der unterschiedlichsten Menschen, als je zuvor. Vom Herrenfriseur bis zum Milliardär, jeder brauchte Hilfe. Menschen erzählten mir, sie hätten ihre Häuser und Ersparnisse verloren und ihre Kinder könnten nicht mehr aufs College gehen. Es war grauenhaft, denn ich weiß, wie sich das anfühlt.

Ich habe hart gearbeitet und mir geht es finanziell sehr gut, aber das war nicht immer so. Ich wuchs mit vier unterschiedlichen Vätern in Kaliforniens staubigem San Gabriel Valley auf. Ich erinnere mich noch lebhaft daran, wie ich als Kind weder ans Telefon noch an die Tür ging, weil ich wusste, wer draußen stand – der Inkassobeauftragte, und wir hatten kein Geld. Als Jugendlicher war es mir peinlich, dass ich Schulkleidung tragen musste, die wir für 25 Cent in Second-Hand-Läden erstanden hatten. Kinder können ziemlich grausam sein, wenn man nicht »hip« ist. Heute sind Second-Hand-Läden cool, das muss man sich einmal vorstellen! Und als ich irgendwann endlich mein erstes Auto besaß, einen schrottreifen Käfer, Baujahr 1960, hatte er keinen Rückwärtsgang mehr, sodass ich immer auf einem Hügel parkte. Und nie reichte das Geld für Benzin. Gott sei Dank glaube ich nicht an die Theorie, dass das Leben eben so ist. Ich fand einen Weg, meine missliche Lage zu überwinden. Aufgrund meiner eigenen Erfahrungen halte ich es schlecht aus, andere Menschen leiden zu sehen. Das macht mich ganz verrückt. Und das Jahr 2008 brachte eine wirtschaftliche Misere, so gewaltig überflüssig, wie ich sie in meinem ganzen Leben noch nicht gesehen hatte.

Kurz nach dem Börseneinbruch waren sich alle einig: Das System musste reformiert werden. Ich wartete ... und wartete ..., aber Jahre später befanden wir uns noch immer im gleichen Trott. Und je mehr ich über die Ursachen dieser Finanzkrise lernte, desto wütender wurde ich. Mein persönlicher Wendepunkt kam, als ich den Oscar-prämierten Dokumentarfilm *Inside Job* von Charles Ferguson sah, der davon handelte, wie die Revolverhelden der Wall Street völlig irrwitzige Risiken mit unserem Geld eingingen und fast die gesamte Wirtschaft in den Kollaps trieben. Ihre Strafe? Wir Steuerzahler durften sie herauspauken und irgendwie wurden die gleichen Figuren, die für das Desaster verantwortlich waren, anschließend mit der Wiederherstellung des Systems betraut. Am Ende des Films war ich völlig außer mir vor Empörung, schaffte es aber, meine Entrüstung in eine Frage münden zu lassen: »Was kann ich tun?«

Dieses Buch liefert die Antwort.

Es gibt keinen loyaleren Freund als ein Buch.
ERNEST HEMINGWAY

Das war keine leichte Entscheidung. Ich habe in beinahe 20 Jahren kein größeres Buch geschrieben. Letztes Jahr verbrachte ich durchschnittlich jeden vierten Tag auf Reisen, die mich in mehr als 15 Länder führten. Ich leite ein Dutzend Unternehmen und eine Nonprofit-Gesellschaft. Ich habe vier Kinder, eine großartige Frau und eine Mission, die ich liebe und lebe. Zu sagen, dass mein Leben ausgefüllt ist, wäre eine Untertreibung. Sowohl mein Buch *Unlimited Power* als auch der Titel *Awaken the Giant Within* waren internationale Bestseller, und das war außerordentlich befriedigend, aber bis heute hatte ich nicht mehr das große Bedürfnis, ein neues Buch zu verfassen. Warum? Ich liebe Live-Veranstaltungen! Ich liebe die Erfahrung des totalen Eintauchens, die Unmittelbarkeit und Flexibilität der Kommunikation mit fünf- bis zehntausend Menschen auf einmal, die totale Konzentration über die 50 Stunden eines Wochenendes. Und das zu einer Zeit, da die meisten Menschen kaum lange genug still sitzen können, um sich einen dreistündigen Film anzusehen. Ich erinnere mich lebhaft daran, wie Oprah Winfrey mir erzählte, dass sie nicht länger als zwei Stunden bleiben könne – zwölf Stunden später stand sie auf einem Stuhl und rief in die Kamera, »Das ist eine der großartigsten Erfahrungen meines Lebens!« Usher erzählte mir, er liebe meine Arbeit, aber er würde ganz gewiss nicht ein ganzes Wochenende bleiben. 50 Stunden später sagte er mir, »Das ist so, als würde ich zu einem der großartigsten Konzerte meines Lebens gehen! Ich habe wie ein Wahnsinniger Notizen gemacht und du hast mich tierisch zum Lachen gebracht!«

Meine Veranstaltungen sind angefüllt mit Emotionen, Musik, Spannung und tiefgründigen Erkenntnissen, die die Menschen dazu bewegen, aktiv zu werden. Sie denken und fühlen nicht nur, sondern sie *verändern sich*. Körpersprache und Stimme sind für meine Art der Vermittlung von zentraler Bedeutung. Ich gebe zu, dass ich das Gefühl habe, ich sei gefesselt und geknebelt, wenn ich mich hinsetze, um einen Text zu verfassen. Ich habe festgestellt, dass ich mit einer einzigen TED-Konferenz mehr als zehn Millionen Menschen erreichen kann. Was hat mich also dazu bewogen, meine Meinung zu ändern?

Die Finanzkrise hat große Schmerzen verursacht, aber sie hat auch dazu geführt, dass wir neu bewertet haben, was für uns das Wichtigste im Leben ist – und das sind Dinge, die nichts mit Geld zu tun haben.

Es war Zeit, zu den Grundlagen zurückzukehren; den Werten, die uns früher schon durch schwierige Zeiten geholfen haben.

In meinem Fall führte das dazu, dass ich an die Tage zurückdachte, als ich obdachlos in meinem Auto schlief und nach einem Weg suchte, mein Leben zu verändern. Wie mir das gelungen ist? Mit Büchern! Sie haben mir geholfen, auf die Beine zu kommen. Ich habe schon immer Bücher verschlungen. Als junger Mann beschloss ich, jeden Tag ein Buch zu lesen. Ich stellte mir vor, Führungspersönlichkeiten seien eifrige Leser. Ich belegte einen Kurs in Schnelllesen.

Ich habe zwar nicht jeden Tag ein Buch gelesen, aber in sieben Jahren habe ich insgesamt mehr als 700 Bücher verschlungen, um herauszufinden, wie ich mir selber und anderen helfen kann. Bücher über Psychologie, Management, Geschichte, Philosophie und Physiologie. Ich wollte über alles etwas wissen, das meine Lebensqualität und die Lebensqualität anderer Menschen sofort verändern konnte.

Die Bücher, die auf mich den größten Eindruck gemacht haben, sind jedoch die Bücher, die ich als Kind verschlungen habe. Sie waren meine Fahrkarte hinaus aus einem Leben voller Schmerzen, einer Welt ohne überzeugende Zukunft. Sie transportierten mich in eine Welt der unbegrenzten Möglichkeiten. Ich erinnere mich an einen Aufsatz von Ralph Waldo Emerson über Selbstverantwortung und die Zeilen, »Es gibt einen Zeitpunkt in der Bildung eines jeden Menschen, in dem er zu dem Schluss kommt, dass Neid Ignoranz ist, dass Imitation Selbstmord ist, dass er selber für sein Schicksal verantwortlich ist.«

Ein anderes Buch, das großen Eindruck auf mich machte, war *As a Man Thinketh* des Philosophen James Allen, das ein Echo des Bibelsprichworts ist, »Wie ein Mann in seinem Herzen denkt, so ist er.« Diese Zeilen las ich, als meine Gedanken ein Schlachtfeld voller Angst waren. Er lehrte mich, dass alles, was wir in unserem Leben erschaffen, mit unseren Gedanken beginnt.

Ich verschlang die Biografien herausragender Führungspersönlichkeiten, Denker und Macher, zum Beispiel Abraham Lincoln, Andrew Carnegie, John F. Kennedy und Viktor Frankl. Ich erkannte, dass die herausragenden Männer und Frauen dieser Welt viel größere Schmerzen erlitten hatten als ich. Sie hatten nicht einfach nur Glück oder ein wohlwollendes Schicksal, irgendwie wohnte in ihnen eine unsichtbare Kraft, die nicht zuließ, dass sie sich mit weniger zufriedengaben, als sie tun, sein oder geben konnten. **Mir wurde klar, dass die eigene Biografie kein Schicksal ist; dass meine Vergangenheit nicht meine Zukunft bestimmen würde.**

Ein weiteres meiner Lieblingsbücher war ein amerikanischer Klassiker aus dem Jahr 1937, nämlich *Think and Grow Rich* von Napoleon Hill (dt. *Denke nach und werde reich*). Hill verbrachte Anfang des 20. Jahrhunderts 20 Jahre damit, 500 der erfolgreichsten Menschen zu interviewen, von Andrew Carnegie über Henry Ford bis zu Theodore Roosevelt und Thomas Edison, um herauszufinden, was sie ausmachte. Dabei entdeckte er, dass sie sich alle unermüdlich auf ein Ziel konzentrierten und mit einer Kombination aus brennendem Wunsch, Vertrauen und Beharrlichkeit auf dieses Ziel hinarbeiteten. Hills Botschaft, dass ganz normale Menschen jedes Erfolgshindernis überwinden können, gab einer Generation von Lesern Hoffnung, die sich durch die Große Depression kämpften. *Think and Grow Rich* wurde zu einem der ganz großen Bestseller.

Hills Suche hat mich inspiriert. Genau wie sein Klassiker ist auch dieses Buch darauf ausgelegt, die Besten der Besten zu befragen – von Warren Buffett bis zu Sir Richard Branson –, einschließlich des Mannes, den ausgewiesene Experten als modernen Edison bezeichnen: Ray Kurzweil, der die ersten digitalen Musiksynthesizer und die Software erfunden hat, mit der sich Text in Sprache verwandeln lässt. Er ist der Mann hinter Siri auf Ihrem iPhone. Er entwickelte ein Gerät, mit dem Blinde sich auf der Straße bewegen und Straßenschilder oder Speisekarten entziffern können. Inzwischen ist Ray verantwortlich für die technische Entwicklung von Google. Ich wollte jedoch ein Buch schreiben, das über die Psychologie und Wissenschaft von Leistung und Erfolg hinausreicht und Ihnen Instrumente an die Hand gibt, mit deren Hilfe Sie sich und Ihrer Familie eine bessere Zukunft schaffen können. Es sollte ein Handbuch werden, eine Anleitung für eine neue Ökonomie.

Als ich dieses Abenteuer begann, sagten mir alle, ich sei verrückt. Viele sogenannte Experten – und sogar Freunde! – warnten mich, ich müsse durchgedreht sein, wenn ich versuchen wollte, die komplexe Finanzwelt einer breiten Masse auf verständliche Weise nahezubringen. Sogar mein Verleger flehte mich an, ich möge über irgendetwas anderes schreiben. Aber ich wusste, dass es mir gelingen würde, wenn ich die besten

Finanzstrategen dafür gewänne, mit zu helfen, einen Weg durch das Dickicht zu bahnen. Die meisten der Finanzgenies, die ich befragte, geben keine Interviews, und wenn überhaupt, dann höchst selten. Sie mögen auf dem Weltwirtschaftsforum in Davos auftreten oder vor dem Council on Foreign Relations (Rat für Auswärtige Angelegenheiten) sprechen, aber das Vorhaben, ihr Wissen einer breiten Öffentlichkeit nahezubringen, ist noch nie zuvor realisiert worden. Die Mission dieses Buches besteht darin, ihre wichtigen Erkenntnisse so zu vermitteln, dass sie jeder anwenden kann.

Mir wurde die Ehre zuteil, großartige Beziehungen zu einigen der einflussreichsten Menschen der Welt zu pflegen. Ich habe Freunde in herausragenden Positionen, die bereit waren, einige Telefonate für mich zu führen. Es dauerte nicht lange, bis sich die Türen für mich öffneten und ich Zugang zu den Meistern des großen Spiels hatte.

Welcome to the jungle ...
»WELCOME TO THE JUNGLE«, Guns N'Roses

Wo sollte ich also beginnen? Ich beschloss, mit einer Person zu beginnen, von der die meisten noch nie gehört hatten, obwohl er als der Steve Jobs des Investments bezeichnet wird. Wenn Sie jedoch irgendeinen der führenden Finanzstrategen der Welt fragen, sei es die Präsidentin der US-Notenbank, den CEO einer Investmentbank oder den Präsidenten der Vereinigten Staaten, alle kennen Ray Dalio. Sie lesen seine wöchentlichen Briefings. Warum? Weil alle Regierungen ihn anrufen, um ihn zu fragen, was sie tun sollen, und er investiert ihr Geld. Das Gleiche gilt für Pensionsfonds und Versicherungskonzerne. Dalio ist der Gründer von Bridgewater Associates (1975), dem größten Hedgefonds der Welt, der Vermögen (*Assets Under Management, AUM*) in Höhe von 160 Milliarden Dollar verwaltet, und zwar zu einer Zeit, in der ein großer Hedgefonds vielleicht 15 Milliarden Dollar verwaltet. Um überhaupt in den Genuss seiner Dienste zu kommen, musste man ein Vermögen von mindestens 5 Milliarden Dollar besitzen und eine Anfangsinvestition von 100 Millionen Dollar tätigen. Aber bemühen Sie sich nicht, er wird Ihr Geld – oder das Geld von irgendjemandem – derzeit sowieso nicht annehmen.

Ray Dalio stammt aus bescheidenen Verhältnissen. Er wurde im New Yorker Stadtteil Queens als Sohn eines Jazzmusikers und einer Hausfrau geboren. Seine berufliche Laufbahn begann er als Golf-Caddy. Auf dem Golfplatz schnappte er seine ersten Börsentipps auf. Inzwischen beläuft sich sein persönliches Vermögen auf rund 14 Milliarden Dollar und er steht auf der Liste der Superreichen in den USA an 13. Stelle. Wie er das geschafft hat? Das musste ich in Erfahrung bringen! Er ist ein Mann, dessen Fonds Pure Alpha laut *Barron's* in 20 Jahren nur dreimal Geld verloren hat. Im Jahr 2010 erzielte er für seine Schlüsselkunden eine Rendite in Höhe von 40 Prozent. Seit der Fonds 1991 aufgelegt wurde, hat er eine durchschnittliche Jahresrendite von 21 Prozent (vor Gebühren) erzielt. Wenn es irgendjemanden gab, dem ich die Frage stellen wollte, »Kann der Durchschnittsanleger in diesem verrückten, schwankungsanfälligen Markt überhaupt Gewinn erzielen?«, dann war es Dalio. Als er mir sagte, »Keine Frage, man kann trotzdem Profit machen«, war ich ganz Ohr!

Es ist gar nicht so einfach, an Ray Dalio heranzukommen. Doch wie sich herausstellte, wusste Dalio bereits, wer ich war und war ein Fan meiner Arbeit. Eines Nachmittags saß ich mit ihm in seinem überraschend bescheidenen Haus auf einer bewaldeten Insel vor der Küste von Connecticut. Er kam gleich zur Sache und sagte mir, Einzelanleger wie Sie könnten durchaus Gewinn erzielen – aber nur, wenn sie nicht versuchten, die Profis auf ihrem Fachgebiet zu schlagen.

»Was du wissen musst, Tony, ist dass du gewinnen *kannst*«, sagte er. »Aber das geht nicht, wenn du das System zu schlagen versuchst. Das versuchst du am besten nicht einmal. Ich habe 1.500 Mitarbeiter und 40 Jahre Erfahrung, und selbst für mich ist das eine harte Herausforderung. Das ist ein Pokerspiel, bei dem du gegen die besten Spieler der Welt antrittst.«

Ray Dalio ist 65 Jahre alt und spricht mit einem weichen New Yorker Akzent und seine Gesten gleichen den Handbewegungen eines Dirigenten. Er erinnerte mich daran, dass der Börsenmarkt ein Nullsummenspiel ist. Für jeden Gewinner muss es einen Verlierer geben. »Sobald du an dem Spiel teilnimmst, spielst du nicht nur gegen die Pokerspieler, die dir am Tisch gegenübersitzen. Das ist ein globales Spiel, und nur ein ganz kleiner Prozentsatz der Mitspieler verdient echtes Geld. Aber die verdienen eine Menge. Und sie nehmen das Geld von denen, die das Spiel nicht so gut beherrschen wie sie«, sagte er. »Ich würde deinen Anlegern, dem durchschnittlichen Kleinanleger also sagen: Aus diesem Spiel solltest du dich heraushalten.«

Ich fragte Dalio: »Wenn du den Leuten sagst, sie könnten in diesem Spiel nicht mithalten, sollten sie dann darüber nachdenken, jemand anderes für sie spielen zu lassen? Was ist mit den Börsenmaklern und Investmentfondsmanagern, die sagen, sie könnten eine höhere Rendite erzielen?«

»Du glaubst, du gehst zu einem Arzt, aber das sind keine Ärzte«, stellte Dalio fest. Wir sind darauf trainiert, unser ganzes Vertrauen in Ärzte zu setzen und ihrem Rat blind zu folgen, in der Hoffnung, sie wüssten auf alles eine Antwort. Ray Dalio sagt uns dagegen, der typische Finanzmanager helfe uns nicht, Gewinn zu erzielen, weil er entweder nicht die Kompetenzen oder nicht die nötigen Ressourcen besitze, um mit den Großen mitzumischen. »Hätte er sie, kämst du an ihn gar nicht heran.«

»Die Olympischen Spiele sind ein Spaziergang im Vergleich zu dem, was wir machen«, fuhr Dalio fort. »In unserem Geschäft ist der Wettbewerb viel härter. Du kannst zu deinem Makler gehen und meinst, du müsstest dich fragen, ob er clever ist. Vielleicht ist er das. Vielleicht bist du ihm auch wichtig. Du musst dich aber fragen, wie viele Goldmedaillen er gewonnen hat. Du musst sehr, sehr vorsichtig sein, weil es sehr viele Leute gibt, die dir Ratschläge erteilen, aber sie müssen auch gut genug sein, um den besten Mitspielern das Geld abzunehmen.«

Wie lautet also die Antwort?

»Anstatt zu versuchen, mitzuhalten, musst du lernen, **dass es einen passiven Weg gibt, Gewinn zu erzielen**. Setze niemals alles auf eine Karte. Diversifizierung ist **ein System, das dich gegen alle Risiken schützt**, weil selbst die besten Investoren wissen, dass sie irgendwann falsch liegen, egal wie clever sie sind.«

Halt! Ray Dalio, der eine durchschnittliche Rendite von 21 Prozent erzielt, kann trotzdem Fehler machen?

»Natürlich, auch ich werde irgendwann falsch liegen«, antwortete er. »Das passiert uns allen, daher müssen wir ein System aufbauen, das uns davor schützt.«

Nach fast drei Stunden war der Zeitpunkt für die große Frage gekommen: »Ray, was ist das für ein System?« Und Dalio sagte, Tony, das letzte Mal, dass ich Geld angenommen habe, musste ein Kunde ein Vermögen von 5 Milliarden Dollar besitzen, um in den Genuss meines Wissens zu kommen, und die Mindestinvestition betrug 100 Millionen Dollar. Es ist wirklich komplex und es verändert eine Menge.«

Ich sagte, »Komm schon, Ray. Du hast mir gerade gesagt, dass du sowieso kein weiteres Geld mehr annimmst. Ich weiß, wie wichtig dir deine Kunden sind. Angenommen, du könntest deinen Kindern kein Vermögen vererben, sondern nur eine Reihe Prinzipien oder eine Portfolioaufteilung – ein System, mit dem sie in guten und schlechten Zeiten Geld verdienen könnten, so wie du –, sag mir, wie würde das für einen durchschnittlichen Einzelanleger aussehen?«

Es ging ein wenig hin und her, und wissen Sie was? Am Ende erklärte er mir die genaue Zusammensetzung eines idealen Musterportfolios, mit dem Sie bei geringstmöglichen Risiken Ihre Rendite maximieren können.

Was ist eigentlich ein Portfolio? Falls Sie den Ausdruck nicht kennen, das ist eine Sammlung an unterschiedlichen Geldanlagen, die Sie zusammenstellen, um Ihre finanzielle Rendite zu steigern. Dalio erklärte ein einfaches Aufteilungsschema, einschließlich des genauen prozentualen Anteils und der spezifischen Summen pro Geldanlage. Rückblickend war zu sehen, dass wir mit dieser Strategie in den letzten 30 Jahren (1984–2013) zu 85 Prozent der Zeit Geld verdient hätten. Das bedeutet, in den vergangenen 30 Jahren hätten wir lediglich in vier Jahren Verluste gemacht, wobei der höchste Verlust in einem Jahr 3,93 Prozent (und der Durchschnittsverlust pro Verlustjahr gerade einmal 1,9 Prozent) betragen hätte. In einem dieser vier Jahre hätte der Verlust sogar nur 0,03 Prozent betragen, was praktisch einem Break-even gleichkommt. In 2008 hätte Ihr Verlust 3,93 Prozent betragen, während der restliche Markt 51 Prozent Verlust (vom Höchst- bis zum Tiefstand) gemacht hatte. Der Plan, den Dalio hier vorstellte, erzielt eine durchschnittliche Jahresrendite von knapp unter 10 Prozent (nach Gebühren) und ist ein Anlageplan, den Sie leicht übernehmen können! Dies ist nur eines der Systeme, die Sie sich von den herausragendsten Finanzinvestoren der Welt abgucken können und von denen Sie in Teil VI, »Investieren Sie wie die 0,001 Prozent: Die Strategien der Multimilliardäre«, erfahren werden.

Ich weiß, dass Sie nun sofort vorblättern und sich das Portfolio gleich ansehen wollen, aber ich möchte Sie daran erinnern, dass es 7 einfache Schritte gibt, die Sie befolgen müssen, damit das System funktioniert. Wenn Sie nicht wissen, woher Sie das Geld nehmen sollen, um zu investieren, Sie Ihre Ziele noch nicht definiert haben und die Spielregeln nicht kennen, nützt Ihnen der Zugang zum besten Portfolio der Welt gar nichts. Fassen Sie sich also in Geduld und lesen Sie weiter.

Wie wertvoll ist Ray Dalios Information? Wenn andere 5 Milliarden Dollar brauchen, um sich Zugang zu seinem Wissen zu verschaffen und Sie nur den Preis für dieses Buch investieren müssen, ist das keine schlechte Investitionsrendite!

So aufregend es auch war, Näheres über Ray Dalios Investmentschema zu erfahren, fand ich seine Weltanschauung am interessantesten. Für ihn ist die Welt ein Dschungel und sein Leben ein ständiger spannender Kampf.

»Tony, meine Weltsicht lautet, dass wir alle irgendetwas haben, was wir wollen; etwas, das eine höhere Lebensqualität darstellt. Aber um dahin zu kommen, muss man sich durch einen Dschungel an Herausforderungen und Hindernissen kämpfen. Das ist so, als stünde ich auf der einen Seite des Dschungels«, beschrieb er. »Und du kannst einen tollen Job und ein tolles Leben haben, wenn du diesen Dschungel durchquerst. Aber da sind all diese Gefahren, die dich umbringen können. Bleibst du also auf deiner Seite und führst ein halbwegs sicheres Leben? Oder wagst du dich in den Dschungel?«

Dalio begibt sich in den Dschungel, und zwar in Begleitung von äußerst cleveren und vertrauenswürdigen Freunden, die sich stets fragen: »*Was weiß ich nicht?*«

»Das ist der Schlüssel«, sagte Dalio. »Was sich in meinem ganzen Leben sehr bewährt hat, ist, sich nicht selbstgefällig im eigenen Wissen zu sonnen, sondern die Tatsache zu akzeptieren, dass ich Schwächen habe und über dies und das nicht viel weiß. Je mehr man lernt, desto klarer erkennt man, was man alles nicht weiß.«

Das könnte nicht wahrer sein! Und dafür war ich das leibhaftige Beispiel. Ich begann dieses Buchprojekt in dem Glauben, ich wüsste, was ich tat. Schließlich hatte ich jahrzehntelange Erfahrung. Während meiner vier Jahre dauernden Bemühung, mit den besten Investoren der Welt zu sprechen, empfand ich jedoch immer wieder aufs Neue Demut angesichts all der Dinge, die ich nicht wusste. Und ich habe festgestellt, dass die Besten der Besten ebenfalls demütig sind – anders als viele selbsternannte Experten, die glauben, sie wüssten schon alles.

Reichtümer sind kein Lebenszweck, sondern ein Lebensinstrument.
HENRY WARD BEECHER

Während ich mein Vorhaben verfolgte, stellte ich fest, dass sich meine Mission zu verändern begann. Bei jedem Schritt auf diesem Weg entdeckte ich Instrumente, Chancen und Anlageprodukte, die den Megareichen zur Verfügung stehen, von denen der Normalbürger aber nie etwas erfährt. Und ironischerweise sind mit einigen der besten ganz geringe Risiken verbunden, oder sie haben ein begrenztes Risiko – ein sogenanntes asymmetrisches Chancen-Risiko-Profil, was bedeutet, dass Investoren große Gewinnchancen bei sehr geringen Verlustrisiken haben. Man bezeichnet es auch als »Smart Money«.

Für mich ist es sehr aufregend, von diesen Chancen zu erfahren und einige davon nutzen zu können, weil ich in dieser Phase meines Lebens alt genug bin, es mir gut geht und ich finanziell so gestellt bin, dass ich diese Auswahlmöglichkeiten habe. Meine Söhne und meine Tochter haben diese Möglichkeit jedoch nicht, und einige meiner engsten Freunde auch nicht. Und was noch wichtiger ist, Sie haben diese Möglichkeiten wahrscheinlich auch nicht, es sei denn, Sie hätten einen höheren zweistelligen Millionenbetrag herumliegen und lesen dieses Buch nur, um zu erfahren, in welche Geldanlagen Ray Dalio investiert.

Also verwandelte ich mich von einem passiven Informationssammler in der Investmentwelt zu einem leidenschaftlichen Kämpfer für meine Freunde und Leser.

Ich wollte Ihnen nicht einfach erzählen, was reiche Menschen tun, sondern Ihnen die Möglichkeit bieten, diese Chancen ebenfalls zu nutzen.

Ich suchte nach Unternehmen, die sich exklusiv auf das ultrareiche Bevölkerungssegment konzentrieren, und versuchte anschließend, sie davon zu überzeugen, Anlegern jeden Alters und jeder Einkommensgruppe neue Investitionschancen zu eröffnen. Mir war daran gelegen, ihre Serviceleistungen hervorzuheben, und in einigen Fällen habe ich mich mit ihnen zusammengetan, und wir haben gemeinsam neue Produkte erschaffen, die Ihnen erstmalig zur Verfügung stehen. Worauf ich allerdings am meisten stolz bin, ist die Tatsache, dass es mir gelungen ist, viele von ihnen davon zu überzeugen, ihre Finanzdienstleistungen auch Anlegern zugänglich zu machen, die nicht reich sind, und zwar kostenlos! Auf den folgenden Seiten werden Sie ein revolutionäres strategisches Projekt von Stronghold Wealth Management und HighTower kennenlernen, der fünftgrößten Investmentberatung der USA, die normalerweise nur die Megareichen berät. Und nun bietet sie Ihnen einige der gleichen außergewöhnlichen Dienstleistungen kostenlos an und unabhängig von der Summe, die Sie investieren. Sie werden erfahren, wie Sie eine ergänzende Online-Plattform nutzen können, um Ihren Finanzmakler zu testen und zu sehen, ob Sie vielleicht für schlechte Ergebnisse zu viel zahlen. Ich hoffe, das wird der Beginn umwälzender Veränderungen in der Welt der persönlichen Finanzen sein und zum ersten Mal gleiche Bedingungen für alle schaffen.

Und wenn HighTower das in dieser Phase Ihres Lebens für Sie macht, dann wette ich, dass Sie das in Zukunft nicht vergessen werden. Sie werden ein begeisterter Anhänger und für den Rest Ihres Lebens ein loyaler Kunde sein. Sie erhalten heute die Hilfe, die Sie brauchen, und HighTower erhält einen zukünftigen Kunden – das ist die Chance auf ein schwer zu erzielendes Gleichgewicht, von dem beide Seiten profitieren und das in der Börsenwelt äußerst selten ist.

Freundliche Worte erzeugen Vertrauen. Freundliche Gedanken erzeugen Tiefe. Freundliches Geben erzeugt Liebe.
LAO-TSE

Eine der größten Fähigkeiten als »Master of the Game« besteht nicht nur darin, Gewinne zu erzielen, sondern so hohe Gewinne zu erzielen, dass sie im Leben anderer Menschen etwas bewirken. Egal wie schwierig unsere Situation auch sein mag, es gibt immer Menschen, denen es noch schlechter geht. Wenn jemand Reichtum erzeugt, ist das Privileg dieser Person, und ich glaube, auch ihre Verantwortung, denjenigen etwas zurückzugeben, die nicht so gut gestellt sind. Wie ich Ihnen an späterer Stelle erzählen werde, empfing meine Familie einst einen einfachen Akt der Freundlichkeit, als wir buchstäblich nichts zu essen hatten, und das hat meine gesamte Sicht der Menschen und des Lebens verändert. Dieses Erlebnis hat mich als Mensch tief geprägt. Heute kann ich stolz sagen, dass ein Kind, das sein Leben praktisch ohne regelmäßige Ernährung begann, persönlich dazu beiträgt, dass sich 4 Millionen Menschen pro Jahr satt und umsorgt fühlen. Insgesamt hatte ich im Verlauf von 38 Jahren mithilfe meiner Stiftung Anthony Robbins Foundation die Ehre, 42 Millionen Menschen zu ernähren.

Ich möchte dieses Buch als Vehikel benutzen, mit dessen Hilfe Sie so viel physischen und emotionalen Reichtum anhäufen können, dass Sie eines Tages mit Ihrem Geld und Ihrer Zeit selber einen Beitrag für das Gute leisten können. Ich will Ihnen allerdings sagen, wenn Sie nicht bereit sind, 25 Cent herzugeben, dann werden Sie auch nicht 2,5 Millionen Dollar von 10 Millionen hergeben. Der Zeitpunkt zu geben ist jetzt! Ich begann damit, als ich nichts besaß. Der Lohn des Gebens besteht darin, dass Sie Ihr Gehirn darauf programmieren, dass Sie mehr als genug haben, selbst in Zeiten, in denen Sie das Gefühl haben, selber fast nichts zu besitzen. Mit dieser Einstellung können Sie die ewige Knappheit hinter sich lassen und sich auf eine Welt der Üppigkeit zubewegen.

Wenn Sie dieses Buch lesen, sollten Sie wissen, dass Sie nicht nur sich selber helfen, sich eine bessere finanzielle Zukunft zu verschaffen, sondern auch den vielen Millionen Familien, die Hunger leiden. Wie? Im Namen meiner Leser habe ich zum Zeitpunkt der Veröffentlichung dieses Buches insgesamt 50 Millionen Mahlzeiten an obdachlose Männer, Frauen und Kinder gespendet. Sie wären überrascht, wer diese Menschen sind. Ja, einige tragen die Narben von Kriegserinnerungen, und andere sind geistig oder psychisch angeschlagen. Aber viele Millionen sind einfach Leute wie Sie und ich, die ein ganz normales Leben geführt haben. Der Verlust des Arbeitsplatzes, Krankheit oder der Verlust der Familie hat sie in eine Situation gebracht, in der sie ihren finanziellen Verpflichtungen nicht mehr nachkommen konnten. Lassen Sie uns all diesen Menschen gemeinsam helfen.

Zum Zeitpunkt der Manuskripterstellung kürzte der US-Kongress den Etat für Essensmarken um 8,7 Milliarden Dollar. Ich erlebte aus erster Hand, welche verheerende Folgen diese Entscheidung auf Freiwillige und Nonprofit-Gesellschaften hatte, die den Hunger bekämpfen. Aus diesem Grund habe ich 50 Millionen Mahlzeiten gespendet und benutze meinen Einfluss, um die gleiche Summe noch einmal aufzubringen, damit wir insgesamt 100 Millionen Mahlzeiten für hungrige Menschen finanzieren können. Sie sind bei dieser Initiative herzlich willkommen, aber Sie müssen Folgendes wissen: Mit dem Kauf dieses Buches, das Sie jetzt in der Hand halten oder auf Ihrem iPad lesen, haben Sie bereits persönlich 50 Menschen eine Mahlzeit gespendet. Ich habe die Hoffnung, dass Sie sich am Ende dieses Buches dazu inspiriert fühlen, außerdem eine kleine Direktspende zu leisten. Das letzte Kapitel enthält Informationen darüber, wie Sie Ihr Wechselgeld so einsetzen können, dass Sie damit einen Beitrag zur Veränderung der Welt leisten. Es gibt so viele einfache und freudvolle Methoden zu geben und ein Vermächtnis zu hinterlassen, auf das Sie stolz sein können. Wow, das war ein ziemlich intensives Kapitel! Ich weiß, es ist ziemlich viel auf einmal, aber hoffentlich wird es Ihnen nicht langweilig! Ist es mir gelungen, Ihre Neugier auf die Dinge zu wecken, die in Ihrem Leben alle möglich sind? Können Sie sich vorstellen, wie es sich anfühlen wird, wenn Sie sich von Ihrem heutigen Standort an Ihr Wunschziel transportiert haben? Wie würde es sich anfühlen, wenn Sie die Erfahrung machen würden, dass Geld kein Stressfaktor mehr ist, sondern Ihnen das Gefühl von Stolz und freudiger Anspannung gibt? Ich verspreche Ihnen, dass diese neuen Gefühle, die Sie empfinden werden, wenn Sie diesen Lebensbereich erobern, eine Eigendynamik erzeugen werden, die sich über den finanziellen Erfolg hinaus auch auf andere Lebensbereiche erstrecken wird, die noch viel wichtiger sind! Sind Sie bereit?

Eine Bemerkung zum Abschluss: Wenn Sie bis hierher gelesen haben, möchte ich Sie beglückwünschen. Sie gehören zu den obersten 10 Prozent der Menschen, die sich ein Sachbuch kaufen. Das stimmt: Die Statistiken belegen, dass weniger als 10 Prozent der Menschen, die sich ein Buch kaufen, jemals mehr als das erste Kapitel lesen. Wie verrückt ist das denn? Ich habe versucht, ein leicht verständliches Buch zu schreiben, das Ihnen die Chance bietet, sich tiefergehend mit dem Thema zu beschäftigen, das heißt, ein- für allemal meisterliche Kompetenzen auf dem Gebiet der Finanzinvestitionen zu erwerben. Dieses Buch dient nicht als oberflächlicher Schnellratgeber. Ich möchte Sie daher einladen, mich durch dieses Buch zu begleiten. Ich verspreche Ihnen, dass Sie von der Belohnung, die Sie erwartet, jahrzehntelang zehren können.

Lassen Sie mich Ihnen zunächst einen schnellen Überblick über die Voraussetzungen für ein lebenslanges Einkommen verschaffen – Einkommen, das Ihnen das Leben garantiert, das Sie jetzt schon haben, oder den Lebensstil, den Sie sich wünschen, ohne je wieder arbeiten zu müssen. Und dann werden Sie nur noch arbeiten, weil Sie es wollen. Widmen wir uns also dem Überblick über die 7 einfachen Schritte zu finanzieller Freiheit.

Kapitel 2
Die 7 Schritte zu finanzieller Freiheit: Verschaffen Sie sich ein Einkommen fürs Leben

Eine Reise von tausend Meilen beginnt mit einem einzigen Schritt.
LAO-TSE

Sie müssen mir etwas verraten: Haben Sie je die Erfahrung gemacht, also ... die wirklich demütigende Erfahrung, ein Videospiel gegen ein Kind zu spielen? Wer gewinnt immer? Das Kind, selbstverständlich! Aber wie macht es das? Ist es cleverer, schneller, stärker?

Und so funktioniert es normalerweise: Sie besuchen Ihre Nichte oder Ihren Neffen und sie oder er wird sagen: »Komm, Onkel Tony, spiel mit mir!« Darauf protestieren Sie sofort, »Nein, ich kenne dieses Spiel nicht. Geht ihr spielen.«

»Komm schon, es ist ganz einfach! Wir zeigen es dir!«

Dann werden ein paar böse Kreaturen abgeschossen, sobald sie auf dem Bildschirm auftauchen. Sie wehren sich noch immer, also beginnt das Kind zu flehen: »Bitte, bitte, bitte, komm schon!«

Sie lieben die Kinder, also geben Sie nach. Und dann spricht Ihre Nichte oder Ihr Neffe die Worte aus, bei denen Sie sofort wissen, dass Sie geliefert sind: »Du fängst an.«

Also beschließen Sie, zu zeigen, was Sie drauf haben! Und dann? *Womm! Womm! Womm!* In 3,4 Sekunden sind Sie tot. Kopfschuss. Erledigt.

Dann übernimmt das Kind das Steuer und plötzlich geht es *womm-womm-womm-womm-womm!* Die bösen Kreaturen regnen von oben herunter und sausen in Supergeschwindigkeit von einer Ecke in die andere. Das Kind nimmt jede Bewegung im Geiste voraus und schießt sie ab – rund 45 Minuten später sind Sie mit Ihrer zweiten Runde dran. Nun wissen Sie Bescheid und sind vom Ehrgeiz gepackt. Dieses Mal halten Sie volle fünf Sekunden durch. Und das Kind ist weitere 45 Minuten an der Reihe.

Warum gewinnen Kinder immer? Haben sie die besseren Reflexe? Sind sie schneller? Nein! **Sie kennen das Spiel bereits und haben es schon x-mal gespielt.** Sie besitzen eines der größten Geheimnisse von Reichtum und Erfolg im Leben: **Sie können die Geschehnisse vorwegnehmen.** Verlierer reagieren, Führer antizipieren. Auf den folgenden Seiten werden Sie von den Besten der Besten lernen, wie man Geschehnisse vorwegnimmt – den Ray Dalios und Paul Tudor Jones' und den weiteren 50 außergewöhnlichen Finanzstrategen, die die Straße, die vor ihnen liegt, genau kennen. Sie werden Ihnen helfen, die Herausforderungen und Probleme auf dem Weg zu finanzieller Freiheit zu antizipieren, damit Sie möglichst ungeschoren davonkommen und Ihre Schäfchen ins Trockene bringen können. Wie Ray Dalio sagt: Es ist ein Dschungel voller böser Überraschungen, die Sie finanziell ruinieren können, und Sie brauchen vertrauenswürdige Führer, die Sie sicher durch das Dickicht geleiten. Mit ihrer Hilfe werden wir einen Plan entwickeln, der Sie befähigen wird, Herausforderungen vorwegzunehmen, unnötigen Stress zu vermeiden und Ihr ideales Finanzziel zu erreichen.

Ich möchte Ihnen einen kurzen Überblick über unsere Route und die Struktur des Buches geben, damit Sie das Beste daraus machen können. Zuvor wollen wir uns jedoch über unsere wahre Absicht klar werden.

Dieses Buch soll Sie in die Lage versetzen, sich ein lebenslanges Auskommen zu verschaffen, ohne jemals wieder arbeiten zu müssen. Echte finanzielle Freiheit!

Und die gute Nachricht ist, dass jeder das erreichen kann. Selbst wenn Sie mit Schulden beginnen und – ohne Übertreibung – in einem tiefen Loch stecken, können Sie sich mit ein wenig Zeit, einem beständigen Fokus und den richtigen Strategien in wenigen Jahren finanzielle Sicherheit oder sogar Unabhängigkeit verschaffen.

Bevor wir die einzelnen Schritte durchgehen, wollen wir einen Blick darauf werfen, warum finanzielle Sicherheit früher so einfach zu erreichen schien. Was hat sich verändert? Und was müssen wir tun?

Man kann jung sein ohne Geld, aber man kann nicht alt sein ohne Geld.
TENNESSEE WILLIAMS

Alles was mit Finanzen zu tun hat, scheint heute viel komplizierter zu sein als früher. Ich bin sicher, dass Sie sich gefragt haben, warum es so schwierig ist zu sparen und sich im Alter mit einem bequemen Polster zur Ruhe zu setzen. Wir betrachten den bezahlten Ruhestand in unserer Gesellschaft als etwas Selbstverständliches, als eine sakrosankte Lebensphase. Wir dürfen aber nicht vergessen, dass das ein relativ neues Konzept ist, das erst zwei oder drei Generationen wirklich haben nutzen können. Früher arbeiteten die Menschen normalerweise, bis sie nicht mehr konnten. Das hieß, bis sie starben.

Erinnern Sie sich an Ihre eigene Geschichte? Wann wurde die Sozialversicherung erfunden? Sie wurde in den USA während der Großen Depression unter Franklin Delano Roosevelt eingeführt, als es kein Sicherheitsnetz für alte und kranke Menschen gab. (In Deutschland beginnt die Geschichte der Sozialversicherung um 1883.) Und »alt« bedeutete damals etwas anderes als heute. Die durchschnittliche Lebenserwartung eines US-Bürgers betrug damals 62 Jahre. Das war alles! Die Sozialversicherung, das heißt in diesem Fall die Rente, wurde mit 65 Jahren fällig. Das bedeutete, dass eigentlich niemand sie bekomme sollte, oder zumindest nicht sehr lange. Tatsache ist, dass selbst Roosevelt nicht lange genug lebte, um seine eigene Rente zu kassieren (nicht, dass er darauf angewiesen gewesen wäre). Er starb nämlich mit 63 Jahren.

Die Sozialversicherung linderte das Leiden vieler Millionen Amerikaner während der großen Krise, aber sie hatte nie den Zweck, ein Ersatz für eigene Alterserspaarnisse zu sein; sie sollte einfach nur eine Ergänzung sein, um die grundlegendsten Bedürfnisse abdecken zu können. Das System war nicht für die Welt gemacht, in der wir heute leben.

Hier die neue Realität: Bei verheirateten Paaren besteht zu 50 Prozent die Chance, dass mindestens ein Partner 92 Jahre alt wird, und zu 25 Prozent die Chance, dass einer von beiden 97 Jahre alt wird.

Wow! Wir nähern uns sehr schnell einer Lebenserwartung von 100 Jahren an.

Und mit einer höheren Lebenserwartung, erwartet uns eine längere – viel längere – Rentenzeit. Vor 50 Jahren betrug die durchschnittliche Rentenzeit 12 Jahre. Jemand, der heute mit 65 Jahren in den Ruhestand geht, hat eine Lebenserwartung von 85 Jahren oder länger. Das sind 20 Jahre und mehr an Rentenzahlungen. Und das ist der Durchschnitt. Viele werden länger leben und auf eine Rentenzeit von 30 Jahren kommen!

Es ist nicht realistisch, mit 30 Jahren Arbeitszeit eine Rentenzeit von 30 Jahren zu finanzieren. Sie können nicht erwarten, 10 Prozent Ihres Einkommens beiseite zu legen und damit eine genauso lange Rentenzeit zu finanzieren.

JOHN SHOVEN, Professor an der Stanford University

All die Durchbrüche, die wir in der Medizintechnologie erleben, könnten Ihr Leben und das Ihrer Kinder um viele Jahre verlängern – vielleicht sogar um Jahrzehnte. Von der Stammzellentechnologie über die 3D-Darstellung der inneren Organe bis zur Zellenregeneration findet eine technologische Revolution nach der anderen statt. Näheres darüber in Kapitel 41, »Die Zukunft strahlt heller, als Sie glauben«. Es ist ein Segen, aber sind Sie finanziell darauf vorbereitet? Viele von uns sind es nicht.

In einer Studie, die MassMutual vor kurzem durchgeführt hat, wurden Babyboomer gebeten, ihre größte Sorge zu nennen. Was glauben Sie, war die Antwort? Tod? Terrorismus? Pestilenz? Nein, die größte Sorge der Babyboomer war, dass sie länger leben könnten, als ihre Ersparnisse reichen. (Die Angst vor dem Tod belegte übrigens einen abgeschlagenen zweiten Platz.)

Die Babyboomer haben allen Grund, sich Sorgen zu machen, und das gilt auch für die Millenniumsgeneration. Laut einer Studie von Ernst & Young können 75 Prozent der Amerikaner davon ausgehen, dass ihr Vermögen aufgebraucht ist, bevor sie sterben. Das Sicherheitsnetz der Sozialversicherung alleine wird keinen halbwegs vernünftigen Lebensstandard bieten können, wenn es überhaupt bis in die nächste Generation hält. Die durchschnittliche monatliche Rente beträgt in den Vereinigten Staaten derzeit 1.294 Dollar (in Deutschland liegt die Rentenhöhe je Bezieher gerade einmal bei 766 € monatlich). Was glauben Sie, wie weit Sie damit kommen, wenn Sie in New York, Los Angeles, Chicago oder Miami leben? Und wie lange werden die ähnlich strukturierten Rentensysteme in London, Sydney, Rom, Tokio, Hongkong, Berlin oder Neu Delhi reichen? **Egal wo Sie leben, wenn Sie keine weitere Einkommensquelle besitzen, werden Sie als der bestangezogene Kundenbegrüßer in einem Supermarkt enden.**

Es ist offensichtlich, dass unsere Ruhestandsbezüge für eine wesentlich längere Zeit reichen müssen – und das inmitten einer wachstumsschwachen Wirtschaft, in der viele darum kämpfen, ihre Verluste aus der Finanzkrise wiedergutzumachen.

Wie haben wir auf diese zunehmende Dringlichkeit reagiert? Viele von uns finden das Problem so schmerzhaft und überwältigend, dass sie es einfach ausblenden, in der Hoffnung, es würde von alleine verschwinden. Laut dem amerikanischen Forschungsinstitut für Arbeitnehmersozialleistungen (*Employee Benefit Research Institute, EBRI*), haben 48 Prozent der Amerikaner nicht einmal berechnet, welche Einkommenslücke sie im Alter schließen müssen. Jawohl, 48 Prozent! Das ist eine beeindruckende Zahl: Fast die Hälfte von uns muss überhaupt erst einmal die ersten Schritte zur Planung ihrer finanziellen Zukunft machen – und der Tag X rückt immer näher.

Wie lautet also die Lösung? Sie beginnt mit Schritt 1: Treffen Sie die wichtigste Finanzentscheidung Ihres Lebens.

Wenn Sie die Lektüre dieses Buches beendet haben, werden Sie nicht nur einen automatisierten Spar- und Investitionsplan haben, sondern Sie werden auch wissen, wie Sie Einkommen generieren, ohne zu arbeiten. Eine Sekunde! Das ist zu schön, um wahr zu sein, denken Sie. Und alles, was zu schön klingt, um wahr zu sein, ist auch unwahr, oder?

Ich bin allerdings sicher, dass Sie wissen, dass jede Regel ihre Ausnahme hat. Was würden Sie sagen, wenn ich Ihnen sagen würde, dass es inzwischen Finanzinstrumente gibt, mit denen Sie in Haussemärkten genauso Geld verdienen können wie in Baissemärkten? Vor 20 Jahren wäre das für den Einzelanleger unvorstellbar gewesen. Investoren, die 2008 in diese Instrumente investiert haben, verloren nicht einen Cent. Ich habe diese Art Sicherheit und Freiheit für mich und meine Familie errungen. Es ist ein unglaubliches Gefühl, zu wissen, dass Ihnen nie das Geld ausgehen wird. Ich möchte, dass Sie das für sich und Ihre Familie auch erreichen. In diesem Buch werde ich Ihnen zeigen, wie Sie einen garantierten lebenslangen Einkommensstrom generieren. Einen Gehaltsscheck fürs Leben, ohne dass Sie je wieder arbeiten müssen.

Wäre es nicht großartig, wenn Sie an jedem Monatsende Ihre E-Mail öffnen könnten und würden einen Kontoauszug finden, der kein Minus, sondern ein wachsendes Plus ausweisen würde? Stellen Sie sich vor, das würde jeden Monat passieren – ein lebenslanges Einkommen. Es gibt einen Weg, es sich zu verschaffen.

In Teil IV werde ich Ihnen zeigen, wie Sie Ihre Geldanlagen so strukturieren, dass sie ein angemessene Größe haben – ich bezeichne das als »kritische Masse« – die Sie in die Lage versetzen wird, im Schlaf Geld zu verdienen! Mit einigen simplen Strategien wird es Ihnen gelingen, einen garantierten Einkommensstrom zu erzeugen, sodass Sie Ihre persönliche »Rente« zu Ihren eigenen Bedingungen gestalten, managen und genießen können.

Wahrscheinlich fällt es Ihnen schwer, sich vorzustellen, dass Privatanlegern inzwischen Finanzinstrumente zur Verfügung stehen, die Ihnen Folgendes bieten können:

- 100 Prozent Schutz des Stammkapitals, was bedeutet, dass Sie Ihre Investition nicht verlieren können
- Die Rendite, die Sie auf Ihrem Konto sehen, ist direkt mit dem Anstieg des Börsenindex verbunden (zum Beispiel, dem S&P 500). Wenn die Börse steigt, nehmen Sie an den Gewinnen teil. Aber wenn die Börse fällt, verlieren Sie nichts!
- Sie haben zudem die Möglichkeit, Ihr Kontoguthaben in ein garantiertes Einkommen zu verwandeln, das Sie nie aufbrauchen können.

Sie können aufhören zu träumen – hier ist die Chance! Das ist eine der Chancen, die Kleinanlegern heute zur Verfügung stehen. Um es ganz klar zu sagen, ich will hier nicht andeuten, dass Sie aufhören sollen zu arbeiten, wenn Sie das traditionelle Rentenalter erreicht haben, selbst wenn Sie über ein lebenslanges Einkommen verfügen. Das muss nicht sein. Untersuchungen haben ergeben, dass die Wahrscheinlichkeit steigt, dass Sie weiterarbeiten, je mehr Geld Sie besitzen. Das traditionelle Ziel lautete stets, mit 40 Jahren so reich zu sein, dass Sie aufhören können zu arbeiten. Heute ist das Ziel, reich zu werden und bis 90 zu arbeiten. Fast alle Menschen, die 750.000 Dollar pro Jahr und mehr verdienen, sagen, sie würden sich nie zur Ruhe setzen, und falls doch, dann frühestens mit 70 Jahren.

Denken Sie an die Rolling Stones und Mick Jagger mit seinen 71 Jahren, der noch immer die Welt rockt. Oder denken Sie an Unternehmermogule wie Steve Wynn mit seinen 72 Jahren. Oder Warren Buffett mit 84, Rupert Murdoch mit 83 und Sumner Redstone mit 91 Jahren.

In diesem Alter leiten sie alle noch ihre jeweiligen Unternehmen, und das mit herausragendem Erfolg. (Wahrscheinlich machen sie es immer noch.) Vielleicht werden Sie das auch tun.

Doch was geschieht, wenn Sie nicht arbeiten können oder wollen? Die staatliche Rente allein wird Ihnen kein sanftes Ruhekissen bieten. Bei einer immer älter werdenden Bevölkerung werden die Kassen möglicherweise bald leer und die Rentenversicherung nicht mehr das sein, was wir heute kennen. Im Jahr 1950 zahlten 16,5 Arbeitnehmer in die Rentenkasse ein, um die Rente einer Person zu finanzieren. Heute sind es 2,9 Beitragszahler pro Rentner. Klingt das nach Nachhaltigkeit?

In einem Artikel mit der Überschrift »It's a 401(k) World« schrieb Thomas Friedman, Bestsellerautor und Kolumnist der *New York Times*: »Wenn Sie selbstmotiviert sind, wow, dann ist Ihnen diese Welt auf den Leib geschneidert. Es gibt keine Grenzen mehr. Aber wenn Sie kein selbstmotivierter Mensch sind, dann wird diese Welt zu einer echten Herausforderung, weil die Wände, Decken und Fußböden, die die Menschen einst geschützt haben, verschwunden sind [...] Es wird weniger Einschränkungen geben, aber auch weniger Garantien. Ihre konkreten Leistungen werden viel stärker Ihre konkreten Bezüge bestimmen. Einfach die Arbeitszeit abzusitzen, wird nicht mehr ausreichen.«

Was die süßen, steuerlich begünstigten und arbeitgebergeförderten Vorsorgepläne unserer Eltern und Großeltern betrifft, auf die sich die älteren Generationen bei ihrer Rente verließen, auch sie werden verschwinden – so wie das »Fräulein vom Amt« und mechanische Schreibmaschinen. In den USA besitzt lediglich die Hälfte der US-Arbeitnehmer der freien Wirtschaft überhaupt irgendeinen Rentenplan, und die meisten dieser Pläne sind eine Art Do-it-yourself-Version, bei der die Arbeitnehmer alle Risiken tragen. Wenn Sie Beamter oder Angestellter im öffentlichen Dienst sind, kommen Sie vielleicht in den Genuss einer staatlichen Zusatzversorgung, aber mit jedem Tag gibt es mehr Arbeitnehmer, die sich fragen, ob das staatliche System noch Geld hat, wenn sie eines Tages in Rente gehen.

Wie sieht Ihr Rentenplan aus? Haben Sie einen Rentenanspruch?

Tod und Steuern: die einzigen Konstanten

Neben den Gefahren schwankungsanfälliger Märkte (die sich schneller auf- und abbewegen, als das Licht), exorbitanter (versteckter) Gebühren und eines überholten Rentensystems, dürfen wir nicht unseren guten alten Freund, den Fiskus, vergessen. Oh ja, der Fiskus. Er nimmt sich von allen Ihren Einnahmen oft nahezu 50 Prozent, vielen Dank auch! Wenn

Sie geglaubt haben, versteckte Gebühren seien der einzige Grund, der verhindert, dass Sie Wohlstand anhäufen, dann haben Sie den größten Schuldigen von allen ausgelassen. Bis zu einem gewissen Grad wissen wir alle, wie unangenehm Steuern sind, aber nur wenigen ist bewusst, wie tief uns der Fiskus in die Taschen greift und in welchem Ausmaß er uns daran hindert, finanzielle Freiheit zu erlangen. Ausgefuchste Investoren haben es schon immer gewusst: Es kommt nicht darauf an, wie viel Sie verdienen, sondern wie viel Ihnen netto bleibt. Die herausragendsten Investoren der Welt kennen die Bedeutung der Steuereffizienz. Wie destruktiv können Steuern sein, wenn man sie im Verlauf der Zeit zusammenrechnet?

Versuchen wir es mit einer Metapher: Sagen wir, Sie hätten einen Dollar und irgendwie gelingt es Ihnen, diesen Dollar 20 Jahre lang jedes Jahr zu verdoppeln. Wir alle kennen dieses Spiel. Es nennt sich Zinseszins.

Nach dem ersten Jahr haben Sie Ihren Dollar auf 2 Dollar verdoppelt,
zweites Jahr: 4 Dollar
drittes Jahr: 8 Dollar
viertes Jahr: 16 Dollar
fünftes Jahr: 32 Dollar

Wenn Sie raten sollten, was glauben Sie, auf welche Summe sich Ihr Dollar nach 20 Jahren vervielfacht hat? Sie sollen nicht betrügen und einfach weiterlesen. Nehmen Sie sich einen Moment und raten Sie.

Durch die Magie der Aufzinsung wird aus Ihrem einen Dollar in 20 Jahren (bitte einen Trommelwirbel): 1.048.576 Dollar! Das ist die unglaubliche Macht des Zinseszins!

Als Investoren wollen wir diese Macht für uns nutzen. Aber so einfach ist das Spiel natürlich nicht. In Wirklichkeit will Cäsar zunächst, was des Cäsars ist. Der Fiskus will seinen Anteil. Wie wirken sich die Steuern auf dasselbe Szenario aus? Sie dürfen erneut raten. Wenn Sie das Glück haben, nur 33 Prozent Steuern jährlich zu zahlen, was glauben Sie, auf welche Summe sich Ihr einer Dollar nach 20 Jahren vervielfacht hat? Nehmen Sie sich ruhig die Zeit und raten Sie.

Nun, wenn die steuerfreie Summe 1.048.576 Dollar beträgt .... hmmm. Bei 33 Prozent Steuern wären das rund 750.000 Dollar? Oder vielleicht 500.000 Dollar? Denken Sie noch einmal nach! Nun wollen wir die nächste Säule betrachten und sehen die unglaubliche geldverringernde Macht der Steuern, wenn wir jedes Jahr vor der Aufzinsung die jährlichen Steuern herausrechnen. Wenn wir von einem Jahressteuersatz in Höhe von 33 Prozent ausgehen, bleiben Ihnen am Ende derselben 20 Jahre gerade einmal knapp über 28.000 Dollar! Ein Unterschied von mehr als 1 Million!

Natürlich basiert dieses Szenario, in dem sich das Geld auf diese Weise vervielfacht und vermindert, auf Renditen, die Sie in Wirklichkeit nie erleben werden, aber es macht deutlich, was passieren kann, wenn man die Auswirkungen von Steuern auf die eigene Finanzplanung nicht berücksichtigt.

Kein Mensch ist frei, der nicht Herr seiner selbst ist.
EPIKTET

Egal ob mit Plan oder ohne, die Zukunft nähert sich in Riesenschritten. Laut dem amerikanischen Zentrum für Rentenforschung (*Center for Retirement Research*) sind 53 Prozent der amerikanischen Haushalte von dem Risiko bedroht, nicht genug Geld für den Ruhestand zu haben, um ihren Lebensstandard halten zu können. Das ist mehr als die Hälfte!

Wir wissen, dass wir mehr sparen und investieren müssen. Warum tun wir es dann nicht? Was hält uns davon ab?

Beginnen wir mit der Tatsache, dass sich Menschen nicht immer rational verhalten. Einige von uns geben Geld für Lottoscheine aus, auch wenn jeder weiß, dass die Chance, den Jackpot zu knacken, 1 zu 175 Millionen steht und dass die Wahrscheinlichkeit, von einem Blitz getroffen zu werden, 251-mal so groß ist. Der durchschnittliche amerikanische Haushalt gibt 1.000 Dollar pro Jahr für Lotto aus! Nun, als ich das von meinem Freund Shlomo Benartzi hörte, einem Professor für Behavioral Finance (verhaltensorientierte Finanzmarkttheorie) an der UCLA, war meine erste Reaktion: »Das ist nicht möglich!«

Daraufhin fragte ich vor Kurzem das Publikum eines meiner Seminare, wer von ihnen einen Lottoschein gekauft hatte. In einem Saal mit 5.000 Personen hoben weniger als 50 die Hand. Wenn lediglich 50 von 5.000 Personen Lotto spielen, die durchschnittlichen Ausgaben für Lotto aber 1.000 Dollar betragen, heißt das, dass es viele Menschen gibt, die wesentlich mehr für Lotto ausgeben. Den Rekord hält übrigens Singapur, wo der durchschnittliche Haushalt 4.000 Dollar pro Jahr für Lotto ausgibt. Haben Sie eine Vorstellung, welche Summe im Verlauf eines langen Zeitraums aus 1.000, 2.000, 3.000 oder 4.000 Dollar entsteht, wenn man diese Beträge kontinuierlich aufzinst? Im nächsten Kapitel werden Sie erfahren, wie wenig Geld letztlich nötig ist, um eine halbe bis eine ganze Million Dollar oder mehr an Altersrücklagen zu erzielen, deren Management fast keine Zeit in Anspruch nimmt.

Wir wollen uns nun mit der Verhaltensökonomie beschäftigen und sehen, ob wir nicht einige kleine Tricks finden können, die den Unterschied zwischen Armut und Reichtum bedeuten könnten. Experten in Verhaltensökonomie versuchen herauszufinden, warum wir die finanziellen Fehler machen, die wir machen, und wie wir sie korrigieren können.

Dan Ariely, renommierter Professor für Verhaltensökonomie an der Duke University, untersucht, auf welche Weise unser Gehirn uns regelmäßig zum Narren hält. Die Menschen haben sich dahingehend entwickelt, dass sie sich auf ihre visuelle Wahrnehmung verlassen. Ein großer Teil unseres Gehirns widmet sich daher der Sehfähigkeit. Doch wie oft täuscht uns unser Blick? Betrachten Sie die beiden nachfolgend abgebildeten Tische.

Auf die Frage, welcher Tisch länger ist, der schmale auf der linken Seite, oder der breite auf der rechten Seite, würden die meisten Menschen instinktiv auf den linken Tisch deuten. Doch das ist falsch. Die Länge beider

Tische ist exakt die gleiche (bitte, messen Sie nach, wenn Sie mir nicht glauben.) Okay, noch ein Versuch.

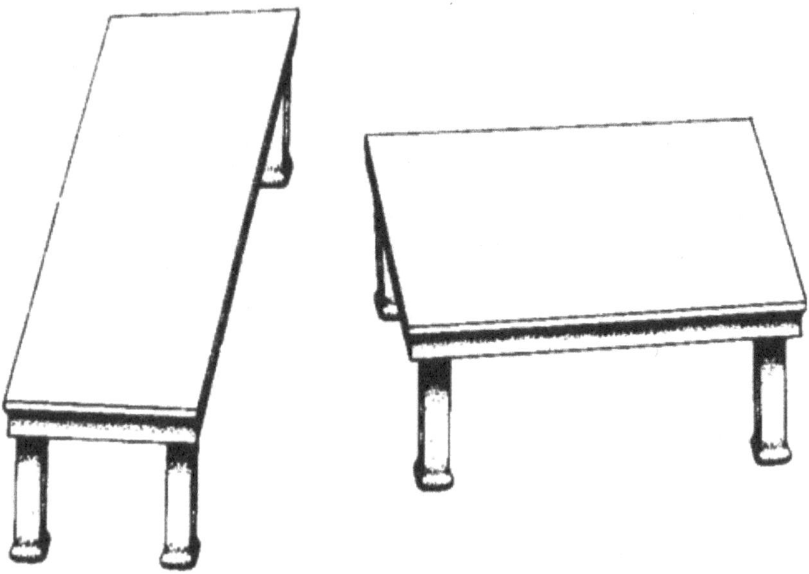

Welcher Tisch ist nun länger? Würden Sie nicht jede Wette eingehen, dass der Tisch auf der linken Seite immer noch länger ist? Sie kennen die Antwort, und dennoch täuscht uns unser Gehirn. Der Tisch auf der linken Seite wirkt einfach länger. Ihre Augen gaukeln Ihrem Hirn etwas vor. »Unsere Intuition hält uns in wiederholbarer, vorhersagbarer und konsistenter Weise zum Narren«, sagte Dan Ariely bei einer erinnerungswürdigen TED-Konferenz. »Und es gibt praktisch nichts, was wir dagegen tun können.«

Wenn uns unsere Augen einen solchen Streich spielen, wo wir doch theoretisch gut sehen können, wie groß ist dann die Chance, dass wir noch mehr Fehler auf Gebieten machen, auf denen wir nicht so gut sind – zum Beispiel Finanzentscheidungen? Egal, ob wir glauben, dass wir gute Finanzentscheidungen getroffen haben oder nicht, wir gehen auf jeden Fall davon aus, **dass wir über unsere Entscheidungen die Kontrolle haben.** Die Wissenschaft ist da anderer Meinung.

Ariely erzählte mir in einem Interview, dass er viele Entscheidungsfehler »kognitiven Illusionen« zuschreibt – vergleichbar den visuellen

Illusionen, denen wir oft zum Opfer fallen. Hier ein konkretes Beispiel: Wenn Sie morgen zu Ihrer lokalen Kraftfahrzeugbehörde gehen und man Sie fragen würde, ob Sie bereit wären, Ihre Organe zu spenden, was würden Sie wohl antworten? Einige von uns würden sofort ja sagen und sich für selbstlos und nobel halten. Andere würden vielleicht zögern, nach Luft schnappen oder von der Direktheit der Frage vor den Kopf gestoßen sein oder sogar ablehnen. Oder Sie würden antworten, Sie bräuchten Zeit, um darüber nachzudenken. Unabhängig davon, wie Sie reagieren, würden Sie glauben, Ihre Entscheidung beruhe auf Ihrem freien Willen. Sie sind ein kompetenter, geschäftsfähiger Erwachsener und in der Lage zu bestimmen, ob Sie Ihre Organe spenden wollen, um ein fremdes Leben zu retten.

Aber hier der Haken: Wie Ihre Entscheidung ausfällt, hängt sehr davon ab, wo Sie leben. Wenn Sie in Deutschland leben, ist die Chance, dass Sie Ihre Organe spenden werden, 1 zu 8, das heißt, rund 12 Prozent der Deutschen spenden. Wohingegen die Menschen im Nachbarland Österreich zu 99 Prozent Organspender sind. In Schweden spenden 89 Prozent, aber in Dänemark nur 4 Prozent. Woran liegt das? Könnte es religiöse Gründe haben oder ist es der Angstfaktor? Hängt es von der Kultur ab? Nun, die Antwort hat mit alldem nichts zu tun. Die riesigen Unterschiede in der Spenderbereitschaft haben absolut nichts mit Ihnen persönlich oder Ihrem kulturellen Erbe zu tun, sondern ausschließlich mit der Formulierung der Frage nach Ihrer Spenderbereitschaft auf dem entsprechenden Formular.

In Ländern mit einer niedrigen Spenderquote, wie zum Beispiel Dänemark, steht ein kleines Kästchen und daneben steht, »Kreuzen Sie hier an, wenn Sie am Organspendeprogramm teilnehmen wollen.« In Ländern mit hohen Spenderquoten, wie zum Beispiel Schweden, steht der Satz, »Kreuzen Sie hier an, wenn Sie *nicht* am Organspendeprogramm teilnehmen wollen.« Das ist das ganze Geheimnis! Es besteht einfach ein unbewusster Widerwille gegen das Ankreuzen von Kästchen. Es geht nicht darum, ob wir unsere Organe spenden wollen oder nicht. Dieses kleine bisschen Untätigkeit macht den ganzen Unterschied aus!

Wenn eine Fragestellung zu überwältigend oder komplex erscheint, neigen wir dazu, zu erstarren und gar nichts zu tun. Oder wir tun, was jemand für uns entschieden hat. Das ist nicht unsere Schuld, so ist unser Gehirn programmiert. Das Problem mit der Organspende ist nicht, dass es den Menschen egal wäre oder sie nicht dazu bereit wären, sondern gerade, dass sie sich so viele Gedanken darüber machen. Das ist eine schwierige und komplizierte Entscheidung, und viele wissen einfach nicht, was sie tun sollen. **Und weil sie nicht wissen, wie sie sich entscheiden sollen, machen sie einfach das, was jemand anderes für sie entscheidet«**, sagt Ariely.

Dieselbe Untätigkeit beziehungsweise Befolgung der Entscheidung, die andere für uns getroffen haben, trägt auch zu der Erklärung bei, warum nur ein Drittel der amerikanischen Arbeitnehmer überhaupt die verfügbaren Rentenpläne nutzt. Es erklärt, warum so wenige von uns einen Finanzplan für die Zukunft erstellt haben. Es scheint so unendlich kompliziert. Wir sind einfach nicht sicher, was wir tun sollen, also zögern wir und machen gar nichts.

Ariely erzählte mir, was die physische Welt beträfe, würden wir unsere Beschränkungen kennen und uns entsprechende Mittel verschaffen – wir bauen Brücken, Rampen, Treppen und Aufzüge. »Aber aus irgendeinem Grund vergessen wir unsere Grenzen, wenn wir Dinge entwickeln, wie öffentliche Gesundheitsfürsorge, Rentensysteme und Börsenmärkte. Ich glaube, wenn wir unsere kognitiven Grenzen genauso kennen würden, wie unsere physischen Grenzen, auch wenn uns Erstere nicht so deutlich ins Auge springen, dann könnten wir eine bessere Welt gestalten.«

Denken Sie daran, was Ray Dalio über den Dschungel sagte, nämlich dass er sich als Erstes die Frage stelle: *»Was weiß ich nicht?«* Wenn Sie Ihre Grenzen kennen, können Sie sich anpassen und erfolgreich handeln. Wenn Sie sie nicht kennen, werden Sie Opfer Ihrer eigenen Unwissenheit und machen Fehler.

Ich möchte mit diesem Buch die Menschen wachrütteln und ihnen das Wissen und die Instrumente an die Hand geben, mit denen sie ihre Finanzen unmittelbar selber steuern können. Daher habe ich einen Plan ausgearbeitet, der Sie nicht mit Komplexität überfordert und nicht zu zeitintensiv ist. Warum? Weil Komplexität der Feind der Umsetzung ist, wie wir anhand der Organspendeformulare gesehen haben. Aus diesem Grund habe ich diesen Plan in 7 einfache Schritte unterteilt. Aber wissen Sie was? Wenn Sie das einmal abgehakt haben, haben Sie es hinter sich.

Wenn Ihr Plan einmal steht, müssen Sie nur ein- bis zweimal im Jahr ungefähr eine Stunde Zeit aufwenden, um zu überprüfen, ob der Kurs noch stimmt.

Es gibt keine Ausreden mehr! Sie werden den Weg zu lebenslanger finanzieller Sicherheit, Unabhängigkeit und Freiheit gehen und viel Zeit haben, um die Dinge zu genießen, die Ihnen wirklich wichtig sind!

Lassen Sie uns nun einen Kurzdurchlauf durch die 7 Schritte zu finanzieller Freiheit machen.

Wenn Sie zu einer Generation gehören, die mit Blogs und Tweets groß geworden ist, gehe ich davon aus, dass Sie mich fragen werden, »Können Sie mir diese 7 Schritte – und nebenbei auch gleich das ganze Buch – nicht in einem Absatz, oder noch besser, in einer Infografik darstellen?« Das könnte ich. Aber Information *kennen* ist nicht dasselbe wie Information *verinnerlichen* und konsequent danach handeln. Information ohne anschließendes Handeln ist Armut. Vergessen Sie nicht: Wir ertrinken in Information, aber wir dürsten nach Weisheit.

Ich möchte Sie geistig auf jeden kommenden Schritt vorbereiten. Auf diese Weise werden Sie die Bereitschaft erlangen, die nötigen Handlungen zu vollziehen, die garantieren werden, dass Ihr Pfad zu finanzieller Freiheit auch wirklich realisiert wird.

Dieses Buch ist so angelegt, dass es Ihnen die Beherrschung einer Materie vermittelt, die die meisten Menschen quält, weil sie sich nie die Zeit genommen haben, die Grundlagen zu erlernen und zu beherrschen, die ihre Befreiung bedeuten würden. Jeder kann irgendetwas lesen, sich an etwas erinnern und das Gefühl haben, er habe etwas gelernt.

Echte Meisterschaft setzt drei Stufen voraus. Die erste Stufe ist das kognitive Verständnis.

Das ist die Fähigkeit, das Konzept zu verstehen. Das kann jeder von uns. Viele haben bereits ein kognitives Verständnis des Konzepts der persönlichen Finanzen und der Geldanlage. Aber damit alleine und 3 Dollar bekommen Sie mit Mühe einen Kaffee bei Starbucks. Was ich meine, ist, dass die Information um der Information willen keinen Wert besitzt. Sie ist nur der erste Schritt.

Einen echten Wert erhalten Sie, wenn Sie die zweite Stufe oder den zweiten Schritt erreichen: die emotionale Meisterschaft.

Das bedeutet, dass Sie etwas so oft gehört haben und diese Information genügend Gefühle in Ihrem Inneren erzeugt hat – Wünsche, Hunger, Ängste, Sorgen –, dass Sie nun aufmerksam werden und in der Lage sind, ganz bewusst und konsistent das anzuwenden, was Sie gelernt haben.

Die ultimative Beherrschung ist die physische Meisterschaft.

Das bedeutet, dass Sie nicht mehr darüber nachdenken müssen, was Sie tun; vielmehr werden Ihnen Ihre Handlungen zur zweiten Natur. Der einzige Weg, um diese Stufe zu erreichen, ist ständige Wiederholung. Mein großartiger Lehrer Jim Rohn lehrte mich, dass Wiederholung die Mutter der Fertigkeit ist.

Einer meiner Fehler auf diesem Gebiet sei Ihnen ein warnendes Beispiel. Als ich Anfang 20 war, beschloss ich, den schwarzen Gürtel in Kampfkunst zu erwerben und hatte das Privileg, Großmeister Jhoon Rhee kennenzulernen und als Freund zu gewinnen. Er ist derjenige, der Taekwondo nach Amerika brachte und Bruce Lee und Muhammad Ali in dieser Kampfsportart unterrichtet hat. Ich erzählte ihm von meinem Wunsch, den Schwarzen Gürtel in der kürzesten Zeit der Geschichte zu erwerben. Ich sagte, ich sei bereit, alles zu tun, was in Bezug auf Übung, Engagement und Disziplin nötig sei, um den Rekord zu brechen. Er willigte ein, mich auf diesem Weg zu begleiten und mein Training zu vervollständigen. Es war brutal! Oft beendete ich ein Seminar und musste um ein Uhr nachts zum Training und mit meinem Meister drei bis vier Stunden arbeiten. Meistens musste ich mit vier Stunden Schlaf auskommen. Eines Nachts, nach einer besonders langen Übungsperiode, in der ich dieselbe Bewegung mindestens 300-mal wiederholen musste, wandte ich mich schließlich an meinen Lehrer und fragte: »Meister, wann können wir zu *nächsten* Bewegung übergehen?« Er sah mich ernst an und antwortete: »Oh, du Grashüpfer, das *ist* die nächste Bewegung. Die Tatsache, dass du den Unterschied zwischen der gerade vollendeten Bewegung und der vorherigen Bewegung nicht erkennst, zeigt, dass du noch ein Anfänger bist. Diese feinen Unterscheidungen machen den Unterschied aus zwischen einem Meister und einem Amateur. Meisterschaft erfordert ständige Wiederholung. Und mit jeder Wiederholung musst du mehr lernen.«

Erkennen Sie, worum es geht? Dieses Buch ist nicht darauf ausgelegt, dass Sie es an einem einzigen Nachmittag mal eben durchblättern.

Im Verlauf der Lektüre werden Sie merken, dass dieses Buch anders ist, als viele Bücher, die Sie in der Hand gehalten haben, weil es meinen Vermittlungsstil widerspiegelt. Ihnen werden zahlreiche Fragen gestellt werden, und gelegentlich werden Sie Fakten und Sätze lesen, die Sie schon einmal gelesen haben. Es wird eine Menge Ausrufezeichen geben! Und das sind keine Redaktionsfehler! Das ist meine Technik, um die Kernkonzepte zu markieren und Ihnen mein Wissen in Ihren Kopf, Körper und Geist einzuprägen, damit Sie irgendwann automatisch richtig handeln. Wenn das geschieht, werden Sie anfangen, Resultate zu erzielen und das ernten, was Sie sich wünschen und verdienen. Sind Sie für diese Herausforderung bereit?

Denken Sie immer daran: Dies ist nicht nur ein Buch, es ist eine Handlungsvorlage. Jeder Teil ist darauf ausgerichtet, Ihnen klar zu machen, was Ihre aktuelle finanzielle Situation ist, und Ihnen zu helfen, die Lücke zwischen Ihrem heutigen Standort und Ihren Zielen zu schließen. All das soll Sie wappnen, nicht nur für die Gegenwart, sondern für den Rest Ihres Lebens. Und ich weiß, dass Sie in verschiedenen Lebensphasen Ihre Situation weiter verbessern wollen.

Gehen wir jetzt die einzelnen Schritte durch.

TEIL I
WILLKOMMEN IM DSCHUNGEL
DIE REISE BEGINNT MIT DEM ERSTEN SCHRITT

Wie alle großen Abenteurer beginnen wir damit, uns auf unsere Reise vorzubereiten. In Kapitel 4 werden Sie einiges über die Psychologie des Reichtums erfahren, über die Dinge, die uns zurückhalten, sowie einige einfache Abhilfen. Sie werden entdecken, für welche Ziele Sie wirklich investieren, und den besten finanziellen Durchbruchsstrategien zur optimalen Wirkung verhelfen. Und im folgenden Kapitel legen wir richtig los. Hier **werden Sie die ersten der 7 einfachen Schritte machen und die wichtigste Finanzentscheidung Ihres Lebens treffen. Dieses Kapitel ist Pflichtlektüre.** Sie werden erfahren, wie Sie selbst mit geringen Summen in Kombination mit der Wunderwirkung der Aufzinsung in diesem Leben durchaus finanzielle Unabhängigkeit erlangen können, ohne dass Sie ein riesiges Jahreseinkommen erzielen müssen. Sie werden dieses System aktivieren, indem Sie beschließen, einen Teil Ihres Einkommens zu sparen und zu investieren, um sich den Zinseszins zunutze zu machen. Sie werden nicht nur ein Konsument der Wirtschaft sein, sondern auch ein Anteilseigner – ein Investor mit einem Anteil an der Zukunft. Sie werden erfahren, wie Sie Ihre eigene automatische »Geldvermehrungsmaschine« konstruieren – ein System, das ein Leben lang Einkommen generiert, während Sie friedlich schlafen.

TEIL II
WERDEN SIE ZUM INSIDER: LERNEN SIE DIE REGELN, BEVOR SIE MITMISCHEN

Vielleicht haben Sie den alten Satz gehört, »Wenn ein Mann mit Geld einen Mann mit Erfahrung trifft, dann hat der Mann mit Erfahrung am Ende Geld, und der Mann mit Geld am Ende Erfahrung.« Nun, da Sie beschlossen haben, Investor zu werden, werden Sie in diesem Teil die zentralen Spielregeln erfahren, damit Sie nicht Opfer der erfahrenen Spieler werden. Dieser Wegweiser zeigt Ihnen den Weg durch den Investmentdschungel, von dem Ray Dalio gesprochen hat, wobei die schlimmsten Gefahrenzonen mit großen roten X-Symbolen markiert sind. Das sind die Marketingmythen – einige Leute bezeichnen sie auch als Investmentlügen –, die oft so angelegt sind, dass sie Sie systematisch um Ihr Geld bringen. Sie werden lernen, warum die Renditen, mit denen Investmentfonds werben, nicht die Renditen sind, die Sie tatsächlich erhalten. Ich weiß, das klingt verrückt, aber die einprozentige Gebühr, die Sie für die Gesamtkosten halten, ist tatsächlich nur eine von mehr als zehn potenziellen Gebühren, mit dem Erfolg, dass ihr durchschnittlicher Investmentfonds im Verlauf der Zeit möglicherweise 60 Prozent Ihrer potenziellen Renditen verschlingt! Denken Sie daran, dass Sie allein an Gebühren **zwischen 250.000 und 450.000 Dollar Minimum** sparen werden, ohne dass Sie im Verlauf Ihrer Investitionslebenszeit höhere Renditen erzielen müssen! Und Sie werden sehen, dass diese Summe dokumentiert ist, und zwar auf Basis von Studien, und nicht auf Basis meiner persönlichen Meinung oder irgendwelcher merkwürdigen, nicht nachvollziehbaren Berechnungen. Am Ende dieses Teils werden Sie Ihren zweiten Schritt gemacht haben, und selbst wenn Sie nur geringe Summen investieren können, werden Sie investieren wie ein Insider.

TEIL III
WAS KOSTEN IHRE TRÄUME?
GESTALTEN SIE DAS SPIEL SO, DASS SIE ES GEWINNEN KÖNNEN

Gemeinsam werden wir Ihre finanziellen Träume erforschen und einige realistische Ziele setzen, die dieses Spiel tatsächlich gewinnbar machen. Die meisten Menschen haben keine Vorstellung, wie viel Geld sie für ihre finanzielle Sicherheit, Unabhängigkeit und Freiheit brauchen. Oder die Summen, die in ihrem Kopf herumschwirren, sind so astronomisch, dass sie nicht einmal begonnen haben, einen Plan zu machen, wie sie dahin kommen. In Teil III werden Sie herausfinden, was Sie *wirklich* wollen, und das wird eine aufregende Sache, vor allem, wenn Sie erkennen, dass Ihre Träume möglicherweise greifbarer sind, als Sie glauben. Aber Sie werden nicht nur träumen, sondern Ihre Träume in Kapitel 14, »Wie lautet *Ihr* Plan?«, auch umsetzen. Wenn es Ihnen nicht schnell genug geht, zeigen wir Ihnen in diesem Teil fünf Wege, die Umsetzung zu beschleunigen. Beim dritten Schritt angelangt, werden Sie nicht nur wissen, wie Sie für Ihren späteren Ruhestand Vermögen aufbauen, sondern auch, wie Sie Ihr Geld auf dem Weg dahin genießen.

TEIL IV
TREFFEN SIE DIE WICHTIGSTE *INVESTMENT*ENTSCHEIDUNG IHRES LEBENS

Nun, da Sie denken wie ein Insider, die Spielregeln kennen und wissen, wie Sie das Spiel so gestalten, dass Sie gewinnen können, ist es Zeit, die wichtigste *Investmententscheidung* Ihres Lebens zu treffen: In welche Anlageformen investieren Sie Ihr Geld und zu welchen Anteilen? *Asset Allocation* beziehungsweise *Portfoliostrukturierung* oder auch *Vermögensaufteilung* ist das entscheidende Schlagwort, wie mir jeder Nobelpreisträger, Hedgefondsmanager und jeder herausragende institutionelle Investor versichert. Dennoch wissen 99 Prozent der Amerikaner wenig bis gar nichts darüber. Warum? Vielleicht weil es so kompliziert erscheint. Es bedeutet, dass Sie die Gesamtsumme, die Sie investieren, auf verschiedene Anlageformen aufteilen, und zwar so, dass Sie sichere Anlageformen, die Sie nachts gut schlafen lassen, mit riskanteren Anlageformen mischen, die ein größeres Gewinnpotenzial bieten. Das ist die ultimative Wunschliste an Lebensträumen! Und wenn Sie Schritt 4 vollendet haben, wissen Sie nicht nur, wie Sie reich *werden*, sondern auch wie Sie reich *bleiben*.

TEIL V
GEWINNCHANCEN OHNE VERLUSTRISIKO: ERSTELLEN SIE EINEN EINKOMMENSPLAN FÜRS LEBEN

Wozu soll Investieren gut sein, wenn Sie kein Geld übrig haben, das Sie investieren könnten? Die meisten Menschen sind so darauf konditioniert, Geld in staatliche oder betriebliche Zusatzversorgungen zu stecken, dass sie vergessen, dass sie es eines Tages als Einkommen entnehmen müssen. Und da die Kontostände schwanken (vergessen Sie nicht, dass sie nicht immer ansteigen!), müssen wir einen Einkommensplan erstellen und schützen. Erinnern Sie sich an das Jahr 2008? Wie schützen Sie sich vor der nächsten Krise? Wie stellen Sie ein Portfolio zusammen, das nicht von der nächsten Krise vernichtet wird? Woher wissen Sie, dass Sie am Ende nicht länger leben, als Ihr Geld reicht – eine Sorge, die so viele Menschen umtreibt? In diesem Teil werde ich Ihnen konkrete Einsichten in eines der bestgehüteten Geheimnisse der Finanzgemeinde gewähren und Ihnen helfen, einen garantiert lebenslangen Einkommensplan zu erstellen – einen zuverlässigen Einkommensstrom, der die Grundlage für echte finanzielle Sorgenfreiheit bietet. Wir werden kreative Wege erkunden, um Verluste zu stoppen oder zu minimieren und Ihre Gewinne zu steigern, indem Sie die bevorzugten Investmentvehikel von Banken, Konzernen und einigen der vermögendsten Privatpersonen der Welt nutzen. Was wissen diese Investoren, das Sie nicht wissen? Das ist das Geheimnis, wie man die Vorteile nutzt, ohne Nachteile in Kauf nehmen zu müssen, und sicherzustellen, dass Ihre Gewinne nicht von den Steuern aufgefressen werden.

TEIL VI
INVESTIEREN SIE WIE DIE 0,001 PROZENT: DIE STRATEGIEN DER MULTIMILLIARDÄRE

Sie werden lesen, was am Zustand der globalen Wirtschaft gut ist und was eher eine Herausforderung darstellt; wie wir dahingekommen sind und wie es möglicherweise weitergeht – und das aus dem Mund einiger der klarsichtigsten und einflussreichsten Denker der Finanzwelt.

Anschließend werden Sie die Meister dieses Spiels kennenlernen – zwölf der brillantesten und interessantesten Finanzstrategen – und erfahren, was sie sicher und profitabel durch jede Wirtschaftslage geleitet hat.

Wir werden Paul Tudor Jones fragen, wie er es 1987 geschafft hat, mit seiner Vorhersage des Schwarzen Montags eine Monatsrendite von 60 Prozent zu erzielen, als der Markt um ihn herum in hellen Flammen stand. Und wie er 21 Jahre später fast 30 Prozent Rendite erzielte, als der Markt fast 50 Prozent verlor und die Welt auseinanderzubrechen schien. Und wir werden schauen, wie es ihm gelungen ist, Verluste zu vermeiden und in jedem vorstellbaren Markt 28 profitable Jahre in Folge zu verzeichnen, ohne auch nur einen Cent einzubüßen. Einige der Persönlichkeiten die Sie in unserem »Bühnenskript der Milliardäre« kennenlernen werden, wie zum Beispiel Charles Schwab, Carl Icahn, T. Boone Pickens, Ray Dalio und John C. Bogle, sind nicht im Wohlstand aufgewachsen. Wie ist es ihnen also gelungen, an die Spitze zu gelangen? Wir werden sie fragen, was ihnen Geld bedeutet, und wir werden einen Blick auf ihre aktuellen Portfolios werfen. Wenn Sie Schritt 6 abgeschlossen haben, werden Sie wissen, wie diese 0,001 Prozent der Investoren ihr Geld anlegen.

TEIL VII
TUN SIE ES, GENIESSEN SIE ES UND TEILEN SIE MIT ANDEREN!

Nun werden wir einen Aktionsplan erstellen, damit Sie ein besseres, erfüllteres und genussvolleres Leben führen können. Und wir werden darüber sprechen, was Sie tun müssen, um auf Kurs zu bleiben. Ich werde Ihnen einige atemberaubende neue Technologien vorstellen, die selbst die nahe Zukunft besser machen werden, als Sie denken. Das ist das Gegenteil von dem, was die meisten Menschen glauben. Laut einer Umfrage, die der Fernsehkanal NBC gemeinsam mit dem *Wall Street Journal* durchgeführt hat, glauben 76 Prozent der Amerikaner – ein beispielloser Rekord –, dass ihre Kinder schlechter leben werden als sie selber! Sie jedoch werden Einblicke in die Prognosen einiger der brillantesten Denker unserer Zeit erhalten. Wir werden von Ray Kurzweil, dem modernen Thomas Edison, und Peter Diamandis, Gründer der gemeinnützigen X-Prize Foundation, über neue Online-Technologien informiert: 3D-Drucker, die Ihren PC in ein Fertigungswerk verwandeln werden; Roboterautos, die ohne Fahrer fahren, Exoskelette, die Querschnittsgelähmten das Gehen ermöglichen, künstliche Gliedmaßen, die aus einer einzigen Stammzelle erwachsen – Innovationen, die unser Leben in der sehr nahen Zukunft dramatisch verbessern werden. Ich hoffe, dass Sie das inspiriert und es Ihnen zeigt, dass selbst wenn Sie alles falsch machen und Ihre Finanzen nicht in den Griff bekommen, Sie trotzdem noch eine höhere Lebensqualität haben werden. Und all denjenigen mit den nötigen Ressourcen sei gesagt, dass ihnen eine Zukunft der unbegrenzten Möglichkeiten winkt.

Wir werden mit der simplen Tatsache schließen, dass das Geheimnis des Lebens das Geben ist: Wenn Sie mit anderen teilen, steigt nicht nur Ihre Lebensqualität, Sie werden auch mehr Freude empfinden. Und Sie werden erfahren, wie das Geben schmerzlos und freudvoll möglich ist. Wenn Sie Ihren Geist nähren und gleichzeitig Ihren Wohlstand aufbauen, hoffe ich, dass es Ihnen am Ende so gut geht, dass Sie anderen helfen können. Und vergessen Sie nicht, dass Sie nun mein Partner im Geben sind. Während Sie diese Zeilen lesen, hat ein anderer Mensch Hunger.

Ich glaube nicht, dass Menschen so sehr einen Lebenssinn suchen,
wie sie nach der Erfahrung suchen, sich lebendig zu fühlen.
JOSEPH CAMPBELL

Ich habe diese 7 einfachen Schritte zu finanzieller Freiheit so klar und einfach wie möglich gestaltet. Nun liegt es an Ihnen, aktiv zu werden und jeden dieser Schritte nacheinander zu gehen.

Was brauchen Sie, um Ihre Ziele zu erreichen? Was bewährt sich für Sie am besten? Lassen Sie uns gemeinsam einen einfachen Plan erstellen. Einige von Ihnen werden sich vielleicht hinsetzen und das ganze Buch an einem langen Wochenende durchlesen. Und wenn Sie das tun, sind Sie so verrückt und besessen wie ich – ein Bruder beziehungsweise eine

Schwester auf diesem Weg! Wenn Sie kein Wochenende erübrigen können, dann lesen Sie ein Kapitel pro Tag oder einen Buchteil pro Woche. Versenken Sie sich am Wochenende einige Stunden in die Lektüre, dann schaffen Sie es.

Dies ist ein lebenslanges Vorhaben, dessen Beherrschung sich lohnt! Wenn Sie mich begleiten wollen, dann lassen Sie uns beginnen!

Kapitel 3
Nutzen Sie die Wirkung der Aufzinsung: Treffen Sie die wichtigste Finanzentscheidung Ihres Lebens

Mein Reichtum ist das Ergebnis einer Kombination aus einem Leben in Amerika, einigen vorteilhaften Genen und Aufzinsung
WARREN BUFFETT

Legen wir los. Es ist Zeit, unser Vorhaben in Angriff zu nehmen und die Vorteile zu nutzen, die jedem Menschen echten Wohlstand verschaffen können. Dabei handelt es sich nicht um eines dieser Schneller-Reichtum-Schemata, und es ist auch nicht das, was die meisten Menschen glauben, das sie reich und sorgenfrei macht. Die meisten Menschen suchen nach einem »Riesentreffer« – einem einmaligen Glücksfall – und glauben, dann sei alles gut.

Sehen wir aber der Realität ins Auge: Wir werden uns auf keinen Fall den Weg zu Reichtum *verdienen*. Das ist der Fehler, den Millionen von Amerikanern machen. Wir glauben, wenn wir uns mehr anstrengen, intelligenter und länger arbeiten, dann werden wir unsere finanziellen Träume verwirklichen können. Aber unser Gehalt alleine, wie hoch es auch sein mag, wird das nicht leisten.

An diese grundlegende Wahrheit wurde ich bei einem Besuch erinnert, den ich dem bekannten Ökonomen Burton Malkiel abstattete, Autor des Finanzklassikers *A Random Walk Down Wall Street*. Ich suchte ihn in seinem Büro an der Princeton University auf, weil ich nicht nur seinen bisherigen Erfolgsweg bewundere, sondern auch seinen unverblümten, sachlichen Stil. Ich wollte seine Erkenntnisse über einige der Fallstricke hören, in die Menschen in *allen* Phasen ihrer Investmenttätigkeit gerne tappen. Immerhin war er derjenige, der zur Erfindung und Entwicklung des Konzepts der Indexfonds beitrug – einer Form der Geldanlage, mit der durchschnittliche Privatanleger mithilfe eines diversifizierten Portfolios die Märkte nachmodellieren und selbst bei geringen Summen ein Stück vom Aktienmarkt besitzen können, anstatt mit ihrem wenigen Geld ein paar verstreute Einzelaktien zu kaufen. Heute macht diese Investmentkategorie mehr als **7 Billionen Dollar** an Aktiva aus! Von allen Persönlichkeiten, die ich interviewen wollte, war Malkiel einer der bestqualifizierten Experten, um mir zu helfen, das Getöse und die Doppelmoral der Wall Street zu durchschauen und unsere derzeitige Investmentlandschaft zu bewerten.

Welches ist der größte Fehler, den die meisten von uns begehen? Malkiel zögerte nicht eine Sekunde mit der Antwort, als ich ihm diese Frage stellte: Die Mehrheit der Anleger nutze die unglaubliche Wirkung der Aufzinsung nicht – die multiplizierende Wirkung des Wachstums mal Wachstum.

Der Zinseszins ist ein derart wirksames Instrument, dass Albert Einstein es einmal als wichtigste Erfindung der Menschheitsgeschichte bezeichnet hat.

Aber wenn der Zinseszins eine so großartige Sache ist, so fragte ich mich, warum schöpfen dann so wenige Menschen sein volles Potenzial aus? Um die exponentielle Wirkung der Aufzinsung zu verdeutlichen, erzählte mir Malkiel die Geschichte eines Zwillingspaares, William und James, deren jeweilige Investmentstrategie unterschiedlicher nicht hätte sein können. Malkiel nennt dieses Beispiel in einem seiner Bücher, daher kannte ich es schon, aber es *live* aus seinem Mund zu hören, war eine unglaubliche Erfahrung – so als würden Sie einen 81-jährigen Bruce Springsteen eine Akustikversion von »Born to Run« in seinem Wohnzimmer spielen hören. Die Geschichte geht davon aus, dass William und James gerade 65 geworden sind und das traditionelle Rentenalter erreicht haben. William war seinem Zwillingsbruder ein wenig voraus und hatte mit 20 Jahren bereits ein Rentenkonto eröffnet, auf das er die folgenden 20 Jahre jedes Jahr 4.000 Dollar eingezahlt hatte. Mit 40 hörte er auf, weitere Einzahlungen zu leisten, aber ließ das Geld in einer steuerfreien Umgebung um 10 Prozent jährlich weiter anwachsen.

James fing erst im reifen Alter von 40 Jahren an, für die Rente zu sparen – genau in dem Alter, in dem William aufhörte, auf sein Rentenkonto einzuzahlen. Wie sein Bruder investierte James jedes Jahr 4.000 Dollar in seine zukünftige Rente, erzielte die gleiche Rendite von 10 Prozent, und zwar auch steuerfrei, aber er zahlte auf das Konto ein, bis er 65 Jahre alt war, also insgesamt 25 Jahre.

William, der frühe Sparer, hatte insgesamt 80.000 Dollar gespart (4.000 Dollar pro Jahr x 20 Jahre zu 10 Prozent), während James, der Spätzünder, 100.000 Dollar gespart hatte (4.000 Dollar pro Jahr x 25 Jahre zu 10 Prozent).

Welcher der beiden Brüder hatte im Rentenalter mehr auf dem Konto? Ich wusste, worauf Malkiel abzielte, aber er erzählte die Geschichte mit einem solchen Vergnügen und einer solchen Leidenschaft, dass man hätte meinen können, er erzähle sie zum ersten Mal. Die Antwort lautete natürlich: der Bruder, der früher angefangen hatte zu sparen und weniger Geld investiert hatte. Um wie viel höher war die Summe auf seinem Konto? Sehen Sie genau hin: um ganze 600 Prozent!

Nun lehnen Sie sich einen Moment zurück und rücken Sie diese Zahlen in den Kontext. Wenn Sie zur Millenniumsgeneration gehören, ein GenXer sind oder sogar ein Babyboomer, dann achten Sie ganz genau auf diese Botschaft und prägen Sie sich ein, egal an welchem Punkt Ihrer persönlichen Lebensschiene Sie sich gerade befinden. Wenn Sie 35 Jahre alt sind und plötzlich die Wirkung des Zinseszins erkennen, dann werden Sie sich wünschen, Sie hätten mit 25 Jahren angefangen zu investieren. Wenn Sie 45 Jahre alt sind, wünschen Sie sich, Sie wären 35. Und wenn Sie 60 oder 70 sind, dann denken Sie zurück an all das Geld, das Sie hätten anhäufen und sparen können, wenn Sie noch einmal 50 oder 60 wären. Und so weiter.

In Malkiels Beispiel war es William, der Zwillingsbruder, der früh angefangen hatte und aufhörte zu sparen, bevor sein Bruder überhaupt damit anfing, der am Ende fast 2,5 Millionen Dollar besaß. James dagegen, der erst mit 40 angefangen hatte und bis 65 sparte, kam nur auf 400.000 Dollar. Das ist ein Unterschied von mehr als 2 Millionen Dollar! Und das nur, weil William die unglaubliche Wirkung des Zinseszinses 20 Jahre länger nutzte, was ihm einen uneinholbaren Vorsprung und seiner Familie für den Rest des Lebens einen angenehmen Wohlstand verschaffte.

Wer auf dem Berggipfel steht, ist nicht hochgefallen.
VINCE LOMBARDI

Sie sind noch nicht davon überzeugt, dass der Zinseszins die einzig sichere Methode ist, um Ihre *Geldsaat* in eine *reiche Ernte der finanziellen Sicherheit* zu verwandeln, die Sie brauchen, um Ihre zukünftigen Bedürfnisse zu erfüllen? Malkiel erzählte mir noch eine weitere seiner Lieblingsgeschichten, um diesen Punkt zu verdeutlichen – und diese Geschichte stammt aus unseren Geschichtsbüchern. Als Benjamin Franklin 1790 starb, hinterließ er den beiden Städten Boston und Philadelphia jeweils rund **1.000 Dollar**. Sein Vermächtnis war allerdings an einige Bedingungen geknüpft: Das Geld musste investiert und durfte 100 Jahre nicht angerührt werden. Danach konnte jede der beiden Städte bis zu 500.000 Dollar für bestimmte öffentliche Projekte entnehmen. Alle verbleibenden Gelder auf dem Konto mussten weitere 100 Jahre unangetastet bleiben. 200 Jahre nach Franklins Tod, einem Zeitraum, in dem die Aktien im Schnitt um 8 Prozent zulegten, würde jede Stadt das Ergebnis ausbezahlt bekommen, das im Jahr 1990 rund 6,5 Millionen Dollar betrug. Stellen Sie sich vor, dass aus 1.000 Dollar 6,5 Millionen werden können, ohne dass in all den Jahren auch nur ein Cent zusätzlich einbezahlt wird. Wie hat sich die Ausgangssumme derartig vermehrt? Durch die Wirkung des Zinseszins!

Ja, 200 Jahre ist eine lange Zeit, aber 3.000 Prozent Rendite können das Warten zu einer lohnenswerten Sache machen.

Malkiels Beispiele zeigen uns, was wir im Inneren bereits wissen, nämlich dass für die meisten von uns gilt, dass das Arbeitseinkommen niemals die Kluft zwischen unserer jetzigen und unserer angestrebten Situation überbrücken kann. Weil sich Einkommen aus Erwerbstätigkeit einfach nicht mit der Wirkung der Aufzinsung vergleichen lässt!

Geld ist besser als Armut, und wenn es nur aus finanziellen Gründen ist.
WOODY ALLEN

Glauben Sie immer noch, Sie könnten sich den Weg zu finanzieller Freiheit erarbeiten? Lassen Sie uns einen kurzen Blick darauf werfen, wie sich diese Annahme für einige der bestbezahlten Leute der Welt bewährt hat:

Kim Basinger war eine der begehrtesten Schauspielerinnen ihrer Generation (*Neuneinhalb Wochen, Batman* und *L.A. Confidential*), sie gewann einen Oscar als beste Nebendarstellerin. Auf der Höhe ihrer Popularität verdiente sie mehr als 10 Millionen Dollar pro Film – genug, um sich mit

20 Millionen eine ganze Kleinstadt in Georgia zu kaufen. Basinger ging bankrott.

Marvin Gaye, Willie Nelson, M.C. Hammer, Meat Loaf – sie alle verkauften Millionen von Alben und füllten Stadien mit begeisterten Fans. Francis Ford Coppola? Als Regisseur des Kultklassikers *Der Pate*, der mit einem Bruttoumsatz von 129 Millionen Dollar eine Zeit lang der größte Kassenschlager aller Zeiten war, füllte er jeden Kinosaal. Alle standen kurz vor dem Bankrott – Coppola sogar drei Mal!

Selbst Michael Jackson, der »King of Pop«, der dem Vernehmen nach einen Schallplattenvertrag im Wert von fast 1 Milliarde Dollar unterschrieb und mehr als 750 Millionen Alben verkaufte, stand im Jahr 2007 vor dem Bankrott, als er eine Hypothek von 25 Millionen Dollar auf seine Neverland Ranch nicht zurückzahlen konnte. *Jackson gab Geld aus, als ob es eine nie versiegende Quelle sei – bis sie schließlich doch versiegte.* Als er zwei Jahre später starb, hatte er angeblich mehr als 300 Millionen Dollar Schulden.

Glauben Sie, irgendeiner dieser Ultramegastars hätte sich vorgestellt, dass der Tag kommen würde, an dem ihm das Geld ausginge? Glauben Sie, er hätte jemals zumindest *erwogen*, sich auf diesen Tag vorzubereiten?

Ist Ihnen schon einmal aufgefallen, dass egal wie viel Sie verdienen, Sie immer einen Weg finden, das Geld auszugeben?

Diese Beispiele machen deutlich, dass Sie und ich nicht alleine sind. Wir alle haben irgendwie eine Methode, an die Grenzen unserer finanziellen Möglichkeiten zu gehen, wobei einige von uns, so fürchte ich, sogar über ihre Verhältnisse leben.

Wir können das vor allem bei Prominenten beobachten, die besonders tief fallen, so wie die Profiboxer, die so reich sind, wie sie es sich nie erträumt hätten, und dann böse auf die Nase fallen. Sehen Sie sich nur die wechselhafte Karriere des **ehemaligen Schwergewichtschampions Mike Tyson an, der in seiner aktiven Zeit mehr Geld verdiente, als jeder andere Boxer in der Geschichte – fast eine halbe Milliarde Dollar – und dann bankrott ging.**

Der ehemalige Weltmeister in fünf Gewichtsklassen und aktueller Weltmeister im Weltergewicht und Superweltmeister im Halbmittelgewicht, Floyd »Money« Mayweather Jr., ist drauf und dran, »Iron Mikes« Einkommensrekord zu brechen. Wie Mike Tyson erkämpfte sich Mayweather seinen Weg von ganz unten an die Spitze. Im September 2013 kassierte er 41,5 Millionen Dollar für seinen Kampf gegen Saúl »Canelo« Álvarez. Das ist eine Rekordsumme, die auf Basis der Gebühren für TV-Paychannels auf mehr als 80 Millionen Dollar anstieg. Und das für einen einzigen Kampf! Vor seinem Riesenzahltag führte er bereits die Rangliste der reichsten Athleten der USA »Fortunate 50« der *Sports Illustrated* an. Ich liebe Mayweather. Er ist ein außerordentlich talentierter Sportler und hat eine Arbeitsethik, die ihresgleichen sucht. Außerdem ist er ein unglaublich großzügiger Freund. Man kann an diesem Mann sehr viel wertschätzen! Aber Mayweather hatte sich seinen Weg an die Spitze dieser Liste zuvor schon erkämpft, nur um sein gesamtes Vermögen mit wilden Verschwendungsorgien und schlechten Investitionen zu verprassen. Es heißt, er sei ein derart leichtsinniger Geldverschwender, dass er stets einen Rucksack mit 1 Million Dollar bei sich trage, für den Fall, er müsse Louis Vuitton dringend eine Schenkung zukommen lassen.

Wie so viele Hochleister ist Mayweather ziemlich schlau und meine Hoffnung lautet, dass er inzwischen bessere Investitionsentscheidungen trifft. Aber laut einer ähnlichen Autorität in Sachen Geld, nämlich 50 Cent – Mayweathers ehemaliger Geschäftspartner –, hat dieser keinerlei Einkommen außer den Boxkämpfen. Der berühmte Rapper fasste die Finanzstrategie des Boxchampions in einfachen Worten zusammen: »Kämpfen, Geld kassieren, ausgeben. Kämpfen, Geld kassieren, ausgeben.«

Klingt nach einer lachhaften Strategie? Leider trifft das gewissermaßen auf uns alle zu. *Arbeiten, Gehalt kassieren, ausgeben. Arbeiten, Gehalt kassieren, ausgeben* – American Way of Life!

Hör zu, bevor du sprichst. Denk, bevor du schreibst. Verdiene, bevor du ausgibst. Recherchiere, bevor du investierst. Warte, bevor du kritisierst. Vergib, bevor du betest. Spare, bevor du in den Ruhestand gehst. Gib, bevor du stirbst.

WILLIAM A. WARD

Und hier die 41,5 Millionen-Dollar-Frage: Wenn diese Menschen es nicht geschafft haben, ihre Talente und Gaben zu nutzen und sich *ihren Weg zu finanzieller Freiheit mit Arbeit zu verdienen,* wie können *Sie* dann erwarten, dass es Ihnen gelingt?

Das können Sie nicht.

Was Sie allerdings tun *können*, ist, einige einfache Veränderungen an Ihrer Strategie vorzunehmen und sich eine völlig neue Denkweise zuzulegen. Sie müssen das Steuer übernehmen und die exponentielle Wirkung der Aufzinsung für sich nutzen. Sie wird Ihr Leben verändern! **Sie müssen von einer Welt, in der Sie für Geld arbeiten, in eine Welt überwechseln, in der das Geld für Sie arbeitet.**

Es ist Zeit, dass Sie sich vom Spielfeldrand lösen und sich aktiv am Spiel beteiligen, weil wir letztlich alle Investoren werden müssen, wenn wir finanzielle Freiheit erlangen wollen.

Sie sind bereits ein Finanzhändler. Vielleicht betrachten Sie sich nicht als solchen, aber wenn Sie für Ihren Lebensunterhalt arbeiten, handeln Sie bereits mit Ihrer Zeit im Austausch für Geld. Ehrlich gesagt, ist das *die schlechteste Finanztransaktion, die Sie machen können*. Warum? Weil Sie immer mehr Geld verdienen können, aber nie mehr Zeit gewinnen.

Ich will nicht wie einer dieser rührseligen MasterCard-Werbespots klingen, aber wir wissen alle, dass das Leben aus unschätzbaren Augenblicken besteht. Augenblicke, die Ihnen entgehen, wenn Sie Ihre Lebenszeit für Geld eintauschen müssen. Natürlich müssen wir alle von Zeit zu Zeit auf eine Verabredung oder ein Konzert verzichten, wenn uns die Pflicht ruft, aber kostbare Augenblicke bieten sich nicht am laufenden Band.

Wenn Sie zu viele verpassen, dann werden Sie sich am Ende fragen, wofür Sie eigentlich *wirklich* arbeiten.

Der ultimative Bankautomat

Wohin gehen Sie, wenn Sie Geld brauchen und kein Weltklasseboxer sind, der immer einen Rucksack voller Geldscheine dabei hat? Welche Art Bankautomat brauchen Sie für diese Transaktion?

Hier und jetzt vermute ich, dass Ihre vorrangige »Geldvermehrungsmaschine« Sie selber sind. Sie haben vielleicht einige Geldanlagen, aber Sie haben sie nicht danach ausgesucht, dass sie Ihnen ein unabhängiges Einkommen verschaffen. In dem Moment, in dem Sie aufhören zu arbeiten, stoppt die Maschine, der Geldfluss versiegt und Ihr Einkommen auch. Im Wesentlichen hört Ihre Finanzwelt auf, sich zu drehen. Das ist ein Nullsummenspiel und bedeutet, dass Sie gerade einmal das herausbekommen, was Sie hineingesteckt haben.

Betrachten Sie es folgendermaßen: Sie sind eine Art Bankautomat, nur dass Sie diesen lausigen Kompromiss Zeit-für-Geld eingegangen sind. Sie sind ein **Antibankautomat** – eine Anti-Zeitmaschine. Das klingt vielleicht nach Science-Fiction, aber für viele von Ihnen ist das die Realität. Wenn Sie Ihr Leben so eingerichtet haben, dass Sie ausgerechnet das, was den *größten Wert* für Sie besitzt (Zeit), hergeben im Austausch für das, was Sie *am meisten brauchen* (Geld), und wenn Sie sich in dieser Beschreibung wiederfinden, dann – glauben Sie mir – haben Sie bei diesem Deal den Kürzeren gezogen.

Ist das klar geworden? Wenn Sie aufhören zu arbeiten, produziert die Maschine kein Geld mehr. Jetzt wollen wir Sie aus dieser Gleichung herausnehmen und nach einer Alternative suchen. Wir wollen eine Geldvermehrungsmaschine konstruieren, die Ihren Platz einnimmt, und sie so einrichten, dass sie Geld produziert, während Sie schlafen. Betrachten Sie das als zweites Geschäft, ohne Mitarbeiter, Gehaltslisten oder Verwaltungskosten. Sein einziges »Inventar« ist das Geld, das Sie hineinstecken. Und sein einziges Produkt? Ein lebenslanger Einkommensstrom, der nie versiegt, selbst wenn Sie 100 Jahre alt werden. Seine Mission? Ihnen und Ihrer Familie – oder zukünftigen Familie – ein Leben in finanzieller Freiheit zu verschaffen.

Klingt großartig, oder? Wenn Sie diese *metaphorische Maschine* richtig einrichten und regelmäßig warten, wird sie die Kraft vieler tausend Generatoren besitzen. Sie wird rund um die Uhr, 365 Tage im Jahr und alle vier Jahre einen zusätzlichen Tag arbeiten – auch Weihnachten, Silvester und Ostern.

Werfen Sie einen Blick auf die nachfolgende Abbildung, um eine bessere Vorstellung davon zu bekommen, wie das funktioniert. Wie Sie sehen, beginnt die »Maschine« nicht zu arbeiten, bis Sie die wichtigste Finanzentscheidung Ihres Lebens treffen. Welche Entscheidung? Die Entscheidung, welchen Anteil Ihres Gehalts Sie sparen wollen. **Wie viel wollen Sie sich selber zahlen und von Anfang an beiseitelegen, bevor Sie auch nur einen einzigen Cent für Ihre täglichen Ausgaben aufwenden?** Welchen Anteil Ihres Gehalts können Sie (oder, noch wichtiger, werden Sie) *unangerührt* lassen, egal, was sich sonst in Ihrem Leben tut? **Ich möchte, dass Sie ernsthaft über diese Summe nachdenken, weil Ihr restliches Leben von Ihrer Entscheidung bestimmt wird, heute einen Teil Ihres Einkommens zu opfern, um in der Zukunft immer Geld zu haben.** Das Ziel lautet, Sie in die Lage zu versetzen, aus dem Nine-to-five-Hamsterrad auszusteigen und den Weg zu finanzieller Freiheit einzuschlagen. Und der Anfang ist gemacht, wenn Sie diese einfache Entscheidung getroffen haben und beginnen, die Wirkung der Aufzinsung auszuschöpfen. Das Großartigste daran ist, dass Sie diese Entscheidung treffen, und niemand anderes!

Ich kann es mir nicht leisten, Zeit mit Geldverdienen zu verschwenden.
JEAN LOUIS AGASSIZ

Bei dieser Idee wollen wir etwas verweilen, weil das Geld, das Sie beiseitelegen, das Herzstück Ihres gesamten Finanzplans sein wird. Betrachten Sie es nicht als Ersparnisse! Ich bezeichne es als **Freiheitsfonds**, weil Sie sich damit Freiheit erkaufen – jetzt und in der Zukunft. Sie müssen verstehen, dass dieses Geld nur einen Teil von dem repräsentiert, was Sie verdienen. Das ist für Sie und Ihre Familie. Sparen Sie jeden Monat einen festen Prozentsatz und investieren Sie das Geld mit Intelligenz. Mit der Zeit werden Sie ein Leben führen können, in dem das Geld für Sie arbeitet, und nicht umgekehrt. Und Sie müssen auch nicht warten, bis dieser Prozess seine Wunderwirkung entfaltet.

Jetzt sagen Sie vielleicht, »Tony, woher soll ich das Geld zum Sparen nehmen? Ich muss jeden Monat alles ausgeben, was ich verdiene.« Wir werden eine einfache, aber äußerst wirksame Technik anwenden, damit das Sparen schmerzlos wird. In der Zwischenzeit möchte ich Sie aber an meine Freundin Angela erinnern, die erkannte, dass ein neues Auto die Hälfte von dem kostete, was sie in den Unterhalt ihres alten Autos stecken musste. Was glauben Sie, hat sie mit den eingesparten 50 Prozent gemacht? Sie hat sie in ihren Freiheitsfonds investiert – ihr Investment fürs Leben. Als wir begannen, dachte sie, sie könne keinen Cent erübrigen. Und dann sparte sie plötzlich 10 Prozent. Dazu kamen weitere 8 Prozent für kurzfristige Ziele aus den Ersparnissen, die sie realisieren konnte, indem sie ihr altes Auto abstieß! Die 10 Prozent, die fest für ihre Zukunft reserviert sind, rührt sie niemals an!

Geldmaschine

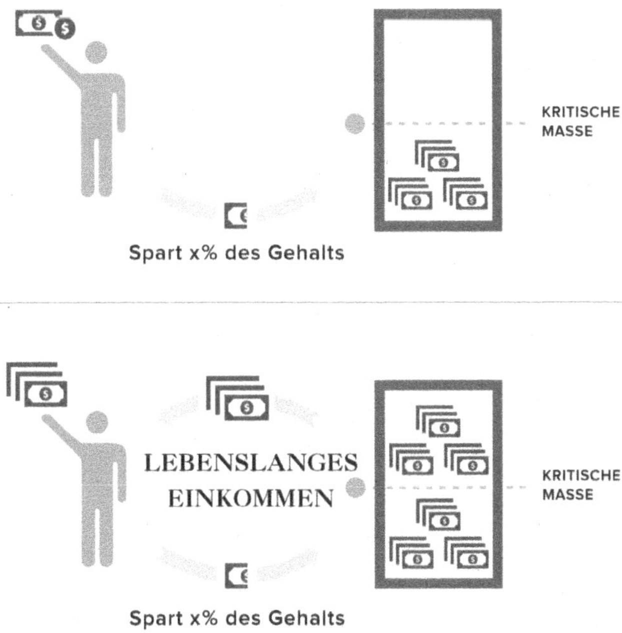

Letztlich ist es egal, wie viel Geld Sie verdienen. Wie Sie gesehen haben, können Sie alles verlieren, wenn Sie keine Rücklagen bilden. Allerdings werden Sie sich nicht darauf beschränken, das Geld unangetastet unter die Matratze zu stecken. Sie werden es in einer Umgebung, die Sie als sicher empfinden, die aber dennoch Wachstumschancen bietet, mehren. Sie werden es investieren. Und wenn Sie den Prinzipien der Macht des Geldes folgen, über die wir auf den vorhergehenden Seiten gesprochen haben, werden Sie zusehen können, wie es wächst, bis es einen Punkt erreicht, an dem es so hohe Zinsen generiert, dass Sie das Einkommen erhalten, das Sie für Ihr restliches Leben benötigen.

»Ich möchte gerne etwas einzahlen.«

Sie haben vielleicht gehört, dass einige Finanzberater dieses Geld als *Nest egg* bezeichnen. Es ist ein *Nest egg*, aber ich bezeichne es als Ihre Geldvermehrungsmaschine. Weil Sie sie ständig füttern und geduldig warten, wird diese Summe eine kritische Masse erreichen und zu einem sicheren Vermögen anwachsen, das in risikoarmen, steuereffizienten Geldanlagen geparkt ist, damit es Ihnen so viel Geld einbringt, dass Sie damit Ihre täglichen Ausgaben bestreiten sowie Ihren Notfallgroschen und die Sonnentage Ihres späteren Ruhestands finanzieren können.

Egal wie hoch die Summe ist, die Sie beiseitelegen wollen, müssen Sie dabei bleiben. In guten und in schlechten Zeiten. Warum? Weil das Gesetz der Aufzinsung jede verpasste Ersparnis bestraft.

Treffen Sie die Entscheidung nicht aus der Perspektive, welche Summe Sie sich leisten können zu sparen, denn das ist ein sicherer Weg, um zu wenig oder gar nichts zu sparen. Und bringen Sie sich nicht in die Position, dass Sie Ihre Spartätigkeit unterbrechen (oder gar Ihr Erspartes angreifen), wenn Ihr Einkommen in einigen Monaten knapp wird.

Welcher Prozentsatz Ihres Gehalts ist angemessen? 10 Prozent? 15 Prozent? Oder vielleicht 20 Prozent? Es gibt keine richtige Antwort – es gibt nur *Ihre* Antwort. Was sagt Ihnen Ihr Bauchgefühl? Und Ihr Herz?

Wenn Sie in diesem Punkt Orientierung benötigen, halten Sie sich an den Rat von Experten, die empfehlen, mindestens 10 Prozent des Gehalts zurückzulegen, wobei sich viele einig sind, dass in der heutigen wirtschaftlichen Situation 15 Prozent besser wären, vor allem, wenn Sie bereits über 40 sind. (In Teil III werden Sie erfahren, warum!)

Kann sich irgendjemand erinnern, dass die Zeiten nicht schwer und das Geld nicht knapp waren?
RALPH WALDO EMERSON

Jetzt könnten Sie natürlich sagen: »Tony, theoretisch klingt das alles gut und schön, aber mir reicht das Geld so schon kaum! Jeder Cent ist verplant.« Und damit wären Sie nicht alleine. Die meisten Menschen glauben, dass sie es sich nicht leisten können zu sparen. Aber ganz ehrlich, wir können uns vor allem nicht leisten, *nicht* zu sparen. Wir alle können Geld locker machen, wenn wir es für einen echten Notfall brauchen! Das Problem ist, Geld für unsere Zukunft aufzubringen, weil sie irgendwie irreal wirkt. Aus diesem Grund ist es so schwierig zu sparen, selbst wenn wir wissen, dass Sparen den Unterschied zwischen einem angenehmen Lebensabend im eigenen Zuhause und einem Dasein am Existenzminimum mit ein paar Brocken staatlicher Unterstützung ausmacht.

Wir haben bereits erfahren, dass Experten auf dem Gebiet der Verhaltensökonomie die Methoden untersucht haben, mit denen wir uns selber täuschen, und an späterer Stelle in diesem Kapitel verrate ich Ihnen einige Tricks, mit denen wir uns selber überlisten können, automatisch das Richtige zu tun!

Und hier der Schlüssel zum Erfolg: Sie müssen das Sparen zu einem automatischen Vorgang machen.

Burton Malkiel sagte mir im Verlauf unseres Gesprächs: »Die beste Methode zu sparen ist, das Geld gar nicht erst zu sehen.« Das stimmt. Wenn Sie das Geld gar nicht erst auf Ihrem Girokonto sehen, werden Sie überrascht sein, wie viele Wege Sie finden, um Ihre Ausgaben an Ihren neuen Kontostand anzupassen.

Gleich zeige ich Ihnen einige großartige, einfache Methoden, das Sparen zu automatisieren, sodass das Geld umgeleitet wird, bevor es überhaupt auf Ihrem Konto oder in Ihrer Brieftasche landet. Zuerst wollen wir uns aber einige reale Beispiele von Menschen ansehen, die sich von Gehalt zu Gehalt hangelten, denen es aber trotzdem gelang, zu sparen und echten Wohlstand anzuhäufen, obwohl vieles dagegen sprach.

Theodore Johnson trat seinen ersten Job 1924 bei dem damals neu gegründeten Unternehmen United Parcel Service, UPS, an und diente sich durch harte Arbeit hoch. Er verdiente nie mehr als 14.000 Dollar jährlich, aber hier seine Zauberformel: Von jedem Gehalt *und* jedem Weihnachtsbonus legte er 20 Prozent beiseite und investierte das Geld in Unternehmensaktien. Er hatte eine bestimmte Zahl im Kopf, einen Prozentsatz seines Einkommens, von dem er glaubte, er müsse ihn für seine Familie sparen – so wie Sie es am Ende dieses Kapitels tun werden –, und daran hielt er sich konsequent. Mithilfe von Aktiensplits und der guten alten Geduld erlebte Theodore Johnson im Alter von 90 Jahren, dass der Wert seiner UPS-Aktien auf mehr als 70 Millionen Dollar angestiegen war.

Ziemlich unglaublich, nicht wahr? Und das wirklich Unglaubliche daran ist, dass er kein talentierter Leistungssportler wie Mike Tyson, oder ein brillanter Regisseur wie Francis Ford Coppola – nicht einmal eine hochrangige Führungskraft war. Er leitete die Personalabteilung. Aber er wusste um die Wirkung der Aufzinsung, und das schon in so jungen Jahren, dass der Zinseszins in seinem Leben eine durchschlagende Wirkung erzielen konnte und, wie sich herausstellen sollte, auch im Leben zahlloser anderer Menschen. Er musste eine Familie ernähren und seine monatlichen Ausgaben bestreiten, dennoch war für Theodore Johnson keine Rechnung im Briefkasten wichtiger als das Versprechen für seine Zukunft. Er zahlte grundsätzlich zuerst in seinen Freiheitsfonds ein. Am Ende seines Lebens konnte er mit all seinem Geld einige schöne und bedeutsame Dinge tun. Er spendete mehr als 36 Millionen an verschiedene Bildungseinrichtungen, darunter 3,6 Millionen Dollar an zwei Schulen für taube Kinder, weil er selber seit den 1940er-Jahren sehr schlecht hörte. Außerdem richtete er bei UPS einen Stipendienfonds für die Kinder der Mitarbeiter ein.

Kennen Sie die Geschichte von Oseola McCarty aus Hattiesburg, Mississippi – einer schwer arbeitenden Frau, die gerade einmal Grundschulbildung besaß und 75 Jahre lang Kleidung wusch und mangelte? Sie lebte einfach und achtete immer darauf, dass sie einen Teil ihres Einkommens auf die hohe Kante legte. »Ich habe einfach gespart«, erklärte sie ihre Investmentphilosophie. »Ich habe nie etwas entnommen, immer nur eingezahlt. Das hat sich dann einfach angesammelt.«

Und wie es sich angesammelt hat! Mit 87 Jahren sorgte Ms. McCarty für landesweite Schlagzeilen, als sie der University of Southern Mississippi 150.000 Dollar für die Gründung eines Stipendienfonds stiftete. Diese schlichte Frau hatte nicht die atemberaubende Leinwandpräsenz einer Kim Basinger oder das herausragende Musiktalent eines Willie Nelson, aber sie arbeitete hart und wusste genug, um dafür zu sorgen, dass ihr Geld auch hart arbeitete.

»Ich wollte Leuten dabei helfen, ihre Kinder aufs College zu schicken«, sagte sie. Und genau das gelang ihr, dank ihrer Disziplin und Sparsamkeit. Es blieb sogar noch etwas für einen kleinen Luxus übrig: eine Klimaanlage für ihr Haus.

Am anderen Ende des Spektrums sehen wir das erhebende Beispiel von Sir John Templeton, eines meiner persönlichen Rollenmodelle und einer der größten Investoren aller Zeiten. Ich hatte das Privileg, John persönlich kennenzulernen und ihn im Verlauf der Jahre mehrmals interviewen zu dürfen. Unser letztes Gespräch finden Sie im »Bühnenskript der Milliardäre«. Hier ein wenig Hintergrundinformation: Sir John Templeton kam nicht als »Sir John« auf die Welt. Er stammte aus Tennessee und wuchs in bescheidenen Verhältnissen auf. Als Jugendlicher musste er die Schule verlassen, weil seine Eltern sich die Schulgebühren nicht leisten konnten, aber bereits als junger Mann erkannte er die Wirkung der Aufzinsung. Er beschloss, die Hälfte aller seiner Einkünfte zu sparen, und dann ließ er das Geld so richtig für sich arbeiten. Er studierte Geschichte und das ließ ihn ein Muster erkennen. »Tony, die besten Geschäfte macht man auf dem Höhepunkt einer Krise«, vertraute er mir an. »Es gibt nichts, absolut nichts, das den Preis einer Aktie derart in den Keller treibt, wie Verkaufsdruck.« Denken Sie darüber nach. Wenn die Wirtschaft boomt, erhalten Sie möglicherweise zahlreiche Kaufangebote für Ihr Haus und

Sie können um das höchste Gebot feilschen. In Bullenmärkten finden Investoren kaum günstige Gelegenheiten. Warum? Weil der Mensch so beschaffen ist, dass er in guten Zeiten glaubt, es ginge ewig so weiter! Und in schlechten Zeiten versuchen alle, zu retten, was zu retten ist. Dann verkaufen sie ihre Häuser, ihre Aktien und ihr Unternehmen zum Schleuderpreis. Mit antizyklischem Verhalten, das heißt, anders zu handeln als die Masse, wurde John, der mit nichts begonnen hatte, Multimilliardär.

Wie er das machte? Als Deutschland 1939 in Polen einfiel, Europa in den Zweiten Weltkrieg stürzte und die Welt in Angst und Schrecken versetzte, kratzte er 10.000 Dollar zusammen und investierte an der New Yorker Börse. Er kaufte 100 Aktien von jedem Unternehmen, dessen Aktienkurs weniger als 1 Dollar betrug, einschließlich solcher, die als fast bankrott galten. Er wusste, was so viele Menschen vergessen: Nach jedem Dunkel folgt das Licht. Der finanzielle Winter ist eine Saison, auf die ein Frühling folgt.

Nach dem Krieg im Jahr 1945 zog die US-Wirtschaft kräftig an und Templetons Aktien schossen in die Höhe und wurden zu einem milliardenschweren Portfolio. **Das gleiche Phänomen haben wir erlebt, nachdem der Aktienmarkt von den Tiefständen im März 2009 bis Ende 2013 um mehr als 142 Prozent anstieg. Die meisten Menschen verpassten diese Wachstumsphase. Warum? Wenn die Börse einbricht, glauben sie, der Verfall der Aktienkurse halte ewig an. Pessimismus breitet sich aus.** In Kapitel 23, »Der richtige Zeitpunkt ist alles?«, stelle ich Ihnen ein System vor, das Ihnen helfen kann, einen kühlen Kopf zu bewahren und weiter zu investieren, wenn sich alle anderen fürchten. Genau in diesen kurzen, schwankungsanfälligen Perioden lassen sich astronomische Renditen erzielen.

Was können wir von Sir John Templeton lernen? Es ist beeindruckend, was Recherche, Vertrauen und Handlungsbereitschaft erreichen können, wenn man sich nicht von der Massenpanik anstecken lässt. Das ist eine gute Lektion, die Sie sich einprägen sollten, falls wir wirtschaftlich schweren Zeiten entgegensehen, während Sie diese Seiten lesen. Die Geschichte beweist, dass Krisenzeiten die größten Gewinnchancen bieten.

Sir John Templeton wusste, dass er die Vorteile jeder sich bietenden Investmentgelegenheit voll ausschöpfen konnte, wenn er die Hälfte seiner mageren Einkünfte sparte. Noch wichtiger ist aber der Umstand, dass er einer der weltweit führenden Philanthropen wurde, nachdem er britischer Staatsbürger geworden war und die Königin von England ihn für seine Verdienste adelte. Selbst nach seinem Tod setzt sich sein Vermächtnis fort: Die John Templeton Foundation stiftet mehr Geld für Projekte, »die den menschlichen Fortschritt durch bahnbrechende Erfindungen vorantreiben« – rund 70 Millionen Dollar –, als die Nobelpreiskommission in einem Jahrzehnt an Preisen gewährt.

Und welches ist die große Lektion aus Theodore Johnsons Story? Dass man kein Finanzgenie sein muss, um finanzielle Freiheit zu erlangen.

Wie lautet die Lektion, die uns Oseola McCartys Leben bietet? Dass selbst eine Tagelöhnerin genug Cents zusammenkratzen kann, um Großes zu bewirken.

Die Lektion dieser drei Investoren?

Durch einfaches, aber kontinuierliches Sparen, indem Sie jeden Monat eine kleine Summe abzweigen und *zuerst etwas in Ihre eigene Spardose stecken*, können Sie die Wirkung der Aufzinsung Ihrer Ersparnisse nutzen und diese in unvorstellbarer Weise multiplizieren.

Das Schwierigste ist die Entscheidung, der Rest ist reine Beharrlichkeit.
AMELIA EARHART

Welche Summe werden Sie also beiseitelegen? Theodore Johnson sparte jeden Monat 20 Prozent seines Gehalts, John Templeton sogar die Hälfte. Oseola McCarty hielt sich an die einfache Weisheit, *Wer den Pfennig nicht ehrt*: Sie legte Pfennig für Pfennig auf ein verzinstes Konto und ließ es anwachsen.

Was ist mit Ihnen? Haben Sie eine konkrete Zahl im Kopf! Sehr gut! Es ist Zeit, dass Sie sich festlegen.

Es ist Zeit, den ersten der 7 einfachen Schritte zu Ihrer finanziellen Freiheit zu machen! Hier und jetzt müssen Sie die wichtigste Finanzentscheidung Ihres Lebens treffen! Dafür müssen Sie einfach entscheiden, welchen Prozentsatz Ihres Einkommens Sie für sich und Ihre Familie beiseitelegen werden.

Um es noch einmal zu wiederholen: Dieses Geld ist für Sie. Für Ihre Familie. Für Ihre Zukunft. Sie tragen es weder zu Gap noch zu Louis Vuitton, weder in teure Restaurants noch finanzieren Sie damit ein neues Auto, wenn Ihr altes immer noch gut 50.000 Kilometer durchhält. Rechnen Sie nicht im Geiste aus, auf wie viele Einkäufe Sie verzichten müssen. Konzentrieren Sie sich stattdessen auf die Renditen, die Sie morgen erzielen werden. Anstatt mit Freunden essen zu gehen und 50 Dollar auszugeben, bestellen Sie lieber eine Runde Pizza und Bier und teilen die Kosten unter allen auf. Tauschen Sie eine schöne Art, den Abend zu verleben, durch eine andere aus, sparen Sie jedes Mal 40 Dollar, und Sie spielen in der Finanzwelt in der ersten Liga.

40 Dollar ist nicht gerade eine umwerfende Summe, meinen Sie? Nun, das stimmt zwar, aber wenn Sie das jede Woche machen und diesen Betrag für sich arbeiten lassen, werden Ihre Alterseinkünfte wesentlich länger reichen. Eine einfache Rechenaufgabe: Sie sparen ja nicht nur 40 Dollar pro Woche, dieser geringe Sparbetrag kann Ihnen rund 2.000 Dollar pro Jahr einbringen. Und bei dem, was Sie inzwischen wissen, können diese 2.000 Dollar dazu beitragen, das volle Potenzial der Aufzinsung auszuschöpfen, um sich im Verlauf der Zeit in große Summen zu verwandeln. Wie groß? Was sagen Sie zu 500.000 Dollar? Ja, richtig: *eine halbe Million Dollar!* Wie? Hätten Sie Benjamin Franklins Berater, würden diese Ihnen sagen, Sie sollten das Geld in den Markt investieren, und wenn auch Sie im Verlauf von 40 Jahren eine durchschnittliche Rendite von 8 Prozent erzielen, verwandeln sich die 40 Dollar Sparbetrag pro Woche (2.080 Dollar pro Jahr) in 581.944 Dollar! Mehr als genug, um eine Extrapizza zu bestellen – mit allen Zutaten!

Erkennen Sie, wie die Aufzinsung selbst bei kleinen, konsistenten Beträgen funktioniert? Und wenn Sie mehr als 40 Dollar pro Woche sparen? Selbst 100 Dollar könnten an dem Punkt, an dem Sie das Geld brauchen, einen Unterschied von 1 Million Dollar ausmachen. Erinnern Sie sich daran, dass Sie die großartige Wirkung der Aufzinsung nicht nutzen können, bis Sie sich auf einen konkreten, regelmäßigen Sparbetrag verpflichtet haben. Schließlich können Sie nicht Investor werden, ohne etwas zu haben, das Sie investieren können! Das ist die Basis: die Grundlage, auf der Sie ein Vermögen aufbauen; der Unterschied zwischen einem Gehaltsempfänger und einem Investor. Und alles beginnt damit, dass Sie einen bestimmten Teil Ihres Gehalts automatisch weglegen und für sich und Ihre Familie investieren.

Wie viel wird es sein? 10 Prozent? 12 Prozent? 15 Prozent? 20 Prozent? Bestimmen Sie den Grenzbetrag und ziehen Sie einen Kreis darum. Unterstreichen Sie ihn. *Verpflichten* Sie sich darauf. Tun Sie es.

Es wird Ihnen helfen, die folgenden einfachen Schritte zu befolgen.

- Wenn Sie ein regelmäßiges Gehalt beziehen, vereinbaren Sie doch mit der Personalabteilung, dass jeden Monat ein bestimmter Prozentsatz Ihres Gehalts auf Ihr privates Rentenkonto überwiesen wird.
- Wenn Sie bereits eine feste Zahlungseinrichtung für eine betriebliche Altersvorsorge haben, können Sie den bisherigen Betrag um die neu gewählte Summe, auf die Sie sich nun verpflichtet haben, erhöhen. Ich werde Ihnen zeigen, wie Sie dafür sorgen können, dass Ihre Altersvorsorge so eingerichtet ist, dass Sie dieses Spiel auch gewinnen, indem Sie versteckte Gebühren vermeiden und sicherstellen, dass Ihr Geld von der Aufzinsung profitiert – idealerweise steuerfrei oder durch nachgelagerte Besteuerung, um ein maximales Wachstum zu ermöglichen.
- Und wie sieht es aus, wenn Sie selbstständig oder freiberuflich arbeiten? Kein Problem. Richten Sie einfach eine automatische Überweisung von Ihrem Girokonto auf ein privates Vorsorgekonto ein.

Und wenn Sie kein Vorsorgekonto haben? Ganz einfach, unterbrechen Sie die Lektüre, gehen Sie ins Internet und eröffnen Sie ein Spar- oder Vorsorgekonto bei einer Bank oder einem anderen Finanzinstitut. Wenn Sie nicht so technikaffin sind, dann gehen Sie einfach zur nächsten Bankfiliale.

Welches ist ein guter Zeitpunkt, um damit zu beginnen? Wäre *jetzt gleich* ein guter Zeitpunkt? Gehen Sie los, ich warte ...

Wenn Sie nicht gerne arbeiten, müssen Sie arbeiten, um genug Geld zu verdienen, damit Sie nicht mehr arbeiten müssen.
OGDEN NASH

Wunderbar, Sie sind zurück. Sie haben es gemacht. Glückwunsch! **Sie haben soeben die wichtigste Finanzentscheidung Ihres Lebens getroffen** – den ersten der 7 einfachen Schritte zu finanzieller Freiheit. Nun sind Sie auf dem richtigen Weg, um Ihre Träume Wirklichkeit werden zu lassen.

Auf den folgenden Seiten werde ich Ihnen einige der sichersten Strategien vorstellen, mit denen Sie Ihr Geld vermehren können, und zwar auf steuerbegünstigte Weise! Im Moment wollen wir uns aber darauf beschränken, dieses grundlegende Sparelement fest zu verankern, weil Ihre finanzielle Zukunft von Ihrer Fähigkeit abhängt, systematisch zu sparen. Die meisten von Ihnen wissen das zwar, aber wenn Sie es wissen, und dennoch nicht handeln, nun, dann wissen Sie es eben doch nicht. Entgegen der allgemeinen Überzeugung ist Wissen nicht Macht, sondern *potenzielle* Macht. Wissen bedeutet keine Meisterschaft. Umsetzung bedeutet Meisterschaft. Umsetzung auf Basis von Erkenntnissen ist dem reinen Wissen immer überlegen.

Ich hasse Verluste mehr, als ich Gewinne liebe.
BRAD PITT in der Rolle des Geschäftsführers Billy Beane
von Oakland A in dem Film Moneyball

Und wenn Sie nach allem, was Sie gerade erfahren haben, immer noch nicht den ersten Schritt gemacht und einen Teil Ihrer Einkünfte beiseitegelegt haben, um von der Aufzinsung zu profitieren? Gibt es irgendetwas, das Sie davon abhält? Was ist der wahre Grund? Könnte es sein, dass Sie nicht systematisch sparen, weil es sich wie ein Opfer anfühlt – eine Art Verlust – anstatt wie ein Geschenk, das Sie sich heute und in der Zukunft selber machen? Bei meiner Suche nach Antworten traf ich mich mit Shlomo Benartzi von der UCLA Anderson School of Management. Er sagte: »Tony, das Problem ist, dass die Zukunft den Menschen irgendwie unwirklich erscheint. Daher fällt es ihnen so schwer, für die Zukunft zu sparen.« Benartzi und sein Kollege, der Nobelpreisträger Richard Thaler von der University of Chicago, entwickelten eine beeindruckende Lösung, die *Save More Tomorrow* heißt und auf einer einfachen, aber höchst wirkungsvollen Prämisse beruht: Wenn es hier und jetzt zu schmerzhaft ist, mehr Geld zu sparen, warten Sie bis zu Ihrer nächsten Gehaltserhöhung.

Wie sind sie darauf gekommen? Shlomo erklärte, zuerst hätten sie das Problem der unmittelbaren Bedürfnisbefriedigung lösen müssen. Er nannte mir ein Beispiel: Als er eine Gruppe Studenten fragte, ob sie in 14 Tagen eine Banane oder einen Schokoriegel als Zwischenmahlzeit wollten, entschieden sich 75 Prozent für die Banane. Zwei Wochen später, als sie beide Auswahlmöglichkeiten vor sich hatten, wählten jedoch

80 Prozent die Schokolade! **Selbststeuerung in der Zukunft ist kein Problem**«, erklärte Shlomo. »Das Gleiche gilt für das Sparen. Wir wissen, dass wir sparen sollten. Wir wissen, dass wir es nächstes Jahr tun werden, aber heute geben wir Geld aus.«

Wir Menschen sind nicht nur darauf programmiert, eher an heute als an morgen zu denken, sondern wir mögen auch das Gefühl nicht, etwas zu verlieren. Um diesen Punkt zu verdeutlichen, erzählte mir Shlomo von einer Studie, in der Affen – unsere nicht so fernen Verwandten – einen Apfel erhielten, während Wissenschaftler ihre physiologische Reaktion maßen. Große Aufregung! Dann erhielt eine andere Gruppe Affen zwei Äpfel. Auch sie waren sehr aufgeregt. Anschließend wurde eine Veränderung vorgenommen: Den Affen, die zwei Äpfel bekommen hatten, wurde einer weggenommen. Sie hatten zwar immer noch einen Apfel, aber was glauben Sie, passierte? Richtig. Sie wurden sehr wütend (wissenschaftlich ausgedrückt). Und? Wie oft passiert uns etwas Ähnliches? Wir vergessen, was wir bereits besitzen, nicht wahr? Denken Sie an diese Studie, wenn ich Ihnen im nächsten Kapitel die Geschichte eines Milliardärs namens Adolf Merckle erzähle.

Unterm Strich lässt sich sagen, dass wir Situationen vermeiden, die uns das Gefühl geben, etwas zu verlieren. Aus diesem Grund verzichten so viele Menschen darauf, Geld zu sparen und zu investieren. Sparen klingt nach Verzicht, danach, etwas aufgeben zu müssen, etwas heute zu verlieren. Aber das stimmt nicht. Tatsächlich schenken Sie sich innere Ruhe und die Gewissheit, in Zukunft ein großes Vermögen zur Verfügung zu haben.

Wie gelang es Benartzi und Thaler, diese Probleme zu umschiffen? Sie entwickelten ein einfaches System, mit dem das Sparen zu einer schmerzlosen Angelegenheit wird, weil es auf unsere natürliche Beschaffenheit ausgelegt ist. Shlomo sagte auf einer TED-Konferenz: »*Save More Tomorrow* lädt Angestellte dazu ein, vielleicht nächstes Jahr mehr zu sparen – an irgendeinem Punkt in der Zukunft, an dem wir uns vorstellen können, Bananen statt Schokolade zu essen, mehr ehrenamtliche Arbeit zu verrichten, mehr Sport zu treiben und alles zu tun, was gut und richtig ist.«

Und so funktioniert es: Sie stimmen zu, automatisch einen kleinen Teil Ihres Gehalts – 10 Prozent, 5 Prozent oder sogar nur 3 Prozent – zu sparen. (Das ist so wenig, dass Sie den Unterschied nicht einmal bemerken werden!) Dann verpflichten Sie sich darauf, in der Zukunft mehr zu sparen, aber nur, wenn Sie eine Gehaltserhöhung erhalten. Mit jeder Gehaltserhöhung, steigt der Prozentsatz automatisch leicht an, aber Sie würden den »Verlust« nicht bemerken, weil Sie das Geld gar nicht erst sehen würden!

Benartzi und Thaler testeten den Save-More-Tomorrow-Plan erstmalig vor fast 20 Jahren in einem Unternehmen im Mittleren Westen, in dem die Arbeiter angaben, sie könnten von ihrem Gehalt nicht einen einzigen Cent erübrigen. Die Forscher überredeten sie jedoch dazu, ihren Arbeitgeber zu autorisieren, automatisch 3 Prozent ihres Gehalts auf ein Vorsorgekonto zu überweisen und diesen Betrag mit jeder Gehaltserhöhung um weitere 3 Prozent zu steigern. Die Ergebnisse waren beeindruckend! Nach nur fünf Jahren und drei Gehaltserhöhungen sparten diese Mitarbeiter, die dachten, sie könnten es sich nicht leisten, Geld wegzulegen, etwas weniger als 14 Prozent ihres Gehalts! Und 65 Prozent von ihnen sparten im Schnitt sogar 19 Prozent.

Wenn Sie 19 Prozent sparen, nähern Sie sich der Sparquote, die Theodore Johnson, den Angestellten von UPS, unerhört reich machte. Das ist schmerzlos und funktioniert. Das hat sich immer wieder gezeigt.

Nachfolgend die Grafik, die Shlomo verwendet, um die Wirkung zu verdeutlichen, die jede Steigerung der Sparquote auf den Lebensstil eines festangestellten Mitarbeiters hat.

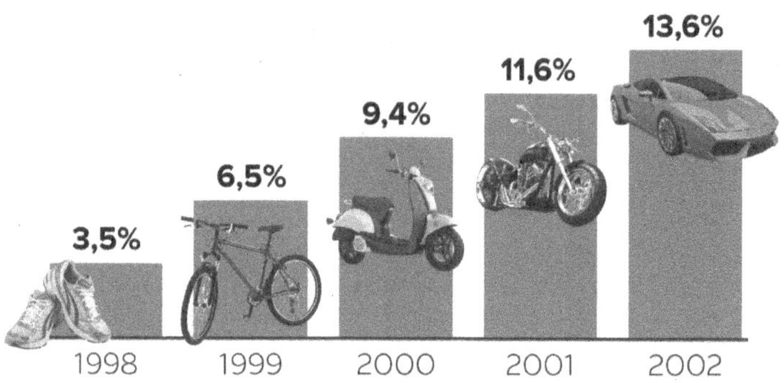

Bei 3 Prozent Sparquote sehen Sie die Abbildung eines Paars Sportschuhe, weil das alles ist, das Sie sich leisten können, wenn Sie nur 3 Prozent Ihres Gehalts sparen! Bei 6,5 Prozent ist es bereits ein Fahrrad. Die Quote steigt auf knapp unter 14 Prozent und ein teures Auto. Die eindeutige Botschaft

lautet, dass das Leben einfach schön ist! Das ist ein gewaltiger Unterschied! Nachfolgend finden Sie den Link zum Onlinerechner von *Save More Tomorrow* (in englischer Sprache – aber trotzdem einfach und selbsterklärend), mit dem Sie direkt ausrechnen können, was ein konkreter Sparbetrag für Ihre finanzielle Zukunft bringt: www.nytimes.com/interactive/2010/03/24/your-money/one-pct-more-calculator.html.

Und wenn Sie selbstständig oder freiberuflich arbeiten? Wenn Sie Ihr eigenes Unternehmen besitzen und das Gefühl haben, Sie müssten jeden Cent ins Unternehmen investieren? Glauben Sie mir, Sie werden einen Weg finden. Und wenn eine neue Steuer eingeführt oder eine bestehende Steuer erhöht wird und Sie plötzlich 10 bis 15 Prozent mehr zahlen müssen? Sie würden es hassen! Sie würden Zetermordio schreien. Aber Sie würden einen Weg finden, diesen zusätzlichen Betrag locker zu machen. Betrachten Sie den Sparbetrag einfach als eine Art selbst auferlegte Steuer, die Sie zahlen *müssen* – immerhin geht dieses Geld nicht an den Staat, sondern ist für Sie und Ihre Familie! Oder stellen Sie sich vor, Sie seien Ihr eigener Lieferant, der einfach bezahlt werden muss. Und vergessen Sie nicht, Sie wollen Ihre Sparanstrengung automatisieren. **Das ist auch schon das ganze Geheimnis: Verdienen Sie mehr, geben Sie weniger aus, und automatisieren Sie Ihre Sparbemühungen.**

Wie mit dem Brenneisen eingeprägt

Als junger Mann stieß ich auf George Samuel Clasons Klassiker *The Richest Man in Babylon* von 1926, das in Form von Parabeln aus der Antike bodenständige, vernünftige finanzielle Ratschläge bot. Ich kann es jedem empfehlen. Im Verlauf der Jahre haben sich mir die folgenden Sätze daraus besonders eingeprägt: »›**Ein Teil aller meiner Einkünfte gehört mir.**‹ Wiederholen Sie diesen Satz jeden Morgen nach dem Aufstehen. Wiederholen Sie ihn am Nachmittag und am Abend. Wiederholen Sie ihn stündlich. Wiederholen Sie ihn so oft, bis sich die Worte wie mit einem Brenneisen in Ihre Haut geprägt haben. Und anschließend sparen Sie den Betrag, den Sie sich vorgenommen haben. Es sollte nicht weniger als ein Zehntel Ihres Gehaltes sein, und bleiben Sie dann dabei. Passen Sie Ihre Ausgaben entsprechend an. Aber legen Sie immer zuerst diesen Betrag beiseite.«

Niemand würde sich an den Guten Samariter erinnern, wenn er lediglich gute Absichten gehabt hätte. Er hatte aber auch Geld.
MARGARET THATCHER

Bestimmen Sie zuerst die Höhe des Betrags. Und dann handeln Sie entsprechend! Es kommt nicht darauf an, wie hoch der Betrag ist, sondern darauf, dass Sie überhaupt anfangen zu sparen. Idealerweise sparen Sie mindestens 10 Prozent. Mit der Zeit sollten Sie diesen Betrag aber auf eine bedeutungsvolle Summe anheben.

Der nächste Schritt

Nun, da Sie einen automatischen Sparplan eingerichtet haben – Ihren Freiheitsfonds – könnte es zwei Fragen geben, die Ihnen unter den Nägeln brennen: Erstens, wohin mit dem Geld? Und zweitens: Wie viel werde ich brauchen, um finanzielle Sicherheit und Freiheit zu erlangen? Beide Fragen werden wir klar beantworten. Und diese Antworten stammen von den besten Finanzstrategen der Welt.

Zuerst muss Ihnen jedoch klar sein, wofür Sie sparen. Was steht hinter Ihrem persönlichen Wunsch nach finanzieller Freiheit? Und was bedeutet Wohlstand oder Reichtum wirklich für Sie? Was streben Sie im tiefsten Herzen an? Wir wollen uns nun ein wenig Zeit nehmen – nur wenige Seiten – und uns anschauen, wie Sie Ihr Geld meisterhaft beherrschen werden.

Kapitel 4
Die Beherrschung des Geldes: Es ist Zeit durchzustarten

Dankbarkeit ist das Zeichen edler Seelen.
AESOP

Geld ist eines der Mittel, mit denen wir unsere Träume verwirklichen können. Ohne Geld oder mit sehr knappen Mitteln kann sich das Leben wirklich elend anfühlen. Aber wird automatisch alles besser, wenn Sie Geld in der Tasche haben? Ich glaube, wir alle kennen die Antwort.

Geld kann nicht verändern, wer wir sind. Es lässt nur unsere wahre Natur deutlicher zutage treten. Wenn Sie egoistisch und menschenverachtend sind, haben Sie einfach mehr Mittel zur Verfügung, um egoistisch und menschenverachtend zu handeln. Sind Sie ein dankbarer und liebevoller Mensch, haben Sie mehr Mittel, um Ihre Dankbarkeit und Liebe auszudrücken.

Lassen Sie uns an die Finanzkrise von 2008 zurückdenken. Viele Billionen Dollar an Aktien- und Immobilienvermögen lösten sich buchstäblich in Luft auf. Innerhalb weniger Monate wurden Millionen Arbeitsplätze vernichtet. Welche Erfahrungen haben Sie damals gemacht? Wie hat sich die Krise auf Sie persönlich ausgewirkt? Auf Ihre Familie? Ihre Freunde? Einige von uns haben verängstigt reagiert, andere wütend oder resigniert und wieder andere haben Entschlossenheit gezeigt. All diese Reaktionen hatten nicht mit Geld, sondern mit uns als Person zu tun. Diese Ereignisse warfen ein Licht auf die wahre Bedeutung, die Geld für uns hat; auf die Macht, die wir ihm einräumen. Ob wir uns von Geld steuern lassen oder ob wir es steuern.

Geld oder Leben

Eines der eindrucksvollsten Beispiele, das mir aus dieser Zeit in Erinnerung geblieben ist, ist Adolf Merckle. Im Jahr 2007 war er mit einem Nettovermögen von 12 Milliarden Dollar der reichste Deutsche und stand in der Rangliste der reichsten Menschen der Welt an 94. Stelle. Ihm gehörte der größte Pharmakonzern Europas und er expandierte in die Bereiche Bauwesen und Fertigung. Er war stolz auf seine Leistung. Außerdem widmete er sich der Finanzspekulation.

Im Jahr 2008 beschloss er, im Aktienmarkt zu spekulieren. Er war so sicher, dass die VW-Aktie nachgeben würde, dass er sie leerverkaufte. Da gab es nur ein Problem: Porsche unternahm einen Versuch, sich Volkswagen einzuverleiben. Das führte dazu, dass der Aktienkurs in die Höhe schoss, anstatt einzubrechen. Beinahe über Nacht verlor Merckle mit dieser spekulativen Transaktion fast 750 Millionen Dollar.

Erschwerend kam hinzu, dass er dringend Bargeld brauchte, um einen hohen Kredit abzuzahlen. Allerdings vergab 2008 keine Bank Kredite – weder an mich, noch an Sie noch an Milliardäre, nicht einmal an andere Banken.

Was tat Merckle? Suchte er sich eine andere Finanzierungsquelle? Drosselte er seine Ausgaben? Verkaufte er einige seiner Unternehmen mit Verlust? Nein. Als er erkannte, dass er insgesamt 3 Milliarden Dollar eingebüßt hatte und nicht mehr der reichste Mann Deutschlands war und dass er seine Familie um so viel Geld gebracht hatte, schrieb er einen Abschiedsbrief und sprang vor einen fahrenden Zug. Ja, richtig. Er beging Selbstmord.

Die tragische Ironie des Schicksals wollte, dass seine Familie wenige Tage später erfuhr, dass seine Kreditanträge bewilligt worden und seine Unternehmen gerettet waren.

Starb Adolf Merckle wegen seines Geldes? Oder beging er Selbstmord wegen der Bedeutung, die Geld für ihn hatte? Für Merckle bedeutete Geld seine Identität als Mensch. Für ihn war es die Quelle seiner Bedeutung. Der Verlust des Status als reichster Mann Deutschlands war mehr, als er ertragen konnte; er fühlte sich als Versager. Und das, obwohl er immer noch 9 Milliarden Dollar besaß!

Sie denken vielleicht: »So ein Schwachsinn.« Aber vielleicht urteilen wir zu schnell über diesen Mann. Wie oft haben wir selber unsere Identität oder unsere Zukunftsaussichten in einem gewissen Maß an Geld geknüpft? Wahrscheinlich öfter, als wir zugeben möchten.

Der Milliardär, der bankrott sterben möchte

Auf der anderen Seite gibt es Menschen, wie Chuck Feeney, ein Amerikaner irischer Abstammung und Selfmade-Milliardär aus Elizabeth, New Jersey. Wurden Sie jemals an einem Flughafen auf dem Weg zum Flugsteig in den Bann von Geschäften mit exklusiven Alkoholika, teuren Parfumflakons und anderen Luxusartikeln gezogen? Duty Free Shopping (DFS) war Chuck Feeneys Idee, die er 1960 mit nichts aus dem Boden stampfte. Am Ende besaß er ein Geschäftsimperium mit einem Wert von 7,5 Milliarden Dollar.

Irgendwann führte ihn *Forbes* in seiner Rangliste als einen der reichsten Menschen der Welt auf – genau wie Merckle. Aber Feeney war so schlicht und bescheiden, dass man sonst nie von ihm gehört hätte. Die meiste Zeit seines Lebens besaß er weder ein eigenes Haus noch ein Auto. Er flog Touristenklasse und trug eine Plastikuhr. Wie bei Merckle verringerte sich sein Kontostand ständig. Heute ist er über 80 und ihm bleiben gerade einmal 1 Million Dollar. Der große Unterschied zwischen ihm und Merckle ist allerdings, dass Feeney sich nicht an sein Geld klammerte, sondern alles verschenkte.

Feeney hat es sich in den letzten 30 Jahren zur Mission gemacht, das Instrument Geld zu benutzen, um Leben zu verändern. Seine philanthropischen Aktionen erstrecken sich auf alle Kontinente und Gebiete – von einem Beitrag zur Befriedung Nordirlands über den Kampf gegen Aids in Südafrika bis zur Schulbildung für Kinder in Chicago. Das Erstaunlichste an Feeney ist, dass er all das anonym gemacht hat. Er will keinen Dank. Tatsächlich ist erst vor Kurzem bekannt geworden, dass er derjenige ist, der hinter all diesen Hilfsprojekten steckt. Und er macht weiter! Seinen eigenen Worten zufolge will er bis zu seinem Tod den letzten Scheck ausgestellt haben.

Offensichtlich bedeutet Geld für ihn etwas ganz anderes als für Adolf Merckle. Was bedeutet Geld für Sie? Benutzen Sie Geld oder benutzt es Sie? Wie ich immer wieder sage: Wenn Sie nicht die Kontrolle über das Geld übernehmen, wird es Sie kontrollieren.

Das ultimative Ziel: der Gesellschaft etwas zurückgeben

Als Kind war Geld für mich immer völlig außer Reichweite. Es war sogar eine Quelle der ständigen Belastung, weil es nie reichte. Ich erinnere mich, dass ich bei den Nachbarn an die Tür klopfen musste, um für meine Geschwister und mich um Essen zu betteln.

Als ich elf war, geschah am Tag des Erntedankfestes etwas, das mein Leben für immer veränderte. Wie üblich gab es nichts mehr zu essen im Haus und meine Eltern stritten sich. Plötzlich hörte ich ein Klopfen an der Haustür. Ich öffnete die Tür einen kleinen Spalt breit und sah einen Mann auf der Eingangsstufe stehen, der Einkaufstüten voller Lebensmittel trug – genug für ein großes festliches Abendessen. Ich konnte es kaum glauben.

Mein Vater sagte immer, niemand interessiere sich für andere Menschen. Und dennoch kümmerte sich plötzlich eine Person um uns, die ich überhaupt nicht kannte, ohne irgendetwas im Austausch zu erwarten. Das ließ mich darüber nachdenken, ob es nicht doch sein konnte, dass sich Menschen für ihre Mitmenschen interessieren. Und ich beschloss, wenn Fremde sich um uns kümmerten, dann würde ich mich um fremde Menschen kümmern! An jenem Tag versprach ich mir selber, dass ich einen Weg finden würde, eines Tages etwas zurückzugeben. Als ich 17 war, sparte ich das Geld, das ich mit einem nächtlichen Hausmeisterjob verdiente, und spendierte zwei Familien zum Erntedank ein Abendessen. Das war eine der bewegendsten Erfahrungen meines Lebens. Es war wirklich erhebend zu sehen, wie sich der Gesichtsausdruck von Verzweiflung in schiere Freude verwandelte. Es war für mich ein genauso großes Geschenk wie für die beiden Familien. Ich erzählte niemandem davon, aber im darauffolgenden Jahr beschenkte ich vier Familien. Dann acht. Ich tat es nicht, um mich beliebt zu machen, aber nach den acht Familien dachte ich, ich könnte ein wenig Hilfe gebrauchen. Also sprach ich einige Freunde an und sie beteiligten sich. Die Sache nahm immer größere Dimensionen an. Inzwischen ernährt meine Stiftung mithilfe der International Basket Brigades jährlich 2 Millionen Menschen in 36 Ländern. Hätte ich die Freude des Gebens entdeckt, wenn ich nicht selber als Kind diese fürchterliche Situation an Erntedank und die Hilfe eines fremden Menschen erlebt hätte?

Ich lernte die Freude des Gebens, und das hat nichts mit Geld zu tun. Geld ist nichts weiter als ein Vehikel, mit dem wir unsere Bedürfnisse befriedigen, und zwar nicht nur unsere finanziellen Bedürfnisse. Ein Großteil unseres Lebens wird von den Überzeugungen bestimmt, die wir im Verlauf der Zeit gewonnen haben. Es geht um den Sinn des Lebens, wie wir ihn uns zurechtlegen, darum, wie wir uns verhalten sollen und was wir tun oder geben sollen – also was uns am Ende glücklich beziehungsweise erfüllt sein lässt. Für jeden Menschen bedeutet das etwas anderes. Einige Menschen finden Freude und Zufriedenheit darin, anderen zu gefallen; andere sind glücklich und zufrieden, wenn sie Macht ausüben können. Wieder andere definieren Glück als Reichtum. Und wieder andere glauben, der Weg zu Glück, Lebenszufriedenheit und einem erfüllten Leben bestehe in der Nähe zu Gott und dem Verzicht auf materielle Dinge. Wieder andere sehen in der Freiheit die ultimative Idee von Glück und Lebenszufriedenheit.

Egal welche Emotion Sie suchen und welches Vehikel Sie einsetzen, um Ihre individuelle Vorstellung von Glück zu verfolgen – heiraten, ein Unternehmen aufbauen, eine Familie gründen und Kinder aufziehen, die Welt bereisen –, was immer Ihr persönliches Nirwana ist, meine ganz persönliche Auffassung ist, dass das alles nur Versuche Ihres Gehirns sind, eines oder mehrere der sechs menschlichen Grundbedürfnisse zu befriedigen.

Diese sechs Bedürfnisse bestimmen uns. Sie sind die Antriebskraft hinter dem menschlichen Verhalten und sie sind universell. Sie sind der Motor hinter den verrückten und großartigen Dingen, die Menschen tun. Alle Menschen haben dieselben sechs Bedürfnisse, aber der Wert, den wir ihnen jeweils beimessen, bestimmt unser Leben.

Wenn Sie nun dabei sind, Wohlstand aufzubauen, müssen Sie wissen, was Ihre wahren Ziele sind, zu welchem Zweck Sie den Wohlstand anstreben. Wollen Sie reich werden, um sich sicher zu fühlen? Oder besonders und einzigartig? Oder wollen Sie viel Geld haben, um zu geben, um etwas für andere zu tun, und zwar auf eine Weise, wie Sie es heute nicht können? Oder vielleicht alles zusammen?

Wenn das Gefühl von Sicherheit Ihr größtes Bedürfnis ist, dann werden Sie sich in eine ganz andere Richtung begeben und sich in Beziehungen, in Geschäfts- und Finanzfragen völlig anders verhalten, als wenn Liebe Ihr Hauptbedürfnis ist. Wenn wir ein wenig tiefer nachhaken und unsere zugrunde liegende Motivation untersuchen, stellen wir schnell fest, dass es nicht das Geld per se ist, was uns motiviert.

Was wir wirklich wollen, ist das, was Geld uns verschaffen kann.

Letztlich handelt es sich dabei um Gefühle. Und hinter diesen Gefühlen stecken Bedürfnisse.

1. Bedürfnis: Sicherheit und Komfort

Das erste menschliche Bedürfnis ist das nach Sicherheit. Das ist das Gefühl, alles unter Kontrolle zu haben und zu wissen, was als Nächstes passiert, damit wir Gewissheit und Sicherheit verspüren können. Das ist das Bedürfnis nach einem grundlegenden Komfort, das Bedürfnis, Schmerzen und Stress zu vermeiden und sich wohl zu fühlen. Ergibt das einen Sinn? Unser Bedürfnis nach Sicherheit ist ein Überlebensmechanismus. Er bestimmt, welche Risiken wir im Leben wagen – im Berufsleben, bei unseren Finanzinvestitionen und in unseren Beziehungen.

Je ausgeprägter das Bedürfnis nach Sicherheit, desto weniger risikofreudig sind wir und desto geringer die Ungewissheit, die wir ertragen können.

Daher stammt übrigens das Wort »Risikotoleranz.«

Und wenn Sie immer Gewissheit hätten? Wenn Sie stets wüssten, was wann und wie passiert? Dann wüssten Sie, was andere tun oder sagen, bevor sie es aussprechen. Wie würde sich das anfühlen? Zunächst wäre das ein tolles Gefühl, aber irgendwann wäre es schrecklich langweilig.

2. Bedürfnis: Ungewissheit und Abwechslung

In seiner unendlichen Weisheit gab uns Gott ein zweites Bedürfnis, und das ist das Bedürfnis nach Ungewissheit und Abwechslung. Wir brauchen Abwechslung und Überraschungen. Lieben Sie Überraschungen? Wenn Sie die Frage bejahen, dann machen Sie sich etwas vor! Sie lieben angenehme Überraschungen – solche, die kein Problem darstellen! Dennoch brauchen Sie sie, damit das Leben eine Herausforderung darstellt. Sie können keinen Charakter und keine Widerstandskraft entwickeln, wenn Sie niemals ein Hindernis zu überwinden hatten.

3. Bedürfnis: Bedeutung

Das dritte Bedürfnis ist Bedeutung – das grundlegende menschliche Bedürfnis, das Adolf Merckle leitete. Wir alle haben das Bedürfnis, uns wichtig und bedeutend zu fühlen. Wie erlangen einige von uns Bedeutung? Sie können sich Bedeutung verschaffen, indem Sie viele Milliarden Dollar verdienen. Oder akademische Würdentitel sammeln und sich mit Doktorgraden schmücken. Oder sich eine riesige Twitter-Gemeinde aufbauen. Oder Sie nehmen an der Sendung *The Bachelor* teil oder werden eine der nächsten *Real Housewives of Orange County*. Einige verschaffen sich das Gefühl von Bedeutung, indem sie ihren gesamten Körper mit Tätowierungen und Piercings verzieren. Sie können natürlich auch versuchen, bedeutend und besonders zu sein, indem Sie (vermeintlich) größere Probleme haben als alle anderen Menschen. »Du glaubst, dein Mann ist ein echter Schmutzfink? Dann leihe ich dir für einen Tag meinen!« Natürlich können Sie sich auch das Gefühl der eigenen Bedeutung verschaffen, indem Sie größere Spiritualität anstreben (oder so tun, als ob). Leider ist einer der schnellsten Wege zu Bedeutung – er kostet weder Geld noch erfordert irgendeine Bildung – die Gewalt. Wenn jemand Ihnen eine Pistole an die Schläfe hält, wird diese Person augenblicklich zur wichtigsten Sache der Welt, stimmt's?

Viel Geld auszugeben, kann Ihnen das Gefühl von Bedeutung geben, aber auch genau das Gegenteil funktioniert, nämlich möglichst nichts auszugeben. Wir alle kennen Menschen, die ständig mit ihren Schnäppchen prahlen und sich als etwas Besonderes fühlen, weil sie zu Hause mit Kuhdung und Sonnenlicht heizen. Einige sehr reiche Menschen fühlen sich bedeutend, weil sie ihren Reichtum sorgfältig verbergen, wie der verstorbene Sam Walton, Gründer der Megamarktkette Walmart, der eine Zeit lang der reichste Mann Amerikas war und in seinem alten Pick-up durch Bentonville, Arkansas, fuhr, um zu demonstrieren, dass er keinen Bentley brauchte. Allerdings besaß er seine eigene private und stets startbereite Flugzeugflotte.

Bedeutung ist außerdem eine echte Geldvermehrungsmaschine. Damit hat mein lieber Freund Steve Wynn sein Vermögen verdient. Der Mann, der Las Vegas zu dem gemacht hat, was es heute ist, weiß, dass Menschen für alles bezahlen, was sie für »das Beste« halten – alles, was ihnen das Gefühl gibt, wichtig und besonders zu sein und sich von der Masse abzuheben. Wynn bietet in seinen Hotels und Kasinos die exklusivsten und luxuriösesten Erfahrungen, die man sich vorstellen kann. Sie sind weltweit wirklich unübertroffen. Er besitzt einen Nachtklub mit dem Namen XS (was sonst?), der der angesagteste Klub von Las Vegas ist. Selbst an

Wochentagen stehen die Menschen am Einlass Schlange. Wenn Sie hineingelassen werden, haben Sie das Privileg, für 700 Dollar eine ganz gewöhnliche Flasche Champagner zu kaufen, oder wenn Sie es etwas plakativer wollen und jedem zeigen möchten, dass Sie ein Spieler sind, dann können Sie 10.000 Dollar für einen besonderen »Ono Cocktail« ausgeben, der aus einem seltenen Vintage-Cognac und frisch gepresstem Orangensaft besteht und mit einer Halskette aus Weißgold serviert wird. Dieser Cocktail wird Ihnen mit einer Wunderkerze an den Tisch gebracht, damit jeder sehen kann, dass Sie bedeutend (und nicht ganz bei Trost) sind.

4. Bedürfnis: Liebe und Verbundenheit

Das vierte grundlegende Bedürfnis ist Liebe und Verbundenheit. Liebe ist der Sauerstoff des Lebens – das, was wir alle am meisten brauchen und suchen. Wenn wir aus ganzem Herzen lieben, fühlen wir uns lebendig, aber wenn wir die Liebe verlieren, ist der Schmerz so groß, dass die meisten Menschen sich mit Verbundenheit zufriedengeben, den Krümeln der Liebe. Sie können sich das Gefühl von Liebe und Verbindung durch Intimität, Freundschaft, Gebete oder Wanderungen durch die Natur verschaffen. Wenn nichts anderes funktioniert, können Sie sich auch einen Hund anschaffen.

Diese ersten vier Bedürfnisse bezeichne ich als Bedürfnisse der Persönlichkeit. Wir alle finden Wege, um sie zu befriedigen. Die letzten beiden Bedürfnisse sind geistige Bedürfnisse. Sie sind seltener; nicht jeder befriedigt sie. Wenn wir diese Bedürfnisse erfüllen, sind wir wirklich erfüllt.

5. Bedürfnis: Wachstum und Weiterentwicklung

Das fünfte Bedürfnis ist das Bedürfnis nach Wachstum und Weiterentwicklung. Was passiert, wenn Sie sich nicht weiterentwickeln? Sie sterben. Wenn eine Beziehung nicht wächst, wenn ein Unternehmen nicht wächst, wenn Sie als Mensch nicht wachsen, ist es egal, wie viel Geld Sie auf der Bank haben, wie viele Freunde Sie haben und wie viele Menschen Sie lieben – Sie werden keine echte Erfüllung verspüren. Und der Grund, aus dem wir wachsen und uns weiterentwickeln, so glaube ich, lautet, dass wir etwas von Wert haben, das wir weitergeben können.

6. Bedürfnis: Geben

Aus diesem Grund ist das sechste Bedürfnis das Bedürfnis danach, einen Beitrag zu leisten. So abgedroschen es auch klingen mag, das Geheimnis des Lebens ist das Geben. Leben bedeutet nicht *ich*, sondern *wir*. Was ist das Erste, das Sie denken, wenn Sie gute Nachrichten erhalten? Sie rufen einen geliebten Menschen an und erzählen ihm davon. Gemeinsamkeit macht jede Erfahrung noch schöner – oder leichter erträglich.

Im Leben geht es eigentlich darum, einen Sinn zu schaffen. Sinn und Bedeutung ergeben sich nicht aus dem, was Sie bekommen, sondern was Sie geben. Letztlich wird das, was Sie erhalten, Sie nie langfristig glücklich machen. Aber wer Sie sind und was Sie für andere tun, wird Ihnen dauerhafte Zufriedenheit verschaffen.

Da sich dieses Buch um Ihr Geld dreht, stellt sich die Frage, auf welche Weise Geld die sechs grundlegenden menschlichen Bedürfnisse erfüllen kann. Kann Geld uns Sicherheit verschaffen? Allerdings. Abwechslung? Aber ja. Offensichtlich kann es uns das Gefühl geben, bedeutend zu sein. Was ist mit Liebe und Verbundenheit? Um es mit den unsterblichen Worten der Beatles zu sagen: *Money can't buy me love*. Aber Sie können damit einen Hund kaufen! Und unglücklicherweise kann es Ihnen einen falschen Eindruck von Verbundenheit geben, weil es Beziehungen anzieht, wenngleich diese nicht immer erfüllend sind. Wie sieht es mit Wachstum aus? Geld kann Unternehmenswachstum und persönliches Wachstum durch Lernen fördern. Und je mehr Geld Sie haben, desto größere finanzielle Beiträge können Sie leisten.

Und hier meine persönliche Überzeugung: Wenn Ihnen die eigene Bedeutung über alles geht, wird das Geld immer eine innere Leere erzeugen, es sei denn, Ihre Bedeutung sei das Ergebnis eines großen Beitrags an die Menschheit, den Sie geleistet haben. Wenn Sie darauf aus sind, aus Geld an sich Ihre Bedeutung zu ziehen, zahlen Sie dafür einen hohen Preis. Dann achten Sie immer auf große Zahlen, werden aber nie die große Erfüllung finden.

Die wahre Bedeutung im Leben stammt nicht aus einer äußeren Sache, sondern kommt von innen. Sie stammt aus dem eigenen Selbstwertgefühl, das uns niemand anderes verschaffen kann. Menschen können Ihnen noch so oft sagen, Sie seien schön, intelligent, klug oder die Beste, oder sie können Ihnen sagen, Sie seien der schrecklichste Mensch auf der

Welt. Ob Sie daran glauben oder nicht, tief in Ihrem Inneren wachsen Sie ständig und treiben sich zu Weiterentwicklung an, um mehr zu tun und zu geben, als Sie selber für möglich gehalten hätten.

Es gibt nichts Bedeutenderes, als zu wachsen und zu geben. Zwar ist Geld ein äußert nützliches Vehikel zur Erfüllung unserer sechs Bedürfnisse, aber es ist nicht das einzige. Wenn Sie Geld verfolgen, vergessen Sie nicht Ihre Motivation, die Ihnen sagt, warum Sie es verfolgen. Sie versuchen, emotionale und psychologische Wünsche zu erfüllen. Diesen Gefühlen liegen Bedürfnisse zugrunde, die erfüllt werden müssen, damit Ihr Leben außergewöhnlich ist.

Stellen Sie sich vor, welchen Weg die Astronauten zurückgelegt hatten, die zum ersten Mal einen Fuß auf den Mond setzten. Von ihrer Kindheit, in der sie davon träumten, eines Tages ins All zu fliegen, bis zu dem Tag, an dem Buzz Aldrin und Neil Armstrong auf dem Mond standen und aus der Ferne den Planeten Erde betrachteten – eine Perspektive, die wir nur von Bildern kennen. Sie waren die Ersten in der gesamten Menschheitsgeschichte, die diesen Schritt taten – welch unglaubliche Bedeutung!

Was passierte als Nächstes? Konfettiparade. Händeschütteln mit dem US-Präsidenten. Sie waren Helden. Und dann? Wenn Sie mit nur 39 Jahren auf dem Mond spazieren gegangen sind, was machen Sie anschließend? Wenn Sie die Geschichte der Astronauten studiert oder ihre Biografien gelesen haben, wissen Sie, dass viele von ihnen anschließend unter starken Depressionen litten. Warum? Weil der einzige Weg, ein Abenteuer zu erleben, für sie die Reise ins Weltall war. Sie hatten vergessen, wie man in einem schlichten Lächeln ein Abenteuer erlebt.

Ich höre nun auf mit dem Predigen, aber ich wollte diesen kurzen Ausflug machen, um Ihnen zu sagen, dass es zwar Zeit ist, dass Sie die Kontrolle über Ihr Geld übernehmen, aber dass Sie nicht damit warten sollten, Meister Ihrer selbst zu werden. Der schnellste Weg zu Verbundenheit und dem Gefühl für die Bedeutung des eigenen Lebens, dem ausgeprägten Gefühl von Gewissheit und Abwechslung und einer Lebensposition, in der Sie anderen etwas geben können, besteht darin, weniger zu erwarten und die Wertschätzung für andere zu erhöhen.

Der reichste Mensch der Welt ist der, der Wertschätzung empfindet.

Mit 33 Jahren interviewte ich Sir John Templeton zum ersten Mal. Vergessen Sie nicht, er war der Multimilliardär, der mit nichts begann, und sein ganzes Vermögen aufbaute, indem er immer dann entschlossen handelte, wenn alle anderen in Angststarre verfielen: während des Zweiten Weltkriegs, im Nachkriegsjapan sowie Ende der 1980er- und Anfang der 1990er-Jahre, als sich in Teilen Südamerikas eine massive Inflation breit machte. Als alle anderen vor Angst in die Knie gingen, investierte Sir John. Ich fragte ihn: »Worin besteht das Geheimnis von Reichtum?« Und er antwortete: »Tony, Sie wissen es ganz genau. Sie lehren es. Es ist Dankbarkeit.« Wenn Sie dankbar sind, verspüren Sie keine Angst. Wenn Sie dankbar sind, verspüren Sie keine Wut. Sir John war einer der glücklichsten und am meisten erfüllten Menschen, die ich je kennengelernt habe. Zwar verstarb er im Jahr 2008, aber sein Leben dient anderen immer noch als Inspiration.

Wenn Sie reich sein wollen, beginnen Sie mit Reichtum. Wofür können Sie heute dankbar sein? Wem können Sie heute dankbar sein? Könnten Sie sogar für einige Probleme und einiges Leid dankbar sein, das Sie erfahren haben? Und wenn Sie sich die Überzeugung zu eigen machen, dass alles im Leben aus einem Grund geschieht, und zwar zu Ihrem Besten? Und wenn Sie tief in Ihrem Inneren glauben würden, dass Ihnen das Leben nicht widerfährt, sondern für Sie geschieht? Dass jeder Schritt auf diesem Weg Ihnen dabei hilft, an Kraft und Stärke zu gewinnen, sodass Sie mehr sein, mehr Freude erleben und mehr geben können? Wenn Sie diese Überzeugung zur Grundlage Ihres Handelns machen, wird Geld nie wieder zu einer Quelle der Freude oder des Leids. Das Geldverdienen wird einfach ein genussvoller Weg zur Meisterschaft sein und Reichtum ein großartiges Vehikel, um das zu erreichen, was im Leben die größte Bedeutung hat.

So lange Geld aber einen so großen Teil unseres Lebens ausmacht, lassen Sie uns wieder Kurs darauf nehmen. So sehr, wie dieses Kapitel auch von Herzen kommt, werden nicht alle Menschen, denen Sie auf Ihrem finanziellen Pfad begegnen werden, aus dem Wunsch nach Wachstum und Philanthropie handeln! Sie werden eine Welt betreten, in der es nur so wimmelt vor Menschen, die darauf warten, Ihren Mangel an Wissen und Erfahrung auszunutzen. Daher möchte ich Sie auf das vorbereiten, was auf Sie zukommt.

Bevor wir darüber sprechen, in welche Geldanlagen Sie am besten investieren und worauf Sie achten müssen, will ich Ihnen zeigen, wovor Sie sich *hüten* müssen.

Es gibt einen Grund, warum die meisten Anleger letztlich kein Geld verdienen. Ich möchte Sie mit diesem Wissen ausrüsten, das Sie schützen und Ihnen gleichzeitig ermöglichen wird, das Wachstum Ihrer Investitionen zu maximieren, damit Sie Ihre finanzielle Freiheit schneller erlangen, als Sie sich vorstellen können. Die innere Ruhe, die Sie verdienen, wird sich schon bald einstellen. Blättern Sie um ...

TEIL II
WERDEN SIE ZUM INSIDER: LERNEN SIE DIE REGELN, BEVOR SIE MITMISCHEN

Kapitel 5
Befreien Sie sich von den Fesseln: Räumen Sie mit den sieben Finanzmythen auf

Denken Sie immer an die goldene Regel: Wer das Gold hat, macht die Regeln.
UNBEKANNT

Man muss die Spielregeln lernen und dann besser spielen als alle anderen.
ALBERT EINSTEIN

Ich weiß, dass Sie sich mitten ins Thema stürzen und wissen wollen, wie Sie Ihr Geld investieren sollen, um finanzielle Freiheit zu erlangen. Und das werde ich Ihnen zeigen! Es erfüllt mich immer wieder mit Begeisterung, wenn ich erlebe, dass jemand es »kapiert« hat und versteht, dass das Spiel tatsächlich gewinnbar ist. Es reicht jedoch nicht aus, einfach zu sparen, eine hohe Rendite zu kassieren und die Risiken zu minimieren. Sie müssen wissen, dass es eine Menge Leute gibt, die darauf bedacht sind, Sie um einen gehörigen Anteil Ihres Vermögens zu bringen.

Das System enthält sehr viele Fallstricke – ich bezeichne sie als Tellerminen –, die Ihre finanzielle Zukunft in die Luft jagen können.

In diesem Teil entlarven wir sieben Mythen – Sie können sie auch Lügen nennen –, mit denen man Sie im Lauf der Jahre hat einwickeln wollen. Und wenn Sie nicht aufpassen, werden sie Ihre finanzielle Zukunft systematisch zerstören, weil man sie nicht immer rechtzeitig entdeckt.

Mit diesem Teil beginnt sich das Buch in barer Münze auszuzahlen! Wenn Sie das durchschnittliche amerikanische Gehalt von 50.000 Dollar verdienen und derzeit 10 Prozent Ihres Einkommens sparen und im Lauf der Zeit investieren, werden Sie nur mit dem Wissen, das Sie mit der Lektüre dieses Buchabschnitts erwerben, über Ihren gesamten Investitionslebenszyklus 250.000 Dollar sparen. Das sind fünf Jahre Ihres aktuellen

Lebensstils bei Ihrem derzeitigen Einkommen, ohne dass Sie dafür einen einzigen Tag arbeiten müssen! Und das ist statistisch erwiesen und keine Zahl, die ich mal eben aus dem Hut ziehe. Wenn Ihr Jahreseinkommen lediglich 30.000 Dollar beträgt und Sie nur 5 Prozent Ihres Einkommens sparen, können Sie im Verlauf Ihres Investitionslebenszyklus immer noch 150.000 Dollar sparen. Das entspricht einem halben Jahrzehnt Ihres aktuellen Einkommens, für das Sie nicht arbeiten müssen. Wenn Sie sich im Einkommenssegment 100.000 plus befinden, könnte dieser Buchabschnitt 500.000 bis 1 Million Dollar ausmachen. Klingt wie ein Riesenversprechen, oder? Auf den folgenden Seiten werden die Zahlen für sich selber sprechen.

Dies ist ein kurzer Abschnitt. Passen Sie also gut auf, denn Sie werden sofort aktiv werden wollen. Wenn Sie diese Mythen als das entlarven, was sie sind, werden Sie in der Lage sein, den »Aderlass« in Bereichen zu stoppen, wo Sie ihn nie vermutet hätten. Wenn Sie die sieben Mythen kennen, genießen Sie den Schutz und die Versicherung, dass Sie die Stufe der finanziellen Freiheit erreichen können, die Sie anstreben. Auf geht's!

Willkommen im Dschungel

Ob Sie ein erfahrener Anleger oder ein Neuling sind, im Finanzdschungel, den Ray Dalio in so lebhaften Worten beschrieben hat, lauern für alle die gleichen Gefahren. Die größte Gefahr liegt jedoch in dem Umstand, dass Ihnen vor allem die Dinge, die Sie nicht wissen, Schaden zufügen können.

Das Angebot

Stellen Sie sich vor, jemand präsentiert Ihnen die folgende Investmentchance: Sie sollen 100 Prozent des Kapitals aufbringen und 100 Prozent des Risikos tragen. Und wenn die Geldanlage Gewinne abwirft, haben Sie 60 Prozent oder mehr von diesen Gewinnen in Form von Gebühren zu berappen. Ach, und ganz nebenbei, falls die Anlage Verluste erwirtschaftet, möchte dieser »Jemand« sein Geld natürlich trotzdem kassieren!

Steigen Sie ein?

Ich bin sicher, dass Sie nicht lange darüber nachdenken müssen. Die Antwort liegt auf der Hand. Ihre instinktive Antwort sollte lauten: »Auf gar keinen Fall. Das ist doch absurd!« Das einzige Problem ist Folgendes: Wenn Sie so funktionieren, wie 90 Prozent der Amerikaner, dann investieren Sie in einen typischen Investmentfonds, und ob Sie es glauben oder nicht, das sind die Bedingungen, denen Sie dann bereits zugestimmt haben.

Insgesamt werden 13 Billionen Dollar von aktiv gemanagten Investmentfonds[1] verwaltet, an denen weltweit 265 Millionen Anleger beteiligt sind.

Wie in aller Welt überzeugen Sie 92 Millionen Amerikaner, sich an einer Strategie zu beteiligen, bei der sie freiwillig auf 60 Prozent oder mehr ihrer potenziellen lebenslangen Investitionsgewinne verzichten, ohne eine garantierte Rendite zu erhalten? Um dieses Rätsel zu entschlüsseln, habe ich mich mit dem 85 Jahre alten Investmentguru John C. Bogle, Gründer von Vanguard, unterhalten, dessen 64 Jahre Börsenerfahrung ihn auf einzigartige Weise dazu qualifiziert haben, Licht auf dieses Finanzphänomen zu werfen. Seine Antwort?

»Marketing!«

»Tony, das ist ganz einfach. Die meisten Menschen rechnen nicht nach und die Gebühren sind versteckt. Rechne einmal folgendes Beispiel durch: Wenn jemand mit 20 Jahren eine einmalige Investition von 10.000 Dollar tätigt und wir ein jährliches Wachstum von 7 Prozent zugrunde legen, dann hätte der oder die Anlegerin in meinem Alter [80] 574.464 Dollar. Aber wenn dieser Anleger 2,5 Prozent an Managementgebühren und anderen Kosten zahlt, wird die Abschlussbilanz nach demselben Investitionszeitraum lediglich 140.274 Dollar betragen.«

»Okay, habe ich das richtig verstanden: Wenn Sie das gesamte Kapital aufbringen und das gesamte Risiko tragen, haben Sie am Ende 140.274 Dollar, haben aber 439.190 Dollar an einen aktiven Manager bezahlt? Das heißt, er behält 77 Prozent Ihrer potenziellen Rendite? Für welche Leistung?«

»Genau.«

Geldpower-Prinzip Nr. 1: Beteiligen Sie sich nicht am Spiel, bevor Sie nicht die Spielregeln kennen!

1 Laut Website von Investopedia, »verlassen sich aktive Manager auf die analytische Recherche, Prognosen und ihr eigenes Urteil und Erfahrung im Wertpapiergeschäft. Das Gegenteil des aktiven Managements wird als passives Management bezeichnet, auch ›Indexing‹ genannt.«

Millionen von Anlegern weltweit sind das Opfer eines systematischen Marketings – man könnte es auch als Investmentlügen bezeichnen –, das ihre Entscheidungsfindung beeinflusst. Diese »allgemeinen Wahrheiten« sind so angelegt, dass Sie über wichtige Aspekte bewusst im Dunkeln gelassen werden. Wenn es um Geld geht, können die Dinge, die Sie nicht wissen, Ihnen großen Schaden zufügen – und das werden sie auch. Unwissenheit ist alles andere als Seligkeit; es bedeutet Schmerzen und Kampf und den Verlust Ihres Vermögens zugunsten von Personen, die das Geld nicht verdient haben.

Ein gescheitertes Experiment

Die hohen Kosten der Investmentfonds sind jedoch nicht das einzige Problem. Das soeben genannte Beispiel ist nur ein kleiner Blick hinter die Kulissen eines Systems, das darauf angelegt ist, Sie systematisch zu schröpfen.

Alle Experten, die ich für dieses Buch interviewt habe, sind sich ausnahmslos einig, dass sich das Spiel verändert hat. Unsere Eltern waren nicht einmal mit einem Bruchteil der Komplexität und der Risiken konfrontiert, mit denen wir heute zu tun haben. Warum? Weil sie sich auf eine staatliche Rente verlassen konnten, ein garantiertes lebenslanges Einkommen! Sie besaßen Depositenzertifikate, sogenannte CDs, die konservative, aber vernünftige Zinsen abwarfen. Und einige hatten das Privileg, kleine Summen in Standardwerte – das sind umsatzstarke Aktien großer, bekannter Unternehmen, auch Blue Chips genannt – investieren zu können, die verlässliche Dividenden abwarfen.

Diese Zeiten sind vorbei.

Das neue System, das eigentlich schon Anfang der 1980er-Jahre mit der Einführung der 401(k)-Vorsorgepläne, einer steuerbegünstigten, betrieblich geförderten privaten Zusatzversorgung, begann, ist ein Experiment, an dem der Großteil der geburtenstärksten Generation der US-Geschichte teilnimmt: die Babyboomer. Und wie hat sich dieses System bewährt?

»Diese Do-it-yourself-Rente ist gescheitert«, urteilt Teresa Ghilarducci, eine national anerkannte Rentenexpertin von der New School for Social Research und eine offene Kritikerin des Systems, wie wir es kennen. »Es ist gescheitert, weil es auf der Erwartung basiert, dass Menschen ohne Investmenterfahrung die gleichen Ergebnisse erzielen wie professionelle

Investoren und Finanzmanager. Welche Ergebnisse würden Sie erwarten, wenn man Sie auffordern würde, sich selber einen Zahn zu ziehen oder Ihre eigene Elektroinstallation vorzunehmen?«

Was hat sich verändert? Wir haben unsere garantierten Rentenzahlungen durch ein bewusst komplexes und oft extrem gefährliches System ersetzt, das vor versteckten Gebühren nur so strotzt, das uns aber angeblich »Wahlfreiheit« bietet. Das heißt, irgendwie soll der normale Bürger neben einem fordernden Berufsalltag, der Versorgung seiner Familie, den Anstrengungen, körperlich fit zu bleiben und der Pflege wichtiger persönlicher Beziehungen auch noch ein Profi-Investor werden? Dieses System geht davon aus, dass Sie in der Lage sind, durch das undurchsichtige Dickicht an Produkten, Dienstleistungen und unendlichen Risiken zu navigieren, dem Ihr sauer verdientes Geld ausgesetzt ist. Aus diesem Grund überlassen die meisten Menschen ihr Geld einem »Profi« – meistens ein Finanzmakler. Ein Makler, der per definitionem für ein Unternehmen arbeitet, das gesetzlich nicht verpflichtet ist, in Ihrem besten Interesse zu handeln (mehr über dieses verblüffende Konzept erfahren Sie, wenn wir über den vierten Mythos sprechen). Ein Makler, der dafür bezahlt wird, Ihr Geld in Produkte zu dirigieren, die vielleicht am profitabelsten für ihn und seine Firma sind, aber nicht für Sie.

Eines möchte ich hier klarstellen: Dies ist nicht ein weiteres Buch, in dem auf Börsenmakler eingeschlagen wird. Viele der großen Finanzinstitute haben einige außergewöhnliche Produkte erfunden, die wir im Verlauf dieses Buches analysieren und empfehlen werden. Und die überwältigende Mehrheit der Menschen, die in der Finanzdienstleistungsindustrie arbeiten, sind ausgesprochen kundenorientiert. Meistens tun sie, was sie wirklich für das Beste halten. Leider verstehen viele nicht, auf welche Weise »das Haus« – sprich, ihr Unternehmen – Gewinne abschöpft, ob die Kunden ihrerseits nun Gewinn erzielen oder nicht. Sie tun das Beste für ihre Kunden auf Basis des Wissens (Schulung) und der Instrumente (Produkte), die ihr Unternehmen ihnen zur Verfügung gestellt hat.

Das System ist jedoch nicht darauf ausgerichtet, dass Ihr Makler unbegrenzte Optionen und Handlungsfreiheit besitzt, um für Sie die beste Lösung zu finden. Das wäre nämlich zu teuer.

Einen überproportional hohen Anteil Ihrer potenziellen Rendite für Gebühren aufzuwenden, ist nur einer der Fallstricke, die Sie vermeiden müssen, wenn Sie dieses Spiel gewinnen wollen. Aber hier die beste Nachricht:

Sie können trotzdem gewinnen!

Sie können dieses Spiel nicht nur gewinnen, es ist auch höllisch aufregend! Zwar müssen Sie große Herausforderungen bewältigen und weitere Fallstricke umgehen, aber überlegen Sie, was sich alles positiv verändert hat. Heute können Sie mit einem Mausklick und einer minimalen Gebühr in so gut wie alle Anlageformen auf der ganzen Welt investieren. »Es ist leichter denn je, relativ profitabel zu investieren«, sagte James Cloonan in einem Artikel, der vor Kurzem im *Wall Street Journal* erschien. Cloonan ist der Gründer des amerikanischen Verbands der Kleinanleger (American Association of Individual Investors), einer gemeinnützigen Organisation. »Sie müssen nur die richtige Entscheidung treffen.«

Vor gerade einmal 35 Jahren mussten Sie »Stunden in einer öffentlichen Bibliothek verbringen oder sich schriftlich an ein Unternehmen wenden, um seinen Finanzbericht zu erhalten. Die Maklerkosten und die Gebühren für Investmentfonds waren exorbitant und die Steuern geradezu erpresserisch hoch«, schrieb Jason Zweig in seinem Artikel mit dem Titel, »Even When Stocks Make You Nervous, Count Your Blessings«, der im *Wall Street Journal* erschien.

Die Technologie hat die Finanzwelt nicht nur für Hochfrequenzhändler, sondern für uns alle effizienter gemacht. Und das passt perfekt zu der Millenniumsgeneration, die keinen geringeren Standard akzeptieren würde. »Für uns ist Bequemlichkeit alles«, erklärte Emily, meine persönliche Assistentin, eine waschechte Repräsentantin dieser Generation. »Wir haben keine Toleranz für Ineffizienz oder Langsamkeit. Wir wollen wirklich alles mit einem Mausklick. Wir bestellen bei Amazon. Auf eine Fingerbewegung ist alles erledigt. Ich kann bei Netflix Filme ansehen, mein Auto online anmelden und online Aktien kaufen. Ich kann meine Präsentationen online erstellen. Heute Morgen fotografierte ich meinen Scheck und um sechs Uhr war das Geld auf meinem Konto. Dafür musste ich nicht einmal aus dem Schlafanzug steigen.«

Das Haus gewinnt immer

Steve Wynn, der milliardenschwere Zockermogul, dem die Verwandlung von Las Vegas in die weltweite Hauptstadt des Entertainments zugeschrieben wird, ist einer meiner engsten Freunde. Die Kasinos, die er gebaut hat, gelten gemeinhin als einer der großartigsten Spielplätze der Welt. Wynn hat sein Vermögen mit einer ganz einfachen Wahrheit gemacht: Das Haus ist immer im Vorteil. Dabei hat er keinesfalls einen garantierten Sieg! An jedem beliebigen Abend kann ein einsatzfreudiger Zocker Steve um Millionen erleichtern. Außerdem können Sie »das Haus« verlassen, wenn es Sie nicht vollständig fesselt. Dagegen verfügen fast alle Investmentgesellschaften über extrem gute Karten. Sie sind die ultimativen Kasinos. Sie haben Sie gefesselt, Sie selber haben kaum etwas zu gewinnen, aber die Investmentgesellschaften können auf garantierte Umsätze zählen, ob Sie als Kunde gewinnen oder nicht.

Zweimal gebrannt

Nach 2008, als der US-Aktienmarkt mehr als 37 Prozent seines Wertes verlor, hatte sich die Finanzwelt für die meisten Amerikaner vollständig verändert. Selbst fünf Jahre später ergab eine Umfrage von Prudential Financial, dass 44 Prozent der amerikanischen Einzelanleger immer noch sagen, sie würden ihr Geld nie wieder in Aktien anlegen, während 58 Prozent angeben, sie hätten das Vertrauen in den Markt verloren. Die Insider beteiligen sich aber immer noch an diesem Spiel. Warum? Weil sie es besser wissen. Sie wissen genau, wie man das Spiel spielen muss. Sie wissen, dass es heute hochprofitable Instrumente und Strategien gibt, die vorher nicht existierten. Denken Sie über Folgendes nach:

Heute können Sie ein Instrument nutzen, das von einer der größten Banken weltweit ausgegeben und besichert wurde, und das Ihnen 100 Prozent Schutz für Ihr Stammkapital bietet *und* Ihnen ermöglicht, sich mit 75 bis 90 Prozent an den Marktgewinnen (S&P 500) zu beteiligen, und zwar ohne jede Gewinndeckelung! Das ist kein Druckfehler. Sie können bis zu 90 Prozent Gewinnbeteiligung abschöpfen, aber wenn der Markt einbricht, erhalten Sie auf jeden Fall Ihr gesamtes Stammkapital zurück! Klingt zu schön, um wahr zu sein? Falsch. Der Grund? In der Vergangenheit mussten Sie zu den obersten 1 Prozent der obersten 1 Prozent gehören, um überhaupt nur von diesem Instrument zu hören. Dabei handelt es sich nicht um sogenannte »Retail«-Lösungen, das heißt, Standardprodukte aus dem Regal. Vielmehr sind sie passgenau auf die Investoren zugeschnitten, die so viel Geld haben, dass sie zu dem besagten 1 Prozent der Superreichen gehören.

Das ist lediglich ein Beispiel für die neuen Informationen und Spielregeln für den Aufbau von Vermögen bei minimalen Risiken, die Sie als Insider schon bald beherrschen werden.

Risiko entsteht daraus, dass man nicht weiß, was man tut.
WARREN BUFFETT

Die wenig begangene Route

Erklimmen Sie den Berg der Freiheit

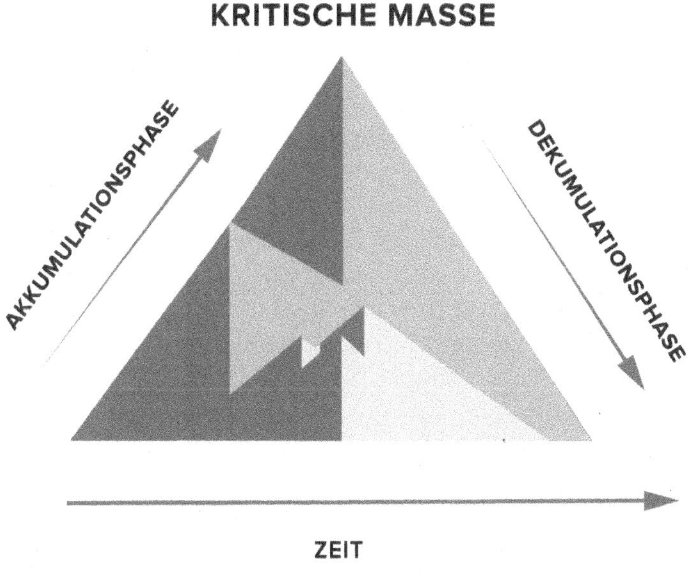

Der Weg, der vor uns liegt, erfordert Ihren vollen Einsatz. Gemeinsam werden wir diesen Berg namens finanzielle Freiheit erklimmen. Das ist Ihr persönlicher Mount Everest. Das wird kein leichtes Unterfangen und es erfordert intensive Vorbereitung. Sie besteigen den Everest auch nicht, ohne die Gefahren, die damit verbunden sind, genau zu kennen. Einige sind bekannt, und andere können Sie überraschen, wie zum Beispiel ein plötzlicher Wetterumschwung. Bevor wir uns also auf den Weg machen, müssen wir genau wissen, was uns unterwegs erwartet. Ein falscher Schritt könnte den Unterschied zwischen einem Leben im Überfluss, frei von finanziellen Belastungen, und der verzweifelten Frage bedeuten, wie Sie das Geld für Ihre nächste Hypothekenrate aufbringen sollen. Wir können niemanden bitten, den Aufstieg auf diesen Gipfel für uns zu übernehmen, aber wir können ihn auch nicht im Alleingang bewältigen. Wir brauchen einen kundigen Führer, der unsere Interessen im Sinn hat.

Der Gipfel

Das Kernkonzept der erfolgreichen Geldanlage ist einfach: Lassen Sie Ihre Ersparnisse bis zu einem Punkt anwachsen, an dem die Zinsen Ihrer Investitionen Ihnen ein so hohes Einkommen bescheren, dass Sie Ihren Lebensstil finanzieren, ohne dass Sie arbeiten müssen. Schließlich werden Sie einen »Wendepunkt« erreichen, an dem Ihre Ersparnisse eine kritische Masse erreichen. Das bedeutet einfach, dass Sie nicht mehr arbeiten müssen – es sei denn, Sie wollen es –, weil die Zinsen und das Geldwachstum auf Ihrem Konto Ihnen das Einkommen bescheren, das Sie für Ihr Leben benötigen. Das ist der Gipfel, den wir erreichen wollen. Die großartige Nachricht ist, dass Sie, wenn Sie erst einmal ein Insider sind, feststellen werden, dass es inzwischen neue und einzigartige Lösungen und Strategien gibt, die Ihren Aufstieg beschleunigen werden und Sie davor bewahren, abzurutschen. Bevor wir diese Lösungen genauer unter die Lupe nehmen, wollen wir unsere Route eingehender betrachten.

Ihr Investmentspiel besteht aus zwei Phasen: der *Akkumulationsphase*, in der Sie Geld investieren, damit es wächst und sich vermehrt, und der *Dekumulationsphase*, in der Sie Geld entnehmen. Der Aufstieg repräsentiert die Akkumulationsphase mit dem Ziel, den Gipfel – die kritische

Masse – zu erreichen. Auf diesem Gipfel wollen wir so lange wie möglich verharren, um die fantastische Aussicht zu genießen und die frische Luft der finanziellen Freiheit und unseres Erfolgs einzuatmen. Auf unserem Weg nach oben werden zahlreiche Hürden, Widerstände und Stolpersteine lauern, und wenn Sie nicht aufpassen, können Sie sogar Opfer falscher Wegweiser – der Investmentlügen – werden, die Sie auf Abwege führen, sodass Sie nie den Gipfel erreichen. Um unsere Erfolgschancen zu maximieren, werden wir diese Hürden und Stolpersteine auf den folgenden Seiten vorwegnehmen.

Treten wir in die zweite Lebensphase ein, in der wir die Früchte unseres Erfolgs genießen, werden wir die Freiheit besitzen, nur zu arbeiten, wenn wir es wollen. In dieser Phase werden wir mit gekonnten Skischwüngen den Berg hinunterfahren und aus vollen Zügen die Abfahrt genießen. In dieser Phase werden wir die größte Angst der Babyboomer überwinden: die Angst, unser Geld könnte nicht für unseren Lebensabend reichen. Über diese zweite Phase wird in der Vermögensverwaltungsindustrie kaum gesprochen, die darauf abzielt, dass das Geld immer investiert bleibt.

»Es geht nicht darum, an einem Tag X irgendeinen willkürlichen Betrag auf dem Konto zu haben«, erklärte Jeffrey Brown, Professor für Finanzen an der University of Illinois und Berater des US-Schatzministeriums und der Weltbank. »Ich glaube, viele Menschen wachen plötzlich auf, wenn sie das Rentenalter erreichen, und erkennen, ›Ich habe eigentlich alles richtig gemacht. Nun habe ich das ganze Geld hier, weiß aber gar nicht, wie lange ich leben werde, und ich weiß weder, welche Renditen ich erzielen werde, noch wie hoch die Inflation sein wird. Was soll ich tun?‹«

Nach der Lektüre einer seiner jüngsten Kolumnen im Magazin *Forbes* rief ich Jeffrey Brown an, um ihn zu fragen, ob er bereit wäre, mit mir über konkrete Lösungen für Anleger aller Kategorien und Größenordnungen zu sprechen. (Brown wird in Teil V, »GEWINNCHANCEN OHNE VERLUSTRISIKO: ERSTELLEN SIE EINEN EINKOMMENSPLAN FÜRS LEBEN«, in dem Sie erfahren, wie Sie ein lebenslanges, steuerfreies Einkommen generieren, noch ausführlicher zu Wort kommen.) Und wer wäre besser geeignet, eine Lösung zu skizzieren, als der Mann, der nicht nur ein großer Gelehrter ist, sondern außerdem zu dem erlauchten Kreis der sieben Auserwählten gehört, die der US-Präsident in das Social Security Advisory Board berufen hat.

Befreien Sie sich von den Ketten

David Swensen, einer der erfolgreichsten institutionellen Investoren unserer Zeit, rät, sich nicht von konventionellen Weisheiten leiten zu lassen, wenn man einen unkonventionellen Erfolg anstrebt. Nachfolgend wollen wir die sieben wichtigsten Finanzmythen entlarven, von denen die Masse der Anleger in die Irre geführt wird, und die neuen Regeln der Finanzinvestition untersuchen, die Ihnen wirklich finanzielle Freiheit bescheren werden.

Wir beginnen mit dem größten Mythos von allen ....

Kapitel 6
Erster Mythos:
Die 13-Billionen-Dollar-Lüge:
»Investieren Sie in unsere Fonds, wir schlagen den Markt!«

Das Ziel nichtprofessioneller Anleger sollte nicht darin bestehen, besonders gewinnträchtige Einzelaktien auszuwählen – das können weder er noch seine »Helfer« –, sondern eine Mischung aus Unternehmensaktien zu besitzen, die aller Voraussicht nach gut abschneiden werden. Ein kostengünstiger S&P-500-Indexfonds kann das leisten.

WARREN BUFFETT, Aktionärsbrief 2013

Wenn Sie die gebühren- und steuerbereinigten Ergebnisse über angemessene Zeiträume betrachten, gibt es praktisch keine Chance, dass Sie langfristig einen Indexfonds schlagen können.

DAVID SWENSEN, Autor des Titels Unconventional Success und Manager des Stiftungsvermögens von 23,9 Millionen Dollar der Yale University

Finanzentertainment

Wenn Sie heute die Finanznachrichten im Fernsehen einschalten, werden Sie feststellen, dass es sich weniger um Nachrichten und mehr um Sensationalismus handelt. Quatschköpfe führen eifrige Debatten, sogenannte Stockpicker (Anleger in Einzelaktien) preisen marktschreierisch ihre angeblich heißesten Aktientipps an und dazu ertönen dramatische Hintergrundeffekte einschließlich dem Rattern einer vollen Registrierkasse. Reporter filmen »Live-Szenen vom Börsenparkett«. Das System, das von den

Werbekunden finanziert wird, will uns das Gefühl vermitteln, wir würden etwas verpassen! Wenn wir nur den ganz heißen Tipp hätten! Wenn wir nur den nächsten »Muss-ich-haben«-Investmentfonds kennen würden, der garantiert der neue 5-Sterne-Komet am Börsenhimmel sein wird. (Die Ratingagentur Morningstar bewertet Investmentfonds auf einer Skala von 1 bis 5 Sternen.)

Die Hatz auf Renditen ist ein großes Geschäft. Die Autorin zum Thema persönliche Finanzen, Jane Bryant Quinn, beschrieb diesen Sensationshype einmal als »Finanzporno«. Dieser will uns mit Hochglanzbroschüren, deren Seiten vor Fünf-Sterne-Bewertungen nur so strotzen, und Versprechen über sorglose Strandspaziergänge und Angelvergnügen im Kreise unserer Enkelkinder verführen. Unter dem Strich kämpfen die Unternehmen hinter den Broschüren darum, ihre Finger auf unser Geld zu legen. Der Kampf um Ihr Vermögen ist voll entbrannt!

In welche Geldanlagen sollen Sie nun investieren? Wem können Sie vertrauen? Wer wird Sie schützen und die höchsten Renditen für Sie erzielen?

Das sind die unmittelbaren Fragen, die Sie sich nun, da Sie sich vorgenommen haben, ein engagierter Investor zu werden und regelmäßig einen Teil Ihres Einkommens in den Vermögensaufbau zu investieren, mit Sicherheit stellen werden. In welche Wertpapiere investieren die meisten Menschen, die nach einer langfristigen Geldanlage suchen? Üblicherweise in Aktien.

Der Aktienmarkt ist in den vergangenen 100 Jahren in der Tat die beste langfristige Geldanlage gewesen. Steve Forbes sagte 2014 auf einer meiner Finanzveranstaltungen in Sun Valley, Idaho: »Hätten Sie 1935 1 Million Dollar in Aktien investiert, wären diese heute 2,4 Milliarden Dollar wert (wenn Sie sie so lange gehalten hätten).«

Aber in dem Moment, in dem Sie in eine betrieblich geförderte Zusatzversorgung einzahlen, tauchen fröhliche Verkäufer auf, die Ihnen sagen, Sie sollten Ihr Geld besser einem Investmentfonds anvertrauen. Wenn Sie in einen aktiv gemanagten Investmentfonds investieren, was genau kaufen Sie dann eigentlich? Sie investieren in einen Fondsmanager, in der Hoffnung, seine Fähigkeit, die gewinnträchtigsten Einzelaktien auszuwählen, sei besser als Ihre. Eine völlig natürliche Annahme, da unser eigenes Leben überaus hektisch und ausgefüllt ist und unsere Methode der Aktienauswahl eher an Pfeilschießen erinnern würde!

Also übergeben wir unser Geld einem »Fünf-Sterne«-Manager eines *aktiv gemanagten* Investmentfonds, der aktiv versucht, den Markt zu schlagen, indem er bessere Aktien auswählt als alle anderen. Nur wenige Investmentgesellschaften wollen über die sogenannte 13-Billionen-Dollar-Lüge sprechen. (Das ist die Summe, die insgesamt von Investmentfonds verwaltet wird). Wollen Sie die Wahrheit hören?

Unglaublichen 96 Prozent der aktiv gemanagten Fonds *gelingt es nicht*, den Markt über einen nennenswerten Zeitraum zu schlagen!

Zunächst eine Klarstellung: Wenn davon die Rede ist, »den Markt zu schlagen«, ist im Allgemeinen ein Aktienindex gemeint. Was ist ein Index, fragen Sie? Einige von Ihnen wissen das vielleicht, aber ich will niemanden im Dunkeln lassen, also wollen wir das klären. Ein Index ist nichts weiter als ein Korb oder eine Liste an Aktien. Der S&P 500 ist ein Index. Er setzt sich aus den am höchsten bewerteten (Marktkapitalisierung) Unternehmen der USA zusammen und wird von Standard & Poor's zusammengestellt. Unternehmen wie Apple, Exxon und Amazon finden sich auf dieser Liste wieder. Jeden Tag misst Standard & Poor's, wie alle 500 Unternehmen zusammengenommen abgeschnitten haben, und wenn Sie abends die Nachrichten einschalten, hören Sie, ob der Markt (alle Aktien dieses Korbes zusammengenommen) gestiegen oder gefallen ist.

Anstatt also diese Aktien einzeln zusammenzukaufen oder zu versuchen, unter allen möglichen Aktien den nächsten Überflieger herauszusuchen, können Sie diversifizieren und sich ein Stück an dem gesamten Aktienkorb sichern, indem Sie in einen kostengünstigen Indexfonds investieren, der die Kursbewegungen des Index nachzeichnet. So können Sie sich mit einer einzigen Investition am Erfolg des »amerikanischen Kapitalismus« beteiligen. In gewisser Weise investieren Sie in die Tatsache, dass sich die Spitzenunternehmen in den vergangenen 100 Jahren als äußert widerstandsfähig erwiesen haben. Selbst in Phasen der Depression, Rezession und der Weltkriege haben sie kontinuierlich Wege gefunden, Mehrwert zu erzielen, zu wachsen und steigende Umsätze zu verzeichnen. Wenn ein Unternehmen die Bewertungskriterien verfehlt, fällt es aus dem Aktienkorb heraus und wird von einem anderen Spitzenunternehmen ersetzt.

Der Punkt ist, dass Sie mit der Investition in den Index keinen Manager dafür bezahlen müssen, dass er die Einzelaktien aus dem Markt auswählt, die angeblich am besten abschneiden. Das ist effektiv bereits erledigt, weil

Standard & Poor's mit dem S&P 500 bereits die besten 500 Aktien bestimmt hat. Es gibt übrigens verschiedene Indizes, zum Beispiel den Dow Jones, und wir werden noch weitere kennenlernen.

Zehntausend Optionen

Allein in den USA existieren 7.707 unterschiedliche Investmentfonds (aber nur 4.900 Einzelaktien), die sich alle darum drängen, Ihnen dabei zu helfen, den Markt zu schlagen. Die Statistik lohnt aber eine Wiederholung: 96 Prozent gelingt es nicht, den Markt über einen nennenswerten Zeitraum zu übertreffen. Sind das bahnbrechende Neuigkeiten? Nein, nicht für Insider. Wie Ray Dalio mit Nachdruck betonte, »werden Sie den Markt nicht schlagen. Das gelingt niemandem! Nur ganz seltenen Ausnahmeinvestoren.« Er ist zufällig einer dieser Ausnahmeinvestoren, der allerdings ehrlich genug ist, Sie zu warnen: »Versuchen Sie das nicht auf eigene Faust.«

Selbst Warren Buffett, der für seine einzigartige und unnachahmliche Fähigkeit bekannt ist, unterbewertete Aktien aufzuspüren, sagt, der durchschnittliche Investor solle niemals versuchen, Einzelaktien auszuwählen oder den richtigen Zeitpunkt für einen Einstieg abzupassen. In seinem berühmten Aktionärsbrief von 2014 erklärte er, wenn er sterbe, solle das Geld, das er für seine Frau in einem Trust angelegt habe, ausschließlich in Indexfonds investiert werden, damit sie ihre Kosten minimieren und ihren Gewinn maximieren könne.

Buffett ist sich so sicher, dass auch professionelle Stockpicker den Markt nicht dauerhaft übertreffen können, dass er eine Gelegenheit beim Schopfe packte, diese Behauptung unter Beweis zu stellen. Im Januar

2008 ging er eine 1-Million-Dollar-Wette gegen Protégé Partners mit Sitz in New York ein, wobei die Gewinne einer karitativen Einrichtung zugutekommen sollen. Worum geht es bei dieser Wette? Um die Frage, ob Protégé Partners fünf Spitzenhedgefondsmanager auswählen kann, die gemeinsam den S&P 500 über einen Zeitraum von zehn Jahren schlagen können. Im Februar 2014 hatte der S&P 500 um 43,8 Prozent zugelegt, die fünf Hedgefonds um 12,5 Prozent. Es verbleiben zwar noch einige Jahre, der Vorsprung des S&P 500 wirkt allerdings wie ein Wettrennen zwischen Usain Bolt und einer Gruppe Pfadfindern. (Anmerkung: All denjenigen, die nicht wissen, was ein Hedgefonds ist, sei gesagt, dass es sich dabei im Wesentlichen um einen privaten Fonds handelt, zu dem ausschließlich sehr vermögende Investoren Zugang haben. Die Manager dieser Fonds können völlig frei handeln und entweder auf den Markt setzen und Geld verdienen, wenn dieser steigt, oder gegen den Markt wetten und Geld verdienen, wenn er nachgibt.)

Fakten sind und bleiben Fakten

Der Finanzexperte Robert Arnott, Gründer von Research Affiliate, verbrachte zwei Jahrzehnte mit dem Studium der 200 größten aktiv gemanagten Investmentfonds, deren verwaltetes Vermögen mindestens 100 Millionen Dollar betrug. Die Ergebnisse sind alarmierend:

In den 15 Jahren zwischen 1984 und 1998 gelang es nur acht von 200 Fondsmanagern, den Vanguard-500-Index zu schlagen. ***(Der Vanguard 500, der von John C. Bogle gegründet wurde, spiegelt den S&P 500 wider.)***

Das bedeutet, dass die Chance, dass Sie in einen dieser acht Sieger investieren, weniger als 4 Prozent beträgt. Wenn Sie jemals Blackjack gespielt haben, wissen Sie, dass das Ziel ist, so nahe wie möglich an die 21 heranzukommen, ohne sie zu übertreffen. Dan und Chip Heath schrieben in ihrem *Fast Company*-Artikel »Made to Stick: The Myth of Mutual Funds«: »Man kann es mit Blackjack vergleichen: Wenn Sie zwei Bildkarten halten (die jeweils den Wert 10 besitzen, sodass Ihre Gesamtpunktzahl 20 beträgt) und Ihr innerer Idiot schreit, ›Ich bin dabei!‹, beträgt Ihre Gewinnchance 8 Prozent!«

Wie groß ist der Schaden, den der Versuch, den Markt zu übertreffen, anrichten kann? Über einen Zeitraum von 20 Jahren, nämlich vom 31. Dezember 1993 bis zum 31. Dezember 2013, erzielte der S&P 500 eine

durchschnittliche Jahresrendite von 9,28 Prozent. Der durchschnittliche Anleger in Investmentfonds erzielte laut Dalbar, einer der führenden Researchfirmen, dagegen gerade einmal 2,54 Prozent. Ein Unterschied von fast 80 Prozent.

Im wirklichen Leben kann das den Unterschied zwischen finanzieller Freiheit und finanzieller Verzweiflung bedeuten. Anders ausgedrückt: Hätten Sie in den S&P 500 investiert, wären aus Ihren 10.000 Dollar 55.916 Dollar geworden! Wohingegen ein Anleger, der in der Illusion, den Markt übertreffen zu können, in einen Investmentfonds investiert hätte, am Ende nur 16.386 Dollar gehabt hätte!

Wie erklärt sich dieser Riesenunterschied?

Weil wir teuer kaufen und billig verkaufen. Wir folgen unseren Emotionen (oder der Empfehlung unserer Finanzmakler) und hüpfen von Fonds zu Fonds, immer auf der Suche nach dem Renditevorsprung. Wenn die Märkte fallen, ertragen wir die emotionalen Schmerzen nicht und verkaufen. Und wenn der Markt ansteigt, steigen wir wieder ein. Ein berühmter Geldmanager namens Barton Biggs traf folgende Feststellung: »Ein Bullenmarkt ist wie Sex. Kurz vor dem Ende fühlt er sich am besten an.«

Die Weisheit des Alters

Burt Malkiel, 82 Jahre alt, hat jeden nur vorstellbaren Marktzyklus und jede neue Marketingmode erlebt. Als er 1973 das Buch mit dem Titel *A Random Walk Down Wall Street* schrieb, hatte er keine Ahnung, dass sich dieser Titel zu einem Investmentklassiker entwickeln würde. Die zentrale These dieses Buches lautet, dass die Bestimmung des besten Zeitpunkts, auch Markt Timing genannt, ein klares Verliererspiel ist. In Teil IV werden wir Burts Worten lauschen, aber einstweilen sollen Sie wissen, dass er der Erste war, der den Indexfonds begründete, der – wie erwähnt – nicht versucht, den Markt zu übertreffen, sondern dessen Kursverlauf nachahmt.

Unter Investoren wird diese Strategie als *Indexing* oder *passive Investition* bezeichnet. Dieser Investitionsstil ist das Gegenteil vom aktiven Investment, bei dem Sie einen Fondsmanager dafür bezahlen, dass er aktiv Einzelaktien zum Kauf oder Verkauf auswählt in der Hoffnung, mit seiner Auswahl den Markt schlagen zu können.

John C. Bogle, Gründer der altehrwürdigen Investmentgesellschaft Vanguard, richtete die Zukunft seines Unternehmens an diesem Konzept aus und legte den ersten Indexfonds auf. Als ich für dieses Buch mit John sprach, erklärte er mir, warum Vanguard zum größten Indexfondsmanager der Welt aufgestiegen ist: »Maximale Diversifizierung, minimale Kosten und maximale Steuereffizienz, geringer Turnover (Handelsfrequenz) und geringe Turnoverkosten und keine Verkaufskosten.« Klingt das überzeugend?

Abkürzung

Jetzt denken Sie bestimmt, dass es irgendjemanden geben muss, dem es gelingt, den Markt zu übertreffen. Warum sonst würden aktiv gemanagte Investmentfonds rund 13 Billionen Dollar Vermögen verwalten? Bestimmt haben Fondsmanager Glückssträhnen, in denen es ihnen tatsächlich gelingt, den Markt zu übertrumpfen. Die Frage ist, ob sie diesen Vorteil langfristig halten können. Aber wie John C. Bogle sagte, ist alles eine Frage des Marketings! Es liegt in der menschlichen Natur, immer noch schneller, besser und klüger sein zu wollen als alle anderen. Und daher ist der Verkauf eines »angesagten Fonds« nicht schwierig. Er verkauft sich von alleine. Und wenn der heiße Tipp unvermeidlicherweise erkaltet, taucht ein neuer heißer Kandidat auf.

Was die 4 Prozent angeht, die den Markt tatsächlich übertrumpfen, stecken dahinter übrigens nicht immer dieselben Fonds. John nannte mir die nach seinen Worten lustigste Art und Weise, diese Tatsache zu vermitteln. »Tony, wenn du 1.024 Gorillas in eine Sporthalle packst und ihnen sagst, sie sollen eine Münze werfen, wird einer von ihnen zehn Mal hintereinander Kopf werfen. Die meisten würden das Glück nennen, aber wenn das im Investmentfondsgeschäft passiert, bezeichnen wir den Gorilla als Genie!« Wie hoch sind die Chancen, dass derselbe Gorilla bei den folgenden zehn Würfen wieder nur Kopf wirft?

Um eine Studie von Dimensional Fund Advisors zu zitieren, das von dem Ökonomen Eugene Fama geleitet wird, der 2013 mit dem Nobelpreis ausgezeichnet wurde: »*Wer glaubt also immer noch, dass die Märkte nicht funktionieren? Offenbar nur Nordkorea, Kuba und aktive Manager.*«

In diesem Abschnitt wird jeder Leser, der in dieser Branche arbeitet, entweder zustimmend nicken oder sich überlegen, für welche Tür er diese 600 Seiten als Türkeil verwenden könnte! Das ist zweifellos ein äußerst umstrittenes Thema. Wir alle möchten gerne glauben, dass wir schneller finanzielle Freiheit erlangen, wenn wir unser Geld dem klügsten und talentiertesten Fondsmanager anvertrauen. Wer möchte schließlich nicht die Abkürzung zum Gipfel nehmen? Aber bedenken Sie:

Zwar hat jeder Anspruch auf eine eigene Meinung, aber niemand hat Anspruch auf seine eigenen Fakten!

Zwar werden einige Investmentfondsmanager einwenden: »Wir übertrumpfen den Markt vielleicht nicht, wenn er anzieht, aber wir können aktiv Maßnahmen ergreifen, um Sie vor den Folgen eines Markteinbruchs zu schützen.«

Das wäre sehr tröstlich, wenn es nur wahr wäre.

Das Ziel einer Finanzinvestition ist, bei einem bestimmten Risiko (und idealerweise möglichst geringen Kosten) eine maximale Nettorendite zu erwirtschaften.

Werfen wir also einen Blick auf die Ergebnisse, die die Fondsmanager erzielten, als der Markt am Boden lag. Das Jahr 2008 ist dafür ein guter Ausgangspunkt. Zwischen 2008 und Anfang 2009 erlebte der Markt seinen schlimmsten Einbruch innerhalb eines Jahres seit der Großen Depression (um genau zu sein, verlor er von der Spitzennotierung bis zum Tiefpunkt 51 Prozent). Die Fondsmanager hatten viel Zeit, »defensive« Strategien zu verfolgen. Vielleicht ergriffen sie die »angemessenen Maßnahmen«, als der Markt 15, 25 oder 35 Prozent seines Wertes verloren hatte. Auch hier sprechen die Fakten für sich selbst.

Ob ein Fondsmanager versuchte, den S&P Growth Index zu schlagen, der aus Unternehmen wie Microsoft, Qualcomm und Google besteht, oder den S&P Small Cap Index, der sich aus Nebenwerten wie Yelp zusammensetzt, in jedem einzelnen Fall blieben die Stockpicker hinter der Marktperformance zurück. Laut einem Bericht von 2012 mit dem Titel *S&P Indices Versus Active Funds Scorecard* – abgekürzt *SPIVA* – schnitt der S&P Growth Index besser ab als 89,9 Prozent der Investmentfonds, die in wachstumsstarke Standardwerte investieren, und der S&P 500 Small Cap 600 Growth Index erzielte höhere Renditen als 95,5 Prozent der vergleichbaren Investmentfonds.

Die Ausnahmeinvestoren

Nun, da klar geworden ist, dass praktisch niemand langfristig den Markt schlagen kann, will ich Ihnen einen Vorbehalt nennen. Es gibt eine kleine Gruppe von Hedgefondsmanagern, denen das scheinbar Unmögliche gelingt und die konsistent höhere Renditen erzielen als der Markt. Das sind jedoch absolute Ausnahmeerscheinungen. Die »Magier«. Die sogenannten »Market Wizards«. Wie David Einhorn von Greenlight Capital, dessen Fonds seit Auflegung im Jahr 1996 2.287 Prozent zugelegt hat (nein, das ist kein Tippfehler!) und dessen Erfolgsbilanz lediglich ein negatives Jahr aufweist. Leider hat der durchschnittliche Anleger nichts von dem Wissen, dass es diese seltenen Ausnahmen gibt, weil ihre Fonds für neues Geld geschlossen sind. Ray Dalios Fonds Bridgewater hat in zehn Jahren keine neuen Investoren aufgenommen. Wenn er jedoch neue Mittel annimmt, macht er zur Voraussetzung ein investierbares Nettovermögen von 5 Milliarden Dollar und eine Mindestinvestition von 100 Millionen Dollar. Schluck.

Paul Tudor Jones, der in mehr als 28 Jahren keine Verluste gemacht hat, rief vor Kurzem seine Investoren an und erstattete ihnen insgesamt 2 Milliarden Dollar. Wenn ein Hedgefonds zu groß wird, wird der Ein- und Ausstieg aus dem Markt schwieriger, das heißt, es wird schwieriger, schnell zu kaufen und zu verkaufen. Und langsam zu sein, bedeutet niedrigere Renditen.

Bevor Sie jedoch anfangen zu glauben, dies sei ein Loblied auf Hedgefonds, will ich Ihnen sagen, dass die überwältigende Mehrheit der Hedgefondsmanager bis 2012 fünf Jahre in Folge schlechtere Ergebnisse erzielt hat als der S&P 500. Laut der Finanzwebsite Zero Hedge erzielte der durchschnittliche Hedgefonds eine Rendite von 8 Prozent gegenüber 16 Prozent des S&P 500. Im Jahr 2013 kamen Hedgefonds im Schnitt auf 7,4 Prozent, während der S&P 500 auf 29,6 Prozent kletterte, was 2013 zu seinem besten Jahr seit 1997 machte. Ich bin sicher, die wohlhabenden

Hedgefondskunden waren nicht begeistert. Und um dem Ganzen die Krone aufzusetzen, kassieren Hedgefonds üblicherweise 2 Prozent Managementgebühren pro Jahr, beanspruchen außerdem 20 Prozent der Gesamtgewinne, und dann kommt noch die Steuer hinzu, die je nach Land unterschiedlich zugreift (in Deutschland wäre das die Abgeltungssteuer in Höhe von derzeit 25 Prozent). Das tut weh.

Die größte Bank der Welt

Egal in welchem Lebensbereich, ich suche immer nach der Ausnahme von der Regel, da dort im Allgemeinen das Herausragende zu finden ist. Mary Callahan Erdoes passt in diese Kategorie. In einer männerdominierten Branche ist sie an die Spitze der Finanzwelt aufgestiegen. Die Wall Street ist ein Ort, an dem die Ergebnisse lauter sprechen als Worte, und die Ergebnisse, die Erdoes erzielt hat, sind einfach außerordentlich, so konsistent bahnbrechend, dass man sie zur CEO von J.P. Morgan Asset Management gemacht hat. In dieser Position ist sie oberste Hüterin der Portfolios, mit denen insgesamt mehr als 2,5 Billionen Dollar an Aktiva verwaltet werden – ja, Billionen mit einem *B* am Anfang!

Wir haben für dieses Buch ein fantastisches Gespräch geführt, in dem sie einige profunde Weisheiten preisgegeben hat, die wir in Teil VI näher betrachten werden. Als ich aber die Studien erwähnte, denen zufolge es keinem Manager langfristig gelingt, die Märkte zu übertrumpfen, wies sie umgehend darauf hin, dass zahlreiche Fondsmanager von J.P. Morgan die letzten zehn Jahre die Märkte geschlagen haben (in ihren jeweiligen Assetklassen). Warum? Die Beispiele, die sie nannte, erwirtschafteten in Baissemärkten weniger Verluste als die Märkte. Der Unterschied, so Mary Callahan Erdoes, bestehe in dem Vorsprung, den die jeweiligen Manager benötigten, um ihre Spitzenergebnisse zu behaupten. Erdoes und viele Branchenexperten sind sich einig, dass bestimmte weniger entwickelte beziehungsweise aufstrebende Märkte – sogenannte Emerging Markets – aktiven Managern die Chance bieten, einen Gewinnvorsprung zu erzielen. In sogenannten *Frontier Markets*[2] – zum Beispiel Kenia oder Vietnam –, in denen die Information weniger transparent ist und sich langsamer

[2] Auch Grenzmärkte genannt. Dabei handelt es sich um kleine, weniger entwickelte Schwellenländer, die aber anlagegeeignet sind (A.d.Ü.).

verbreitet, können sie sogar noch größere Vorteile erzielen. Nach Erdoes Worten ist das ein Gebiet, auf dem ein Unternehmen wie J.P. Morgan über immense Ressourcen und Reichweite verfügt und seine Kontakte vor Ort nutzen kann, um sich wertvolle Echtzeitinformationen zu beschaffen.

Laut John C. Bogle gibt es keine empirische Basis für die gesicherte Annahme, dass ein aktives Management in allen großen Assetklassen – Large-Cap Growth, Value-Aktien, Core, Mid-Cap Growth und so weiter – effektiver ist. Aber es hat den Anschein, als böten die Grenzmärkte aktiven Managern die Chance, gelegentlich überdurchschnittliche Ergebnisse zu erzielen. Werden sie auch weiterhin besser abschneiden als der Markt? Das bleibt abzuwarten. Wir wissen, dass jeder aktive Manager von Ray Dalio bis zu J.P. Morgan irgendwann in seinem Versuch, den Markt zu schlagen, einen Fehler machen wird. Daher ist die Entwicklung eines Systems und die richtige Portfoliomischung absolut erfolgsentscheidend. Damit werden wir uns in Teil IV eingehender beschäftigen. Sie werden die Auswahl an Geldanlagen selber treffen müssen, wobei Sie nicht vergessen sollten, Gebühren und Steuern zu berücksichtigen (auf das Thema kommen wir im nächsten Kapitel zu sprechen).

Ein wetterfestes Portfolio

Wenn Sie dieses Buch lesen, haben wir entweder gerade einen Bullenmarkt, oder einen Bärenmarkt oder einen Markt, der sich seitwärts bewegt. Wer weiß? Worauf es ankommt, ist, dass Sie Ihre Investitionen so tätigen, dass sie sich in allen Marktlagen bewähren. Was Sie brauchen, ist ein »wetterfestes« Portfolio. Die Experten, mit denen ich gesprochen habe, haben in jeder Marktlage Geld verdient. Und auch in Zukunft wird es Auf- und Abschwünge geben. Im Leben geht es nicht darum abzuwarten, bis der Sturm vorbeigezogen ist, sondern zu lernen, im Regen zu tanzen. Es geht darum, dass Sie in diesem Lebensbereich die Angst verlieren, damit Sie sich auf das Wesentliche konzentrieren können.

Wann, wo und wie?

Wie setzt sich ein wetterfestes Portfolio zusammen? »Tony, wie soll ich mein Geld investieren?« Erstens müssen Sie keine Zeit mit dem Versuch verschwenden, die besten Einzelaktien oder den besten Investmentfonds auszuwählen. Das Portfolio eines kostengünstigen Indexfonds ist der beste Ansatz, weil wir nicht wissen, welche Aktien in Zukunft die besten sein werden. Ist es außerdem nicht angenehm zu wissen, dass Sie mit einer »passiven« Marktbeteiligung 96 Prozent der Investmentfondsmanager weltweit schlagen werden und fast genauso viele Hedgefondsmanager? Befreien Sie sich von dem Druck, den Sieger dieses Wettrennens bestimmen zu wollen. Wie mir John C. Bogle sagte, geht das Geheimnis – »Machen Sie gar nichts, verhalten Sie sich passiv« – im Investment irgendwie gegen jeden Instinkt. Wenn Sie Teil des Marktes werden, anstatt zu versuchen, ihn zu übertrumpfen, stehen Sie auf der Seite des Fortschritts, des Wachstums und der Expansion.

Bisher haben wir den S&P 500 wiederholt als »den Markt« bezeichnet. Vergessen Sie aber nicht, dass der S&P 500 nur einer von vielen Indizes beziehungsweise Märkten ist. Es gibt noch den viel zitierten Dow Jones Industrial Average, es gibt aber auch noch einen Rohstoffindex, einen Immobilienindex, einen Index für kurzfristige Anleihen, einen Index für langfristige Anleihen, einen Goldindex und so weiter. Welche Anteile Sie an jedem Markt erwerben sollten, ist eine erfolgsentscheidende Frage, der wir uns in Teil IV widmen werden. Würde es Ihnen gefallen zu erfahren, wie Ray Dalios ideale Portfoliostruktur aussieht? Mit der Strategie, die er auf den nachfolgenden Seiten beschreiben wird, hat er in den letzten 30 Jahren (1984 bis 2013) zu 85 Prozent der Zeit einen Gewinn von knapp unter 10 Prozent erzielt. Und als der Markt 2008 um 37 Prozent einbrach, betrug sein Verlust lediglich 3,93 Prozent! Ich wünschte, ich hätte damals diese Kenntnisse gehabt!

Und was ist mit David Swensen, der das Stiftungsvermögen der Yale University von 1 Milliarde Dollar auf mehr als 23,9 Milliarden Dollar gesteigert hat, und das bei einer durchschnittlichen Jahresrendite von 14 Prozent? Auch er wird hier seine ideale Portfoliozusammenstellung verraten. Informationen von unschätzbarem Wert, die allesamt in »TEIL VI – INVESTIEREN SIE WIE DIE 0,001 PROZENT: DIE STRATEGIEN DER MULTIMILLIARDÄRE« vorgestellt werden.

Wenn Sie die Modelle dieser Experten ohne umfassende Kenntnisse über das Thema Portfoliostrukturierung betrachten, ist das so, als würden Sie ein Haus auf einem schwachen Fundament aufbauen. Und wenn Sie sich auf die Vermögensaufteilung konzentrieren, bevor Sie Ihre Ziele definiert haben, ist das eine völlige Zeitverschwendung. Vor allem gilt: Wenn wir Sie nicht vor den Leuten schützen, die Ihnen gerne Ihr Geld abknöpfen würden, ist alles verloren. Aus diesem Grund decken wir die sieben Mythen auf – Schritt zwei der 7 einfachen Schritte zu finanzieller Freiheit –, damit Sie ein Insider werden und die Wahrheit kennen. Nur die Wahrheit wird Sie wirklich befreien.

Sternengeschmückte Investmentfonds

Selbst nach allem, was Sie inzwischen über aktiv gemanagte Fonds erfahren haben, wird es zweifellos Leser geben, die sagen werden: »Tony, ich habe Recherchen angestellt und es gibt kein Problem. Ich investiere ausschließlich in Fünf-Sterne-Fonds.« Ach, wirklich?

Laut Morningstar wurden in dem Jahrzehnt, das im Dezember 2009 endete, rund 72 Prozent aller Fondsgelder (ungefähr 2 Billionen Dollar) in Vier- und Fünf-Sterne-Fonds investiert. Für diejenigen, die nicht mit dem Thema vertraut sind: Morningstar ist der populärste und gründlichste Service für die Bewertung von Investmentfonds, der deren Ergebnisse anhand eines Bewertungsschemas mit einer Skala von 1 bis 5 Sternen bewertet. Finanzmakler verweisen immer gerne auf diese Sterne, wenn Sie Ihnen den nächsten heißen Fonds andrehen wollen.

David Swensen erzählte mir, »die Sterne sind so wichtig, dass Investmentgesellschaften Fonds, die weniger als vier Sterne erhalten, sehr schnell schließen. Zwischen 2007 und 2012 wurden 27 Prozent der Domestic Equity Fonds (Inlandsbeteiligungen) und 23 Prozent der International Equity Fonds (Auslandsbeteiligungen) entweder verschmolzen oder liquidiert; eine übliche Praxis, um eine negative Erfolgsbilanz aus einer Fondsfamilie zu entfernen.«

Investmentgesellschaften legen üblicherweise eine Vielzahl von neuen Fonds auf und beobachten dann, welcher Fonds durchstartet. John Bogles Kommentar: »Eine Investmentgesellschaft legt fünf neue Fonds auf und versucht, alle fünf zu einem Erfolg zu machen. Natürlich klappt das in vier Fällen nicht, aber einer entwickelt sich zum Shootingstar. Also lassen sie die vier Rohrkrepierer fallen, gehen mit dem einen erfolgreichen Fonds an die Börse und vermarkten seine bisherige Erfolgsbilanz.«

Stellen Sie sich vor, wir könnten diese Methode in unseren eigenen Finanzinvestitionen anwenden. Stellen Sie sich vor, Sie würden fünf Einzelaktien auswählen, vier davon würden anschließend Verluste machen, aber eine Aktie würde eine saftige Rendite erzielen, und Sie könnten so tun, als hätten Ihre Rohrkrepierer nicht existiert. Und dann gehen Sie zu allen Ihren Freunden und erzählen ihnen, dass Sie der erfolgreichste Stockpicker seit Warren Buffett sind.

Ganz nebenbei wurde die glanzlose Performance dieser Vier- und Fünf-Sterne-Supernovas (verglühende Sterne) in einem Artikel des *Wall Street Journals* mit dem Titel »Investors Caught with Stars in Their Eyes« gut recherchiert. Der Artikel basiert auf einer Studie, die bis 1999 zurückreicht und die Performance von Fünf-Sterne-Fonds zehn Jahre nach Erwerb untersucht hat. Die Ergebnisse? »Von den 248 Investmentfonds, die zu Beginn des Untersuchungszeitraums über eine Fünf-Sterne-Bewertung verfügten, konnten lediglich vier nach zehn Jahren diese Bewertung halten.«

Wie oft haben Sie schon in einen Shootingstar investiert und anschließend mitansehen müssen, wie er verglühte? Das ist uns allen schon passiert. Und nun sehen wir, dass unsere Chancen, dass dieser Shootingstar nicht verglüht, weniger als 2 Prozent betrug. Wir alle suchen nach dem Manager mit dem brandheißen Tipp, aber die Geschichte lehrt uns, dass das, was heute brandheiß ist, morgen oft schon kalte Asche ist. Ist das nicht der Grund, warum die Kasinos in Vegas immer gewinnen?!

Ein »Insider« weiß, dass die Jagd nach den Überfliegern die Jagd auf heiße Luft ist. Es liegt aber in der Natur des Menschen, nach Hochleistung zu suchen. Das ist beinahe unwiderstehlich. Dennoch führt diese Herdenmentalität Millionen von Familien ins finanzielle Desaster. Aber ich weiß, dass Sie, wenn Sie dieses Buch lesen, nicht mehr bereit sind, in diese Falle zu tappen. Sie sind drauf und dran, ein »Insider« zu werden! Und welche weiteren intelligenten Strategien wenden »Insider« an? Das wollen wir herausfinden.

Geschützte Gewinne

In den letzten 100 Jahren ist der Markt während ungefähr 70 Prozent der Zeit gestiegen. Da bleiben jedoch 30 Prozent, in denen der Markt nachgab. Das heißt, auch wenn die Investition in Indexfonds eine großartige Sache für einen Teil Ihres Geldes ist, *sollten Sie nicht Ihr gesamtes Geld in diese Anlageform investieren*. Die Märkte können gelegentlich stark schwanken, daher ist es sinnvoll, einen Teil Ihres Portfolios zu schützen, falls und wenn die Märkte absacken. Immerhin hat es seit dem Jahr 2000 zwei Einbrüche um 50 Prozent gegeben.

Eine spannende Strategie, die wir vorstellen werden, ermöglicht Ihnen, Geld zu verdienen, wenn der Markt (Index) steigt, garantiert aber gleichzeitig, dass Sie Ihre ursprüngliche Investition nicht verlieren, wenn der Markt fällt. Der Trick? Sie genießen Kapitalschutz, sind im Gegenzug aber nicht in voller Höhe an den Gewinnen beteiligt.

Die meisten Menschen reagieren ungläubig, wenn ich ihnen erkläre, dass es Instrumente gibt, die ihnen garantieren, dass sie keine Verluste erleiden, ihnen aber gleichzeitig ermöglichen, von den Marktgewinnen zu profitieren. Warum haben Sie davon noch nie gehört? Weil diese Instrumente üblicherweise sehr vermögenden Kunden vorbehalten sind. Ich werde Ihnen einen der wenigen Orte vorstellen, die dem durchschnittlichen Investor Zugang zu diesen Instrumenten gewähren. Stellen Sie sich die verblüfften und sogar skeptischen Blicke Ihrer Freunde vor, wenn Sie ihnen sagen, Sie würden Geld verdienen, wenn der Markt steigt, aber keine Verluste erleiden, wenn er nachgibt.

Diese Strategie alleine kann Ihre Einstellung zu Geldanlagen völlig verändern. Sie ist Ihre Sicherheitsleine auf dem steinigen Weg zum Gipfel, während alle anderen sich verbissen an ihre Hoffnung klammern. Stellen Sie sich das angenehme Gefühl vor, das Ihnen das Wissen beschert, keinerlei Risiken ausgesetzt zu sein. Wie würde das Ihr Leben verändern? Wie würden Sie sich fühlen, wenn Sie Ihre monatlichen Kontoauszüge öffnen? Würden Sie die Zähne zusammenbeißen oder sich heiter und gelassen fühlen?

Bisher haben wir nur an der Oberfläche der unglaublichen Erkenntnisse und Instrumente gekratzt, die vor Ihnen liegen, daher müssen Sie aufmerksam weiterlesen. Bis zu diesem Punkt können wir uns aber Folgendes einprägen:

- Aktien sind die beste Geldanlage für einen langen Investitionshorizont und langfristiges Wachstum.
- Aktien sind schwankungsanfällig. Auf den folgenden Seiten werden Sie von den »Marktbeherrschern« erfahren, wie Sie die Kursausschläge glätten können, indem Sie in viele verschiedene Indizes investieren und diversifizieren.

- Lassen Sie sich nicht einreden, jemand würde den Markt schlagen. Gehen Sie stattdessen mit dem Markt! Wenn Sie Ihren Indexingplan erstellt haben (wir werden ihn Schritt für Schritt erarbeiten), müssen Sie keine Zeit darauf verschwenden, Einzelaktien auszuwählen, weil der Index das bereits für Sie getan hat. Das erspart Ihnen viel Zeit und die nervliche Anspannung einer Suche auf eigene Faust.
- Fangen Sie an, wie ein Insider zu denken! Folgen Sie in Ihrem Leben nie wieder der Herdenmentalität.

Gebühren über Gebühren

Wenn Sie die Wirkung des Indexings nutzen, indem Sie sich passiv am Markt beteiligen, bekämpfen Sie gleichzeitig auch den zweiten Mythos. Fast jede Person, die ich frage, weiß nicht genau, wie viel sie an Gebühren bezahlt. Ich gebe zu, dass ich das einst auch nicht wusste. Die Gebührenfabriken verstehen es meisterhaft, die Gebühren entweder zu verstecken oder sie als Bagatellkosten darzustellen – nach dem Motto »fällt nicht ins Gewicht.« Nichts könnte weiter von der Wahrheit entfernt sein. Bei Ihrem Aufstieg auf den Gipfel der finanziellen Freiheit werden Sie jeden noch so kleinen Fortschritt in Richtung Erfolg brauchen. Sie können es sich nicht leisten, zwei Schritte vorwärts und einen zurück zu machen, indem Sie zulassen, dass Ihr Konto durch überhöhte Gebühren geschröpft wird. Die wahre Frage lautet daher: Finanzieren Sie *Ihren* Ruhestand oder den Ruhestand *einer anderen Person?* Lesen Sie weiter und finden Sie es heraus!

Kapitel 7
Zweiter Mythos:
»Unsere Gebühren?
Die fallen doch gar nicht ins Gewicht!«

Die Investmentfondsbranche ist inzwischen die größte Geldabschöpfungsmaschinerie der Welt; ein 7-Billionen-Dollar-Fass, von dem Fondsmanager, Makler und andere Finanzakteure kontinuierlich einen maßlos überzogenen Anteil an den Ersparnissen der amerikanischen Haushalte, Universitäten und Altersvorsorgekonten abschöpfen.

SENATOR PETER FITZGERALD, Mitbefürworter des Gesetzentwurfs zur Reformierung der Investmentfonds von 2004 (Mutual Rund Reform Act), der von dem Bankenausschuss des US-Senats kassiert wurde

Die Krönung

Nichts ist ärgerlicher, als wenn man Ihnen einen Preis nennt und Sie anschließend merken, dass Sie etwas ganz anderes zahlen. Sie einigen sich mit Ihrem Autohaus auf einen bestimmten Preis für einen Neuwagen, aber in dem Moment, in dem Sie den Kaufvertrag unterschreiben, tauchen plötzlich auf wundersame Weise mehrere tausend Dollar zusätzlicher Kosten auf. Oder Sie wollen aus einem Hotel auschecken und entdecken auf der Rechnung plötzlich zusätzliche Gebühren für Wi-Fi, Strandhandtücher, eine Tourismussteuer – Sie wissen schon.

Das ist äußerst frustrierend und gibt uns das Gefühl, in eine Falle getappt zu sein. Wir fühlen uns hinters Licht geführt. Mithilfe des Kleingedruckten ist die 13-Billionen-Investmentindustrie eindeutig Meister in der Kunst der Gebührenverschleierung.

In dem *Forbes*-Artikel »The Real Cost of Owning a Mutual Fund« arbeitet sich Ty Bernicke Schicht für Schicht bis zu den *tatsächlichen* Kosten vor und kommt schließlich zu einem Gesamtbetrag, der einem den Atem verschlägt:

Die durchschnittlichen Kosten von Investmentfondspapieren betragen 3,17 Prozent jährlich!

Wenn das in Ihren Ohren nach einer Bagatelle klingt, dann betrachten Sie diese Zahl im Licht der Dinge, die wir gerade über eine Marktbeteiligung erfahren haben. Sie können sich zum Beispiel für lediglich 0,14 Prozent – oder wie es in der Investmentwelt heißt, 14 Basispunkte (bps) – am gesamten Markt beteiligen (sagen wir alle 500 Aktien des S&P 500). Das sind gerade einmal 14 Cent pro 100 Dollar Investition (kurz zur Info: 100 Basispunkte ergeben 1 Prozent, also sind 50 Basispunkte 0,5 Prozent, und so weiter.)

Eine Beteiligung am Gesamtmarkt erhalten Sie durch einen kostengünstigen Indexfonds, zum Beispiel solche, wie sie Vanguard oder Dimensional Fund Advisors anbieten. Und wir wissen bereits, dass ein Indexfonds langfristig zu 96 Prozent alle Stockpicker-Fonds übertrifft. Sicher, möglicherweise wären Sie bereit, einem außergewöhnlichen Hedgefondsmanager wie Ray Dalio, der seit Auflegung seines Fonds eine Jahresrendite von 21 Prozent (vor Gebühren) erzielt, 3 Prozent an Gebühren zu bezahlen. **Für die meisten Investmentfonds zahlen Sie aber fast das Dreißigfache oder 3.000 Prozent mehr an Gebühren. Und wofür? Eine schlechtere Performance!!!** Können Sie sich vorstellen, das Dreißigfache für den gleichen Wagentyp zu bezahlen, den Ihr Nachbar fährt, wobei Ihrer aber nur auf maximal 30 Stundenkilometer beschleunigt?

Genau das passiert heute. Zwei Nachbarn investieren in den Markt, wobei einer jedes Jahr säckeweise Geld verdient und der andere gerade einmal einige Münzen zusammenkratzt.

Die gleiche Rendite, unterschiedliche Ergebnisse – die Kosten der Unwissenheit

Drei Freunde aus Kindheitstagen, Taylor, Matthew und Jason, alle 35 Jahre alt, verfügen jeweils über 100.000 Dollar für Investitionen. Jeder von ihnen wählt einen anderen Investmentfonds aus und alle drei haben das Glück, dass ihr jeweiliger Fonds 7 Prozent Jahresrendite erzielt. Mit 65 Jahren treffen sie sich und vergleichen ihre Kontostände. Bei näherer Betrachtung erkennen sie, dass jeder von ihnen andere Gebühren gezahlt hat, und zwar 1, 2 und 3 Prozent.

Nachfolgend die Auswirkungen dieser Gebühren auf ihren abschließenden Kontostand:

Jason: 100.000 Dollar, 7 Prozent Jahresrendite (abzüglich 3 Prozent Jahresgebühren) = 324.340 Dollar

Matthew: 100.000 Dollar, 7 Prozent Jahresrendite (abzüglich 2 Prozent Jahresgebühren) = 432.194 Dollar

Taylor: 100.000 Dollar, 7 Prozent Jahresrendite (abzüglich 1 Prozent Jahresgebühren) = 574.349 Dollar

Die gleiche Investitionssumme, die gleiche Rendite und trotzdem hat Taylor am Ende fast doppelt so viel Geld wie ihr Freund Jason. Auf welches Pferd setzen Sie? Das mit dem Jockey, der 100 Pfund wiegt, oder das Pferd mit dem Jockey, der 300 Pfund wiegt?

»Nur« 1 Prozent hier und 1 Prozent da. Klingt wenig, aber wenn sich das im Verlauf der Zeit aufaddiert, könnte dieser Betrag den Unterschied zwischen einer lebenslangen Rente und einem Lebensabend mit staatlicher Grundsicherung oder der Unterstützung durch Familienmitglieder bedeuten. Das ist der Unterschied zwischen ständiger Sorge über die Höhe der monatlichen Rechnungen und innerem Frieden und einem genussvollen Leben. In der Praxis bedeutet es oft ein ganzes Jahrzehnt mehr Arbeit, bevor Sie es sich leisten können, aufzuhören zu arbeiten. Wie John C. Bogle uns gezeigt hat, verzichten Sie auf 50 bis 70 Prozent Ihres zukünftigen Vermögens, wenn Sie zu hohe Gebühren zahlen.

DIE AUSWIRKUNGEN VON GEBÜHREN

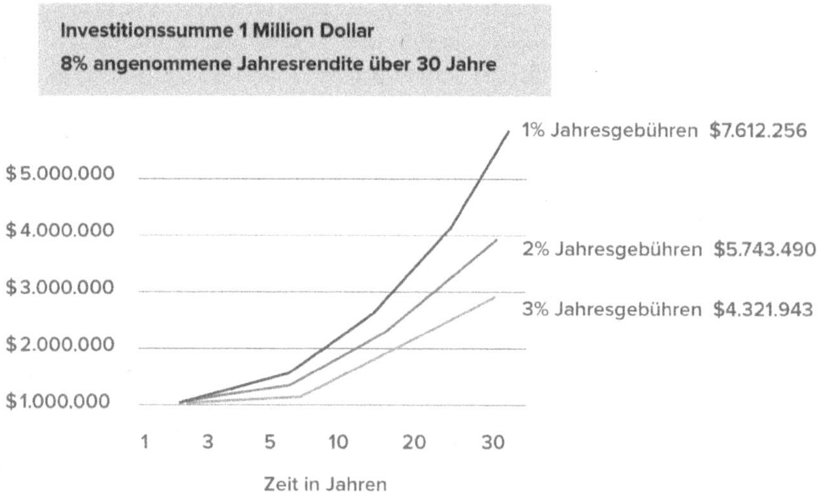

Das hier abgebildete Beispiel ist ein wenig hypothetisch, also wollen wir ein anderes, realistischeres Szenario betrachten. Zwischen dem 1. Januar 2000 und dem 31. Dezember 2012, war der S&P »flat«. Das bedeutet: keine Verluste, aber auch keine Rendite. Diese Periode beinhaltet das sogenannte verlorene Jahrzehnt, weil die meisten Menschen in jener Zeit keinen Vermögenszuwachs erzielten, aber die massive Volatilität der Märkte in dieser Zeitspanne aushalten mussten: den rasanten Zuwachs in 2007, den freien Fall in 2008 und den Bullenmarktrun, der 2009 einsetzte. Nehmen wir an, Sie hätten Ihre Lebensersparnisse von 100.000 Dollar investiert. Wenn Sie in dieser Periode lediglich den Markt »nachgeahmt« hätten, hätten Sie keinerlei Vermögenszuwachs erzielt, aber auch kaum Gebühren gezahlt. Hätten Sie jedoch eine durchschnittliche Jahresgebühr von 3,1 Prozent bezahlt, und angenommen, Ihrem Fondsmanager wäre es gelungen, das gleiche Ergebnis wie der Markt zu erzielen, hätten Sie aber mehr als 30.000 Dollar an Gebühren bezahlt!!! Ihr Vermögen hätte sich um 40 Prozent verringert (es wären Ihnen nur 60.000 Dollar verblieben), aber der Markt war *flat*.

Sie haben das Kapital aufgebracht, Sie haben alle Risiken getragen und Ihr Fondsmanager hat Geld verdient, ob der Fonds eine Rendite erzielt hat oder nicht.

»Unsere Gebühren? Die fallen doch gar nicht ins Gewicht!«

Ich bin schlauer

Jetzt denken Sie vielleicht, »Tony, ich bin viel schlauer. Ich habe die ›Gesamtkostenquote‹ (Total Expense Ratio, TER) meiner Fonds überprüft und sie beträgt nur 1 Prozent. Ich habe sogar einen ›No-load-Fonds‹!« Das sind Fonds ohne Ausgabenaufschlag. Nun, ich habe einiges Moorland in Florida, das ich Ihnen verkaufen kann! Ganz im Ernst, das ist exakt die Schlussfolgerung, die ich hören wollte. Wie der fingerfertige Zauberer benutzen Investmentfonds den ältesten Trick aus der Zauberkiste: Irreführung. Sie wollen, dass wir uns auf das falsche Objekt konzentrieren, während sie uns heimlich, still und leise die Armbanduhr vom Handgelenk streifen. Die Gesamtkostenquote ist der nominelle Preis, der üblicherweise in den Marketingbroschüren verwendet wird. Allerdings erzählt er nicht die ganze Geschichte, denn eine ganze Reihe an zusätzlichen Kosten sind in der Gesamtkostenquote nicht berücksichtigt …

Und ich will Ihnen auch gerne beichten, dass ich in einer bestimmten Phase meines Lebens ebenfalls dachte, ich würde intelligent investieren, weil ich mich für »Top-Investmentfonds« mit Fünf-Sterne-Bewertung entschieden hatte. Ich hatte meine Hausaufgaben gemacht. Ich hatte die Gesamtkostenquote betrachtet. Ich hatte mich von einem Makler beraten lassen. Aber genau wie Sie bin ich sehr damit beschäftigt, meinen Lebensunterhalt zu verdienen und meine Familie zu ernähren. Ich habe einfach nicht die Zeit, mich hinzusetzen und 50 Seiten Offenlegung durchzulesen. Die ganze Liste an Gebühren quillt vor Kleingedrucktem nur so über. Man braucht einen Doktortitel in Wirtschaftswissenschaften, um daraus schlau zu werden.

Eine Promotion in »Gebührenwissenschaft«

Kurz nach dem Börsenkrach von 2008 wurde Robert Hiltonsmith in Wirtschaftswissenschaften promoviert und beschloss, einen Job bei der politikwissenschaftlichen Denkfabrik Dēmos anzunehmen. Und natürlich hatte ihn nichts von dem, was er am College gelernt hatte, darauf vorbereitet, wie man eine erfolgreiche Investmentstrategie entwickelt. Daher begann er wie die meisten, pflichtschuldigst in seinen Vorsorgeplan 401(k) einzuzahlen. Doch obwohl der Markt zulegte, verzeichnete sein Konto kaum Zuwächse. Er wusste, dass irgendetwas nicht stimmte, also beschloss er, diese Angelegenheit als berufliches Forschungsprojekt für seine Arbeit zu verwenden. Zunächst las er den ungefähr 50-seitigen Börsenprospekt jedes der 20 Fonds, in die er investiert hatte – tödlich langweilige und trockene Juristensprache, die darauf abzielte, so Hiltonsmith, »sehr undurchsichtig« zu sein.[3] Es gab sprachliche Wendungen und Fachtermini, mit denen er nichts anfangen konnte, Akronyme, deren Bedeutung ihm völlig unbekannt waren, und vor allem einen Katalog aus 17 verschiedenen Gebühren. Dazu kamen weitere Kosten, die keine direkten Gebühren waren, aber auf die Investoren umgelegt wurden.

Um die Gebühren besser bemänteln zu können, haben sich die Wall Street und die überwältigende Mehrheit der Anbieter von 401(k)-Vorsorgeplänen eine ziemlich verwirrende und vielseitige Terminologie einfallen lassen: Asset-Management-Gebühren, 12b-1-Gebühr (Marketing und Vertrieb), Handelskosten, Transaktionskosten (für Umschichtungen innerhalb der Fonds, Market-Impact-Kosten, Wartekosten), Kosten aus Soft-Dollar-Vereinbarungen[4], Rücknahmegebühren, Depotgebühren, Aufwandsersatz für Rechtsberatung, Information, Wirtschaftsprüfung und so weiter. Wie immer sie auch heißen mögen. Sie alle kosten bares Geld! Sie alle verhindern Ihren Aufstieg zum Gipfel.

---

[3] Robert Hiltonsmith und seine Recherchen wurden in einer großartigen Dokumentation mit dem Titel *The Retirement Gamble* der Fernsehsendung *Frontline* vorgestellt, die erstmalig am 23. April 2013 auf PBS ausgestrahlt wurde.

[4] Eine Art Gegenleistung für die Platzierung von Börsenaufträgen in Form von Kickbacks, das heißt einer teilweisen Rückerstattung von Gebühren – die letztlich der Anleger zahlt – an den Fondsmanager. Aufgrund ihrer Intransparenz müssen Soft-Dollar-Vereinbarungen im Prospekt ausgewiesen werden. (A.d.Ü.)

Nach einem Monat umfassender Recherchen kam Hiltonsmith zu dem Schluss, dass er überhaupt keine Chance hatte, bei all diesen überzogenen und verstecken Gebühren, die wie ein Fass ohne Boden wirkten, mit seinem Vorsorgeplan irgendein nennenswertes Vermögen aufzubauen. In seinem Bericht mit dem Titel *The Retirement Savings Drain: The Hidden & Excessive Costs of 401(k)s* kalkulierte er, dass der durchschnittliche Arbeitnehmer im Laufe seines Erwerbslebens (auf Basis eines Jahreseinkommens von rund 30.000 Dollar und einer jährlichen Sparquote von 5 Prozent seines Gehalts) 154.794 Dollar an Gebühren einbüßt. Ein Arbeitnehmer mit einem Einkommen von rund 90.000 Dollar pro Jahr verliert im Laufe seines Erwerbslebens sogar mehr als 277.000 Dollar an Gebühren! Hiltonsmith und Dēmos haben eine großartige soziale Tat vollbracht, indem sie die Tyrannei der versteckten Kosten entlarvt haben.

Tod durch tausend Säbelhiebe

Im alten China war der Tod durch tausend Säbelhiebe die grausamste Form der Folter, weil das Opfer langsam und qualvoll starb. Heute ist das Opfer der amerikanische Kleinanleger, und die sprichwörtlichen Säbelhiebe sind die überzogenen Gebühren, die den Anleger langsam, aber verlässlich finanziell ausbluten.

David Swensen ist für das Stiftungsvermögen der Yale University verantwortlich. Er hat den Fonds von 1 Milliarde Dollar auf mehr als 23,9 Milliarden Dollar gesteigert und gilt als der Warren Buffett der institutionellen Investoren. Als ich ihn in seinem Büro in Yale aufsuchte, hatte ich ein Aha-Erlebnis, das mich aber auch wütend machte, als er mir die ganze Wahrheit über die »Gebührenfabriken« verriet, die den amerikanischen Bürgern das Fell über die Ohren ziehen. Davids Worte: »Die große Mehrheit der Investmentfonds knöpfen Anlegern enorme Summen für eine schockierende Minderleistung ab.« An späterer Stelle dieses Buches werden wir David über die Schulter sehen und seine Portfolioempfehlungen unter die Lupe nehmen. Allerdings spielt es keine Rolle, wie großartig Ihre Strategie ist, wenn überzogene Gebühren alle Ihre Bemühungen untergraben.

Das Konzept der »Vermögensbildung« und die aktiv gemanagten Investmentfonds, die ihm zugrunde liegen, sind zum größten Teil ein katastrophales soziales Experiment, das Anfang der 1980er-Jahre mit der

Einführung der 401(k)-Pläne begann. Im Prinzip war es kein schlechtes Konzept. Für diejenigen, die zusätzlich sparen wollten, war es eine gute Idee, und eigentlich sollten die 401(k)-Pläne nichts anderes sein, als eine Ergänzung zu den traditionellen Rentenplänen. Heute stecken insgesamt 13 Billionen Dollar in aktiv gemanagten Investmentfonds, die zum Großteil staatlich geförderten privaten Altersvorsorgeplänen wie 401(k)s und sogenannten IRA-Plänen (*Individual Retirement Account*) zugrunde liegen. Diese ergänzenden Vorsorgepläne sollen dafür sorgen, dass wir unsere Rentenziele erreichen. Die Idee war, dass sie den Markt übertreffen sollten. Doch nicht nur, dass ihnen das fast nie gelingt, die große Mehrheit der Fonds kassiert auch noch astronomische Gebühren für ihre Mittelmäßigkeit. In ihrer Gesamtheit werden diese Gebühren viele Millionen Menschen um einen Teil ihrer Lebensqualität bringen, ja, sie könnten sogar die größte Gefahr beziehungsweise die größte Zerstörungskraft für unsere finanzielle Freiheit bedeuten. Klingt übertrieben?

John C. Bogle, Gründer von Vanguard, sagt: »Ich halte die Kosten [die bereits geringe Renditen noch weiter senken] für ein genauso großes Anlegerrisiko wie die [wirtschaftliche Situation] in Europa oder China.«

Es wird noch schlimmer

Jetzt wollen wir rekapitulieren. Nicht nur wird die überwältigende Mehrheit (96 Prozent) der aktiv gemanagten Investmentfonds den Markt nicht schlagen, sie schröpfen uns auch noch nach allen Regeln der Kunst und bringen uns um bis zu zwei Drittel unseres potenziellen Vermögens. Aber hier die Krönung: Die Investmentgesellschaften haben die Nerven, Ihnen treuherzig in die Augen zu sehen und zu beteuern, ihnen lägen nur Ihre besten Interessen am Herzen, während sie gleichzeitig im US-Kongress Lobbyarbeit betreiben, um dafür zu sorgen, dass genau das nie passiert.

Die Wahrheit – die Lösung

Erstens müssen Sie wissen, wie viel Sie überhaupt zahlen und wie sich das auf Ihre Geldanlage auswirkt! Ich empfehle Ihnen, den Kostenkalkulator der Verbraucherzentrale Nordrhein-Westfalen (http://www.vz-nrw.

de/fonds-kostenrechner) zu verwenden. Es gibt ihn in zwei Varianten: für die Einmalanlage und für Sparpläne. Dabei können Sie eingeben:

- die Verwaltungskosten (bzw. auch die Gesamtkostenquote TER, bei der die Transaktionskosten des Fonds berücksichtigt sind): Diese finden Sie im Fact Sheet des jeweiligen Fonds
- den Ausgabeaufschlag (also die einmalige Kaufgebühr von Fonds): Auch dieser ist im Fact Sheet vermerkt; wenn Sie den Fonds an der Börse kaufen, setzen Sie stattdessen den Spread als Unterschied zwischen An- und Verkaufskurs an.
- bei Sparplänen die Anlagedauer: Diese legen Sie selbst fest.
- die voraussichtliche Rendite: Hier genügt eine Schätzung – etwa auf Basis der Durchschnittsrendite der vergangenen drei oder fünf Jahre, die die Fondsgesellschaft veröffentlicht.
- als Vergleich den Zinssatz fürs Tagesgeld, mit dem Sie das Ergebnis Ihres Fonds-Investments vergleichen.

Als Ergebnis erhalten Sie dann den Endbetrag, den Ertrag vor Kosten, die Gesamtkosten, den Ertrag nach Kosten und die Nettorendite pro Jahr. Als Vergleichsmaßstab errechnet Ihnen der Kalkulator außerdem, was Sie bei einer Anlage in Tagesgeld erhalten hätten und wie hoch die Differenz zwischen Fonds und Tagesgeld ist.

Nicht möglich ist allerdings eine Einbeziehung der Abgeltungssteuer, deren Höhe von den jährlichen Fondserträgen (Dividenden, Zinsen) und von der Kurssteigerung bei Verkauf abhängt und daher individuell unterschiedlich ausfällt.

Stellen Sie sich vor, Sie sparen 10 Prozent, die Hälfte geht aber für Gebühren drauf. Ist das nicht völlig unsinnig? Sie können jedoch einen solchen Diebstahl verhindern, indem Sie ein Insider werden. Machen Sie sich klar, wie kreativ manche Fondsgesellschaften bei der Erfindung neuer Gebühren sind und wie sich das auf Ihre Rendite auswirkt. Erst mit diesem Wissen gelingt es Ihnen, Gegenmaßnahmen zu ergreifen und sei es nur, indem Sie sich von entsprechenden Fonds fernhalten und lieber transparentere und günstige Fonds kaufen.

Erfolgsabhängige Fondsgebühren ...	Erläuterung/Anmerkung
... bei Überschreitung der Benchmark	Aktiv gemanagte Fonds vergleichen sich üblicherweise mit einer Benchmark, also einem Index, den sie übertreffen möchten. Das sind häufig ganz normale Indizes wie etwa der Dow Jones, der DAX oder der EuroStoxx. Bei manchen gilt schon das Übertreffen dieses Index als gebührenpflichtiger Erfolg. Dann nämlich werden beispielsweise 10 oder 20 Prozent des »Mehrertrags« als Gebühr einbehalten. Besonders perfide: Diese Gebühr wird auch fällig, wenn der Fonds ein Minus erwirtschaftet, wenn dieses Minus aber kleiner ausfällt als bei dem Index, der als Benchmark dient.
... bei Überschreitung einer prognostizierten Rendite)	Einige Fonds legen eine angestrebte Jahresrendite fest, zum Beispiel 5, 7 oder 9 Prozent. Am Ende des Jahres wird die Fonds-Performance mit diesem Renditeziel verglichen. Liegt sie darüber, dann werden 10 oder 15 Prozent der Mehrrendite als Gebühr einbehalten.
... bei Überschreitung alter Höchststände	Es gibt Fonds, die sofort Kasse machen, wenn die Performance einen alten Höchststand überschreitet. Eine solche Gebühr wird einfach abgezogen, sobald dieses Ereignis eingetreten ist. Sie ist unabhängig davon, wie sich der Fonds ansonsten in der Vergangenheit entwickelt hat.
... bei Überschreitung eines Referenzzinssatzes)	Schließlich gibt es noch Fonds (meist Rentenfonds), die sich ganz einfach mit einem bestimmten Geldmarktzinssatz vergleichen. Etwa EONIA, der Zinssatz, den sich die Banken untereinander fürs Tagesgeld berechnen, wird gerne als Referenzzinssatz verwendet. Sobald die Fondsrendite besser ist als der Referenzzinssatz, schnappt die Gebührenfalle zu. Zwischen 10 und 20 Prozent des Mehrertrags fließen dann ebenfalls in die Taschen der Fondsgesellschaft.

DIE WAHREN KOSTEN VON INVESTMENTFONDS AM BEISPIEL: *»CALVERT EQUITY PORTFOLIO«*

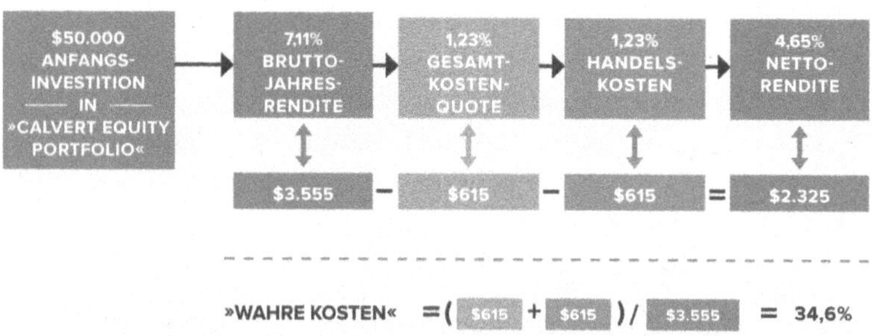

QUELLE: Demos Analysis.

Die Rettung

Um den Gebührenfabriken zu entkommen, müssen Sie Ihre jährlichen Gesamtkosten und die damit einhergehenden Investmentkosten auf durchschnittlich 1,25 Prozent oder weniger verringern. Das bedeutet, die Kosten der Beratung (durch einen zugelassenen Investmentberater, der Ihnen dabei hilft, Ihr Portfolio zusammenzustellen und regelmäßig die Ausgewogenheit überprüft und nachjustiert) plus die Kosten der Investition sollten idealerweise maximal 1,25 Prozent betragen. Sie könnten zum Beispiel 1 Prozent oder weniger an einen Investmentberater zahlen und 0,20 Prozent für einen dieser kostengünstigen ETFs verschiedenster Anbieter, deren Anteile Sie an der Börse kaufen können. All das Geld, das Sie auf diese Weise einsparen, wird Ihren Aufstieg zur finanziellen Freiheit erheblich beschleunigen.

Nie wieder

Nun, da Sie wissen, wie das Spiel gespielt wird und einen Blick hinter die Kulissen geworfen haben, werden Sie sich nie wieder ausnutzen lassen. **Beschließen Sie hier und jetzt, nie wieder ein Herdentier zu sein. Ab jetzt werden Sie zum Insider.** Ab jetzt sind Sie der Schachspieler und nicht die Schachfigur. Wissen ist Macht, aber die Umsetzung des erworbenen Wissens ist dem theoretischen Wissen noch überlegen. Folglich kommt es ab jetzt darauf an, was Sie mit dem Wissen machen. Ja, ich werde Ihnen ganz genau zeigen, wie Sie Ihre Gebühren verringern, aber erst müssen Sie beschließen, entsprechend zu handeln. Sie müssen innerlich und äußerlich verkünden, dass Sie *nie wieder* überkandidelte Gebühren für unterdurchschnittliche Ergebnisse bezahlen werden. Und wenn Ihnen dieses Buch 2 bis 3 Prozent jährlich an überflüssigen Gebühren einsparen kann, haben wir soeben mehrere Hunderttausend und vielleicht sogar Millionen Dollar zurück in Ihre Taschen geleitet. Anders ausgedrückt, könnte Sie diese Ersparnis Ihrem Ziel wesentlich schneller näher bringen und Ihnen fünf bis 15 Jahre des Vermögensaufbaus ersparen, sodass Sie sich früher zur Ruhe setzen können, falls Sie das möchten.

Indem Sie einfach auf teure Investmentfonds verzichten und sie durch kostengünstige Indexfonds ersetzen, können Sie einen großen Schritt in der Wiedererlangung von bis zu 70 Prozent Ihres potenziellen zukünftigen

Vermögens machen! Vanguard hat eine ganze Palette kostengünstiger Indexfonds (in den unterschiedlichsten Assetklassen), deren Gesamtkosten zwischen 0,05 und 0,25 Prozent jährlich betragen. Dimensional Funds ist ein weiterer hervorragender Anbieter von Indexfonds. Doch auch wenn kostengünstige Indexfonds in Ihrem Portfolio eine große Rolle spielen, ist die Entscheidung, wie viele Anteile an jedem Indexfonds Sie jeweils kaufen und wie Sie Ihr Gesamtportfolio langfristig managen sollen, entscheidend für Ihren Investmenterfolg. Diesem Thema werden wir uns noch eingehend widmen.

Sie wollen also aktiv zu werden, aber an wen wenden Sie sich? Wem können Sie vertrauen? Wenn Sie mit Ihrem Finanzmakler sprechen, damit er Ihnen hilft, Gebühren zu sparen, ist das so, als würden Sie Ihren Apotheker bitten, er möge Ihnen dabei helfen, von den Medikamenten loszukommen. Wo finden Sie solide und objektive Finanzberatung, die nicht von Interessenskonflikten getrübt ist? Und woran erkennen Sie, ob die Ratschläge eher den Interessen der Person entsprechen, die auf der anderen Seite des Schreibtisches sitzt? Blättern Sie weiter, um die Wahrheit über den dritten Mythos zu erfahren und Antworten auf diese Fragen zu bekommen.

Eine konkrete Gebührenübersicht

Wenn Sie wirklich wissen wollen, wie sehr Sie mithilfe versteckter Gebühren abgezockt werden, nehmen Sie sich einen Moment Zeit und gehen Sie die nachfolgende Liste der wichtigsten Gebühren und Kosten durch, die sich negativ auf Ihre Fondsinvestitionen auswirken können.

Machen Sie sich frei

1. Verwaltungsgebühr. Das ist das größte »Preisschild« – die Zahl, auf die wir uns konzentrieren wollen. Dennoch erzählt sie nicht die ganze Wahrheit. Laut Morningstar zahlen US-Aktienfonds pro Jahr im Schnitt 1,31 Prozent der Aktiva an die Fondsgesellschaft für das Portfoliomanagement sowie für operative Ausgaben, wie zum Beispiel Marketing, Distribution und Verwaltung. Viele der größeren Fonds haben festgestellt, dass sie mit einer geschätzte Verwaltungsgebühr im einstelligen Prozentbereich die Anleger nicht verschrecken und den Maklern ermöglichen, eine gute Geschichte zu verkaufen – pardon, zu erzählen.

2. Transaktionskosten. Transaktionskosten sind eine breite Kategorie, die sich in Unterkategorien herunterbrechen lässt, zum Beispiel Maklerprovisionen, Market-Impact-Kosten (die Kosten der Marktbewegung, denn Investmentfonds handeln mit großen, marktbewegenden Positionen) und Spread-Kosten (Unterschied zwischen dem Bid-and-Ask-Preis und dem Ankaufs- und Verkaufspreis einer Aktie). Eine Studie aus dem Jahr 2006, die von den Business-School-Professoren Roger Edelen, Richard Evans und Gregory Kadlec durchgeführt wurde, ergab, dass die jährlichen Transaktionskosten der amerikanischen Aktienfonds im Schnitt 1,44 Prozent betragen. Das bedeutet, dass sie möglicherweise die teuerste Kostenkomponente einer Investmentfondsbeteiligung sind. Allerdings findet die Investmentindustrie, dass diese Kosten zu schwierig einzuschätzen sind, daher werden sie in den Broschüren gar nicht erst erwähnt. Allenfalls die Gesamtkostenquote TER (Total Expense Ratio) gibt einen Aufschluss über deren Höhe. Die TER liegt meist deutlich über den (bevorzugt ausgewiesenen) Verwaltungsgebühren.

3. Steuerkosten. In den USA unterliegen die Einkünfte auf Kapitalerträge der persönlichen Einkommensteuer, nicht so in Deutschland. Hier zahlen Sie 25 Prozent Abgeltungssteuer auf Kursgewinne, Dividenden, Zinsen und sonstige Ausschüttungen. Üblicherweise ist bei thesaurierenden Fonds die Besteuerung allerdings besonders fies. Thesaurierende Fonds sind Fonds, bei denen die Dividenden und Zinserträge nicht ausgeschüttet und stattdessen für den Anteilseigner weiter angelegt werden. Besteuert werden die einbehaltenen Dividenden und Zinserträge sofort in dem Jahr, in dem sie anfallen. Und das, obwohl sie gar nicht an die Anteilseigner ausgeschüttet werden. Man spricht hier im Jargon der Finanzverwaltung von »ausschüttungsgleichen Erträgen« (abgekürzt AGE). Hier müssen Sie besonders aufpassen, sonst kommt es fast unvermeidlich zu einer Doppelbesteuerung von Ausschüttungen, die Sie gar nicht erhalten haben. Denn bei Verkauf der Fondsanteile führt die Bank die Abgeltungssteuer auf die gesamte Differenz zwischen Ankaufs- und Verkaufspreis ans Finanzamt ab. Dabei berücksichtigt sie meist nicht, dass ein Teil dieser Differenz auf Dividenden und Zinsen zurückgeht, die bereits während der Laufzeit als AGE bereits versteuert wurden. Daher gilt: Heben Sie die Steuerbescheinigungen bzw. die Steuerbescheide der betreffenden Jahre, während derer Sie in thesaurierende Fonds investiert waren, unbedingt auf. In dem Jahr, in dem Sie Ihre Fondsanteile verkaufen, geben Sie zusammen mit Ihrer Steuererklärung die Anlage KAP ab – und reichen diese Steuerbescheinigungen bzw. -bescheide ein. Nur dann erstattet Ihnen das Finanzamt die zu viel gezahlten Steuern auf die ausschüttungsgleichen Erträge.

4. Soft-Dollar-Kosten. Soft-Dollar-Vereinbarungen sind ein »Gibst-du-mir-gebe-ich-dir«-Arrangement, bei dem Fondsmanager überhöhte Tradinggebühren zahlen und das externe Unternehmen, das die Transaktionen durchführt, den Managern anschließend die Gebührendifferenz zurückerstattet. Das ist eine Art Belohnungssystem für die Verwendung eines bestimmten Tradingpartners – sozusagen das Vielfliegerprogramm der Wall Street. Der Fondsmanager kann diese Mittel zur Bestreitung bestimmter Kosten verwenden, zum Beispiel Recherchen und Berichterstattung. Dabei handelt es sich um Kosten, die der Fondsmanager ansonsten selber zahlen müsste. Das bedeutet, dass effektiv wir diese Kosten bezahlen! Das ist eine geschickt bemäntelte Steigerung der Managementumsätze, die sich direkt auf das Unternehmensergebnis auswirken. Sie werden nicht berichtet und sind kaum zu quantifizieren, daher können wir sie nicht in unserer nachfolgenden Gleichung berücksichtigen. Aber täuschen Sie sich nicht, es sind Kosten.

5. Depotgebühren. Einige Fonds erheben eine Gebühr für den Unterhalt Ihres Kontos.

6. Purchase Fee (Anschaffungskosten). Eine Purchase Fee – nicht zu verwechseln mit der Provision – ist eine Gebühr, die auf den Erwerb der Fondsanteile erhoben wird, und geht direkt an die Fondsgesellschaft.

7. Kaufgebühr (Ausgabeaufschlag) oder Verkaufsgebühr (Deferred Sales Charge). Diese Kosten, die üblicherweise an einen Makler gezahlt werden, bezahlen Sie entweder gleich bei Erwerb der Fondsanteile (sodass nur eine geringere Summe Ihrer Anfangsinvestition für den Erwerb verwendet wird), oder Sie bezahlen sie, wenn Sie die Fondsanteile zurückgeben.

Kapitel 8
Dritter Mythos:
»Unsere Renditen? Sie erhalten, was hier steht.«

Überraschung – die von den Fondsgesellschaften berichteten Renditen sind nicht die, die den Anlegern ausgezahlt werden.
John C. BOGLE, Gründer von Vanguard

Die meisten Menschen kennen den typischen Haftungsausschluss, dass die bisherigen Ergebnisse keine Garantie für zukünftige Renditen sind. Weitaus weniger wissen, dass selbst die bisherigen Zahlen irreführend sein können.
»WIE FONDS LEGAL DIE ZAHLEN FRISIEREN«,
Wall Street Journal, 31. März 2013

Geschminkte Wahrheit

Im Jahr 2002 verbreitete Charles Schwab einen cleveren Fernsehspot, in dem ein typischer Börsenmakler der Wall Street eine kurze Motivationsansprache vor seinem Verkaufsteam hält: »Sagt Euren Kunden, der Fonds ist brandheiß! *En fuego!* Aber erwähnt bloß nicht die Fundamentaldaten – sie stinken zum Himmel.« Er beschließt seine morgendliche Ansprache mit der Aussicht auf Stadionkarten für das Spiel der Basketballmannschaft New York Knicks als Belohnung für den besten Fondsverkäufer und gibt ihnen dann die abschließende Botschaft mit auf den Weg: »Parfümieren Sie dieses Schwein!«

Abzocke

Im Jahr 1954 schrieb Darrell Huff ein Buch mit dem Titel *How to Lie with Statistics*. Dort weist er auf »zahllose Tricks« hin, »mit denen die Menschen zum Narren gehalten statt informiert werden sollen«. Heute bedient sich die Fondsindustrie einer Reihe von trickreichen Methoden, um Renditen zu berechnen und zu veröffentlichen, die, nach den Worten von Bogle, »nicht wirklich dic sind, dic dcr Anleger mit seinem Geld verdient hat«. Bevor wir jedoch diese meisterhafte »Frisiertechnik« erklären, wollen wir zunächst die Illusion der durchschnittlichen Rendite betrachten.

Nachstehend finden Sie eine Grafik über einen hypothetischen Markt, der wie eine Achterbahn steigt und fällt – 50 Prozent Zuwachs, 50 Prozent Einbruch, 50 Prozent Zuwachs und wieder 50 Prozent Einbruch. Das erzeugt eine *durchschnittliche* Rendite von null Prozent. Man würde erwarten, dass eine Nullrendite bedeutet, dass Sie kein Geld verloren haben. Das ist ein großer Irrtum!

Wie Sie der Grafik entnehmen können, haben Sie bei einer Anfangsinvestition von 100.000 Dollar am Ende der Vierjahresperiode tatsächlich 43.750 Dollar oder 43,75 Prozent verloren! Sie dachten, Gewinn und Verlust würden sich ausgleichen, stattdessen haben Sie 43,75 Prozent eingebüßt! Hätten Sie das erwartet? Nun, da Sie sich auskennen, wissen Sie, dass die durchschnittliche Rendite zu Fehlannahmen verleiten kann, weil der Begriff eine Glättung suggeriert, die in Wahrheit nicht stattfindet.

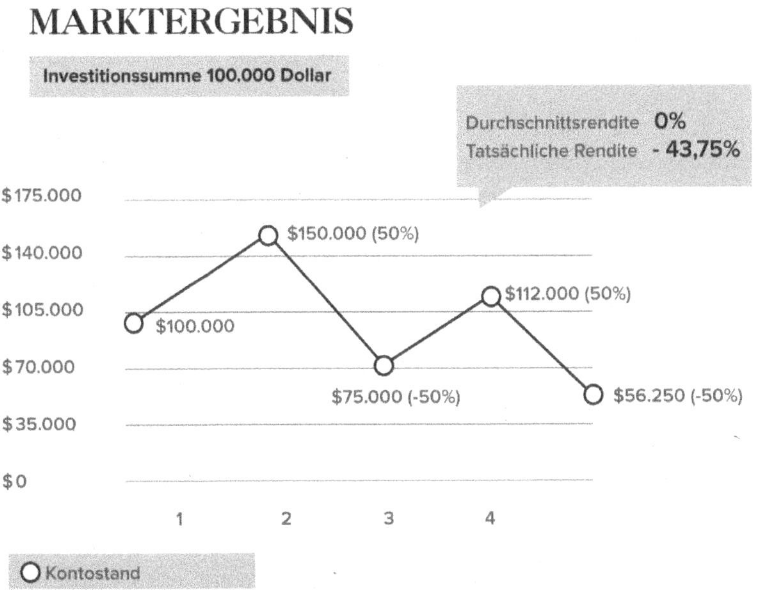

In einem Beitrag von Fox Business mit dem Titel »Solving the Myth of Rate of Returns« erklärt Erik Krom, wie sich diese Diskrepanz in Wirklichkeit auswirkt: »Eine andere Betrachtungsweise ist die Überprüfung der Ergebnisse des Dow Jones seit 1930. Wenn Sie alle Zahlen aufaddieren und durch 81 Jahre (bis zum Jahr 2011) teilen, beträgt die ›durchschnittliche Rendite‹ 6,31 Prozent. Wenn Sie aber richtig nachrechnen, kommen Sie auf eine ›tatsächliche Rendite‹ von 4,31 Prozent. Warum ist das so wichtig? Wenn Sie 1930 1.000 Dollar investiert und über die Jahre eine Rendite von 6,31 Prozent erzielt hätten, hätten Sie am Ende 142.000 Dollar. Bei 4,31 Prozent wären es nur 30.000 Dollar.«

Müssen Sie sich um alles selber kümmern?

Wenn ich Anlegern diese Dinge erkläre, merke ich oft, dass sie das Gefühl bekommen, sie könnten niemandem mehr trauen. In gewisser Hinsicht fühlen sie sich betrogen, wenn sie plötzlich hinter die Kulissen blicken und die *wahren* Spielregeln erkennen. Sie glauben, sie müssten sich um alles selber kümmern, weil man niemandem vertrauen kann. Das stimmt aber nicht. Es gibt eine Reihe herausragender Finanzprofis, die sich durch ihre Integrität und ihre hohe Kundenorientierung auszeichnen. Ich selber habe einen ausgezeichneten Berater, dem ich absolut vertraue. Gemeinsam prüfen und managen wir meine Geldanlagen. Genau wie Sie bin ich völlig ausgelastet mit anderen Dingen und habe weder die Zeit noch den Wunsch, meine Tage damit zu verbringen, mich um die Details meines Portfolios zu kümmern. Wenn es richtig gemacht wird, reicht es völlig aus, wenn Sie Ihr Portfolio gemeinsam mit einem vertrauenswürdigen Experten einmal im Quartal oder zweimal im Jahr überprüfen, um Ihre Ziele zu begutachten und das Portfolio, falls nötig, neu auszubalancieren.

Wie erkennen Sie einen vertrauenswürdigen Berater? Einen Experten, der Sie anleitet und Ihnen Orientierung bietet? Die Entlarvung des vierten Mythos wird Ihnen helfen, schnell zu bestimmen, ob Ihr Gesprächspartner für Sie oder für den Namen auf seinem Geschäftspapier arbeitet. Wie »Deep Throat«[5] der Watergate-Affäre sagte: »Folgen Sie dem Geld. Folgen Sie immer dem Geld.«

5 Deckname des wichtigsten Informanten in der Watergate-Affäre (A.d.Ü.)

Kapitel 9
Vierter Mythos:
»Ich bin Ihr Finanzmakler und dazu da, Ihnen zu helfen.«

Es ist schwierig, einen Menschen dazu zu bringen, dass er etwas versteht, wenn sein Gehalt davon abhängt, dass er es nicht versteht.
UPTON SINCLAIR

Rekapitulation

Lassen Sie uns das Wichtigste noch einmal wiederholen:

Die Investmentfonds, die Ihnen verkauft werden, erheben astronomische Gebühren, die Ihnen bis zu 70 Prozent Ihres potenziellen zukünftigen Vermögens wegnehmen können.

Langfristig schneiden 96 Prozent der aktiv gemanagten Fonds schlechter ab als der Markt (oder ihre Referenzwerte).

Sie bezahlen das Zehn- bis Dreißigfache dessen, was Sie ein kostengünstiger Indexfonds kosten würde, mit dem Sie den Markt »nachahmen« können.

Die Renditen, mit denen die Investmentfonds werben, sind üblicherweise wesentlich höher als die Renditen, die Sie tatsächlich erhalten, da sie Durchschnittswerte über längere Zeiträume sind, aber keine in US-Dollar gewichtete Rendite. Die in US-Dollar gewichtete Wertentwicklung bestimmt die Rendite, die Sie tatsächlich erhalten, wohingegen Fondsmanager zeitgewichtete Renditen für Werbezwecke nutzen.

Und um dem Ganzen die Krone aufzusetzen, wird Ihnen Ihr Makler fest in die Augen sehen und treuherzig versichern, sein vorrangiges Anliegen sei Ihr Wohlergehen. Und das muss noch nicht einmal gelogen sein; wahrscheinlich glaubt er das sogar selber. Er versteht nämlich die Vorgänge, die ich Ihnen hier geschildert habe, oft selber nicht, noch wurde er dahingehend geschult. Wahrscheinlich befolgt er, was seine privaten Geldanlagen betrifft, den gleichen Rat, den er Ihnen erteilt.

Gefräßige Krokodile

Wie in aller Welt kann die große Mehrheit der Amerikaner den Tod der tausend Säbelhiebe sterben und sich nicht wehren, indem sie mit dem Portemonnaie abstimmt und ihr sauer verdientes Geld woanders hinträgt? Die Antwort lautet, dass die Bürger jahrzehntelang unwissend gehalten wurden. Die meisten Menschen, mit denen ich spreche, sind gegenüber der Finanzdienstleistungsbranche und ihrem Wunsch zu »helfen« äußerst misstrauisch, weil sie gebrannte Kinder sind. Angesichts der Flut widersprüchlicher Informationen und des großen Marketinggetöses fühlen sie sich schlichtweg überfordert. Von den Anforderungen ihres Alltags ganz zu schweigen. Viele haben ihr Finanzmanagement auf Autopilot gestellt und akzeptiert, dass sie Teil der Herde sind. Ihre Strategie ist die Hoffnung.

Zu wissen, dass man nicht alleine ist, hat etwas Tröstliches. Es erinnert mich an eine Sendung, die ich auf Discovery Channel gesehen habe, in der Wildtiere sich vorsichtig einem Fluss voller Krokodile nähern, um zu trinken, nur um eine Minute später von einem gefräßigen Krokodil verspeist zu werden. Sind diese Tiere dumm? Nein! Sie wissen, dass sie ohne Wasser in der glühenden Hitze Afrikas verenden werden, also bleibt ihnen nichts anderes übrig, als dieses Risiko einzugehen. Die meisten von uns fühlen sich genauso. Wir wissen, dass wir etwas tun müssen, um unser Vermögen fürs Alter zu mehren, weil die Inflation – neben anderen Faktoren – unser Geld auffressen wird. Also nähern wir uns gemeinsam mit unseren Nachbarn und Kollegen vorsichtig dem Fluss, und wenn wir es am wenigsten erwarten – *mampf!* –, werden wir verspeist.

Ein Schwarzer Montag. Eine Dotcom-Blase. Ein weiteres 2008.

Währenddessen kassiert die Maklerfirma, der wir die Lebensqualität unserer Familie anvertraut haben, Jahr für Jahr Rekordvergütungen, ohne dass sie irgendetwas riskieren würde.

Als ich Anfang 2014 dieses Buch zu schreiben begann, stiegen die Marktpreise kontinuierlich. Von 2009 bis Ende 2013 legte der Markt um

131 Prozent (einschließlich reinvestierter Dividenden) zu. Das war der fünftgrößte Bullenmarkt der Geschichte. Die Menschen sehen ihre Kontostände steigen und fassen wieder Vertrauen. Fondsmanager und Topmanager aus der Finanzdienstleistung nutzen das. Aber die Krokodile bleiben gefräßig.

Schutz vor wem?

Ende 2009 legten die Kongressmitglieder Barney Frank und Chris Dodd einen Gesetzentwurf über eine Börsenreform und Verbraucherschutz mit dem Titel »Dodd-Frank Wall Street Reform and Consumer Protection Act« vor. Ein Jahr später, nach intensiver Lobbyarbeit seitens der Finanzdienstleistungsbranche, wurde eine Version dieses Entwurfs in ein Gesetz gegossen, das einem Papiertiger gleicht. Aber niemand hielt inne, um die offensichtliche Frage zu stellen: *Vor wem oder was müssen wir eigentlich geschützt werden?*

Vor den Personen, in deren Hände wir das Management unserer finanziellen Zukunft legen? Vor den Maklern, die uns teure Investmentfonds andrehen? Vor den Managern selbst, die vordergründig alle Rechtsvorschriften einhalten, aber undurchsichtige Spiele treiben, um sich die Taschen zu füllen? Vor den Hochfrequenztradern, die »Frontrunning«[6] betreiben und mit Volumengeschäften, deren jedes einzelne nur Cents einbringt, Millionen scheffeln? Alleine in den letzten Jahren haben wir erlebt, wie skrupellose Händler Banken Milliardenverluste beschert haben; große Institute wie MF Global verzocken Kundengelder und müssen am Ende Bankrott anmelden; Insidergeschäfte eines der größten Hedgefonds weltweit wurden ruchbar; und Banker müssen sich strafrechtlich für die Manipulation des LIBOR-Satzes (London Interbank Offered Rate) – der weltweit am häufigsten verwendete Referenzwert für kurzfristige Zinsen – verantworten.

---

6 Frontrunning bezeichnet im Börsenhandel das Ausnutzen des vertraulichen Wissens um die Handelsstrategie des Mandanten (vor der Durchführung der in Auftrag gegebenen Transaktion) durch den Vertreter des ausführenden Instituts zum eigenen Vorteil. (Quelle: www.wikipedia.org)

»Mit meiner Intelligenz und Ihrem Geld haben wir nichts weiter zu verlieren als Ihr Geld.«

Wenn der Koch sein eigenes Essen nicht essen mag

Wir werden ständig von Leuten beeinflusst und an der Nase herumgeführt, die uns eintrichtern, »zu tun, was ich sage, nicht, was ich selber tue.« Eine ernüchternde Studie, die Morningstar im Jahr 2009 veröffentlichte, ergab, dass eine Verfolgung von 4.300 aktiv gemanagten Investmentfonds zeigte, **dass 49 Prozent der Fondsmanager selber keine Anteile an den von ihnen gemanagten Fonds besitzen**. Ja, richtig. Der Koch verweigert sein eigenes Essen.

Von den übrigen 51 Prozent besitzen die meisten im Vergleich zu ihrer Vergütung und ihrem gesamten Nettovermögen einen verschwindend geringen Anteil an ihren eigenen Fonds. Denken Sie daran, dass sich diese Manager ihre Arbeit mit Millionen, manchmal sogar im mehrfach zweistelligen Bereich, vergüten lassen:

- 2.126 Fondsmanager halten selber keine Anteile an den von ihnen gemanagten Fonds.
- 159 Fondsmanager hatten zwischen 1 und 10.000 Dollar in ihre eigenen Fonds investiert.
- 393 Fondsmanager waren mit 10.001 bis 50.000 Dollar an ihren eigenen Fonds beteiligt.
- 285 Fondsmanager hatten zwischen 50.001 und 100.000 Dollar in ihre eigenen Fonds investiert.
- 679 Fondsmanager waren mit 100.001 bis 500.000 Dollar an ihren eigenen Fonds beteiligt.
- 197 Fondsmanager waren mit 500.001 bis 999.999 Dollar an ihren eigenen Fonds beteiligt.
- 413 Fondsmanager hatten mehr als 1 Million Dollar in ihre eigenen Fonds investiert.

Die offensichtliche Frage lautet also, wenn die Leute, die den Fonds managen, nicht in ihre eigenen Fonds investieren, warum sollten Sie es dann?

Der Koch isst sein selbst gekochtes Essen nicht, wenn die Zutaten schlecht sind oder er weiß, *wie es in der Küche wirklich zugeht.* Diese Fondsmanager sind klug – sie lassen die Finger davon.

Wo sind die Jachten der Kunden?

Fred Schwed Jr., ein Profihändler, der das Börsengeschäft an den Nagel hängte, nachdem er beim großen Börsenkrach von 1929 viel Geld verloren hatte, schrieb im Jahr 1940 den Investmentklassiker *Where Are the Customers' Yachts?, or A Good Hard Look at Wall Street.* Der Witz hinter dem Titel wurde im Verlauf der Jahre auf vielfältige Weise neu erzählt, aber in Schweds Version lautet er so: Ein erfolgreicher Broker der Wall Street namens William Travers bewundert während seines Urlaubs in Newport, Rhode Island, die vielen schönen Jachten. Jede Jacht, nach der er sich erkundigt, gehört einem Börsenmakler, Banker oder Wertpapierhändler. Dann fragt er: »Und wo sind die Jachten der Kunden?«

Seit der Erstveröffentlichung dieses Buches sind 75 Jahre vergangen, aber es hätte auch gestern geschrieben sein können!

Wem Sie vertrauen können

Wir alle haben zahlreiche Varianten der gleichen Werbebotschaft gesehen. Mann und Frau, beide mit besorgtem Blick, sitzen vor einem Schreibtisch und ihnen gegenüber sitzt ihr Finanzberater. Mit der großväterlichen Weisheit und dem Blick eines Mannes, der schon viele Stürme überstanden hat, versichert der bezahlte Schauspieler dem Ehepaar, dass sie bei ihm in besten Händen sind. »Machen Sie sich keine Sorgen, wir stehen hinter Ihnen. Wir bringen Ihre Kinder durchs College und sorgen dafür, dass Sie sich das lang ersehnte Segelboot kaufen können. Und das Ferienhaus.« Die Botschaft ist nicht zu überhören: »Ihre Ziele sind unsere Ziele. Wir sind hier, um Ihnen zu helfen.«

Die wahre Frage lautet jedoch:

Sind seine und Ihre Interessen *wirklich* die gleichen?

Hat die Person, in deren Hände Sie die Planung Ihrer Zukunft sowie die Zukunft Ihrer Familie legen, wirklich jeden Anreiz, in Ihrem Sinne zu handeln? Die meisten würden denken, ja, das hat er – und lägen komplett falsch. Die Antwort auf diese Frage kann unter Umständen den Unterschied zwischen dem Erreichen und dem Nichterreichen Ihrer finanziellen Freiheit bedeuten. Wie würden Sie sich fühlen, wenn Ihr Führer bei dem Aufstieg auf einen Gletscher mehr um das eigene Wohl besorgt wäre, als um Ihres? Wie David Swensen mahnend erinnerte: »Ihr Makler ist nicht Ihr Freund.«

Zweckmäßigkeit als Standard

Und hier die Wahrheit: In der Finanzdienstleistungsindustrie arbeiten viele Menschen, die wirklich integer sind und denen es ein echtes Anliegen ist, im Interesse ihrer Kunden zu handeln. Leider bewegen sich viele in einem »geschlossenen Schaltkreis«, in dem die Instrumente, die ihnen zur Verfügung stehen, von vornherein so angelegt sind, dass sie im besten Interesse des »Hauses« – sprich ihres Unternehmens – handeln. Die Mitarbeiter werden nämlich für den Verkauf belohnt, und nicht für eine objektive und interessensfreie Beratung. Das Produkt oder der Fonds, den man Ihnen verkauft, muss nicht unbedingt der beste am Markt oder überhaupt in Ihrem Interesse sein.

Nach rechtlicher Definition müssen Finanzdienstleister Ihnen lediglich ein »zweckmäßiges« (im Sinne von »brauchbar« oder »geeignet«) Produkt anbieten.

Was bedeutet »zweckmäßig« beziehungsweise »brauchbar«? Möchten Sie einen brauchbaren Partner fürs Leben? Werden Sie für zweckmäßige beziehungsweise brauchbare Arbeit befördert? Fliegen Sie mit einer Fluggesellschaft, die eine »brauchbare« Flugsicherheit bietet? Oder besser noch: »Gehen wir in dieses Restaurant, ich habe gehört, das Essen sei brauchbar.«

Laut David Karp, zugelassener Investmentberater, besagt der Zweckmäßigkeitsstandard im Wesentlichen: »Es kommt nicht darauf an, wer mehr davon profitiert – der Kunde oder der Berater. Solange eine Geldanlage zum Zeitpunkt des Investitionsauftrags im Namen des Kunden zweckmäßig und geeignet ist [soll heißen, dass sie auf die allgemeine Richtung Ihrer Ziele abgestimmt ist], ist der Berater frei von Haftungsansprüchen.«

Zu treuen Händen?

Um eine objektive, neutrale Finanzberatung zu erhalten, müssen wir uns einen *Treuhänder* suchen. **Die Treuhandverwaltung ist ein juristisch definierter Standard, der von einem relativ kleinen, aber wachsenden Segment unabhängiger Finanzprofis übernommen wird, die ihre großen anonymen Firmen verlassen, ihren Maklerstatus aufgegeben und beschlossen haben, ein zugelassener Finanzberater zu werden. Diese unabhängigen Profis bieten kostenpflichtige Finanzberatung und sind gesetzlich verpflichtet, alle potenziellen Interessenskonflikte zu beseitigen (oder sie zumindest offenzulegen) und die Bedürfnisse ihrer Kunden über ihre eigenen zu stellen.**

Wenn ein zugelassener Finanzberater einem Kunden zum Beispiel rät, IBM-Aktien zu kaufen und zu einem späteren Zeitpunkt desselben Tages IBM-Aktien für sich selber kauft, aber zu einem besseren Preis, *muss* er seinem Kunden die Aktien zu dem Preis überlassen, den er selbst bezahlt hat.

Stellen Sie sich vor, Sie erhalten eine Investmentberatung, deren Qualität durch das Gesetz geschützt ist, damit Ihr Berater Sie nicht in eine bestimmte Richtung drängt oder Ihnen einen spezifischen Fonds aufdrängt, um mehr Geld an Ihnen zu verdienen.

Ein großer zusätzlicher Vorteil? Das Beratungshonorar, das Sie einem unabhängigen Finanzberater zahlen, ist in den USA steuerlich abzugsfähig – in Deutschland dagegen nicht. Für Kapitalerträge steht Ihnen als Anleger nur der Sparerpauschbetrag in Höhe von 801 Euro (bei zusammen veranlagten Ehepaaren 1.602 Euro zu). Darin inbegriffen sind alle Werbungskosten – Sie können diese also in der Anlage KAP nicht gesondert zum Abzug bringen. Auch nicht, wenn es sich dabei um Beraterhonorare handelt.

Wenngleich das Thema der treuhänderischen Finanzberatung bei einigen Gruppierungen heiß umstritten ist, haben Studien im Auftrag der amerikanischen Börsenaufsicht SEC gezeigt, dass die Mehrheit der Anleger nicht versteht, was treuhänderisch bedeutet, oder nicht erkennt, dass Finanzmakler und Finanzberater nicht das gleiche Maß an Kundenorientierung verfolgen.
»THE BATTLE OVER BROKERS' DUTY TO THEIR CLIENTS REACHES A STANDSTILL«, *Wall Street Journal, 24. Januar 2012*

Wie finden Sie einen unabhängigen Finanzberater?

Sie werden Ihre Position als Insider festigen, wenn Sie einen staatlich zugelassenen, unabhängigen Finanzberater aufsuchen. Die meisten Menschen, die ich frage, wissen nicht, ob ihr »Finanztyp« ein Makler (die im Allgemeinen im Auftrag großer Maklerhäuser arbeiten) oder ein unabhängiger Berater ist, aber alle sind der Auffassung, diese Person solle sie zu ihrem Besten vertreten. Wie zuvor erwähnt, wollen die meisten Berater das auch, aber das Umfeld, in dem sie arbeiten, macht es ihnen unmöglich, weil sie dafür belohnt werden, auf Teufel komm 'raus zu verkaufen. Und Sie werden auch nie hören, dass sie »Makler« sind. Sie nennen sich Investmentberater, Vermögensberater, Vice President für dies und das, oder sie haben irgendeine andere Bezeichnung. Ein Bericht des *Wall Street Journals* ergab, dass die verantwortlichen Journalisten in den USA mehr als 200 unterschiedliche Berufsbezeichnungen für Finanzberater gefunden haben, von denen mehr als die Hälfte nicht von der amerikanischen Aufsichtsbehörde für das Finanzwesen (FINRA) verfolgt werden, die überwacht, wie Geldanlagen an Investoren vermarktet werden. Viele dieser »Legitimierungen« sind reine Tünche und bedeuten keine treuhänderischen Pflichten. Ähnlich verwirrend ist das Bild in Deutschland, auch wenn hier die Gesetze eine gewisse Mindestqualifikation vorschreiben (Sachkundenachweis). Auf der Suche nach einem staatlich zugelassenen unabhängigen Finanzberater wenden Sie sich am besten an einen der folgenden Berufsverbände: Berufsverband deutscher Honorarberater (BVDH, Internet: www.deutsche-honorarberater.de), Verbund deutscher Honorarberater (VDH, Internet: www.verbund-deutscher-honorarberater.de). Unabhängige Anlageberatung leistet außerdem die Quirin-Bank, die ebenfalls Beraterhonorare erhebt, dafür aber erhaltene Provisionen an die Kunden erstattet (Internet: www.quirinbank.de).

Makler	Unabhängiger Honorarberater
Erhebt eine Verkaufsprovision für den Verkauf von Fondsanteilen.	Erhebt eine Pauschalgebühr für die Beratung.
Die Provision ist steuerlich nicht absetzbar.	Die Provision ist steuerlich nicht absetzbar.
Standard »geeignetes Produkt«.	Gesetzlich zur Transparenz und Offenlegung möglicher Interessenskonflikte verpflichtet.
Bietet eine breite Palette an Produkten und Dienstleistungen, die sein Arbeitgeber absegnen muss und die womöglich auch unternehmenseigene Produkte und Serviceleistungen beinhalten.	Hat Zugang zu allen Produkten und Dienstleistungen.
Unterliegt den Beschränkungen, die ihm sein Arbeitgeber auferlegt.	Unabhängig.
Hütet und verwaltet die Investitionen.	Nutzt externe Vermögensverwaltungen.

Nicht jeder Rat ist ein guter Rat

Sich einem unabhängigen Honorarberater anzuvertrauen, ist auf jeden Fall ein guter Ausgangspunkt. Allerdings ist das allein noch kein Garant für Qualität oder eine angemessene Honorarhöhe (üblich sind in Deutschland von 125 bis 150 Euro in der Stunde). Wie in jeder Branche gilt auch hier, dass nicht alle professionellen Berater gleichermaßen kompetent sind. Tatsächlich haben in den USA 46 Prozent der Finanzplaner selber keinerlei Altersvorsorge! In einer anonymen Befragung von mehr als 2.400 amerikanischen Finanzplanern (durchgeführt vom amerikanischen Berufsverband Financial Planning Association im Jahr 2013), stellte sich heraus, dass fast die Hälfte nicht praktiziert, was sie predigt. Die Wahrheit ist, dass wir uns hier auf unerschlossenem Terrain bewegen. Bei der enormen Komplexität des Finanzgeschäfts, den vielen Zentralbanken, die fleißig Geld drucken, und Regierungen, die ihre Schulden nicht zurückzahlen, schafft es nur eine kleine Elitetruppe der Finanzberater, den Durchblick zu wahren und geschickt durch alle Untiefen zu navigieren.

Der Weg zu einer herausragenden unabhängigen Finanzberatung

Es gibt zig unabhängige Finanzberater, von denen viele ganz hervorragend sind. Hier möchte ich Ihnen fünf Kriterien nennen, die Sie bei der Auswahl einer Beratung anlegen sollten. Recherchieren Sie bei folgenden Adressen: Berufsverband deutscher Honorarberater (BVDH) und Verbund deutscher Honorarberater (VDH). Ein wichtiger Hinweis: Dass ein Berater bei einem dieser Verbände eingetragen ist, ist per se jedoch noch kein Qualitätsbeweis. Wie in jedem Beruf finden Sie auch hier die ganze Bandbreite an Qualitätsabstufungen. In der Branche der unabhängigen Finanzberatung ist Größe jedoch ein wichtiges Kriterium. Kleinere Firmen haben oft nicht den gleichen Zugang zu bestimmten Geldanlagen und/oder können keine wettbewerbsfähigen Preise bieten.

Und hier die Auswahlkriterien, auf die Sie achten sollten:

1. Achten Sie darauf, dass die Person in Deutschland zugelassen ist, idealerweise als Honorar-Finanzanlagenberater nach § 34 Gewerbeordnung. Eine solche Person darf ausschließlich Honorarberatung bieten – und nicht nebenher noch Provisionen einstreichen. Da die Zahl der Honorarberater in Deutschland aber klein ist, kommen alternativ auch staatlich zugelassene Finanzberater bzw. Makler infrage, sofern sie den erforderlichen Sachkundenachweis erbracht haben.

2. Achten Sie darauf, dass der staatlich zugelassene Honorar- bzw. Finanzberater entweder die Beratung selbst in Rechnung stellt und Ihnen die Depotverwaltung überlässt (mit einem kostenfreien Depot bei einem Direktbroker ist das sehr günstig), oder dass die betreffende Person auf prozentualer Basis (Ihres verwalteten Vermögens) vergütet wird und nicht auf Basis des Kaufs von Investmentfondsanteilen. Achten Sie außerdem darauf, dass das die *einzige* anfallende

Gebühr ist, dass sie vollkommen transparent ist und dass Sie keine Vertriebs- oder »Pay-to-play«-Gebühren bezahlen.

3. Vergewissern Sie sich, dass der zugelassene Finanz- oder Honorarberater *keine* Vergütung dafür erhält, Aktien oder Anleihen zu verkaufen.

4. Achten Sie darauf, dass er nebenher *nicht* für ein Maklerhaus arbeitet. Das wäre die gröblichste Verletzung des treuhänderischen Grundsatzes, wenn Ihr Berater auch Produkte verkauft und dafür eine Provision einstreicht.

5. Sie sollten ihm kein Geld direkt anvertrauen, sondern einen renommierten außenstehenden Vermögensverwalter engagieren, der Ihnen rund um die Uhr einen Online-Zugang zu Ihrem Konto bietet und Ihnen Ihre monatlichen Kontoauszüge direkt zusendet.

Für alle, die Zeit und Interesse haben und sich mit der richtigen Portfolio-Strukturierung (Asset Allocation) auskennen (mehr darüber in Teil IV), kann eine eigenständige Investition (ohne Finanzberatung) eine Option sein, mit der Sie zudem Kosten sparen können. Die Zusatzkosten für einen Finanzberater haben nur dann eine Rechtfertigung, wenn sie einen Mehrwert generieren, zum Beispiel ein steuereffizientes Management, die Planung der Altersvorsorge und einen erweiterten Zugang zu alternativen Geldanlagen außer Indexfonds.

Kaufen Sie Enron!

Ein hochkompetenter Finanzberater wird mehr für Sie tun, als transparente Beratung und hervorragende Investmentmöglichkeiten bieten. Er sollte Sie auch vor dem Marketinggetöse schützen, weil uns die Geschichte lehrt, dass der Werberummel eines von Interessenskonflikten geplagten Maklers oder des Unternehmens, bei dem er angestellt ist, extrem gefährlich sein kann. Ich will Ihnen ein Beispiel aus der jüngsten Vergangenheit nennen.

Erinnern Sie sich an Enron? Den Energiegiganten mit einem Jahresumsatz (im Jahr 2000) von 101 Milliarden Dollar, der beschloss, seine Bilanzen zu frisieren, in der Hoffnung, mit den verführerischen Zahlen die Aktionäre glücklich zu machen? Die großen Finanzmakler und Investmentfonds, die

die Mehrheit an den Enron-Aktien hielten, waren große Enron-Fans. Mein lieber Freund und Vordenker Keith Cunningham ist ein Scharfschütze mit dem klassischen texanischen Akzent. Wenn er auf meiner Business-Mastery-Veranstaltung spricht, nimmt er kein Blatt vor den Mund, wenn es darum geht zu zeigen, wie Makler selbst in einer schlimmen Situation ohne jede Rücksicht auf ihre Kunden miserable Investitionsratschläge erteilen. Als er mir erzählte, wie Makler ihren Kunden noch unmittelbar vor dem Zusammenbruch Enrons, als schon alle Zeichen auf Sturm standen, zum Kauf der Unternehmensaktie rieten, war ich sprachlos.

Im März 2001, knapp neun Monate bevor Enron offiziell Konkurs anmeldete, gab es bereits deutliche Anzeichen, dass das Unternehmen ernsthafte Probleme hatte. Jeder, der einen Blick auf die Cashflow-Bilanz warf, konnte sehen, dass Enron fürchterlich viel Geld verlor und diese Zahlen im krassen Widerspruch zu den Gewinnberichten des Unternehmens standen. Das hielt die großen Börsenfirmen der Wall Street aber nicht davon ab, die Aktie weiterhin zum Kauf zu empfehlen. Nachstehend eine Grafik, in der die Empfehlungen abgebildet sind, die die großen Maklerhäuser in den neun Monaten vor dem endgültigen Kollaps von Enron aussprachen. Achten Sie darauf, dass sie an den Kaufempfehlungen festhielten, bis es buchstäblich nichts mehr zu kaufen gab, weil die Aktie jeden Wert verloren hatte; das Unternehmen war bankrott!

21. März 2001	»Short Term Buy« (Empfehlung für eine kurzfristige Anlage)	$ 55,89	Merrill Lynch
29. März 2001	»auf der Empfehlungsliste«	$ 55,31	Goldman Sachs
8. Juni 2001	»Kauf«	$ 47,26	J.P. Morgan
15. August 2001	»starke Kaufempfehlung«	$ 40,25	Bank of America
4. Oktober 2001	»Kauf«	$ 33,10	AG Edwards
24. Oktober 2001	»starke Kaufempfehlung« – attraktiv«	$ 16,41	Lehman Bros.
12. November 2001	»halten«	$ 9,24	Prudential
21. November 2001	»Marktperformer«	$ 5,01	Goldman Sachs
29. November 2001	»halten«	$ 0,36	Credit Suisse First Boston
2. Dezember 2001	»Oh, Schreck ... das Unternehmen ist pleite«	$ 0,00	

Lobbyarbeit für Profite

Den Kundeninteressen oberste Priorität einzuräumen, mag wie ein einfaches Konzept erscheinen, tatsächlich verursachte es an der Wall Street wahren Aufruhr.
»WHAT'S NO. 1 FOR BROKERS?«, *Wall Street Journal*, 5. Dezember 2010

Warum hat sich der Status quo also nicht verändert? Unter dem Dodd-Frank-Gesetz war die amerikanische Börsenaufsicht SEC verpflichtet, eine Studie über den »universellen Treuhänderstandard« aller Börsenfirmen durchzuführen. Sie haben richtig gelesen. Die Politiker wollten eine *Studie* durchführen, um zu bestimmen, ob die Verfolgung der besten Kundeninteressen eine gute Idee sei. Eine Tragikomödie, die sich da abspielte. In meinem Interview mit Dr. Jeffrey Brown fragte ich ihn nach seiner Meinung über den Treuhänderstandard. Wer hätte mir besser darüber Auskunft geben können als der Mann, der nicht nur das Weiße Haus beriet, sondern auch von China engagiert worden war, um das Land über ein Sozialversicherungssystem zu beraten. »Ich glaube, jeder, der für Dritte Geld verwaltet, sollte unter allen Umständen rechtlich und ethisch für einen sorgfältigen und korrekten Umgang mit Kundengeldern verantwortlich sein. Immerhin sprechen wir hier über die Existenzen anderer Menschen.«

Die Finanzindustrie holte, wie zu erwarten war, zu einem gewaltigen Gegenschlag aus. Die Maschinerie der Lobbyarbeit lief auf Hochtouren und erinnerte die Politiker an die großzügigen Wahlkampfspenden der Finanzindustrie.

Wie lautet der Plan?

Wow, wir haben eine lange Wegstrecke zurückgelegt! Die Mythen, die wir hier entlarvt haben, gelten vielen Anlegern nach wie vor als seriös. Tatsächlich sind selbst einige sehr vermögende Anleger nicht im Besitz dieser Informationen. Und nun, da wir einen ungetrübten Blick haben, müssen wir unsere aktuelle Investmentstrategie überprüfen, um zu sehen, ob sie wirklich zu unseren Zielen passt.

Kapitel 10
Fünfter Mythos:
»Ich hasse Rentenpolicen, und Sie sollten das auch.«

Die größten Aktiva der letzten zwei Jahre des Präsidenten der Federal Reserve Bank waren zwei Annuitätenpapiere.
»FED CHAIRMAN BERNANKE'S PERSONAL FINANCE ARE NO FRILLS«, *USA Today* 21. Juli 2008

Lieben oder hassen?

Ich stieß zufällig auf eine Internetanzeige mit dem Text, »Ich hasse Rentenpolicen und Sie sollten das auch«. Der typische Internet-»Anreißer« bot einen Gratisbericht darüber, dass Rentenversicherungen eine fürchterliche Investition seien und eine Strategie, die auf Aktien und Anleihen basiert, wesentlich besser sei für langfristiges Wachstum und Sicherheit. Selbstverständlich war der Werber gerne bereit, Ihnen gegen eine Gebühr seine Expertenauswahl an Einzelaktien zu verkaufen. Was in den fett gedruckten Lettern nicht erwähnt wurde, war der Umstand, dass das Unternehmen, das hinter der Werbeanzeige stand, ein aktiver Stockpicker ist. Und wie wir bereits von ausgewiesenen Finanzstrategen wie Warren Buffett, John C. Bogle, Ray Dalio und David Swensen sowie aus wissenschaftlichen Studienergebnissen erfahren haben, kann aktives Management den Markt langfristig nicht schlagen. Dennoch verfehlt diese Marketingstrategie nicht ihre Wirkung.

Aber nicht jeder hasst Annuitätenprodukte, also Finanzprodukte, die eine lebenslange, regelmäßige Rentenauszahlung (Annuität) vorsehen.

Auf der einen Seite war ich verblüfft, als ich erfuhr, dass der frühere US-Notenbank-Chef Ben Bernanke, der an einem bestimmten Punkt wahrscheinlich der einflussreichste Mann der Finanzwelt war, die Vorteile von Annuitätenprodukten, sprich Rentenpolicen, in seinem persönlichen Finanzplan schätzt. Bernanke musste seine persönlichen Investitionen offenlegen, bevor er Präsident der Federal Reserve Bank wurde. Er hielt relativ wenig Aktien und Anleihen, *seine zwei größten Positionen* waren Rentenversicherungen. Mein erster Gedanke war, *Was weiß er, das ich nicht weiß?*

Ob Rentenpolicen für Sie gut sind oder nur für Versicherungen und Makler, die diese verkaufen, hängt von der Beschaffenheit des Produkts ab, das Sie besitzen, und den Gebühren, die Ihre Versicherung kassiert. Wir wollen das einmal näher untersuchen.

Während der Entstehung dieses Buches suchte ich nach den angesehensten Experten der Welt, die die besten Wege aufspüren konnten, über die die Leser einen garantierten lebenslangen Einkommensstrom generieren können – einen monatlichen Gehaltsscheck, ohne arbeiten zu müssen. Ist das nicht der Grund, warum wir überhaupt investieren? Als ich meine Interviews im Rahmen der Arbeit an diesem Buch führte, war der Name David Babbel in meinen Recherchen kontinuierlich der Spitzenreiter. Babbel ist Professor an der Wharton Business School, hält mehrere Doktortitel und berät das US-Arbeitsministerium bezüglich sogenannter Target-date Funds (Fonds mit Ablaufdatum).

Zu Beginn des Jahres 2013 stellte er in einem Bericht seine persönliche Geschichte vor. Dort schilderte er, wie er den Rat von Börsenkollegen in den Wind schlug, die ihn dazu ermunterten, seine Investitionen laufen zu lassen und auf weiteres Wachstum zu hoffen, und stattdessen einen Plan zur Erzielung eines lebenslangen Einkommens erstellte. Anstatt auch nur einen Cent mit Aktien oder Anleihen zu riskieren, investierte er in eine Reihe zeitlich gestaffelter Rentenversicherungen, die ihm eine Art Leibrente verschafften. Diese Policen boten ihm zudem eine hundertprozentige Garantie auf sein Stammkapital, sodass er weder bei dem Börsenkrach im Jahr 2000 noch im Jahr 2008 Geld verlor. Stattdessen genoss er ganz gelassen sein Leben, seine Frau und seine Enkelkinder mit der vollkommenen inneren Ruhe, in dem Wissen, dass ihm niemals das Geld ausgehen wird.

Ich flog nach Philadelphia, um mich mit David Babbel zu treffen. Seine Strategie, die ich in Kapitel 26, »Freiheit: Wie Sie Ihren Einkommensplan fürs Leben erstellen« vorstellen werde, war schlicht, aber wirkungsvoll. Wobei der Faktor »innerer Frieden« klar hervorstach, da die Freiheit, die ihm diese Strategie bot, offensichtlich war. Nach unserem Gespräch hatte ich eine völlig veränderte Sicht auf Annuitätenprodukte! Zumindest auf eine bestimmte Art von ihnen.

In diesem Gespräch betonte er, dass Rentenversicherung nicht gleich Rentenversicherung ist. Es gibt viele unterschiedliche Arten, und jede hat ihre spezifischen Vor- und Nachteile. Es gibt in der Tat Annuitäten bzw. Rentenpolicen, um die Sie einen großen Bogen machen sollten, aber alle in einen Topf zu werfen, würde bedeuten, das einzige Finanzinstrument pauschal zu verurteilen, das sich über 2.000 Jahre bewährt hat.

Julius Cäsars Versicherungsunternehmen

Die ersten lebenslangen Einkommensströme aus Annuitäten gehen 2.000 Jahre in die Vergangenheit zurück und stammen aus dem Römischen Reich. Die römischen Bürger und Soldaten zahlten in einen Geldpool ein, und diejenigen, die die anderen überlebten, erhielten aus diesem Topf steigende Einkommenszahlungen. Und natürlich zweigte die Regierung einen kleinen Teil für sich ab, nach dem Motto: Gib Cäsar, was des Cäsars ist!

Das Wort *Annuitäten (regelmäßige Rentenzahlungen)* stammt von dem lateinischen Wort *annus* (Jahr) ab, weil die Römer ihre Einkommen als Jahreszahlung erhielten. Im 17. Jahrhundert verwendeten die europäischen Monarchen das gleiche Annuitätenkonzept (Tontine genannt), um Kriege und öffentliche Bauten zu finanzieren (auch sie reservierten sich einen Teil der Gesamtbeiträge). In der modernen Welt sind die mathematischen Grundlagen und Berechnungen im Prinzip die gleichen, mit dem Unterschied, dass die Staatsregierungen von renommierten Versicherungsgesellschaften ersetzt wurden, darunter einige mit einer mehr als hundertjährigen Unternehmensgeschichte – solide Versicherungsunternehmen, die Depressionen, Rezessionen, Weltkriege und die jüngste Kreditkrise überstanden haben.

Allerdings müssen wir aufpassen, was die unterschiedlichen Arten von Leibrenten betrifft. In den vergangenen 2.000 Jahren haben sich die Rentenpolicen nicht sehr verändert. Es gab eigentlich nur eine Version: den Klassiker unter den Finanzlösungen. Er bestand in einem simplen Vertrag zwischen Ihnen und einer Versicherungsgesellschaft. Sie haben der Versicherungsgesellschaft Geld bezahlt, und die wiederum hat Ihnen dafür ein garantiertes Einkommen oder eine Investitionsrendite versprochen. Nachdem Sie eingezahlt hatten, mussten Sie entscheiden, ab wann Sie die Einkommenszahlungen erhalten wollten. Je länger Sie die Auszahlung hinauszögerten, desto höher die ausgezahlten Beträge. Und am Tag des Vertragsabschlusses erhielten Sie eine Übersicht, die den exakten Auszahlungsbetrag enthielt, es gab also keinerlei Ungewissheit.

Ist es ein Fortschritt oder einfach nur eine Veränderung?

In den vergangenen 50 Jahren sind viele neue Arten von Leibrenten-Modellen entstanden. Manchmal ist Evolution eine gute Sache; manchmal entstehen daraus aber auch wahre Ungetüme! Zurzeit gibt es mehr schlechte als gute Produkte auf dem Markt. John Bogle meint dazu: »Ich empfehle das Konzept einer regelmäßigen, gleichbleibenden Rente nach wie vor, aber man sollte genau hinsehen, bevor man sich entscheidet.« Und das wollen wir hier tun.

Variable Rentenversicherungen sind immer schlecht

Im Jahr 2012 wurden Rentenversicherungen im Wert von mehr als 150 Milliarden Dollar verkauft. Um das in die richtige Perspektive zu rücken: Das liegt ganz knapp unter Apples Bruttoumsatz im selben Jahr. Variable Rentenversicherungen haben sich bei vielen großen Finanzmaklerfirmen zur beliebtesten Provisionsquelle entwickelt. Und was ist nun genau eine variable Rentenversicherung? Eine besondere Form der fondsgebundenen Rentenversicherung gegen Einmalzahlung, bei der der eingezahlte Betrag in Investmentfonds angelegt wird. Jawohl. Dieselben Investmentfonds, die schlechter abschneiden als der Markt und dafür völlig überzogene Gebühren verlangen. In diesem Fall kauft sie der Anleger jedoch als Leibrente »verpackt«.

Das Problem bei solchen fondsgebundenen Rentenversicherungen besteht aus einer mehrfachen Gebührenbelastung – zum einen für die Versicherungspolice, für die Vertriebsprovisionen und Verwaltungsgebühren fällig werden. Zusätzliche Kosten verursachen aber auch die Fonds, in die das in den Versicherungsvertrag eingezahlte Kapital investiert wird. Hierfür zahlen Sie als Versicherungsnehmer – ohne es zu merken – auch die Kosten zusätzlich, die das Fonds-Investment mit sich bringt. Das schmälert

Ihre Rendite gewaltig. Berücksichtigt man dabei den Zinseszinseffekt und die lange Laufzeit solcher fondsgebundener Rentenpolicen, sind die Auswirkungen erheblich.

Gebühren auf die Gebühren

Was ist also an einer Rentenversicherung so attraktiv? Warum sollte jemand Investmentfonds in der Verpackung eines Annuitätenprodukts kaufen? Wegen der Steuerersparnis natürlich. Die meisten variablen Rentenpolicen garantieren eine lebenslange Rente. Wird die Auszahlungsdauer explizit vereinbart, dann bekommen sogar nach dem Tod des Versicherungsnehmers die Erben noch Rentenzahlungen bis zum vereinbarten Rentenende. Versteuert werden muss dabei in Deutschland nur der Ertragsanteil dieser Rente – also sozusagen der Differenzbetrag zwischen Einzahlung und Auszahlung. Das klingt am Ende gar nicht so schlecht ... bis Sie erkennen, dass Sie soeben die teuerste aller Varianten an Lebensversicherungen gekauft haben und dass die gesparten Steuern ein Klacks sind im Vergleich zu dem, was Sie dafür den Versicherungs- und Fondsgesellschaften in den Rachen werfen.

In Kapitel 7 habe ich Ihnen die Liste der wichtigsten Fondsgebühren vorgestellt und demonstriert, wie dramatisch sie Ihre Rendite beeinträchtigen. Um es noch einmal zu wiederholen: **Alle Gebühren zusammengenommen** (Gesamtkostenquote, Transaktionskosten, Soft-Dollar-Vereinbarungen, Abschlussgebühren) **belaufen sich laut *Forbes* auf rund 3,1 Prozent pro Jahr** (wenn Ihr Konto der nachgelagerten Besteuerung unterliegt). Das sind bei einer Investition von 100.000 Dollar 3.100 Dollar pro Jahr. Das ist aber noch nicht alles – ich habe es oben schon angedeutet:

Wenn Sie in eine fondsgebundene Rentenversicherung gegen Einmalzahlung investieren, zahlen Sie nicht nur die zuvor erwähnten Gebühren, sondern außerdem zusätzliche Gebühren an die Versicherungsgesellschaft. Unter anderem gibt es eine Gebühr, die die Sterblichkeitskosten abdecken soll – die sogenannte *Mortality Expense*[7] –, die laut Morningstar durchschnittlich 1,35 Prozent pro Jahr beträgt, sowie Verwaltungsgebühren, die zwischen 0,10 und 0,50 Prozent pro Jahr liegen können.

---

7 Gebühren, die in bestimmten Annuitäten- beziehungsweise Versicherungsprodukten enthalten sind und der Versicherung als Ausgleich für eine Reihe von Risiken dienen sollen, die mit dem Annuitätenvertrag verbunden sind.

Insgesamt ergibt sich folgende Kostenstruktur:

- Durchschnittliche Kosten für den oder die Investmentfonds: 3,1 Prozent (laut Artikel des Magazins *Forbes*)
- Risikodeckung und Kostenbeiträge: 1,35 Prozent (Durchschnitt)
- Verwaltungskosten: 0,25 Prozent (Durchschnitt)

Das ergibt insgesamt einen Kostenanteil von 4,7 Prozent oder 4.700 Dollar pro 100.000 Dollar investiertem Kapital! Und dieser Betrag wird von der Rendite abgezogen, bevor Sie auch nur einen Cent verdient haben. Anders ausgedrückt: **Wenn die Fondsrendite 4,7 Prozent beträgt, sehen Sie gar nichts**! Alle diese zusätzlichen Gebühren, nur um der Abgeltungssteuer zu entgehen? Nach Abzug all dieser Gebühren bleibt Ihnen wahrscheinlich sowieso nichts mehr, was Sie versteuern könnten! Deshalb sollten Sie bei der Auswahl auf unabhängige Beratung nicht verzichten und im Zweifelsfall ein klassisches Rentenversicherungsprodukt dem fondsgebundenen vorziehen.

Kapitel 11
Sechster Mythos:
»Wenn Sie hohe Renditen wollen, müssen Sie hohe Risiken eingehen!«

Eine Investition ist eine Transaktion, die nach eingehender Analyse Kapitalschutz und eine angemessene Rendite verspricht.
BENJAMIN GRAHAM, *The Intelligent Investor*

Wie Sie zwei scheinbar unvereinbare Dinge gleichzeitig haben können

Oberflächlich betrachtet sieht es so aus, als hätten Unternehmer eine hohe Risikotoleranz. Aber einer der wichtigsten Leitsätze in meinem Leben lautet »Risikoschutz«.
RICHARD BRANSON, Gründer von Virgin

Richard Branson, Gründer von Virgin und dessen zahlreichen unglaublichen Marken, beschloss 1984, die Fluggesellschaft Virgin Airways zu gründen. In wahrer David-gegen-Goliath-Manier wusste der Meister des Marketings, dass er jeden Wettbewerber verdrängen konnte, einschließlich des alteingesessenen Giganten British Airways. Für Außenstehende wirkte sein Vorhaben wie eine extrem gewagte Wette. Aber wie die meisten klugen Investoren machte sich Richard mehr Gedanken über die Absicherung seiner Risiken, als darüber, alle anderen niederzuringen. In einem brillanten Schachzug kaufte er daher seine ersten fünf Flugzeuge zu Bedingungen, die der Deal seines Lebens waren: Falls seine Pläne nicht aufgingen, konnte er die Flugzeuge zurückgeben! Eine Geld-zurück-Garantie! Falls er keinen Erfolg hatte, verlor er nichts. Und falls er Erfolg hatte, würde er einen Riesengewinn machen. Der Rest ist Geschichte.

»Wenn Sie hohe Renditen wollen, müssen Sie hohe Risiken eingehen!«

Ähnlich wie die Geschäftswelt teilt Ihnen die Investmentwelt – direkt oder subtil – mit, dass Sie große Risiken eingehen müssen, falls Sie große Gewinnchancen haben wollen. Oder, noch Furcht einflößender, dass Sie zur Erlangung finanzieller Freiheit genau diese Freiheit riskieren müssen.

Nichts könnte weiter von der Wahrheit entfernt sein. Wenn erfolgreiche Investoren etwas gemeinsam haben, dann, dass sie nicht mit ihren sauer verdienten Ersparnissen spekulieren; sie handeln strategisch. Erinnern Sie sich an Warren Buffetts wichtigste Investitionsregeln?

Regel Nummer eins: Kein Geld verlieren! Regel Nummer zwei: siehe Regel Nummer eins.

Ob es die besten Hedgefondsmanager der Welt sind, wie Ray Dalio und Paul Tudor Jones oder Unternehmer wie Salesforce-Gründer Marc Benioff und Virgin-Gründer Richard Branson, ohne Ausnahme suchen diese Milliardäre nach Investitionsmöglichkeiten mit einem asymmetrischen Chancen-Risiko-Profil. Das ist eine finanztechnische Ausdrucksweise für eine im Verhältnis zum Risiko überproportionale Gewinnchance.

Riskieren Sie wenig und erzielen Sie eine hohe Rendite.

Das beste Beispiel eines geringen Risikos bei hohen Gewinnchancen sind die Hochfrequenzhändler, die mit ultramodernen Technologien arbeiten, um 1/1.000 Sekunde zu sparen! Schätzen Sie, wie hoch der Risiko-Gewinn-Quotient dieser Händler ist, die für 70 Prozent des gesamten Handelsvolumens am Aktienmarkt verantwortlich sind? Ich gebe Ihnen einen Hinweis. Virtu Financial, eine der größten HFT-Firmen, plante den Börsengang und musste dafür sein Geschäftsmodell und seine Profitabilität offenlegen. In den vergangenen fünf Jahren hat Virtu lediglich an einem einzigen Tag Geld verloren!

Der Nickel-Deal

Mein Freund und Hedgefondsguru Kyle Bass ist weithin dafür bekannt, eine 30-Millionen-Dollar-Investition in knapp zwei Jahren in 2 Milliarden Dollar verwandelt zu haben. Der herkömmlichen Überzeugung zufolge musste er dafür gewaltige Risiken eingehen. War aber nicht so. Kyle ist eine genau kalkulierte Wette gegen die Immobilienblase eingegangen, die sich aufblähte wie das Kind in dem Film *Charly und die Schokoladenfabrik*. Früher oder später musste sie einfach platzen. Erinnern Sie sich an jene Zeiten? Als gierige Hypothekenkunden ohne jede Bonität geradezu gedrängt wurden, alles zu kaufen, was ihnen in den Sinn kam? Ohne einen Cent Eigenkapital oder irgendeinen Nachweis, dass sie die Hypothekenlast tragen konnten. Diese Blase war von außen leicht zu erkennen. Kyles Brillanz, an der er uns in einem Interview teilhaben lässt, das in Teil IV veröffentlicht wird, bestand darin, dass er lediglich 3 Cent pro Dollar Gewinnchance riskierte. Klingt nach einem ziemlich geringen Risiko bei gewaltigen Gewinnaussichten.

Als ich vor kurzem mit Kyle sprach, berichtete er mir über die Details einer anderen asymmetrischen Risiko-Gewinn-Chance, die er für sich und seine Investoren entdeckt hatte. Die Bedingungen? Er besaß eine 95-prozentige Garantie auf seine Investition, aber falls beziehungsweise wenn das Unternehmen an die Börse ging, waren seine Gewinnchancen schier unendlich (und er erwartete eine sensationelle Rendite!). Falls alles den Bach hinuntergehen würde, würde er aber nur 5 Prozent verlieren.

Wie alle herausragenden Investoren geht Kyle geringe Risiken bei großen Gewinnchancen ein. **Alles auf eine Karte zu setzen, ohne seine Risiken abzusichern, ist das Rezept für ein Desaster.**

»Kyle, wie mache ich das meinen Lesern klar?«

»Tony, ich erzähle dir, wie ich es meinen beiden Söhnen klargemacht habe: Wir haben Nickels[8] gekauft. »Was haben Sie gerade gesagt, Kyle?« Vielleicht war die Telefonleitung gestört. »Ich könnte schwören, Sie hätten gerade gesagt, Sie hätten Nickels gekauft.«

»Sie haben richtig gehört. Eines Tages stand ich unter der Dusche und dachte, ›Wo kann ich eine Rendite ohne Risiko bekommen?‹«

Die meisten Experten würden von so etwas nicht einmal träumen. In ihrer Vorstellung ist eine »risikolose Rendite« ein Widerspruch in sich. Insider wie Kyle denken anders als die Masse. Indem er die herkömmliche Überzeugung in Frage stellt, sucht er immer nach kleinen Investitionen, die eine überproportional hohe Rendite versprechen.

Der berühmte Hedgefondsguru, der einen der größten Gewinne des vergangenen Jahrhunderts erzielt hat, nutzte also sein sauer verdientes Geld, um ... nun, Geld zu kaufen: 2 Millionen Dollar in Nickel-Münzen. Genug, um ein kleines Zimmer damit zu füllen. Und was sollte das?

---

[8] Bezeichnung für die amerikanische Fünf-Cent-Münze, die aus einer Kupfer-Nickel-Gusslegierung hergestellt wird (A.d.Ü.)

Der Wert des Nickels schwankt; zum Zeitpunkt unseres Gesprächs sagte mir Kyle, »Tony, der amerikanische Nickel hat heute einen ›Schmelzwert‹ von rund 6,8 Cent. Das bedeutet, dass 5 Cent aufgrund seines Metallwertes in Wirklichkeit 6,8 Cent [36 Prozent mehr] wert sind.« Die Vorstellung, dass wir in einer Welt leben, in der die Regierung fast 9 Cent ausgibt (einschließlich Rohmaterial und Herstellungskosten), um eine 5-Cent-Münze zu prägen, ist schon verrückt. Passt da eigentlich irgendjemand auf in Washington? Das ist eindeutig nicht nachhaltig, und eines Tages wird der Kongress aufwachen und die »Zutaten« dieser Münze verändern. »Vielleicht wird der nächste Nickel aus Blech oder Stahl sein. Das haben sie mit dem Penny gemacht, als Kupfer Anfang der Achtziger zu teuer wurde.« Von 1909 bis 1982 bestand der Penny zu 95 Prozent aus Kupfer. Heute beträgt der Kupferanteil nur noch 2,5 Prozent, der Rest ist Zink. Einer dieser alten Pennys ist heute 2 Cent wert! (Nicht der Schmelzwert, sondern der Sammlerwert!) Das ist 100 Prozent mehr als sein Nominalwert. Hätten Sie damals in Pennies investiert, hätten Sie ohne jedes Risiko Ihren Einsatz verdoppeln können und hätten nicht einmal Pennies einschmelzen müssen!

Ich gebe zu, dass das zuerst nach einem Witz klang, aber Kyle war es verdammt ernst. »Wenn ich mein gesamtes Vermögen in Cash hätte und nur einen Knopf zu drücken bräuchte, um es in Nickels zu verwandeln, würde ich es in der Sekunde tun«, rief er. »Dann müsste man sich nie mehr Gedanken darüber machen, wie viel Geld die Fed druckt. Der Nickel wird immer einen Nickel wert sein.« Und sein Bargeld wäre 36 Prozent mehr wert. Und wie die Pennies, wären sie in Zukunft wahrscheinlich 100 Prozent mehr wert, sobald die Regierung eine billigere Metalllegierung für die Herstellung von Nickels verwendet.

Kyle war mehr als enthusiastisch. »Wo sonst bekomme ich eine risikolose Rendite von 36 Prozent? Und wenn ich falsch liege, bleibt mir mein Investitionskapital.« Natürlich ist es (bisher) illegal, Nickel-Münzen einzuschmelzen, der Punkt ist jedoch folgender: »Ich müsste sie gar nicht einschmelzen, weil die alten Nickel an Wert gewinnen, denn sobald sie aus dem Verkehr gezogen werden, verknappt sich ihr Angebot.«

Überflüssig zu erwähnen, dass seine Söhne die Lektion verstanden haben und gleichzeitig ein kostenloses Krafttraining absolvieren konnten, als sie die Kisten mit den Münzen in ein Lager verfrachteten!

Nun denken Sie vielleicht, »Okay, das ist toll für Kyle Bass, der Millionen oder sogar Milliarden hat, mit denen er um sich werfen kann, aber welche Anwendung findet das auf mich? Bestimmt gibt es für normale Anleger keine Gewinnchancen ohne Risiko, das heißt, Stammkapitalschutz bei gleichzeitigen Renditechancen.«

Denken Sie noch einmal nach.

Die gleiche Art der finanziellen Kreativität, die den vor zehn Jahren noch unbekannten Hochfrequenzhandel innerhalb eines Jahrzehnts zu einer dominanten Kraft machte, hat auch andere Bereiche des Finanzwesens erobert. Im Anschluss an die Finanzkrise von 2008, als niemand großen Appetit auf Aktien hatte, dachten sich einige sehr innovative Köpfe in den größten Banken der Welt einen Weg aus, um das scheinbar Unmögliche möglich zu machen: mir und Ihnen zu ermöglichen, an den Gewinnen des Aktienmarktes teilzuhaben, *ohne* unser Stammkapital zu riskieren!

Bevor Sie diese Möglichkeit als verrückt abtun, kann ich Ihnen sagen, dass ich persönlich eine *Anleihe* besitze, die von einer der größten Banken weltweit ausgegeben und gedeckt wird, die mir 100 Prozent Stammkapitalschutz und bei steigenden Märkten einen signifikanten Anteil an den Marktgewinnen (ohne Dividenden) bietet. Und wenn der Markt nachgibt, bekomme ich mein *komplettes* Geld zurück. Ich weiß nicht, wie es Ihnen geht, aber ich bin mehr als glücklich, dass ich im Gegenzug auf den Verzicht eines kleinen Prozentsatzes des Gewinns Schutz vor dem schmerzhaften Verlust eines Teils meines Investmentportfolios erhalte.

Aber ich eile mir selbst voraus.

In den USA sind wir an einen Punkt gelangt, an dem die meisten von uns das Gefühl haben, wir könnten nur noch Vermögen bilden, indem wir halsbrecherische Risiken eingehen: das Einzige, das wir tun könnten, sei, zähneklappernd die Daumen zu drücken und während der Auf- und Abbewegungen des Marktes auf das Beste zu hoffen, wobei wir uns damit trösten, dass es anderen auch nicht besser geht. Aber das stimmt nicht. Nicht alle sitzen im selben Boot! Es gibt weitaus bequemere Boote, die im sprichwörtlich sicheren Hafen ankern, während andere von den hohen Wellen der Volatilität wie Nussschalen hin- und hergeschleudert werden und jederzeit kentern können.

Und wem gehören die Boote im sicheren Hafen? Den Insidern. Den Reichen. Dem minimalen Prozentsatz der Privilegierten. Denjenigen, die nicht bereit sind, mit ihrem sauer verdienten Geld zu spekulieren.

Aber täuschen Sie sich nicht: Sie müssen nicht zu der kleinen Elite der 0,001 Prozent gehören, um ebenfalls strategisch zu handeln.

Wer würde nicht alles gleichzeitig haben wollen?

In der Investmentwelt bedeutet, alles gleichzeitig haben zu können, bei steigenden Märkten Geld zu verdienen, aber bei einbrechenden Märkten kein Geld zu verlieren. Wir fahren mit dem Aufzug nach oben, aber nicht hinunter. Diesem Konzept ist Teil V – »GEWINNCHANCEN OHNE VERLUSTRISIKO« – gewidmet. Deshalb wollen wir uns hier mit einem kurzen Einblick begnügen, der Ihre bisherige Überzeugung erschüttern soll, dass Ihr Geld unweigerlich den endlosen Stürmen der Kursschwankungen ausgesetzt ist. Nachstehend zwei bewährte Strategien (die in Teil V näher unter die Lupe genommen werden) zur Erzielung hoher Renditen ohne nennenswerte Verlustrisiken.

1. **Discount-Zertifikate.** Das sind derzeit die vielleicht spannendsten Produkte, aber leider kennt die Masse der Privatanleger sie nicht. Ein Discount-Zertifikat ist ganz einfach ein Darlehen *an* eine Bank, sprich eine Art Anleihe oder Schuldverschreibung. Sie kaufen damit eine Aktie, einen Index oder einen Rohstoff, erhalten diesen Wert (den sogenannten Basiswert) aber nicht direkt, sondern nur eine Berechtigung, den Wert oder eine bestimmte Auszahlung später zu erhalten. Dafür gewährt Ihnen die emittierende Bank auf diesen Basiswert einen mehr oder weniger großen Rabatt. Der Rabatt kann wenige Prozent betragen, er kann sich aber durchaus auch auf 20 oder 25 Prozent des Kurses belaufen. Im Gegenzug sind die Gewinne von vornherein begrenzt: Mehr als den sogenannten Cap, eine klar definierte Kursschwelle, bekommen Sie am Ende der Laufzeit auf keinen Fall. Die Kursentwicklung des Basiswertes bestimmt, was Sie am Ende der Laufzeit, sprich bei Fälligkeit des Zertifikats von der Bank *garantiert* zurückbekommen: Das ist der Basiswert beziehungsweise sein Gegenwert in Euro oder Dollar, wenn der Kurs unter oder genau auf dem Cap liegt. Und es ist der Cap, wenn der Kurs über diesen hinausgestiegen ist. Ich bezeichne diese Zertifikate als »ausgereift konstruierte Sicherheit«. Der Trick? Üblicherweise erhalten Sie bei starkem Kursanstieg nicht die volle Höhe des Gewinns,

sondern dieser ist auf den Cap beschränkt. Dafür aber haben Sie bei Discount-Zertifikaten einen Risikopuffer, der Sie gegen Kursverluste absichert – nichts anderes ist der Rabatt, der Ihnen eingeräumt wird. Sie müssen sich also fragen, ob Sie bereit sind, im Austausch für den Risikopuffer auf einen Teil der möglichen Gewinne zu verzichten. Viele würden das bejahen. Diese Lösungen sind vor allem dann interessant, wenn Sie sich dem Rentenalter nähern und sich keine großen Verluste leisten können, also wenn Sie kein weiteres 2008 überleben. Worin bestehen die Nachteile von Discount-Zertifikaten? Erstens: Die Garantie ist nur so gut wie die Bonität des Emittenten! Daher ist es wichtig, eine der größten/stärksten Banken (Emittent) mit einer absolut soliden Bilanz auszuwählen. Außerdem müssen Sie wissen, dass nicht alle Discount-Zertifikate gleich gut sind. Wie alle Finanzprodukte gibt es gute und schlechte Versionen. Die meisten großen Anbieter verkaufen Ihnen Papiere, mit denen hohe Spreads (Unterschied zwischen An- und Verkaufskurs) verbunden sind, die sich negativ auf Ihre Rendite auswirken. Sie sollten also bei der Auswahl darauf achten, dass sich der Spread in einem vertretbaren Rahmen bewegt.

2. **Garantie-Zertifikate.** Auch hierbei handelt es sich um Inhaberschuldverschreibungen, also um eine Art Anleihen, die Sie vom Emittenten (meist einer Bank) kaufen. Sie haben dabei die Möglichkeit, von der positiven Entwicklung der Börse zu profitieren und zugleich das Verlustrisiko ganz oder größtenteils auszuschalten. Dabei haben Sie die Wahl zwischen 100 Prozent Kapitalschutz (dann bekommen Sie am Laufzeitende mindestens ihr eingezahltes Geld vollständig zurück). Oder Sie können beispielsweise nur 90 oder 95 Prozent Kapitalschutz wählen und erhalten bei Fälligkeit eben mindestens 90 oder 95 Prozent des eingezahlten Geldes. Die Garantie lässt sich der Emittent allerdings gut bezahlen – ein außerordentlich starker Wertanstieg ist bei Garantie-Zertifikaten somit auch dann nicht zu erwarten, wenn es an den Börsen richtig rund läuft. Aber immerhin haben Sie so die Möglichkeit, ein wenig von guten Börsenjahren zu profitieren, ohne dabei nennenswerte Verlustrisiken zu erleiden. Wichtig ist allerdings zu wissen: Die Garantie bezieht sich nur auf das Laufzeitende. Wenn

Sie also während der Laufzeit ein solches Zertifikat verkaufen (das geht jederzeit), profitieren Sie nicht davon. Außerdem ist auch hier die Bonität des Emittenten entscheidend. Wird er zahlungsunfähig, ist seine Garantie nichts mehr wert. Setzen Sie daher auch hier nur auf Emittenten mit soliden Finanzen. Auf der Internetseite des Deutschen Derivateverbands (www.derivateverband.de) können Sie sich unter dem Menüpunkt »Transparenz« einen entsprechenden Überblick verschaffen.

Eine Warnung

Bevor wir zum nächsten Thema kommen, möchte ich eines ganz klarstellen: Was hier besprochen wurde, bedeutet nicht, dass alle Versionen dieser Produkte und Strategien empfehlenswert sind. Einige sind mit hohen Provisionen verbunden, mit verdeckten Kosten und so weiter. Das Letzte, das ich erreichen möchte ist, dass ein geschickter Verkäufer diese Seiten missbraucht, um Ihnen etwas aufzuschwatzen, das nicht in Ihrem Interesse ist. Wenn wir uns diese Lösungen in Teil V näher ansehen, werde ich Ihnen eine konkrete Liste mit Fallstricken nennen, vor denen Sie sich hüten müssen, sowie eine Liste an Dingen, auf die Sie unbedingt achten müssen, wenn Sie sich für diese Finanzinstrumente entscheiden.

Sie erhalten, was Sie tolerieren

In diesem Kapitel ging es darum, Ihnen Wege aufzuzeigen, wie Sie beides haben können – hohe Gewinnchancen und ein geringes Risiko. Wenn Sie schon sehr lange in einer Nussschale gesessen haben, die von den Marktschwankungen hin- und hergeschleudert wurde, glauben Sie, es gebe keine Alternative, als auszuhalten und das Beste zu hoffen. Das nennt man »erlernte Hilflosigkeit«. So denken aber keine Insider. Von Buffett bis Branson suchen alle nach asymmetrischen Risiko-Gewinn-Chancen. **Insider sind nicht hilflos, und Sie sind es auch nicht. In jedem Lebensbereich bekommen Sie das, was Sie tolerieren. Es ist Zeit, die Messlatte anzuheben.**

So weit sind wir schon gekommen

Wir haben einige wichtige Fortschritte gemacht! Lassen Sie uns die Mythen wiederholen, die wir entlarvt und die Wahrheiten, die wir aufgedeckt haben:

- Wir haben erfahren, dass niemand langfristig den Markt schlägt (abgesehen von wenigen Ausnahmeerscheinungen). Indem Sie in kostengünstige Indexfonds investieren, die die Marktbewegungen nachahmen, können Sie 96 Prozent der Investmentfonds schlagen und fast genauso viele Hedgefonds.
- Da aktiv gemanagte Investmentfonds extrem hohe Gebühren kassieren (im Schnitt mehr als 3 Prozent), können wir mit passiven Indexfonds unsere Investitionsgebühren um 80 oder sogar 90 Prozent senken. Damit könnten Sie Ihr Geld im Alter verdoppeln oder die Zeit bis zur Erlangung Ihrer finanziellen Freiheit verkürzen.
- Wir haben den Unterschied zwischen einem Metzger und einem Ernährungsberater erfahren – zwischen einem Finanzmakler und einem Honorarberater bzw. einer Treuhandverwaltung. Und nun wissen wir, an wen wir uns wenden müssen, um eine transparente, objektive Beratung zu erhalten.
- Wir haben erfahren, dass variable Annuitätenprodukte (fondsgebundene Rentenversicherungen gegen Einmalzahlung) eine gefährliche Weiterentwicklung eines 2.000 Jahre alten Finanzprodukts sind, aber dass andere Rentenversicherungen bieten können, was kein anderes Produkt kann: einen garantierten lebenslangen Einkommensstrom!
- Und schließlich haben wir erfahren, dass es durchaus möglich ist, ohne Risiken reich zu werden. Ein Restrisiko besteht natürlich immer, aber bestimmte Strukturen ermöglichen uns, an steigenden Märkten zu partizipieren, bei fallenden Märkten aber vor Verlusten geschützt zu sein!

Gehen Ihnen langsam die Augen auf? Haben Sie die Scheuklappen abgelegt? Wie wird sich Ihr Leben verändern, nun, da Sie die Wahrheit kennen? Die Zerstörung der zuvor genannten Mythen ist die Grundlage für die Schaffung echter finanzieller Freiheit. Ich möchte, dass Sie sehen, hören, fühlen und wissen, *dass Sie als Sieger aus diesem Spiel hervorgehen können*. Wenn diese Mythen beunruhigend sind, ist das gut! So ging es mir, als ich zum ersten Mal die Wahrheit herausfand. Lassen Sie sich von ihnen dazu drängen, das Ziel der finanziellen Freiheit zu einem *Muss* zu erklären, und laut und deutlich zu verkünden, dass Sie sich nie wieder übers Ohr hauen lassen.

In Teil III werden wir das Ganze eine Stufe anheben und einigen Spaß haben. Hier werden wir unsere Träume der Verwirklichung näherbringen, indem wir einen Plan erstellen, der spannend und umsetzbar ist. Und wenn es Ihnen nicht schnell genug geht, zeige ich Ihnen, wie Sie den Prozess beschleunigen und noch schneller an Ihr Ziel kommen können.

Doch zuerst muss noch der letzte Mythos entzaubert werden. Anders als die vorherigen Mythen hat Ihnen dieser niemand anderes eingeredet; diese Geschichte haben Sie sich selber eingeredet, und dieser selbstfabrizierte Mythos hat Sie bisher davon abgehalten zu handeln. Es ist Zeit für einen echten Durchbruch! Durchbrechen Sie die Schranken, die Sie sich selbst auferlegt haben, indem Sie die Lügen aufdecken, die wir uns selber einreden.

DIESES »MARKT-EKG« KANN SIE UMBRINGEN!

S&P 500® JAHRESRENDITEN (1969 - 2010)

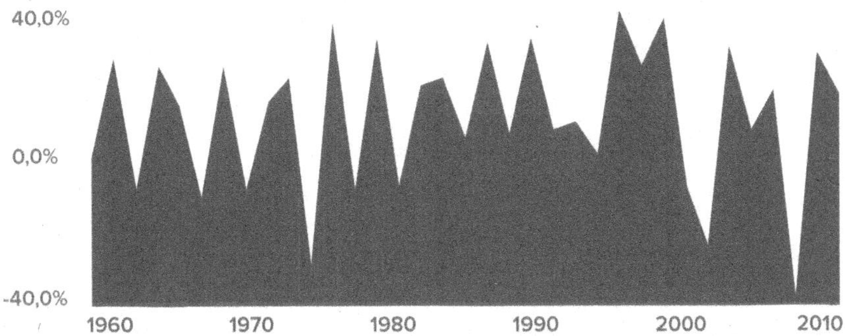

S&P 500®: Schwankungen in % über einem Zeitraum von 50 Jahren

Kapitel 12
Siebter Mythos:
»Die Lügen, die wir uns selbst einreden«

Suche nach der Wahrheit und du wirst einen Weg finden.
FRANK SLAUGHTER

Okay, lassen Sie uns den Tatsachen ins Auge sehen. Wir haben über den Marketinghype und die Investmentmythen gesprochen, die seit vielen Jahren verbreitet werden, und zwar zu unserem Schaden und zum Vorteil der großen Finanzinstitute. Ich gehe jede Wette ein, dass Sie jetzt wahrscheinlich schockiert sind, aber sich gleichzeitig auch besser in der Lage fühlen, richtige Entscheidungen zu treffen. Denn nun wissen Sie, was Sie vermeiden und was Sie tun müssen, um ein erfolgreicher Anleger zu sein.

Es gibt aber noch einen letzten Mythos, den wir entlarven müssen. Dieser Mythos lautet, dass etwas oder jemand, auf das oder den wir keinen Einfluss haben, verhindert, dass wir Erfolg haben, wachsen und unsere Ziele erreichen. Oder alternativ, dass wir eben einfach nicht aus dem richtigen Holz geschnitzt sind, um in diesem Bereich unseres Lebens erfolgreich zu sein.

Die Wahrheit ist jedoch folgende: Das, was uns wirklich davon abhält, im Leben weiterzukommen, sind die Schranken, die uns unsere persönliche Wahrnehmung und unsere Überzeugungen auferlegen, und keine äußeren Schranken.

Egal, wie erfolgreich wir als Menschen sind und wie hochfliegend unsere persönlichen, beruflichen, spirituellen und emotionalen Ambitionen sind, es gibt immer noch eine höhere Ebene. Um diese zu erreichen, müssen wir ehrlich zu uns selber sein; ehrlich, was unsere unbewussten Ängste angeht.

Jeder hat bis zu einem gewissen Grad Ängste. Wir haben alle schon die Angst verspürt, nicht zu genügen. Selbst wenn wir wissen, was wir tun müssen, kann unsere Angst uns von der Umsetzung unserer Pläne abhalten. Und was tun wir, anstatt uns unseren Ängsten zu stellen? Wir erfinden Geschichten. Geschichten, die rechtfertigen sollen, warum wir nicht sind, was wir sein wollen. Warum wir nicht schlau, erfolgreich, dünn und reich genug sind, warum wir nicht genügend geliebt werden oder lieben. Unsere Geschichten haben fast immer mit einer Macht außerhalb unserer Kontrolle zu tun oder mit dem angeblichen Fehlen des nötigen Talents oder der nötigen Fertigkeiten. Talent und Fertigkeiten sind zwei zentrale Erfolgselemente, die jeder erfüllen kann, der es sich fest vornimmt. Sie können sich die notwendigen Fertigkeiten aneignen, wenn Sie die geistige Schranke überwinden, die Ihnen einredet, wie schwierig, anstrengend oder »unmöglich« die Beherrschung einer bestimmten Sache sei.

Sie haben die wichtigste Finanzentscheidung Ihres Lebens getroffen, indem Sie genau festgelegt haben, wie viel Sie jeden Monat abzweigen und in Ihren Freiheitsfonds einzahlen, damit Sie ihn in eine Geldvermehrungsmaschine verwandeln können, die fleißig arbeitet, während Sie schlafen. Und wir haben uns die Zeit genommen, um alle Marketingmythen zu entlarven, denen Sie zum Opfer fallen können. Was bleibt uns noch? Der letzte Stolperstein, den wir aus dem Weg räumen müssen, sind unsere selbstfabrizierten Geschichten, unsere selbstauferlegten Beschränkungen. Das ultimative Hindernis liegt in uns selbst. Aus diesem Grund ist es seit 38 Jahren meine Leidenschaft, Menschen dabei zu helfen, Hindernisse zu überwinden – ihnen dabei zu helfen, von ihrem derzeitigen Standort an ihr Ziel zu gelangen, und zwar so schnell wie möglich. Und ganz ehrlich, während viele Leute daraus eine hochkomplexe Sache machen, habe ich festgestellt, dass es letztlich nur drei Faktoren sind, die langfristig den Unterschied zwischen Erfolg und Misserfolg ausmachen und bestimmen, ob Sie stehen bleiben oder sich weiterentwickeln. Ob Sie Ausreden erfinden, warum Sie bestimmte Dinge nicht haben oder erreichen, oder ob es Ihnen gelingt, sich das Leben einzurichten, das Sie verdienen.

Durchbrüche

Ein Durchbruch ist ein Moment, in dem das Unmögliche möglich wird; in dem Sie aufhören, viele Worte zu machen und endlich handeln und alles unternehmen, was nötig ist, damit Ihre Ziele Wirklichkeit werden. Das ist der Schritt, mit dem Sie Ihre persönliche Welt tatsächlich verändern und verbessern.

Oft sind Frust, Wut oder Stress Auslöser für den Durchbruch. Wir haben unsere persönliche Grenzschwelle erreicht: einen Punkt, an dem wir sagen: »So geht's nicht weiter.« Oder wir erleben plötzlich eine Inspiration: Wir lernen eine Person kennen, die uns erkennen lässt, dass das Leben um ein Vielfaches toller sein kann, als wir uns je hätten vorstellen können. Sie lernen eine Person kennen, die das Leben aus vollen Zügen genießt, eine großartige Beziehung hat, körperlich fit oder finanziell unabhängig ist, und Sie beschließen, »ich bin nicht weniger intelligent als er oder sie, und ich werde einen Weg finden«. Was bisher akzeptabel war, wird inakzeptabel. Ab diesem Punkt gibt es kein Zurück mehr. Es ist erstaunlich, was Ihnen alles gelingt, wenn Sie beschließen, eine Grenze zu ziehen, sich auf ein neues Ziel zu konzentrieren und die Messlatte neu anzulegen.

Die meisten Menschen sagen, »Ich habe zehn Jahre gebraucht, um diese Veränderung zu vollziehen.« Die Wahrheit ist jedoch, dass der Durchbruch keine zehn Jahre gedauert hat. Die wahre Transformation findet in einem Moment statt. Es mag zehn Jahre dauern, bis Sie an den Punkt kommen, an dem Sie bereit oder offen für die Veränderung sind oder dazu provoziert werden. Wir alle haben schon Momente des Durchbruchs erlebt, und sie ereigneten sich tatsächlich in einem kurzen Augenblick. Wir mühen uns jahrelang mit unserem Gewicht, einer Beziehung, einem Job oder einer Karriere ab, und plötzlich kommt der entscheidende Auslöser. Plötzlich sagen wir: »Das war's.«

»Ich liebe dich!«

»Ich kündige!«

»Ich bin dabei!«

»Legen wir los!«

Nicht in Tagen oder einer Stunde, sondern in diesem Augenblick verändert sich Ihr Leben, und zwar für immer.

Haben Sie jemals zu lange an einer Beziehung festgehalten, obwohl Sie wussten, dass Sie unglücklich waren und Ihr Partner oder Ihre Partnerin auch? Tausend Mal waren Sie an dem Punkt, das Handtuch zu werfen, aber die Angst vor dem Unbekannten, der Veränderung, dem Alleinsein hielt Sie im letzten Augenblick zurück. Die Angst vor Verlust und

Ungewissheit hielt Sie davon ab zu handeln, und so haben Sie sich mit der Situation arrangiert.

Egal, womit Sie gerade kämpfen, weiß ich, dass es einen Bereich gibt, in dem Sie schon einmal einen Durchbruch erlebt haben. Denken Sie einen Moment nach. In welchem Bereich haben Sie sich tagelang, wochenlang, monate- oder sogar jahre- oder jahrzehntelang abgemüht, bis Sie eines Tages an die Grenzschwelle gerieten? Plötzlich fühlten Sie sich inspiriert oder hatten es einfach nur satt und waren in der Lage, eine echte Entscheidung zu treffen und Ihre Situation für immer zu verändern. Und dann haben Sie unmittelbar und entschlossen gehandelt, um die Veränderung zu vollziehen. Sie haben es einfach *gemacht*. Endlich haben Sie Ihre schlechte Gewohnheit abgelegt und aufgehört zu rauchen. Oder Sie haben einen Job gekündigt, in dem Sie sich immer unwohl gefühlt haben, und haben Ihr eigenes Unternehmen gegründet. Oder vielleicht haben Sie endlich beschlossen, Sport zu treiben und Ihren Körper zu verändern, oder diese dysfunktionale Beziehung beendet.

Ich möchte, dass es Ihr Durchbruch ist, dass Sie ihn aus eigener Kraft und Entscheidung vollziehen. Es gab eine Zeit, in der es so aussah, als könne sich nichts verändern, aber Sie haben es getan. Sie haben die Reißleine gezogen. Sie besitzen die Fähigkeit, alles in Ihrem Leben zu verändern. Egal, wie lange die Situation angedauert hat, Sie können sie in einem einzigen Augenblick völlig verändern. Das ist ein Moment echter Entscheidung, auf den unweigerlich das Handeln folgt. Das ist ein Durchbruch, und er wartet hier und jetzt darauf, dass Sie ihn vollziehen.

Drei Schritte zur Erzielung Ihres Durchbruchs

Es gibt drei Schritte, mit denen man einen Durchbruch erzielt: drei Kräfte, die gemeinsam jeden Aspekt Ihres Lebens verändern können. Jeder einzelne alleine hat seine Wirkung, aber alle drei zusammen werden den Aspekt Ihres Lebens verändern, den Sie unbedingt verändern wollen.

Welches sind die drei größten Herausforderungen, mit denen wir konfrontiert sind? Welches sind die drei Bereiche, die immer wieder Leid verursachen? Die Finanzen, unsere Beziehung und unser Körper. Wie viele Menschen, die Sie kennen, haben Geldprobleme, können nicht sparen, verdienen nicht genug, geben zu viel aus oder wissen nicht, welches der nächste Schritt in ihrer Karriere sein soll? Und was ist mit den

Beziehungen? Es ist nicht immer einfach, eine gute Beziehung zu führen, zu verstehen, was unser Partner wirklich will und braucht, auf liebevolle Weise zu kommunizieren. Und unser Körper. Wir leben in einer Zeit, in der die Mehrheit der Menschen in der westlichen Welt massiv übergewichtig ist. In den USA haben fast sieben von zehn Menschen entweder Übergewicht oder sind fettleibig. Unser Kampf um Fitness und Gesundheit hat die Dimension einer nationalen Krise angenommen, und in dem Maße, in dem die Entwicklungsländer unseren Lebensstil und unsere Essgewohnheiten übernehmen, verbreitet sich dieses Problem über die ganze Welt.

Warum ich das alles erwähne? Was haben Beziehungsprobleme und ungesunde Ernährungsgewohnheiten mit unserer Fähigkeit zu tun, finanzielle Unabhängigkeit zu erreichen? Nun, egal auf welchem Gebiet Sie einen Durchbruch erzielen wollen, Sie müssen nur drei Dinge betrachten. Und das sind immer dieselben drei Dinge.

Wenn Sie Ihr Leben verändern wollen, müssen Sie Ihre *Strategie*, Ihre *inneren Überzeugungen* und Ihre *geistige Einstellung* verändern.

Wir wollen mit der Strategie beginnen, weil das für die meisten Menschen der Ausgangspunkt ist.

Die richtige Strategie

Da Sie dieses Buch zur Hand genommen haben, gehe ich davon aus, dass Sie nach Antworten suchen, nach Strategien, um die Kontrolle über Ihre Finanzen zu bekommen und Ihre finanzielle Zukunft zu sichern.

Ich habe immer daran geglaubt, dass der beste und schnellste Weg zur Erzielung von Ergebnissen darin besteht, jemanden zu finden, der bereits erreicht hat, was man selbst anstrebt. Wenn Sie jemanden kennen, der Übergewicht hatte, und dem es seit zehn Jahren gelingt, sich fit und gesund zu halten, dann orientieren Sie sich an ihm! Sie haben eine Freundin, die in einer unglücklichen Beziehung steckte und inzwischen seit zehn Jahren glücklich verliebt ist? Fragen Sie sie, wie sie das geschafft hat. Sie lernen jemanden kennen, der mit nichts begann, reich geworden ist und seinen Reichtum über die Jahre erhalten konnte? Lernen Sie von seinen Strategien! Diese Menschen haben nicht einfach Glück gehabt! Sie machen in dem jeweiligen Lebensbereich nur einiges anders als Sie.

Um eine Strategie zu finden, die sich bewährt, suchen Sie nach den Besten – den Personen, die über lange Zeit herausragende Ergebnisse erzielt haben. Wenn Sie deren Strategien befolgen und die gleiche Saat aussäen, werden Sie die gleiche Ernte einfahren. Das ist die Quintessenz meines Leitsatzes, *Erfolg hinterlässt Hinweise.* Dieses Buch ist angefüllt mit Strategien, die den Strategien entlehnt sind, die die Besten der Besten anwenden.

Ein weiterer Vorteil der richtigen Strategie ist, dass sie die wichtigste Ressource von allen sparen kann: Zeit. Wenn Sie mit *einem bewährten Plan, das heißt, der richtigen Strategie,* starten, können Sie buchstäblich Jahrzehnte des mühevollen Kampfes in wenige Tage verwandeln, in denen Sie Ihre Ziele erreichen. Auf diese Weise können Sie die unvermeidliche Frustration vermeiden, die sich einstellt, wenn Sie etwas durch Versuch und Irrtum lernen müssen. Sie können in wenigen Tagen, statt vielen Jahren Ergebnisse erzielen, wenn Sie von den Menschen lernen, die bereits erfolgreich sind. Warum das Rad neu erfinden?

Wenn Sie dieses Buch lesen, erhalten Sie die beste Finanzstrategie, die es derzeit gibt. Das verspreche ich Ihnen, nicht weil es meine Strategien sind, sondern die Strategien der erfolgreichsten Investoren in der Geschichte. Denn natürlich muss man, wie schon mehrfach betont, darauf achten, von wem man die Strategie übernimmt. Wie oft holen sich Menschen mit Beziehungsproblemen Rat von Freunden, die selber lausige Beziehungen führen? Oder sie nehmen Fitnessratschläge von Freunden an, die selber mit ihren Gewichtsproblemen kämpfen. Das Gleiche gilt für Finanzratschläge. Wenn Sie sich Rat von jemandem holen, der es selber nicht geschafft hat, reich zu werden, ist das ein Rezept für ein Desaster, weil es lediglich die Überzeugung verstärkt, dass nichts funktioniert. Dabei ist es keineswegs so, dass nichts funktioniert – es ist nur so, dass *diese* Strategien nicht funktionieren.

So schön die Strategie auch ist, sollten Sie gelegentlich
einen Blick auf die Ergebnisse werfen.
WINSTON CHURCHILL

Die Macht der inneren Überzeugungen

Gehen wir zurück zu unseren größten Herausforderungen: unseren Beziehungen, unserem Körper und unseren Finanzen. In jedem dieser Bereiche geraten wir aus einem der drei zuvor genannten Gründe in Schwierigkeiten. Erstens, wie zuvor beschrieben, verfolgen wir die falsche Strategie. Wir alle kennen irgendein Paar, bei dem der Mann nicht kommuniziert oder die Frau nicht aufhört zu reden. Keiner von beiden versteht die Bedürfnisse seines Partners oder seiner Partnerin, geschweige dass er sie erfüllt. Und was ist mit den Freunden, die ständig irgendeine Modediät machen oder stets nach einer Wundermethode suchen, um eine Million zu scheffeln und sich dabei einreden, dass sie ohne diese Million niemals finanziell unabhängig sein werden? Ohne die richtige Strategie werden Sie unweigerlich scheitern. Und wenn das geschieht, erfinden Sie als Rechtfertigung vor sich selber eine lausige Geschichte: *»Meine Frau ist nie zufrieden.« »Ich werde nie abnehmen.« »Die einzigen, die richtig Geld machen, sind die, die sowieso schon Geld haben.«* Diese Geschichten halten uns davon ab, die richtige Strategie zu entwickeln oder, falls wir die richtige Strategie haben, sie auch umzusetzen.

Kennen Sie jemand, der so ist? Sie können ihnen die Antwort direkt aufs Auge drücken und sie beharren dennoch auf ihrer Negativität: »Nein, das wird nicht funktionieren, weil ...« Sie erzählen Ihnen tausend Gründe, warum irgendetwas nicht funktioniert – sie finden jede Ausrede, die es nur gibt. Wenn die richtigen Strategien in greifbarer Nähe liegen, warum werden sie dann nicht angewendet? Warum erreichen viele trotzdem ihre Ziele nicht? Warum ist es so schwierig, die Leidenschaft in der Beziehung aufrecht zu erhalten oder ein für alle Mal abzunehmen und das neue Gewicht dauerhaft zu halten? Sind 70 Prozent der Amerikaner übergewichtig, weil die Strategie, mit der sie abnehmen und körperlich fit werden können, wirklich so komplex ist? Ist die Information so versteckt und steht nur dem elitären Segment dem 1 Prozent an Superreichen zur Verfügung? Keineswegs. Die Lösungen stehen jedem offen: Es gibt Fitnessklubs, in denen Sie sich ein Programm zur Gewichtsreduzierung und Verbesserung Ihrer Fitness erstellen lassen können. (Gott bewahre, dass wir da am Ende zu Fuß hingehen müssen.) Überall gibt es Trainer; einige von ihnen beraten Sie auch online! Das Web ist angefüllt mit kostenlosen Ratschlägen, außerdem gibt es Tausende von Büchern zum Thema

Gewichtsreduktion und Fitness, die Sie auf Ihr iPad oder Ihr Smartphone herunterladen können. Man muss sich richtig anstrengen, um *keine* Strategien zu finden, mit denen man fit, kräftig und gesund werden kann.

Worin besteht also das echte Problem? Die Antwort: Wir müssen den menschlichen Faktor einkalkulieren. **Ich sage immer, dass 80 Prozent des Erfolgs im Leben Psychologie ist und 20 Prozent die Mechanik.** Wie wollen Sie sonst erklären, dass jemand weiß, was er tun muss, es auch tun will, die richtige Strategie hat und trotzdem nicht handelt? Um dieses Rätsel zu lösen, müssen wir in die Psychologie des Individuums eintauchen: die Werte, Überzeugungen und Emotionen, die uns antreiben.

Wenn jemand die richtige Strategie hat und trotzdem keinen Erfolg verzeichnet, liegt das am zweiten Schlüssel zu einem echten Durchbruch: der Macht der inneren Überzeugungen. Wenn Sie nicht handeln, obwohl Sie die Lösung vor der Nase haben, dann hat das nur einen Grund: Sie haben sich einen Katalog an Überzeugungen zurechtgelegt, den Sie zu einer Geschichte verwoben haben – eine Geschichte, mit der Sie zu rechtfertigen versuchen, warum etwas nicht funktioniert, warum es nicht funktionieren kann oder warum es nur bei anderen funktioniert. *Das ist nur etwas für Reiche, Schlanke, Menschen mit Glück, Leute, die glückliche Beziehungen führen.* Derart selbstbeschränkende Geschichten sind leicht zu erfinden.

Warum soll man sich also die Mühe machen, eine Strategie umzusetzen, wenn Sie schon im Voraus »wissen«, dass sie scheitern wird? Nun, die Strategie ist hier nicht das Problem. Das Problem ist die Geschichte, die Sie sich als Rechtfertigung ausdenken. Ein halbherziger Ansatz nach dem Motto, *»es könnte funktionieren, oder auch nicht …«* wird natürlich nicht funktionieren! Diese Überzeugung wird zu einer sich selbst erfüllenden Prophezeiung. Mit einer solchen entmutigenden Geschichte, die Sie zur Impotenz verdammt, ist ein Misserfolg garantiert. Und das verstärkt wiederum Ihre Überzeugung, dass nichts funktionieren wird. Und so nährt sich der immerwährende Kreislauf.

Die Leute, denen eine Veränderung gelingt, die Erfolg haben, die etwas erreichen, die Dinge bewegen, wachsen und lernen, entwickeln ihre eigene Strategie und verknüpfen sie mit einer neuen Geschichte: einer Geschichte der Eigenverantwortung und Handlungsfähigkeit; einer Geschichte, in deren Mittelpunkt der Satz steht, »Ich kann und ich will« anstatt »Ich kann nicht und ich werde nicht«. **Aus der lähmenden Geschichte wird eine, die zur Handlung befähigt: »Ich will nicht einer von denen**

sein, die nichts erreichen. Ich will einer derjenigen sein, die schaffen, was sie sich vorgenommen haben.«

Es gab eine Zeit, da hatte ich rund 19 Kilo Übergewicht. Meine Geschichte lautete: »Ich habe schwere Knochen.« Das stimmt auch. Aber ich war auch eindeutig zu dick. Geschichten können wahr sein, aber wenn sie uns nicht helfen, sondern uns davon abhalten, das Leben zu führen, das wir anstreben, dann müssen wir sie verändern. Jeder von uns hat sich schon einmal eine lausige Geschichte ausgedacht.

»Ich verdiene nicht genug.«

»Ich kann nicht mehr sparen.«

»Ich werde nie lesen können. Ich bin Legastheniker.«

Mein Freund Richard Branson, Chairman des Virgin-Imperiums, ist Legastheniker, was ihn aber ganz gewiss in keiner Weise im Leben behindert hat. Warum? Weil seine Überzeugung über Legasthenie befähigend wirkte, und nicht lähmend. Seine Überzeugung lautete nie, »Ich werde nie lesen können«, sondern »Ich bin Legastheniker, also muss ich mich mehr anstrengen, um erfolgreich zu sein – und das werde ich.«

Sie können Ihre eigene Geschichte prägen, oder Sie werden von ihr geprägt.

Jeder hat eine befähigende Geschichte, wenn er oder sie es nur will. Was alles an Ihrem Leben nicht stimmt, lässt sich genauso leicht bestimmen, wie all die positiven Dinge, die Sie aufzählen können, wenn Sie Ihre Geschichte verändern. Wenn Ihre Beziehung nicht funktioniert, sind alle guten Männer vergeben oder homosexuell, sodass Sie überhaupt keine Chance haben, jemand anderes kennenzulernen. Oder Sie selber sind homosexuell, aber Sie finden angeblich keinen Partner, weil alle anderen heterosexuell sind. Irgendeine Story gibt es immer, stimmt's? Diese Geschichten beherrschen unsere Emotionen, und diese wiederum sind der Motor für unser Verhalten.

Ich will Ihnen eine Frage stellen: Machen Sie sich Sorgen über Geld? Verbringen Sie deswegen schlaflose Nächte, fühlen Sie sich gestresst, weil Sie an Ihre kommenden Rechnungen, die Ratenzahlung für das Auto und die Studiengebühren Ihrer Kinder denken und darüber nachgrübeln, ob Ihr Geld reichen wird, wenn Sie in Rente gehen? Wie sehen Ihre finanziellen Belastungen wirklich aus? Dem American Institute of Certified Public Accountants (AICPA) zufolge, geben 44 Prozent – fast die Hälfte der Bevölkerung – an, unter »hohen finanziellen Belastungen« zu leiden.

Haben Sie jemals gedacht, »dieser ganze Stress könnte mich noch ins Grab bringen«?

Kelly McGonigal, Gesundheitspsychologin an der Stanford University, warnte ein ganzes Jahrzehnt vor den Gefahren, die von Stress ausgehen, bis sie erkannte, dass es möglicherweise ihre Ratschläge waren, die die Menschen früher ins Grab brachten, und nicht der Stress an sich. »Ich verwandelte einen Stimulus [Stress], der durchaus eine kräftigende Wirkung haben kann, in eine Erkrankungsursache.« Mit einem Durchbruch in ihrer Denkhaltung und einigen überzeugenden neuen Forschungsergebnissen vollzog McGonigal eine hundertprozentige Kehrtwende.

Wie sich herausstellt, kann Stress nämlich auch etwas sehr Positives sein. So wie man einen Muskel belastet, um ihn zu stärken (indem Sie Gewichte heben oder laufen), kann uns emotionaler Stress physisch und psychisch stärker machen. McGonigal zeigt nun anhand neuer Forschungsergebnisse, dass man die körperliche Reaktion auf Stress verändern kann, wenn man seine geistige Einstellung zu Stress ändert. In einer Studie über einen Zeitraum von acht Jahren steigerte sich das Sterberisiko der erwachsenen Studienteilnehmer, die einen hohen Stresspegel verzeichneten und Stress für gesundheitsschädlich hielten, um 43 Prozent. **Das Sterberisiko der Teilnehmer jedoch, die einen genauso hohen Stresspegel hatten, Stress aber nicht als schädlich betrachteten, blieb unverändert.** Laut McGonigal sind körperliche Stressindikatoren (Herzklopfen, beschleunigte Atmung, Schweißausbrüche) nicht unbedingt physische Beweise für eine hohe innere Anspannung oder Zeichen, dass wir nicht gut mit Stress umgehen können. Vielmehr sollten wir sie als Zeichen interpretieren, dass unser Körper voller Energie ist und uns auf die Bewältigung der nächsten Herausforderung vorbereitet.

Es wurde inzwischen wissenschaftlich nachgewiesen, dass es auf die eigene innere Einstellung zu Stress ankommt – also die Geschichte, die Sie in Ihrer Wahrnehmung mit Stress verknüpfen. Wenn Sie sich selber sagen, dass Stress gut und nicht schädlich für Sie ist, könnte das den Unterschied zwischen einem stressinduzierten Herzinfarkt mit 50 oder einem langen Leben bis in die Neunziger bedeuten.

Erfolg ist meine einzige verdammte Option, Scheitern ist es nicht.
»LOSE YOURSELF«, Eminem

Welche Geschichte haben Sie sich also über Geld eingeredet? Was hält Sie davon ab, Ihre finanziellen Träume zu verwirklichen? Reden Sie sich ein, dass es zu früh ist, um mit dem Sparen anzufangen? Oder zu spät, um Ihre Investitionen neu auszurichten? Oder verdienen Sie nicht genug, um etwas beiseitezulegen? Oder ist das System so eingerichtet, dass Sie sowieso keine Chance haben, warum sich also die Mühe machen? Vielleicht lautet Ihre Geschichte: »Die Regierung hat uns hohe Schulden aufgebürdet und das Finanzsystem liegt in Scherben.« Oder »Ich kann einfach nicht mit Zahlen umgehen.« Tolle Neuigkeiten: Das müssen Sie auch nicht. Sie können jederzeit sechs simple Fragen darüber beantworten, wo Sie heute stehen, was Sie für die Zukunft anstreben und was Sie zu tun bereit sind, um einen Finanzplan zu erhalten, den Sie verstehen und mit dem Sie finanzielle Unabhängigkeit erlangen.

Vielleicht lautet Ihre Geschichte, »man braucht Geld, um Geld zu machen.« Eine der ersten Personen, die ich für dieses Buch interviewte, hatte eine felsenfeste Überzeugung, die folgendermaßen lautete: »Ich werde finanziell nie unabhängig sein, es sei denn, ich würde einen Weg finden, viel Geld zu machen. Menschen, die schon viel Geld haben, können Millionen scheffeln, ich aber nicht.« Nachdem diese Person das Kapitel über Theodore Johnson gelesen hatte, dessen Jahresgehalt nie mehr als 14.000 Dollar betrug, es im Verlauf seines Lebens aber dennoch zu einem Vermögen von 70 Millionen Dollar brachte, war die Luft aus ihrer Geschichte heraus. Theodore hatte nicht einfach Glück gehabt. Er wendete ein einfaches System an – das Gleiche, das Sie ebenfalls lernen werden.

Hier die neue Geschichte der von mir interviewten Person, und das könnte auch Ihre sein: »Wenn ich einfach das simple System der Aufzinsung nutze, kann ich viel Geld verdienen. Ich kann gehen, wohin ich will, leben, wie ich möchte und ich kann finanziell frei sein. Es gibt keine Grenzen außer denen, die ich mir selber auferlege.«

Einer meiner finanziellen Durchbrüche geschah in dem Moment, als ich eine entscheidende Veränderung an meiner Geschichte vornahm.

Ich bin in armen Verhältnissen aufgewachsen und assoziierte einen Mangel an Geld immer mit Leid für alle Familienmitglieder. Schon früh schwor ich mir, eines Tages finanziell so erfolgreich zu sein, dass meine Familie nie wieder die Demütigung, Frustration und das Leid erleben musste, die Rechnungen nicht zahlen oder kein Essen auf den Tisch stellen zu können – eine Erfahrung, die mich durch meine ganze Kindheit begleitet hat.

Und dieses Versprechen habe ich mehr als erfüllt. Mit 18 Jahren verdiente ich bereits 10.000 Dollar im Monat, für mich damals eine ungeheure Summe. Das ist auch immer noch so. Ich war so aufgeregt, dass ich zu meinen Freunden aus meiner alten Gemeinde lief – die, mit denen ich in Armut aufgewachsen war – und sagte: »Kommt, machen wir etwas Verrücktes. Lasst uns nach Ägypten fliegen und zwischen den Pyramiden mit den Kamelen um die Wette reiten!« Diesen Traum hatte ich als kleiner Junge immer gehabt. Und nun konnte ich ihn mit meinen Freunden ausleben. Die Reaktion war jedoch ganz anders, als ich erwartet hatte. »Sehr leicht für dich, Mr. Geldsack.« Das Maß an feindseliger Ablehnung, das mir von Leuten entgegenschlug, die ich für meine Freunde hielt, erschütterte mich im Kern. Ich wollte nicht angeben. Ich wollte lediglich meinen Wohlstand mit meinen Freunden teilen und mit ihnen ein echtes Abenteuer erleben. Aber ich musste meine Vorstellungen korrigieren. Also strickte ich eine neue Geschichte – eine Überzeugung, die besagte, dass man wohlhabend sein kann, aber nur bis zu einem gewissen Maß, weil man sonst von anderen verurteilt wird. Wenn Sie aus der Masse herausragen und es Ihnen finanziell zu gut geht, werden Sie abgelehnt.

Über Jahre ging es mir persönlich und geschäftlich gut, aber mein Einkommen stieg nicht nennenswert an. Bis ich mir schließlich irgendwann sagte: »Das ist doch lächerlich. Wenn ich meine Intelligenz steigern könnte, sollte ich es dann tun?« Meine Antwort lautete: »Aber selbstverständlich!« Wenn ich mehr Liebe erfahren und selber geben könnte, sollte ich es tun? Natürlich! Wenn ich meine Fähigkeit, anderen zu helfen, verbessern könnte, sollte ich es tun? Aber ja! Wenn ich mehr verdienen und meinen finanziellen Wohlstand mehren könnte, sollte ich es tun? Und wieder lautete die Antwort: »Selbstverständlich!« Zum ersten Mal im Leben zögerte ich. Woran lag es, dass Wachstum und Entwicklung in jedem anderen Lebensbereich als etwas Natürliches erschienen, aber wenn es um Geld ging, sollte plötzlich alles anders sein? Warum? Es ergab keinen Sinn.

Ich kannte allerdings die Wahrheit. Ich hatte eine tiefe unbewusste Angst davor, abgelehnt zu werden, weil ich auf diesem Gebiet ebenfalls Erfolg hatte. Ich wollte von allen gemocht werden, und dieses Bedürfnis war so groß, dass mir Wohlstand nicht nur als etwas Schlechtes erschien, sondern ich unbewusst auch meinen eigenen Erfolg sabotierte. Wie so viele Menschen redete ich mir ein, Geld sei nichts Spirituelles. Das ist doch verrückt, oder? Jeder der wirklich reich geworden ist, kennt die Wahrheit. Der einzige Weg, um reich zu werden und reich zu bleiben, besteht darin, einen Weg zu finden, auf einem Gebiet, das den Menschen wirklich wichtig ist, mehr für andere Menschen zu tun, als alle anderen. Wenn Sie im Leben anderer Menschen zu einem Segen werden, sind auch Sie gesegnet. Geld ist nur einer dieser Segen, aber ein Segen ist es definitiv; es ist einfach eine andere Form von Fülle und Freiheit.

Geld ist nichts weiter als ein Spiegelbild Ihrer Kreativität, Ihrer Fähigkeit zur Fokussierung und Ihrer Fähigkeit, Mehrwert zu generieren und zurückzuerhalten. Wenn Sie einen Weg finden können, um Wert zu generieren – soll heißen, Mehrwert für eine große Zahl von Menschen –, werden Sie eine Chance auf großen finanziellen Wohlstand haben.

Es stimmt: Wenn es Ihnen finanziell gut geht, werden Sie möglicherweise als zu »dem elitären einen Prozent« zugehörig betrachtet. Als Kind war das ein ferner Traum; ich gehörte zu den anderen 99 Prozent. Ich war nur nicht bereit, mich damit zufriedenzugeben, weder für meine Familie noch für mein eigenes Leben. Einfach in dieser Situation steckenzubleiben, nur damit ich nicht angefeindet wurde, ergab für mich keinen Sinn. Ich hatte keine Lust mehr, andere für die mangelnde Verbesserung meiner finanziellen Situation verantwortlich zu machen. Ich musste mich von der Geschichte verabschieden, die ich mir als Rechtfertigung für meine finanziellen Schranken zurechtgebastelt hatte. Ich mochte andere Menschen, aber ich wollte nicht mein Leben damit verbringen, mich an ihre Vorstellungen anzupassen, nur damit sie mich auch mochten – vor allem in dem Wissen, dass ich dafür mein Licht unter den Scheffel stellen musste. Tief in meinem Herzen glaube ich nicht, dass unser Schöpfer uns dafür erschaffen hat. Es war Zeit, dass ich einen Weg fand, um auf die gleiche Weise, auf die ich versuchte, mehr zu geben, mehr Liebe zu verbreiten, einen größeren Beitrag zu leisten und meine intellektuellen, emotionalen und spirituellen Fähigkeiten zu verbessern, auch mehr zu verdienen.

In dem Moment, in dem sich meine innere Überzeugung änderte und mir klar wurde, dass die Eroberung und Beherrschung dieses Lebensbereiches keine Option, sondern ein Imperativ war, entdeckte ich plötzlich Strategien zur Änderung meiner Situation. Wahrscheinlich waren sie schon die ganze Zeit vorhanden, aber ich war zu blind, um sie zu erkennen. Wenn Sie Ihre inneren Überzeugungen verändern, verändert sich Ihr ganzes Leben.

Verändern Sie Ihre Geschichte, verändern Sie Ihr Leben. Verabschieden Sie sich von Ihren selbstbeschränkenden Geschichten und entdecken Sie die Geschichte der Wahrheit – und schon verändert sich alles. Eines kann ich Ihnen sagen: Sobald Sie sich von Ihren lähmenden Überzeugungen lösen, energisch handeln und Strategien entwickeln, die funktionieren, werden Sie wahre Wunder erleben.

Ich will Ihnen ein abschließendes Beispiel nennen. Eine liebe Freundin, Julie, ist eine erfolgreiche Drehbuchautorin, die für ihre Arbeit sehr gut bezahlt wird, aber finanziell irgendwie nie auf einen grünen Zweig kam. Als sie und ihr Mann auf die 50 zugingen, zahlten sie eine bescheidene Hypothek auf ihr schönes Haus ab, hatten aber nur rund 100.000 Dollar auf ihrem privaten Rentenkonto – viel zu wenig für ihren Ruhestand. Außerdem hatten sie ihr Geld in einen »sozial verantwortlichen« Investmentfonds investiert, der hohe Gebühren verlangte, die einen Großteil der Rendite verschlangen.

Julies Ehemann Colin wollte aggressiver investieren, aber Julie wollte das Thema Finanzen nicht einmal anrühren. Sie sagte ihm, sie hasse die Börse und alles, was sie repräsentiere. In der Tat verursachte ihr das ganze Thema Geld Unbehagen. Für sie war Geld etwas Böses.

Doch dann ereignete sich ein Durchbruch. Julie besuchte mein Seminar »Unleash the Power Within« (UPW), in dem wir die Macht des Dreiergespanns Strategie, Story und Veränderung des geistigen, körperlichen und emotionalen Zustands nutzen, um in jedem Lebensbereich Durchbrüche zu erzielen. UPW ist sehr intensiv: Ich setze Musik, dynamische Bewegung, Humor und eine Reihe anderer Instrumente ein, um die Teilnehmer in einen Zustand höchster Sinnesreizung zu versetzen – genau dann geschehen nämlich Durchbrüche.

Julies Ziel an diesem Wochenende lautete, eine Wende in ihrem finanziellen Leben herbeizuführen. Wie sie das erreichte? Erstens wurde ihr klar, dass sich etwas verändern musste, oder sie und Colin würden eher peinvolle »goldene Jahre« erleben. Schließlich wurde ihr klar, dass ihre negativen Überzeugungen über Geld zu ständigen Konflikten in ihrer Ehe und ihrer Zukunftsplanung führten, und so fragte sie sich: »Woher kommt diese Geschichte?« Und dann tat Julie etwas ganz Wichtiges: Sie blickte tief in ihr Inneres und fragte sich, »Sind das wirklich meine Überzeugungen? Wir werden nicht in dem Glauben geboren, dass Geld etwas Schlechtes ist. Woher also stammt diese Überzeugung?«

Sie musste nicht lange suchen, um die Antwort zu finden. Julies Eltern waren beide während der Großen Depression aufgewachsen. Ihre Mutter hatte nie die Chance gehabt zu studieren, obwohl ihre schulischen Leistungen außerordentlich gut waren. Stattdessen musste sie sich für 9 Dollar die Stunde als Verkäuferin in einem Kaufhaus verdingen und wagte nicht, gegen den geringen Stundenlohn oder die langen Arbeitstage zu protestieren, die sie im Stehen verbringen musste. Während ihrer gesamten Kindheit hörte Julie diese Geschichten immer wieder: dass die Reichen die Armen ausbeuteten, dass die Banken und die Börsenmakler die Wirtschaft zerstörten, dass man dem Aktienmarkt nicht trauen konnte. Als Folge stellte Julie in ihrem Kopf die folgende Assoziation her: »Wenn ich eine erfolgreiche Investorin werde, bin ich ein schlechter Mensch und meine Mutter wird mich nicht mehr lieben.«

Julie erkannte, dass die Story über das intrinsisch Böse, das dem Geld angeblich anhaftet, nicht ihre, sondern die ihrer Mutter war. »Geld ist die Wurzel allen Übels«, war das Mantra ihrer Mutter, aber nicht ihres. Diese Erkenntnis rüttelte sie auf und befreite sie. Die Worte, die sie so oft in ihrem Leben gehört hatte, verloren ihre Macht über Julie. (Als sie dem biblischen Satz auf den Grund ging, stellte sie fest, dass nicht »Geld die Wurzel allen Übels ist«, sondern in erster Linie die Liebe zum Geld – das todsichere Rezept für ein Desaster.)

Julie vollzog eine erstaunliche Verwandlung. Als sie ihre lähmende Programmierung gelöscht hatte, konnte sie sich zum ersten Mal mit ihrem Mann hinsetzen und über ihre Finanzen sprechen. Er wiederum war sehr von der Vorstellung angetan, sie könnten gemeinsam wieder die Kontrolle über ihre Finanzen zurückgewinnen. Stellen Sie sich vor, wie schwierig es ist, ein Vermögen aufzubauen, wenn Sie tief davon überzeugt sind, dass Geld etwas Böses ist. Julie und ihr Mann verkauften ihre kostenintensiven Investmentfonds und investierten stattdessen in ein diversifiziertes Portfolio aus Indexfonds von Vanguard. Dann erstellten sie einen langfristigen Finanzplan, ähnlich dem, über den Sie auf den folgenden Seiten lesen werden, um sich schließlich auf den richtigen Weg zu finanzieller Freiheit zu begeben.

Julie und Colin veränderten ihre innere Überzeugung. Und was geschah? Sie lernten, erfolgreich an dem Spiel teilzunehmen und zu gewinnen. Sie lernten, sich ein lebenslanges Einkommen zu verschaffen – genauso wie Sie es in Kapitel 25 tun werden. Julie und Colin lernten, wie sie im Verlauf ihres Investitionszyklus allein damit zusätzliche 150.000 bis 250.000 Dollar verdienen konnten, dass sie sich von den teuren Investmentfonds trennten. Ihre goldenen Jahre sind nun wirklich golden!

Denken Sie daran, dass Sie die Antwort kennen und das Geheimnis ganz einfach ist: Verändern Sie Ihre innere Überzeugung, verändern Sie Ihr Leben. Löschen Sie Ihre lähmende Programmierung und entscheiden Sie sich für die Wahrheit. Dann kann Ihnen alles gelingen.

Ihre geistige und emotionale Einstellung

Es wird Ihnen sehr schwerfallen, Ihre inneren Überzeugungen abzulegen, wenn Sie sich in einer lausigen Verfassung befinden. Wenn Sie sich schlecht fühlen, werden Sie kaum denken, »Wie schön ist das Leben!« Sind Sie schon einmal richtig wütend auf jemanden gewesen und plötzlich haben Sie sich an alle Dinge erinnert, die diese Person jemals getan hat, um sie Sie zu ärgern? Wenn Sie in Wut geraten, wird der Teil Ihres Gehirns aktiviert, der diesen geistigen und emotionalen Zustand unterstützt, und so fallen Ihnen lauter Dinge ein, die dafür sorgen, dass Sie in Ihrer Wut verharren.

Können Sie sich dagegen erinnern, wie die Welt aussah, als Sie Hals über Kopf verliebt waren? Sie haben die ganze Welt durch eine rosarote Brille betrachtet. Alles erschien Ihnen wunderbar. Unhöfliche Verkäufer konnten Sie nicht kratzen, schreiende Babys waren einfach nur süß und niedlich. So kann eine positive Verfassung die Wahrnehmung – Ihre Geschichte – verändern. Ihre geistige und emotionale Verfassung bestimmt, wie Sie die Dinge wahrnehmen und beurteilen. Wenn ich mit einer Person arbeite, sei es ein Spitzensportler oder Topmanager, verändern wir zuerst die geistige und emotionale Einstellung. Es gibt einen Teil von Ihnen, der dafür sorgt, dass alles möglich ist – man muss ihn nur aktivieren. Wenn dieser Teil abgeschaltet ist, ist alles um Sie herum tot. Sie wissen, wovon ich spreche, nicht wahr? Sie kennen den Zustand, wenn alles fließt, ohne dass Sie darüber nachdenken müssen? Sie schlagen auf dem Tennisplatz ein Ass. Sie sagen in einem Meeting genau das Richtige oder erzielen genau das Verhandlungsergebnis, das Sie wollten. Auf der anderen Seite haben wir alle schon das Gegenteil erlebt. Wir konnten uns nicht an unsere

Adresse oder den Namen unseres Gastgebers erinnern oder plötzlich ein bestimmtes Wort nicht aussprechen. Das nenne ich die Dummkopf-Verfassung. Aber nur wenige Minuten später ist alles wieder da: Sie erinnern sich an alles, weil sich Ihre geistige Verfassung verändert hat.

Der Zweck dieses Buches besteht nicht darin, Ihre Verfassung verändern zu wollen – das ist das Thema zahlreicher anderer meiner Bücher und Audioprogramme, Seminare und Live-Veranstaltungen. Im Wesentlichen können Sie Ihre geistige und emotionale Verfassung sofort und radikal verändern, wenn Sie begreifen, dass sich Ihre geistige Haltung verändert, wenn sich Ihr Körper verändert.

Ich vermittle zahlreiche Methoden zur sofortigen Erzielung von Veränderungen der eigenen Verfassung, eine der simpelsten Methoden ist jedoch die **Veränderung Ihrer Physiologie**, wie ich es nenne. Sie können Ihre Denkhaltung verändern, indem Sie die Art und Weise verändern, wie Sie atmen und sich bewegen. Emotion wird von Motion erzeugt. Entschlossenes Handeln ist die Heilkur für alle Ängste. Angst ist etwas Physisches. Sie können Angst in Ihrem Mund, Ihrem Körper und Ihrem Magen fühlen. Das gilt auch für Mut. Und der Wechsel von einem Zustand in den anderen ist eine Frage von Millisekunden, wenn Sie die Art und Weise, wie Sie sich bewegen, atmen, sprechen und Ihren Körper einsetzen, radikal verändern. Diese Erkenntnisse verwende ich seit fast vier Jahrzehnten, um bei einigen der weltbesten Hochleistungssportler, Finanzhändler und Führungspersönlichkeiten aus Politik und Wirtschaft radikale Veränderungen zu erzielen. Letztes Jahr führte die Universität von Harvard eine wissenschaftliche Studie durch, die die Richtigkeit dieses Ansatzes bestätigte.

Die Sozialpsychologin und Harvard-Professorin Amy Cuddy zeigte in ihrer berühmten TED-Rede von 2012 einen simplen Trick, als sie ihr Publikum bat, die Körperhaltung für zwei Minuten zu verändern. Cuddys Forschungsergebnisse zeigen, dass die Annahme einer Körperhaltung, die Macht ausstrahlt (Wonder Woman, die Arme in die Hüften gestemmt und mit beiden Füßen fest auf dem Boden; der Manager, der sich in seinem Bürostuhl zurücklehnt und mit breit geöffneten Ellbogen die Arme hinter dem Kopf verschränkt – Sie wissen schon, die klassische Pose), den Testosteronpegel (Dominanzhormon) um 20 Prozent ansteigen und den Cortisolspiegel (Stresshormon) gleichzeitig um 25 Prozent sinken lässt. Die Wirkung dieser biochemischen Veränderung verändert augenblicklich

Ihre Bereitschaft, sich mit Ihren Ängsten auseinanderzusetzen und Risiken zu wagen. Und das alles nach nur zwei Minuten veränderter Körperhaltung. In Cuddys Studie gaben 86 Prozent der Teilnehmer, die eine Machtpose angenommen hatten, an, sie fühlten sich wagemutiger. Als die zweite Gruppe der freiwilligen Teilnehmer gebeten wurde, zwei Minuten in einer passiveren Körperhaltung zu verharren, sank ihr Testosteronspiegel um 10 Prozent und ihr Stresshormonspiegel stieg um 15 Prozent. Ein wesentlich geringerer Teil dieser zweiten Gruppe, nämlich 60 Prozent, zeigte in seinem Verhalten Selbstbehauptungswillen. Vergessen Sie nicht, dass es sich hier nicht nur um physiologische Veränderungen, sondern vor allem um biochemische hormonelle Veränderungen handelte. Was ich 38 Jahre lang gelehrt hatte und alle meine Studenten durch eigene Erfahrung wussten, war nun durch die Wissenschaft bestätigt worden. Was heißt das? Im Wesentlichen bedeutet das, dass Ihnen alles gelingen kann. Ihr Gang ist schwungvoll und voller Elan, Sie sind bereit, den richtigen Weg zu verfolgen und die nötigen Risiken einzugehen und Ihre Welt aktiv zu prägen und zu gestalten. Zwei Minuten machtorientierter Körperhaltung können Veränderungen bewirken, die entweder Ihr Gehirn dazu bringen, Sie zu einem selbstbewussten, entschiedenen und gelassenen Verhalten zu veranlassen oder Stressreaktionen zu zeigen. Unser Körper kann unsere geistige und emotionale Verfassung verändern!

Es gab eine Zeit in meinem Leben, da war ich übergewichtig und depressiv, lebte in Venice, Kalifornien, in einer Einzimmerwohnung und hörte von morgens bis abends Neil Diamond. Klingt ziemlich gruselig, stimmt's? Eines Tages kam ein Freund vorbei, den ich schon lange nicht mehr gesehen hatte. Er sah mich an, und sagte, »Mann, was ist denn mit dir *passiert*?« Das rüttelte mich aus meinem Trancezustand auf. In dem Moment beschloss ich, mein Muster zu durchbrechen.

Ich zog meine Laufschuhe an und nahm meinen Sony Walkman. Damals war man noch ein treuer Fan einer bestimmten Stilrichtung. Man hatte ein Album, das man immer wieder gehört hat, nicht 10.000 Songs, aus denen man auswählen kann. Ich legte die CD der legendären Rockband Heart ein, stellte den Song »Barracuda« ein und ließ mich von dem Rhythmus aufheizen. Ich lief mit dem Entschluss los, so schnell und intensiv zu laufen, wie noch nie in meinem Leben, und nicht stehenzubleiben, bis ich Blut spuckte. Zu sagen, ich sei wild entschlossen gewesen, mich bis an die absolute Grenze zu bringen, wäre eine echte Untertreibung.

Wahrscheinlich war es ein ziemlich witziger Anblick, wie ich mit meinen 38 Pfund Übergewicht und meinem Bierbauch, der mit jedem Laufschritt erzitterte und hin- und herschwankte, wie ein Verrückter durch die Gegend rannte. Als mir buchstäblich die Luft ausging, ließ ich mich am Strand erschöpft in den Sand fallen und nahm ein Tagebuch, das ich mitgenommen hatte, zur Hand. In diesem Zustand – entschlossen, erschöpft und guter Stimmung – saß ich da und schrieb alles auf, was ich in meinem Leben nicht länger hinnehmen wollte. Meinen untrainierten, schlaffen Körper, meine Faulheit, meine oberflächliche, leere Beziehung und meine katastrophale Finanzlage. In diesem aufgepushten, energiegeladenen Zustand war ich sicher, dass ich einen Weg finden würde, um all das zu verändern.

Wenn Sie innerlich fest entschlossen sind, werden Sie eine überzeugende neue Geschichte entwickeln. Meine lautete folgendermaßen: *»Hier und jetzt endet mein bisheriges Leben; ab heute beginnt mein neues Leben.«* Und das meinte ich auch so. Ich fand heraus, dass man mit der richtigen inneren Einstellung die richtige Strategie entwickelt, um ein fest anvisiertes Ziel zu erreichen. Auf diese Weise erzielt man einen echten Durchbruch – eine veränderte geistige und emotionale Verfassung mit einer neuen Story und einer erwiesenermaßen effektiven Strategie.

In den folgenden 30 Tagen verlor ich 30 Pfund und in etwas mehr als sechs Wochen war ich meine gesamten überschüssigen Pfunde los. Ich war geradezu manisch besessen, was mein Ziel anging. An jenem Tag bestimmte ich neu, wer ich bin und für welche Werte ich eintrete. Das hat sich in den folgenden 30 Jahren nicht mehr geändert (und ich habe auch nie wieder zugenommen).

Knapp ein Jahr später hatte ich aus meinem Jahreseinkommen von weniger als 38.000 Dollar ein Einkommen von 1 Million Dollar gemacht – eine Veränderung in einem Ausmaß, wie ich es mir damals nie hätte vorstellen können. Und vor allem gewann ich meine emotionale und psychische Fitness zurück; zwei Kräfte, die das Leben eines jeden Menschen wahrhaft verändern können. Entschlossenheit, Glaube und Mut wurden zu den Kräften, die von da an jede meiner Handlungen begleiteten.

Es können noch so viele großartige Strategien zum Greifen nahe sein; Sie werden sie nicht sehen, solange Sie keine entschlossene, handlungsbereite Einstellung haben.

Eine Einstellung, die automatisch die Überzeugungen und Geschichten entstehen lässt, die bewirken, dass Sie die Ziele, auf die Sie sich verpflichtet haben, erreichen können, müssen und werden. Mit der richtigen inneren Verfassung und der richtigen Geschichte werden Sie nicht nur erfolgreiche Strategien finden oder entwickeln, sondern diese auch gezielt umsetzen und die Lorbeeren einheimsen, die Sie sich wünschen und die Sie verdienen. Wenn es irgendeinen Lebensbereich gibt, der weit hinter dem zurückbleibt, was Sie sich eigentlich vorstellen, dann ist es an der Zeit, eines oder mehrere Elemente dieses Bereichs zu verändern.

Denken Sie daran: Wir bekommen immer das, was wir tolerieren. Hören Sie also auf, Ihre eigenen Ausreden, Ihre lähmenden Rechtfertigungen oder Ihre halbherzige, verzagte Einstellung zu tolerieren. Nutzen Sie Ihren Körper als Instrument, um sich selber in einen Zustand aus Entschlossenheit und ernsthafter Zielstrebigkeit zu versetzen. Gehen Sie die Herausforderungen frontal an, in der Überzeugung, dass sie nichts weiter sind als kleine Stolpersteine, die Sie aus dem Weg räumen müssen, um Ihren Traum verwirklichen zu können. Und aus dieser geistigen Haltung heraus werden Sie mit einer effektiven Strategie und entschlossener Handlungsbereitschaft Ihre persönliche Geschichte neu schreiben.

Es ist Zeit, dass Sie aus der amorphen Masse heraustreten und einer oder eine der Wenigen werden. Einer der Wenigen, die sich aufrappeln und die Verantwortung für ihre finanzielle Zukunft und jeden anderen Lebensbereich übernehmen. Die meisten Menschen beginnen mit hochfliegenden Träumen, arrangieren sich dann aber mit einem Leben und einem Lebensstil, der weit hinter ihren Möglichkeiten zurückbleibt. Sie lassen zu, dass Enttäuschungen ihre Träume zerstören. Wenn Sie ein anspruchsvolles Ziel anvisieren, sind Enttäuschungen unvermeidlich. **Disziplinieren und kanalisieren Sie Ihre Enttäuschungen stattdessen in die zielstrebige Suche nach neuen Lösungen.** Lernen Sie aus jedem Misserfolg, handeln Sie entsprechend, und Sie werden sehen, dass sich der Erfolg von alleine einstellt.

Wenn Sie das nächste Mal eine Ausrede suchen, warum Ihnen irgendetwas nicht gelingen will, rufen Sie sich selber zur Ordnung. Tief in Ihrem Herzen wissen Sie, dass Ihre mentale Kraft grenzenlos ist. Verändern Sie Ihre geistige und emotionale Verfassung. Verändern Sie Ihren Fokus. Konzentrieren Sie sich auf die Wahrheit. Passen Sie Ihr Vorgehen daran an und steuern Sie konsequent auf Ihr Ziel zu.

Okay, holen Sie tief Luft. Oder schreien Sie laut. Stehen Sie auf, schütteln Sie Ihren Körper und bewegen Sie die Glieder. Jetzt, da Sie die sieben Mythen entlarvt haben, ist es Zeit für den dritten Schritt der 7 Schritte zu finanzieller Freiheit. Wir werden das Spiel gewinnbar machen, indem wir eine ganz konkrete Zahl errechnen, die *Ihre realisierten finanziellen Träume auf den Punkt bringt.* Anschließend werden wir einen Plan erstellen, ihn feinjustieren und Wege finden, die Umsetzung so zu beschleunigen, dass Sie Ihre finanziellen Träume früher erreichen, als Sie sich je hätten vorstellen können.

TEIL III
WAS KOSTEN IHRE TRÄUME? GESTALTEN SIE DAS SPIEL SO, DASS SIE ES GEWINNEN KÖNNEN

Kapitel 13
Der Preis für Ihre Träume: Gestalten Sie das Spiel so, dass Sie es gewinnen können

Alle Menschen träumen, aber nicht das Gleiche.
T. E. LAWRENCE

Üblicherweise stelle ich zum Auftakt meiner Finanzseminare eine Frage. Zum Beispiel: »Welches ist der Preis für Ihre Träume?« Und dann bitte ich verschiedene Teilnehmer, aufzustehen und mir zu sagen, welche Summe sie benötigen, um finanzielle Sicherheit, Unabhängigkeit oder Freiheit zu erlangen. Die meisten haben keine Idee. Normalerweise folgt auf die Frage ein allgemeines Füßescharren und Gemurmel und dann schießen vielleicht ein paar Hände in die Höhe. In Hunderten von Seminaren mit vielen Hunderttausend Teilnehmern aus den unterschiedlichsten Lebensbereichen und Situationen habe ich jede nur vorstellbare Summe gehört.

Nun frage ich Sie: Wie viel Geld brauchen Sie für Ihre finanzielle Sicherheit, Unabhängigkeit und oder Freiheit? Schätzen Sie. Sie müssen nicht unbedingt richtig liegen – ja, nicht einmal eine logische Summe nennen. Ist es 1 Million Dollar? 5 Millionen? 500 Millionen? Nehmen Sie sich eine Sekunde, spüren Sie in sich hinein und schreiben Sie die Zahl auf – an den Seitenrand dieses Buches, in eine Notebook App oder auf ein Stück Papier. Es ist wichtig, diese Zahl aufzuschreiben, weil die schriftliche Fixierung sie verankert und real macht. Haben Sie es gemacht? Schon bald werden Sie erkennen, warum dieser Schritt eine wichtige erste Handlung ist.

Wenn Sie wie die meisten Menschen ticken, wird Ihnen diese Summe vermutlich selbst ziemlich hoch vorkommen, richtig? Nun, lesen Sie einfach weiter, weil wir einige leichte Übungen machen werden, die Ihnen dabei helfen, diese Zahl nüchtern zu betrachten. Und ich wette, sie lässt sich um einiges mehr reduzieren, als Sie je gedacht hätten. **Sie werden erfahren, dass es nicht nur *eine* »magische Zahl« gibt, sondern fünf verschiedene Stufen an finanziellen Träumen, die Ihnen die ersehnte Freiheit**

verschaffen. Egal, ob Sie am Anfang Ihrer Karriere oder kurz vor der Rente stehen, wie solide oder fragil Ihre derzeitige Finanzlage ist, garantiere ich Ihnen, dass Sie mindestens einen oder zwei dieser Träume erreichen können. Wie? Das beginnt damit, dass Sie Ihre wahren Bedürfnisse kennen.

Vor Kurzem stand bei einer meiner Veranstaltungen ein junger Mann am Ende des Raumes auf und nannte den Preis seines Traums. Er warf seine Schultern zurück und verkündete: »Eine Milliarde Dollar.«

Natürlich ging ein Raunen durch den Saal. Dieser junge Mann war ungefähr Mitte Zwanzig und einer der jüngsten Teilnehmer und hatte wahrscheinlich noch nicht einmal seine erste Million verdient. Also bat ich ihn, sich zu überlegen, was diese Zahl wirklich bedeutete.

Erinnern Sie sich, dass wir in Kapitel 4 darüber gesprochen haben, dass alles, was Menschen tun, einen bestimmten Grund hat? Nur als Erinnerung: Es gibt sechs grundlegende menschliche Bedürfnisse: Gewissheit, Ungewissheit/Abwechslung, Bedeutung, Verbindung/Liebe, Wachstum und sozialer Beitrag. Warum wollte dieser junge Mann also 1 Milliarde Dollar? Welches dieser Bedürfnisse wollte er befriedigen? Gewissheit? Gewissheit können Sie in Ihrem Leben für weitaus weniger als 1 Milliarde Dollar erhalten. Abwechslung? Schon mit 1 Million oder weniger können Sie eine Menge Abwechslung bekommen, oder nicht? Verbindung und Liebe? Wohl kaum. Wenn er 1 Milliarde Dollar besitzt, wird es gewiss viele Menschen geben, die seine Nähe suchen – so wie Lottogewinner plötzlich viele neue Freunde und Verwandte haben, von deren Existenz sie bis dahin nichts wussten. Mit einer solchen Summe wird er jede Art von Verbindung haben, allerdings nicht die, die er sucht und braucht! Wachstum und sozialer Beitrag? Seinem Auftreten nach zu urteilen, wage ich die Behauptung, dass diese beiden Ziele auf seiner persönlichen Rangliste nicht ganz oben standen.

Was glauben Sie, wenn Sie die menschlichen Bedürfnisse betrachten, welches sein Hauptmotor war? Eindeutig Bedeutung. Mit 1 Milliarde Dollar würden ihn andere Menschen ernst nehmen; er wäre *wichtig*. Das mag zutreffen. Aber das Problem ist, wenn er die Milliarde hat, wird sie nicht reichen. Denn wenn Ihnen Bedeutung wichtig ist, werden Sie sich immer mit anderen vergleichen. Und es wird immer jemanden geben, der größer, stärker, schneller, reicher, witziger, jünger, attraktiver und schöner ist, eine größere Jacht, ein luxuriöseres Haus und ein schickeres Auto besitzt. Zwar ist an Bedeutung nichts verkehrt, aber wenn das Ihr Hauptbedürfnis ist, dann werden Sie nie zufrieden sein.

Anstatt ihn jedoch zu belehren, beschloss ich ihm zu zeigen, dass er sich mit weitaus weniger Geld auch bedeutend fühlen konnte, und das würde sein Leben erheblich einfacher machen. Schließlich war die Zahl völlig aus der Luft gegriffen. Zu sagen, er brauche 1 Milliarde Dollar, gab ihm das Gefühl, er verfolge ein überaus wichtiges Ziel. Das Problem ist, wenn Sie dieses große Ziel im Kopf haben, im tiefsten Inneren aber nicht daran glauben, dass Sie es erreichen werden, dann lehnt Ihr Gehirn es ab. Das ist so etwas wie eine Lebenslüge. Haben Sie das je gemacht? Denken Sie sich ein gigantisches Ziel aus, und im selben Moment meldet sich Ihre innere Stimme und sagt: »Bist du verrückt?« Die Wahrheit ist, dass Sie das Ziel nie erreichen, bis es irgendwann in Ihrem Unterbewusstsein versinkt – dem Teil des Gehirns, der so mächtig ist, dass er Ihr Herz an die 100.000 Mal pro Tag schlagen lässt, ohne dass Sie je darüber nachdenken müssen.

Sind Sie schon einmal gedankenversunken Auto gefahren, haben plötzlich aufgesehen und gedacht, »Ach du liebe Zeit, wer hat in den letzten fünf Minuten das Auto gelenkt?!« Gott sei Dank war es der beeindruckende Schutzmechanismus, Ihr Unterbewusstsein.

Um eine Vorstellung davon zu bekommen, wie dieser Prozess funktioniert, werfen Sie einen Blick auf die nachstehende Abbildung. Stellen Sie sich vor, Ihr Gehirn wäre in eine obere und eine untere Hälfte geteilt. Die obere Hälfte ist Ihr Bewusstsein und die untere Ihr Un- oder Unterbewusstsein.

WIE MENSCHEN AUF UNTERSCHIEDLICHEN EBENEN REAGIEREN

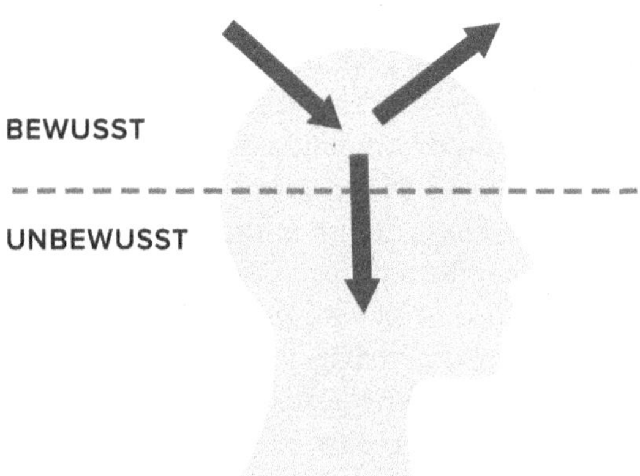

Ideen versuchen, sich in Ihrem Kopf einzunisten. Zum Beispiel, »Ich werde 10 Millionen Dollar machen« oder »Mit vierzig werde ich finanziell frei sein.« Aber Ihr Bewusstsein sagt, »Schwachkopf! Das schaffst du nie!« Es lehnt die hochfliegende Idee ab und verweist sie wieder in ihre Schranken. Wenn Sie jedoch in Ihrem Inneren das Gefühl absoluter Gewissheit verspüren, das Ihnen sagt, »Das schaffe ich!«, und Sie dann einen entsprechenden Plan entwickeln, geschieht etwas Außerordentliches. Sie fühlen sich gewiss, dass Sie dieses Ziel tatsächlich erreichen können. Und mit diesem neuen Selbstvertrauen sehen Sie plötzlich Wege, Ihr Ziel zu verwirklichen. Sie finden ein Rollenmodell, das Ihren Traum bereits verwirklicht hat, und Sie werden aktiv. Das Ziel sickert durch bis in Ihr Unterbewusstsein und macht sich an die Arbeit, um Ihren Traum wahr werden zu lassen. Das ist der magische Moment!

Ich bezweifle, dass Sie glauben, Sie bräuchten 1 Milliarde Dollar, um Ihre finanziellen Träume wahr werden zu lassen. Aber ich glaube dennoch, dass die Zahl, die Sie im Kopf haben und mit der Sie sich finanziell sicher oder unabhängig fühlen würden, ziemlich einschüchternd wirkt. Fast jeder nennt eine wesentlich höhere Summe als die, die er tatsächlich benötigt, weil niemand sich die Zeit nimmt, realistisch zu kalkulieren, was ein veränderter Lebensstandard kostet. Und aus diesem Grund arbeiten viele gar nicht erst darauf hin. Sie machen viele Worte, reden sich in Begeisterung, erzählen anderen von ihrem großen Traum, aber unternehmen nie etwas zu seiner Verwirklichung. Warum? Weil sie tief in ihrem Innern nicht die Gewissheit verspüren, dass es ihnen gelingen wird. Und Gewissheit ist das vorrangige menschliche Bedürfnis, das unser Verhalten und unser Handeln beeinflusst. Wenn Sie im finanziellen Bereich nicht aktiv geworden sind, liegt es zum Teil daran, dass Sie sich nicht sicher sind, was richtig und was falsch ist und welchen Ansatz Sie verfolgen sollen. Oder Sie fühlen sich von der Komplexität des Themas so überwältigt, dass Sie sich gar nicht erst die Zeit genommen haben, Klarheit zu gewinnen. Ungewissheit führt zu Passivität oder dazu, dass man alles vor sich herschiebt.

Um meinem zukünftigen Milliardärsfreund dabei zu helfen, den wahren Preis seines Traums zu bestimmen, damit er ihn in seinem Unterbewusstsein verankern und zu einem realen Ziel machen konnte, stellte ich ihm einige Fragen. Die gleiche Art Fragen, die ich Ihnen stellen werde, um Ihnen auf Ihrem Weg zur Verwirklichung Ihrer Träume Orientierung zu bieten. Ich begann mit der Frage, wie sein Lebensstil aussehen würde, wenn er 1 Milliarde Dollar besäße. Er überlegte einen Moment und sagte: »Ich hätte meine eigene Gulfstream!«

»Ihren eigenen Jet!«, wiederholte ich. »Und wohin würden Sie fliegen?«

Er antwortete, »Nun, ich lebe in New York. Wahrscheinlich würde ich auf die Bahamas fliegen und wahrscheinlich zu einigen Meetings nach Los Angeles.«

Ich bat ihn aufzuschreiben, wie oft er pro Jahr fliegen würde und er schätzte die Zahl auf ungefähr zwölf Flüge. Und wie viel würde ihn ein Jet kosten? Wir sahen nach und erfuhren, dass eine Gulfstream G650 für Langstreckenflüge rund 65 Millionen Dollar kosten würde; eine gebrauchte, aber noch relativ neue Gulfstream IV würde ihn rund 10 Millionen Dollar kosten, Treibstoff, Besatzung und Wartung nicht eingerechnet. Dann sahen wir nach, was es kosten würde, ein Privatflugzeug zu chartern. Ein Jet mittlerer Größe würde für ihn und drei Familienmitglieder völlig ausreichen; das würde ihn 2.500 Dollar pro Stunde kosten. Vielleicht würde er insgesamt 100 Stunden pro Jahr fliegen; das heißt, mit insgesamt 250.000 Dollar pro Jahr oder 500.000 Dollar, falls es für jeden Flug eine Gulfstream sein musste. Das war weniger als 1 Prozent der Kaufsumme für ein solches Flugzeug. Selbst aus der Entfernung der Bühne konnte ich sehen, wie seine Augen aufleuchteten und es in seinem Kopf arbeitete.

»Was würden Sie noch von dieser Milliarde kaufen?«, fragte ich.

»Eine Privatinsel!«

Damit konnte ich etwas anfangen. Ich selbst besitze ein kleines Inselparadies, das zur Fidschi-Inselgruppe gehört. Das war ein wilder Traum, den ich vor vielen Jahren hatte, als ich einen Rückzugsort suchte, an dem ich mit meinen Freunden und meiner Familie leben konnte. Anfang Zwanzig bereiste ich auf der Suche nach meinem persönlichen Shangri-La eine Vielzahl von Inseln. Ich fand mein persönliches Paradies auf den Fidschis. Ein Platz, der nicht nur von beeindruckender Schönheit ist, sondern an dem auch schöne Seelen leben. Damals konnte ich es mir zwar nicht leisten, aber ich kaufte ein Stück eines kleinen Resorts für Rucksacktouristen mit 50 Hektar. Eigentlich hatte ich das Geld gar nicht, und wahrscheinlich war es zunächst auch nicht die beste Investition. Aber es war Teil meiner persönlichen Wunschtraumliste, wie ich es nenne – etwas, auf das ich später noch zurückkomme. Ich kaufte das Grundstück aber trotzdem und bin stolz, sagen zu können, dass ich noch weiteres Land dazukaufen und es in ein geschütztes Ökoreservat von rund 200 Hektar verwandeln konnte, das fast drei Meilen Meerufer besitzt. Im Verlauf der letzten zehn Jahre habe ich Namale Resort und Spa in die Nummer eins der Ferienanlagen auf den Fidschi-Inseln verwandelt, und sie wird beständig als eines der zehn Spitzenresorts im Südpazifik bewertet. Doch wie oft besuche ich dieses Paradies? Bei meinem verrückten Terminkalender vielleicht vier bis sechs Wochen im Jahr. Mein Traum ist also wahr geworden: Alle anderen verbringen dort eine tolle Zeit!

Ich sagte meinem jungen Freund: »Wenn Sie Ihre eigene Insel genießen wollen, möchten Sie aber nicht unbedingt in der Hotelbranche tätig sein. Und glauben Sie mir, Sie werden bestenfalls wenige Wochen auf Ihrer Insel verbringen.« Dann sahen wir nach, was eine Insel kosten würde und stellten fest, dass er auf den Bahamas eine Insel für ungefähr 10 Millionen Dollar kaufen konnte. Und dann würde er 30 bis 40 Millionen Dollar investieren müssen, um eine kleine Anlage zu bauen! Oder er könnte Richard Bransons Resort Necker Island für eine Woche mieten und seine gesamten Freunde und Familienmitglieder für weniger als 350.000 Dollar mitbringen, wobei diese Kosten 50 Mitarbeiter zur Verpflegung und Betreuung aller Gäste einschloss. Wenn er das zehn Jahre lang jedes Jahr machen würde, würde es ihn 3,5 Millionen statt 30 bis 40 Millionen Dollar kosten, und außerdem würde er sich die Instandhaltungskosten sparen.

Wir arbeiteten uns durch seine Liste, um einzuschätzen, wie viel Geld er benötigen würde, um seinen ersehnten Lebensstil bis zum Lebensende aufrechtzuerhalten. Als wir die wahren Kosten selbst seiner wildesten Träumen ermittelten, kamen wir auf eine Gesamtsumme nicht von 1 Milliarde Dollar, auch nicht von 500 Millionen, nicht einmal 100 oder 50 Millionen Dollar, sondern lediglich 10 Millionen Dollar, mit denen er alles bezahlen können würde, ohne je wieder zu arbeiten – und seine Träume waren gigantisch! Der Unterschied zwischen 10 Millionen und 1 Milliarde Dollar ist gewaltig. Die jeweiligen Summen bewegen sich buchstäblich in verschiedenen Welten.

Bei derart großen Summen besteht das Problem, dass sich die Menschen eigentlich gar nicht vorstellen können, was sie wirklich bedeuten.

Zwischen 1 Million, 1 Milliarde und 1 Billion bestehen gewaltige Unterschiede. Selbst der ehemalige US-Präsident Obama verwendet den Begriff *Millionäre* und *Milliardäre* im selben Atemzug, so als sei das praktisch dasselbe, aber das ist es nicht. Ich will Ihnen das beweisen und Ihnen einen kleinen Test aufgeben. Bitte denken Sie nach und treffen dann als Antwort eine erste Einschätzung. Diese Übung wird ihnen dabei helfen, 1 Million versus 1 Milliarde versus 1 Billion – die Zahl, die die Regierung in letzter Zeit oft verwendet – in die richtige Perspektive zu rücken. Tatsächlich ist in Washington 1 Billion die neue Milliarde, wie es so schön heißt. Meine erste Frage lautet: Wie lange ist 1 Million Sekunden her? Nehmen Sie sich einen Moment Zeit, wenn Sie es nicht wissen? Was schätzen Sie?

Die Antwort: 12 Tage! Wie nahe waren Sie an dem Ergebnis? Sie müssen sich nicht schlecht fühlen; die meisten Leute haben keine Vorstellung. Falls Sie richtig lagen, herzlichen Glückwunsch! Nun wollen wir es ein wenig schwieriger machen. Da Sie nun eine Vorstellung davon haben, was 1 Million ist (1 Million Sekunden entsprechen 12 Tagen), wie lange sind 1 Milliarde Sekunden her? Kommen Sie, schätzen Sie einfach! Die Antwort: 32 Jahre! Wie nahe lagen Sie an dem Ergebnis? Die meisten Menschen liegen weit daneben. Das ist der Unterschied zwischen einem Millionär und einem Milliardär! Er ist so groß wie der Unterschied zwischen 12 Tagen und 32 Jahren! Erkennen Sie, was ich meine, wenn ich sage, die beiden Zahlen stammen aus unterschiedlichen Welten? Sie können einfach nicht in einem Atemzug von »Millionär« und »Milliardär« sprechen und dasselbe meinen.

Um diesen Gedanken zu Ende zu führen: Wenn Sie hören, dass die US-Regierung 17 Billionen Dollar Schulden hat, wie viel ist 1 Billion? Nun, wenn 1 Milliarde Sekunden 32 Jahren entsprechen, wie viel Zeit entsprechen 1 Billion Sekunden? Die Antwort: fast 32.000 Jahre (31.689, um genau zu sein)! Vor 32.000 Jahren wurden Menschen noch nicht einmal als solche bezeichnet. Worum es in dieser Übung geht, ist die Erkenntnis, dass wir von so großen Zahlen nur eine sehr verschwommene Vorstellung haben, aber wenn man die konkreten Fakten betrachtet, kostet ein außergewöhnlicher Lebensstil wahrscheinlich weitaus weniger, als Sie denken.

Doch zurück zu unserem Möchtegern-Milliardär. Verstehen Sie mich nicht falsch: 10 Millionen ist immer noch eine sehr hohe Summe, aber wahrscheinlich für diesen jungen Unternehmer im Verlauf seiner Karriere ein erreichbares Ziel. Wer weiß? Am Ende macht er vielleicht wirklich 1 Milliarde Dollar, wenn er das nächste Instagram erfindet. Und wenn nicht? Dann könnte er mit 99 Prozent weniger, als er zu brauchen meinte, immer noch das außergewöhnliche Leben führen, das er sich erträumt. Dafür müsste er nicht einmal Milliardär sein.

Ich gehe jede Wette ein, dass die Summe, die Sie wirklich brauchen, um alle Ihre Träume wahr werden zu lassen, weitaus geringer ist, als Sie glauben!

Und denken Sie immer an die ultimative Wahrheit: Im Leben geht es nicht um Geld, sondern um Emotionen.

Das wahre Ziel lautet, den Lebensstil zu haben, den Sie sich wünschen, nicht die konkreten Besitztümer selber. Wenn Sie sterben, können Sie sowieso nichts mitnehmen. Ich mache mir keine Illusionen: So sehr ich »mein« Resort auf den Fidschis auch genieße und schätze, weiß ich, dass ich nur ein Verwalter bin, und zwar für begrenzte Zeit. Eines Tages wird es jemand anderem gehören. Mir gefällt aber, dass ich es zu einem Urlaubsziel entwickelt habe, an dem Menschen aus aller Welt Spaß haben. Das ist Teil meines Vermächtnisses – und das ist es, was mir Freude bereitet. Besitztümer anzusammeln, ist nicht das Ziel. Geld als Selbstzweck ist nicht das Ziel. Unser Wert bemisst sich nicht nach dem Volumen unserer Bankkonten, sondern der Größe unserer Seele. Der Pfad zum Geld, die Orte, an die Geld uns bringen kann, die Zeit und die Freiheit und die Chancen, die Geld eröffnen, das sind die Dinge, die wirklich zählen.

Du kannst alles haben. Nur nicht alles auf einmal.
OPRAH WINFREY

Denken Sie kurz darüber nach, was Sie sich wirklich mit Geld kaufen wollen. Nicht jeder will so leben wie Donald Trump oder Floyd »Money« Mayweather! Träumen Sie von einer Weltreise, von der Erkundung antiker Städte oder davon, Löwen im Serengeti-Park zu fotografieren? Möchten Sie ein Strandhaus auf den Bahamas oder ein Penthouse in New York besitzen? Träumen Sie davon, Ihr eigenes Unternehmen zu gründen – das nächste Snapchat oder den nächsten großen Beitrag zur Menschheit zur leisten, zum Beispiel eine gemeinnützige Organisation wie Charity: Water zu gründen? Ist es etwas so Simples wie eine College-Ausbildung für Ihre Kinder und genug Geld, um ein Haus auf dem Land mit einem großen Gemüsegarten zu kaufen? Oder ist Ihr Traum einfach nur innerer Seelenfrieden, in dem Wissen, dass Sie für immer alle Geldsorgen los sind? Egal, wie Ihr Traum lautet, ich werde Ihnen den Weg aufzeigen, wie Sie dorthin gelangen. Selbst wenn Sie es nicht bis auf den Berggipfel schaffen, können Sie Ihre wichtigsten Träume verwirklichen. Denn Geld ist ein Spiel mit Emotionen, und ich werde einige Zahlen nennen, die Sie aufrütteln werden, sodass Sie sagen: »Ich weiß es! Ich verspreche mir selbst, dass ich es schaffen werde!«

Wie bei allen Reisen müssen Sie vor dem Aufbruch eine Standortbestimmung durchführen. Dafür werden wir einige einfache Berechnungen anstellen. Wenn Sie sich nie die Zeit genommen haben, um genau zu berechnen, wie viel Sie brauchen, um Ihre finanziellen Ziele zu erreichen, sind Sie nicht alleine. Zahlreiche Menschen, die Millionen von Dollar verdient haben, haben nie einen Plan erstellt, um ihren Lebensstil ohne weitere Arbeit aufrechterhalten zu können. Und wie bereits erwähnt, hat die Hälfte der Amerikaner nicht einmal den Versuch unternommen, zu berechnen, wie viel Geld sie für ihren Ruhestand brauchen, und das schließt 46 Prozent aller Finanzplaner ein! Warum kennen wir unseren grundlegenden finanziellen Bedarf nicht? Nach meiner Feststellung und nachdem ich die Antworten vieler Hunderttausend Menschen aus Hundert verschiedenen Ländern gehört habe, liegt der Hauptgrund darin, dass sie sich *vor der Wahrheit fürchten.*

Das ist so, als würde man auf eine Waage steigen. Sie wissen, dass Sie zugenommen haben, aber Sie wollen nicht wissen, wie viel. Das ist eine Form der Verleugnung; ein Weg, die nötige Veränderung hinauszuschieben. Ringer und Boxer steigen jeden Tag auf die Waage. Wenn sie sich nicht innerhalb der entsprechenden Gewichtsmarge befinden, wissen sie es sofort und können etwas dagegen unternehmen. **Sie können nichts für Ihre Gesundheit tun, wenn Sie nicht wissen, was Ihnen fehlt. Das Gleiche gilt für Finanzen.** Sie können Ihre finanziellen Träume nicht verwirklichen, wenn Sie nicht genau wissen, was zu ihrer Verwirklichung nötig ist. Ich bin hier, um Ihnen dabei zu helfen, den Kopf nicht in den Sand zu stecken, wenn es um Geld geht. In einer Minute werden wir einige schnelle Berechnungen anstellen, um herauszufinden, wo Sie derzeit stehen und wo Sie hinmüssen. (Wenn die Addition einiger Zahlen eine Herausforderung ist, dann denken Sie daran, dass Ihr Mobiltelefon eine Rechnerfunktion besitzt!)

Zuerst wollen wir jedoch die fünf finanziellen Träume finanzielle Sicherheit, finanzielle Vitalität, finanzielle Unabhängigkeit, finanzielle Freiheit und absolute finanzielle Freiheit ansehen. Klingen diese Begriffe für Sie gleich? Wecken Sie unterschiedliche Emotionen in Ihnen, wenn Sie sie laut vor sich her sagen? Probieren Sie es aus. Was fühlt sich besser an, Sicherheit oder Vitalität? Vitalität oder Unabhängigkeit? Unabhängigkeit oder Freiheit? Und absolute Freiheit? Alle fünf Finanzträume sind unterschiedlich groß. Und die nötigen Summen zu ihrer Erreichung dann natürlich auch.

Vielleicht stellen Sie fest, dass Sie von diesen fünf Träumen nur an zwei oder drei interessiert sind. Für viele Menschen ist finanzielle Sicherheit schon eine große Herausforderung und würde ihnen eine enorme Freiheit verschaffen. Bei der Gestaltung dieser Übung habe ich diese

Träume daher als Schritte auf dem Weg zur absoluten finanziellen Freiheit eingebaut. Oder, wenn Sie sich an das zuvor genannte Beispiel der Gipfelbesteigung erinnern, als Basiscamps auf dem Weg zur Bergspitze. Denken Sie daran, dass nicht alle den Wunsch und den Ehrgeiz haben, den Everest zu besteigen. Einige wären mit finanzieller Vitalität mehr als zufrieden; finanzielle Unabhängigkeit hieße für sie, nach den Sternen zu greifen! Nicht alle diese Träume sind für alle Menschen ein »Muss«.

Lesen Sie alle fünf Träume durch und suchen Sie sich die drei heraus, die Ihnen am wichtigsten sind. Ich nenne sie *die drei Favoriten.* Sie werden drei Zielarten verfolgen: kurzfristige, mittelfristige und langfristige Ziele. Und zwar deshalb, weil wir nicht auf Misserfolgen aufbauen wollen, sondern ausschließlich auf Erfolg. Wenn Sie aus der Ferne auf ein sehr anspruchsvolles Ziel schießen, könnte es überwältigend und überfordernd wirken. Als Folge machen Sie sich vielleicht gar nicht erst auf die Reise. Wir brauchen ein Ziel, das nahe genug ist, dass wir daran glauben, es erreichen zu können, und zwar in relativ naher Zukunft. Das fördert die Handlungsbereitschaft und lässt Nahziele Wirklichkeit werden. Vergessen Sie nicht, unterwegs Ihre Etappensiege zu feiern. Warum wollen Sie damit bis zu Ihrer finanziellen Unabhängigkeit warten? Warum nicht jede Etappe feiern? Teilsiege ermutigen, spornen an und verleihen die nötige Dynamik, um auf Fernziele hinzuarbeiten.

Das Wünschen erfordert so viel Energie wie das Planen.
ELEANOR ROOSEVELT

Erster Traum: Finanzielle Sicherheit

Was bedeutet finanzielle Sicherheit? Anstatt Ihnen zu sagen, was sie bedeutet, will ich Sie Folgendes fragen: Wie beeindruckt wären Sie, wenn diese fünf Träume für den Rest Ihres Lebens bezahlt wären, ohne dass Sie jemals wieder einen Finger krumm machen müssten?

1. Ihre **Miete** oder die **Immobilienhypothek** – für immer bezahlt. *Sie müssen nie mehr arbeiten, um Ihr Haus abzuzahlen!*

2. Ihre **Nebenkosten** (Wasser, Strom, Telefon etc.) – für immer bezahlt. Sie müssen nie mehr arbeiten, um Ihre Stromrechnung zu zahlen.

3. Alle **Lebensmittel** für Ihre Familie – für immer bezahlt.

4. Ihre grundlegenden **Transportbedürfnisse** – erledigt.

5. Ihre grundlegenden **Versicherungskosten** – alle bezahlt, ohne dass Sie je wieder dafür arbeiten müssen.

Ich wette, Ihre Lebensqualität wäre ziemlich hoch, oder nicht? Sie würden sich ziemlich abgesichert fühlen, wenn alle diese Kosten für immer abgedeckt wären.

Und nun eine gute Nachricht: Denken Sie an die Zahl, die Sie zuvor aufgeschrieben haben; die Summe, die Ihrer Meinung nach nötig wäre, um Ihnen finanzielle Sicherheit zu garantieren? Wahrscheinlich war sie nicht so extrem, wie die, die mein junger Milliardärsfreund genannt hat, aber wahrscheinlich immer noch ziemlich hoch. Wenn Sie nachrechnen, werden Sie wohl feststellen, dass Ihr Ziel einer finanziellen Sicherheit näher liegt, als Sie dachten. Und wenn Sie zu den wenigen Menschen gehören, die diese Summe zu niedrig angesetzt haben, dann haben Sie hier einen guten Realitätscheck und werden nun die genaue Summe kennen, die Sie zur Verwirklichung Ihrer finanziellen Träume brauchen.

Verwenden Sie das nachfolgende Arbeitsblatt und notieren Sie, was Sie jeden Monat für diese fünf Träume bezahlen. Das ist wirklich einfach: Wie hoch ist Ihre derzeitige Hypothekenrate? (Wenn Sie noch jung sind und kein Haus besitzen, dann tragen Sie Ihre Miete ein. Oder Sie können online recherchieren, wie hoch Ihre Hypothekenrate wäre – wenn auch nicht für Ihr Traumhaus, so doch für ein »durchschnittliches« Haus.) Wie viel Geld geben Sie für Lebensmittel aus? Wenn Sie das nicht genau wissen, dann schätzen Sie einen Betrag. Sie können diesen Betrag später immer noch ändern, aber in dieser Phase wollen wir nicht die Dynamik verlieren.

Durchschnittliche Konsumausgaben der US-Bürger

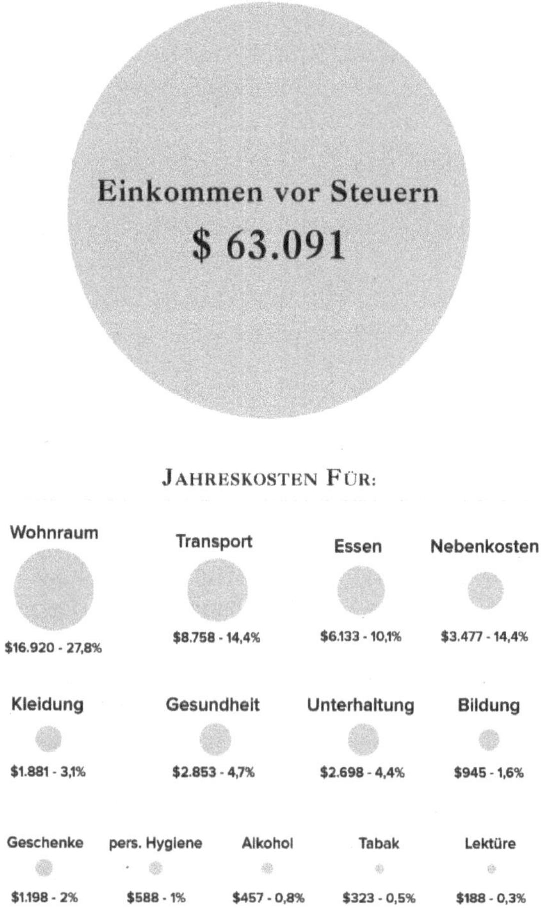

Wir wollen mit halbwegs realistischen Zahlen arbeiten. Sie können Ihre Kontoauszüge konsultieren oder online nachsehen. Um unsere Dynamik nicht zu verlieren, können wir auch einstweilen mit den Zahlen arbeiten, die ich Ihnen hier als Beispiel nenne.

Erinnern Sie sich an meine Freundin Angela, die ich Ihnen im ersten Kapitel vorgestellt habe? Sie ist 48 Jahre alt und Single. Sie versucht herauszufinden, wie viel Geld sie für ihre finanzielle Sicherheit benötigt. Ihre erste Einschätzung lautete 3 Millionen Dollar. Könnte das stimmen? Oder liegt sie mit der Einschätzung weit daneben? Ich bat sie, die nachfolgende Übung zu machen und ihre fünf grundlegenden Monatsausgaben zu notieren. Wie sich herausstellte, waren die von ihr geschätzten Zahlen fast identisch mit den durchschnittlichen Zahlen eines typischen US-Bürgers, die in der nachfolgenden Aufstellung abgebildet sind.

1. Miete oder Hypothekenrate: $ ________ pro Monat
(Angelas Durchschnittsbetrag: $ 1.060)
2. Haushalt, Ernährung: $ ________ pro Monat
(Angelas Durchschnittsbetrag: $ 511)
3. Gas, Strom, Wasser, Telefon $________ pro Monat
(Angelas Durchschnittsbetrag: $ 289)
4. Transport $ ________ pro Monat
(Angelas Durchschnittsbetrag: $ 729)
5. Versicherungen $ ________ pro Monat
(Angelas Durchschnittsbetrag: $ 300)
Gesamt $ ________ pro Monat
(Angelas Durchschnittsbetrag: $2.889)
Gesamte Monatsausgaben ________ × 12 = ________________ pro Jahr
(Durchschnittliche grundlegende Jahresausgaben der US-Bürger: $ 34.668)

Als sie fertig war, bat ich sie, alle Posten zu addieren und sie mit 12 zu multiplizieren. Das ergibt das Jahreseinkommen, das sie braucht, um alle ihre Ausgaben zu bestreiten und finanzielle Sicherheit zu erlangen – ohne zu arbeiten. Wie Sie sehen können, entspricht ihr Ergebnis fast der Summe, die der durchschnittliche US-Bürger benötigt.

Wie könnte Angela 34.000 Dollar pro Jahr erhalten, ohne arbeiten zu müssen? Denken Sie daran, dass sie dabei ist, eine Geldvermehrungsmaschine zu konstruieren. Sie spart automatisch 10 Prozent ihres Einkommens. Diese investiert sie in kostengünstige Indexfonds mit einer jährlichen Renditeerwartung von 6 Prozent. (Das ist der Prozentsatz, den die Märkte nach Einschätzung von John Bogle in den nächsten zehn Jahren erzielen werden, wobei die tatsächliche durchschnittliche Marktrendite in den letzten 20 Jahren 9,2 Prozent betrug.) Diese Zahlen gaben wir in den Vermögensrechner ein – dasselbe werden Sie im nächsten Kapitel tun – und daraufhin stellte Angela fest, dass sie statt der geschätzten 3 Millionen

Dollar, lediglich 640.000 Dollar in ihrem Freiheitsfonds ansammeln muss, um für den Rest ihres Lebens 34.000 Dollar jährlich zur Verfügung zu haben – weniger als ein Viertel der von ihr geschätzten Summe.

Zunächst war Angela schockiert. Ungläubig fragte sie mich, »Das ist alles, was ich brauche? Aber ich müsste dann noch arbeiten, oder?« Ich sagte ihr, das würde sie, aber nicht, um ihre grundlegenden Lebenshaltungskosten decken zu können! Übrigens machen diese fünf Kostenpunkte im Schnitt 65 Prozent der Kosten der meisten Menschen aus. Angela hatte nun die Möglichkeit, 65 Prozent ihrer monatlichen Ausgaben ohne Arbeit bestreiten zu können. Vergessen Sie nicht, dass die meisten von uns etwas Sinnvolles tun wollen. Ohne Arbeit werden wir wahrscheinlich ein wenig verrückt. Wir wollen nur nicht arbeiten *müssen*! Angela könnte Teilzeit arbeiten, um ihre übrigen Kosten zu decken und würde Einkommen für andere Dinge übrig haben. Ich fragte sie, wie sie sich fühlen würde, wenn sie alle grundlegenden Kosten bestreiten könne, ohne einen Handschlag dafür tun zu müssen. »Großartig!«, rief sie. »Das ist ein erreichbares Ziel. Das ist etwas, das ich schaffen könnte.« Ich antwortete, »Genau!« Und bei diesen Worten leuchtete eine Gewissheit in ihren Augen auf, weil sie sich plötzlich sicher war, einen Grund zum Handeln zu haben.

Ich erinnerte sie daran, dass das nicht ihr letztes Ziel sein müsste: »Es könnte dein Nahziel sein.« Manche Menschen streben nichts anderes an als finanzielle Sicherheit, zum Beispiel ein älterer Mensch, der im Jahr 2008 viel verloren hat. Wer im mittleren Alter oder jung ist, kann anspruchsvollere Ziele anstreben – solange Sie die benötigte Summe kennen und entsprechend handeln.

Wenn Sie sich übrigens fragen, wie lange es dauern würde, bis Sie die Summe zusammen haben, die Sie für ihre finanzielle Sicherheit brauchen – Geduld. Sie müssen diese Berechnung hier und jetzt nicht anstellen; das machen wir im nächsten Kapitel. Gemeinsam werden wir drei Pläne erstellen: einen konservativen Plan, einen moderaten Plan und einen aggressiven Plan. Sie entscheiden, welcher dieser drei Pläne für Sie am ehesten erreichbar und am realistischsten ist.

Erinnern Sie sich an unseren angehenden Milliardär? Sein benötigtes Jahreseinkommen, mit dem er sich finanzielle Sicherheit verschaffen konnte, betrug lediglich 79.000 Dollar – weit von Milliardenbeträgen entfernt. Die Summe, die Sie benötigen, kann niedriger oder höher sein.

Alles, was Sie im Moment wissen müssen, ist, wie hoch das Jahreseinkommen sein muss, das Sie für Ihre finanzielle Sicherheit brauchen.
Wenn Sie es noch nicht berechnet haben, dann tun Sie es jetzt.

1. Miete oder Hypothekenrate: € ________ pro Monat
2. Haushalt, Ernährung: € ________ pro Monat
3. Nebenkosten € ________ pro Monat
4. Transport € ________ pro Monat
5. Versicherungen € ________ pro Monat

Gesamt € ________ pro Monat
Monatliche Gesamtkosten ____________ × 12 = ____________ pro Jahr

Wir können übrigens nicht zum nächsten Ziel vorrücken, ohne über etwas gesprochen zu haben, das ganz einfach eine zwingende Anforderung ist, und kein Traum. Und das ist etwas, das praktisch jeder relativ schnell erreichen können sollte, auch wenn es tatsächlich nur wenige geschafft haben: eine Notfallreserve. Laut einer Studie, die 2014 von den Universitäten Princeton und Chicago durchgeführt wurde, geben 40 Prozent der Amerikaner an, sie könnten im Notfall keine 2.000 Dollar aufbringen. Das ist schlimm! Warum brauchen wir eine Krisenrücklage? Was geschieht, wenn Sie plötzlich kein Einkommen mehr haben? Irgendwann passiert das fast jedem Menschen. Der Grund kann eine Erkrankung, eine Unternehmenskrise oder eine Kündigung sein. Dann brauchen Sie Geld, um die nächsten 12 Monate zu überbrücken. Vergessen Sie nicht, dass das Arbeitslosengeld nur 60 Prozent Ihres Arbeitseinkommens beträgt. Für die meisten Menschen sind Notfallreserven für drei Monate zu wenig und für 12 Monate ein wenig übertrieben. Vielleicht beginnen Sie damit, jeden Monat etwas abzuzweigen und schrittweise Rücklagen aufzubauen, mit denen Sie 6 bis 12 Monate überbrücken können. Wäre es nicht wunderbar zu wissen, dass Sie sich ein Jahr Zeit lassen können, um wieder Kurs aufzunehmen, wenn Sie durch irgendein unerwartetes Ereignis aus der Bahn geworfen wurden? Während dieser Zeit hätten Sie ein Dach über dem Kopf, Essen im Kühlschrank und könnten Ihre Rechnungen bezahlen. Eine solche Notreserve schützt Sie, bis Sie Ihre Finanzziele erreicht haben und so viel Geld besitzen, dass Sie nicht mehr arbeiten müssen, egal, was passiert.

Wie viel Geld brauchen Sie für diese Notreserve? Nun, Sie kennen Ihre Monatsausgaben. Schreiben Sie diese Zahl auf. Meine Freundin Angela, die 10 Prozent ihres Gehalts zurücklegt, um ihre persönliche Geldvermehrungsmaschine zu füttern, begann daraufhin, ihre Ausgaben zu überprüfen, um weitere Sparmöglichkeiten zu finden. Erinnern Sie sich daran, dass sie feststellte, dass es billiger war, ein brandneues Auto zu kaufen, als ihr altes Auto ständig zu reparieren? Nun, sie fand auch einen Weg, die zusätzlichen 8 Prozent aufzubringen, um Krisenrücklagen aufzubauen. Sie erreichte ihr Ziel und kann nun nachts besser schlafen! Wenn Sie das noch nicht gemacht haben, sollten Sie es schleunigst tun. (Ich garantiere Ihnen, dass Sie nach der Lektüre des 15. und des 16. Kapitels einige großartige neue Ideen haben, wie Sie eine Notfallreserve einrichten können.) Bewahren Sie diese Summe als Bargeld auf oder deponieren Sie sie auf einem Konto, das vom Einlagensicherungsfonds abgedeckt ist.

Jetzt wollen wir uns auf die nächste Stufe der Finanzträume begeben. Wenn Sie das Ziel der finanziellen Sicherheit erreicht haben, ist Ihr nächstes Ziel:

Zweiter Traum: Finanzielle Vitalität

Was meine ich damit? Dieses Ziel ist ein Meilenstein auf dem Weg zu finanzieller Unabhängigkeit und Freiheit. Sie sind noch nicht an diesem Punkt angekommen, aber das ist der Ort, an dem Sie echte Sicherheit genießen und sich einige Extras gönnen können, ohne dafür arbeiten zu müssen.

Wie viel geben Sie jeden Monat für Kleidung aus? Sind es 100, 500 oder 1.000 Dollar? Wie sieht es mit Unterhaltung aus (Kabel-TV, Konzertkarten etc.)? Restaurantbesuche? Solide Hausmannskost oder Gourmetdinner? Geben Sie für Essen und Unterhaltung 200 oder eher 2.000 Dollar im Monat aus? Wie sieht es mit den diversen Extras aus, zum Beispiel einer Mitgliedschaft in einem Fitnessklub, Maniküre oder Massage oder den Gebühren für den Golfplatz? Sind es 50, 500 oder eher 1.000 Dollar oder sogar mehr? Was immer Sie im Monat für diese Dinge brauchen, wie wäre es, wenn die *Hälfte* dieser Kosten für den Rest Ihres Lebens gedeckt wäre, ohne dass Sie dafür arbeiten müssen? Das ist der Fall, wenn Sie das Ziel finanzielle Vitalität erreicht haben. Klingt nach einem Ziel, das man ins Auge fassen sollte, oder nicht?

1. Die Hälfte Ihrer monatlichen Ausgaben für Kleidung	€ ________	pro Monat
2. Die Hälfte Ihrer monatlichen Ausgaben für Restaurant-Besuche und Unterhaltung	€ ________	pro Monat
3. Die Hälfte Ihrer monatlichen Ausgaben für den kleinen Luxus	€ ________	pro Monat
4. Zusätzlicher monatlicher Gesamtbetrag für Vitalität	€ ________	pro Monat
5. Bereits errechnete Summe für finanzielle Sicherheit	€ ________	pro Monat
6. Monatlicher Gesamtbedarf für finanzielle Vitalität	€ ________	pro Monat
7. Multiplizieren Sie den Gesamtbedarf nun mit 12 und Sie erhalten den Jahresbetrag, den Sie für Ihre finanzielle Vitalität benötigen	€ ________	pro Jahr

Dritter Traum: Finanzielle Unabhängigkeit

Wenn Sie finanzielle Unabhängigkeit erlangt haben, müssen Sie für den Lebensstil, den Sie heute pflegen, nicht mehr arbeiten! Die Jahreszinsen Ihrer Ersparnisse und die Rendite Ihrer Investitionen (Ihr Freiheitsfonds) werden Ihnen das benötigte Einkommen verschaffen. Nun sind Sie finanziell wahrhaft unabhängig – soll heißen, *unabhängig von Erwerbsarbeit.* Wie großartig würde sich das anfühlen? Welche Ruhe und welchen Frieden würde das Ihrer Familie verschaffen?

Finanzielle Unabhängigkeit bedeutet, dass das Geld nun Ihr Sklave ist, und nicht umgekehrt. Das Geld arbeitet für Sie, anstatt dass Sie für Geld arbeiten. Wenn Ihnen Ihr Job nicht zusagt, können Sie Ihrem Chef eine lange Nase machen. Oder Sie können mit einem Lächeln auf den Lippen und einem Lied im Herzen weiterarbeiten, weil Sie wissen, dass Sie aus Spaß an der Freude arbeiten, aber nicht, weil Sie arbeiten *müssen.*

Nun wollen wir herausfinden, wie viel Geld Sie brauchen, um Ihren derzeitigen Lebensstil aufrecht zu erhalten. Diese Zahl lässt sich möglicherweise leicht errechnen, weil die meisten Menschen leider alles ausgeben, was sie verdienen! Und manchmal sogar mehr als das! Wenn Sie 100.000 Dollar verdienen und im selben Jahr 100.000 Dollar ausgeben (einschließlich der Steuern, die Sie bezahlen müssen), nur um Ihren Lebensstil aufrecht zu erhalten, dann beträgt Ihre finanzielle Unabhängigkeit 100.000 Dollar. Wenn Sie weniger ausgeben, als Sie verdienen, meinen herzlichen Glückwunsch! Allerdings sind Sie damit die Ausnahme von der Regel. Wenn Ihr Lebensstil Sie 80.000 Dollar im Jahr kostet, Sie aber 100.000 Dollar verdienen, dann brauchen Sie 80.000 Dollar pro Jahr, um finanziell unabhängig zu sein.

Wie lautet der Betrag, den Sie für Ihre finanzielle Unabhängigkeit benötigen?
Tragen Sie den Betrag hier ein: € ____________

Vergessen Sie nicht, Klarheit ist Macht. Wenn Ihr Gehirn den Betrag kennt, wird Ihr Bewusstsein einen Weg finden, ihn zu beschaffen. Sie wissen nun, welches Einkommen Sie für Ihre finanzielle Sicherheit, Vitalität und Unabhängigkeit brauchen. Jetzt wollen wir sehen, was geschieht, wenn Ihre Träume wachsen.

Traue dich, die Träume zu leben, die du dir erträumt hast.
RALPH WALDO EMERSON

Ich will Ihnen nun die Geschichte von Ron und Michelle erzählen, die ich auf einem meiner Seminare kennengelernt habe. Sie waren Mitte Dreißig und hatten zwei kleine Kinder. Sie waren ein erfolgreiches Paar, das ein kleines Unternehmen in Colorado besaß. Ron war ein hervorragender Unternehmensführer, aber keiner von beiden achtete auf die Familienfinanzen. (Ron besuchte mein Business-Mastery-Seminar, um das Wachstum seines Unternehmens um 30 bis 130 Prozent zu steigern.) Ihr Buchhalter erstellte jeden Monat eine persönliche Finanzaufstellung, aber sie sahen sie nicht einmal an! Kein Wunder, dass sie sich nicht genau vorstellen konnten, welches Leben sie eigentlich wollten – in dem, wie sich herausstellte, der soziale Beitrag im Mittelpunkt stehen sollte.

Als ich Ron fragte, wie viel Geld er für seine finanzielle Unabhängigkeit benötigte – dieselbe Frage, die ich unserem jungen Möchtegern-Milliardär gestellt hatte –, nannte er mir den Betrag von 20 Millionen Dollar. Ich wollte ihm beweisen, dass er viel weniger brauchte und immer noch eine erstklassige Lebensqualität für sich und seine Familie haben konnte, daher gingen wir zu dritt die tatsächlichen Monatsausgaben seiner Familie durch. (Bedenken Sie dabei, dass Ron und Michelles Jahreseinkommen als Unternehmenseigner eindeutig höher ist als das durchschnittliche Einkommen eines US-Bürgers.)

Zunächst begannen wir mit dem Ziel finanzielle Sicherheit, für das er mir fünf Zahlen nannte:

Hypothek auf ihren Hauptwohnsitz	$ 6.000 pro Monat
Nebenkosten	$ 1.500 pro Monat
Transport	$ 1.200 pro Monat
Ernährung	$ 2000 pro Monat
Versicherung	$ 750 pro Monat
Gesamt	$ 11.450 × 12 = $ 137.400 pro Jahr

Für ihre finanzielle Sicherheit brauchten sie lediglich ein Einkommen von 137.400 Dollar pro Jahr. Das war für sie eine absolut erreichbare Summe! Ganz nebenbei, falls Ron wissen wollte, wie viel Geld er brauchen würde, um seinen Freiheitsfonds zu füllen, würden ihm die meisten Finanzplaner sagen, er müsse sein Jahreseinkommen mit 10 oder sogar 15 multiplizieren. Bei den heutigen niedrigen Renditen auf sichere Geldanlagen ist das aber einfach nicht realistisch. Vergessen Sie nicht, dass Sie Ihr Geld auf Ihrem Weg zum Gipfel (der Akkumulationsphase) vielleicht in ein aggressives Portfolio investieren sollten, das Ihnen eine Rendite von 7 bis 10 Prozent beschert. Auf dem Weg zurück ins Tal (der Entnahmephase) werden Sie Ihr Geld in sichere und weniger volatile Geldanlagen investieren wollen, die naturgemäß geringere Renditen erwirtschaften. Es könnte also klüger sein, von einem konservativeren Szenario auszugehen und mit 5 Prozent Rendite zu rechnen. Bei einer Rendite von 10 Prozent braucht es das Zehnfache Ihres Einkommens im Freiheitsfonds, bei einer Rendite von 5 Prozent das Zwanzigfache.

Ron entdeckte, dass finanzielle Sicherheit ein durchaus erreichbares Ziel war. Ausgehend von einer Rendite von 5 Prozent waren das 20 × $ 137.400 = $ 2.748.000 – eine Zahl, die um einiges geringer war, als die 20 Millionen, von denen er ausgegangen war. Um finanzielle Unabhängigkeit zu erreichen, würden sie nach ihrer Berechnung 350.000 Dollar pro Jahr brauchen. Damit könnten sie ihren derzeitigen Lebensstil beibehalten. Nach konservativer Einschätzung würden sie also 7 Millionen Dollar brauchen. Ron war bass erstaunt, als er feststellte, dass er *fast zwei Drittel weniger* brauchen würde als die 20 Millionen Dollar!

Vierter Traum: Finanzielle Freiheit

Sobald Sie sich ein für alle Mal von der Notwendigkeit zu arbeiten befreit haben, wollen Sie nicht auch Ihren Lebensstil befreien? **Finanzielle Freiheit bedeutet, dass Sie unabhängig sind. Sie haben alles, was Sie heute besitzen, plus zwei oder drei bedeutende Luxusdinge, die Sie in der Zukunft wollen, und all das, ohne dafür arbeiten zu müssen.** Um dahin zu kommen, müssen Sie sich die folgende Frage stellen: »Welches Jahreseinkommen brauche ich, um den Lebensstil zu erhalten, den *ich will und verdiene*?« Wofür wollen Sie das Geld eigentlich? Wollen Sie die Freiheit zu reisen? Wollen Sie ein größeres Haus oder ein zweites Ferienhaus? Vielleicht wollten Sie schon immer gerne ein Boot oder ein Luxusauto besitzen? Oder wollen Sie mehr für Ihre Gemeinde oder Ihre Kirche tun?

Kehren wir noch einmal zu Ron und Michelle zurück. Sie lebten bereits den Lebensstil, den sie leben wollten, und der kostete sie 350.000 Dollar pro Jahr. Was würde ihnen das Gefühl finanzieller Freiheit verschaffen, fragte ich. Ein größeres Haus? Eine Eigentumswohnung in Aspen? Ein Boot? Wissen Sie, was Ron antwortete? Er würde sich finanziell frei fühlen, wenn er seiner Kirchengemeinde jedes Jahr 100.000 Dollar spenden könnte – und vielleicht noch genug übrig hätte, um ein Angelboot und ein Chalet in einem Skigebiet in Steamboat Springs für seine Familie anzuschaffen.

Das war eine beeindruckende Antwort. Ich war so von seinem Ziel bewegt, einen sozialen Beitrag zu leisten, dass ich kaum abwarten konnte, ihm dabei zu helfen, sein Ziel zu erreichen. Ich machte ihn darauf aufmerksam, dass er 500.000 Dollar pro Jahr verdiente, aber nur 350.000 Dollar ausgab. Er konnte diese Summe also bereits spenden, wenn er es wirklich wollte. Aber wie großartig würde es sich anfühlen, wenn er und Michelle diese Summe spenden konnten, ohne arbeiten zu müssen? Wenn ihre Investitionen sie einfach erwirtschaften würden?

Nachdem wir die Kosten der Finanzierung des Boots und der Eigentumswohnung und die beabsichtigte Kirchenspende dazugerechnet hatten, würden sie für ihre finanzielle Freiheit 165.000 Dollar zusätzlich pro Jahr zu der benötigten Summe für ihre finanzielle Unabhängigkeit aufbringen müssen. In anderen Worten: Sie würden 515.000 Dollar pro Jahr brauchen (×20) oder insgesamt 10,2 Millionen Dollar. Denken Sie daran, dass ihnen diese Summe einen noch höheren Lebensstandard bescheren wird, als sie heute schon pflegen!

Das ist eine Menge, aber immer noch ungefähr die Hälfte von dem, was Ron glaubte, für seine Unabhängigkeit und die seiner Familie zu brauchen.

Die Welt, die Ron und Michelle sich wünschten, war zum Greifen nahe – sie wussten es nur nicht. Doch wenn Sie den Preis Ihrer Träume einmal kennen, gibt es Wege, um schneller ans Ziel zu kommen, und das mit weniger Geld.

Wie viel brauchen Sie, um finanzielle Freiheit zu erlangen?

Welche Dinge würden Sie in Ihre Gesamtrechnung aufnehmen: einen Sportwagen? Ein zweites Haus? Oder eine große Spende, so wie Ron und Michelle? Was immer es ist, schreiben Sie es auf und addieren Sie diesen Betrag zu der Gesamtsumme, die Sie für Ihre finanzielle Freiheit brauchen. Das ist Ihr Preis. Wenn Ihnen dieser Weg zu steil erscheint, warten Sie einen Moment. In den folgenden Kapiteln werden Sie erfahren, wie diese Summen ihre Furcht einflößende Größe verlieren.

Und so berechnete Ron seinen Bedarf für seine finanzielle Freiheit:

1. Kirchenspende	\$ 8.333 pro Monat
2. Angelboot für 50.000 Dollar, finanziert zu 5 Prozent Zinsen	\$ 530 pro Monat
3. Hypothek über 800.000 Dollar für ein Chalet in einem Skigebiet, finanziert zu 4,5 Prozent Zinsen	\$ 4.880 pro Monat
4. Einkommen für finanzielle Unabhängigkeit	\$ 29.167 pro Monat
5. Monatliches Gesamteinkommen für finanzielle Freiheit	\$ 42.910 pro Monat
6. Dieser Betrag multipliziert mit 12 ergibt die Summe, die Ron und Michelle für ihre finanzielle Freiheit brauchen	\$ 42.910 × 12 = \$ 514.920 pro Jahr

Wie lauten Ihre Zahlen?

1. Luxusartikel #1	________ $ ________	pro Monat
2. Luxusartikel #2	________ $ ________	pro Monat
3. Spende	________ $ ________	pro Monat
4. **Monats**einkommen für finanzielle Unabhängigkeit (Ihr errechneter Jahresbetrag geteilt durch 12)	________ $ ________	pro Monat
5. Gesamtes Monatseinkommen für finanzielle Freiheit	________ $ ________	pro Monat
6. Multiplizieren Sie den Gesamtbetrag mit 12 und Sie erhalten den Jahresbetrag für Ihre finanzielle Freiheit	________ $ ________	pro Jahr

Fünfter Traum: Absolute finanzielle Freiheit

Wie wäre es mit *absoluter* finanzieller Freiheit? Wie wäre es, wenn Sie alles tun könnten, was Sie wollen und wann Sie wollen? Wie würden Sie sich fühlen, wenn es Ihnen und Ihrer Familie nie wieder an irgendetwas fehlen würde? Wenn Sie in der Lage wären, freizügig zu geben und völlig zu Ihren eigenen Bedingungen zu leben, anstatt sich dem Diktat anderer zu unterwerfen, und dafür nie wieder arbeiten zu müssen? Das Geld, das Sie im Schlaf verdienen – das Einkommen aus Ihren Investitionen – würde für Ihren grenzenlosen Lebensstil sorgen. Vielleicht würden Sie Ihren Eltern das Haus ihrer Träume kaufen, oder Sie würden eine Stiftung ins Leben rufen, um hungrige Menschen zu ernähren, oder helfen, die Wasserqualität der Ozeane zu verbessern.

Und jetzt stellen Sie sich vor, was Sie tun würden.

Ich bat Ron und Michelle mir ihre kühnsten Träume mitzuteilen. Wie würde absolute finanzielle Freiheit für sie aussehen? Ich war erneut tief bewegt, als Michelle mir gestand, ihr größter Traum sei, eine Ranch zu kaufen und sie in ein kirchliches Camp zu verwandeln. Was das kosten würde? Ron schätzte den Preis der Ranch auf ungefähr 2 Millionen Dollar und eine weitere Million für Um- und Ausbau. Ich konnte die Aufregung erkennen, die sie empfanden, als wir durch die Zahlen gingen. Würden Sie das Geld leihen, um die Ranch zu kaufen, würden sie rund 120.000 Dollar pro Jahr für den Schuldendienst brauchen (3 Millionen Dollar zu 4 Prozent Zinsen). Und das befand sich bereits innerhalb ihrer Möglichkeiten!

Was noch? Ron war abenteuerlustig und reiste gerne. Ein eigenes Flugzeug zu besitzen, war sein ultimativer Traum. Also gingen wir durch die gleichen Kalkulationen, die ich mit meinem jungen Möchtegern-Milliardär angestellt hatte, und überzeugte ihn davon, dass er für einen Bruchteil der Kosten einen Jet chartern konnte, anstatt die Kosten für eine eigene Gulfstream oder Cessna Citation inklusive Wartung zu schultern. Sie müssen kein eigenes Flugzeug besitzen, um einen solchen Lifestyle pflegen zu können. Sie müssen ja auch keinen eigenen Sportklub besitzen, um in der VIP-Loge sitzen zu können. Und Sie müssen auch nicht für die gesamte Mannschaft bezahlen, um Eigentümer zu sein. Sie können Teilhaber sein und alle Privilegien genießen. Das tat mein Freund Magic Johnson als Teil der Gruppe, die die Los Angeles Dodgers kaufte. Zu dieser Gruppe gehörten mein Freund Peter Guber und einige weitere Partner vom Guggenheim Baseball Management, die 2,15 Milliarden Dollar für das Team und das Stadion bezahlten. Ich kann Ihnen versprechen, dass Magic keine 2,15 Milliarden bezahlte, und trotzdem kann er die Freude, den Stolz, die Aufregung, den Einfluss und den Spaß genießen, die mit der Position eines Eigentümers einhergehen.

Der Unterschied zwischen reinen Träumern und Menschen, die ihre Träume ausleben, besteht darin, dass reine Träumer nie den wahren Preis ihrer Träume ausgerechnet haben.

Sie machen die Zahl so groß, dass sie gar nicht erst beginnen, auf die Verwirklichung ihrer Träume hinzuarbeiten. Es gibt keinen Traum, den Sie nicht erreichen könnten, wenn Sie sich intensiv genug anstrengen und kreativ genug und bereit sind, einen Weg zu finden, mehr Wert für andere Menschen zu generieren als alle anderen.

Wie Sie sich vorstellen können, ist diese fünfte Traumstufe für die meisten Menschen einfach Spaß. In meinen Seminaren mache ich diese Übung nur mit Teilnehmern, die wirklich große Träume haben und den Preis ihrer Träume kennen. Ich weiß, dass die meisten Menschen nie absolute finanzielle Freiheit erreichen werden, aber im schrankenlosen Träumen und der Befreiung grenzenloser Träume liegt eine gewisse Macht. Einige dieser hochfliegenden Träume versetzen Sie vielleicht in Aufregung und wecken in Ihnen den Wunsch, mehr zu verdienen. Außerdem helfen sie Ihnen, Ihre Ziele schneller zu erreichen. Aber es gibt noch einen anderen Grund, diese Übung zu machen. Womöglich erreichen Sie ohne Arbeit finanzielle Sicherheit und erarbeiten sich mit Teilzeitarbeit auf einem Gebiet, das Ihnen Spaß macht, finanzielle Unabhängigkeit. Oder Sie erreichen mithilfe Ihrer Investitionen und Ihrer Teilzeitarbeit finanzielle Unabhängigkeit und erlauben sich, sich mit diesem Einkommen den Luxus finanzieller Freiheit zu gönnen.

Dann tun Sie es! Schreiben Sie auf, was auf dieser Liste stehen müsste. Sie wissen nie, zu welchen Dingen Sie in der Lage wären, wenn Sie Ihren Träumen nicht wirklich freien Lauf lassen würden! Und so kalkulierte Ron die Zahlen für seine absolute finanzielle Freiheit:

1. Eine Ranch für ein Kirchencamp, das insgesamt 3 Millionen Dollar kostet, finanziert zu 4 Prozent Zinsen = monatliche Zahlung von $ 10.000
2. Ein Flugzeug des Typs Beechcraft Bonanza zum Preis von 300.000 Dollar, finanziert zu 5 Prozent Zinsen = monatliche Zahlung rund $ 3.200

3. Monatseinkommen für finanzielle Freiheit: $ 42.910
4. Gesamtes Monatseinkommen für absolute finanzielle Freiheit: $ 56.110
5. Multiplizieren Sie diese Zahl mit 12 und Sie erhalten den Jahresbetrag, den Sie für Ihre absolute finanzielle Freiheit benötigen: $ 673.320

Für ein Bass-Angelboot, eine jährliche Spende von 100.000 Dollar an ihre Kirche, ein Chalet in einem Skigebiet, ein Flugzeug und die Verwandlung einer Ranch in ein Camp zuzüglich des Lebensstils, den sie heute pflegen, ohne arbeiten zu müssen, würden Ron und Michelle eine Einkommen von 673.320 Dollar pro Jahr brauchen. Multipliziert mit 20 ergäbe das eine Summe von rund 13,5 Millionen Dollar. Immer noch ein Drittel weniger, als ihre ursprüngliche Einschätzung!

Wie lauten Ihre Zahlen?

1. Luxusartikel #1	________ € ________	pro Monat
2. Luxusartikel #2	________ € ________	pro Monat
3. Luxusartikel #2	________ € ________	pro Monat
4. **Monats**einkommen für finanzielle Unabhängigkeit (Ihr errechneter Jahresbetrag geteilt durch 12)	________ € ________	pro Monat
5. Gesamtes Monatseinkommen für finanzielle Freiheit	________ € ________	pro Monat
6. Multiplizieren Sie den Gesamtbetrag mit 12 und Sie erhalten den Jahresbetrag für Ihre finanzielle Freiheit	________ € ________	pro Jahr

Das Einzige, das einen Traum zunichtemachen kann:
die Angst vor dem Scheitern.
PAULO COELHO

Wie wirken all diese Zahlen, die Sie aufgeschrieben haben, nun auf Sie? Ich hoffe, dass Sie erkannt haben, dass der Preis für Ihre finanziellen Träume wesentlich geringer sein kann, als Sie gedacht haben. Sie haben drei Träume ausgewählt, die Sie anvisieren, einschließlich mindestens eines Nah- und eines Fernziels. Welche dieser Träume sind Ihre drei

Favoriten? Für die meisten Menschen sind die wichtigsten Ziele: Sicherheit, Vitalität, Unabhängigkeit. Und für die, die die Messlatte ein wenig höher ansetzen, sind es Sicherheit, Unabhängigkeit und Freiheit. Wenn Sie Ihre drei Ziele noch nicht bestimmt haben, dann tun Sie es jetzt und schreiben Sie sie auf. Machen Sie sie zu realen Zahlen, damit Sie nicht vom Kurs abkommen.

Wenn Sie zur Generation der Babyboomer gehören, die seit der finanziellen Kernschmelze im Jahr 2008 finanziell zu kämpfen haben, welche dieser Träume sind für Sie absolut unabdingbar? Sicherheit, stimmt's? Hier die gute Nachricht: Vielleicht haben Sie nicht so viele Jahre, um mit Ersparnissen und Investitionen so viel Vermögen aufzubauen, dass Sie eine kritische Masse erreichen, aber Sie können absolut finanzielle Sicherheit erreichen, und ich zeige Ihnen, wie das gelingt. Vielleicht schaffen Sie es sogar bis zur finanziellen Unabhängigkeit, wenn Sie sie zu einem »Muss«-Ziel machen. Wenn Sie noch jünger sind, haben Sie natürlich einen Vorsprung. Dann können Sie sich finanzielle Freiheit oder sogar absolute Freiheit vornehmen und müssen sich deswegen nicht einmal den Kopf zerbrechen. Es ist dennoch wichtig zu wissen, was Ihnen am meisten bedeutet, und Sie sollten die Summen kennen, die Sie benötigen, um Ihre Ziele zu erreichen. Warum? Weil wir in wenigen Minuten zum nächsten Kapitel kommen, in dem Sie lernen werden, die Zahl der Jahre zu berechnen, die Sie brauchen, um diese Träume auf Basis Ihrer Ersparnisse aus einer vernünftigen durchschnittlichen Jahresrendite zu erreichen. Und dann erstellen wir den Plan, der Sie dorthin bringt. Das ist der Teil, der Ihre Träume in die Realität übersetzt. Ich begleite Sie durch alle Schritte, die sich allesamt automatisieren lassen. Bleiben Sie also bei der Stange.

Ich wünsche mir, dass Sie das Gefühl entwickeln, diese Route selbstbewusst zu meistern, und dass Sie den Weg, der vor Ihnen liegt, spannend finden. Ich möchte, dass Sie der Schöpfer Ihr eigenes Leben sind, und nicht nur sein Verwalter. Manchmal vergessen wir, wie viel wir in unserem Leben geschaffen haben. Ich kenne Sie nicht, aber ich weiß, dass es heute Aspekte in Ihrem Leben gibt, die einst nichts anderes als ein Traum oder ein Ziel waren oder unmöglich erschienen. Das mag ein bestimmter Job oder eine höhere Position gewesen sein, die Sie sich einst wünschten, die damals aber außerhalb Ihrer Reichweite zu sein schien, oder ein Auto, von dem Sie besessen waren, oder ein Ort, den Sie unbedingt besuchen wollten. Vielleicht leben Sie inzwischen sogar dort. Vielleicht gab es jemanden in Ihrem Leben, der nach Ihrer damaligen Einschätzung nie mit Ihnen ausgehen würde und mit dem Sie heute verheiratet sind. Anstatt in diesen Träumen zu verharren und sich zu fragen, ob diese Person Sie jemals lieben würde, befindet sie sich heute womöglich an Ihrer Seite. Falls ja, beugen Sie sich zu ihr hinüber und geben ihr einen Kuss. Denken Sie daran, dass Sie diese Beziehung, die Ihnen einst unmöglich erschien, in eine Realität verwandelt haben.

Welche Dinge gibt es in Ihrem Leben, die einst ein Traum waren? Welchen Wunsch hatten Sie in der Vergangenheit, der zu jener Zeit schwer oder unmöglich zu erreichen schien, aber heute Realität ist? Wenn Sie sich daran erinnern, dass Sie der Schöpfer Ihres Lebens sind und nicht nur der Manager Ihrer Lebensumstände, müssen Sie zunächst wieder Verbindung zu den Dingen aufnehmen, die Sie bewusst erschaffen haben. Nehmen Sie sich einen Moment Zeit und schreiben Sie drei oder vier solcher Dinge auf. Manchmal sind es die kleinen Dinge, die schwierig oder gar unmöglich wirken, die uns – wenn sie einmal Wirklichkeit geworden sind – grundlegende Lektionen darüber vermitteln, wie man große Ziele erreicht. Es könnte einige Dinge in Ihrem Leben geben, die einst kaum erreichbar erschienen und die Sie inzwischen verwirklicht haben und als ganz normal ansehen. Das Gesetz der Vertrautheit besagt, dass wir dazu neigen, die Dinge ein wenig zu selbstverständlich zu nehmen, wenn sie uns lange genug umgeben. Wecken Sie also Ihre eigene Wertschätzung und erstellen Sie eine Liste über Ihre Errungenschaften.

Zweitens müssen Sie analysieren, welche Schritte Sie unternommen haben, um Ihren Traum zu verwirklichen. Machen Sie das jetzt gleich. Wählen Sie eine Ihrer Errungenschaften und erinnern Sie sich, welche Schritte Sie als Erstes unternommen haben? Schreiben Sie sie auf. Ich habe buchstäblich Zehntausende von Menschen darüber befragt, wie sie es geschafft haben, scheinbar unmögliche Dinge zu einem Teil ihres Lebens zu machen. Wie ist ihnen das gelungen? Wie haben sie es gemacht? Wir alle durchlaufen einen Prozess, und der besteht im Allgemeinen aus drei Schritten.

Erster Schritt: Lassen Sie Ihre Wünsche von der Leine und entwickeln Sie einen laserähnlichen Fokus. Dann geschieht etwas in Ihrem Inneren: Entweder fühlen Sie sich von einer Idee inspiriert, die Sie so begeistert, dass Sie Ihr Verlangen kaum bändigen können und von der Idee völlig besessen werden und sich mit laserähnlicher Intensität auf Ihr Vorhaben konzentrieren! Ihre Fantasie ist voll entfacht. Oder Sie treffen auf eine Mauer, eine Schwelle, eine innere Grenze und stellen fest, dass Sie nicht mehr so leben wollen wie bisher. Sie treffen die Entscheidung, niemals mehr zurückzublicken und konzentrieren sich intensiv auf Ihr neues Leben oder das Ziel Ihrer Wünsche. Das könnte ein neuer Arbeitsplatz, eine Veränderung Ihrer Beziehung oder Ihres Lebensstils sein. Sie lassen Ihre Wünsche und Bedürfnisse von der Leine, und worauf auch immer sich Ihr Fokus richtet, da fließt die Energie hin.

Haben Sie das schon einmal erlebt? Sie haben ein Auto oder ein neues Outfit gekauft und plötzlich haben Sie es überall gesehen? Was ist da passiert? Ein Teil Ihres Unterbewusstseins, das als retikuläres Aktivierungssystem bezeichnet wird, weiß, dass diese Sache nun eine Bedeutung hat, also achtet es auf alle Dinge in der Umgebung, die irgendwie damit in einem Zusammenhang stehen. Auto oder Outfit waren schon immer vorhanden, aber zuvor haben Sie sie nicht beachtet. Ihr Unterbewusstsein entwickelt eine selektive Wahrnehmung und lenkt Ihre Aufmerksamkeit darauf.

Das wird nun, da Sie dieses Buch lesen, auch passieren. Sie werden plötzlich auf die Gebühren achten, die Investmentfonds verlangen, und Sie werden den Begriff Portfoliostruktur beziehungsweise Asset Allocation hören. Sie werden plötzlich Dinge hören und auf Dinge achten, von denen Sie zuvor vielleicht gehört, aber sie nicht wirklich wahrgenommen haben – *Hochfrequenzhandel! Durchschnittskosteneffekt!* Diese Begriffe prägen sich in Ihre Wahrnehmung ein, weil Ihr Gehirn nun weiß, dass sie wichtig sind. Und wenn Sie diesen Hunger, dieses Verlangen und diesen Fokus erlangt haben, geschieht der zweite Schritt.

Zweiter Schritt: Sie handeln entschlossen und effektiv. Wenn Ihr Wunsch wirklich von allen Grenzen befreit ist und Sie sich wie besessen auf das konzentrieren, was Sie wollen, werden Sie alles tun, was nötig ist, um Ihren Traum Wirklichkeit werden zu lassen. Die Energie und Flexibilität, die Sie dabei entwickeln, kennen keine Grenzen. In Ihrem Herzen wissen Sie, dass entschlossenes Handeln das richtige Mittel ist, Ihr Ziel zu erreichen. Wenn Sie bereit sind, sich entsprechend ins Zeug zu legen, werden Sie Ihre Träume verwirklichen. Das haben Sie schon einmal geschafft, stimmt's? Vielleicht gab es eine Zeit, in der Sie das Mädchen, in das Sie verliebt waren, unbedingt sehen mussten. Also liehen Sie sich ein Auto und fuhren die ganze Nacht durch einen Schneesturm, nur um Ihre Liebe am College zu besuchen. Vielleicht haben Sie Berge versetzt, um Ihr Kind auf die beste Schule zu schicken. Wenn es sich um ein »Muss«-Ziel und nicht um ein »Kann«-Ziel handelt, werden Sie einen Weg finden.

Natürlich gibt es einen Vorbehalt: Sie müssen Ihre Anstrengungen so kanalisieren, dass sie auch Wirkung zeigen. Stellen Sie sich vor, Sie wären ohne Landkarte durch den Schneesturm gefahren und wären in der falschen Stadt gelandet? Sie können Ihre gesamte Anstrengung darauf konzentrieren, für die Zukunft zu sparen, aber wenn Sie Ihr Geld in eine private Altersversorgung investieren, die auf renditeschwachen Investmentfonds basiert und deren hohe Verwaltungsgebühren alle Sparanstrengungen zunichte machen, dann werden Sie Ihr Ziel nicht erreichen. Oder Sie können Ihr gesamtes Geld in eine einzige Unternehmensaktie investieren und zusehen, wie sie an einem einzigen Tag 40 Prozent an Wert verliert. Das heißt, selbst wenn Sie bereit sind, alles zu tun, was nötig ist, müssen Sie Ihren Plan immer noch mit Sorgfalt durchführen und Ihre Methode laufend anpassen. Handlungswille kombiniert mit einer effektiven Ausführung erzeugt wahre Magie. Dieses Buch ist Ihr Wegweiser, Ihre Vorlage, die Sie von Ihrem heutigen Standort zu Ihrem finanziellen Endziel bringen wird. Indem Sie konsequent effektiv handeln und Ihre Methode laufend anpassen und immer wieder neu an den Bedingungen ausrichten, kommen Sie Ihrem Traum immer näher. Es gibt aber noch ein abschließendes, außergewöhnliches Element, das eine wichtige Rolle dabei spielt, ob Ihr Traum am Ende Wirklichkeit wird oder nicht.

Dritter Schritt: Gnade! Einige nennen es Glück, Zufall, Schicksal oder Gottes Fügung. Ich nenne es Gnade: das Eingeständnis, dass es in dieser Welt mehr gibt, als nur uns Menschen, und dass uns möglicherweise eine höhere Macht das Privileg dieses Lebens verleiht und uns das Geschenk der Erkenntnis und der Orientierung macht, wenn wir dafür offen sind. Es ist erstaunlich, wie Gott, das Universum oder die Gnade – wie immer Sie es auch nennen wollen – uns zu Hilfe eilen und uns bei unseren Anstrengungen unterstützen, wenn wir die ersten zwei Schritte machen. Wir alle haben schon das Phänomen eines echten Glücksfalles erlebt. Etwas geschieht, für das es keine Erklärung zu geben scheint, also bezeichnen wir es als Zufall. Wir verpassen einen Zug und lernen dadurch die Person kennen, die wir am Ende heiraten. Wir springen für einen Freund oder eine Freundin ein, und das führt uns zu unserem Traumjob. Wir haben es uns weder im Vorhinein vorgestellt noch haben wir es verdient – es ist einfach passiert. Für mich ist das Gnade. Und je mehr Sie die Gnade anerkennen und wertschätzen, die Sie in Ihrem Leben bereits erfahren haben, desto mehr werden Sie beschenkt über das hinaus, was Sie selber geschaffen haben. In meinem Leben ist es wiederholt passiert, daher weiß ich, dass es das gibt. Ich weiß auch, dass es eine Verbindung zwischen Gnade und dem Gefühl der Dankbarkeit gibt. Wer dankbar ist, empfindet keine Wut. Wer dankbar ist, hat keine Angst.

Sind Sie bereit, nicht Verwalter Ihrer Lebensumstände zu bleiben, sondern zum Schöpfer Ihres eigenen Lebens zu werden? Wissen Sie, wofür Sie wirklich investieren? Für ein lebenslanges Einkommen! Werden Ihre Träume zu einem Teil Ihres Selbst, ein »Muss«, auf das sich Ihr Unterbewusstsein Tag und Nacht konzentriert? Sind Sie bereit, alles zu tun, was nötig ist, um sie Wirklichkeit werden zu lassen? Dann ist es Zeit, umzublättern ...

Es ist Zeit, einen Plan zu erstellen.

Kapitel 14
Wie lautet *Ihr* Plan?

Wenn Sie nicht wissen, wo Sie hinwollen,
wird kein Weg Sie an irgendein Ziel bringen.
HENRY KISSINGER

Herzlichen Glückwunsch! Sie haben bereits eine ziemliche Wegstrecke zurückgelegt! Sie haben drei große Schritte in Richtung finanzieller Freiheit unternommen. Sie haben die wichtigste Finanzentscheidung Ihres Lebens getroffen. Mit Ihrer Entscheidung, einen bestimmten Prozentsatz Ihres Gehalts automatisch in Ihren Freiheitsfonds zu leiten beziehungsweise diesen Prozentsatz zu erhöhen, sind Sie zum Investor geworden. Und Sie haben begonnen, eine Geldvermehrungsmaschine zu konstruieren, die Ihnen Freiheit verschaffen wird. Außerdem haben Sie gelernt, wie Sie sich vor den größten Lügen schützen können, mit denen man Ihnen das Geld aus der Tasche ziehen will. Und schließlich haben Sie Ihre Träume mit einem Preisschild versehen: Sie wissen nun, wie viel Einkommen Sie brauchen, um finanzielle Sicherheit und Unabhängigkeit zu erlangen. Nun nehmen wir das Wissen, das Sie sich über die Wirkung der Aufzinsung angeeignet haben, und wenden diese Geldvermehrungsprinzipien an. Gemeinsam werden wir einen Plan für Sie und Ihre Familie erstellen, der tatsächlich umsetzbar ist, unabhängig von der Ambitioniertheit Ihrer finanziellen Träume: Sicherheit, Vitalität oder Unabhängigkeit.

Nur eines noch, bevor wir loslegen. Die meisten Menschen sprechen nicht gerne über Geld. Nun, was wir hier besprechen, bleibt unter uns. Niemand wird Ihre Zahlen sehen, es sei denn, Sie zeigen sie freiwillig her. Das Einzige, das zählt, ist, dass Sie ehrlich zu sich selber sein müssen. Kein Aufrunden erlaubt und auch kein Zurechtbiegen der Wahrheit. Keine rosa Brille, wenn Sie die nackten Zahlen betrachten. Aber auch keine Selbstbehinderung, indem Sie einen derart konservativen Plan erstellen, der Ihnen das Gefühl gibt, Ihre

Ziele nie erreichen zu können. Seien Sie aufrichtig zu sich selbst und treffen Sie eine schonungslose Einschätzung Ihrer gegenwärtigen Finanzsituation. Nur so können Sie einen Plan erstellen, der *wirklich* funktioniert.

Sie können nur Ihre eigenen Karten ausspielen

Ein guter Freund von mir traf sich mit einigen Jugendfreunden in der Nähe meines Hauses in Palm Beach. Sie waren zusammengekommen, um ihren jeweiligen 50. Geburtstag zu feiern. Sie waren zusammen zur Grundschule gegangen und lebten während ihrer Highschool-Jahre im selben Viertel in einer klassischen Reihenhaussiedlung auf Long Island. Ihre Väter waren Freiberufler oder selbstständige Unternehmer, ihre Mütter Hausfrauen, und alle verdienten ungefähr das Gleiche. Was mir an dieser lebenslangen Freundschaft am meisten auffiel, waren die demografischen Daten. Während der prägenden Schuljahre verlief das Leben dieser Freunde sehr ähnlich, aber auf dem College gingen die Lebenswege auseinander:

Einer nahm einen Job bei einem führenden Finanzinstitut der Wall Street an.

Einer wurde Fotograf und öffnete ein Rahmengeschäft in Manhattan.

Einer wurde Bauunternehmer in den Mittelatlantikstaaten (New York, New Jersey, Pennsylvania).

Einer gründete ein Importunternehmen für gehobene Weine und Spezialitätenbiere – sogenanntes Craft Beer.

Einer wurde Ingenieur und arbeitete als Beamter in Südflorida.

Bei ihrem Treffen verglichen sie sich natürlich. Trotz der Einkommens- und Vermögensunterschiede waren alle ganz zufrieden – nicht auf exakt dieselbe Weise, aber zufrieden. Ihre Bedürfnisse wurden erfüllt. Viele ihrer Hoffnungen und Träume hatten sich ebenfalls erfüllt.

Bei diesem Treffen brachte mein Freund die Sprache auf einen frühen Manuskriptentwurf zu diesem Buch. Nach einigen Runden Bier drehte sich das Gespräch um Geld, und die Freunde stellten sich gegenseitig die gleiche Frage, die Sie im vorhergehenden Kapitel beantwortet haben: Wie viel Geld braucht man, um finanzielle Sicherheit zu haben oder den eigenen Ruhestand finanzieren zu können? Der Börsenexperte glaubte, er müsse mindestens 20 Millionen Dollar anhäufen, um seinen gegenwärtigen Lebensstil aufrechtzuerhalten, ohne arbeiten zu müssen. Der Fotograf aus Manhattan glaubte, 10 Millionen würden reichen. Der

Bauunternehmer glaubte, mit 5 Millionen Dollar auszukommen, vor allem, weil seine Kinder mit dem Studium fertig waren. Der Weinhändler hatte vor Kurzem erneut geheiratet. Obwohl er noch einmal Vater geworden war, war es ihm gelungen, ein Vermögen von 2 Millionen Dollar anzuhäufen. Und der Beamte, der darauf konditioniert war, im Rahmen seiner vorhandenen Möglichkeiten zu leben und sich im Alter auf eine lebenslange solide Pension zu freuen, meinte, er könne sorgenfrei leben.

Welcher dieser Freunde war dem Erreichen seines Ziels am nächsten? Wer hatte die richtige Zahl und den richtigen Plan, der ihn ans Ziel bringen würde? Das ist natürlich eine Fangfrage. Die Antwort hat nichts mit Geld zu tun. Sie »gewinnen« im Leben nicht, indem Sie das meiste Geld oder die meisten Besitztümer anhäufen. Und Sie gewinnen auch nicht, indem Sie versuchen, eine Abkürzung zu nehmen und mit einem vermeintlich todsicheren Tipp schnell reich zu werden.

Wie wird man zum Gewinner? Sie gewinnen, wenn Sie nach Ihren eigenen Regeln leben, und zwar möglichst gut und erfüllt, solange Sie können.

Sie erstellen einen Plan, der Ihren Bedürfnissen gerecht wird und der sich für Sie persönlich bewährt, und bei diesem Plan bleiben Sie. Das ist Erfolg, schlicht und einfach. Wenn Sie sich verkrampfen, sich ständig mit anderen vergleichen und versuchen, der Vorstellung nachzueifern, die andere von Erfolg und finanzieller Unabhängigkeit haben, und versuchen, einem flüchtigen Ziel nachzujagen, erreichen Sie gar nichts und sind höchstens frustriert. Wenn Sie die Ziele anderer Menschen verfolgen, machen Sie sich selbst zum Verlierer. Es ist vollkommen unwichtig, wie viel Ihr Nachbar hat, welches Auto er fährt oder wohin er in den Urlaub reist. Bei diesem Plan geht es nur um Sie, und um niemanden sonst.

An dem Tag, an dem du aufhörst, um die Wette zu laufen,
wirst du das Rennen gewinnen.
BOB MARLEY

Die Illusion des Vorteils

Haben Sie schon einmal die Leichtathletikwettkämpfe der Olympischen Spiele gesehen? Wenn man die Bahnen kurz vor dem Startschuss sieht, fragt man sich, ob der Sprinter auf der innersten Bahn nicht einen gewaltigen Vorteil vor dem Sprinter auf der äußersten Bahn hat. Rational wissen wir, dass alle Sprinter dieselbe Distanz zurücklegen müssen, aber visuell wirken die zueinander versetzten Startpositionen anders – unsere Augen täuschen uns. Die Startabstände dienen dazu, die Längenunterschiede der verschiedenen Bahnen des Stadionovals auszugleichen. Bei einem 400-Meter-Lauf betragen die Abstände zwischen den einzelnen Läufern jeweils sechs Meter.

Natürlich weiß jeder, dass es, physisch gesehen, keinen Vorteil bedeutet, auf der äußersten oder der innersten Bahn zu laufen. Jeder Läufer läuft dieselbe Strecke. Der Anschein eines Vorteils kann jedoch einen höchst wirksamen psychologischen Kick verleihen. Glaubt der Läufer, der ganz vorne in den Startlöchern steht, er sei in der Führungsposition? Verleiht ihm das einen Schub Selbstvertrauen oder beeinträchtigt es minimal seinen inneren Antrieb? Fühlt sich der Läufer »ganz hinten« wie der buchstäbliche Lumpensammler und rennt er deswegen ein wenig schneller, um den vermeintlichen Nachteil auszugleichen?

Kehren wir zu unseren fünf Freunden zurück und betrachten wir sie von außen. Es mag so wirken, als sei der Beamte völlig im Hintertreffen, und es mag auch so wirken, als habe der Börsenexperte die besten Voraussetzungen, um sein Ziel zu erreichen, aber das ist eine Illusion, und keine Realität. Niemand hat einen Vorsprung vor den anderen.

Bei unserem Thema gibt es keinen ersten oder letzten Platz. Das Leben ist kein Wettrennen. Häufig benutzen Menschen Geld und den Erwerb materieller Güter, um sich in ihrem Erfolg mit anderen zu messen: Wer hat das schönere Haus, das schickere Auto, das Sommerhaus in den Hamptons. Die Wahrheit lautet jedoch, dass wir nicht vorhersagen können, wie lange wir leben, oder ob wir im Alter gesund sein werden. Die Realität lautet, dass es egal ist, an welchem Ausgangspunkt wir stehen. Wichtig ist, wo wir enden. Und hier schien es, als zielten diese Freunde alle in die richtige Richtung – *jeder zu seinen eigenen Bedingungen und nach seiner eigenen Zeitplanung. Das ist einer der Gründe, warum sie alle mit ihrem Leben zufrieden waren.* Mit ein wenig Disziplin und Voraussicht hatten sie alle gute Chancen, das Rennen, das sie damals in der Grundschule gemeinsam begonnen hatten, zu gewinnen.

Die einzige Person, die Sie zu übertrumpfen versuchen sollten,
ist die Person, die Sie gestern waren.
UNBEKANNT

Ihr Plan

Nun, da Sie wissen, dass Sie Ihre einzige Konkurrenz sind, ist es Zeit, einen Plan und eine finanzielle Mustervorlage zu erstellen. Die gute Nachricht ist, dass Sie dafür lediglich sechs Fragen der *It's-Your-Money*-App* beantworten müssen. Wenn Sie diesen Vermögensrechner nutzen, haben Sie innerhalb weniger Sekunden die erste Version Ihres Plans. Hier finden Sie den Link: www.tonyrobbins.com/masterthegame.

Die sechs Fragen beziehen sich auf zwei Gebiete: Wo Sie sich derzeit befinden und zu was Sie bereit sind, um vorwärts zu kommen. Die wenigen Zahlen, die Sie für die Antworten brauchen, können Sie Ihren Aufzeichnungen entnehmen, vielleicht haben Sie sie auch im Kopf. Und wenn Sie sie gerade nicht zur Hand haben, können Sie einen ungefähren Schätzwert verwenden, um Ihre Dynamik nicht zu unterbrechen.

Auf Basis dieser Zahlen, das heißt, der Variablen, die Sie bestimmen – zum Beispiel, mit welchem Einkommenszuwachs Sie rechnen, wie viel Sie sparen wollen und welche Investitionsrendite Sie erwarten –, erstellt die App einen persönlichen Plan. Ihre Schätzwerte können konservativ oder aggressiv sein, Sie können auch beides ausprobieren und sich für den Mittelweg entscheiden. Das Schöne ist, wenn Sie die Zahlen erst einmal eingegeben haben, erledigt die App alles andere. Sie bekommen eine Mustervorlage für Ihre finanzielle Zukunft, einen klaren Plan, den Sie nur zu befolgen brauchen.

Wählen Sie Ihr eigenes Abenteuer

Den Vermögensrechner dieser App, die Sie gerade heruntergeladen haben, setze ich seit mehr als drei Jahrzehnten in meinen Workshops und Seminaren ein. Er ist einfach und flexibel und hat sich millionenfach bewährt. Der Rechner basiert auf einer Reihe konservativer Annahmen, aber Sie haben die Freiheit, diese Annahmen nach Ihren Vorstellungen zu verändern. Sie können sie konservativer oder aggressiver gestalten. Sie

* Die *It's-Your-Money-App* ist speziell für den US-amerikanischen Markt entwickelt und aufgrund der großen Unterschiede in den Altersvorsorgemodellen sowie der steuerlichen Behandlung von Investitionen in den USA und Deutschland nur stark eingeschränkt für den deutschen Markt nutzbar. Die Berechnungen der App basieren ausschließlich auf den Listen zu Einkommen und Ausgaben der Seiten 223ff. in diesem Buch und können daher auch ohne diese realisiert werden.

bestimmen! Also geben Sie die Zahlen ein, die zu Ihrem Lebensstil, Ihrer gegenwärtigen Realität und Ihren Zukunftsträumen passen. Wenn Ihnen das Ergebnis nicht gefällt, können Sie mit den Zahlen spielen und einen anderen Weg zu finanzieller Freiheit wählen. Im restlichen Kapitel werden wir zusammen die konkreten Schritte bestimmen, mit denen Sie Ihren Plan beschleunigen und seinen Erfolg garantieren können. In den nachfolgenden Kapiteln werden wir ihn dann erheblich optimieren ...

Einige Dinge sollten Sie noch beachten, bevor wir beginnen:

Einer der wichtigsten Faktoren ist der individuelle Steuersatz, der bei jedem anders ausfällt. Dieses Buch wird von Menschen aller Herren Länder gelesen, daher wollen wir das Thema möglichst einfach gestalten. Wo immer Sie auch leben, Sie werden auf den folgenden Seiten lernen, die steuersparenden Instrumente, die Ihr jeweiliges Land bietet, bestmöglich zu nutzen.

Dieser Rechner wird Ihnen drei potenzielle Szenarien vorstellen: eine Rendite von 4 Prozent, 5,5 Prozent und 7 Prozent. Ein konservativer, ein moderater und ein aggressiver Plan. Bei den angegebenen Prozentzahlen handelt es sich um Renditen nach Steuern. Einige werden diese Zahlen zu konservativ finden, anderen wiederum werden sie zu aggressiv erscheinen. Aber wie gesagt, Sie können sie nach Ihren Vorstellungen anpassen.

Wie sind wir auf diese Zahlen gekommen? Wenn Sie den Standard betrachten, den Charles Schwab gesetzt hat, werden Sie sehen, dass seine Organisation 10 Prozent als aggressive Rendite bezeichnet. Unsere App setzt die aggressive Rendite bei 7 Prozent an. Warum der Unterschied von drei Prozentpunkten? Schwab hat gezeigt, dass der Markt von 1972 bis 2012 eine durchschnittliche Rendite von 10 Prozent erzielt hat. Unser Rechner geht jedoch von rund 30 Prozent Steuern aus, sodass die Rendite auf knapp unter 7 Prozent sinkt. In den USA betragen die Steuern auf langfristige Investitionen lediglich 20 Prozent, das heißt, unsere App verwendet eher einen aggressiven Steuersatz.[1] Außerdem müssen Sie bedenken, dass Sie mit der Investition in eine nachgelagert besteuerte private Altersversorgung oder ein Annuitätenprodukt die Besteuerung in die Zukunft verlagern. Wenn Sie also eine Rendite von 10 Prozent erzielen, würden Sie von einer kontinuierlichen Aufzinsung auf dieser Basis profitieren, und die Steuern würden erst in der Zukunft fällig werden, nämlich wenn Sie beginnen, Geld aus

---

[1] Die deutsche Abgeltungssteuer beträgt 25 Prozent und unterscheidet nicht zwischen kurz- und langfristigen Investitionen.

dem Plan zu entnehmen. Wir verwenden die niedrigeren Renditen von 4, 5,5 oder 7 Prozent, um ein Polster für Fehler oder Renditedifferenzen einzubauen, falls Sie die angestrebte Rendite aus irgendeinem Grund nicht erzielen.[2]

Am konservativen unteren Ende werden Sie sehen, dass Vanguard 4 Prozent nach Steuern verwendet. Wir machen das jedoch ein wenig anders. Die meisten Amerikaner, die Geld zur Investition zur Verfügung haben, investieren es in einen der beiden steuerlich anerkannten Klassiker 401(k) oder Roth IRA, die sich im Wesentlichen in Bezug auf die steuerliche Behandlung, die Investmentoptionen und die arbeitgeberseitigen Höchstbeiträge unterscheiden. Welches ist die beste Option? Wir empfehlen, dass Sie der Roth-Option (oder dem Äquivalent, das Ihr jeweiliges Land bietet) folgen, es sei denn, Sie wären ganz sicher, dass Ihre Steuern in der Zukunft sinken werden (Glückspilz!). Regierungen auf der ganzen Welt, und insbesondere die der USA, haben mehr Geld ausgegeben, als sie besitzen. Wie werden sie ihre Schulden zurückzahlen? Indem sie die Steuern erhöhen. Bei einem Roth-Plan gehört die Rendite zu 100 Prozent Ihnen. Das bedeutet, wenn Ihre Investitionen eine Rendite von 7 Prozent erzielen, behalten Sie die kompletten 7 Prozent, ohne dass der Fiskus davon etwas für den Staatssäckel abzweigt. Beträgt die Rendite 10 Prozent, behalten Sie 10 Prozent.

Eine der effektivsten Methoden zur Beschleunigung der Geschwindigkeit, mit der Sie Ihre finanziellen Ziele erreichen – und nebenbei die schmerzloseste Art, die ich kenne – ist die Implementierung des bereits in Kapitel 3 vorgestellten Plans *Save More Tomorrow*, der mehr als 10 Millionen Amerikanern geholfen hat, ihr Vermögen auf beispiellose Weise zu steigern. Nehmen wir an, Sie würden 10 Prozent Ihres derzeitigen Einkommens in Ihren Freiheitsfonds investieren, aber Sie suchen nach einem Weg, Ihren Vermögensaufbau zu beschleunigen. Indem Sie sich auf den Plan *Save More Tomorrow* verpflichten, leiten Sie bei der nächsten zehnprozentigen Gehaltserhöhung 3 Prozent in den Freiheitsfonds. Die übrigen 7 Prozent stehen dann für Ihren heutigen Lebensstil zur Verfügung. Machen Sie das im nächsten Jahrzehnt dreimal, und Sie können bis zu 19 Prozent sparen – fast das Doppelte

2 Zum Zeitpunkt der Entstehung dieses Buches sind die Zinsen schon seit geraumer Zeit sehr niedrig. Die App wird bei einer eventuellen Zinsanhebung jedoch entsprechend aktualisiert. Außerdem können Sie jederzeit die Rendite eingeben, die am besten zu Ihren Zielen passt.

von dem, was Sie heute sparen. Und dabei müssen Sie auf nichts verzichten, weil diese zusätzlichen Ersparnisse ausschließlich auf zusätzlichem Einkommen basieren. Auf diese Weise können Sie Ihre Vermögensentwicklung deutlich beschleunigen und Ihre Finanzziele schneller erreichen.

Ich habe aus dieser Gleichung auch den Wert Ihres Hauses herausgerechnet. Einen Moment, bevor Sie Zetermordio schreien. Ich weiß, für viele von Ihnen ist das eigene Haus die größte Investition. Wenn Sie es mit einrechnen wollen, können Sie das tun. Ich habe es herausgerechnet, um Ihnen ein weiteres konservatives Sicherheitspolster zu bieten. Warum? Weil Sie immer irgendeine Behausung brauchen. Ich möchte nicht, dass Sie Ihren Plan auf Berechnungen gründen, die sich auf den Wert Ihres Hauses *verlassen.* Möglicherweise verkaufen Sie es in zehn Jahren mit einem erheblichen Gewinn. Oder Sie leben darin bis ans Ende Ihrer Tage, oder aber Sie müssen aufgrund unerwarteter Ausgaben den Gürtel enger schnallen und sich verkleinern. Egal, was passiert, Ihr Plan ist so angelegt, dass Sie den Kopf über Wasser behalten.

Warum all diese Sicherheitspuffer? Weil ich möchte, dass diese Zahlen dauerhaft real sind, und nicht nur in diesem Moment real erscheinen, sondern auch noch dann, wenn widrige Lebensumstände eintreten. Ich möchte aber auch, dass Sie Ihre eigenen Erwartungen übertreffen. Vor allem möchte ich, dass Sie mit absoluter Klarheit und Gewissheit wissen, dass die Projektionen, die wir gemeinsam erstellen, tatsächlich in Ihrer Reichweite liegen.

Wenn ich in die Zukunft blicke, strahlt sie so hell, dass mir die Augen brennen.
OPRAH WINFREY

Einen Trommelwirbel, bitte ...

Nun, da ich weiß, dass Sie bereit sind, tief in das Thema einzusteigen, klicken Sie auf »Enter« und lehnen Sie sich zurück während die App ausrechnet, wie Ihr restliches Leben aussehen wird. **Aber darum geht es eigentlich nicht.** Der wahre Wert dieses nächsten Schritts besteht darin, Ihnen zu zeigen, was vor Ihnen liegt – was realistisch und was möglich ist, was sich zu träumen und wofür es sich zu kämpfen lohnt. Mit dieser App können Sie verschiedene Ergebnisse ausprobieren und mit verschiedenen

Variablen spielen, um verschiedene Szenarien zu erstellen. Außerdem bietet sie Ihnen kurzfristig einen wirklich verfolgbaren Plan – eine Mustervorlage für Ihre finanzielle Zukunft.

Betrachten Sie die App als Ihren Personal Trainer in Finanzangelegenheiten. Auf Basis Ihrer »realen« Zahlen – Ersparnisse, Einkommen – errechnet sie unter Verwendung einer Reihe antizipierter Ergebnisse Ihre zukünftige Vermögensentwicklung. Machen Sie sich einstweilen noch keine Gedanken über konkrete Investitionsstrategien. Dazu kommen wir in Teil IV. Es ist wichtig, dass Sie eine Vorstellung davon bekommen, wie Ihr Geld sich vermehren kann, sobald Sie es für sich arbeiten lassen.

Denken Sie daran, dass der Fokus hier nicht auf der App oder darauf liegt, wo oder wie Sie Ihr Geld investieren. Die Übung dient zur Erstellung von Prognosen – ***dazu, einen Blick in die Kristallkugel der vielfältigen Möglichkeiten zu werfen.*** Wie würde Ihre Zukunft aussehen, wenn Sie eine Rendite von 6 Prozent erzielen könnten? Wie würde sie mit einer Rendite von 7 Prozent oder mehr aussehen? Wie viel mehr Geld hätten Sie in 10 Jahren? Oder in 20 Jahren? Was würde passieren, wenn Sie den Jackpot knacken und einen Weg finden würden, eine Rendite von 9 oder 10 Prozent zu erzielen? Denken Sie daran, dass eines der Investmentportfolios, die Sie in Kapitel 24 kennenlernen werden, in den vergangenen 33 Jahren eine durchschnittliche Rendite von knapp unter 10 Prozent erzielt und lediglich in vier Jahren Verluste erwirtschaftet hat (von denen einer nur 0,03 Prozent betrug)! Sobald Sie wissen, wie Topinvestoren vorgehen, stehen Ihnen zahlreiche Möglichkeiten offen.

Spielen Sie ein wenig mit den Zahlen, bis Sie eine Lösung finden, die Ihnen zusagt, die realistisch erscheint und der Sie vertrauen. In wenigen Minuten wissen Sie, welches Vermögen Ihnen Ihre Ersparnisse und die Wirkung der Aufzinsung bei verschiedenen Renditen einbringen werden.

Der erste Schritt ist der schwierigste.
MARIE DE VICHY-CHAMROND

Herzlichen Glückwunsch zu Ihrem ersten Plan. Sind Sie von den Ergebnissen begeistert? Sind Sie besorgt? Frustriert? Oder fühlen Sie sich angespornt? In der Zusammenarbeit mit zahllosen Menschen aus aller Welt habe ich im Verlauf der Jahre folgende drei Kategorien aufgestellt:

1. Junge Menschen mit hohen Schulden, die sich fragen, ob es ihnen jemals gelingen wird, finanzielle Sicherheit zu erreichen. Wie schön ist es, wenn sie feststellen, dass das möglich ist!

2. Menschen, die glauben, sie seien Lichtjahre von finanzieller Sicherheit entfernt, und überrascht oder sogar schockiert feststellen, dass sie tatsächlich nur einen Steinwurf davon entfernt sind – fünf, sieben oder zehn Jahre maximal. Einige haben sie bereits erreicht, haben es aber gar nicht gemerkt.

3. Menschen, die spät angefangen haben zu sparen und befürchten, dass sie den verlorenen Boden nicht mehr gutmachen können.

Schon lange erwachsen, aber immer noch Schulden aus dem Studium

Beginnen wir mit einem jungen, verschuldeten Menschen. Wie viele der jungen Menschen, die zur Millenniumsgeneration gehören, schloss Marco sein Studium mit hohen Schulden für seinen Ausbildungskredit ab. Als 33-jähriger Ingenieur, der immerhin 75.000 Dollar pro Jahr verdient, zahlt er 20.000 Dollar pro Jahr ab. Wie viele Amerikaner hatte Marco das Gefühl, die Schulden beherrschten sein ganzes Leben. Er hatte das Gefühl, er würde sie nie mehr los (und wahrscheinlich wäre das auch so, wenn er lediglich die Mindestraten zurückzahlen würde). Allerdings ging Marco davon aus, dass sein Gehalt langsam aber sicher steigen würde, und zwar um 3 bis 5 Prozent pro Jahr. Nachdem wir gemeinsam an einem neuen Plan für Marco gearbeitet hatten, beschlossen wir, 5 Prozent für die Abzahlung des Ausbildungskredits beiseite zu legen. Und Marco war bereit, darüber hinaus 3 Prozent aller zukünftigen Gehaltserhöhungen in seinen Freiheitsfonds einzuzahlen.

Was würde das Ergebnis dieses neuen Plans sein? Wie wäre es mit einem schuldenfreien Leben in sieben Jahren? Außerdem konnte Marco die 5 Prozent, die er nun für die Abzahlung seiner Schulden abzweigte, anschließend ebenfalls in seinen Freiheitsfonds investieren und den Vermögensaufbau auf diese Weise beschleunigen. Mit seinen Ersparnissen und dem Investmentplan könnte Marco in 20 Jahren finanzielle Sicherheit erreichen. Das mag nach einer langen Zeit klingen, aber dann wäre er gerade einmal 53 Jahre alt. Und nur sieben Jahre später, also mit 60 Jahren, könnte er finanziell unabhängig sein – ganze fünf Jahre vor der Rente, und das mit einem höheren Jahreseinkommen, als er sich je vorgestellt hätte! Marco, der sich bisher gesorgt hatte, seine Schulden nie mehr loszuwerden, sah nun einer Zukunft der echten finanziellen Unabhängigkeit entgegen. Und noch besser: Innerhalb fünf weiterer Jahre, also mit 65, würde er mit seinem wachsenden Vermögen und den Rentenleistungen finanzielle Freiheit erlangen, so wie er diesen Begriff definierte. Das war eine Aussicht, die für ihn zuvor unvorstellbar gewesen war. Vergessen Sie nicht, dass er mit nichts als Schulden begann!

Was zu schön wirkt, um wahr zu sein … könnte tatsächlich wahr sein

Dann gibt es noch die zweite Kategorie an Menschen, nämlich diejenigen, die ihren Plan betrachten und meinen, da stimme etwas nicht. Ihr Rechner funktioniere nicht! Nach ihrem Dafürhalten erreichen sie die finanzielle Vitalität oder Unabhängigkeit viel zu schnell. »Das kann nicht sein«, ist ihre erste Reaktion. »Es ist nicht möglich, dass ich in fünf, sieben oder acht Jahren schon finanzielle Unabhängigkeit erreiche. Das ist ausgeschlossen!« In ihren Köpfen spukt die Vorstellung, sie müssten 20 oder 30 Jahre schuften und buckeln.

Diese Vorstellung geht auf die astronomische Summe zurück, die sie in ihrem Kopf hatten – die 10, 20 oder 30 Millionen Dollar, die ihre Träume ihrer Meinung nach kosten würden –, die aber nichts mit der Realität zu tun hatte, weil sie viel zu hoch war. Sie war völlig aus der Luft gegriffen.

Katherine, die an einem meiner Wealth-Mastery-Seminare teilgenommen hatte, ist ein ausgezeichnetes Beispiel. Sie war eine clevere Geschäftsfrau, die für ihre finanzielle Sicherheit 100.000 Dollar pro Jahr benötigte – nach dem Standard vieler Menschen eine hohe Summe, nach ihrem persönlichen Standard eher nicht. Um finanzielle Unabhängigkeit zu erreichen, brauchte sie 175.000 Dollar. Mit dieser Summe konnte sie ihren derzeitigen Lebensstil aufrechterhalten, ohne arbeiten zu müssen. Katherine ging davon aus, dass es bis dahin noch 20 Jahre dauern würde.

Wollen Sie wissen, was passierte, als Sie mit meinem Team die Zahlen durchspielte? Zum einen stellte sie fest, dass ihr derzeitiges Unternehmen einen Nettogewinn von mehr als 300.000 Dollar erzielte und pro Jahr fast 20 Prozent wuchs. Mit der Hilfe meines Teams und ein wenig Recherche fand sie heraus, dass sie ihr Unternehmen aktuell für das Sechsfache seiner gegenwärtigen Gewinne verkaufen konnte, soll heißen, insgesamt 1,8 Millionen Dollar. Was heißt das?

Nun, wenn sie ihr Unternehmen verkaufte und eine Rendite von 5 Prozent auf die 1,8 Millionen Dollar erzielte, würden ihre jährlichen Kapitalerträge 90.000 Dollar betragen. Sie besaß bereits andere Geldanlagen, die ihr mehr als 10.000 Dollar pro Jahr einbrachten. Mit einem Jahreseinkommen von 100.000 Dollar hätte Katherine bereits finanzielle Sicherheit!

Katherine war tief beeindruckt, aber auch verwirrt. Sie sagte, sie wolle ihr Unternehmen aber noch nicht verkaufen. Ich sagte ihr, ich wolle sie auch gar nicht zum Verkauf drängen, sie müsse das beileibe nicht machen. Aber sie solle sich bereits als Gewinnerin sehen und erkennen, dass sie bereits finanzielle Sicherheit besitze. Warum? Weil sie Vermögenswerte besitzt, die das Einkommen generieren, das sie hier und jetzt braucht. Außerdem könnte sie mit der aktuellen Wachstumsrate ihres Unternehmens ihr Geschäft in den nächsten dreieinhalb Jahren verdoppeln. Selbst wenn diese Wachstumsrate um die Hälfte auf 10 Prozent schrumpfen würde, wäre ihr Unternehmen in sieben Jahren 3,6 Millionen Dollar wert. Wenn Katherine es zu diesem Zeitpunkt verkaufen würde (3,6 Millionen × 5 Prozent = 180.000 Dollar pro Jahr, ohne arbeiten zu müssen), würde sie finanziell unabhängig sein. In dreieinhalb Jahren und nicht in 20 Jahren! Und das ohne jede weitere Geldanlage!

Ganz nebenbei: Was ich unter anderem Unternehmenseignern im Rahmen meines Business-Mastery-Programms zeige, ist ein wenig bekanntes Instrumentarium an Strategien, mit denen Sie einen Teil Ihres Unternehmens (oder sogar eine entscheidende Mehrheit) verkaufen und es immer noch leiten und von ihm profitieren können. Das ermöglicht Ihnen einen größeren Cashflow, mit dem Sie heute Ihre finanzielle Freiheit gewährleisten können, während Sie weiterhin die Freiheit und die Erfüllung genießen, das Unternehmen, mit dem Sie sich identifizieren, zu expandieren.

Sie können spät zur Party kommen und trotzdem gewinnen

Gehen wir zurück zu Angelas Geschichte. Angela repräsentiert aus finanzieller Perspektive den amerikanischen Durchschnittsbürger. Sie ist 48 Jahre alt, hat das Leben eines echten Freigeists gelebt, ist viel gereist, hat die Welt umsegelt und nie auch nur einen Cent gespart oder investiert. Nach der Lektüre des ersten Buchabschnitts hat sie sich fest vorgenommen, 10 Prozent ihrer Einkünfte zu sparen, aber sie steht vor einer großen Herausforderung: Sie fängt einfach spät an, hat also weniger Zeit, um von der Aufzinsung zu profitieren.

Als Angela die Summe, die sie für ihre finanzielle Sicherheit benötigte, erstmalig berechnete, kam sie auf 34.000 Dollar pro Jahr. Für ihre finanzielle Unabhängigkeit würde sie 50.000 Dollar benötigen. Auf den ersten

Blick war sie von den Zahlen begeistert. Sie hatten keine sieben Nullen und bewegten sich in einer Größenordnung, mit der sie sich anfreunden konnte. Allerdings brachte sie die Zeitschiene, die zu ihrer Erreichung nötig war, wieder auf den Boden der Tatsachen zurück. Da sie spät anfing und nur 10 Prozent ihres Einkommens sparte, würde sie 24 Jahre brauchen, um finanzielle Sicherheit zu erlangen. Wäre sie 41 Jahre alt, wäre das eine tolle Sache, weil sie ihr Ziel mit 65 erreichen würde. Aber da sie schon 48 Jahre alt war, würde sie ihr Ziel erst mit 72 Jahren erreichen. Das war zwar auf jeden Fall besser, als gar keine finanzielle Sicherheit zu erreichen, und sie war auch froh zu wissen, dass sie dieses Ziel schaffen konnte. Dennoch war sie nicht allzu begeistert darüber, dass sie einen langen Weg vor sich hatte.

Was konnte sie tun, um schneller an ihr Ziel zu gelangen? Eine Möglichkeit wäre, ihre Sparquote zu erhöhen und das Geld zu investieren. Sie sparte bereits 10 Prozent. Da sie nie zuvor etwas zurückgelegt hatte, erschien ihr das als eine hohe Summe, aber indem sie sich auf den Plan *Save More Tomorrow* verpflichtete, konnte sie schmerzlos mehr sparen, sobald sie eine Gehaltserhöhung erhielt und ihren Vermögensaufbau auf diese Weise beschleunigen. Eine andere Möglichkeit wären Geldanlagen mit einem etwas höheren Risiko, die ihre Rendite auf 7 Prozent oder mehr steigern würden. Natürlich ist mit höheren Renditechancen ein gleichermaßen hohes Verlustrisiko verbunden. Aber es stellte sich heraus, dass es noch ein viel einfacheres Element gab, das wir übersehen hatten. Glücklicherweise hatte Angela noch eine Waffe in ihrem Arsenal. Sie hatte einen großen Teil ihrer zukünftigen Einkünfte ausgelassen, den viele Menschen nicht in ihre finanzielle Planung einbeziehen: die staatliche Rente.

Angela war mit ihren 48 Jahren nur 14 Jahre vom Mindestrentenalter entfernt, in dem sie – mit den entsprechenden Abzügen – in den Ruhestand gehen konnte, und 17 Jahre von ihrem regulären Rentenalter. Mit 62 Jahren konnte sie mit einer Rente von 1.250 Dollar pro Monat rechnen, oder 15.000 Dollar pro Jahr. Die 34.000 Dollar, die sie für ihre finanzielle Sicherheit benötigte, reduzierten sich also plötzlich auf 19.000 Dollar. Als wir mit den korrigierten Zahlen rechneten, verkürzte sich die Zeit bis zum Erreichen des Ziels um ein ganzes Jahrzehnt. Anstatt mit 72 Jahren finanzielle Sicherheit zu erreichen, würde sie sie mit 62 Jahren erreichen! In 14 Jahren konnte Angela mit finanzieller Sicherheit rechnen. Nun würde sie genügend Einkünfte haben, um nicht mehr für ihre Hypothek, Strom,

Wasser und Telefon, Nahrung, Transport und eine grundlegende Gesundheitsversorgung arbeiten zu müssen – für Angela ein echtes Gefühl von Freiheit.

Das Unmögliche wurde möglich. Und raten Sie, was noch passierte! Sobald Angela erkannte, dass die finanzielle Sicherheit in Reichweite lag, nutzte sie ihre Begeisterung und die Dynamik des Augenblicks, um zu sagen, »Hey, das lässt sich noch steigern. Wenn ich mit 62 Jahren finanzielle Sicherheit erlange, warum soll ich dann nicht finanzielle Unabhängigkeit anpeilen? Ich werde einen Weg finden, um finanziell unabhängig zu werden, und das nicht mit 70 oder 80, sondern in meinen Sechzigern!« Ihr Preis für finanzielle Unabhängigkeit? 50.000 Dollar – lediglich 16.000 Dollar mehr pro Jahr, als sie für ihre finanzielle Sicherheit benötigte.

Angela machte einen weiteren Schritt. Nachdem sie Kapitel 18 gelesen hatte, fand sie einen Weg zur nochmaligen Beschleunigung ihres Vermögensaufbaus. Sie wollte schon immer eine Immobilie besitzen, die Einkünfte generierte, und lernte einige einfache Methoden kennen, um über öffentliche und private Immobilientrusts in Seniorenresidenzen (betreutes Wohnen) zu investieren (darauf kommen wir in Teil IV noch ausführlicher zu sprechen). An späterer Stelle werden wir noch über die Details sprechen, hier soll der kurze Hinweis genügen, dass Seniorenresidenzen eine Methode sind, um in Immobilien zu investieren, die Einkünfte generieren und die gewissermaßen an eine »demografische Unvermeidlichkeit« geknüpft sind. Wenn Angela über die nächsten 20 Jahre monatlich 438 Dollar (oder 2.265 Dollar pro Jahr) investiert und wir von einer Reinvestition der Renditen ausgehen, wird sie in 20 Jahren 228.572 Dollar angehäuft haben. (Hinweis: Dieser Berechnung liegt eine Dividenden-/Einkommenszahlung von 7 Prozent zugrunde. Das entspricht der aktuellen Rate, die eine Vielzahl von Immobilientrusts für diese Art Immobilieninvestition bieten.)

Die Summe, die Angela anhäuft, wird 16.000 Dollar an Einkünften generieren (ausgehend von jährlichen Einkünften in Höhe von 7 Prozent), sodass sie ihr Stammkapital nie angreifen muss, es sei denn, sie wollte es! Ein letzter großer Nutzen? Angela muss aufgrund der steuerlich wirksamen Abschreibung auf Sachanlagen keine Einkommensteuer auf diese Einkünfte zahlen.

Marco, Katherine und Angela sind reale Menschen, so wie Sie und ich. Auch Ihre Pläne sind erreichbar, und genau wie diese drei Personen können Sie vielleicht schneller an Ihr Ziel kommen, als gedacht. Nehmen Sie Ihren ersten Plan nicht als in Stein gemeißelt. Betrachten Sie ihn als Ausgangspunkt. In den folgenden Kapiteln werde ich Ihnen fünf Methoden vorstellen, mit denen Sie Ihren Vermögensaufbau beschleunigen können.

Drachen steigen gegen den Wind, nicht mit dem Wind.
WINSTON CHURCHILL

Ob Sie sich über die Zahlen freuen, die Ihr Plan auswirft, oder ob Sie über den langen Weg, der vor Ihnen liegt, enttäuscht sind, lassen Sie sich nicht entmutigen. Enttäuschungen sind immer schwer zu verkraften. Oft dienen Sie aber als Tritt in den Allerwertesten, der Sie aufrüttelt und zum entschlossenen Handeln motiviert. **Denken Sie immer daran, es sind nicht die Umstände, sondern die Entscheidungen, die unser Leben bestimmen.** Enttäuschungen können als Motor oder als Bremse wirken. Ich habe beschlossen, sie als Antrieb zu nehmen. Und ich hoffe, das gilt auch für Sie. Viele kommen bei ihrer Planung nicht einmal an diesen Punkt, weil sie sich vor der möglichen Enttäuschung fürchten, falls die errechneten Zahlen nicht das ergeben, was sie sich wünschen. *Sie haben die Herausforderung und das Versprechen dieses Buches jedoch angenommen.*

Ich erinnere mich noch lebhaft an eine Reise am Unabhängigkeitstag, die ich vor 20 Jahren mit dem Filmproduzenten Peter Guber und einer Gruppe von Spitzenführungskräften auf die Inseln Nantucket und Martha's Vineyard unternahm. Wir befanden uns auf Peters Privatjacht und eine Gruppe dieser Wirtschaftsmogule prahlte damit, dass sie in dem Jahr mit einem einzigen Film 20 und 25 Millionen Dollar verdient hatten. Mir fiel die Kinnlade herunter – die Zahl haute mich einfach um. Mit meinen 30 Lenzen dachte ich, ich verdiene ganz gut, und jetzt hing ich auf einer Jacht mit diesen Filmmogulen ab, die einen völlig verrückten Lebensstil hatten. Es dauerte nicht lange, und ich war davon angesteckt.

Diese Erfahrung hatte mich aufgerüttelt, aber sie ließ mich auch verschiedene Fragen stellen: Was wollte ich in meinem Leben wirklich erschaffen? Würde es mir überhaupt gelingen? Damals sah ich keine Möglichkeit, mit meiner Kernkompetenz Coaching für andere Menschen so viel Mehrwert zu erzielen, dass ich damit jemals meine finanzielle Freiheit erreichen könnte.

Es war natürlich total unfair, mich und meine bisherigen Leistungen mit diesen Männern zu vergleichen. Ich war 30 Jahre alt; Peter und seine Freunde aus dem Filmbusiness waren alle zwischen Anfang und Mitte 50. Mein Freund Peter befand sich auf dem Höhepunkt seiner Karriere; meine hatte gerade erst begonnen. Er zählte 52 Oscar-Nominierungen und eine Flut an Kassenschlagern, die mit seinem Namen verbunden waren. Gewiss, ich machte mir selber gerade einen Namen und leitete ein erfolgreiches Unternehmen, aber zwischen dem finanziellen Erfolg von Peter und seinen Freunden und meinem lagen Welten. Und während ich mich auf der Jacht mit jenen Männern verglich, tat ich, was so viele Menschen ungerechterweise tun: Ich ging hart mit mir ins Gericht, weil ich mit diesen Mogulen nicht mithalten konnte.

Die Schönheit des Augenblicks an jenem Tag lag darin, dass er mich in eine völlig neue und merkwürdige Umgebung versetzte, und irgendetwas veränderte sich dadurch in mir. Ich befand mich meilenweit außerhalb meiner Komfortzone. Ich fühlte mich, als gehöre ich nicht dazu – als ob ich es nicht verdiente, dort zu sein. Haben Sie jemals etwas Ähnliches empfunden? Es ist erstaunlich, was unser Gehirn macht, wenn wir es nicht bewusst steuern.

Und dennoch ist der Kontrast eine schöne Sache. Wenn man von Leuten umgeben ist, die das Leben souveräner meistern als die meisten, dann wird man entweder deprimiert, wütend oder fühlt sich inspiriert. An jenem Tag wurde mir klar, dass ich keine Jacht wollte, aber ich fühlte mich inspiriert, mich intensiver anzustrengen und intelligenter zu handeln. Ich erkannte, dass ich so viel mehr tun, geben und sein könnte und das Beste noch vor mir lag. Außerdem wurde mir bewusst, wie unglaublich wertvoll die Erfahrung war, mich an diesem Punkt in meinem Leben unbehaglich zu fühlen und mich in eine Umgebung zu begeben, in der ich mich nicht souverän oder überlegen fühlte.

Natürlich war Peter von all diesen Gedanken weit entfernt. Er hatte einfach einige gute Freunde zu einem Ausflug am Unabhängigkeitstag eingeladen – ein Geschenk aus Zuneigung! Tatsächlich hatte er mir eine Welt der unbegrenzten Möglichkeiten gezeigt. Diese Erfahrung trug dazu bei, die Wahrheit in mir zu erwecken. Mir wurde klar, dass ich die Fähigkeit besaß, alles zu erschaffen, was ich wollte. Vielleicht wollte ich nicht die gleichen Spielzeuge für große Jungs, aber auf alle Fälle wollte ich die gleiche Art Auswahlmöglichkeiten für meine Familie. Heute mit Anfang 50 sind jene scheinbar unerreichbaren Visionen einfach ein Spiegelbild der Wirklichkeit, in der ich lebe. Und ich will immer noch keine Jacht!

Eines will ich klarstellen. Es geht hier nicht um Geld. Es geht um Wahlmöglichkeiten, um Freiheit. Es geht darum, nach Ihren eigenen Bedingungen zu leben, statt nach den Bedingungen, die andere Ihnen diktieren.

Beklagen Sie sich nicht.

Sagen Sie nicht, ich kann nicht.

Erfinden Sie keine Story.

Treffen Sie stattdessen hier und jetzt eine Entscheidung!

Entdecken Sie Ihre Gabe und stellen Sie sie in den Dienst möglichst vieler Menschen.

Wenn Sie stärker, klüger, mitfühlender und kompetenter werden, dann lohnt sich ihr Ziel.

Jim Rohn, einer meiner ersten Mentoren, lehrte mich Folgendes: »Was du bekommst, wird dich nie glücklich machen; wer du wirst, wird dich entweder sehr glücklich oder sehr traurig machen.« Wenn Sie jeden Tag einen kleinen Fortschritt machen können, werden Sie die Freude empfinden, die sich mit persönlichem Wachstum einstellt. Und das führt zu einer der vielleicht wichtigsten Lektionen, die ich über ambitionierte Ziele und Leistung gelernt habe.

Die meisten Menschen überschätzen, was sie in einem Jahr leisten können, und sie unterschätzen massiv, was sie in einem oder zwei Jahrzehnten vollbringen können. Fakt ist: Sie sind nicht der Verwalter Ihrer Lebensumstände, sondern der Architekt Ihres Lebens und der Erfahrungen, die Sie in seinem Verlauf machen.

Nur weil etwas nicht direkt zum Greifen nah ist, sollten Sie nicht die Macht unterschätzen, die darin liegt, konsequent und überlegt zu handeln.

Die Aufzinsung sorgt dafür, dass das, was unmöglich erscheint, möglich wird. Ob Sie Ihren Finanzplan lieben oder hassen, ob Sie aufgeregt sind oder sich fürchten, lassen Sie uns Ihren Plan hier und jetzt noch überzeugender und effektiver gestalten. Wir wollen Ihren Vermögensaufbau beschleunigen, und dafür wollen wir die fünf Elemente betrachten, die das leisten können.

Kapitel 15
Schneller zum Ziel:
1. Sparen Sie mehr und investieren Sie die zusätzliche Summe

Wenn alles so aussieht, als hätten Sie es unter Kontrolle,
bewegen Sie sich nicht schnell genug.
MARIO ANDRETTI

Glückwunsch, Sie haben soeben einen gewaltigen Schritt in Richtung finanzielle Freiheit gemacht! Die meisten Menschen nehmen sich nicht die Zeit, um sich einen umfassenden Überblick über ihre Finanzlage zu verschaffen und einen Plan zu erstellen. Und diejenigen, die es tun, lassen sich oft von allen möglichen Gefühlen überwältigen. Finanzen sind eine große Sache, und sie wirken einschüchternd. Ich kenne das Gefühl. Aber nun, da Sie sich dazu durchgerungen haben, nehmen Sie sich einen Moment, um Ihren Sieg auszukosten. Und fragen Sie sich: Wie fühlt sich der Plan wirklich an? Fühlen Sie sich gut, wenn Sie an Ihre Zukunft und die Ihrer Familie denken? Sind Sie aufgeregt, weil Sie gemerkt haben, dass die Verwirklichung Ihrer finanziellen Träume näher ist, als Sie dachten? Oder quält Sie der Gedanke, dass Sie vielleicht nie auch nur in die Nähe Ihrer Träume kommen; dass Sie so hoch verschuldet sind, dass Sie sich fragen, ob Sie *jemals* aus diesem finanziellen Loch herauskommen?

Was immer Ihre derzeitige Situation ist, sie ist in Ordnung. Sie haben einen langen Weg zurückgelegt und bereits große Schritte unternommen, und an diesem Punkt gibt es kein Zurück mehr. Sie haben Gehen gelernt, jetzt werden Sie lernen zu sprinten. Ziel dieses kurzen Kapitels ist, Sie dazu zu bewegen, darüber nachzudenken, wie Sie Ihre Finanzziele schneller erreichen, als Sie für möglich halten. Träumen Sie in großen Dimensionen. Erstellen Sie einen Plan, um Ihre Träume wahr werden zu lassen.

Und dann suchen Sie Wege, um schneller ans Ziel zu kommen. Hatten Sie je einen irrsinnig hektischen Tag, haben sich in einem Wettrennen gegen die Zeit totgeschuftet und konnten dann unverhofft früh Ihre Arbeit erledigen? Diese ein oder zwei zusätzlichen Lebensstunden, die Sie zurückgewinnen, sind ein absolutes Geschenk – ein Bonus, der Ihnen das Gefühl gibt, die Welt sei auf Ihrer Seite. Sie gehen in den Fitnessklub oder eine Runde Joggen, gehen auf einen Cocktail mit Freunden aus oder rasen nach Hause, um Ihre Kinder ins Bett zu bringen.

Ich reise wie ein Verrückter, bin ständig in anderen Ländern, auf verschiedenen Kontinenten, reise kreuz und quer durch verschiedene Zeitzonen und fliege um die Welt wie das buchstäbliche Pendant eines Harlem Globetrotters. Wenn ich an irgendeinem Ort früh eintreffe, wenn ich in meiner Woche ein kleines Zeitfenster habe, um meine Energien neu zu bündeln oder Zeit mit meiner Frau oder meiner Familie verbringe, fühle ich mich energiegeladen und voll freudiger Spannung. Ich habe soeben *zusätzliche Zeit* gefunden!

Und wenn diese zusätzliche Zeit länger dauern würde als ein oder zwei Stunden? Wenn Sie nicht nur eine Stunde pro Tag herausschinden könnten, sondern finanziell betrachtet, zwei Jahre Ihres Lebens gewinnen könnten? Oder fünf Jahre? Vielleicht sogar ein ganzes Jahrzehnt, in dem Sie die Freiheit besitzen, nicht für Ihren Lebensunterhalt arbeiten zu müssen? Das ist das Versprechen, das ich auf diesen Seiten abgebe. Selbst wenn Ihr derzeitiger Plan nicht so wirkt, als könne Ihnen das gelingen, wird dieses Kapitel Ihnen zeigen, wie Sie Ihren Plan verändern und ein solches Fenster in Ihrem Leben finden können – das zusätzliche Geld, die zusätzliche Zeit, diese ultimative Freiheit.

Wer Zeit gewinnt, gewinnt alles.
BENJAMIN DISRAELI

Wenn Sie die Entwicklung beschleunigen wollen, stehen Ihnen fünf zentrale Strategien zur Verfügung. Sie können eine, mehrere oder alle anwenden, das ist Ihre Entscheidung. Jede einzelne kann Ihren Vermögensaufbau erheblich beschleunigen und dazu beitragen, dass Sie Ihr persönliches Finanzziel schneller erreichen. Wenn Sie mehrere Strategien kombinieren, ist Ihr Plan unschlagbar.

Sie können reich sein, indem Sie mehr haben, als Sie brauchen, oder indem Sie weniger brauchen, als Sie haben.
JIM MOTT

Erste Strategie: Sparen Sie mehr und investieren Sie die zusätzliche Summe

Die erste Methode zur Beschleunigung Ihrer Vermögensentwicklung besteht darin, mehr zu sparen, damit das zusätzliche Geld von der Aufzinsung profitiert. Ich weiß, das ist nicht das, was Sie hören wollen. Vielleicht denken Sie »Tony, ich brauche jeden Cent. Ich kann auf keinen Fall noch mehr Geld sparen.« Wenn das stimmt, dann denken Sie, bevor wir weitersprechen, bitte an den Mythos, den Sie in Kapitel 12 kennengelernt haben – die Lügen, die wir uns selber einreden. Die beste Strategie, um das eigene Überzeugungssystem zu überwinden, besteht darin, sich ein neues auszudenken! Sie können aus einem Fels kein Wasser pressen, aber Sie können Ihre innere Einstellung und Ihre Überzeugungen verändern.

Selbst wenn Sie überzeugt sind, dass Sie absolut keinen weiteren Cent entbehren können, hat uns der Nobelpreisträger Richard Thaler gezeigt, dass das sehr wohl möglich ist – *Save More Tomorrow*. Erinnern Sie sich an die Arbeiter, die sagten, sie könnten auf keinen Fall sparen? Nach nur fünf Jahren und drei Gehaltserhöhungen sparten sie 14 Prozent. Und 65 Prozent von ihnen sparten sogar 19 Prozent! Sie können das auch, und mit dieser Strategie gelingt Ihnen das auf schmerzlose Weise. Jetzt wollen wir einige neue Strategien aufgreifen.

Was wäre, wenn Sie auf einen Schlag eine stattliche Summe sparen und in Ihren Freiheitsfonds investieren könnten und Sie das keinen Cent extra kosten würde? Gefällt Ihnen diese Idee? Lassen Sie uns einen Blick auf eine der größten Investitionen Ihres Lebens werfen: Ihr Haus. Wie so vielen Menschen ist Ihnen ein eigenes Haus wichtig; etwas, das Sie entweder anstreben oder schon mit Stolz besitzen. Und dieses Haus beansprucht wahrscheinlich den größten Anteil an Ihren monatlichen Ausgaben.

Wie würden Sie sich fühlen, wenn Sie auf Basis Ihrer Wohnimmobilie zusätzliche 250.000, 500.000 oder sogar 1 Million Dollar sparen könnten? Klingt unmöglich? Nein, ich spreche nicht über die Refinanzierung

Ihrer Hypothek zu geringeren Raten, wenngleich das eine schmerzlose Methode ist, um Hunderte, wenn nicht sogar Tausende von Dollar monatlich zu sparen.

Das Geheimnis der Banker

Sie müssen nicht auf einen leichten Marktrückgang warten, um Geld auf Ihre Hypothek zu sparen. Zu dem Zeitpunkt, da Sie dieses Buch lesen, sind die Raten möglicherweise schon wieder im Anstieg begriffen. Sie können Ihre Hypothekenzahlungen aber trotzdem ab dem nächsten Monat um die Hälfte reduzieren, ohne die Bank zu involvieren oder die Bedingungen Ihres Hypothekenkredits zu verändern. Wie? Lassen Sie mich Ihnen eine simple Frage stellen. Nehmen wir an, Sie würden ein Hypothekendarlehen beantragen, welche Option wäre Ihnen lieber?

Erste Option: 80 Prozent Ihrer kombinierten Hypothekenzahlungen fließen in die Zinsen, oder
Zweite Option: Feste Ratenzahlungen über 30 Jahre zu einem Zinssatz von 6 Prozent

Denken Sie kurz darüber nach. Was meinen Sie? Fühlen Sie sich von der zweiten Option angezogen? Klingt die erste Option verrückt? Haben Sie es so gemacht wie so viele und sich für die zweite Option entschieden? Oder haben Sie die erste Option gewählt?

Die Antwort: Es ist völlig egal. Beide Optionen sind identisch. Wenn Sie auf der gepunkteten Linie unterschreiben und sich damit für die festen Raten über eine Laufzeit von 30 Jahren und einer Verzinsung von 6 Prozent entschieden haben, fließen ganze 80 Prozent Ihrer Ratenzahlungen in die Zinsen. Damit haben Sie nicht gerechnet, stimmt's? Wie viel kosten Sie die Zinsen über die gesamte Hypothekenlaufzeit? Sind es 30 oder 40 Prozent zusätzlich? Vielleicht sogar 50 Prozent oder noch mehr? Sie wollen das Geheimnis der Bank wissen? Ihre Zinszahlungen verleihen Ihrem Darlehen einen zusätzlichen Wert von *100 oder mehr Prozent*. Das Haus für eine halbe Million Dollar, kostet Sie nach Zinsen tatsächlich 1 Million. Und wenn Sie ein Haus für 1 Million Dollar kaufen? Dann kostet es Sie inklusive Zinsen rund 2 Millionen Dollar. Werfen Sie einen Blick auf die nachfolgende Abbildung, an der Sie die Wirkung der

Zinszahlungen auf den Preis ablesen können, den Sie tatsächlich für Ihr Haus bezahlen. Das Beispiel geht von einem Kaufpreis von 1 Million Dollar aus. Es spielt allerdings keine Rolle, wie viel Ihr Haus gekostet hat, am Ende ist das Zinsverhältnis immer das gleiche. Die Zinszahlungen werden die Kosten im Verlauf der Zeit verdoppeln.

Bei den meisten Menschen macht das Hypothekendarlehen den größten Anteil an den monatlichen Kosten aus. Der durchschnittliche amerikanische Bürger gibt 34,5 Prozent seiner gesamten Einkünfte für Zinszahlungen aus, Autokredite und Kreditkartenschulden mit berücksichtigt. Und das ist lediglich ein Durchschnittswert. Viele Menschen zahlen wesentlich mehr!

Wie können Sie diese astronomischen Zinszahlungen reduzieren? Wie können Sie die Zinskosten senken, die sich im Verlauf der Zeit anhäufen, und dieses Geld Ihrem Freiheitsfonds zukommen lassen? Die Antwort ist so einfach, dass Sie möglicherweise verblüfft sein werden.

Wenn Sie eine traditionelle festverzinsliche Hypothek haben, müssen Sie nur sehr früh damit beginnen, die eigentliche Kreditsumme abzuzahlen, und sich nicht nur auf die Zahlung der Zinsen beschränken. Bezahlen Sie den Anteil der Kreditsumme, der im Folgemonat fällig wird, einen Monat im Voraus und Sie können eine Hypothek mit einer Laufzeit über 30 Jahre oftmals bereits in 15 Jahren abzahlen! Heißt das, dass Sie Ihre monatliche Abzahlung verdoppeln müssen? Keineswegs! Und so funktioniert es:

Geldpower-Prinzip Nr. 2: *Verkürzen Sie Ihre Kreditlaufzeit! Wann auch immer möglich, nutzen Sie Sondertilgungen.*

In Deutschland laufen Immobiliendarlehen üblicherweise mindestens zehn Jahre lang. Die Raten sind monatlich gleichbleibend. Dabei ist anfangs der Zinsanteil hoch und der Tilgungsanteil gering. Im Laufe der Zeit kehrt sich das um. Aber wussten Sie, dass Sie ein Darlehen deutlich schneller tilgen können, indem Sie Ihre Sondertilgungsrechte nutzen? Schauen Sie in Ihren Kreditvertrag, ob er Sondertilgungen zulässt und wenn ja, in welcher Höhe. Diese Möglichkeit gibt es oft, ohne dass die Darlehensnehmer sich dessen bewusst sind: Bis zu 5 Prozent der ursprünglichen Darlehen können außerhalb der vereinbarten Raten jährlich getilgt werden, häufig sogar, ohne dass die Bank dafür einen Zinsaufschlag verlangt. Prüfen Sie am Jahresende, was Sie an Geld erübrigen können. Stecken Sie dieses Geld in die Abzahlung Ihres Immobiliendarlehens. Die Nutzung eines Sondertilgungsrechts kann Ihnen locker eine Zinsersparnis von mehreren Prozent der Darlehenssumme einbringen.

Nur, um klarzumachen, welche Summen Sie damit sparen: Angenommen, Sie haben ein Wohnhaus für 250.000 Euro (inklusive Erwerbskosten) gekauft, brachten Eigenmittel in Höhe von 100.000 Euro mit und haben ein Immobiliendarlehen in Höhe von 150.000 Euro aufgenommen. Es soll 20 Jahre lang laufen, der Sollzins liegt bei 2 Prozent und der Tilgungsanteil beträgt anfangs rund 4 Prozent (4,08 Prozent, um genau zu sein). Das heißt, Sie zahlen monatlich eine Rate von 760 Euro und das 240 Monate lang. Dann ist Ihre Schuld mitsamt den Sollzinsen vollständig beglichen. Insgesamt haben Sie hier während der Laufzeit dieses sogenannten Volltilgerdarlehens Sollzinsen in Höhe von 32.053,57 Euro gezahlt.

Wie anders sieht es aus, wenn Sie es gerade in den Anfangsjahren schaffen, Sondertilgungen zu leisten! Bleiben wir beim gleichen Darlehen: Kreditsumme 150.000 Euro, Sollzins 2 Prozent und anfänglicher Tilgungsanteil 4,08 Prozent. Diesmal aber leisten Sie nach zwölf Monaten eine Sondertilgung von 3.000 Euro, nach weiteren zwölf Monaten noch einmal eine Sondertilgung von 3.000 Euro und auch zum Ende des dritten Jahres eine Sondertilgung von 3.000 Euro. Ihre monatliche Rate ändert sich nicht, aber statt binnen 20 Jahren zahlen Sie den Kredit in 18 Jahren und 7 Monaten zurück. Sie sind also deutlich schneller schuldenfrei als beim Tilgungsmodell ohne die Sondertilgungen in den drei Anfangsjahren. Insgesamt belaufen sich die Sollzinsen bei diesem Modell auf nur 28.332,40 Euro, die auf die gesamte Kreditlaufzeit verteilt sind. Ganze 3.721,17 Euro an Zinszahlungen haben Sie durch diesen Trick gespart.

Wie sich Sondertilgungen auf Ihre persönliche Kreditrate auswirken, können Sie übrigens ganz leicht selbst errechnen. Ein Tilgungsrechner wie etwa der auf der Website der Finanzberatung Max Herbst (www.fmh.de => Tools & Rechner => Tilgungsrechner) leistet Ihnen dabei wertvolle Dienste.

Baby, you can drive my car

Sie können nicht nur an Ihrem Haus erheblich sparen. Einer meiner Söhne wollte unbedingt einen BMW. Nach Jahren des sehnlichen Wunsches, »Freude am Fahren« zu verspüren, leaste er schließlich einen fabrikneuen X6 mit allem Drum und Dran. Er war von seinem Kauf völlig begeistert. Er liebte das Auto; wie es fuhr, was es über ihn aussagte, was es repräsentierte: eine Mischung aus Stolz und Anspruch, und es signalisierte Arriviertheit – meinte er zumindest.

Die Kehrseite war, dass dieser BMW ihn ein Vermögen kostete! Mit den Leasingraten hätte er ein Haus abzahlen können. Ein oder zwei Jahre später war das Auto eben nicht mehr brandneu und – welche Überraschung – verlor seinen Glanz. Mit 30 und frisch verlobt, beschloss mein Sohn, für sich und seine zukünftige Frau ein Haus zu suchen. Als er alles einmal durchrechnete, erlitt er fast einen Schock. Die Leasingrate von 1.200 Dollar für seinen BMW X6 hätte buchstäblich die *gesamte* Rate für sein zukünftiges Haus abgedeckt.

Ihm wurde klar, dass er sein Ego nicht mehr länger mit einem Luxusauto streicheln musste. Schließlich ist ein Auto nur ein Transportmittel. Er konnte sich vorstellen, einen VW Passat oder einen Mini Cooper zu fahren, und so ein Auto wäre vielleicht sogar schöner, neuer und benzinsparender. Dazu kam, dass er nicht mehr so versessen auf die »Freude am Fahren« war. Seine Freude bezog er nun aus anderen Dingen: der Vorstellung, sich ein neues Leben aufzubauen, sich mit der Frau, die er liebte, dauerhaft irgendwo niederzulassen und ein Haus zu kaufen. Den BMW zu verkaufen, war nun kein Opfer mehr. Stattdessen traf er die bewusste Entscheidung, sein Geld für andere Dinge zu verwenden und sich eine Zukunft in finanzieller Sicherheit aufzubauen.

Wenn Sie ein Autonarr sind (wie ich es bin), will ich Ihnen hier nicht sagen, Sie müssten auf einen Volkswagen umsatteln. Für viele Männer ist ein glänzender schwarzer Ferrari, Porsche oder der neue Tesla einfach eine zu große Versuchung. Und wenn Ihr Plan lautet, dahin zu kommen, wohin Sie finanziell gelangen wollen, dann fahren Sie um Gottes Willen, was immer Sie wollen. Aber wenn Sie *nicht* an Ihr Ziel kommen oder es nicht schnell genug erreichen, dann ist es unter Umständen sinnvoll, darüber nachzudenken, auf das Luxusgefährt zu verzichten, um Ersparnisse zu realisieren, die Sie in Ihren Freiheitsfonds investieren können.

Erinnern Sie sich an Angela? Sie las eine der ersten Versionen des Manuskripts zu diesem Buch und kam mit einem neuen Auto nach Hause. Ihr erster fabrikneuer Wagen überhaupt! Werfen Sie einen Blick auf ihre Zahlen: Sie konnte ihr altes Auto in Zahlung geben und sparte 400 Dollar im Monat oder fast 5.000 Dollar pro Jahr, die sie in ihren Spartopf stecken konnte, damit auch sie von der Aufzinsung profitierte.

Was können Sie sonst noch tun?

Häuser und Autos sind nicht die einzigen Dinge, an denen wir sparen können. In welchen Bereichen Ihres Lebens können Sie weitere Kosten senken, die Ihnen keinen Gegenwert mehr bieten? Ich weiß, dass ein Leben im Sparmodus den meisten Menschen zuwider ist. Ich möchte den Gürtel nicht enger schnallen müssen, und ich nehme an, Sie auch nicht. Allerdings glaube ich an einen Ausgabenplan. Mir gefällt die Vorstellung zu planen, auf welche Weise ich mein Geld ausgebe, damit es mir möglichst viel Freude und Zufriedenheit bereitet, aber gleichzeitig langfristig meine finanzielle Freiheit sichert.

Um ehrlich zu sein, wenn Sie einer der Menschen sind, die sagen, »Ist mir egal, ich werde nicht sparen; ich werde mich einfach darauf konzentrieren, mehr zu verdienen«, dann können Sie gleich zum nächsten Minikapitel weiterblättern, das davon handelt, wie Sie mehr verdienen und Mehrwert generieren können. Wenn die Vorstellung zu sparen Sie langweilt oder Ihnen Schluckauf bereitet, dann können Sie noch auf vier andere Strategien zurückgreifen, um Ihren Vermögensaufbau zu beschleunigen. Ich möchte nicht, dass sie Ihnen entgehen, nur weil Sparen nicht Ihre Sache ist. Wenn Sie aber beschließen, sich finanziell zu disziplinieren, dann lesen Sie einfach weiter.

Ich verspreche Ihnen, dass kleine Dinge langfristig einen großen Unterschied ausmachen können, weil sie sich im Verlauf der Zeit zu überraschend großen Summen aufaddieren.

Amazon und stationäre Buchhandlungen haben ganze Regale, die mit Büchern über Sparen angefüllt sind. Dave Ramsey ist ein sehr umsichtiger Autor, der mehrere Bücher zu diesem Thema geschrieben hat. Suze Orman ist eine weitere Autorin, deren Bücher sich lohnen, wenn Sie mehr über Methoden zum Sparen erfahren wollen. Wir werden hier nur einige Beispiele ansprechen, um die besten einfachen Strategien hervorzuheben.

Eines ist sicher: Sie können einen Ausgabenplan erstellen, der Ihnen vorab hilft zu entscheiden, wie und wo Sie Ihr Geld ausgeben wollen, um heute und in der Zukunft die höchste Rendite zu erzielen.

Erinnern Sie sich an Kapitel 3, in dem wir darüber gesprochen haben, dass Sie 40 Dollar pro Woche oder 2.080 Dollar pro Jahr sparen können, wenn Sie gemeinsam mit Freunden eine Pizza nach Hause bestellen, anstatt im Restaurant essen zu gehen. Bei einer Rendite von 8 Prozent werden daraus im Verlauf von 40 Jahren 500.000 Dollar. Eine halbe Million! Das ist ein völlig anderes Bild des verdienten Ruhestands, als die meisten Amerikaner heute haben. Eine solche Summe, für sich allein genommen oder zusätzlich zu einer privaten Altersvorsorge, kann ganz gewiss dazu beitragen, dass wir neu über unseren täglichen Kaffee mit einem Schuss Vanille nachdenken.

Der Finanzexperte David Bach begann vor 20 Jahren zu investieren, nachdem er eines meiner Finanzseminare besucht hatte. Er beschloss, seinen Traum zu verfolgen, anderen Menschen zu finanzieller Unabhängigkeit zu verhelfen. Einige Jahre später engagierte ich ihn für seinen ersten bezahlten Vortrag. Inzwischen hat er mit seiner Leidenschaft und Hingabe dazu beigetragen, mehr als 4 Millionen Menschen mithilfe seines Bestsellers *The Automatic Millionaire: A Powerful One-Step Plan to Live and Finish Rich*[3], das unter anderem das Konzept enthält, mithilfe der Definition des persönlichen »Latte-Faktors« Vermögen aufzubauen. Und das hat nicht allein mit Kaffee zu tun: Der Latte-Faktor ist einfach eine Metapher für all die kleinen Einkäufe, über die wir nicht einmal nachdenken – Dinge, auf die wir unser Geld verschwenden, ohne dass es uns bewusst wird. Aber

3 Deutsche Ausgabe: Bach, David: *Automatisch Millionär: Die bombensichere Anleitung, steinreich zu werden*, Goldmann, 2005 (A.d.Ü.)

wenn Sie ein Coffeeshop-Fan sind, wie viel kostet Sie diese Abhängigkeit? Nehmen wir an, Sie seien ein Gelegenheitssüchtler: Bei einem Preis von 4 Dollar für einen Kaffee pro Tag verzichten Sie im Verlauf von 20 Jahren und bei einer Verzinsung von 6 Prozent effektiv auf 56.500 Dollar. Für ein einziges Getränk! Seien wir jedoch realistisch: Treue Starbucks-Fans trinken nicht nur einen Kaffee pro Tag. Was ist mit den wirklich Kaffee-Abhängigen, die sich zwei- bis dreimal täglich einen Kaffee holen? Nehmen Sie Ihre 4-Dollar-Angewohnheit und steigern Sie sie auf 10 Dollar pro Tag. Schon schlürfen Sie im Verlauf von 20 Jahren mehr als 141.250 Dollar weg. So viel kostet ein vierjähriges College-Studium!

Und wenn Sie ein Purist sind? Sie stehen nicht auf Koffein; Ihr Körper ist ein Tempel. Abgefülltes Wasser ist Ihr Ding. Gibt es hier irgendwelche Evian-Enthusiasten? Und selbst wenn Sie sich bei Discountmärkten mit Wasser eindecken, wie viel Geld geben Sie jährlich für in Flaschen abgefülltes Wasser aus? Eine junge Frau, die ich sehr schätze, steht kurz vor der Heirat mit einem Typen, der regelmäßig Zwölferpacks an 1,5-Liter-Flaschen Wasser der Marke Smartwater kauft. Wie smart ist das? Von diesen Großpackungen kauft er immer drei auf einmal. Das sind 36 große Flaschen, mit denen er ungefähr zwei Wochen auskommt und die ihn 75 Dollar kosten. Er gibt also 150 Dollar pro Monat für Wasser aus – das sind fast 1.800 Dollar pro Jahr für etwas, das er gratis aus der Leitung bekommt oder für 50 bis 60 Dollar jährlich durch ein Filtersystem filtern und in spezielle Flaschen abfüllen kann. Vergessen Sie, dass er dem Planeten schadet; er schadet auch seinem eigenen Portemonnaie. Ich weiß, dass der Verlobte dieser jungen Frau wesentlich glücklicher wäre, wenn diese 1.800 Dollar pro Jahr auf ihr gemeinsames Sparkonto fließen und von der Aufzinsung profitieren würden. Bei 8 Prozent Verzinsung über einen Zeitraum von 40 Jahren sind das 503.605 Dollar, die buchstäblich in den Orkus fließen.

Ich sage nicht, dass Sie aufhören sollen, Wasser aus der Flasche zu trinken oder sich einen Kaffee aus dem Coffeeshop zu holen, ich will nur, dass Sie erkennen, dass es überall Sparmöglichkeiten gibt. Ist es nicht Zeit, sie zu finden?

Und schließlich wollen wir nicht unsere Impulskäufe vergessen: Sie wissen schon – die Einkäufe, die Ihnen im Moment ein tolles Gefühl vermitteln, so wie die tolle Arbeitstasche oder die schicke Hermès-Krawatte. Lisa, eine junge Mutter aus Nashville, hat eine Vorliebe für die edlen Dinge des Lebens. Sie treibt ihren Mann mit ihren Impulskäufen in den Wahnsinn. Immer wieder kommt sie mit einem tollen neuen Kleid oder todschicken Stiefeln nach Hause und ihr Mann stellt immer dieselbe Frage: »Waren sie herabgesetzt?« oder »Hast du im Internet nachgesehen, ob du sie billiger hättest bekommen können?« Nach mehreren Auseinandersetzungen einigten sich Lisa und ihr Mann auf einen neuen Plan. Wenn Lisa sich unerwartet bei Saks Fifth Avenue oder Jimmy Choo wiederfand, machte sie ein Foto von ihrem neuesten »Must have«-Artikel und sandte es ihrem Mann. Er hatte zwei Wochen, um online einen besseren Preis zu finden. Falls es ihm nicht gelang, bestellte sie ihren Wunschartikel per Telefon zum normalen Einzelhandelspreis. Allerdings gab Lisa kleinlaut zu, dass ihr Mann zu 80 Prozent der Zeit fand, was immer ihr Herz begehrte, und das oft um 20 bis 30 Prozent billiger.

Am Ende müssen Sie sich folgende Frage stellen: Machen mich meine Ausgaben, die kleinen und die großen, wirklich langfristig glücklich oder erzeugen sie nur eine kurzfristige Euphorie?

Es geht nicht darum, dass Sie Enthaltsamkeit üben sollen, sondern darum, Ihre Ausgabengewohnheiten an Ihre Kernwerte anzupassen und nur den Erfahrungen und Erlebnissen nachzugeben, die Ihnen wirklich wichtig sind. Diese bewussten Ausgaben ermöglichen es Ihnen, in eine Lebensqualität zu investieren, die nachhaltig ist und Ihnen dauerhaft Freude macht. Ob Sie 20, 30 oder 40 Jahre haben, um zu investieren; egal, an welchem Punkt Sie sich befinden, wie viel Sie sparen können oder wie viele Jahre Sie sparen müssen, auf jeden Fall können Sie die unvergleichliche Wirkung der Aufzinsung nutzen. Finanzielle Sicherheit, finanzielle Unabhängigkeit – was auch immer Ihr Ziel ist, Sie werden es wesentlich schneller erreichen, wenn Sie das Geld für sich arbeiten lassen.

Es geht hier nicht um die Frage des Lebensstils, sondern die *Zeitplanung*. Wollen Sie heute nicht einige simple Veränderungen vornehmen, um sicherzustellen, dass Sie später mehr als genug haben, um Ihren Lebensstil und Ihre Träume zu finanzieren? Sie können die schönen Genüsse des Lebens immer noch auskosten, aber nun halten Sie das Zepter in der Hand. Sie müssen entscheiden, wie Sie Ihre Mittel investieren wollen und wo Sie die höchste Rendite für Ihr Geld bekommen. Ob Sie Ihre Hypothekenraten senken oder dieses schicke Gefährt verkaufen, bei Ihren Online-Einkäufen bares Geld sparen oder Ihre täglichen Ausgaben reduzieren, es geht. Echte, bedeutsame Ersparnisse in vielstelliger Höhe warten darauf, dass Sie sie entdecken und investieren.

Nun wollen wir einen Schritt weiter gehen und einen Blick auf den schnellsten Weg zur Beschleunigung Ihres Vermögensaufbaus werfen. Wir wollen lernen, mehr zu verdienen.

Bewusste Einsparungen

Hier eine schnelle und leichte Übung in sechs Schritten, die Sie aggressiver und *zielbewusster* über Sparen nachdenken lässt.

1. Machen Sie ein Brainstorming über alle wiederkehrenden Ausgaben, die Sie streichen oder senken könnten – Autoversicherung, Mobiltelefon, Geld für Mittagessen und Kinokarten. Denken Sie darüber nach, wo Sie überall Geld einsparen können.

Je früher Sie beginnen, desto größer wird Ihr Vermögen
(ausgehend von einer Jahresrendite von 10 Prozent)

Tägliche Ausgaben	Monatliche Ausgaben	10 Jahre	20 Jahre	30 Jahre	40 Jahre	50 Jahre
$5	$150	$30.7727	$113.905	$339.073	$948.612	$2.598.659
$10	$300	$61.453	$227.811	$678.146	$1.897.224	$5.197.317
$15	$450	$92.180	$341.716	$1.017.220	$2.845.836	$7.795.976
$20	$600	$122.907	$455.621	$1.356.293	$3.794.448	$10.394.634
$30	$900	$184.360	$683.432	$2.034.439	$5.691.627	$15.591.952
$40	$1.200	$245.814	$911.243	$2.712.586	$7.588.895	$20.789.269
$50	$1.500	$307.267	$1.139.053	$3.390.732	$9.486.119	$25.986.586

2. Wie viel kosten diese Artikel beziehungsweise Aktivitäten? Unterstreichen Sie die wichtigsten dieser Artikel/Aktivitäten und notieren Sie die damit verbundenen Kosten. Als Nächstes berechnen Sie, wie oft pro Woche Sie diese Ausgabe tätigen und machen eine Schnellaufnahme als »Realitätscheck.«

3. Wie viel Freude ziehen Sie aus jedem Artikel/jeder Aktivität? Nehmen Sie eine Skala von 0 bis 10 (0 Punkte steht für *keine* und 10 für *sehr große*

Freude). Bewerten Sie jetzt die Artikel/Aktivitäten anhand der Skala, um eine Verbindung zwischen den Ausgaben und Ihrem Leben herzustellen.

4. Als Nächstes denken Sie darüber nach, wie es sich anfühlen würde, absolute finanzielle Freiheit zu besitzen. Erinnern Sie sich, wie Sie auf das Konzept in Kapitel 13, »Was ist der Preis für Ihre Träume? Gestalten Sie das Spiel so, dass Sie es gewinnen können«, reagiert haben? Erinnern Sie sich, welche Gefühle es in Ihnen ausgelöst hat? Denken Sie aber auch daran, dass dieses Gefühl theoretisch, abstrakt war. Nun können Sie es wahrhaftig auskosten. Was würden Sie alles genießen können, haben, sein, tun oder *geben*, wenn Sie absolute finanzielle Freiheit hätten?

5. Entscheiden Sie, was Ihnen wichtiger ist: die Freude, die Sie aus wiederkehrenden Ausgaben beziehen, oder das Gefühl absoluter finanzieller Freiheit. Denken Sie daran, dass das Leben ein Balanceakt ist. Sie müssen nicht *alle* Ausgaben streichen, damit das Zünglein an der Waage in Richtung finanzielle Freiheit ausschlägt.

6. Schreiben Sie mindestens drei Ausgaben auf, die Sie beschlossen haben zu streichen. Berechnen Sie, wie viel Geld Sie dadurch im Verlauf des nächsten Jahres sparen.

Übernehmen Sie das Steuer: eine kurze Übung in bewusstem Sparen

	Artikel / Aktivität	Kosten des Artikels / der Aktivität	Häufigkeit pro Woche	Gesamtkosten (Kosten des Artikels × Häufigkeit pro Woche)	Freude / Genuss (auf einer Skala von 0–10)
1					
2					
3					
4					
5					
6					
Kosten insgesamt pro Woche					
Kosten insgesamt pro Jahr					

Kapitel 16
Schneller zum Ziel:
2. Verdienen Sie mehr und investieren Sie die zusätzliche Summe

Versuche nicht, ein erfolgreicher, sondern ein wertvoller Mensch zu werden.
ALBERT EINSTEIN

Legen wir nun den zweiten Gang ein. Sparen ist eine Möglichkeit, Ihr Ziel schneller zu erreichen, aber es gibt es noch eine weitere, die buchstäblich grenzenlos ist – wenn Sie Ihre Kreativität freisetzen und Ihr Blickfeld erweitern und davon besessen werden, einen Weg zu finden, einen größeren Mehrwert für andere Menschen zu generieren, als jeder andere. Auf diese Weise können Sie mehr verdienen und auf dem Weg zur Freiheit auf die Überholspur wechseln.

Mit dem Lastwagen auf dem Weg in die finanzielle Freiheit?

Als ich klein war, hatte meine Mutter einen großartigen Plan für mich. Sie wollte, dass ich Lastwagenfahrer werde. Sie hatte im Fernsehen immer wieder Werbeanzeigen für das Ausbildungszentrum von Truckmaster gesehen. Sie sagte, mit ein wenig Schulung könne ich Lastwagenfahrer werden und bis zu 24.000 Dollar im Jahr verdienen. Wow, 24.000 Dollar! Das war doppelt so viel, wie mein Vater als Parkwächter in der Innenstadt von Los Angeles verdiente. Meine Mutter dachte, das würde mir eine großartige Zukunft sichern. Sie versuchte, mir diese Idee mit dem Argument schmackhaft zu machen, als Lastwagenfahrer hätte ich die Freiheit, immer draußen auf der Straße zu sein. In gewisser Hinsicht schien mir die Idee gar nicht so unattraktiv: einfach meine Musik aufdrehen und losfahren. Diese Vorstellung war für einen 14-Jährigen, der noch nicht einmal den Führerschein besaß, irgendwie cool. Ich hätte die Chance, aufzustehen und mich auf den Weg zu machen, anstatt 30 Jahre lang in irgendeiner Tiefgarage festzustecken.

Aber nach all dem Elend, das ich erlebt hatte, und all der Scham, die mit vier verschiedenen Vätern und der Tatsache einherging, dass nie genug Geld für Essen und Kleidung da war, wurde mir klar, dass ich niemals lange oder weit genug würde fahren können, um dem Elend dieser Situation zu entrinnen. Ich nahm mir fest vor, dass ich in meinem ganzen Leben niemals zulassen würde, dass meine Familie derart leidet. Überdies wollte ich meinen Kopf und mein Herz benutzen. Ich wollte an diesem Lebenspoker auf einer anderen Ebene teilnehmen.

Ich sah mich um und fragte mich, wie es sein konnte, dass sich das Leben der anderen Menschen so stark von meinem unterschied. Warum mussten wir ständig darum kämpfen, dass das Geld bis zum Monatsende reichte, Pfändungen zu vermeiden und zu entscheiden, ob wir Dosenbohnen oder Spaghetti mit Ketchup essen wollten, weil wir uns keine Tomatensauce leisten konnten? Und dabei gab es in derselben Stadt, nicht weit von uns, Klassenkameraden, die ihre Ferien an tollen Orten verbrachten und an Bilderbuch-Colleges studierten. Sie lebten ein Leben, das meine kühnsten Träume übertraf – ein Leben, das so offensichtlich anders von allem war, was wir je erleben würden. Was wussten sie, das wir nicht wussten? Was machten ihre Eltern anders als meine Eltern?

Ich wurde von diesem Gedanken besessen. Wie war es möglich, dass jemand in derselben Zeit doppelt so viel Geld verdienen konnte wie eine andere Person? Oder das Dreifache? Oder Zehnfache? Das war doch verrückt! Aus meiner Perspektive war das ein unlösbares Rätsel.

Investieren Sie in sich selbst

Ich arbeitete als Hausmeister und brauchte mehr Geld. Ein Bekannter meiner Eltern, Jim Hannah, den mein Vater als »Loser« bezeichnet hatte, war innerhalb kurzer Zeit ziemlich erfolgreich geworden, zumindest in finanzieller Hinsicht. Er kaufte, restaurierte und verkaufte Häuser in Südkalifornien und brauchte an den Wochenenden jemanden, der ihm half, Möbel zu rücken. Diese zufällige Begegnung, dieses schicksalhafte Wochenende, an dem ich mich schwer abschuftete, verwandelte sich in ein bahnbrechendes Ereignis, das mein Leben für immer verändern sollte. In einer ruhigen Minute fragte ich ihn: »Wie haben Sie Ihr Leben verändert? Wie sind Sie so erfolgreich geworden?«

»Indem ich ein Seminar eines Mannes namens Jim Rohn besucht habe«, antwortete er. »Was ist ein Seminar?«, fragte ich. »Das ist ein Ort, an dem jemand 20 oder 30 Jahre seines Lebens und alles, was er in dieser Zeit gelernt hat, in Lektionen zusammenpresst, die wenige Stunden dauern. Auf diese Weise komprimiert er jahrelange Lernprozesse in wenige Tage«, antwortete er. Wow, das klang ziemlich beeindruckend. »Wie viel kostet das?« »35 Dollar«, sagte er. *Was?!* Ich verdiente 40 Dollar pro Woche als Teilzeithausmeister neben der Highschool. »Können Sie mich nicht mitnehmen?«, fragte ich. »Klar!«, sagte er, »aber das werde ich nicht, weil du es nicht wertschätzen würdest, wenn du nicht dafür bezahlen müsstest.« Entmutigt stand ich da. Wie konnte ich jemals 35 Dollar für drei Stunden mit diesem Experten aufbringen? »Nun, wenn du meinst, diese Investition sei es nicht wert, dann lass' es«, zuckte er schließlich mit den Achseln. Ich kämpfte und kämpfte mit mir selber. Am Ende beschloss ich, es zu wagen. Es sollte sich als die wichtigste Investition meines Lebens erweisen. Ich nahm den Lohn einer ganzen Woche und besuchte ein Seminar, auf dem ich Jim Rohn kennenlernte – den Mann, der der erste Mentor meines Lebens wurde.

Ich saß im Ballsaal eines Hotels in Irvine, Kalifornien und hörte voller Begeisterung Jims Worten zu. Dieser silberhaarige Mann sprach alle Fragen an, die mir auf der Seele brannten. Auch er war in Armut aufgewachsen und hatte sich gefragt, warum sein Vater, der ein guter Mann war, so schwer kämpfen musste und dennoch nie auf einen grünen Zweig kam, während andere um ihn herum zu Wohlstand gelangten. Und plötzlich beantwortete er die Frage, die ich mir all die Jahre selber gestellt hatte.

»Was ist das Geheimnis des wirtschaftlichen Erfolgs? Der Schlüssel«, so seine Worte, »besteht darin zu wissen, wie man seinen Wert auf dem Markt steigert.«

»Wenn man mehr haben will, muss man mehr werden.«

»Wünsch dir nicht, es sei leichter; wünsch dir, **du** wärst besser.«

»Damit sich die Dinge ändern, musst **du** dich ändern.«

»Damit die Dinge besser werden, musst **du** besser werden.«

»Wir werden dafür bezahlt, dem Markt Wert zu bieten. Das dauert … aber wir werden nicht für Zeit bezahlt, sondern für Wert. Amerika ist einzigartig. Es ist eine Aufstiegsleiter. Sie beginnt hier unten, bei was? Bei ungefähr 2,30 Dollar die Stunde. Wie hoch war das Spitzeneinkommen letztes Jahr? Der Typ, der Disney leitet – 52 Millionen Dollar! Würde irgendein Unternehmen irgendjemandem 52 Millionen im Jahr zahlen? Die Antwort lautet: selbstverständlich! Wenn Sie einem Unternehmen helfen, 1 Milliarde Dollar zu verdienen, würde es Ihnen 52 Millionen bezahlen!«

»Ist es möglich, so wertvoll zu werden? Die Antwort lautet: selbstverständlich!« Und dann verriet er das ultimative Geheimnis. »Wie steigern Sie Ihren Wert? Lernen Sie, härter an sich selber zu arbeiten, als in Ihrem Job.«

»Können Sie persönlich Ihren Wert verdoppeln und in derselben Zeit das Doppelte verdienen? Ist es möglich, den eigenen Wert zu verzehnfachen und in derselben Zeit das Zehnfache zu verdienen als bisher? Ist das möglich? Selbstverständlich!« Und dann machte er eine Pause, sah mir direkt in die Augen und sagte: *»Alles, was Sie tun müssen, um in derselben Zeit mehr Geld zu verdienen, ist, einfach Ihren eigenen Wert zu steigern.«*

Und da war sie! Das war meine Antwort. Sobald ich das begriffen hatte, veränderte sich mein Leben. Diese Klarheit, diese Einfachheit, die Weisheit, die in diesen Worten lag – sie trafen mich wie ein Blitz. Dieser Mann, dieses Seminar, dieser Tag – Jim Rohn gab mir die Kontrolle über meine eigene Zukunft zurück. Er brachte mich dazu aufzuhören, mich auf Dinge zu fixieren, auf die ich keinen Einfluss hatte – meine Vergangenheit, die Armut, die Erwartungen anderer Menschen, den Zustand der Wirtschaft –, und lehrte mich, mich stattdessen auf das zu konzentrieren, was ich beeinflussen konnte. Ich konnte mich selber verbessern; ich konnte einen Weg finden, anderen dienlich zu sein, mehr zu tun, besser zu werden und dem Markt einen größeren Mehrwert zu bieten. Ich wurde davon besessen, Wege zu finden, mehr für andere zu tun als jeder andere, und das in kürzerer Zeit. Damit nahm ein zeitlich unbegrenzter Prozess seinen Anfang, der bis heute andauert! Diese einfache Lektion eröffnete mir einen Pfad zu ständiger Selbstverbesserung, der bis heute jede einzelne meiner Entscheidungen und Handlungen antreibt und bestimmt.

Die Bibel enthält einen einfachen Leitsatz, der besagt, dass nichts falsch daran ist, herausragend sein zu wollen.

Wer unter euch groß sein will, der soll allen anderen dienen. (Mt. 20,25)

Wenn Sie einen Weg finden, vielen nützlich zu sein, können Sie mehr verdienen. Finden Sie einen Weg, Millionen von Menschen nützlich zu sein, und Sie können Millionen verdienen. Das ist das Gesetz des Mehrwerts.

Falls Warren Buffetts Evangelium eher nach Ihrem Geschmack ist als Bibelverse, das Orakel von Omaha ist für seinen Satz berühmt, die größte Investition, die er je getätigt habe, sei die in seine eigene Person gewesen. In Büchern zum Thema persönliche Weiterentwicklung spricht Buffett über Investitionen, über die Tatsache, dass er sich sein Wissen autodidaktisch angeeignet und dass ein Seminar mit Dale Carnegie sein Leben völlig verändert habe. Einst erzählte mir Buffett bei einem gemeinsamen Auftritt in der Fernsehsendung *Today* diese Geschichte selbst. Ich lachte und bat ihn, diese Geschichte auch weiterhin zu erzählen. »Sie ist gut fürs Geschäft«, grinste ich.

Ich nahm mir also Jim Rohns Botschaft zu Herzen und entwickelte eine wahre Besessenheit, zu lernen und mich weiterzuentwickeln. Niemals würde ich aufhören zu wachsen und zu geben; außerdem würde ich beständig versuchen, meinen Einfluss und meine Fähigkeit zu geben und Gutes tun, zu steigern. Als Ergebnis ist mein Marktwert im Verlauf der Jahre kontinuierlich gestiegen. Bis zu dem Punkt, dass ich heute in der extrem glücklichen Lage bin, dass Finanzen in meinem Leben kein Thema mehr sind. Ich bin keineswegs ein Einzelfall. Jeder kann das erreichen – wenn Sie sich von Ihren selbstfabrizierten Geschichten und Rechtfertigungen über Ihre Vergangenheit verabschieden und diese selbstgesetzten Grenzen durchbrechen. Probleme gibt es immer und überall, Chancen aber auch.

Wie sieht die amerikanische Einkommensleiter heute aus? Ich wette, Jim Rohn hätte sich nicht vorstellen können, dass **im Jahr 2013 der niedrigste Lohn am unteren Ende der Skala 7,25 Dollar (25.080 Dollar pro Jahr) betragen und am anderen Extrem der Gründer und Hedgefondsmanager von Appaloosa Management, David Tepper, stehen würde, der mit 3,5 Milliarden Dollar persönlichem Einkommen nach Hause geht.** Wie kann ein Mensch 1 Milliarde Dollar pro Jahr verdienen, geschweige 3,5 Milliarden? Warum ein derart niedriges Einkommen für einige Menschen und so gewaltige Chancen für andere?

Die Antwort lautet, dass die Tätigkeit einer Kassenkraft bei McDonald's (7,77 Dollar Stundenlohn) auf dem Markt nur einen sehr geringen Wert hat, weil sie Fertigkeiten und Kenntnisse erfordert, die praktisch jeder in wenigen Stunden erlernen kann; sie bietet also kaum Mehrwert. Die Investitionsrenditen anderer Menschen signifikant zu steigern, ist dagegen eine seltene Fähigkeit, die sehr geschätzt wird. Während die meisten Amerikaner weniger als 33 Basispunkte (0,33 Prozent) Zinsen auf ihre Bankguthaben erhalten, konnte David Tepper für seine Investoren im selben Zeitraum eine Rendite in Höhe von 42 Prozent erzielen! Welchen Wert stellte seine Leistung für die Finanzen seiner Kunden dar? Hätte er ihnen eine Rendite von 1 Prozent verschafft, hätte sein Mehrwert 300 Prozent betragen. Bei einer Rendite von 42 Prozent (gegenüber 0,33 Prozent) betrug sein Mehrwert 12.627 Prozent!

Was ist mit Ihnen? Was tun Sie, um dem Markt einen größeren Mehrwert zu bieten? Auf welche Weise tragen Sie zu Wohlstand statt Armut bei? **Wenn wir eine radikale Wende vollziehen und Sie von Ihrem heutigen Standort an Ihr zukünftiges Ziel – finanzielle Freiheit – bringen wollen, ist die Generierung von Mehrwert die beste Methode, um Ihre Einkünfte so zu steigern, dass Sie den Weg zu Ihrem Ziel deutlich verkürzen können.**

Bevor Sie Ihre Stimme laut zum Protest erheben, lassen Sie mich Folgendes anfügen: Ja, ich weiß, dass die Situation heute eine andere ist. Ich weiß, es sind harte Zeiten für die Wirtschaft. Ich weiß, dass seit 2008 zwei Millionen Arbeitsplätze vernichtet wurden und dass die neu entstehenden Arbeitsplätze zumeist schlecht bezahlte Jobs in der Massendienstleistung sind. Und ja, mir ist klar, dass die Einkommen seit den 1990er-Jahren stagnieren.

Wissen Sie, wie die Zinssätze und die Arbeitslosenquote im Jahr 1978 aussahen, als ich meine berufliche Laufbahn begann? Meine erste Investition, ein Vierfamilienhaus in Long Beach, Kalifornien, war mit einer Hypothek belastet, auf die 18 Prozent Zinsen erhoben wurden. Können Sie sich heute einen Zinssatz von 18 Prozent auf Immobilienhypotheken vorstellen? Es gäbe eine Revolte vor dem Weißen Haus. Aber die Geschichte wiederholt sich – das hat sie immer getan und wird es auch in Zukunft immer tun. Ja, die Einkommen stagnieren, wenn Sie keinen Weg finden, Ihren Mehrwert zu steigern. Falls Ihnen das jedoch gelingt, bewegen sich die Einkommen in eine einzige Richtung, und die zeigt nach oben.

Während der Großen Depression gingen 8,8 Millionen Arbeitsplätze verloren. Im Jahr 2008 wurden in einem einzigen Jahr 2,3 Millionen Arbeitsplätze vernichtet! Die Arbeitslosenquote schnellte auf 10 Prozent. Vergessen Sie jedoch nicht, dass das ein Durchschnittswert ist. In einigen Bevölkerungssegmenten betrug sie 25 Prozent. Doch was glauben Sie, wie hoch sie in dem Segment war, das 100.000 Dollar und mehr pro Jahr verdient? Die Antwort: knapp unter 1 Prozent! Die Lektion? Wenn Sie Fähigkeiten entwickeln, die der Markt braucht, wenn Sie sich beständig weiterentwickeln, verbessern und Ihren eigenen Wert steigern, dann wird Sie jemand einstellen oder Sie arbeiten selbstständig, unabhängig von der allgemeinen Wirtschaftslage. Und wenn Sie Ihr eigener Chef sind, steigt Ihr Einkommen parallel zu Ihrer Effektivität.

Selbst heute sieht die Lage in Silicon Valley, wo es Jobs zuhauf gibt, völlig anders aus. Technologieunternehmen können ihre freien Stellen gar nicht schnell genug besetzen, weil sie nicht genügend qualifizierte Leute finden. Arbeitsplätze gibt es in ausreichender Menge, aber Sie und ich müssen unseren Kompetenzkatalog und uns selbst neu ausrichten, damit wir für den Markt einen Wert haben. Eines kann ich Ihnen versichern: Die meisten »traditionellen Jobs« kommen nie wieder.

Werfen wir einen Blick in die Geschichte: In den 1860er-Jahren waren 80 Prozent aller Amerikaner Landwirte. Heute arbeiten gerade einmal 2 Prozent in der Landwirtschaft. Überall sind neue Technologien entstanden, mit denen ein Landwirt plötzlich die Arbeit von 500 Landwirten erledigen konnte. Viele Menschen hatten Schwierigkeiten, sich auf diese Veränderungen einzustellen und viele verloren ihren Job. Für diejenigen, denen es nicht gelang, sich an die neuen Bedingungen anzupassen, war die Industrierevolution eine sehr schmerzvolle Zeit. Aber dieselben Technologien, die die Dampfkraft und Maschinenwerkzeuge entstehen ließen, die die menschliche Arbeitskraft zunächst ersetzten, führten zu einer deutlichen Verbesserung der Lebensqualität und zur Entstehung neuer, höher qualifizierter und besser bezahlter Arbeitsplätze.

Die heutigen neuen Technologien verursachen erneut große und schmerzhafte Umwälzungen. Eine Forschergruppe aus Oxford prognostiziert, dass die Hälfte der amerikanischen Arbeitsplätze in den kommenden 20 Jahren Gefahr läuft, durch Maschinen ersetzt zu werden. Sie und ich müssen uns neu ausrichten. Vor 150 Jahren hätte sich niemand vorstellen können, dass es eines Tages Arbeitsbereiche und Jobs geben würde, die sich Social-Media-Marketing, Stammzellenforschung und Robotertechnik nennen. Niemand hätte sich vorstellen können, dass ein Elektriker oder ein Klempner 150.000 Dollar im Jahr verdient, oder dass ein Fabrikarbeiter lernen kann, einen Computer zu bedienen, der die Fertigungsanlage überwacht, und damit 100.000 Dollar verdient. Nur weil sich die Menschen das alles nicht vorstellen konnten, bedeutete es nicht, dass diese Dinge nicht passieren würden.

Ich lerne jeden Tag Menschen kennen, die mir erzählen, der Markt sei festgefroren, oder sie hätten ihren Job verloren und fürchteten, nie wieder Arbeit zu finden. Aber ich bin hier, um Ihnen zu sagen, dass das nicht am Markt liegt, sondern an Ihnen. Sie können Ihr Einkommenspotenzial durchaus steigern – jeder kann das. Sie müssen Mehrwert für den Markt generieren. Sie können neue Fertigkeiten erlernen, neue Kenntnisse erwerben und Ihre eigene Einstellung verbessern. Sie können wachsen und sich weiterentwickeln und einen Job und die wirtschaftliche Chance erhalten, die Sie brauchen und verdienen.

Wenn Ihr Arbeitsplatz Gefahr läuft, in den nächsten fünf bis zehn Jahren obsolet zu werden, ist es an der Zeit, dass Sie eine radikale Wende vollziehen und etwas Neues ausprobieren. Im Silicon Valley sagt man *pivot* (Schwenk, Dreh), wenn jemand – üblicherweise nach einem kolossalen Misserfolg – in ein völlig anderes Geschäftsfeld wechselt.

Wenn Sie hier und jetzt dieses Buch lesen, sind Sie ein Mensch, der nach Antworten und Lösungen sucht, die sein Leben besser machen. Es gibt Hunderte von Möglichkeiten, Ihre Kompetenzen neu auszurichten. Sie können ein Studium oder eine Lehre beginnen, oder sich in Eigenregie neue Kenntnisse und Fertigkeiten aneignen. Sie können pro Jahr 100.000 Dollar bis mehrere Millionen verdienen, und das nicht nur, indem Sie säckeweise Geld für ein vierjähriges Universitätsstudium ausgeben (das Ihnen obendrein 100.000 Dollar Schulden oder mehr beschert). In den USA gibt es Millionen von Arbeitsplätzen, aber auch eine strukturelle Kompetenzlücke. Laut Mike Rowe, Moderator der Sendung *Dirty Jobs* des TV-Kanals Discovery Channel, gibt es derzeit rund 3,5 Millionen Jobs, von denen nur 10 Prozent einen akademischen Abschluss erfordern.

Das bedeutet, dass die anderen 90 Prozent etwas anderes voraussetzen: Schulung, Kompetenz oder womöglich die Bereitschaft, sich die Hände schmutzig zu machen. Aber vor allem setzen sie die Bereitschaft voraus, ein neues und nützliches Gewerbe zu erlernen. Nach Rowes Worten »war das schon immer so, aber irgendwie gehört es heute nicht mehr zur Tradition [unseres Landes]«.

Die eigene Neuausrichtung ist spannend und Furcht einflößend zugleich. Spannend und aufregend, weil sie die Chance bietet zu lernen, zu wachsen und sich zu verändern; weil Sie erkennen, »ich bin wertvoll; ich kann einen Beitrag leisten; ich bin mehr wert.« Furcht einflößend, weil Sie denken, »Wie soll ich es anfangen?« Denken Sie an Jim Rohns Worte: »Damit sich die Dinge verändern, musst du dich verändern. Damit die Dinge besser werden, musst du dich verbessern.« Richten Sie sich neu aus, oder Sie laufen Gefahr, auf der Strecke zu bleiben. Lösen Sie Ihre inneren Bremsklötze und schalten Sie in einen höheren Gang.

Leute sagen mir oft, »Tony, es ist toll, wenn du dein eigenes Unternehmen führst oder in einem wachstumsstarken Unternehmen arbeitest. Aber was ist, wenn du zwar in einem traditionell schlecht bezahlten Job arbeitest, ihn aber trotzdem liebst? Zum Beispiel als Lehrer?«

Okay. Verlassen wir unsere eingefahrene Denkweise. Ich will Ihnen ein perfektes Beispiel eines Schullehrers geben, der genau mit diesen Problemen kämpfte, aber aufgrund seiner Leidenschaft und seines Wunsches, mehr Schülern zu helfen, einen Weg fand, Mehrwert zu generieren und mehr zu verdienen, als sich die meisten Lehrer erträumen können. Die wahre Einkommensgrenze zieht nie unser Job, die zieht allein unsere Kreativität, unser Fokus und unser Beitrag zur Gesellschaft.

Kreativität, gesellschaftlicher Beitrag und der koreanische Rockstar

Wenn Sie je einen Lehrer in der dritten Klasse hatten, der Sie dazu inspirierte, etwas Neues auszuprobieren, oder einen Lehrer in der achten Klasse, der intensiv an Ihr Kind glaubte, kennen Sie die Macht eines Rollenmodells im Leben eines Kindes. Unsere Lehrer sind einer der größten, aber am deutlichsten unterschätzten und unterbezahlten Vermögenswerte. Was tun Sie also, wenn Sie ein Lehrer sind, oder einen ähnlichen Job haben, dessen Entwicklungspotenzial begrenzt scheint? Wie können Sie als Lehrer Mehrwert für mehr als die 30 Schüler Ihrer jeweiligen Klasse generieren? Gibt es eine Methode, für Hunderte, Tausende oder Millionen Schüler Mehrwert zu erzeugen?

Viele Lehrer denken, »mit dem, was ich gerne tue, werde ich nie genug Geld verdienen.« Es herrscht die breite Überzeugung, dass wir als Gesellschaft Lehrer nicht genügend würdigen. Aber wie wir inzwischen wissen, ist das eine selbstbeschränkende Auffassung, die auf uns wie ein Bremsklotz wirkt. Kim Ki-hoon ist ein Lehrer aus Südkorea, der sich damit nicht abfinden wollte.

Anders als die meisten Lehrer ist Kim Ki-hoon in seinem Land als ein »Rockstar« bekannt. Tatsächlich ist er der erfolgreichste Lehrer des Landes. Wie ist ihm das gelungen? Er arbeitete härter an sich selbst und seiner Fähigkeit, Wissen zu vermitteln, als in seinem Job.

Vor 60 Jahren waren die meisten Südkoreaner laut dem *Wall Street Journal* Analphabeten. Das Land erkannte, dass es drastische Maßnahmen ergreifen musste. Heute werden die Lehrer ständig dazu angespornt, zu studieren, sich weiterzuentwickeln und den gleichen Lernstoff auf immer neue Weise zu vermitteln. Sie werden dazu aufgefordert, voneinander zu lernen und sich gegenseitig zu coachen, um die besten Techniken zu entwickeln und zu übernehmen und Mehrwert zu generieren. Das Ergebnis? Die heutigen 15-jährigen Südkoreaner rangieren weltweit an zweiter Stelle, was ihre Lesekompetenzen angeht, und 93 Prozent erlangen einen Schulabschluss – im Vergleich zu 77 Prozent in den USA.

Kim Ki-hoon machte sich dieses Modell zu eigen. Er investierte Unmengen an Zeit in die Suche nach den besten Lehrern, studierte ihre Methoden und lernte, Durchbrüche zu erzeugen. Er fand einen Weg, seinen Schülern zu helfen, schneller, besser und intelligenter zu lernen, und zwar nicht nur seinen unmittelbaren Schülern, sondern allen Schülern des Landes. Warum sich allein auf 30 Schüler konzentrieren?, dachte er. Warum nicht möglichst vielen helfen? Die neuen Technologien ermöglichten ihm, seinen Unterricht online zu stellen und seine Leidenschaft für das Unterrichten jedem zugänglich zu machen.

Heute arbeitet Kim Ki-hoon rund 60 Stunden die Woche, aber nur drei Stunden davon entfallen auf Unterricht. Die anderen 57 Stunden verbringt er damit, zu recherchieren, Lehrpläne zu entwickeln und die Fragen von Schülern zu beantworten. »Je mehr ich arbeite, desto mehr verdiene ich«, sagt er. Und er gibt sein Bestes, um den Menschen, denen er dient, einen möglichst hohen Mehrwert zu bieten. Kim Ki-hoon nimmt seine Unterrichtsstunden auf Video auf und stellt sie ins Internet, sodass Schüler für 4 Dollar die Stunde darauf zugreifen können. Woher weiß er, dass das funktioniert? Woher weiß er, dass er Mehrwert generiert? Der Markt teilt Ihnen immer Ihren wahren Wert mit. Raten Sie, wie viele Menschen für seinen Online-Unterricht bezahlen? **Letztes Jahr verdiente er mehr als 4 Millionen Dollar**! Je höher der Wert, den Kim Ki-hoon mit seinem Online-Unterricht bietet, desto mehr Studenten abonnieren seine Dienste. Und daraus folgt: Je mehr Studenten, desto höher sein Einkommen – in diesem Fall, um ein Vielfaches höher.

Ein Lehrer, der 4 Millionen Dollar verdient. Wie verträgt sich das mit dem Einkommen des besten Lehrers, den Sie kennen? Ki-hoons Geschichte erschüttert die Überzeugung, dass unser Beruf inhärente Einkommensgrenzen setzt. Ki-hoon gehört zu dem 1 Prozent der extrem gut verdienenden Schicht, nicht weil er einfach Glück hatte, und auch nicht, weil er zum richtigen Zeitpunkt am richtigen Ort war oder weil er beschloss, einen lukrativen Beruf zu ergreifen. Nein, Ki-hoon ist ein reicher Mann, weil er nie aufgehört hat zu lernen, zu wachsen und in seine eigene Weiterentwicklung zu investieren.

Das ultimative Multitasking-Genie

Und wenn Sie von Ihrem Naturell her kein Unternehmer sind? Wenn Sie absolut kein Interesse daran haben, selbstständig zu sein? Wenn Sie in einem Großunternehmen oder einem Kleinunternehmen arbeiten? Können Sie dann trotzdem einen Weg finden, Mehrwert zu generieren und Ihr Einkommenspotenzial zu steigern? Ich will Ihnen von einer jungen Frau erzählen. Daniela arbeitete im Bereich Art Design einer Marketingabteilung und sah keinen klaren Weg, um in ihrem Unternehmen aufzusteigen. Sie war extrem talentiert, aber vor allem war sie erfolgshungrig. Ständig suchte sie nach Möglichkeiten, mehr zu tun und mehr zu geben. Das lag ihr einfach im Blut. Und so half sie ihren Kollegen oft bei Aufgaben im Bereich Visual Arts. Dann wollte sie mehr über Marketing lernen, also begann sie sich damit zu beschäftigen und bot ihre Hilfe an. Zudem merkte sie, dass sie sich eigentlich nicht mit sozialen Medien auskannte – aber die Möglichkeiten, die sich auf diesem Gebiet boten, schienen ihr gewaltig zu sein. Daher beschloss sie, sich auch in diesem Feld weiterzubilden.

Nach einigen Jahren erledigte Daniela zahlreiche der Aufgaben ihrer Kollegen. Sie vergaß, dass sie ein Geschenk anbot, und ihre Kollegen nahmen ihre Hilfe für selbstverständlich. Das führte dazu, dass sie um fünf Uhr, wenn bestimmte Aufgaben, deren Frist ablief, noch nicht erledigt waren, alleine an ihrem Schreibtisch weiterarbeitete, während ihre Kollegen nach Hause gingen. Sie wollte eigentlich nicht so lange arbeiten, aber auf der anderen Seite wollte sie weder das Unternehmen noch ihre Kunden hängen lassen. Als immer deutlicher wurde, dass ihre Kollegen ihren Ehrgeiz und ihren hohen inneren Antrieb ausnutzten, war eine Grenze erreicht: »Ich mache den Job von drei Leuten plus meinen eigenen!« Aber anstatt wütend zu werden, nahm Daniela diese Situation als Chance.

Was tat sie als Nächstes? Sie sprach mit dem CEO und legte ihm die Situation dar: »Im Moment arbeite ich für vier. Ich habe Weiterbildungen besucht, dazugelernt und mir selber Kenntnisse in Visual Arts, Marketing und soziale Medien angeeignet. Ich bin nicht hier, um irgendjemanden zu denunzieren. Aber ich kann 50 Prozent Ihrer Marketingkosten einsparen und drei Arbeitskräfte ersetzen, indem ich ihren Job übernehme. Und ich mache ihn obendrein auch noch besser. Sie müssen meinen Worten nicht glauben, lassen Sie es mich beweisen. Lassen Sie die Kollegen sechs Monate lang ihren Job weitermachen und ich mache meinen und ihren Job. Dann können Sie vergleichen und entscheiden, was das Beste ist.«

Daniela bat lediglich darum, dass Ihr Vorgesetzter Ihr nach sechs Monaten mehr Verantwortung übertragen und ihr Gehalt verdoppeln möge, wenn sie ihr Wort hielt. Und wissen Sie was? Sie tat es: Sie bewies sich in den Bereichen Visual Arts und Marketing, schrieb hervorragende Werbetexte und führte eine erfolgreiche Social-Media-Kampagne durch. Daniela bewies nicht nur, dass sie die zusätzliche Arbeit bewältigen konnte, sondern dass sie obendrein besser war als die Wettbewerber – sie ließ alle hinter sich. Daniela generierte so viel Mehrwert für ihr Unternehmen, dass ihr Chef erkannte, dass er ihr das Doppelte zahlen und die Kosten trotzdem halbieren konnte. Der Markt hatte gesprochen.

Das Glück liegt nicht im bloßen Geldbesitz, sondern im Stolz auf die erreichte Leistung und der Freude an der schöpferischen Leistung.
FRANKLIN D. ROOSEVELT

Chancen schlummern überall

Wie wollen Sie der Welt Mehrwert bieten? Wie werden Sie einen größeren Beitrag leisten, mehr verdienen und Ihre Wirkung steigern? Es gibt Hunderte, wenn nicht Tausende von Geschichten über Menschen, die ein Problem erkannten, sich mit einer unkonventionellen Sichtweise an die Lösung machten und eine ganze Branche veränderten oder einen völlig neuen Markt schufen. Sie waren keine Unternehmer, sondern Menschen wie Sie und ich, die sich einfach nicht mit dem Status quo zufriedengeben wollten. In der Welt, in der wir heute leben, ist kein Produkt und keine Branche immun: die digitalen Schnittstellen – Internet, soziale Medien und Technologie – und die weltweite Verknüpfung von Menschen und Dingen haben alles verändert. Das bedeutet, dass selbst die größten Konzerne und das ausgereifteste beziehungsweise stabilste Geschäft der Welt diesen Umwälzungen zum Opfer fallen kann. Und hier kommt Nick Woodman ins Spiel.

Die Welle reiten

Wer hätte vorhergesehen, dass Kodak, der Unternehmenstitan, der im 20. Jahrhundert die Welt der Fotografie beherrschte, von der Digitalfotografie auf dem linken Fuß erwischt wurde? Kodak erfand die digitale Fotografie. Und dennoch musste das Unternehmen im Jahr 2012 nach 124 Jahren Insolvenz anmelden – ein Schritt, der katastrophale Folgen für die Wirtschaft in und um Rochester, New York, hatte, wo 50.000 Arbeitsplätze verloren gingen.

Dieselben massiven technologischen und kulturellen Veränderungen, die Kodak den Garaus machten, boten einem kalifornischen Surfer namens Nick Woodman jedoch gewaltige Chancen. Woodman war ein besessener Surfer. Seine bedingungslose Leidenschaft und Hingabe an diesen Sport, zusammen mit seinem Ehrgeiz und seinem inneren Antrieb, ließen ihn einen Weg finden, um Mehrwert zu generieren.

Es kann gut sein, dass Sie noch nie von Woodman gehört haben. Er hatte die brillante Idee, beim Surfen eine wasserdichte Kamera an seinem Handgelenk anzubringen. Alles, was Woodman wollte, war, einen Weg zu finden, das Surfen auch nach dem eigentlichen Wellenreiten noch zu genießen. Als die Digitalfotografie aufkam, begann er, mit den Kameras zu experimentieren, um zu sehen, ob er sie noch wasserunempfindlicher machen und die Videoqualität verbessern konnte. Die Technologie veränderte sich, und er experimentierte weiter. Und weiter. Und am Ende erfand er die GoPro, eine kleine, qualitativ hochwertige Digitalkamera, die man mit einem Clip überall befestigen und mitnehmen konnte.

Dieses coole kleine Gerät befindet sich nun auf dem Kopf jedes Extremsportlers der Welt. Ob Sie Fahrrad fahren, snowboarden, Kajak fahren oder wellenreiten, mit der GoPro können Sie die Magie Ihres Adrenalinschubs festhalten und mit allen teilen. Woodmans Timing hätte nicht besser sein können: Er begann die GoPro genau zu dem Zeitpunkt zu vermarkten, als die Menschen begannen, ihre Videos auf YouTube und Facebook hochzuladen. Woodman erschuf ein Produkt, das er in erster Linie selber benutzen wollte. Aber er dachte sich, womöglich sei er nicht der Einzige, den dieses Produkt interessierte. Dieser besessene Surfer generierte für Millionen von Menschen Mehrwert, indem er eine neue Technologie bequem verwendbar und zu einem kostengünstigen Spaßprodukt machte. Letztlich markierte er einen neuen Trend, der darin bestand, alles Mögliche digital mit anderen zu teilen. Eines der zentralen Erfolgsgeheimnisse lautet: Wenn Sie wirklich reich werden wollen, setzen Sie sich an die Spitze eines Trends. Heute besitzt dieser Surfer aus Kalifornien mehr als 1 Milliarde Dollar.

Eine neue »Kategorie« entsteht

Im Jahr 2010 lud mich der Fernsehjournalist Matt Lauer zu einer Diskussionsrunde zu der Frage ein, wohin sich die Wirtschaft entwickelt. Außer mir nahmen auch Warren Buffett und die jüngste Selfmade-Milliardärin der Welt teil: Sara Blakely. Jede Chance, mit Warren Buffett über Wirtschaft zu sprechen, war ein gewaltiges Privileg, aber womit ich überhaupt nicht gerechnet hatte, war, dass mich Saras Story völlig umhauen würde.

Sara Blakely veränderte keine Branche, vielmehr schuf sie ein ganz neues Produkt. Als sie sich einmal für eine Party fertig machte, merkte sie, dass sie nicht die richtige Unterwäsche für eine enge weiße Hose besaß. Anstatt sich aufzuregen, nahm sie die Sache in die Hand. Mit nichts mehr als einer Schere und einer Menge Mut schnitt sie von einer figurunterstützenden Bauch-Po-Nylonstrumpfhose die Beine ab, und voilà, ein neues Produkt war geboren.

Natürlich geschah das nicht über Nacht, und es war auch nicht leicht. Sara erzählte mir, eines ihrer größten Erfolgsgeheimnisse sei, dass ihr Vater sie von klein auf dazu ermutigt hatte, zu »versagen«! Hieß es doch, dass seine Tochter es wenigstens probiert hatte. Jeden Abend wollte er von ihr wissen, ob sie heute »wieder versagt habe«, und er war sehr angetan, wenn dies der Fall war – weil er dann wusste, dass sie auf dem Weg zum Erfolg war. »Tony, das hat mir einfach die Angst vor dem Experimentieren genommen«, erklärte sie mir.

Blakely, die damals in einem Verkaufsjob für Büroprodukte ohne große Entwicklungschancen festsaß, investierte ihr gesamtes Geld – 5.000 Dollar – und machte sich daran, Unterwäsche nach ihren Vorstellungen zu entwerfen. »Ich muss mindestens tausend Mal das Wort ›nein‹ gehört haben«, erinnerte sie sich. Aber sie hörte nicht darauf. Neben den 5.000 Dollar, die sie investiert hatte, sparte sie 3.000 Dollar Anwaltshonorar (die sie nicht hatte), indem sie auf Basis eines Lehrbuches ihr eigenes Patent schrieb.

Das Unternehmen, das sie gründete, Spanx, schuf eine völlig neue Produktkategorie mit der Bezeichnung »Shapewear«, die weltweit eine kultartige Gefolgschaft von Frauen erzeugte. Laut meiner Frau muss man nur eine solche Shapewear-Hose anziehen, die alle Pölsterchen optisch zum Verschwinden bringt, und schon wirkt die Taille um einiges schmaler.

Mit Oprah Winfreys Segen verwandelte sich Spanx von einem kleinen Unternehmen in eine weltweite Sensation. Heute ist Spanx mehr als 1 Milliarde Dollar wert und die Marke umfasst inzwischen mehr als 200 Produkte, die Frauen helfen, toll auszusehen und sich entsprechend zu fühlen. Als geborene Optimistin versuchte Sara, auch mich in den Bann ihrer Zauberwäsche zu schlagen: Bei unserem gemeinsamen Auftritt in der Sendung *Today* versuchte sie mich zu überreden, ihre neuen Spanx-Modelle für Männer zu tragen. Ich lehnte dankte ab und erwähnte vorsichtig, eventuell verstünde sie den männlichen Markt nicht ganz so gut wie den weiblichen. Aber ich fühle mich nach wie vor von ihrem Beispiel inspiriert. Am Ende war Spanx für Männer ebenfalls erfolgreich – wenn auch nicht dank meines Beitrags. **Heute ist Blakely Alleineigentümerin ihres Unternehmens, ist 100 Prozent schuldenfrei und hat noch nie Fremdkapital angenommen. Im Jahr 2012 kürte das Magazin *Time* sie zu einer der »100 einflussreichsten Menschen der Welt«.**

Wie Nick Woodman erkannte sie ein Bedürfnis und erfüllte es. Sie weigerte sich, sich von irgendwelchen inneren Schranken aufhalten zu lassen, und fand einen Weg, Mehrwert zu generieren.

Das können Sie auch! Sie müssen kein Milliarden-Dollar-Unternehmen gründen, eine ganze Branche umkrempeln oder 4 Millionen Dollar als Online-Lehrer verdienen. Sie müssen nicht einmal vier Jobs auf einmal machen. Aber wenn diese Menschen fähig sind, das zu tun, was sie getan haben, warum sollten Sie dann nicht die zusätzlichen 500 oder 1.000 Dollar im Monat verdienen können? Oder vielleicht sogar zusätzliche 20.000, 50.000 oder sogar 100.000 Dollar pro Jahr? Auch Sie können einen Weg finden, Ihre eigene schöpferische Kraft freizusetzen und dem Markt einen größeren Mehrwert zu bieten, damit Sie das zusätzlich verdiente Geld in Ihren Freiheitsfonds investieren können. Der Zeitpunkt, das zu tun, ist jetzt ...

Finden Sie eine Möglichkeit, zusätzliche 500 Dollar pro Monat beziehungsweise 6.000 Dollar pro Jahr zu verdienen oder zu sparen. Wenn Sie dieses Geld über 40 Jahre mit einer Rendite von 8 Prozent investieren, ist es anschließend 1,5 Millionen Dollar wert. Denken Sie an unser Pizza-Beispiel. Wenn Sie einen Weg finden, pro Monat 1.000 Dollar beziehungsweise 12.000 Dollar pro Jahr zu sparen, dann sind das 3 Millionen Dollar Vermögen. Wenn Sie einen Weg finden, 3.000 Dollar pro Monat beziehungsweise 36.000 Dollar pro Jahr zu sparen, werden daraus 9 Millionen Dollar Vermögen. Wie lautet die Lektion? Generieren Sie Mehrwert, steigern Sie Ihre Einkünfte und investieren Sie sie. So können Sie die Stufe der finanziellen Freiheit erreichen, die Sie sich wünschen.

Kapitel 17
Schneller zum Ziel:
3. Senken Sie Gebühren und Steuern und investieren Sie die eingesparte Summe

Wir haben alles, was nötig ist, um Ihnen alles abzunehmen, was Sie haben.
VORGESCHLAGENES MOTTO FÜR DIE STEUERBEHÖRDE

Sie müssen Steuern zahlen. Aber es gibt kein Gesetz, das Ihnen vorschreibt, Trinkgeld zu geben.
WERBEANZEIGE VON MORGAN STANLEY

Jetzt sind Sie in Schwung gekommen. Sie beschleunigen Ihren Vermögensaufbau, indem Sie *mehr verdienen* und *mehr sparen!* Was bleibt noch? Ist damit nicht alles gesagt und getan? Ehrlich gesagt, nein. Als Eingeweihter wissen Sie nun, dass es nicht darauf ankommt, was Sie verdienen, sondern wie viel Ihnen am Ende bleibt. Unsere dritte Beschleunigungsstrategie besteht darin, mehr Geld aus Ihren Investitionen zu ziehen, indem Sie Ihre Gebühren und Steuern senken und das Eingesparte reinvestieren.

Erinnern Sie sich an die drei Freunde aus Kindertagen aus Kapitel 7? Jeder von ihnen investierte mit 35 Jahren 100.000 Dollar und erzielte eine Rendite von 7 Prozent. Allerdings zahlten sie unterschiedliche Gebühren, wobei der Unterschied zwischen 1, 2 oder 3 Prozent am Ende einen Unterschied von mehreren Hunderttausend Dollar ausmachte. Taylor, die lediglich 1 Prozent Gebühren bezahlte, konnte fast das Doppelte von dem anhäufen, was ihr Freund Jason an Vermögen erwirtschaftete, der ganze 3 Prozent bezahlte. Taylors Vermögen wuchs auf 574.349 Dollar an, wohingegen Jason sich mit 324.340 Dollar begnügen musste!

Erinnern Sie sich, dass die versteckten Gebühren von Investmentfonds im Schnitt astronomische 3,17 Prozent betragen. Der Unterschied zwischen einem kostenintensiven, gebührenbeladenen Investmentfonds und einem kostengünstigen Indexfonds könnte Sie buchstäblich den Gegenwert eines Jahrzehnts Ihrer Lebensarbeitszeit kosten, ganz zu schweigen von der Bremswirkung. Und wie schon mehrfach betont, gehen die hohen Gebühren, die mit Investmentfonds verbunden sind, fast nie mit einer höheren Performance einher.

»Das sind die Gebühren für die Beantwortung Ihrer Fragen und die Erklärung Ihrer Gebühren.«

Hüten Sie sich also vor kostenintensiven Geldanlagen. Investieren Sie in kostengünstige Indexfonds und hören Sie auf Bogles Warnung, der uns demonstrierte, dass hohe Gebühren zwischen 50 bis 70 Prozent Ihres zukünftigen Vermögens auffressen können! Das Mantra der Geldvermehrung lautet schlicht und einfach: Nehmen Sie das Geld, das Sie bei den Gebühren eingespart haben und reinvestieren Sie es, um von der Aufzinsung zu profitieren. Diese Strategie ist eine weitere Schnellstraße zu finanzieller Freiheit.

Es gibt aber noch einen größeren Vermögensvernichter. Wissen Sie, was den größten Anteil an Ihren Ersparnissen verschlingt? Die Steuern!

Im Verlauf des Lebens zahlt der durchschnittliche US-Bürger mehr als die Hälfte seines Einkommens in vielfältiger Form an die Steuerbehörde: Einkommensteuer, Grundsteuer, Verkaufssteuer, Benzinsteuer und so weiter. (Laut zahlreichen Experten zahlen wir derzeit 54,4 Cent pro Dollar an Steuern.) Und damit sind wir noch nicht am Ende.

IHR GOLDENES VERMÖGEN

Ihr lebenslanges Einkommen

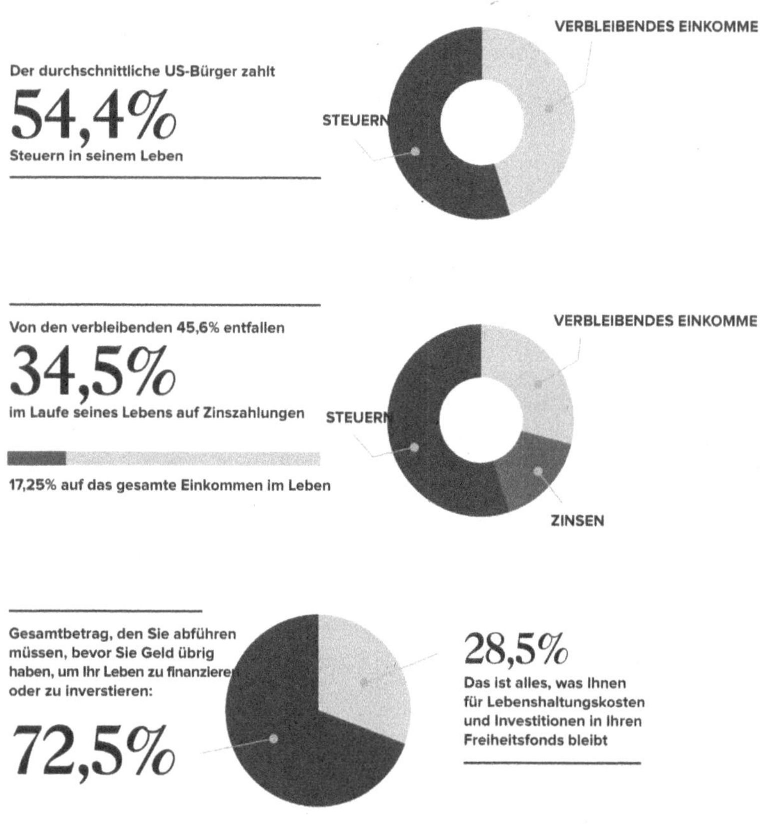

Nach Abzug der 54,4 Prozent können Sie sich von weiteren 17,25 Cent pro Dollar verabschieden, die Sie an Zinsen und Gebühren bezahlen. Sie haben ein Auto, ein Haus, eine Kreditkarte oder einen Ausbildungskredit? Im April 2014 hatte der durchschnittliche US-Haushalt Kreditkartenschulden von mehr als 15.000 Dollar, einen Ausbildungskredit von mehr als 33.000 Dollar und eine Immobilienhypothek von mehr als 150.000 Dollar. Wir sind eine bis über beide Ohren verschuldete Nation.

Tatsache ist, dass im Schnitt ungefähr ein Drittel Ihres Einkommens nach Steuern für Zinszahlungen draufgeht!

Das bedeutet (Trommelwirbel, bitte), dass Ihnen 48 Prozent Ihres sauer verdienten Einkommens übrig bleiben, um alle Lebenshaltungskosten zu bestreiten: Nahrung, Kleidung, Obdach, Bildung, Gesundheit, Reisen, Freizeit und alles andere, auf das Sie bei Amazon oder im Einkaufszentrum stoßen! Außerdem müssen Sie davon noch den Prozentsatz abzweigen, den Sie in Ihren Freiheitsfonds investieren, oder mit dem Sie irgendeine Form von Vermögen für Ihren Ruhestand aufbauen!

Eine höhere Steuereffizienz ist ein Weg, sich einen Teil der 52 Prozent zurückzuholen, die Sie dem Staat aushändigen. Wenn Sie einen größeren Teil Ihres sauer verdienten Einkommens zurückbehalten können, haben Sie mehr Geld zur Verfügung, um Ihre finanziellen Ziele schneller zu erreichen.

Es gibt keinen guten Grund, warum Sie mehr zahlen sollten, als Sie unbedingt müssen. Es ist sogar Ihr Recht als Bürger, *nicht* mehr zu zahlen, als Sie müssen. Billings Learned Hand (1872–1961), ein einflussreicher US-Richter und Rechtsgelehrter, stellte einst fest:

> *»Es gibt keine patriotische Pflicht, die eigenen Steuern zu erhöhen. Die Gerichte haben immer wieder festgestellt, dass es nicht illegitim ist, die eigenen Angelegenheiten so zu regeln, dass möglichst wenig Steuern anfallen. Jeder macht das, ob arm oder reich, und das ist völlig legal und legitim, da niemand die öffentliche Pflicht hat, mehr zu zahlen, als das Gesetz verlangt.«*

Ich kann mich der Meinung dieses Richters nur anschließen. Ich glaube nicht, dass ich mehr zahlen muss, als das, wozu ich unbedingt verpflichtet bin, und Sie sollten das auch nicht. Ich suche ständig nach legalen, ethischen Wegen, meine Steuern zu senken, und tue mein Bestes, um staatliche Initiativen zu nutzen, die mir ermöglichen, mein Vermögen in einer steuerfreien Umgebung zu steigern. Von meinen für dieses Buch interviewten Gesprächspartnern habe ich gelernt, dass Steuereffizienz eine der besten Methoden zur schnelleren Erreichung Ihrer finanziellen Ziele ist.

Ich bin so stolz darauf, Steuern in den Vereinigten Staaten zu zahlen. Die einzige Sache ist, dass ich für die Hälfte des Geldes genauso stolz sein könnte.
ARTHUR GODFREY

Eines will ich klarstellen: Ich bin Patriot. Ich liebe Amerika. Ich bin eines von Millionen von Beispielen des amerikanischen Traums und ich bin glücklich (nun, glücklich ist vielleicht übertrieben, aber stolz), meine Steuern zu zahlen. Meine Steuerlast ist höher, als ich je glaubte, im Verlauf eines Lebens – geschweige denn eines Jahres – verdienen zu können. Aber ich weiß von David Swensen (Yale University), dass es nur drei Kräfte gibt, die Ihnen dabei helfen können, die höchstmögliche Rendite zu erzielen (das gilt für Deutschland übrigens gleichermaßen wie für die Vereinigten Staaten von Amerika):

1. Portfoliostrukturierung
2. Diversifikation
3. Steuereffizienz

David hilft natürlich, dass er eine gemeinnützige Organisation leitet. Für alle anderen von uns gibt es selbst bei der aktuellen Steuergesetzgebung Wege zur Maximierung der Investitionsrendite und zur Minimierung der Steuerlast.

Geldpower-Prinzip Nr. 3: *Steuereffizienz ist eine der einfachsten Methoden zur kontinuierlichen Steigerung der realen Rendite auf Ihr Portfolio. Steuereffizienz bedeutet eine Verkürzung des Weges zu finanzieller Freiheit.*

(**Hinweis:** Wenn Ihnen den Kopf von dem ganzen Steuerthema schwirrt, verstehe ich das vollkommen. Sie können auch gleich zum nächsten Kapitel weiterblättern, damit Sie nicht Ihre Dynamik verlieren. Vereinbaren Sie aber einen Termin mit Ihrem Steuerberater, um zu erfahren, wie Sie Ihre Investitionen am steuersparendsten gestalten. Wenn Sie bereit sind, sich noch ein wenig mit diesem Thema zu beschäftigen, wird Ihnen das ermöglichen, einen größeren Teil Ihres investierten Einkommens zu behalten und Ihre finanziellen Träume schneller zu erreichen.)

Wählen Sie Ihre Steuern!

Was tun, wenn Sie festgestellt haben, dass ein wenig steuerrechtliche Kenntnisse Sie davor bewahren können, überflüssige 30 Prozent Ihres Einkommens an den Fiskus abzuliefern? Um wie viel schneller könnten Sie Ihre finanziellen Ziele erreichen? Achten Sie genau auf die folgenden beiden Steuern, die Sie als Anleger zahlen:

1. Einkommensteuer
   Wenn Sie, wie erwähnt, zu den Gutverdienern gehören, beträgt Ihre Steuerlast 42 Prozent, oder falls Sie Vermögenssteuer zahlen, sogar 45 Prozent. Dieser Steuersatz gilt für Einkommen aus selbstständiger und nichtselbstständiger Arbeit, ebenso für Vermietungseinkünfte und auch für Gewinne aus privaten Veräußerungsgeschäften, sofern vor Ablauf der Spekulationsfrist verkauft (z. B. Immobilien, Gold, Antiquitäten, Oldtimer). Auch bestimmte Rentenbezüge unterliegen ganz oder teilweise der Einkommensteuer.

2. Abgeltungssteuer (Neuregelung der Kapitalertragssteuer seit dem 1. Januar 2009)

Bei der Abgeltungssteuer handelt es sich um eine Steuer, mit der in Deutschland Zinsen, Dividenden, Kursgewinne und sonstige Kapitalerträge besteuert werden. Sie gilt seit Januar 2009 mit einem Steuersatz von 25 Prozent zuzüglich Solidaritätszuschlag und – wenn abzuführen – Kirchensteuer auf alle oben genannten Ertragsarten. Dabei wird der entsprechende Betrag von der konten- bzw. depotführenden Bank oder der Investmentgesellschaft einbehalten und direkt ans Finanzamt abgeführt. Anders als noch bis zum Jahre 2008 spielt die Haltedauer bei der Besteuerung keine Rolle mehr. Bis zu diesem Zeitpunkt blieben Kursgewinne etwa von Aktien steuerfrei, sofern diese länger als ein Jahr im Depot waren. Heute unterliegen alle Kursgewinne unabhängig von der Haltedauer der Abgeltungssteuer.

Anleger und Sparer sollten ihre Kapitalanlagen auch unter dem Aspekt der Abgeltungssteuer betrachten. Folgende Tipps lege ich meinen deutschen Lesern ans Herz, um Steuern zu sparen:

- Nutzen Sie Ihren Sparerpauschbetrag aus. Er beläuft sich auf 801 Euro pro Person (bzw. 1.602 Euro für zusammen veranlagte Ehepaare). Am einfachsten geht das, indem Sie Ihrer Bank oder Ihren Banken einen Freistellungsauftrag erteilen. Dann führt die Bank auf Kapitaleinkünfte bis zu dieser Höhe erst gar keine Abgeltungssteuer ans Finanzamt ab.
- Falls Sie mehrere Freistellungsaufträge nutzen, teilen Sie den Sparerpauschbetrag klug auf. In Summe dürfen alle freigestellten Beträge den Sparerpauschbetrag nicht überschreiten. Doch sollten Sie die Aufteilung möglichst so vornehmen, dass der freigestellte Betrag überall ausgeschöpft wird und vor allem, dass nicht die eine Bank schon Abgeltungssteuer abführt, weil die Kapitalerträge dort den freigestellten Betrag bereits überschritten haben, während bei der anderen Bank der freigestellte Betrag nicht annähernd ausgeschöpft wird. Sehen Sie sich Ihre Freistellungsaufträge Jahr für Jahr neu an – und passen Sie sie an Ihre Einkommensverhältnisse an. Bei Banken, bei denen höhere Kapitalerträge anfallen, stellen Sie einen höheren Betrag frei. Bei Banken, bei denen Sie nur wenige Kapitalerträge erwarten, braucht es auch keinen so hohen Freistellungsbetrag.
- Falls Sie einen Teil der freigestellten Beträge nicht ausgeschöpft haben, geben Sie mit Ihrer Steuererklärung die Anlage KAP ab. Auf diese Weise können Sie sich zu viel gezahlte Steuern zurückholen.
- Gleiches gilt, wenn Ihr persönlicher Einkommensteuersatz für einzelne Jahre unter 25 Prozent fällt (oder wenn Sie das zumindest vermuten). Das kann passieren, etwa wenn Sie hohe Werbungskosten oder sonstige Ausgaben geltend machen können. Ihr Vorteil: Dann brauchen Sie auch nicht die volle Abgeltungssteuer von 25 Prozent plus Solidaritätszuschlag und Kirchensteuer zu zahlen. Sondern dann gilt Ihr persönlicher Einkommensteuersatz. Ob er tatsächlich darunter liegt, prüft das Finanzamt automatisch – und wendet die für Sie günstigere Variante an (man spricht deshalb hier von Günstigerprüfung).
- Bei privaten Veräußerungsgeschäften warten Sie die Spekulationsfrist ab, sofern Sie einen Gewinn erwarten. Bei einem Verkauf erst nach Ablauf dieser Spekulationsfrist bleiben die Gewinne nämlich steuerfrei.

Bei Immobilien beträgt die Spekulationsfrist in der Regel zehn Jahre (bei selbstgenutzten zwei bis drei), bei Gold, Kunst und Antiquitäten ist es ein Jahr.

- Unter steuerlichen Gesichtspunkten können in Deutschland die staatlich geförderten Rentenverträge ausgesprochen interessant sein. Zum einen, weil sie eine Steuerersparnis bringen. Bei Riester ist das manchmal der Fall, bei Rürup-Verträgen immer, sofern positive Einkünfte vorliegen (machen Sie die Einzahlungen in der Anlage AV geltend). Zum zweiten, weil solche Rentenverträge der nachgelagerten Besteuerung unterliegen. Und das heißt: Sie werden erst in der Auszahlungsphase besteuert, wenn das zu versteuernde Einkommen ohnehin in der Regel geringer ist (Rentner verdienen in der Regel weniger als aktive Berufstätige). Zu welchem Anteil die Auszahlungen besteuert werden, hängt zum einen von der Art des Vertrags ab, zum anderen vom Beginn der Rentenzahlungen.

Noch eins: Vorsicht vor Investmentfonds

Lassen Sie uns noch einen Blick auf Investmentfonds werfen. Wissen Sie eigentlich, was diese Fondsmanager jeden Tag machen? Sie handeln. Sie kaufen und verkaufen Aktien und Anleihen, und zwar auf täglicher, monatlicher oder Quartalsbasis. Das wird in der Branche als »Turnover« (»Umschlag«) bezeichnet.

Charlie Farrell von CBS MarketWatch sagt dazu: »Zwar sollen die Marketingbroschüren die Anleger dazu animieren, Fondsanteile zu kaufen und zu halten, aber die Manager halten sich nicht an ihre eigenen Worte. Was sie wirklich meinen, ist, dass die Anleger die Fondsanteile kaufen und halten sollen, während sie selber wie wild mit den Ersparnissen der Anleger handeln.«

Experten zufolge halten die meisten Investmentfonds ihre Positionen kein ganzes Jahr. Warum sonst sollten Sie Fondsanteile erwerben, wenn nicht in der Hoffnung, dass die Fondsmanager durch Kauf und Verkauf bessere Ergebnisse erzielen? Und Sie wissen, was das bedeutet. Mit der Ausnahme, dass Sie über staatlich geförderte, nachgelagert besteuerte Altersvorsorgeprogramme in Investmentfonds investieren (z. B. über Riester- oder Rürup-Fondssparpläne), müssen Sie auf alle Gewinne Abgeltungssteuer zahlen.

Das können Sie nur vermeiden, sofern Sie mit den Kapitalerträgen aus diesen zusätzlichen Fonds- und sonstigen Investments unter dem geltenden Sparerpauschbetrag von derzeit 801 Euro (1.602 Euro bei zusammen veranlagten Ehepaaren) bleiben.

Ihr Finanzberater oder ein guter Steuerberater kann Ihnen die vielfältigen Wege erklären, über die Sie Ihren Freiheitsfonds steuerbegünstigt anwachsen lassen können, damit Sie maximal vom Zinseszinseffekt profitieren. Vergessen Sie nicht, dass Sie auf diese Weise um einige Jahre, wenn nicht sogar ein ganzes Jahrzehnt, schneller an Ihr Ziel kommen!

Und schließlich werden Sie in Teil V eine Strategie kennenlernen, die die Superreichen anwenden und die Ihnen auch offensteht: eine steuerlich anerkannte Methode, die einen Riesenunterschied ausmacht, weil sie Ihnen ermöglicht, Steuerzahlungen auf Ihr Vermögen zu vermeiden und vom vollen Aufzinsungseffekt zu profitieren. Damit können Sie Ihr Ziel um 25 bis 50 Prozent schneller erreichen, ohne Ihr Investitionsrisiko zu erhöhen!

Nun haben Sie drei effektive Strategien kennengelernt, mit denen Sie auf die Überholspur gehen und das Vermögensspiel gewinnen können:

1. Mehr sparen und das zusätzlich Ersparte investieren.
2. Mehr verdienen (einen höheren Mehrwert generieren) und den zusätzlichen Verdienst investieren.
3. Gebühren und Steuern sparen und das Ersparte investieren.

Nun ist es Zeit, einen Blick darauf zu werfen, wie Sie Ihre Investitionsrendite steigern können ...

Kapitel 18
Schneller zum Ziel:
4. Steigern Sie Ihre Renditen und beschleunigen Sie Ihren Vermögensaufbau

Wenn Sie vorbereitet sind und wissen, was damit verbunden ist, ist es kein Risiko. Sie müssen nur herausfinden, wie Sie dahin kommen. Es gibt immer einen Weg.
MARK CUBAN

Wie können Sie Ihre Rendite steigern und gleichzeitig das Risiko senken? Die meisten Menschen glauben, um hohe Renditen zu erzielen, müssten sie hohe Risiken eingehen. Die erfolgreichsten Investoren wissen jedoch, dass das nicht stimmt. Erinnern Sie sich an Kyle Bass aus Kapitel 11? Indem er in Vermögenswerte mit einem asymmetrischen Chancen-Risiko-Profil investiert, räumt er mit dem Mythos auf, für hohe Renditen müsse man zwangsläufig hohe Risiken eingehen.

Asymmetrisches Chancen-Risiko-Profil ist ein hochtrabender Ausdruck für ein ganz einfaches Konzept. Wie erklärt man es am besten? Kyle machte aus 30 Millionen Dollar 2 Milliarden, indem er Investitionschancen aufspürte, bei denen er lediglich 3 Cent riskierte, um eine Gewinnchance von 1 Dollar zu erhalten – genauer gesagt, investierte er 3 Millionen Dollar in die Chance, 100 Millionen Dollar zu gewinnen – und steigerte das Chancen-Risiko-Verhältnis in den Milliardenbereich. Erinnern Sie sich, wie er seinen Söhnen beibrachte, »risikolose« Investitionen mit erheblichen Gewinnchancen zu tätigen, indem er in großem Stil amerikanische Fünf-Cent-Münzen, sogenannte *Nickels*, aufkaufte? Bei solchen Investitionen ist die Gewinnchance wesentlich höher als das Verlustrisiko, daher wird es als asymmetrisch bezeichnet.

Einer der größten Erfolge von Paul Tudor Jones besteht darin, dass er weiß, dass er sich irren und dennoch erfolgreich sein kann, weil er sich bei seinen Investitionsentscheidungen von dem asymmetrischen Chancen-Risiko-Profil leiten lässt. Er sucht stets nach sogenannten 5 : 1-Investitionen, wie er sie nennt, bei denen er für die Chance, 5 Dollar zu gewinnen, lediglich 1 Dollar riskiert.

Jones ist bereit, 1 Million Dollar einzusetzen, wenn seine Recherchen ergeben, dass eine hohe Wahrscheinlichkeit besteht, dass er 5 Millionen verdient. Natürlich kann er sich irren. Aber wenn er die 5 : 1-Formel bei seiner nächsten Investition anwendet und erfolgreich ist, wird er 5 Millionen Dollar einstreichen. Bei einer Investition von 1 Million, ist das ein Nettogewinn von 4 Millionen.

Mit dieser Formel, die er immer dann anwendet, wenn sich eine asymmetrische Gewinnchance bietet, könnte Paul sich bei vier von fünf Investitionen täuschen und würde immer noch mit null herausgehen. In Teil VI werden Sie in meinem Interview mit Paul mehr über ihn erfahren. Dort wird er Sie an seinem »100.000-Dollar-MBA« beziehungsweise den wichtigsten Lektionen, die er über Geldinvestition gelernt hat, teilhaben lassen. Eine davon lautet, wie man sich irren und trotzdem gewinnen kann!

Ein asymmetrisches Chancen-Risiko-Profil ist also die erste Methode, um höhere Renditen zu erzielen. Die zweite? Darüber erfahren Sie mehr in Kapitel 20, das sich mit Portfoliostrukturierung beschäftigt. Einstweilen soll folgender Hinweis genügen: So wie es im Immobilienmarkt »Standort, Standort, Standort« heißt, lautet das Mantra zur Steigerung der Rendite bei gleichzeitiger Risikominimierung »Diversifikation, Diversifikation, Diversifikation«. Eine effektive Diversifikation senkt nicht nur Ihr Verlustrisiko, sondern bietet Ihnen auch die Chance, Ihre Rendite zu maximieren.

Die Portfoliostrukturierung ist nach Auffassung eines jeden Investmentprofis, mit dem ich gesprochen habe, der Schlüsselfaktor für Ihre Finanzergebnisse. Die Geldanlagen richtig aufzuteilen und im richtigen Verhältnis zu mischen, ist die wichtigste Fähigkeit, aber leider eine, über die die meisten Anleger nicht viel wissen. In Kapitel 20 werden Sie alles über die Wirkung der Vermögensaufteilung erfahren und lernen, Ihr Anlageportfolio zu Ihrem Vorteil und dem Vorteil Ihrer Familie richtig zu strukturieren. Außerdem werden Sie in Teil VI die genaue Portfoliostruktur einiger der erfolgreichsten Investoren der Welt kennenlernen, die beständig hohe und höchste Renditen erzielen, so zum Beispiel des von Ray Dalio, den ich Ihnen schon vorgestellt habe. Die Ergebnisse der

Vergangenheit sind natürlich kein Garant für zukünftige Ergebnisse, aber was Ray Dalio betrifft, stammt diese Strategie von einem der erfolgreichsten Investoren aller Zeiten, der die Kunst, höchstmögliche Renditen bei geringstmöglichen Risiken zu erzielen, meisterhaft beherrscht. Seit mehr als 20 Jahren trifft Dalio Prognosen über alle möglichen Märkte und richtet sein Anlageportfolio nach dem besten Chancen-Risiko-Verhältnis aus. Er verwaltet ein Vermögen von mehr als 160 Milliarden Dollar und hat in 22 Jahren nur drei Verlustjahre erlebt. Nach der Lektüre dieses Buches werden Sie eine Strategie kennen, die auf Rays bahnbrechendem Ansatz beruht.

Wie schnell können Sie laufen?

Es liegt auf der Hand, dass wir alle höhere Renditen erzielen wollen. Was aber weniger offensichtlich ist, sind die massiven Auswirkungen, die höhere Renditen auf Ihren Zeithorizont haben. Die »72er-Regel« besagt, dass es bei einer durchschnittlichen Rendite von 1 Prozent 72 Jahre dauert, bis Sie Ihr Vermögen verdoppelt haben. Wenn Sie also bei einer Rendite von 1 Prozent 10.000 Dollar anlegen, werden Sie die Verdoppelung dieser Summe wahrscheinlich nicht mehr erleben. Sie können die Dauer halbieren, indem Sie Ihre Rendite auf 2 Prozent steigern und noch einmal halbieren, indem Sie sie auf 4 Prozent steigern. Wie wirkt sich eine Rendite von 4 Prozent auf Ihre Vermögensentwicklung aus, und wie wirkt sich eine Rendite von 10 Prozent aus? Bei einer Rendite von 10 Prozent verdoppelt sich Ihre Investition alle 7,2 Jahre; bei einer Rendite von 4 Prozent verdoppelt sie sich alle 18 Jahre! Wenn Sie Ihren Plan radikal verändern und Ihre finanzielle Freiheit in 7 statt 18 Jahren erreichen wollen, können Sie das. Oder in 14 Jahren statt 36! Solche Unterschiede sind möglich, wenn Sie lernen, wie Sie Ihre Rendite steigern. Das Entscheidende dabei ist, dass Sie dafür keine deutlich höheren Risiken eingehen müssen. Sie suchen nach Geldanlagen mit einem asymmetrischen Chancen-Risiko-Profil, nach dem alle herausragenden Investoren suchen. Diese Geldanlagen sind nicht einfach zu finden, aber es gibt sie, und sie stellen eine Möglichkeit zur Beschleunigung Ihrer Zielerreichung dar. (Werfen Sie einen Blick auf die nächste Seite, um einen Eindruck zu bekommen, wie lange es dauert, bis sich Ihr Vermögen verdoppelt.)

So viele Jahre dauert es, je nach Rendite, bis Sie Ihre Investition verdoppelt haben

Rendite in Prozent	Jahre
25	2,88
20	3,60
19	3,80
18	4,00
17	4,20
16	4,50
15	4,80
14	5,10
13	5,50
12	6,00
11	6,50
10	7,20
9	8,00
8	9,00
7	10,20
6	12,00
5	14,40
4	18,00
3	24,00
2	36,00
1	72,00

Ihre nächste Frage lautet wahrscheinlich, »Wo soll ich beginnen, nach Anlagen mit einem asymmetrischen Chancen-Risiko-Profil zu suchen?« Manchmal tauchen sie auf, wo man sie am wenigsten erwartet. Vielleicht weil ich in Südkalifornien aufgewachsen bin, habe ich Immobilien immer als Kernkomponente in meinem Portfolio betrachtet. Die USA befinden sich mitten in einer dramatischen demografischen Veränderung:

Jeden Tag werden 10.000 Menschen 65 Jahre alt. Heerscharen von Babyboomern erreichen derzeit das Rentenalter. Es gibt also in Zukunft einen echten Bedarf an gut ausgestatteten Seniorenresidenzen. Wie konnte ich einen Weg finden, in eine derartige Chance zu investieren? Einfach in eine dieser Residenzen hineinzumarschieren und zu fragen, ob man dort investieren kann, ist wahrscheinlich nicht die beste Strategie. Also wandte ich mich an meinen Berater Ajay Gupta und erzählte ihm, wonach ich suchte. Er fand eine Immobilie, die nicht nur hohe Renditechancen bot, sondern auch zu meinen Werten passte und einem breiten Trend im Markt entsprach. Viele Experten betrachten diese Kategorie als »demografische Unvermeidlichkeit«, weil das Segment der 75-Jährigen zwischen 2010 und 2030 um 84 Prozent zunehmen wird. Die Nachfrage wird größer sein als das Angebot!

Ajay fand eine Investmentgesellschaft, die von einem beeindruckenden Unternehmer geführt wird, der Seniorenresidenzen konzipiert, baut, in sie investiert und sie managt. Mit diesem Konzept hat er aus dem Nichts ein 3-Milliarden-Dollar-Unternehmen aufgebaut. Er findet geeignete Standorte, steuert selbst die Hälfte des notwendigen Kapitals bei und versammelt dann eine kleine Gruppe von Investoren, die den Rest zuschießen. Und das erhalte ich für meine Investition: eine Vorzugsdividende (entspricht einem monatlichen Einkommen) auf Basis der Profitabilität der Einrichtung. Sie kann zwischen 6 und 8 Prozent pro Jahr betragen. Und weil es Immobilien sind, profitiere ich steuerlich von der Abschreibung, was bedeutet, dass ich keine Einkommensteuer auf die Dividenden zahlen muss. Außerdem gehört mir ein Stück der Immobilie, die – so glaube ich – langfristig an Wert gewinnen wird. Ich nehme an der Exit-Strategie teil, wenn die Investorengruppe die Einrichtung schließlich verkauft. Ich muss allerdings dazu sagen, dass diese konkrete Investitionsmöglichkeit akkreditierten Investoren vorbehalten ist, die bestimmte Voraussetzungen im Hinblick auf die Höhe ihres Nettovermögens erfüllen.[4] Jetzt regen Sie sich nicht auf! Alle nicht akkreditierten Investoren können in

---

4 Ein Privatanleger, der akkreditierter Investor sein will, muss ein Nettovermögen von mindestens 1 Million US-Dollar besitzen, wobei der Wert der Immobilie seines Hauptwohnsitzes nicht eingerechnet wird. Oder er muss in den vergangenen zwei Jahren mindestens 200.000 Dollar jährlich verdient haben (300.000 Dollar bei verheirateten Paaren).

börsengehandelte REITs (Real Estate Investment Trust), Immobilien-AGs oder offene Immobilienfonds investieren, die sich ausschließlich darauf konzentrieren, einen Korb an landesweiten Wohn- oder Gewerbeimmobilien zu halten. Anteile können Sie bereits für wenige Dollar bzw. Euro erwerben, und sie bieten jährliche Dividendenzahlungen. Bitten Sie am besten Ihren Finanzberater, Ihnen bei der Suche nach der besten Option behilflich zu sein.

Wenn Sie erst damit beginnen, leidenschaftlich nach Wegen zu suchen, mehr zu sparen, mehr zu verdienen, Ihre Gebühren und Steuern zu senken und ohne große Risiken hohe Renditen zu erzielen, werden Sie erstaunt sein, wie viele neue Chancen Sie entdecken werden. Ein kompetenter Finanzberater wird Ihnen nicht nur Orientierung bieten; er kann Ihnen auch dabei helfen, Investmentchancen mit einem asymmetrischen Chancen-Risiko-Profil zu finden.

Langsam kommen wir auf die Zielgerade dieses Buchabschnitts. Der letzte Schritt kann das Tempo, in dem Sie Ihre wichtigsten Finanzziele erreichen, massiv steigern. Außerdem macht es Spaß, zu träumen und zu forschen. Sie werden die Reise, die wir im nächsten Kapitel unternehmen, lieben. Auf geht's ...

Kapitel 19
Schneller zum Ziel: 5. Ändern Sie Ihr Leben und Ihren Lebensstil zum Positiven

Die Dinge, die mir im Leben am wichtigsten sind, kosten nichts. Es ist mehr als deutlich, dass Zeit unsere kostbarste Ressource ist.
STEVE JOBS

Was würde passieren, wenn Sie jetzt etwas verändern? Zum Beispiel Ihre sieben Sachen zusammenpacken und in eine andere Stadt ziehen? Mit dem, was Sie derzeit in New York oder San Francisco für Miete ausgeben, könnten Sie in Boulder, Colorado, in Saus und Braus leben. Je nach Wohnort gibt es gewaltige Unterschiede in den Lebenshaltungskosten. Unser Land – unsere Welt – ist eine der grenzenlosen Möglichkeiten, die darauf warten, entdeckt und erforscht zu werden. Warum nicht für einen Moment die Scheuklappen ablegen und sich überlegen, wie das Leben aussehen könnte, wenn Sie in einer anderen Stadt leben würden?

Frieren Sie sich im Winter im Mittleren Westen den Hintern ab, oder leiden Sie unter der Sommerhitze in Atlanta und fragen sich Jahr für Jahr, warum Sie nicht in eine Gegend mit einem angenehmeren Klima ziehen? Als »Eingeborener« Südkaliforniens bin ich immer wieder verblüfft, dass es Menschen gibt, die ihr Leben damit verbringen, sich in der arktischen Tundra von Minneapolis oder Chicago totzufrieren. Und selbst wenn Ihnen das Wetter nichts ausmacht, machen Ihnen vielleicht die Lebenshaltungskosten etwas aus. Das gleiche Haus, das in Washington, D.C. 1 Million Dollar kostet, kostet in Raleigh, North Carolina, nur einen Bruchteil – immerhin eine Stadt, die von *Forbes* als drittbester Ort für Geschäft und Karriere genannt wird, ganz zu schweigen davon, dass sie ein Hightech- und Bildungsknotenpunkt ist (der ganz nebenbei auch tolles

Wetter hat). Oder eine etwas nähere Lösung: ein Umzug von San Francisco nach San Diego? Sie können im Sonnenstaat Kalifornien bleiben und Ihre Wohnkosten *trotzdem* um bis zu 32 Prozent senken.

Eine Sache ist, Ihre Investitionen steuereffizient zu gestalten; eine andere ist, Ihr Leben steuereffizient zu gestalten. Sie versuchen hier 5 Prozent und dort 10 Prozent zu sparen. Und wenn Sie 10 oder 15 Prozent in *allem*, was Sie tun, sparen, indem Sie in eine weniger teure Stadt oder einen steuerlich günstigeren Bundesstaat ziehen? Denken Sie an all das zusätzliche Geld, das Sie übrig hätten, um zu investieren, zu teilen und zu spenden, wenn es nicht direkt in Miete, Nahrung oder Transport verschwinden würde. Ein einziger Schritt könnte Ihnen 3 bis 10 Prozent mehr verfügbares Einkommen verschaffen. Wenn Sie bereits 10 Prozent sparen, könnten Sie mit einem Umzug 20 bis 40 Prozent einsparen, ohne irgendetwas dafür tun zu müssen. Diese Veränderung Ihrer Sparquote wird Ihre Geldvermehrungsmaschine befeuern und bewirken, dass Sie um einiges früher Ihr Ziel der finanziellen Freiheit erreichen.

Ich weiß schon, was Sie sagen werden. »Wie, in eine andere Stadt umziehen? Du musst verrückt sein, Tony. Ich kann nicht einfach zusammenpacken und umziehen! Ich habe eine Arbeit, ich habe Familie und ich habe Freunde. Ich habe mein ganzes Leben in Dallas verbracht.« (Oder Seattle oder Miami oder Denver.) Wenn Sie aber erkennen würden, dass Sie damit zehn Jahre Investition sparen und Ihr Ziel der finanziellen Freiheit ein Jahrzehnt früher erreichen könnten, würde es sich dann nicht lohnen?

Generationen von Amerikanern haben den Ruhestand als eine Lebensphase betrachtet, in der sie in ein wärmeres Klima, eine kostengünstigere Stadt oder einen schönen, ruhigen Ort ziehen. Warum wollen Sie damit bis zur Rente warten? Warum die Postleitzahl nicht schon heute wechseln? Warum nicht einen Platz finden, an dem Sie mit Ihrer Familie leben und Ihre Kinder großziehen und viel Geld sparen *und* gleichzeitig Ihre Lebensqualität steigern können, während Sie und Ihre Kinder jung genug sind, um von den Vorteilen dieser Entscheidung zu profitieren?

Wenn Sie immer noch den Kopf schütteln, kann ich das verstehen. Mir ist es genauso gegangen – bis vor Kurzem. Ich bin in Kalifornien aufgewachsen und konnte mir nie vorstellen, woanders zu leben. Selbst als ich begann, viel zu reisen und überall auf der Welt Häuser und Grundstücke zu kaufen, war Kalifornien immer mein Zuhause. Dann, im Jahr 2012 erhöhte Kalifornien die Steuern auf Spitzeneinkommen um mehr als 30 Prozent auf 13,3 Prozent. Nachdem ich über Jahrzehnte um die kalifornischen Einkommensteuern geschröpft wurde, (die zu den höchsten des Landes gehören), verschlimmerte sich die Steuersituation weiter. Mein effektiver Steuersatz – Bundessteuern, kalifornische Einkommensteuer und alle anderen Steuern inkl. Obamacare – schoss auf 62 Prozent. Das bedeutete, dass mir von jedem Dollar nur noch 38 Cent blieben! Um dem Ganzen die Krone aufzusetzen, wurde diese neue bundesstaatliche Einkommensteuer *rückwirkend* für das laufende Jahr eingeführt, was dazu führte, dass ich auf das in jenem Jahr bereits verdiente Einkommen zusätzliche Steuern zahlen musste.

Ich hatte die Regeln befolgt, und nun wandten sich diese Regeln gegen mich. Doch anstatt in Selbstmitleid zu versinken, stimmte ich mit meinem Gewissen ab – oder besser gesagt, mit meinen Füßen. Zusammen mit Tausenden anderer Bürger erkannten Sage und ich, dass wir in Kalifornien nicht länger willkommen waren. Also beschlossen wir, uns einen anderen Ort zum Leben zu suchen. (Tatsächlich hat Kalifornien in den letzten 20 Jahren mehr als 30 Milliarden Dollar an Steuereinnahmen an Bundesstaaten wie Nevada, Arizona, Texas und Wisconsin verloren. Wenn Sie sehen wollen, wie groß dieser Trend ist und wie viele Menschen von Hochsteuerstaaten in Niedrigsteuerstaaten umziehen, rufen Sie die Website www.howmoneywalks.com auf.)

Wir machten daraus eine Art Schatzsuche. Wir zogen Plätze in Erwägung wie Lake Tahoe, an denen uns die Berge, die ausgeprägten Jahreszeiten und die Kleinstadtstimmung gut gefielen. Wir zogen das texanische Austin in Betracht, wo Musik, Energie und Hightech zusammenspielen und sich zu einer innovativen Gemeinschaft verweben. Wir sahen uns auch Florida an, widerwillig allerdings. Alles, was ich von Florida wusste, war, dass es dort viele Krokodile und viele Rentner gibt. Aber das ist ein Klischee und entspricht nicht der Realität. Was wir stattdessen fanden, war ein Paradies in Palm Beach. Nachdem wir in knapp drei Wochen 88 Immobilien in drei Bundesstaaten angesehen hatten – ich habe Ihnen ja gesagt, dass ich ein extrem aktiver Mensch bin – fanden wir das einzige brandneue Haus auf einem Strandgrundstück in Palm Beach. Der Preis war allerdings wesentlich höher, als ich mir je hatte vorstellen können, für ein Haus auszugeben. Aber Florida hat keine Einkommensteuer. Auf einen Schlag wechselten wir von 13,3 Prozent Einkommensteuer in

Kalifornien zu null Prozent in Florida. Und hier der Hit: Mit den Einkommensteuern, die wir jedes Jahr sparen, zahlen wir unser neues Haus in sechs Jahren ab! Man könnte meinen, diesen Schritt hätten wir früher machen sollen, oder? Naja, besser spät als nie.

Geben Sie dem Globus einen Schubs

Und weil wir gerade dabei sind, warum nicht einmal in völlig unkonventionellen Bahnen denken? Vergessen Sie die Steigerung Ihrer Kaufkraft um 10 bis 20 Prozent. Wie wäre es mit einer Reduzierung der Lebenshaltungskosten um ein Drittel oder sogar die Hälfte? Stauben Sie Ihren Globus ab und geben Sie ihm einen Schubs – und denken Sie über einen der schönen (und *kostengünstigen*) Plätze nach, an denen Sie leben könnten. Auf der Welt schlummern gewaltige Chancen, um Ihren Lebensstil zu steigern und Ihre Kosten zu senken, und zwar an Orten wie Bali, Fidschi, Uruguay und Panama.

Das Leben kann ein Abenteuer sein. Wagen Sie einen Ausflug und erkunden Sie eine fremde Stadt unter dem Blickwinkel eines möglichen Umzugs. Machen Sie aus Ihrem nächsten Urlaub eine Expedition, um Fakten zusammenzutragen, mit dem Endziel, ein ganz neues Leben zu wagen. Sie müssen nicht im Hamsterkäfig leben und jeden Tag im Laufrad strampeln. Sie müssen sich keine Sorgen darüber machen, wie Sie Ihre Rente bezahlen oder Ihre grundlegenden Lebenshaltungskosten bestreiten, wenn Sie offen für eine radikale Veränderung sind. Verlassen Sie Ihre Komfortzone und sparen Sie 60, 70 oder sogar 80 Prozent Ihrer Ausgaben, sodass Sie Ihr Ziel der finanziellen Freiheit wesentlich eher erreichen. Und wenn Sie schon dabei sind, können Sie Ihre Lebensqualität ganz nebenbei auch noch um einiges steigern.

Falls Ihnen ein Umzug auf die andere Erdhalbkugel derzeit zu radikal erscheint, erwägen Sie diese Möglichkeit zumindest als langfristige Option – in fünf oder zehn Jahren oder wenn Sie im Ruhestand sind. Warum wollen Sie sich nicht zumindest für die Idee öffnen, es könne irgendwo auf der Welt einen schönen, günstigen Platz geben, der nur darauf wartet, von Ihnen entdeckt zu werden? Unsere Welt ist dynamisch, sie ist ständig in Bewegung und verändert sich laufend. Die Vorstellung, ein Umzug könnte sich schädlich auf Ihre Kinder auswirken, ist eine Idee aus der Vergangenheit. Wir leben in einer globalen Wirtschaft; was für eine beeindruckende Erfahrung können Sie Ihren Kindern vermitteln, wenn Sie ihnen die Chance eröffnen, die Welt zu sehen, eine neue Sprache zu lernen und sich auf eine neue Kultur einzulassen. Treffen Sie als Familie eine gemeinsame Entscheidung, für alle Beteiligten eine höhere Lebensqualität anzustreben.

Das Leben ist wie ein Fahrrad. Um nicht das Gleichgewicht zu verlieren, muss man sich ständig bewegen.
ALBERT EINSTEIN

Am Ende geht es vor allem darum, effizienter und effektiver mit Ihrem Einkommen und Ihren Ersparnissen umzugehen, um den Weg zu finanzieller Freiheit zu beschleunigen. Sie können einen Weg finden, um Ihre Lebensqualität zu steigern und gleichzeitig Ihre Lebenshaltungskosten zu senken. Das ist die ultimative Win-win-Strategie. Schließlich ist die beste Investition die, die Sie in Ihre eigene Person und Ihren eigenen Lebensstil tätigen.

Nun haben Sie drei Riesenschritte in Richtung finanzieller Freiheit gemacht:

1. **Schritt: Sie haben die wichtigste Finanzentscheidung Ihres Lebens getroffen.**
   Sie haben beschlossen, ein Investor zu werden, und nicht nur Verbraucher zu sein. Sie haben sich darauf verpflichtet, einen bestimmten Prozentsatz Ihres Einkommens zu sparen und in Ihren Freiheitsfonds zu investieren, und Sie haben diesen Sparprozess automatisiert.

2. **Schritt: Sie sind zu einem Insider geworden, der die Spielregeln kennt.**
   Sie haben die sieben Mythen entlarvt und lassen sich nicht mehr das Fell über die Ohren ziehen.

3. **Schritt: Sie haben das Spiel so gestaltet, dass Sie es gewinnen können.**

   - **Sie wissen genau, wie viel Geld Sie brauchen, um finanzielle Sicherheit, Unabhängigkeit und Freiheit zu erlangen.** Sie kennen Ihre drei Ziele – die kurzfristigen, die mittelfristigen und die langfristigen.
   - **Sie haben einen ersten Finanzplan erstellt sowie einen Zeithorizont zu seiner Erfüllung festgelegt.**

- **Sie haben die fünf Methoden zur Beschleunigung Ihres Vermögensaufbaus geprüft.** Idealerweise haben Sie begonnen, Ideen zu entwickeln, wie Sie diese Erkenntnisse so umsetzen können, dass Ihnen mehr Geld bleibt, das Sie in Ihren Freiheitsfonds investieren können. Auf diese Weise können Sie Ihre Finanzziele noch schneller erreichen.

Was folgt als Nächstes? **Der vierte Schritt beantwortet die offensichtliche Frage, die Ihnen wahrscheinlich unter den Nägeln brennt: »Wo soll ich mein Geld anlegen? Welche konkreten Geldanlagen werden meine Gewinne maximieren und mich gegen Verluste schützen?« Es ist Zeit, die wichtigste Investitionsentscheidung Ihres Lebens zu treffen. Zeit zu lernen, wie Sie am besten Ihr Vermögen aufteilen beziehungsweise Ihr Investitionsportfolio strukturieren ...**

TEIL IV
TREFFEN SIE DIE WICHTIGSTE INVESTMENT-ENTSCHEIDUNG IHRES LEBENS

Kapitel 20
Der wichtigste Schlüssel zur Vermögensbildung: Die richtige Portfoliostruktur

Teste niemals mit beiden Füßen, wie tief das Wasser ist.
WARREN BUFFETT

Nehmen wir an, Sie hätten Ihre Geldvermehrungsmaschine angeworfen, weil Ihr Chef Ihnen einen 10.000 Dollar-Bonus gezahlt hat oder Sie eine Erbschaft in Höhe von 100.000 Dollar gemacht haben. Was würden Sie damit anfangen? Würden Sie Ihr Geld auf ein Sparkonto legen oder in Ihre private Altersversorgung investieren? Oder in virtuelle Bitcoins? Würden Sie vielleicht auf eBay für eine Kiste exklusiven, alten Wein bieten? Nach Las Vegas fliegen und alles auf eine Zahl setzen? Oder vielleicht 100 Apple-Aktien kaufen? Kurzum: Würden Sie alles auf eine Karte setzen oder Ihr Geld auf mehrere Gewinnchancen verteilen?

Die Antwort auf diese letzte Frage ist der Schlüssel zu Ihrer finanziellen Zukunft. Die Portfoliostruktur oder Vermögensaufteilung ist die wichtigste *Investitionsentscheidung* Ihres Lebens. Sie ist wichtiger als jede Einzelinvestition, die Sie in Aktien, Anleihen, Immobilien oder irgendeinen anderen Vermögenswert tätigen. Worin besteht der Unterschied? Nun, die Finanzentscheidung, die Sie bereits getroffen haben – automatisch einen bestimmten Prozentsatz Ihres Einkommens zu investieren und von der Aufzinsung zu profitieren –, eröffnet Ihnen den Zugang zu diesem Spiel. Nachdem Sie beschlossen haben, daran teilzunehmen, müssen Sie nun dafür sorgen, dass Ihre Teilnahme langfristig gesichert ist! Wenn Sie Ihr Geld nicht sehr sorgfältig anlegen, können Sie alles verlieren. Jeder kann reich *werden*; die Portfoliostruktur entscheidet aber darüber, ob Sie auch reich *bleiben*. Sie müssen mir nicht glauben, aber Sie sollten auf David Swensen hören, dem Rockstar unter den institutionellen Investoren.

Erinnern Sie sich? Er hat das Anlageportfolio der Yale University von 1 Milliarde Dollar auf mehr als 23,9 Milliarden gesteigert, indem er in drei Jahrzehnten an Bullen- wie an Bärenmärkten eine durchschnittliche Jahresrendite von 13,9 Prozent erzielt hat. Niemand kann das besser als er. Als ich mit ihm in seinem Büro in New Haven, Connecticut, zusammensaß, fragte ich ihn: »Was muss ein Anleger wirklich wissen, um finanzielle Freiheit zu erlangen?« Er antwortete, es gebe nur drei Instrumente zur Risikoreduzierung und zur Steigerung des finanziellen Erfolgspotenzials:

1. **Auswahl des Wertpapiers – das ist eine Investition in ausgesuchte Einzelaktien, das sogenannte Stockpicking.**

2. **Markttiming – das sind kurzfristige, hochspekulative Wetten auf die Richtung, die ein Markt nehmen wird.**

3. **Vermögensaufteilung – das ist Ihre langfristige Strategie für eine diversifizierte Geldanlage.**

Bevor ich ihn überhaupt zu den ersten beiden Punkten befragen konnte, kam mir David mit der folgenden Feststellung zuvor: »Das mit Abstand wichtigste Instrument ist die Vermögensaufteilung. Sie erklärt mehr als 100 Prozent der Renditen, die in dieser Welt erzielt werden.« Einen Augenblick: Wie kann sie *mehr* als 100 Prozent erklären? Antwort: weil die Gebühren, Steuern und Verluste, die mit Stockpicking verbunden sind, Ihre Gewinne schmälern.

Vermögensaufteilung ist mehr als Diversifikation. Vermögensaufteilung bedeutet, dass Sie Ihr Geld auf verschiedene Assetklassen aufteilen (zum Beispiel Aktien, Anleihen, Rohstoffe oder Immobilien), und zwar in bestimmten Proportionen, die Sie abhängig von Ihren Zielen oder Bedürfnissen, Ihrer Risikotoleranz und Ihrer Lebensphase vorab definieren.

Ein schwerer Brocken, nicht wahr?

Aber das ist der Schlüssel zum Erfolg der weltbesten Finanzstrategen einschließlich der Investoren und Händler, die ich für dieses Buch interviewt habe. In diesem Kapitel wird dieses komplexe Thema so weit vereinfacht, dass Sie auf Basis dieses Wissens handeln und Ihre Investmentrenditen für den Rest Ihres Lebens steigern können. Widmen Sie diesem Thema also Ihre ungeteilte Aufmerksamkeit. Es kommt nicht darauf an, ob Sie 1.000 Dollar investieren können oder 1 Million. Es geht um die grundlegenden Prinzipien, die Sie hier kennenlernen werden und sofort umsetzen können. Wenn Sie diese Prinzipien bereits kennen, können Sie ihre Umsetzung vielleicht noch weiter optimieren.

Wir wollen zunächst untersuchen, warum die Vermögensaufteilung so wichtig für Ihren Investmentplan ist, und was Sie tun können, damit Sie sie gleich heute richtig umsetzen können.

Jeder, der meint, Zahlen bedeuten Sicherheit, hat sich noch nicht die Seiten mit den Börsenkursen angesehen.
IRENE PETER

Wie oft haben Sie sich im Supermarkt an der scheinbar schnellsten Kasse angestellt und dann feststellen müssen, dass sie die langsamste war? Wie oft haben Sie im Verkehrsstau mit dem Auto auf eine Spur gewechselt, auf der sich der Verkehr schneller bewegte, und mussten zusehen, wie andere Autos später auf der vermeintlich langsameren Spur an Ihnen vorbeizogen? Sie glauben, Sie gelangen auf einem bestimmten Weg schneller ans Ziel, und dann stellt sich heraus, dass Sie sich geirrt haben.

Gleiches gilt für Geldanlagen. Mit dem Unterschied, dass Sie mit einer falschen Investitionsentscheidung unter Umständen alles verlieren können. Das kann bedeuten, dass Sie Ihr Zuhause verlieren. Oder es mit 70 noch abzahlen müssen. Oder dass Sie kein Geld für die Ausbildung Ihrer Kinder haben. Sie sehen, dieses Kapitel ist extrem wichtig.

Ihr Vermögen richtig aufzuteilen, ist die eine Fertigkeit, die Sie von einem Großteil aller Investoren unterscheiden kann. Und wissen Sie was? Das kostet Sie keinen Cent. David Swensen zitiert gerne Harry Markowitz, den nobelpreisgekrönten Vater der modernen Portfoliotheorie, den ich auch für dieses Buch interviewt habe. Von ihm stammt der berühmte Satz, »Diversifikation ist das einzige, das Sie gratis haben können.« Warum? Weil die Aufteilung Ihres Geldes auf verschiedene Geldanlagen Ihr Risiko reduziert und im Verlauf Ihre Renditechancen erhöht, ohne dass es Sie irgendetwas kostet.

Wir alle kennen das alte Sprichwort: »Lege nicht alle Eier in einen Korb.« Nun, die Vermögensaufteilung beziehungsweise Portfoliostrukturierung schützt Sie vor diesem Fehler. Das klingt nach einer sehr grundlegenden Regel, aber wie viele Menschen kennen Sie, die diese Regel missachten?

Ich habe einen Freund, der sich so für Apple begeisterte, dass er sein gesamtes Geld in das Unternehmen investiert hat. Eine Zeit lang war Apple die erfolgreichste Aktie der Welt – bis sie in wenigen Wochen 40 Prozent ihres Wertes verlor. Das tut weh! Dann ist da noch die Freundin, die in ihren Dreißigern ihren Führungsjob beim Fernsehen an den Nagel hängte, ihr Haus in Los Angeles verkaufte und mit dem Geld in Wyoming ein rustikales Restaurant eröffnete. Das übrige Geld investierte sie in hochriskante Aktien und Schrottanleihen – sogenannte Junkbonds – weil sie davon ausging, die Zinsen würden genug abwerfen, dass sie davon leben konnte. Das ging auch eine Weile gut. Die Finanzkrise von 2008 vernichtetes jedoch ihr gesamtes Vermögen. Daraufhin musste sie ihr Restaurant schließen und sich in ihrer alten Branche für einen Bruchteil ihres früheren Gehaltes als Freiberuflerin verdingen.

Vielleicht kennen auch Sie einige Babyboomer, die ihr gesamtes Vermögen in Immobilien investiert hatten, als sich der große Zusammenbruch ereignete. Oder ein Paar, das mit einem prall gefüllten privaten Altersvorsorgeplan und auszahlungsreifen Zielfonds kurz vor der Rente stand. Sie hatten schon den RV ausgesucht, im Geiste das Boot im Vorgarten geparkt und die Reiseroute sowie sämtliche Besuche bei ihren Enkelkindern festgelegt. Und dann brach die Finanzwelt zusammen. Ihr Vermögen schrumpfte um die Hälfte und ihr Traum vom bevorstehenden Ruhestand verwandelte sich in weitere 20 Jahre Erwerbsarbeit. All diese Geschichten sind herzzerreißend, und ich möchte sichergehen, dass Ihnen so etwas niemals passiert. Die gute Nachricht ist, dass es tatsächlich vermeidbar ist. Aus diesem Grund habe ich dieses Kapitel geschrieben; nämlich damit Sie nicht nur vor solchen Ereignissen geschützt sind, sondern Ihr Vermögen auch schneller aufbauen können.

Wie lautet die ebenso simple wie zentrale Investmentlektion? Was aufsteigt, muss auch wieder herunterkommen. Ray Dalio sagte mir klipp und klar: »Es ist so gut wie sicher, dass, egal in was Sie investieren, irgendwann der Tag kommt, an dem Sie 50 bis 70 Prozent verlieren.« Oh Schreck! Das bedeutet, jede Geldanlage, für die Sie sich entscheiden, wird irgendwann die Hälfte bis zwei Drittel ihres Wertes verlieren! Ist es nicht so, dass die meisten Menschen üblicherweise eine bestimmte Assetklasse bevorzugen, weil sie meinen, sie »wüssten« mehr über ihre Funktionsweise und ihre Werttreiber, nur weil sie gerade höhere Renditen abwirft? Einige Menschen tendieren dazu, ihr gesamtes Geld in Immobilien anzulegen, andere in Aktien, Anleihen oder Rohstoffe! Wenn Sie nicht ausreichend diversifizieren, können Sie Ihr letztes Hemd verlieren! Egal, wie gut Ihr Plan ist, für jede Assetklasse kommt irgendwann der Tag der Abrechnung. Also lautet die Regel: diversifizieren oder verlieren. Wenn Sie jedoch *richtig* diversifizieren, werden Sie gewinnen!

Ich bin sicher, dass Ihnen die Konsequenzen einer mangelnden Diversifikation nun vollkommen klar sind! Möchten Sie jetzt nicht etwas über die unglaubliche Wirkung der *richtigen* Diversifikation hören? Das ist praktisch eine Lizenz zum Gelddrucken. Ich weiß, dass das eine Übertreibung ist, aber stellen Sie sich vor, wie es sich anfühlen würde, wenn Sie wüssten, dass Sie im Schlaf Geld verdienen und dass Ihnen die Diversifikation echte Seelenruhe verschafft, egal wie die wirtschaftliche Gesamtlage aussieht.

Und hier ein Beispiel aus dem echten Leben. Wie würden Sie sich fühlen, wenn Sie im Jahr 2008, als Aktienvermögen von mehr als 2 Billionen Dollar vernichtet wurde, Anleihen einbrachen und die Immobilienpreise ins Bodenlose stürzten, ein Portfolio besessen hätten, mit dem Sie maximal 3,93 Prozent verloren hätten? Dieses Beispiel ist kein Fantasiegebilde. Das ist die Macht der Vermögensaufteilung, die ich im Verlauf des Buches bereits mehrmals erwähnt habe und die ich Ihnen in Kürze demonstrieren werde. Und wie würden Sie sich fühlen, wenn Ihre Portfoliostruktur so gut wäre, dass sie in den letzten 30 Jahren nur viermal Verluste erwirtschaftet hätte, wobei der durchschnittliche Verlust lediglich 1,9 Prozent und der höchste Verlust bescheidene 3,93 Prozent betragen hätte?

Erinnern Sie sich daran, dass alle anderen Anleger in diesen 30 Jahren von der Achterbahnfahrt aus Inflation und Deflation hin- und hergeworfen wurden. Allein im vergangenen Jahrzehnt haben wir zwei Markteinbrüche um fast 50 Prozent erlebt. Dennoch wären Sie ohne zu stranden durch die stürmische See gesegelt und hätten dabei eine durchschnittliche Jahresrendite von knapp unter 10 Prozent erzielt. Ich beschreibe hier keine hypothetische Situation, sondern das tatsächliche Portfolio mit seiner ganz spezifischen Vermögensaufteilung, das Ray Dalio entworfen hat. In Kürze präsentiere ich Ihnen die genaue Formel, die diese überwältigenden Resultate hervorgebracht hat. Bevor Sie sie jedoch anwenden können, **müssen Sie die Kernprinzipien dieses Kapitels verstehen.**

Regel Nr. 1: Verliere kein Geld.
Regel Nr. 2: Siehe Regel Nummer eins.
WARREN BUFFETTS INVESTITIONSREGELN

Ich kann es gar nicht oft genug wiederholen: *Oft scheitern Menschen, weil sie das Richtige zum falschen Zeitpunkt tun.* Ein Hauskauf – ist es das Richtige? Die meisten Experten würden das bejahen. Aber im Jahr 2006 war dafür der falsche Zeitpunkt! Die Frage lautet also: Wenn wir alle irgendwann einen Fehler machen, in welche Anlagen sollen wir dann unser Geld investieren? Und nun kommt die Vermögensaufteilung ins Spiel.

Hier eine andere Art und Weise, das Problem zu betrachten: Wenn Sie im Sport versuchen, eine Siegermannschaft aufzustellen, dann müssen Sie die Fähigkeiten jedes einzelnen Spielers, seine jeweiligen Stärken und Schwächen, kennen. Sie müssen entscheiden, auf wen Sie in unterschiedlichen Situationen rechnen können. Sagen wir, Ihr Portfolio ist die Mannschaft und Ihre Investmententscheidungen sind die Spieler – Ihre Vermögenswerte. Die Aufteilung dieses Vermögens hilft Ihnen bei der Entscheidung, wen Sie aufs Feld schicken und an welcher Position. Letztlich ist es die richtige Mischung zum richtigen Zeitpunkt, die Ihnen den Sieg einbringt.

Die Vermögensaufteilung ist mit einer Reihe von Leitprinzipien verknüpft; sie ist eine Investmentphilosophie, die Ihnen bei der Entscheidung hilft, in welche Geldanlagen Sie Ihren Freiheitsfonds beziehungsweise Ihr Vermögen investieren und in welchen Proportionen.

Stellen Sie sich vor, Sie würden Ihr Geld in verschiedene Portionen aufteilen und diese zwei verschiedenen Investmentkategorien mit unterschiedlichen Chance-Risiken-Erwartungen zuordnen. Einer dieser beiden Töpfe bedeutet einen sicheren Hafen für Ihr Geld, aber er füllt sich nur langsam. Sie finden das vielleicht langweilig, aber es ist sicheres Geld, das Ihnen zur Verfügung steht, wenn Sie es brauchen. Der zweite Topf ist aufregender, weil er die Chance auf eine wesentlich schnellere Geldvermehrung bietet, aber er ist auch riskanter. Tatsächlich müssen Sie darauf vorbereitet sein, alles zu verlieren, was sich in diesem Topf befindet!

Wie viel Geld sollen Sie jeder Kategorie zuordnen? Das hängt davon ab, wie viel Zeit Sie haben, um Ihr Vermögen wachsen zu lassen, und wie hoch Ihre Risikotoleranz ist. »Wie viel Risiko kann ich mir in meiner jeweiligen Lebensphase *leisten*?« Denken Sie jedoch daran, dass Sie nicht nur diversifizieren, um sich zu schützen. Sie wollen vor allem Ihre Ergebnisse steigern, indem Sie die ideale Investmentmischung finden, die Sie reich macht und nicht nur Ihr Überleben sichert!

Allerdings haben die meisten Menschen genug in ihrem Leben zu tun und können sich nicht auch noch Tag und Nacht Gedanken über ihre Geldanlagen machen. Ein bedeutender Teil der finanziellen Sicherheit oder sogar Freiheit ist die Seelenruhe, das Gefühl, dass Sie nicht über Geld nachdenken müssen. Der erste Topf wird Ihnen diese Gewissheit geben, die letztlich ein grundlegendes menschliches Bedürfnis ist. Aus diesem Grund nenne ich das den Sicherheitstopf. Das ist der Anteil Ihres Vermögens, dessen Verlust Sie sich nicht leisten können oder dessen Verlust Sie sich nicht einmal *vorstellen* können, ohne nachts schweißgebadet aufzuwachen! Das ist der Heilige Gral der sicheren Investition, den Sie fest verschließen und dessen Schlüssel Sie anschließend verstecken.

Ich bin kein Glücksspieler, weil mir der Gewinn von hundert Dollar kein besonderes Vergnügen bereitet. Aber hundert Dollar zu verlieren, macht mich richtig sauer.
ALEX TREBEK, Moderator der Sendung *Jeopardy!*

Der Geldverlust erleichtert nicht nur Ihre Brieftasche, sondern kann Ihnen auch jede Lebensfreude nehmen. Erinnern Sie sich an die Studie mit den Affen und den Äpfeln aus der Verhaltensökonomie? Ein Affe war glücklich, wenn er einen Apfel erhielt. Aber wenn er zwei bekam und dann nahm man ihm einen wieder weg, wurde er böse – obwohl er immer noch einen Apfel besaß. Menschen funktionieren genauso. Untersuchungen über die menschlichen Emotionen haben gezeigt, dass die meisten Menschen unterschätzen, wie sehr sie ein Verlust schmerzt. Die Freude über unsere Siege wird von den Schmerzen unserer Niederlagen und Verluste weit in den Schatten gestellt. Daher müssen wir alle einen Sicherheitstopf einrichten, um uns vor dieser Art Verlust zu schützen, der uns nicht nur finanziell trifft, sondern uns auch elendes Missbehagen bereitet.

Um Sie mit den Investitionsmöglichkeiten vertraut zu machen, die als einigermaßen sicher gelten, wollen wir acht grundlegende Assetklassen (Investmentoptionen oder -ressourcen) betrachten, die die Kriterien für eine sichere Geldanlage erfüllen. Diese Optionen haben nur Beispielcharakter, denn natürlich gibt es darüber hinaus andere Optionen, die diese Kriterien ebenfalls erfüllen. Im Verlauf der Lektüre werden Sie jedoch ein Muster feststellen: Keine dieser Investmentoptionen ist extrem schwankungsanfällig, was bedeutet, dass sie relativ wertstabil sind, vor allem im Vergleich mit den Investitionsmöglichkeiten, die zur Kategorie Risiko-Wachstum gehören und die wir uns im Anschluss ansehen werden. (Nichtsdestotrotz hat es in der Geschichte kurze Perioden gegeben, in denen praktisch alle Geldanlagen starken Schwankungen unterlagen, wie wir gesehen haben. Und das kann sich natürlich wiederholen. An späterer Stelle wird Ray Dalio Ihnen zeigen, wie Sie sich auch dem gegenüber wappnen!) Diese Shortlist soll Sie dazu anregen, über Ihre zukünftigen Investitionen nachzudenken und Ihnen ein Gefühl für die verschiedenen Optionen geben. Stellen Sie sich die folgende Frage, bevor Sie investieren: »Ist diese Investition mit Risiken behaftet? Handelt es sich eher um eine sichere Geldanlage oder passt sie eher in die Kategorie Risiko-Wachstum?«

Werfen wir also einen Blick auf diese Optionen, wobei wir zuerst mit dem vielleicht wichtigsten Aufbewahrungsort für Ihr Geld beginnen: den sicheren Geldanlagen. Welche Vermögenswerte wollen Sie in diesen Topf stecken? Denken Sie daran, die sicheren Anlagen vermehren Ihr Vermögen langsam, aber stetig. Sie müssen diesen Topf wie einen heiligen Investmenttempel behandeln, weil das, was hier hineingeht, für immer drinbleibt.

Die ersten Abschnitte dieses Kapitels vermitteln Basiswissen: die Grundlagen der Vermögensaufteilung. Wenn Sie ein gewiefter, erfahrener Anleger sind, können Sie sich die Lektüre wahrscheinlich sparen. Ich wollte aber keine Option unerwähnt lassen. Außerdem entdecken Sie vielleicht doch den einen oder anderen wertvollen Hinweis. Legen wir los.

1. **Bargeld/Bargeldäquivalente.** An irgendeinem Punkt des Lebens braucht jeder ein finanzielles Polster, um im Notfall Ressourcen zur Verfügung zu haben oder einen plötzlichen Einkommensverlust auszugleichen. Egal, wie viel Sie verdienen, brauchen Sie Liquidität oder einen kurzfristigen Zugang zu Geld. Ist es möglich, reich zu sein und sich trotzdem arm zu fühlen, weil man keine liquiden Mittel hat? Viele Menschen wurden 2008 auf dem linken Fuß erwischt, als die Banken die Kreditvergabe einstellten (die Kreditklemme traf selbst den Interbankenhandel) und der Immobilienmarkt festgefroren war. Eine Studie aus dem Jahr 2011 ergab, dass fast die Hälfte der Amerikaner Schwierigkeiten hätte, im Notfall 2.000 Dollar aufzubringen, zum Beispiel für eine Arztrechnung, für Anwaltshonorare, eine Autoreparatur oder eine Reparatur am Haus. Sie brauchen also etwas Bargeld.
   Nun stellt sich die Frage, wo Sie es deponieren wollen. Die meisten von uns tragen es zur Bank, damit es vom Einlagensicherungsfonds geschützt ist. Leider zahlen die traditionellen Banken derzeit fast keine Zinsen. Als ich das letzte Mal nachgesehen habe, waren es 0,01 Prozent! Online-Banken zahlen etwas höhere Zinsen. Das ist vielleicht nicht ideal, aber wenigstens wissen wir, dass das Geld sicher ist und uns auf Abruf zur Verfügung steht. Vielleicht wollen Sie einen Teil Ihres Bargelds auch zu Hause an einem sicheren Ort aufbewahren für den Fall, dass es ein Erdbeben oder einen Hurrikan oder irgendeine andere Naturkatastrophe gibt und die Bankautomaten nicht funktionieren.
   Weitere Instrumente mit bargeldähnlichem Charakter sind *Geldmarktfonds*. Es gibt drei Arten von Geldmarktfonds, und wenn Sie mehr darüber erfahren wollen, werfen Sie einen Blick auf den nachfolgenden Kasten.

Größere Summen, die Sie sicher und liquide halten wollen, können Sie in ultrakurzfristige Investitionen mit der Bezeichnung *Bargeldäquivalente* investieren. Die bekanntesten sind die guten alten Geldmarktfonds. Vielleicht besitzen Sie sogar schon einen. Dabei handelt es sich im Wesentlichen um Investmentfonds, die aus risikoarmen

Anleihen mit extrem kurzfristigen Restlaufzeiten und anderen Schuldtiteln bestehen (über die Sie in Kürze mehr erfahren werden). Sie können eine tolle Sache sein, weil sie etwas besser verzinst sind als ein langweiliges Bankkonto und Ihnen trotzdem rund um die Uhr Zugriff auf Ihr Geld bieten.

Übrigens bieten die meisten Banken Geldmarktanlagen (Tages- und Festgeld), die *nicht* dasselbe sind wie Geldmarktfonds. Sie ähneln Sparkonten, sind aber etwas besser verzinst als traditionelle Bankkonten. Aber sie stehen ebenso unter dem Schutz der Einlagensicherung, und das ist eine gute Sache. Das unterscheidet sie übrigens auch von Geldmarkt*fonds*, die *nicht* garantiert sind und potenziell an Wert verlieren können.

2. **Anleihen.** Wir alle wissen, was eine Anleihe ist, richtig? Wenn ich mir von Ihnen Geld leihe und Ihnen einen Schuldtitel – eine Anleihe – über die geliehene Summe aushändige, gebe ich Ihnen mein Wort, mein Versprechen, Ihnen das Geld zuzüglich Zinsen zum vereinbarten Termin zurückzuzahlen. Wenn ich umgekehrt eine Anleihe von Ihnen kaufe, geben Sie mir Ihr Wort – Ihr Versprechen –, dass Sie mir am Tag X nach Ablauf der Laufzeit mein Geld zurückgeben und mir obendrein einen bestimmten Zinssatz zahlen. Aus diesem Grund werden Anleihen auch als festverzinsliche Wertpapiere bezeichnet. Die Einkünfte beziehungsweise Rendite auf diese Papiere werden zum Zeitpunkt ihres Erwerbs festgelegt und richten sich nach der Dauer der Zeit, die Sie diese Papiere halten wollen. Meistens können Sie diese regelmäßigen Zinszahlungen während der Laufzeit als Einkünfte erhalten. Das ist also so etwas wie ein Schuldschein mit bestimmten Vorteilen, richtig? Es gibt aber unendlich viele Anleihen und Anleihefonds, die mehrheitlich (nicht alle) von verschiedenen Ratingagenturen hinsichtlich ihrer Risiken bewertet werden. Am Ende dieses Kapitels finden Sie eine kurze Anleihe-Analyse, damit Sie wissen, wann diese Papiere schädlich und wann sie nützlich oder sogar eine großartige Investition sein können. Anleihen können auch verwirrend sein. Wie eine Wippe können sie an

Wert gewinnen, wenn die *Zinssätze sinken*, und an *Wert verlieren*, wenn die *Zinssätze steigen*.

Das Auf und Ab von Anleihen

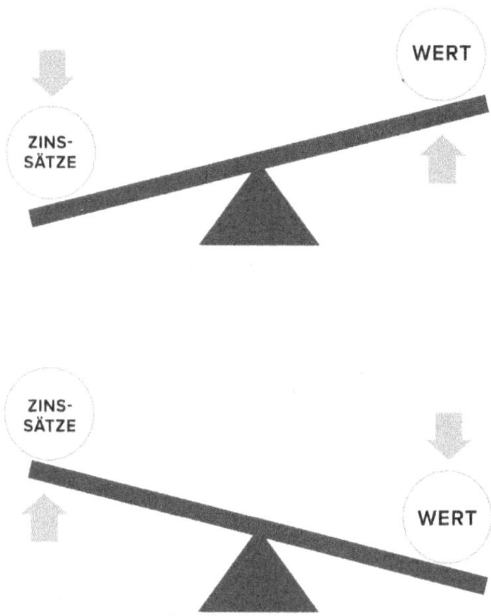

Wer will schließlich eine bereits laufende, niedrig verzinste Anleihe kaufen, wenn eine neue Anleihe mit höheren Zinsen auf den Markt kommt? Entsprechend sinkt die Nachfrage nach der bereits laufenden, niedrig verzinsten Anleihe – und ihr Börsenkurs wird sinken. Der Zinskupon bezieht sich allerdings immer auf 100 Prozent. Sinkt der Anleihenkurs jetzt unter diesen Wert (»unter pari«, wie die Börsianer sagen), dann kann sich das wieder lohnen. Denn bezogen auf den wahren Einsatz, der für diese Anleihe bezahlt wurde, sind die Zinsen höher. Beispiel: Eine Anleihe wirft 3 Prozent pro Jahr ab. Bei einem Einsatz von 100 Euro bringt sie also 3 Euro pro Jahr. Dann kommt eine neue Anleihe auf den Markt, die 4 Prozent pro Jahr bringt. Folge: Inhaber der alten Anleihe verkaufen mehrheitlich, Dadurch sinkt ihr Kurs auf beispielsweise 80 Prozent. Bei einem

Einsatz von 80 Euro bringt sie also immer noch 3 Euro pro Jahr. Bezogen auf diesen Einsatz liegt die Verzinsung dann bei 3,75 Prozent. Das klingt doch schon wieder ganz passabel, nicht wahr? Man spricht hier übrigens von Umlaufrendite: das sind die Zinsen, die eine Anleihe abwirft, wenn man bei der Verzinsung ihren Kursstand zugrunde legt und nicht den Nominalwert von 100 Prozent. Umgekehrt sinkt die Umlaufrendite natürlich, wenn der Nominalzins steigt: Alle wollen dann die betreffende Anleihe kaufen, und dadurch steigt ihr Kurs. Bezogen auf diesen gestiegenen Kurs wird der wahre Zins entsprechend kleiner.

Eine Methode, um sich weniger Sorgen über die Preisschwankungen zu machen, denen Anleihen ausgesetzt sind, besteht in der Diversifizierung: Investieren Sie einfach in einen kostengünstigen Anleiheindexfonds.

Außerdem müssen Sie beachten, dass nicht alle Anleihen gleich sind. Griechische Staatsanleihen haben mit Sicherheit nicht den gleichen Wert wie deutsche Staatsanleihen. Die Kommunalanleihen von Detroit sind nicht so wertstabil wie US-Staatsanleihen. Einige Investmentberater gehen so weit zu behaupten, die einzig wirklich sichere Anleihe sei die US-Staatsanleihe. Sie können zum Beispiel inflationsgeschützte Schatzanleihen (Treasury Inflation-Protected Securities, kurz TIPS) kaufen, deren Wert an den Verbraucherpreisindex gekoppelt ist. Aber auch dieses Thema werden wir noch ausführlich behandeln. Und zu einem späteren Zeitpunkt werde ich Ihnen ein beeindruckendes Portfolio vorstellen, das auf einzigartige Weise in Anleihefonds investiert. In der Zwischenzeit wollen wir jedoch eine andere festverzinsliche Geldanlage betrachten, die zur Kategorie der sicheren Investitionen gehört.

CDs. Erinnern Sie sich? Bei Einlagenzertifikaten sind Sie derjenige, der das Geld an die Bank ausleiht. Die Bank nimmt Ihr Geld zu einem festen Zinssatz entgegen und gibt es Ihnen - zusammen mit Ihren Erträgen – nach einer bestimmten Zeit zurück. Da CDs durch die FDIC versichert sind, sind sie genauso sicher wie Sparkonten und – zum Zeitpunkt der Erstellung dieses Buches – genauso aufregend. Aber ich habe dieses Buch für jede Jahreszeit geschrieben, und die Jahreszeiten ändern sich ständig. Ich weiß nicht, in welcher Jahreszeit Sie sich gerade befinden, aber ich kann Ihnen diese Geschichte erzählen: 1981, als ich 21 Jahre alt war, konnte man eine sechsmonatige CD kaufen für ... warten Sie... 17 % Zinsen! Aber man muss gar nicht so weit zurückgehen, um zu sehen, dass einige Arten von CDs unter den richtigen Bedingungen gute Renditen bringen können. Erinnern Sie sich an die Geschichte, wie mein Stronghold-Berater 2009 einen kleinen festen Zinssatz für eine CD erhielt, aber es war eine marktgebundene CD, die an das Wachstum des Aktienmarktes gekoppelt war, und er erzielte im Laufe der Zeit durchschnittlich 8 % Zinsen! Das war ein ungewöhnlich gutes Geschäft, aber es gibt immer noch Möglichkeiten, mehr für Ihr Geld zu bekommen (ohne Ihr Kapital zu riskieren), indem Sie in diese marktgebundenen CDs investieren. (Sie können in Kapitel 2.8 nachlesen, wie sie funktionieren.)

3. Wie sieht unsere Sammlung an Vermögenswerten bisher aus? Bargeld, Geldmarktfonds, Zertifikate und Anleihen sind offensichtliche Kandidaten für den Sicherheitstopf. Aber zu welchem Zeitpunkt sollten Sie in diese Anlagen investieren? Welchen Vorteil bietet Bargeld? Bargeld können Sie jederzeit vorhalten. Sie können das Geld sicher aufbewahren und es dann investieren, wenn sich die richtige Gelegenheit bietet. Auf der anderen Seite wächst Ihre Kaufkraft nicht, wenn Sie zu viel Bargeld vorhalten. In Zeiten der Deflation, wie zum Beispiel im Jahr 2008, hat Ihr Bargeld eine größere Kaufkraft. Hätten Sie 2008 Geld und genügend Mut gehabt, hätten Sie ein Haus für fast 40 Prozent weniger kaufen können, als noch im Jahr zuvor. (Das ist übrigens das, was viele Hedgefonds taten. Sie kauften während der Depression Tausende von Häusern, renovierten und vermieteten sie und verkauften sie zwischen 2011 und 2014 mit hohen Gewinnen.) Im Jahr 2008 konnten Sie aber auch zahlreiche Aktien zum Schleuderpreis erwerben.
   Worin besteht der Vorteil von Aktien? Abhängig vom Anleihetyp erhalten Sie eine garantierte Rendite, die Ihnen Sicherheit verschafft, wenn die Preise anderer Assetklassen möglicherweise sinken. In einer Hochzinsumgebung können Aktien richtig interessant sein. Aktienindexgekoppelte Einlagenzertifikate erzielen besonders während kräftiger Marktaufschwünge gute Ergebnisse, erweisen sich aber in jeder Großwetterlage als wertstabil und solide, weil sie Kapitalschutz bieten. Und hier die Nachteile von Anleihen: Wenn Sie sie vor Ende der Laufzeit verkaufen wollen (das ist das Datum, an dem Sie Ihre gesamte Investition plus Zinsen zurückerhalten), die Zinssätze in der Zwischenzeit erheblich gestiegen sind und neue

Anleihen höhere Zinsen bieten, werden Sie sie nur mit einem gehörigen Abschlag los.

Wenn Ihnen all das unglaublich komplex erscheint, hier die gute Nachricht: Ray Dalio hat eine Strategie mit der Bezeichnung »All Seasons« entwickelt, mit der Sie in jeder Konjunkturlage mit der richtigen Mischung aus Anleihen, Aktien, Rohstoffen und Gold erfolgreich sein können. Später mehr darüber. Zunächst müssen Sie wissen, dass Anleihen sichere Geldanlagen sind, weil sie eine feste Rendite und die Rückzahlung Ihres Kapitals versprechen. Damit sind sie sicherer als andere Geldanlagen, die entweder keinen Kapitalschutz bieten oder deren Zinsen nicht garantiert sind. Das Versprechen, das Sie mit Anleihen erhalten, ist allerdings nur so gut, wie der Emittent. Hier kommt es darauf an, dass Sie den richtigen Emittenten im richtigen Umfeld im richtigen Verhältnis und zum richtigen Zeitpunkt auswählen.

Nun wollen wir einige weitere Vermögenswerte für Ihren Sicherheitstopf betrachten, an die Sie vielleicht nicht denken:

4. **Ihr Haus** fällt ebenfalls in diese Kategorie. Warum? Weil es ein Heiligtum ist. Auf keinen Fall sollten wir unser Zuhause für Konsum beleihen! Amerikaner haben diesbezüglich in der jüngsten Vergangenheit eine bittere Lektion über die Gefahren gelernt, die damit verbunden sind, den Wert des eigenen Hauses als Bankautomat zu verwenden. Wenn das Haus Ihr Hauptwohnsitz ist, sollten Sie es nicht als Investition betrachten, aus der Sie Profit ziehen, und Sie sollten auch nicht darauf zählen, dass es gigantische Renditen erwirtschaftet. Aber einen Moment, wurde uns nicht immer gesagt, unser Haus sei die beste Investition, weil es stets an Wert gewinnen würde?

   Bei meiner Suche nach Antworten sprach ich mit dem nobelpreisgekrönten Ökonomen Robert Shiller, dem führenden Experten in Sachen Immobilien und Erfinder des Case-Shiller-Index für Immobilienpreise. Die folgende Grafik beruht auf seinen bahnbrechenden Erkenntnissen. Shiller stellte fest, dass die Preise für amerikanische Wohnimmobilien inflationsbereinigt seit fast einem Jahrzehnt unverändert sind! Er räumte mit einem der größten Mythen unserer Zeit auf, nämlich dass die Preise für Wohnimmobilien ständig steigen. »Es sei denn, es gebe eine Blase«, sagte Shiller. Und wir alle wissen, was irgendwann mit Blasen passiert.

Auf der anderen Seite ist ein Haus, das Sie im Rahmen einer festverzinslichen Hypothek abzahlen, ein Schutz gegen Inflation. Außerdem bietet diese Hypothek Steuervorteile. Darüber hinaus kann Ihnen das Haus sichere Einkünfte verschaffen, wenn es bereits abgezahlt ist und Sie es vermieten. Wie Sie in Kürze erfahren werden, gibt es zudem einige großartige Möglichkeiten, in Immobilien zu investieren, zum Beispiel in Form von Treuhandverträgen – sogenannten First Trust Deeds –, REITs (Real Estate Investment Trusts), Seniorenresidenzen,

Geschäftsimmobilien etc. Hier will also niemand suggerieren, Sie sollten Immobilieninvestitionen möglichst vergessen! Wahrscheinlich ist es aber eine gute Faustregel, sie in den zweiten Topf zu stecken, über den wir später sprechen werden: den Risiko-Wachstums-Topf.
Welche weiteren Vermögenswerte gehören einstweilen in den Sicherheitstopf?

5. Ihre Rente. Bekommen Sie eine? Diesen Topf sollten Sie nicht anrühren, wenn Sie zu den wenigen Glücklichen gehören.

6. Annuitäten. Wenn Sie jung sind und diesen Begriff hören, denken Sie vielleicht, dass Sie dafür nicht die richtige Zielgruppe sind. In der Vergangenheit mussten Sie viel Geld investieren und ein bestimmtes Alter haben, um dieses Instrument wirklich nutzen zu können. Aber wie Sie in Kapitel 26 erfahren werden, gibt es einige neue Instrumente, die sich wirklich lohnen. Denken Sie daran, dass es sich dabei um Versicherungsprodukte handelt, die Ihnen ein lebenslanges garantiertes Einkommen bieten. Wenn Sie sie richtig anwenden, sind sie so etwas wie eine Privatrente. Wie wir aber bereits besprochen haben, sind die meisten Annuitätenprodukte schreckliche Investitionen, die mit hohen Gebühren und lächerlichen Sanktionen behaftet sind. Die meisten variablen Annuitäten sollten dagegen mehr Warnhinweise enthalten als eine Viagra-Werbung. Es gibt aber einige ausgewählte Annuitätenprodukte – über die Sie in Teil V mehr erfahren werden –, die so sicher und kostengünstig sind, dass viele Experten sie als den Heiligen Gral der Einkommenslösungen für den Ruhestand bezeichnen, weil sie Ihnen eine Rendite bringt wie Ihre Investitionen aus dem Risiko-Wachstums-Topf, aber mit der Sicherheit der Vermögenswerte aus Ihrem Sicherheitstopf. Ein lebenslanges, garantiertes Einkommen, das nie an Wert verliert!

7. **Mindestens eine Lebensversicherung gehört in Ihren Sicherheitstopf, und damit dürfen Sie nicht spielen!** Warum? Haben Sie Familie? Wenn Ihnen etwas zustößt, wird Ihre Familie versorgt sein. Eine Risikolebensversicherung reicht in den meisten Fällen aus. Jede andere Form der Lebens- bzw. Rentenversicherung, wie sie in Teil V beschrieben wird, kann Ihnen nach Ablauf der Versicherungslaufzeit ein lebenslanges Einkommen bescheren! Die größten Konzerne und

die Ultrareichen setzen seit Jahrzehnten auf dieses Instrument. Für Deutschland gilt: Wenn Sie eine Kapitallebensversicherung noch vor dem Jahr 2005 abgeschlossen haben, halten Sie diese möglichst bis zum Fälligkeitszeitpunkt durch. Denn die Auszahlung ist dann in aller Regel steuerfrei – und die laufenden Einzahlungen können Sie absetzen. Dazu kommt, dass diese Versicherungen dank staatlich vorgeschriebenen Garantiezinsen noch deutlich besser verzinst werden als Kapitallebensversicherungen, die Sie heute abschließen.

Die Zeit spielt Ihnen in die Hände

Wenn Ihnen jetzt bei all diesen Auswahlmöglichkeiten der Kopf zu platzen droht, denken Sie daran, dass Sie nicht alleine sind. Sie können sich Ihre Vermögensaufteilung (und die Überprüfung des gesamten Portfolios) online und kostenlos bei www.strongholdfinancial.com oder von Ihrem persönlichen unabhängigen Finanzberater machen lassen. Es ist aber wichtig, dass Sie das Konzept der Vermögensaufteilung verstehen und wissen, welche Investition welcher Kategorie zuzuordnen ist, damit Ihr Gesamtportfolio Ihre Ziele und Ihre Risikotoleranz widerspiegelt. Sie bleiben dabei immer Herr Ihrer Entscheidungen. Bei jeder Entscheidung müssen Sie sich fragen: »Wie viel riskiere ich und wie viel will ich sicher aufbewahren?«

Und wie Sie bereits gesehen haben, ist die größte Herausforderung für Ihre sicheren Anlagen heute die Frage: *Was ist wirklich sicher?* Wir wissen, dass sich die Welt verändert hat und selbst konservative Sparer durch irrational niedrige Zinsen zu immer riskanteren Investitionen verleitet wurden. Es ist eine große Versuchung, auf hohe Renditen zu zielen, vor allem, wenn der Aktienmarkt boomt. Vielleicht denken Sie: »Ich werde meine Ziele nie erreichen.« Das können Sie aber durchaus, sofern Sie sich langfristig orientieren. (Insbesondere, wenn Sie Investitionen finden, die Ihnen Renditen bei vollem Kapitalschutz bieten – ein Thema, über das Sie in Kürze mehr erfahren werden.)

Wenn es um Vermögensbildung geht, gilt der Satz aus einem alten Song der Rolling Stones: »Time Is On My Side«. Und Zeit ist für sichere Geldanlagen der größte Vermögenswert, selbst wenn Sie erst später im Leben mit dem Investieren beginnen. Schließlich leben heute immer mehr Menschen bis ins hohe Alter, daher können unsere Investitionen mit uns reifen. Und wenn Sie zu den Generationen X, Y oder Z – ja, die gibt es; das sind die »Postmillennials« – gehören, dann haben Sie einen großen Vorteil! Sie können mit kleinen Summen beginnen und von der fantastischen Wirkung der Aufzinsung profitieren.

Die Geldvermehrung aus Ihren sicheren Anlagen erinnert mich an einen alten Spielertrick auf dem Golfplatz. Der Spieler sagt, »Spielen Sie Golf? Ich habe gerade erst angefangen und bin alles andere als gut. Wollen Sie um 10 Cent pro Loch spielen?« Sagt der andere Golfer: »Warum nicht!« Auf dem Weg zum ersten Loch sagt der erste Spieler, »Wissen Sie, 10 Cent sind irgendwie langweilig. Wollen wir den Einsatz nicht bei jedem Loch verdoppeln, damit es ein wenig spannender wird?« Beim ersten Loch spielen beide um 10 Cent, beim zweiten Loch um 20 und beim dritten Loch um 40 Cent. Wenn Sie zum fünften Loch kommen, sind es bereits 1,60 Dollar, beim sechsten 3,20 Dollar, und dabei haben sie noch zwei Drittel des Golfparcours vor sich. Beim 18. Loch spielen sie um wie viel? Was sagen Sie zu 13.107 Dollar? Das ist eine heftige Wette, selbst für jemanden wie Donald Trump. So funktioniert die Aufzinsung.

Und davon profitieren Ihre sicheren Geldanlagen. Sie reinvestieren Ihre Gewinne, und über eine lange Zeit sieht es so aus, als würde sich nichts bewegen. Aber dann kommen Sie zum 13. Loch, dann zum 14. und zum 16., und dann potenzieren sich die Summen. Werfen Sie einen Blick auf die Grafik auf S. 326. So sieht der exponentielle Zuwachs aus, den Sie erwarten können.

Mir ist natürlich klar, dass Geduld und Abwarten für diese Generationen eine große Herausforderung bedeuten. Als Gesellschaft sind wir auf unmittelbare Bedürfnisbefriedigung programmiert. Darauf zu warten, dass ein Vermögenswert in unserem Sicherheitstopf an Wert gewinnt, kann sich zunächst so anfühlen, als würde man beim Graswachsen zusehen. Deshalb sind wir versucht, zu viel Geld in unseren Risiko-Wachstums-Topf zu stecken. Aber nicht alle unsere sicheren Geldanlagen müssen so fad wie Blümchenkaffee sein. Wenn Sie einen fähigen und gut vernetzten Finanzberater haben, kann er Ihnen zeigen, wie Sie mit einigen dieser sicheren, aber langweiligen Investitionen im richtigen Umfeld höhere Renditen erzielen können.

GOLFSPIEL

1	0,00
2	0,20
3	0,40
4	0,80
5	1,60
6	3,20
7	6,40
8	12,80
9	25,60
10	51,20
11	102,40
12	204,80
13	409,60
14	819,20
15	1.638,40
16	3.276,80
17	6.552,60

SPIELEN WIR UM

$0,10

PRO LOCH

18. LOCH

13.107,20

DOLLAR

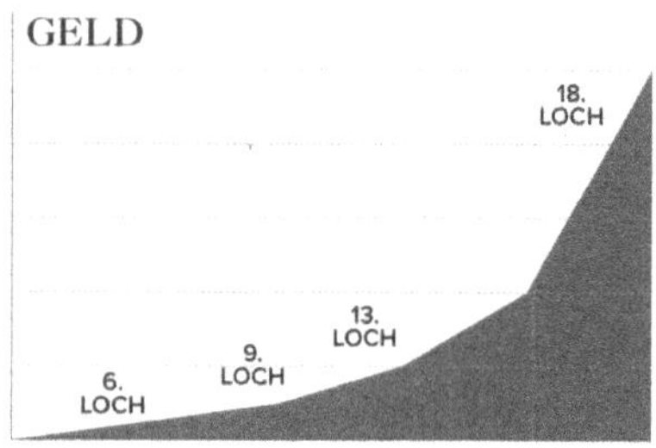

Und hier nur ein weiteres Beispiel der Dinge, die mein Berater von Stronghold für mich herausgefunden hat, und zwar ein Vermögenswert, den die meisten Menschen normalerweise nicht zu den sicheren Geldanlagen zählen würden: einen Treuhandkredit für eine Wohnimmobilie.

Es beginnt mit einem Mann, der in Indian Wells, Kalifornien, ein Haus bauen wollte, in finanzielle Probleme geriet und das Haus an eine Investorengruppe verkaufen musste. Haben Sie schon einmal von Indian Wells gehört? Das ist das Beverly Hills von Palm Springs, eine der reichsten Gegenden mit dem höchsten Pro-Kopf-Einkommen der USA. Die Stadt ist sehr schön, hat wunderbares Wetter, ist von Golfplätzen und allen möglichen exklusiven Urlaubs-»Resorts« umgeben, also ein wirklich toller Ort, um sich ein Haus oder ein Feriendomizil zu kaufen. Die Investmentgesellschaft, die das Haus dieses Mannes kaufte, kauft Dutzende von Immobilien, daher hat sie einen hohen Bargeldbedarf. Allerdings braucht sie das Geld nie lange, weil sie die Häuser nur renoviert und sofort weiterverkauft.

Um stets über ausreichende Liquidität zu verfügen, braucht sie Investoren, die ihr im Gegenzug für einen Treuhandvertrag auf den Immobilienbestand der Investmentgesellschaft kurzfristige Kredite gewähren.

Haben Sie schon einmal von Treuhandverträgen beziehungsweise First Deeds of Trust gehört? Wenn Sie Ihr Haus mit einer Immobilienhypothek abzahlen, hat Ihnen ein Finanzinstitut das Geld geliehen, damit Sie sich das Haus kaufen können, und Sie haben unterschrieben, dass Sie dem Institut das Geld über einen bestimmten Zeitraum zurückzahlen, zuzüglich eines bestimmten Zinssatzes. Wenn Sie Ihr Wort nicht halten und in Zahlungsausfall geraten, hat das Finanzinstitut, das die Hypothek beziehungsweise den Treuhandvertrag hält, das Recht auf eine Zwangsversteigerung des Hauses. Außerdem erhält sie weiterhin Zinsen, bis das Haus einen neuen Besitzer hat. Als Investor suche ich nach Möglichkeiten, in einem sicheren Umfeld eine möglichst hohe Rendite zu erzielen. Ein richtig strukturierter Treuhandvertrag kann diesen Zweck perfekt erfüllen.

Mein Berater und ich fanden heraus, dass die Immobilieninvestmentgesellschaft den Treuhandvertrag auf besagtes Haus in Indian Wells als Sicherheit für einen Kredit über 1 Million Dollar bot, der eine Laufzeit von einem Jahr hatte und mit 10 Prozent verzinst war. Der Gesellschaft war es egal, ob ein einziger Investor oder 25 Investoren mit je 40.000 Dollar beteiligt wären. Am Ende beschloss ich, die gesamte Million zu investieren. Jetzt mögen Sie sagen, »Mann, das ist aber eine tolle Sache! Sie erhalten 100.000 Dollar dafür, dass Sie Ihr Kapital ein Jahr lang binden. Tony, wo steckt das Risiko?« Genau aus diesem Grund betrieben wir umfangreiche Recherchen. Nach zwei qualifizierten Gutachten erfuhren wir, dass das Haus in seinem aktuellen Zustand 2 Millionen Dollar wert war. Wenn ich 1 Million Dollar verleihe, ist das ein Kredit-Wert-Verhältnis von 50 Prozent. Selbst wenn das Unternehmen in einen Zahlungsausfall gerät, ist meine Million also sicher.

Das war ein ziemlich gutes Geschäft, aber ich habe auch Treuhandverträge über kleinere Häuser gekauft. Nehmen wir an, ich würde eine Immobilie im Mittleren Westen im Wert von 80.000 Dollar finden. Wenn ich eine Hypothek über 40.000 Dollar bekomme, die 50 Prozent des Immobilienwertes darstellt, könnte ich diesen Kredit gewähren. Das Geschäft in Indian Wells war genauso angelegt, nur auf einer preislich höheren Ebene. Also beschloss ich, es zu wagen und diese Investition in meinen Sicherheitstopf zu stecken.

Okay, ich kann förmlich hören, wie Sie sagen: »Einen Moment, Tony! Und wenn der Immobilienmarkt einbricht? Gehört diese Investition nicht eher in die Risiko-Wachstums-Kategorie?«

Das ist eine sehr gute Frage, weil wir gerade erst einen der größten Immobilienzusammenbrüche der Geschichte erlebt haben! Oberflächlich betrachtet sieht es so aus, als gehöre diese Investition in die Risiko-Wachstums-Kategorie. Aber hier der Grund, warum ich diese Investition für sicher halte: Im Jahr 2008, als der Immobilienmarkt ins Bodenlose fiel und die Welt Kopf stand, brachen die Immobilienpreise in den meisten Gebieten der USA um 30 bis 40 Prozent ein, in manchen Gegenden sogar um mehr als 50 Prozent. Aber alle diese Orte hatten kurz vor dem Platze der Blase extreme Preisanstiege verzeichnet. In Indian Wells blieben die Preise während der Blasenbildung jedoch weitgehend stabil, und nach dem Platzen der Blase sanken sie zwischen 2008 und 2010 zwar um 31 Prozent (was deutlich unterhalb der 50-Prozent-Marke liegt), allerdings betrug der größte Verlust in einem einzigen Jahr nur 13,6 Prozent (zwischen 2008 und 2009). Außerdem dürfen Sie nicht vergessen, dass ich das Geld nur für ein Jahr verlieh. Wenn die Immobilienpreise in Indian Wells während der Hochphase der Krise also nicht so dramatisch eingebrochen waren, war es wenig wahrscheinlich, dass sie innerhalb dieses einen Jahres drastisch sinken würden.

Aus diesem Grund beschloss ich, diese Investitionschance wahrzunehmen. Bei Immobilien kommt es immer auf den Standort an. Eine solche Investition muss nicht langweilig sein. Und gelegentlich kann sie eine hübsche Rendite einbringen (8–10 Prozent, verglichen mit den 1–4 Prozent auf sichere Wertpapiere).

Ich bin sehr zufrieden, dass Aesop für den Schildkrötenmarkt geschrieben hat. Hasen haben keine Zeit zum Lesen.
ANITA BROOKNER

Langeweile ist das Ergebnis eines langweiligen Geistes.
»THE STRUGGLE WITHIN«, Metallica

Und wenn mir dasselbe Unternehmen eine Rendite von 12 Prozent auf die Investition in die 2-Millionen-Immobilie geboten, aber für diese höhere

Rendite eine Investition von 1,5 Millionen Dollar erwartet hätte? Dann hätte das Kredit-Wert-Verhältnis 75 Prozent betragen. Es liegt auf der Hand, dass ich bei einem höheren Risiko eine höhere Rendite erhalte. Das hätte bedeutet, wenn der Markt um 25 Prozent oder mehr nachgegeben hätte, hätte ich einen Teil meiner Investition verloren. Nicht wahrscheinlich, aber möglich. Wäre ich bereit gewesen, dieses zusätzliche Risiko für eine höhere Rendite einzugehen, hätte ich es mir vielleicht überlegt. Aber dann hätte diese Investition nicht mehr in meinen Sicherheitstopf gepasst, sondern wäre in den Risiko-Wachstums-Topf gewandert. Und dort werden Sie etwas entdecken: Das ist der Topf, in dem alle Investitionen in gelbes oder neonfarbenes Warnklebeband eingewickelt und mit Ofenhandschuhen angefasst werden sollten, weil ich Ihnen garantiere, dass Sie sich gehörig verbrennen, wenn Sie diese Investitionen falsch anpacken. Wenn Sie jedoch richtig damit umgehen, können Sie Ihren Weg in die finanzielle Freiheit erheblich beschleunigen.

Inzwischen können Sie sehen, warum die Vermögensaufteilung eine Kunst und keine Wissenschaft ist. Die Vorstellung von Sicherheit ist völlig subjektiv. Manche Menschen glauben, dass nichts sicher ist. Andere können ein gewisses Risiko aushalten und fühlen sich immer noch sicher. Sie müssen jede Investition also auf Basis Ihrer ganz individuellen Risikotoleranz betrachten.

Der wahre Nutzen der Vermögensaufteilung liegt in der richtigen Mischung zwischen sicheren und spekulativeren Anlagen, mit denen Sie höhere Renditen erzielen und Ihr Vermögen in kürzerer Zeit mehren können. Das entscheidet über Erfolg oder Misserfolg. Was glauben Sie, welchen Prozentsatz Ihres Vermögens Sie in Ihren Sicherheitstopf stecken sollten? Ein Drittel? Die Hälfte? Zwei Drittel? Das Versäumnis, einen erheblichen Anteil Ihres schwer verdienten Geldes in sichere Geldanlagen zu investieren, kann ein finanzielles Desaster heraufbeschwören. Umgekehrt kann ein zu großer Anteil an sicheren Anlagen die Vermögensbildung erheblich behindern. Wie finden Sie die richtige Balance? Das ist die Frage, auf die wir hingearbeitet haben. Und nun, da wir die Sicherheitsgrundlage gelegt haben, ist es Zeit, sich ernsthaft am Spiel zu beteiligen. Es ist Zeit, auf Sieg zu spielen.

Als kurzer Hinweis sei gesagt, dass Anleihen eine potenziell derart wichtige Investition für Ihre Sammlung an sicheren Geldanlagen sein können, dass ich Ihnen hier einen kurzen Überblick geben will, der sich zu lesen lohnt. Falls die aktuelle Situation nicht der richtige Zeitpunkt ist, denken Sie daran, dass diese Informationen als Referenzen dienen, die Sie jederzeit konsultieren können, und blättern Sie zum nächsten Kapitel. Behalten Sie die Dynamik bei! Wir befinden uns auf dem Weg zu riskanteren Anlagen und potenziell höheren Renditen.

Einige Worte über Anleihen

Gentlemen ziehen Anleihen vor.
ANDREW MELLON, Gründer der Bank of New York Mellon

Bis vor nicht allzu langer Zeit galten Anleihen als sicherste und zuverlässigste Geldanlage überhaupt. Sie waren das schwere Geschütz in den Portfolios der Superreichen und die Grundlage aller sicheren Anlagen sowie des Seelenfriedens der durchschnittlichen Privatanleger. In den letzten Jahren haben Anleihen jedoch einen schlechten Ruf bekommen, und das aus gutem Grund. Vor dem Hintergrund, dass die US-Regierung die Zinssätze lächerlich gering hält und einige Unternehmen, Städte und sogar Länder, die Anleihen begeben, am Rande des Bankrotts stehen, haben diese Papiere einen großen Teil ihrer Attraktivität eingebüßt.

Dennoch halten die meisten Experten Anleihen nach wie vor für einen wichtigen Teil des Investmentmixes. (Tatsächlich bilden sie die Grundlage der erfolgreichen Portfolios, die sich unter allen Bedingungen bewähren – ein Thema, über das Sie in Kapitel 24 mehr erfahren werden.) Werfen wir also einen Blick auf die grundlegenden Anleihevarianten, um zu sehen, was an diesen Wertpapieren so großartig sein kann, aber auch, worauf man dabei besonders achten muss.

- **US-Schatzanleihen.** Zahlreiche Investmentexperten, darunter der magische Geldvermehrer der Yale University, David Swensen, halten die gute alte US-Schatzanleihe für die sichersten Anleihen, die es gibt, weil sie auf dem Vertrauen in die US-Regierung und deren

Glaubwürdigkeit basieren. Swensen sagte mir, Schatzanleihen seien der Anker des Portfolios. Da diese Staatsanleihen praktisch ausfallsicher sind, bieten sie eine niedrigere Rendite. Und wie andere, weniger sichere Anleihen, kann ihr Preis abhängig von externen Ereignissen – insbesondere der aktuellen Inflation oder Deflation – schwanken. Was Sie also für eine bombensichere Geldanlage hielten, kann Ihnen plötzlich um die Ohren fliegen!
Es gibt vier Varianten an US-Schatzanleihen (mit unterschiedlichen Bezeichnungen je nach Dauer ihrer Laufzeit).

1. T-Bills: Dabei handelt es sich um staatliche Schuldverschreibungen, deren Laufzeit weniger als zwölf Monate beträgt. Sie bilden die Grundlage der meisten Indexfonds für kurzfristige Anleihen sowie Geldmarktfonds.

2. T-Notes: Diese Papiere haben eine Laufzeit zwischen einem und zehn Jahren und haben feste Zinsen (auch als »Coupons« bezeichnet). Alle sechs Monate erhalten Sie eine Zinszahlung.

3. T-Bonds: Dabei handelt es sich um die gleichen Papiere wie T-Notes, aber ihre Laufzeit beträgt zwischen zehn und 30 Jahren.

4. TIPS: Diese Papiere wurden 1997 kreiert. Dabei handelt es sich um inflationsgeschützte Schatzanleihen. Wenn Sie TIPS kaufen, steigt oder sinkt das Anleihekapital (beziehungsweise der Nennwert der Anleihe) parallel zu den inflationsbedingten Veränderungen des Verbraucherpreisindex, und das gilt auch für die halbjährliche Zinszahlung. Wenn Sie TIPS im Wert von 10.000 Dollar kaufen, die zu 1,5 Prozent verzinst werden, und der Verbraucherpreisindex ändert sich in sechs Monaten nicht, bleibt der Pariwert unverändert, und Sie erhalten 150 Dollar Zinsen. Aber – und das ist der Witz an TIPS – wenn die Lebenshaltungskosten um 2 Prozent steigen, ist Ihre Anleihe nun 10.200 Dollar wert und Ihre halbjährlichen Zinsen betragen 153 Dollar. Wenn Sie viele TIPS besitzen und die Inflationsrate hoch ist, kann das eine hübsche Summe bedeuten! Nachfolgend eine Grafik, die verdeutlicht, wie das funktioniert:

RAYMOND JAMES TIPS-TABELLE

Jahr	Coupon	Pariwert	Inflations-zeitraum	Veränderung des Verbraucherpreis-index	Angepasster Wert des Investitions-kapitals	Zinsen
1	1,5 %	$ 1.000	inflationär	+2 %	$ 1.020	$ 15,30
2	1,5 %	$ 1.020	deflationär	-1 %	$ 1.010	$ 15,15
3	1,5 %	$ 1.010	inflationär	+3 %	$ 1.040	$ 15,60
4	1,5 %	$ 1.040	inflationär	+2 %	$ 1.060	$ 15,90
5	1,5 %	$ 1.060	inflationär	+1 %	$ 1.070	$ 16,05

Achten Sie darauf, dass sich der Wert der Anleihe auch zum Negativen verändern kann. Wenn wir in eine weitere Wirtschaftsrezession oder sogar Depression eintreten, könnten Sie potenziell einen Teil Ihres Investitionskapitals einbüßen, falls Sie die Anleihen für den dann aktuellen Wert verkaufen müssen.

Wenn Sie TIPS kaufen, wetten Sie im Wesentlichen auf eine steigende Inflation. Klingt das wahrscheinlich? Wenn Sie nicht sicher sind (und eigentlich weiß das niemand genau), wollen Sie vielleicht das tun, was David Swensen für sein Idealportfolio empfiehlt: Weil der Preis der TIPS steigt, wenn die Zinsen steigen (was üblicherweise in inflationären Zeiten geschieht), kaufen Sie zum Ausgleich die gleiche Menge an traditionellen Schatzanleihen, deren Preis mit steigenden Zinssätzen sinkt. Auf diese Weise sind Sie in jeder Situation geschützt!

Natürlich sind die USA nicht das einzige Land, das Anleihen begibt, um sich Geld zu beschaffen. In den guten alten Zeiten, die noch bis vor Kurzem herrschten, galt eine Staatsanleihe, die von der Zahlungsfähigkeit und Zuverlässigkeit einer souveränen Nation gedeckt war, als ziemlich sichere Sache. Aber heute, da Länder wie Griechenland, Spanien und Argentinien in Zahlungsschwierigkeiten stecken, bis hin zum Risiko einer Staatspleite, sind Staatsanleihen keineswegs mehr der sichere Hafen, der sie einmal waren. Ausländische Staatsanleihen sind zudem anfälliger für Inflationsrisiken, und wenn Sie Anleihen in schwankungsanfälligen Währungen kaufen, bekommen Sie unter Umständen große Probleme, wenn Sie sie in Ihre heimische Währung eintauschen wollen. Die meisten Berater empfehlen, diese Art Investition Profihändlern und Hedgefonds zu überlassen.

Was ist aber mit einigen anderen Anleihen, mit denen sich bessere Renditen erzielen lassen, als mit der guten alten US-Schatzanleihe? Einige der nachfolgend aufgeführten Anleihen sind sicherer als andere. Wenn Sie wissen wollen, wie die verschiedenen Anleihetypen bewertet werden, konsultieren Sie die Bewertungen der Ratingagenturen, die diese Papiere je nach Risiko in verschiedene Kategorien einstufen.

Es gibt mehrere international anerkannte Ratingagenturen, darunter Moody's, Fitch Ratings und Standard & Poor's, die bestimmte Formeln anwenden, um die Kreditwürdigkeit der verschiedenen Emittenten zu bewerten. Das ist so ähnlich wie die Bewertung Ihrer persönlichen Kreditwürdigkeit. S&P verwendet ein Bewertungssystem, das sich in die zwei Kategorien »Investitionsgrad« (von AAA, der höchsten Bewertung der Zahlungsfähigkeit eines Unternehmens oder eines Landes, bis BBB) und »spekulativer Grad« unterteilen (weitere Stufen, die bis D reichen, was bedeutet, dass der Emittent bereits zahlungsunfähig ist). Je niedriger die Bewertungsstufe, desto riskanter die Anleihe und desto höher die Zinsen, die der Emittent dem Investor als Ausgleich für das höhere Risiko eines Zahlungsausfalls zahlen muss. Das Rating der sogenannten Hochertragsanleihen, zuvor auch als Schrottanleihen oder Junkbonds bezeichnet, liegt unterhalb der Stufe BBB und macht sie damit zu spekulativen Anleihen.

Unternehmensanleihen. Unternehmen geben Anleihen aus, wenn sie Fremdkapital aufnehmen müssen, um zu expandieren, andere Unternehmen aufzukaufen, Dividenden zu zahlen, einen Verlust zu finanzieren sowie aus einer Reihe weiterer Gründe. Sollten Sie Unternehmensanleihen kaufen? Das hängt vom jeweiligen Risiko ab. Wenn Sie die falschen Anleihen auswählen, können Sie einen Großteil oder sogar

Ihr gesamtes Geld verlieren. Selbst die einstigen Ikonen unter den Unternehmen, wie zum Beispiel TWA oder Kodak, gingen pleite. Ein Jahr, nachdem Kodak Insolvenz angemeldet hatte und unter dem Schutz des amerikanischen Insolvenzparagrafen Chapter 11 stand, wurden die ungesicherten Anleihen des Unternehmens zu 14 Cent gehandelt. Die Anleihen der meisten großen US-Konzerne gelten jedoch als sicher. Apple (das über ein AA+-Rating verfügt) hat sogenannte High-Grade Bonds an begierige Anleger verkauft. Allerdings liegen die Zinsen dieser Anleihen nur 1 Prozent höher als die Zinsen der vergleichbaren US-Schatzanleihen! Einige Investoren, wie zum Beispiel David Swensen, sagen: »Warum soll ich Unternehmensanleihen kaufen, wenn ich eine höhere Rendite mit Aktien desselben Unternehmens bekommen kann?« Wenn Sie jedoch höher verzinste Anleihen suchen, haben Sie zahlreiche Optionen – solange Sie diese Investitionen Ihren riskanteren Geldanlagen zuordnen, und nicht in Ihren sicherheitsorientierten Anlagen! Nicht jeder scheut vor Schrottanleihen zurück. Im Mai 2014 hat Australiens größte Fluggesellschaft Qantas zum Beispiel eine spekulative Anleihe in australischen Dollars zu einem Zinssatz von 7,75 Prozent ausgegeben. Das Unternehmen wurde von den Ratingagenturen aufgrund jüngster Verluste und Schuldenprobleme herabgestuft, aber würden Sie die Airline deswegen schon als erledigt betrachten? Oder ein extremeres Beispiel: Inmitten des Chaos im Januar 2013 gab es Investoren, die einjährige ägyptische Schatzanleihen mit einer »garantierten« Rendite (eine Garantie, die nur so überzeugend ist, wie eine instabile Regierung sie Ihrer Meinung nach geben kann) von 14,4 Prozent kauften. Die wagemutigen Käufer wetteten darauf, dass die US-Regierung und die saudiarabische Regierung Ägypten stabil und solvent halten würden.

Sind die Renditen das Risiko eines Zahlungsausfalls wert? Das ist die Art von Entscheidung, die Sie treffen müssen, bevor Sie eine Schrottanleihe kaufen.

Natürlich haben nur wenige von uns die Erfahrung und/oder die Zeit, derart profunde Recherchen anzustellen. Hier kann ein fähiger unabhängiger Berater, der Experte auf diesem Gebiet ist, nützlich sein. Es gibt aber auch nationale und internationale Indexfonds für Hochertragsanleihen, die Ihnen eine gute Rendite bieten und das Risiko auf viele verschiedene Anleihen verteilen.

- **Kommunalanleihen.** Wie sieht es mit Kommunalanleihen aus? Wenn Städte und Gemeinden Geld brauchen, leihen sie es sich, indem sie Anleihen begeben. Kommunalanleihen in Deutschland haben den Ruf einer sicheren Anlage. In den USA sieht es etwas anders aus. Nehmen wir San Bernardino und Stockton, Kalifornien, Jefferson County in Alabama, Detroit, Chicago, alle bankrott oder am Rande des Bankrotts, wobei die Anleiheinhaber potenziell die Rechnung begleichen. Klingt nicht mehr unbedingt nach einer sicheren Sache. Und wenn die Zinssätze sinken, ruft der Emittent die Anleihe mitunter zurück und zahlt Ihnen das Stammkapital vor dem Ende der Laufzeit zurück. Dann verlieren Sie die garantierte Rendite, mit der Sie gerechnet haben. Aber wenn Sie das Risiko grundsätzlich akzeptieren, gibt es einige großartige Gelegenheiten, was Kommunalanleihen betrifft. Allerdings müssen Sie sich umfassend informieren. Lassen Sie sich von einem eingetragenen Investmentberater oder einem anderen kompetenten Experten helfen, der sich mit Kommunalanleihen auskennt.

Wollen Sie die Entscheidung über den richtigen Anleihemix für Ihr Portfolio lieber umgehen? John C. Bogle, Gründer von Vanguard, empfiehlt die Investition in kostengünstige, gebührenarme Anleihe-Indexfonds, die das Risiko verteilen, weil Sie auf diese Weise an allen Formen des Anleihemarktes beteiligt sind. In Teil VI werden Sie sehen, wie Bogle dieses Konzept auf sein eigenes Portfolio überträgt.

Und nun wollen wir uns den riskanteren, aber auch potenziell renditestärkeren Anlageformen widmen.

Kapitel 21
Spielen Sie auf Sieg: Das Risiko-Chancen-Kalkül

Der Gewinner ist nicht der mit dem schnellsten Auto,
sondern der, der sich weigert, zu verlieren.
DALE EARNHARDT SR.

Geldanlagen mit einem höheren Risiko-Wachstums-Potenzial sind heiß begehrt. Mit ihnen können Sie deutlich höhere Renditen erzielen – das Schlüsselwort lautet allerdings *können*. Sie *können* auch alles verlieren, was Sie gespart und investiert haben. Sie müssen sich darauf vorbereiten, dass Sie jeden Vermögenswert, den Sie in diesen Topf stecken, ganz oder zumindest teilweise verlieren, wenn Sie Ihre Investitionen nicht geschützt haben. Denn alles im Leben, einschließlich der Märkte, verläuft in Zyklen. Mal zeigen sie nach oben, mal nach unten. Und jeder, der in einen bestimmten Vermögenswert investiert, dessen Wertkurve steil nach oben zeigt – ob es sich um Immobilien, Aktien, Anleihen, Rohstoffe oder was auch immer handelt –, und glaubt, das gehe immer so weiter, weil »diesmal alles anders ist«, sollte sich auf ein böses Erwachen gefasst machen. In meinem Gespräch mit John C. Bogle wiederholte er immer wieder einen seiner Leitsätze: »Die Märkte kehren immer zum Mittelwert zurück.« (Das bedeutet, was steigt, fällt auch wieder, und umgekehrt.) Wie Ray Dalio sagt: »Egal welche Investition ein Anleger auch immer bevorzugt, er kann an irgendeinem Punkt in seinem Leben damit rechnen, dass diese 50 bis 70 Prozent ihres Wertes verliert.« Zwar bieten die Investitionen dieser Kategorie unbegrenztes Wachstumspotenzial, aber Sie dürfen nie vergessen, dass Sie alles (oder zumindest einen erheblichen Teil) verlieren können. Aus diesem Grund bezeichne ich sie als Risiko-Wachstums-Kategorie und nicht als Wachstums-Risiko-Kategorie, weil das Wachstum nicht garantiert ist, das Risiko aber sehr wohl!

Welche Investitionen dieser Kategorie würden Sie auswählen?

Hier ein Muster aus sieben wichtigen Assetklassen, die Sie in Betracht ziehen sollten:

1. **Aktien.** Dabei handelt es sich um eine Unternehmensbeteiligung entweder in Form von Einzelaktien oder als Vehikel, um sich an mehreren Unternehmen zu beteiligen – Investmentfonds, Indizes und ETFs (Exchange-Traded Funds – Investmentfonds, die direkt über die Börse gehandelt werden).
   ETFs gelten als das »It-Girl« der Aktienmärkte, deren Beliebtheit zwischen 2001 und 2014 um mehr als 2.000 Prozent zugenommen hat. Mehr als 2 Billionen Dollar sind in ETFs gebunden. Doch was verbirgt sich genau dahinter? ETFs sind wie Investment- oder Indexfonds konzipiert, weil sie eine diversifizierte Sammlung an Vermögenswerten beinhalten, aber Sie können sie handeln wie Einzelaktien. Die meisten folgen einem bestimmten Leitthema (Nebenwerte, Kommunalanleihen, Gold) und/oder zeichnen einen Index nach. Bei einem Index- oder Investmentfonds müssen Sie allerdings bis zum Handelsschluss warten, bis Sie ihn kaufen oder verkaufen können. ETFs können den ganzen Tag lang gehandelt werden. Experten zufolge eignet sich ein ETF, wenn Ihnen das Konzept eines Indexfonds zusagt, Sie aber im Verlauf eines Handelstags kaufen wollen, wenn der Kurs günstig steht, und verkaufen wollen, wenn der Kurs steigt. Aber das ist Handel und keine Investition, und der Versuch, den richtigen Ein- und Ausstiegszeitpunkt im Rahmen eines Handelstags zu bestimmen – auch Markttiming – genannt, birgt ganz besondere Risiken. Es gibt noch einen weiteren Unterschied: Wenn Sie Anteile an einem ETF kaufen, kaufen Sie nicht die eigentlichen Aktien, Anleihen, Rohstoffe oder was auch immer in dem Fonds gebündelt ist, sondern Anteile an einem Investmentfonds, der diese Vermögenswerte hält. Das Unternehmen *verspricht*, dass Sie dasselbe finanzielle Ergebnis erhalten, als würden Sie die Titel direkt halten. Aber machen Sie sich keine Gedanken, es klingt komplizierter, als es tatsächlich ist. Viele Anleger sind von ETFs angetan, weil sie ihnen eine riesige Bandbreite an Beteiligungen zu geringen Kosten bieten. Tatsächlich sind die

Gebühren zahlreicher ETFs geringer als die Gebühren vergleichbarer Indexfonds, und gelegentlich ist auch die Mindestsumme geringer. **Sollten Sie in ETFs investieren?** John C. Bogle sieht keinen Grund, warum ein Anleger keinen breit gefächerten Index-ETF besitzen sollte, aber er warnt, einige dieser ETFs seien für Einzelanleger zu spezialisiert. Man solle nicht nur auf einen einzigen Markt wetten, sondern auf Länder oder Industriesektoren. Damit könne man richtig liegen oder auch falsch. David Swensen fragt sich dagegen, warum Einzelanleger sich überhaupt mit ETFs beschäftigen sollten. »Ich glaube sehr an langfristige Investitionen«, sagte er. »Der Hauptgrund, aus dem Sie in einen ETF investieren, ist, dass Sie handeln wollen. Und ich persönlich bin kein großer Trading-Fan.«

2. **Hochertragsanleihen.** Sie werden auch als Schrottanleihen oder Junkbonds bezeichnet, und diese Bezeichnung hat ihren Grund. Dabei handelt es sich um Anleihen mit dem niedrigstmöglichen Kreditrating. Sie erhalten darauf besonders hohe Zinsen (Coupons), weil Sie bereit sind, ein besonders hohes Risiko einzugehen. Wenn Sie sich in Erinnerung rufen wollen, was es damit auf sich hat, blättern Sie zurück zum Ende des letzten Kapitels und lesen Sie die Kurzinformationen über Anleihen.

3. **Immobilien.** Wir alle wissen, dass Immobilien hohe Renditen erwirtschaften können. Sie wissen wahrscheinlich schon eine Menge über diese Kategorie, aber es gibt viele Wege, über die man in Immobilien investieren kann. Sie können ein Haus kaufen, um Mieteinkünfte zu erzielen. Sie können Immobilien kaufen, sie renovieren und dann kurzfristig wieder verkaufen. Sie können in First Trust Deeds investieren. Sie können Geschäftsimmobilien kaufen oder eine Eigentumswohnung. Einer meiner Favoriten, den ich bereits erwähnt habe, sind Seniorenresidenzen, die Ihnen sowohl Einkünfte als auch einen potenziellen Wertzuwachs bieten. Oder Sie kaufen REITs – Real Estate Investment Trusts. Das sind Trusts, die in großem Stil an Geschäftsimmobilien (oder Hypotheken) beteiligt sind und Anteile an Einzelanleger verkaufen, zum Beispiel in Form von Investmentfonds. REITs werden wie Aktien gehandelt, wobei Sie auch Anteile an einem REIT-Indexfonds erwerben können,

die Ihnen eine Beteiligung an vielen verschiedenen REITs bieten. Wenn Sie an Wertzuwachs interessiert sind, empfiehlt Robert Shiller eher REITs als den Kauf eines eigenen Hauses (das außerdem zur Kategorie der sicheren Geldanlagen gehört). »In einen REIT zu investieren, der auf Eigentumswohnungen basiert, klingt für mich besser als der Kauf eines eigenen Hauses«, sagte er, »weil es einen Trend zur Miete zu geben scheint.« Das könnte sich natürlich ändern. Und wie bei jeder Investition sollten Sie eine kurze Pause einlegen und sich überlegen, »Worauf wette ich hier?« Sie wetten darauf, dass die Immobilienpreise im Verlauf der Zeit steigen. Dafür gibt es aber keine Garantie, und deswegen gehört diese Investition zur Kategorie Risiko-Wachstum. Falls Ihre Wette aufgeht, erhalten Sie eine ansehnliche Rendite; falls nicht, erhalten Sie gar nichts oder verlieren sogar Geld. Wenn Sie ein eigenes Haus kaufen, wetten Sie darauf, dass der Wert Ihres Hauses steigt. Wenn Sie Immobilien kaufen, mit denen sich Einkünfte erzielen lassen (Mietshäuser, Mietwohnungen, Geschäftsimmobilien, einen REIT oder einen REIT-Indexfonds), gibt es laut Shiller zwei Wege zum Erfolg: Sie erzielen regelmäßig Einkünfte, und wenn die Immobilie an Wert gewinnt, haben Sie zudem die Gelegenheit, beim Verkauf einen Gewinn zu erzielen.

4. **Rohstoffe.** Zu dieser Kategorie gehören Gold, Silber, Öl, Kaffee, Baumwolle und so weiter. Im Verlauf der Jahre hat sich Gold für viele Anleger als der ultimative sichere Hafen erwiesen und war ein Standardvermögenswert der Kategorie der sicheren Investitionen. Die allgemeine Überzeugung lautete, dass der Wert des Goldes nur in unsicheren Zeiten steigt. Doch dann brach der Goldpreis 2013 um mehr als 25 Prozent ein! Warum sollten Sie also in Gold investieren? Sie könnten eine kleine Menge in Ihrem Portfolio halten, für den Fall, dass das Papiergeld verschwindet und Sie eine kleine Sicherheit haben. Andernfalls gehört Gold wahrscheinlich eher in die Kategorie Risiko-Wachstum. Sie investieren in Gold als Schutz vor Inflation oder als Teil eines ausgewogenen Portfolios, wie wir später erfahren werden, aber Sie müssen das Risiko akzeptieren. Anders als mit anderen Investitionen, erzielen Sie mit Gold keinerlei Einkünfte in Form von Mieten, Renditen oder Dividenden. Gold kann ein gutes Risiko oder ein schlechtes Risiko bedeuten. Aber auf jeden Fall

gehört es zur Kategorie der risikobehafteten Anlagen. Das ist kein Plädoyer gegen den Kauf von Gold; tatsächlich ist Gold in der richtigen Konjunkturlage ein Superperformer! In Kapitel 24 erfahren Sie, warum ein kleiner Anteil Gold im Portfolio sehr wertvoll sein kann.

5. **Währungen.** Haben Sie einen Dollar, um Yen zu kaufen? Da alle Währungen letztlich nur »Papier« sind, ist der Währungskauf reine Spekulation. Es gibt Leute, die machen damit ein Vermögen, und andere, die damit ein Vermögen verlieren. Währungshandel ist nichts für Leute mit schwachen Nerven.

6. **Sammlerobjekte.** Kunst, Wein, Münzen, Autos und Antiquitäten, um nur einige zu nennen. Auch hier gilt, dass diese Assetklasse ganz spezielles Fachwissen und/oder viel Zeit voraussetzt, um das richtige Objekt zu finden.

7. **Zertifikate.** Was tun diese Papiere in beiden Töpfen? Weil es verschiedene Arten von Zertifikaten gibt. Einige bieten hundertprozentigen Kapitalschutz, und die wandern in Ihren Sicherheitstopf, solange die emittierende Bank finanziell solide ist. Andere bieten Ihnen eine höhere potenzielle Rendite, aber nur teilweisen Kapitalschutz, falls der Basiswert (z. B. eine Aktie, ein Rohstoff, ein Index) fällt. Nehmen wir an, Sie würden ein Discount-Zertifikat mit einem Rabatt (Puffer gegen etwaige Kursverluste) von 25 Prozent kaufen. Das bedeutet, wenn der Markt bis zu 25 Prozent nachgibt, verlieren Sie keinen Cent. Gibt der Markt um 35 Prozent nach, verlieren Sie 10 Prozent. Dafür, dass Sie ein höheres Risiko eingehen, erhalten Sie eine entsprechend höhere Gewinnchance, die manchmal bis zu 150 Prozent des Basiswerts beträgt, der diesen Papieren zugrunde liegt. Diese Papiere bieten ein höheres Gewinnpotenzial, aber sie sind auch entsprechend riskanter.

Sicherheit ist kein Zufall.
VERKEHRSSCHILD AUF EINER AUTOBAHN IN FLORIDA

Wir haben nun eine Musterauswahl an Investmentvehikeln besprochen, die Sie in Ihrem diversifizierten Risiko-Wachstums-Topf finden könnten.

Vielleicht fragen Sie sich, warum ich nicht einige der gewagtesten Investmentinstrumente unser Zeit vorgestellt habe: Call- und Put-Options (Kauf- und Verkaufsoptionen), Kreditausfallversicherungen (CDOs) und eine ganze Reihe an exotischen Finanzinstrumenten, die Händlern heute zur Verfügung stehen. Wenn Sie richtig viel Vermögen haben, wollen Sie vielleicht, dass Ihr Berater einige dieser Vehikel in Betracht zieht. Sie müssen sich aber darüber im Klaren sein, dass Sie mit einer Beteiligung an dieser Variante des Spiels kein Investor mehr sind, sondern ein Spekulant. Das bezeichnet man als Momentum Trading, und Sie müssen wissen, dass Sie dabei nicht nur Ihr gesamtes Vermögen, sondern Summen in unbegrenzter Höhe verlieren können, wenn Sie auf das falsche Pferd setzen. Und da der Leitsatz dieses Buches lautet, dass der Weg zu finanzieller Freiheit über Sparen und Investieren unter Ausschöpfung des Potenzials der Aufzinsung geht, ist hier nicht der richtige Ort, diese Vermögenswerte zu diskutieren.

Es ist an der Zeit, sich aktiv am Spiel zu beteiligen

Nun wissen Sie, welche Vermögenswerte in welche Kategorie gehören und Sie kennen den Schlüssel zur Aufstellung eines Gewinnerteams (Ihr Portfolio): diversifizieren, diversifizieren, diversifizieren! Aber das ist nicht alles. Sie müssen nicht nur zwischen Ihren beiden großen Kategorien Sicherheit und Risiko-Wachstum diversifizieren, Sie müssen auch innerhalb dieser Kategorien diversifizieren. Wie Burton Malkiel sagte, sollten Sie »innerhalb der Wertpapiere, Assetklassen, Märkte und Anlagehorizonte diversifizieren.« Nur so erhalten Sie ein Portfolio, das sich in jeder Konjunktur bewährt. Malkiel sagt zum Beispiel, Sie sollten nicht nur in Aktien und Anleihen investieren, sondern auch in unterschiedliche Arten von Aktien und Anleihen in unterschiedlichen Märkten in unterschiedlichen Teilen der Welt. (Über die Diversifizierung über mehrere Zeitzonen sprechen wir in Kapitel 23.)

Die meisten Experten sind sich einig, dass das ultimative Diversifikationsinstrument für Einzelanleger der kostengünstige Indexfonds ist, weil er Ihnen die größtmögliche Bandbreite an Wertpapieren zu den niedrigstmöglichen Kosten bietet. Die beste Diversifikationsmethode ist die Beteiligung an einem Indexfonds, weil Sie da nicht so viele Gebühren zahlen müssen.

Machen Sie sich ruhig einen Spaß!

Wenn Ihre Geldvermehrungsmaschine auf Hochtouren arbeitet und Sie den Wunsch verspüren, können Sie ruhig einen kleinen Prozentsatz des Geldes aus dem Topf der riskanteren Geldanlagen entnehmen und mit Einzelaktien Day Trading betreiben. »Binden Sie das wichtige Geld an einen Index, und mit dem Rest können Sie spielen«, sagt Burton Malkiel. »Ist auf jeden Fall besser als Pferderennen.« Aber, so Malkiel, Sie sollten höchstens 5 Prozent Ihrer gesamten Vermögenswerte auf Spekulationsgeschäfte verwenden.

Vermitteln Ihnen all diese Ideen eine Vorstellung von der Portfoliomischung, die für Sie persönlich optimal wäre? Bevor Sie sich festlegen, denken Sie daran, dass wir alle dazu neigen, uns besonders auf die Investitionen zu konzentrieren, mit denen wir am meisten Erfolg haben. Und jeder hat Erfolge. Wissen Sie warum? Unterschiedliche Rahmenbedingungen belohnen unterschiedliche Investitionen. Nehmen wir an, Immobilien wären eine heiße Sache. Wenn Sie in Immobilien investiert haben, sind Sie nun ein Genie. Der Aktienmarkt boomt? Wenn Sie Aktien besitzen, sind Sie ein Genie. Anleihen entwickeln sich prächtig? Wenn Sie Anleihen besitzen, sind Sie ein Genie. Vielleicht waren Sie zur richtigen Zeit am richtigen Ort? Werden Sie deswegen nicht überheblich. Aus diesem Grund ist die Vermögensaufteilung so wichtig. Was sagen die klügsten Menschen der Welt? »Ich werde einen Fehler machen.« Also teilen sie ihr Vermögen idealerweise so auf, dass sie langfristig Geld verdienen, auch wenn sie sich kurzfristig irren.

Testen Sie Ihr Wissen

Auf den folgenden Seiten stelle ich Ihnen Portfolios vor, die von einigen der herausragendsten Investoren zusammengestellt wurden. Beginnen wir mit einem Musterportfolio eines Investors, über den Sie in diesem Buch immer wieder gelesen haben: David Swensen, der Mann, der das Stiftungsvermögen der Yale University auf 23,9 Milliarden Dollar steigerte und ein wahrer Meister der Vermögensaufteilung ist. Wollen Sie seine persönlichen Portfolio-Empfehlungen hören? Ja, ich auch! Als wir in Yale in seinem Büro saßen, stellte ich ihm die Schlüsselfrage: »Wenn Sie Ihren Kindern keinerlei Geld, sondern nur eine Portfoliostruktur und eine Reihe Investmentprinzipien hinterlassen könnten, wie würden diese lauten?«

Swensen zeigte mir die Vermögensaufteilung, die er Einzelanlegern empfiehlt – eine, die nach seiner Überzeugung jeden Zeittest besteht. Diese Portfoliostruktur empfiehlt er zudem allen Institutionen außer Yale, Stanford, Harvard und Princeton. Warum? Weil diese vier Unis eine Armee an Vollzeitanalysten beschäftigen.

Als ich seine Liste sah, war ich von ihrer Schlichtheit und Eleganz beeindruckt. Ich habe Ihnen 15 verschiedene Arten von Vermögenswerten vorgestellt; David verwendet nur sechs, und alles sind Indexfonds. Außerdem war ich überrascht, dass eine der beiden generellen Investitionskategorien klar dominierte. Raten Sie mal, welche. Rufen wir uns ins Gedächtnis, was wir über die Unterschiede zwischen Sicherheit und Risiko-Wachstum erfahren haben.

Betrachten Sie die nachfolgende Auflistung und kreuzen Sie bei jedem einzelnen Vermögenswert die Kategorie an. Sicherheit oder Risiko-Wachstum?

David Swensens Portfolio		**Welche Kategorie**	
Assetklasse (Indexfonds)	*Portfolio-Gewicht*	*Risiko-Wachstum*	*Sicherheit*
Einheimische Aktien	20%	☐	☐
Internationale Aktien	20%	☐	☐
Aktien aus aufstrebenden Ländern (Emerging Markets)	10%	☐	☐
REITs (Real Estate Investment Trusts), Immobilien-AGs oder offene Immobilienfonds	20%	☐	☐
Langfristige US-Schatzpapiere	15%	☐	☐
TIPS (Treasury Inflation-Protected securities)	15%	☐	☐

Beginnen wir mit den oberen vier. Die erste Assetklasse ist ein breiter einheimischer Aktienindex, zum Beispiel Vanguard-500-Index oder Wilshire-5000-Total-Market-Index. In welcher Kategorie würden Sie diese Assetklasse ansiedeln? Ist sie mit Risiken behaftet? Absolut. Bietet sie eine garantierte Rendite? Keineswegs. Könnten Sie alles einbüßen? Unwahrscheinlich, aber sie könnte erheblich an Wert verlieren – und das hat sie in der Vergangenheit auch gelegentlich! Langfristig haben US-Aktien auf alle Fälle eine Erfolgsbilanz vorzuweisen. Erinnern Sie sich daran, wie sie im Vergleich zum Besitz Ihrer eigenen Immobilie dastehen? Aktien haben sich im Verlauf der Zeit sehr bewährt, aber sie sind auch eine der kurzfristig schwankungsanfälligsten Assetklassen, die es gibt. In den vergangenen 86 Jahren (bis 2013) hat der S&P 24 Mal Geld vernichtet. Aktienindexfonds gehören also zu welcher Kategorie? Richtig, zur Kategorie Risiko-Wachstum.

Wie sieht es mit internationalen Aktien aus? David Swensen legt wegen der Vielfalt, die sie dem Portfolio verleihen, ein starkes Gewicht auf ausländische Aktien. Sollte sich in den USA ein Konjunkturtief ereignen, boomt die Wirtschaft vielleicht in Europa oder Asien. Aber nicht alle stimmen mit David überein. Ausländische Währungen sind nicht so stabil wie der gute alte US-Dollar, daher bergen Investitionen in Auslandsaktien ein »Währungsrisiko.« Und der Vanguard-Gründer John C. Bogle, der auf 64 Jahre Investmenterfolg zurückblicken kann, vertritt die Auffassung, dass man mit einer Investition in amerikanische Unternehmensaktien letztlich global aufgestellt ist. Kein amerikanischer Konzern sei wirklich ein Inlandsunternehmen, erklärt er. Die großen Konzerne seien alle transnational aufgestellt: McDonald's, IBM, Microsoft, General Motors. Das heißt, mit amerikanischen Aktien besitzen Sie also schon ein internationales Portfolio. In welche Kategorie gehören internationale Aktien? Richtig, in die Kategorie Risiko-Wachstum.

Emerging Markets? David Swensen investiert gerne in volatile Aktien aufstrebender Länder wie Brasilien, Vietnam, Südafrika und Indonesien. Mit diesen Aktien können Sie spektakuläre Renditen erzielen, aber auch alles verlieren. Risiko-Wachstum? Das dürfen Sie aber glauben!

Und REITs? David gefallen Real Estate Investment Trusts, die große zentral gelegene Bürogebäude in Geschäftszentren sowie große regionale Einkaufszentren und Industriegebäude halten. Im Allgemeinen werfen sie üppige Dividenden ab. Diese Indexfonds können großartige Renditen erwirtschaften, aber sie steigen und fallen mit dem amerikanischen Markt für Geschäftsimmobilien. Welche Kategorie? Sie haben es erraten: Risiko-Wachstum.

Was ist mit den letzten beiden Assetklassen auf der Liste: langfristige US-Schatzpapiere und TIPS? Bieten sie geringere Renditen im Ausgleich für mehr Sicherheit? Zu welcher Kategorie gehören sie? Richtig, sichere Anlagen.

Glückwunsch! Sie haben soeben sechs wichtige Assetklassen richtig zugeordnet, was ungefähr 99,9 Prozent der Menschen, denen Sie auf der Straße begegnen, nicht könnten. Lassen Sie uns nun näher betrachten, warum David diese Mischung gewählt hat, und warum sie für Sie unter Umständen nicht geeignet ist.

Sehen wir uns zunächst die sicheren Anlagen an. David sagt, er wähle nur US-Staatsanleihen, »weil mich der Ruf und die Zahlungsfähigkeit der US-Regierung überzeugen, die für diese Anleihen geradesteht.« Aber warum entschied er sich für diese besondere Kombination an Anleihefonds? Zur Hälfte traditionelle langfristige Schatzanleihen und zur Hälfte inflationsgeschützte Papiere.

Ich sagte zu David: »Sie drücken damit im Wesentlichen aus, dass Sie auf Nummer sicher gehen und sich sowohl gegen Inflation als auch gegen Deflation schützen.«

»Das ist absolut richtig«, antwortete er. »Die Schatzpapiere schützen gegen eine Deflation, wie wir sie 2008 erlebt haben. Und wenn Sie reguläre Staatsanleihen kaufen und die Inflation steigt, machen Sie am Ende Verluste. Wenn Sie TIPS kaufen und die Inflation steigt, ist Ihr Geld geschützt.«

Ich möchte an dieser Stelle betonen, dass David nicht wissen kann, welches der beiden Szenarien eintreffen wird: Inflation oder Deflation. Also bereitet er sich auf beide vor. Sie könnten einwenden, 50 Prozent für Inflation und 50 Prozent für Deflation, gleicht sich das nicht aus, also ein Nullsummen-Spiel? So einfach ist das nicht, aber diese Überlegung hat durchaus ihre Berechtigung. David verwendet seinen Sicherheitstopf als Schutz für den Fall, dass seine Aktien- oder Immobilieninvestitionen an Wert verlieren. In diesem Fall kann er seine Verluste dämpfen, indem er einen Teil der Investitionsrisiken auffängt. Daher ist er sicher, dass er mit den sicheren Anlagen ein wenig Geld verdient. Und sein Stammkapital bleibt erhalten. Das heißt, er verwendet die Investitionen dieser Kategorie auf sehr kluge Art und Weise. Er verliert kein Geld, verdient aber, wenn die Inflation oder die Deflation steigt. Ein *sehr* kluges Vorgehen.

Ich war allerdings überrascht, dass nur 30 Prozent seiner Vermögensaufteilung auf sichere Investitionen entfallen, und ganze 70 Prozent auf die Kategorie Risiko-Wachstum! Das schien mir für einige Anleger eine ziemlich aggressive Strategie zu sein. Daher fragte ich David, wie sich diese Portfoliostruktur für den durchschnittlichen Anleger bewähren würde.

»Aktien sind das Herzstück eines langfristig ausgerichteten Portfolios«, antwortete er. »Ich meine, wenn Sie einen langen Zeitabschnitt aus der jüngeren Vergangenheit betrachten – zehn, zwanzig, dreißig oder hundert Jahre –, dann stellen Sie fest, dass die Aktienrenditen weit über den Renditen fest verzinslicher Wertpapiere liegen.«

Die historischen Daten bestätigen das. Werfen Sie einen Blick auf die nachfolgende Grafik, die die Renditen von Aktien und Anleihen über Zeiträume von 100 und 200 Jahren abbildet. Sie werden sehen, dass die durchschnittlichen Renditen von US-Aktien im historischen Vergleich die Renditen fest verzinslicher Wertpapiere übersteigen. Tatsächlich wären aus 1 Dollar, den Sie im Jahr 1802 zu 8,3 Prozent Jahresrendite angelegt hätten, zur Jahrtausendwende im Jahr 2000 8,8 Millionen Dollar geworden.

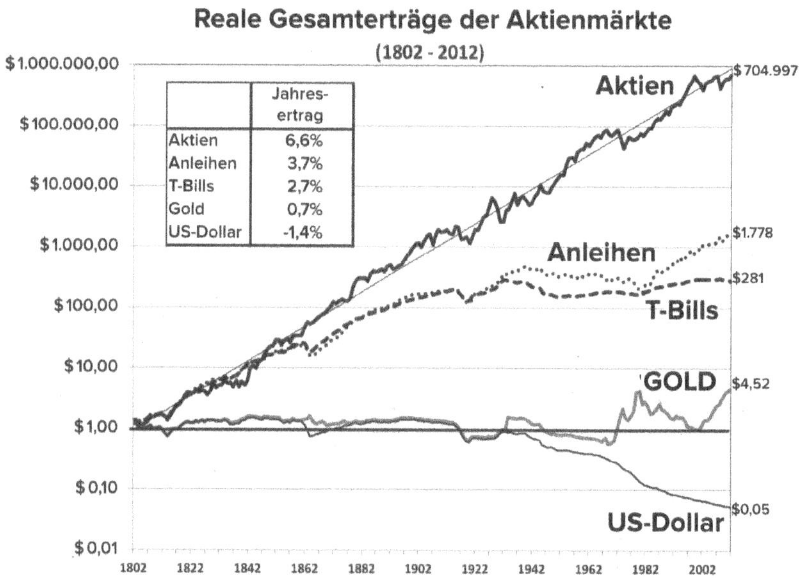

David Swensen entwarf sein ideales Portfolio so, dass es sich in eine Geldvermehrungsmaschine verwandelte, die durch ihre riesige Vielfalt ein gewisses Maß an Stabilität bietet. Und da dieses Portfolio auf Langfristigkeit ausgerichtet ist, bietet es die Möglichkeit, periodische Markteinbrüche wieder auszugleichen.

Ich war neugierig zu erfahren, wie sich diese Vermögensaufteilung in der Vergangenheit bewährt hatte – diese volatilen 17 Jahre vom 1. April 1997, als TIPS auf den Markt kamen, bis zum 31. März 2014. Das waren die Jahre, in denen sich der Index Standard & Poor's wie ein Stier im Rodeo gebärdete und an einem bestimmten Punkt um 51 Prozent einbrach. Also ließ ich die Ergebnisse Swensens Portfolios im Vergleich zum S&P in diesen Jahren testen. Swensens Portfolio übertraf den Aktienmarkt mit einer Jahresrendite von 7,86 Prozent! Während des Bärenmarkts von 2000 bis 2002, als der S&P 500 um fast 50 Prozent einbrach, blieb Swensens Portfolio mit einem Gesamtverlust von lediglich 4,572 Prozent relativ stabil! Wie andere stark aktienlastige Portfolios erlitt Swensens Portfolio in der schweren Finanzkrise von 2008 Verluste, schnitt aber immer noch um mehr als 6 Prozent besser ab als der S&P 500 (mit 31 Prozent Verlust gegenüber 37 Prozent des Aktienindexes) und erholte sich anschließend wieder. (Hinweis: Am Ende dieses Kapitels finden Sie die spezifische Methode zur Berechnung der Renditen. Die Ergebnisse der Vergangenheit garantieren keine zukünftigen Ergebnisse.)

Man kann also mit Gewissheit sagen, dass David Swensen eine dieser Ausnahmeerscheinungen ist, die den Aktienmarkt tatsächlich konsistent übertreffen können, und zwar ausschließlich mithilfe der Macht der Vermögensaufteilung! Und Sie haben hier und jetzt Zugang zu seinen besten Empfehlungen. Das Wichtigste, das Sie verstehen müssen, ist Folgendes: Auch wenn dieses Portfolio möglicherweise besser und stabiler ist, als der allgemeine Markt, ist es dennoch ein aggressives Portfolio, das gute Nerven erfordert, denn nur wenige Menschen sind in der Lage zuzusehen, wie sie 35 Prozent ihrer lebenslangen Ersparnisse verlieren, ohne mit der Wimper zu zucken und in Panik zu verkaufen. Ist es also das richtige Portfolio für Sie? Wenn Sie jung sind, ist dieses Portfolio für Sie vielleicht die richtige Mischung, weil Sie mehr Zeit haben, eventuelle Verluste auszugleichen. Wenn Sie kurz vor dem Ruhestand stehen, könnte dieses Portfolio jedoch möglicherweise zu aggressiv sein.

Keine Sorge. Ich werde Ihnen auf den folgenden Seiten mehrere weitere Beispielportfolios vorstellen, einschließlich der besonderen Portfoliostruktur, die Ray Dalio mir verriet. Ihr widme ich im nächsten Teil ein ganzes Kapitel! Aber hier schon mal ein Hinweis: Sein Portfolio war weitaus weniger aggressiv als Swensens, aber unser Test über den gleichen Zeitraum ergab, dass Dalios Portfolio eine höhere Jahresrendite erzielte und erheblich weniger Volatilität aufwies; vor allem bietet es eine gleichmäßige Entwicklung. Es könnte der Heilige Gral der Portfoliostruktur sein, die Ihnen bei dem geringsten Risiko-Gewinn-Verhältnis, das ich je gesehen habe, substanzielles Wachstum bietet!

Bei jeder Entscheidung ist das Beste, das Sie tun können, die richtige Entscheidung zu treffen. Das Nächstbeste ist die falsche Entscheidung, und das Schlimmste ist, gar nichts zu unternehmen.
THEODORE ROOSEVELT

Einstweilen wollen wir jedoch zum großen Ganzen zurückkehren und betrachten, wie Sie über Ihre eigenen grundlegenden Zahlen entscheiden: Welchen Prozentsatz Ihrer Vermögenswerte werden Sie sicher anlegen und welchen Prozentsatz werden Sie im Ausgleich für die Chance auf höhere Renditen riskieren? Dabei sollten Sie drei Faktoren in Ihre Entscheidung einbeziehen:

- Ihre Lebensphase
- Ihre Risikotoleranz
- Ihre verfügbare Liquidität

Wie viel Zeit haben Sie also, um ein Vermögen aufzubauen und in der Aufbauphase Fehler zu machen, bevor Sie Ihr Vermögen anzapfen müssen? Wenn Sie jung sind, können Sie aggressiver investieren, weil Sie mehr Zeit haben, Verluste wiedergutzumachen. Die Aufteilung Ihres Vermögens hängt auch von der Höhe Ihrer Einkünfte ab. Mit einem hohen Einkommen können Sie sich natürlich mehr oder größere Fehler leisten.

Ihr Einsatz, bitte: Was wollen Sie riskieren?

Jeder Mensch hat eine völlig andere Vorstellung davon, welche Risiken akzeptabel sind. Einige Menschen sind sehr auf Sicherheit bedacht. Erinnern Sie sich an die sechs grundlegenden menschlichen Bedürfnisse? Gewissheit ist ihre oberste Priorität. Einige Menschen blühen dagegen bei Ungewissheit und Abwechslung auf; sie lieben den Tanz auf dem Vulkan. Sie müssen sich selber sehr gut kennen, bevor Sie sich in die Arena wagen. Nehmen wir an, Sie würden an einer Quizshow teilnehmen. Für welche Variante würden Sie sich entscheiden?

- 1.000 Dollar in bar
- Eine 50-prozentige Chance auf den Gewinn von 5.000 Dollar
- Eine 25-prozentige Chance auf den Gewinn von 10.000 Dollar
- Eine 5-prozentige Chance auf den Gewinn von 100.000 Dollar

Hier ein weiteres Beispiel: Sie haben soeben Ihre Ersparnisse für eine Jahrhundertreise zusammen. Drei Wochen vor der geplanten Abreise verlieren Sie Ihren Job. Würden Sie

- den Urlaub stornieren,
- eine wesentlich bescheidenere Reise machen,
- die Reise wie geplant antreten, mit der Begründung, dass Sie eine Auszeit brauchen, um sich auf die Jobsuche vorzubereiten, oder
- Ihren Urlaub verlängern, weil das Ihre letzte Chance sein könnte, First Class zu fliegen?

Die Rutgers University hat ein fünfminütiges Online-Quiz mit 20 Fragen entwickelt (http://njaes.rutgers.edu/money/riskquiz), das Ihnen bei der Bestimmung Ihrer Risikotoleranz helfen kann. Aber die wahre Antwort liegt in Ihrem Bauchgefühl. In den letzten 30 Jahren habe ich im Rahmen meiner Wealth-Mastery-Seminare mit Teilnehmern aus mehr als 100 Ländern daran gearbeitet, ihr finanzielles Leben mithilfe eines viertägigen Intensivseminars zu verändern. In diesen Seminaren spiele ich gerne ein Spiel mit den Teilnehmern, das »Money Pass« heißt und folgendermaßen funktioniert: Ich bitte die Teilnehmer, untereinander »mit Geld zu handeln«. Das ist alles, was ich sage. Üblicherweise folgen darauf einige Minuten verwirrter Stille und dann fangen die Teilnehmer an, miteinander zu handeln. Einige ziehen einen Dollar hervor, andere einen 20-Dollar-Schein und wieder andere einen 100-Dollar-Schein. Sie können sich vorstellen, was passiert. Die Menschen gehen herum, sehen sich an und entscheiden, wie sie miteinander Tauschgeschäfte machen wollen. Einige handeln, andere geben ihr ganzes Geld weg und wieder andere nehmen den 100-Dollar-Schein eines anderen und geben ihm dafür 1 Dollar. Sie können sich das erstaunte Gesicht desjenigen vorstellen, der 1 Dollar für 100 Dollar erhielt. Nach drei bis vier Minuten bitte ich die Teilnehmer, sich zu setzen und dann gehe ich zum nächsten Thema über.

Kurze Zeit später kommt unweigerlich der Moment, in dem irgendein Teilnehmer ruft: »Ich will meine 100 Dollar zurück!« Und ich sage, »Wer sagt, dass es Ihre hundert waren?«, woraufhin der Teilnehmer antwortet, »Wir haben doch nur gespielt.« Und ich erwidere: »Ja. Aber was veranlasst Sie zu der Annahme, dass das Spiel vorüber sei?« Üblicherweise ernte ich einen verwirrten Blick der betroffenen Person, die über den Verlust der 100 Dollar frustriert ist. Und schließlich dämmert es den Teilnehmern: Ihre Selbstwahrnehmung über ihre Risikotoleranz und ihre echte Risikotoleranz sind zwei völlig verschiedene Paar Schuhe. Der betroffene Teilnehmer hält sich vielleicht für risikotolerant, regt sich aber über den Verlust von 100 Dollar auf. Das beeindruckt mich immer wieder. Stellen Sie sich vor, Sie würden 10.000, 100.000 oder sogar 500.000 Dollar verlieren. Das kann aggressiven Investoren in relativ kurzer Zeit passieren. Die Menschen kennen ihre wahre Risikotoleranz nicht, bis sie tatsächlich einen herben Verlust erlitten haben.

Ich habe grauenvolle Verluste erlitten – millionenschwere Einbußen, die mich in einer Lebensphase ereilten, als ich mir solche Verluste gar nicht leisten konnte; als die Verluste höher waren als mein Vermögen. Solche Nervenproben rütteln einen auf! Dabei kommt es nicht auf die schieren Zahlen an. Auch ein Verlust von 100 oder 1000 Dollar kann Sie umhauen. Der Verlustschmerz ist weitaus größer als die Freude, die ein Sieg bereiten kann. Aus diesem Grund ist es großartig, ein wirklich wetterfestes Portfolio zu besitzen, weil Sie allein mit der Vermögensaufteilung das Risiko großer Verluste deutlich senken können.

So wie uns die Wissenschaft zeigt, dass wir darauf programmiert sind, Verluste zu scheuen, wie der Teufel das Weihwasser, zeigt sie auch, dass Menschen ihr Gewinnpotenzial nicht richtig einschätzen. Nach einer erfolgreichen Investition kann es passieren, dass Sie denken: »Hey, ich bin gut darin; ich kann einfach alles!« Es liegt in der menschlichen Natur, zu denken, Sie könnten das System schlagen. Das bezeichnen Psychologen als »motivationsbedingte Verzerrung«. Die meisten von uns glauben, dass sie Muster besser vorhersagen können und mehr Glück haben, als es tatsächlich der Fall ist. Wie sonst erklärt sich, dass so viele Menschen Lotto spielen? Eine Studie der Universität von Stockholm aus dem Jahr 1981 ergab, dass 93 Prozent der amerikanischen Autofahrer ihre Fahrkompetenzen für überdurchschnittlich hielten. Für dieses Phänomen gibt es sogar einen Namen: »der Lake-Wobegon-Effekt«, der auf das gleichnamige fiktive Dorf aus den Geschichten des Autors Garrison Keillor anspielt, in dem »alle Frauen stark, alle Männer gut aussehend, und alle Kinder überdurchschnittlich sind«. Hey, wer hält sich nicht für überdurchschnittlich! Was Geldanlagen betrifft, kann die Selbsttäuschung, man sei besser als alle anderen, allerdings den finanziellen Tod bedeuten.

Wenn die Märkte steigen und steigen, lassen sich Anleger leicht von immer höheren Renditen zur Verwechslung zwischen *möglichem* Wachstum und *wahrscheinlichem* Wachstum verführen. Und das bringt sie irgendwann in Schwierigkeiten. Als Folge stecken sie ihr gesamtes Geld in Investitionen, die in die Kategorie Risiko-Wachstum fallen. Manche leihen sich sogar zusätzliches Geld, um in Vermögenswerte investieren zu können, deren Wert ihrer Überzeugung nach ins Unermessliche steigen wird – bis die Party plötzlich zu Ende ist. Wegen ihrer schlechten, weil unausgewogenen Portfoliostruktur, mit der sie zu viel Geld auf ein einziges Pferd setzen, verlieren sie am Ende alles oder enden womöglich sogar mit Schulden. Das passiert, weil die Blase zu dem Zeitpunkt, an dem es sich unter den Kleinanlegern herumgesprochen hat, dass der Aktienmarkt (oder Gold, Immobilien, Rohstoffe oder jede andere Assetklasse) boomt, meistens schon kurz vor dem Platzen ist. Sie müssen also ein System einrichten, das gewährleistet, dass Sie sich nicht dazu verleiten lassen, alles auf eine vermeintliche Trumpfkarte zu setzen beziehungsweise zu viel Geld in riskante Anlagen zu investieren.

All das mag nach Binsenweisheiten klingen, vor allem in den Ohren erfahrener Anleger, die meinen, sie hätten alles im Blick. Manchmal sind es allerdings gerade die sehr erfolgreichen Investoren, deren Erfolgssträhne sie auf die falsche Fährte geraten lässt: Sie vergessen die Grundprinzipien.

Natürlich wird es immer Investoren geben, die keinen rationalen Argumenten zugänglich sind und sich von ihrem »irrationalen Überschwang« davontragen lassen. Sie reden sich eines der größten Mythen der Finanzwelt ein: **»Dieses Mal ist alles anders.«** Ich kenne Dutzende solcher Geschichten, die alles andere, als ein Happy End gefunden haben. Nehmen Sie Jonathan (Name geändert), der mit seinen Geschäften ein Vermögen verdient und dann alles verkauft hat, um in den boomenden Immobilienmarkt von Las Vegas zu investieren. Zunächst realisierte er einige Gewinne, und das verleitete ihn dazu, mehr zu wagen und hohe Kredite aufzunehmen, um weitere Eigentumskomplexe zu bauen. Immer wenn Jonathan an meinen Seminaren teilnahm, hörte er von der Bedeutung, einen Teil der Gewinne in sichere Geldanlagen zu investieren, anstatt sein ganzes Vermögen auf eine Karte zu setzen, egal wie verführerisch die Renditen winkten. Nach seinen eigenen Worten verdankt er mir und meinem Business-Mastery-Programm das Wachstum seines Geschäftes um mehr als 1.000 Prozent, das all diese Investitionen ermöglichte. Mit dem Verkauf seines Unternehmens verdiente er mehr als 150 Millionen Dollar. Aber er hörte nicht zu, als es darum ging, einen Teil des Geldes in sichere Geldanlagen zu investieren, und für dieses Versäumnis musste er einen hohen Preis bezahlen. Heute erkennt er an, dass er Opfer seines Egos wurde. Er wollte unbedingt Milliardär werden und wusste, dass er sich auf dem besten Wege befand, dieses Ziel zu erreichen. Erinnern Sie sich, was passierte, als der Immobilienmarkt in Las Vegas kollabierte? Die Immobilienpreise brachen zwischen 2007 und 2012 um rund 61 Prozent ein. Jonathan verlor nicht nur sein gesamtes Vermögen; er verlor außerdem eine halbe Milliarde Dollar, die er gar nicht besaß.

»Interessant ist hier der Punkt, an dem sie sich teilen.«

Wenn es irgendeine Lektion gibt, die Sie aus diesem Kapitel mitnehmen sollten, dann diese: Das gesamte Vermögen in riskante Anlagen zu investieren, ist Ihr sicheres Todesurteil. Aus diesem Grund schätzen zahlreiche Experten, dass 95 Prozent der Anleger in praktisch jeder Dekade Geld verlieren. Typischerweise reiten sie auf der steigenden Welle (Immobilien,

Aktien, Gold), und wenn sich diese in der Brandung überschlägt, gehen sie unter wie ein Stein und ertrinken in ihren Verlusten.

Einige Menschen sind einfach beratungsresistent. Sie müssen sich eine blutige Nase holen. Um diese schmerzhaften Lektionen zu vermeiden und Ihnen bei der Entscheidung zu helfen, welche Optionen für Sie die richtigen sind, muss ich Sie daran erinnern, dass ein unabhängiger Investmentmanager, der frei von Interessenskonflikten ist, die richtige Wahl sein kann. Profisportler haben auf der Höhe ihrer Karriere immer einen Coach. Warum? Weil ein Coach merkt, wenn ein Spieler vom Kurs abkommt. Ein unabhängiger, kompetenter Finanzberater kann Ihnen dabei helfen, kleine Anpassungen vorzunehmen, die sich in barer Münze auszahlen. Gute treuhänderisch arbeitende Berater halten Sie auf Kurs, wenn Sie beginnen, übermütig zu werden und fantastischen Renditen nachzujagen. Sie können Sie am Rockzipfel zurückziehen, wenn Sie kurz davor sind, sich mit einer verhängnisvollen Entscheidung ins Verderben zu stürzen.

Wählen Sie eine Zahl, irgendeine Zahl ...

Nun ist der Augenblick der Wahrheit gekommen! Nehmen wir an, Sie hätten einen Bonus von 10.000 Dollar erhalten (oder hätten 100.000, 200.000, 500.000 oder 1 Million Dollar oder sogar mehr angehäuft) und beschlossen, Ihr gesamtes Vermögen zu investieren. Nach allem, was Sie bisher wissen, wie würden Sie es aufteilen? Wie lautet Ihre neue Investmentphilosophie? Welchen Prozentsatz Ihres Vermögens lassen Sie in einer sicheren Umgebung langsam, aber stetig wachsen, und welchen Prozentsatz sind Sie bereit zu riskieren, um ein potenziell höheres Wachstum zu erzielen?

Wahrscheinlich haben Sie von der alten Faustregel gehört (die Bogle als »grobe Methode« bezeichnet): Investieren Sie Ihr Lebensalter in Prozent in Anleihen. Den Rest sollten Sie in Aktien investieren. Wenn Sie 40 Jahre alt sind, sollten Sie 60 Prozent in Aktien (Risiko-Wachstum) und 40 Prozent in Anleihen (Sicherheit) investieren. Mit 60 verkehren sich die Prozentsätze ins Gegenteil. Heute ist diese Faustregel jedoch überholt, weil die Realität eine andere ist. Die Volatilität sowohl von Aktien als auch Anleihen hat zugenommen und die Lebenserwartung ist gestiegen.

Wie sieht es bei Ihnen aus? Würden Sie lieber aggressiver investieren wie David Swensen? Also 30 Prozent sicher und 70 Prozent riskant? Können Sie sich diese Aufteilung wirklich leisten? Haben Sie genug Bargeld? Haben Sie genug Zeit? Sind Sie jung genug? Oder sollten Sie lieber etwas konservativer investieren, zum Beispiel im Verhältnis von 40/60 wie die meisten Pensionsfonds? Oder ist 50/50 eher das Richtige für Sie? Gehen Sie auf das Rentenalter zu? Dann wollen Sie vielleicht 80 Prozent in sichere und 20 Prozent in riskantere Anlagen investieren. Es kommt nicht darauf an, was alle machen, sondern was Ihren individuellen Bedürfnissen und Wünschen entspricht.

Das ist eine derart persönliche Entscheidung, dass selbst die glänzendsten Sterne am Finanzhimmel gelegentlich lange nachdenken müssen, um herauszufinden, was für sie und ihre Familien am besten ist. Als ich mit Mary Callahan Erdoes von J.P. Morgan sprach, fragte ich sie, welche Kriterien sie bei der Vermögensaufteilung anwenden und welches Portfolio sie für ihre Kinder zusammenstellen würde.

»Ich habe drei Töchter in unterschiedlichem Alter«, antwortete sie. »Sie haben unterschiedliche Fähigkeiten und die werden sich im Verlauf der Zeit verändern, aber ich weiß nicht, wie. Eine wird vielleicht verschwenderischer sein als die andere. Eine möchte später vielleicht in einer Branche arbeiten, in der sie viel Geld verdienen kann. Die andere ist vielleicht philanthropisch veranlagt. Einer widerfährt möglicherweise ein Schicksalsschlag, oder sie wird krank. Eine heiratet vielleicht, eine andere bleibt Single; eine bekommt Kinder, die andere vielleicht nicht. Jede einzelne Kombination an Faktoren wird sich im Verlauf der Zeit verändern. Aus diesem Grund müsste ich die Portfoliostruktur wiederholt anpassen, selbst wenn ich für jede meiner Töchter vom Tag ihrer Geburt an ein Portfolio eingerichtet hätte. Man hat keine perfekte Vermögensaufteilung, wenn sie nicht perfekt auf die jeweilige Person abgestimmt ist. Und wenn eine meiner Töchter irgendwann zu mir kommt und sagt, ›Ich will nichts anderes als Schatzbriefe, damit ich nachts gut schlafen kann‹, dann ist das vielleicht das Beste für sie. Warum sollte ich ihr Stress bereiten, indem ich die Hälfte des Portfolios in Aktien investiere, wenn diese Entscheidung sie unglücklich macht?«

»Worin besteht der Zweck des Investierens?«, fragte ich. »Geht es nicht darum sicherzustellen, dass wir und unsere Familien wirtschaftliche Freiheit genießen?«

»Das stimmt, und zwar, um zu tun und zu lassen, was man möchte«, antwortete Callahan Erdoes. »Aber nicht auf Kosten von Stress, Belastung und Unbehagen, was mit einem schlechten Marktumfeld einhergeht.«

Wie lautet die Lektion, die wir von einer der besten Finanzstrateginnen der Welt lernen können? Noch wichtiger als der Vermögensaufbau an sich ist, den Aufbau so zu gestalten, dass Sie Ihren Seelenfrieden nicht riskieren.

Was bedeutet das in Ihrem persönlichen Fall? Machen Sie Ihre persönliche Rechnung auf, und zwar ganz realistisch! Fühlen Sie sich mit den Prozentsätzen wohl? Betrachten Sie sie von allen Seiten, stellen Sie sie sich leibhaftig vor, machen Sie sie sich zu eigen! Denn diese Prozentsätze sind der Schlüssel zu Ihrer Seelenruhe und Ihrer finanziellen Zukunft.

Fertig?

Okay! Sie haben soeben die wichtigste Investmententscheidung Ihres Lebens getroffen. Und sobald Sie wissen, wie Sie Ihr Vermögen in die zwei grundlegenden Kategorien aufteilen, rühren Sie diese Verteilung nicht mehr an, bis Sie in eine neue Lebensphase eintreten oder sich Ihre Lebensumstände dramatisch verändern. Sie müssen sich daran halten und dafür sorgen, dass Ihr Portfolio diese Aufteilung beständig widerspiegelt. Wie Sie das machen, zeige ich Ihnen in einem der nachfolgenden Kapitel.

Machen Sie sich immer noch Sorgen über die richtige Entscheidung? Denken Sie daran, dass Sie einen unabhängigen Berater an Ihrer Seite haben, der Ihnen dabei hilft. Außerdem brauchen Sie keine Zehntausende, Hunderttausende oder Millionen von Dollar, um zu beginnen. Mit den heutigen kostenlosen Online-Services können Sie mit ganz geringen Summen starten.

Übrigens bin ich noch nicht fertig! Es gibt Wege zur Steigerung Ihrer Renditen innerhalb der zwei großen Kategorien Sicherheit und Risiko-Wachstum, und darüber werden wir im Folgenden sprechen.

Nun, da Sie diese Prinzipien verstehen und entschieden haben, wie viel Sie in jeden dieser beiden Töpfe stecken wollen, verrate ich Ihnen die beste Nachricht von allen: Nachdem ich mit 50 der erfolgreichsten Investoren, der cleversten Finanzstrategen der Welt, gesprochen hatte, habe ich die Methoden entdeckt, mit denen Sie bei größtmöglichem Kapitalschutz hohe Renditen erzielen können. Der wichtigste Rat, den mir jeder

Investor auf den Weg gegeben hat, lautet: »Keine Verluste!« Für viele Anleger bedeutet das jedoch, sich mit den mittelmäßigen Renditen sicherer Anlagen zu bescheiden. Noch ein wenig Geduld, und ich werde ich Ihnen erklären, wie Sie Ihre Renditechancen verbessern können, ohne Verluste zu riskieren; wie Sie erhebliche Gewinne realisieren können, ohne große Risiken einzugehen. Ich weiß, das klingt verrückt, aber es ist wahr und es ist aufregend und spannend.

Im nächsten Kapitel werde ich Ihnen den dritten Investitionstopf vorstellen, über den wir noch gar nicht gesprochen haben. Sie werden ihn lieben, weil er Spaß macht, inspiriert und Ihnen nicht erst in Jahrzehnten, sondern schon heute eine höhere Lebensqualität bieten kann. Wir wollen nun entdecken, was in Ihren ganz persönlichen Traumfonds gehört.

David Swensen spezifizierte zwar den Prozentsatz, den er pro Assetklasse in Indexfonds investiert, aber er nannte keine spezifischen Indizes, die die jeweiligen Assetklassen repräsentieren. Unabhängige Analysten verwendeten die folgenden Indizes unter der Annahme, dass das Portfolio quartalsweise umgeschichtet wird. Denken Sie daran, dass die Ergebnisse der Vergangenheit kein Garant sind für die zukünftige Performance. Stattdessen nenne ich Ihnen hier historische Daten, um die zugrundeliegenden Prinzipien zu diskutieren und zu illustrieren.

20 % Wilshire 5000 Total Mkt TR USD
20 % FTSE NAREIT All REITs TR
20 % MSCI ACWI Ex USA GR USD
15 % Barclays US Long Credit TR USD
15 % Barclays US Treasury US TIPS TR USD
10 % MSCI EM PR USD

Kapitel 22
Ihr ganz persönlicher Traumfonds

Wenn du aufhörst zu träumen, hörst du auf zu leben.
MALCOLM FORBES

Was ist ein Traumfonds? Das ist der Topf, in dem Sie etwas für sich und Ihre Familie beiseitelegen, damit Sie das Leben genießen können, während Sie ein Vermögen bilden. Das ist etwas für heute und nicht für morgen! Ihr Traumfonds soll Spaß bringen und Ihr Leben bunter machen, damit Sie noch mehr verdienen und noch mehr soziale Beiträge leisten können. Betrachten Sie die Dinge, für die Sie in diesem Topf sparen, als strategischen Lustgewinn.

Was würde Ihnen hier und jetzt großen Spaß machen? Vielleicht würden Sie sich die Manolo Blahniks kaufen, nach denen Sie schon immer sehnsüchtig geschielt haben, oder Eintrittskarten für das Halbfinale der Champions League. Oder eine VIP-Tour durch Disneyland für Ihre Kinder. Oder Sie könnten für noch größere Träume sparen: Saisontickets für die Bundesligaspiele, eine Reise in die Berge im Sommer oder einen Ski- oder Snowboarding-Urlaub im Winter. Ein neues Auto – vielleicht eines, das kein »vernünftiges Familienauto« ist, zum Beispiel ein schickes Cabrio oder ein Mustang. Oder eine Ferienwohnung oder ein Ferienhaus.

Ich kenne einen Millionär, der immer Touristenklasse flog, weil er gerne sparte. Seine Frau beschwerte sich: »Wir haben so viel Geld. Warum können wir es nicht genießen?« Das war ein ständiges Streitthema zwischen beiden, weil sie so viele Geschäftsreisen unternahmen. Nachdem er mein Wealth-Mastery-Seminar besucht hatte, beschloss er, seinen Traumfonds dazu zu verwenden, Business Class zu fliegen, wenn er mit seiner Familie reiste. Dabei entdeckte er, dass das seine Reisen nicht nur komfortabler machte, sondern auch (und das ist noch viel wichtiger) die häusliche Stimmung verbesserte. Gute Entscheidung! Vielleicht wird er sich eines Tages überlegen, einen Privatjet zu chartern, anstatt mit regulären Fluggesellschaften zu fliegen. Womöglich ist das gar nicht so teuer, wie er meint.

Viele Leute haben Geld, aber keinen besonderen Lebensstil. Sie verbringen ihre Zeit damit, zuzusehen, wie das Bankkonto wächst, und verpassen dabei jede Gelegenheit, Spaß und Freude zu erleben und mit anderen zu teilen.

Ich erinnere mich, dass meine Vorstellung von einem Traum bei meinen ersten renditeträchtigen Investitionen zu Beginn meiner Laufbahn darin bestand, mir zwei neue Anzüge zu kaufen, weil sie in einem kaufhausähnlichen Geschäft heruntergesetzt waren. Oder vielleicht Urlaub auf Hawaii zu machen. Das war damals für mich ein unglaublicher Luxus!

Wenn Ihre Träume nicht darauf ausgelegt sind, Ihnen einen finanziellen Nutzen zu bescheren, sondern darauf, Ihnen eine höhere Lebensqualität zu bieten, müssen Sie auch hier eine gewisse Disziplin üben.

Wenn Sie Ihr gesamtes Geld in den Traumfonds stecken, werden Sie wahrscheinlich pleite gehen, so wie Willie Nelson. Auch hier ist die Balance wichtig. Und die Gewinne, die Sie mit Ihrem Traumfonds erzielen, sind nicht nur für Sie selbst; die schönste Freude ist die, die Sie anderen bescheren.

Träume sind die Ecksteine unseres Charakters.
HENRY DAVID THOREAU

Vielleicht sind Sie so geartet wie ich und machen einfach gerne Geschenke. Die besten Geschenke sind zudem die unerwarteten.

Meine Mutter hatte nie Geld, als sie jung war, und als Familie mussten wir immer kämpfen. Wir lebten in einem billigen Haus im Osten von Los Angeles, wo uns der beinahe tägliche Smogalarm in den Nachrichten ermahnte, möglichst im Haus zu bleiben.

Eines Tages, nachdem mein Unternehmen erste Erfolge zeitigte, bat ich meine Mutter, mich bei der Besichtigung eines Hauses in einer Eigentümeranlage am Strand von Huntington Beach zu begleiten, das ich eventuell kaufen wollte. Ich spazierte mit ihr durch die Räume und zeigte ihr den großartigen Meerblick. Anschließend gingen wir hinunter an den Strand und atmeten die salzige Luft ein.

»Dieser Ort gefällt mir wahnsinnig gut, aber ich möchte deine Meinung hören«, sagte ich ihr. »Was meinst du?«

»Machst du Witze?«, fragte sie mich. »Dieser Platz ist toll! Kannst du dir vorstellen, wo wir herkommen, und nun wirst du hier leben?«

»Du findest also, dass dies der richtige Ort ist, Mom?«

»Oh, er ist unglaublich!«

Dann überreichte ich ihr die Schlüssel.

»Was soll das?«, fragte sie.

»Das Haus gehört dir, Mom.«

Ich werde nie ihren erstaunten Blick und die anschließenden Freudentränen vergessen. Meine Mutter ist inzwischen verstorben, aber ich erinnere mich immer noch lebhaft an diesen Moment, der zu den schönsten meines Lebens gehört.

Sie können das auch, und Sie müssen damit nicht warten. Sie können sich Ihre Träume erfüllen. Wenn Sie es wirklich wollen, werden Sie einen Weg finden.

Kurz nachdem ich meiner Mutter das Haus geschenkt hatte, traf ich mich mit einer Gruppe von Fünftklässlern aus einem armen Viertel in einer Schule in Houston, Texas. Die meisten waren davon überzeugt, dass sie nie aufs College gehen würden. Also beschloss ich auf der Stelle, einen Pakt mit ihnen zu schließen. Ich würde jedem von ihnen eine vierjährige College-Ausbildung finanzieren, wenn sie einen bestimmten Notenschnitt halten und sich von Problemen fernhalten würden. Ich machte ihnen klar, dass jeder mit einem klaren Fokus überdurchschnittlich sein könnte, und ich würde ihnen als Mentor dienen. Dafür legte ich eine Reihe von Kriterien fest: keine Straftaten, keine Schwangerschaft vor Schulabschluss. Und vor allem würden sie jedes Jahr 20 Stunden in ihrer Gemeinde irgendeine ehrenamtliche Tätigkeit ausüben. Warum dieses Kriterium? Eine College-Ausbildung ist eine tolle Sache, aber noch wichtiger war mir, dass sie lernten, dass sie im Leben auch etwas geben mussten und nicht nur nehmen konnten. Ich hatte keine Idee, wie ich das langfristig finanzieren sollte, aber mir war es völlig ernst, sodass ich einen rechtlich verbindlichen Vertrag unterschrieb, in dem ich mich verpflichtete, die Mittel zur Verfügung zu stellen. Es ist witzig, wie motivierend es sein kann, wenn Sie keine andere Wahl haben, als nach vorne zu blicken und sich zu bewegen. Ich sage immer, wenn Sie eine neue Insel erobern wollen, müssen Sie die Boote verbrennen! Also unterschrieb ich diese Verträge. Dreiundzwanzig Kinder arbeiteten mit mir von der fünften Klasse bis zum College. Mehrere hängten anschließend ein

Graduiertenstudium an, einige besuchten anschließend sogar eine Law School! Ich nenne sie meine Champions. Heute sind sie Sozialarbeiter, Unternehmer und Eltern. Vor wenigen Jahren trafen wir uns, und ich hörte all die großartigen Geschichten darüber, wie die Erfahrung, in jungen Jahren der Gesellschaft etwas zu geben, ihr Verhaltensmuster für den Rest des Lebens geprägt hatte; wie das in ihnen die Überzeugung gefestigt hatte, dass sie einen echten Wert im Leben hatten; wie viel Freude es ihnen bereitete, anderen etwas zu geben, und wie viele von ihnen dasselbe heute ihren Kindern vermitteln.

Ich erzähle Ihnen das, weil Sie nicht warten müssen, bis Sie an dem Punkt angelangt sind, an dem Sie sich alle Ihre Träume ohne Einschränkungen erfüllen können. Sie machen es einfach und finden einen Weg. Und dann wird die Gnade einen Weg finden, Ihnen auf halbem Weg entgegenzukommen. **Diese Gnade wird Ihnen zuteil, wenn Sie sich überzeugt für etwas engagieren, das mehr Menschen dient, als nur Ihnen persönlich.** Einige bezeichnen das als Glück oder Zufall. Ich überlasse es Ihnen, was Sie glauben wollen. Sie sollten nur wissen, dass Sie eine grenzenlose Belohnung erfahren, wenn Sie von ganzem Herzen geben. Ich glaube wirklich daran, dass das Motiv wichtig ist. Aber das heißt nicht, dass Sie von Ihren philanthropischen Aktivitäten nicht auch profitieren können, oder?

Wenn Sie einen Weg finden, einen größeren Mehrwert für andere zu erzielen als alle anderen, können Sie damit nebenbei selber reich werden. **Der Schlüssel zur Bildung von Vermögen besteht darin, dass Sie Ihrer Kreativität freien Lauf lassen** und sich überlegen, auf welche Weise Sie für andere Menschen so viel Wert erzeugen können, dass man Sie dafür reich entlohnt. Erinnern Sie sich, dass wir über die Beschleunigung Ihrer Vermögensbildung gesprochen haben und darüber, wie Sie lernen können, möglichst vielen Menschen mit einem Produkt oder einer Leistung zu dienen, die ihnen einen großen Wert bietet? Wir wissen bereits, dass das Leben unterstützt, was mehr Leben unterstützt. Und indem Sie das Leben unterstützen, unterstützen Sie auch sich selber, sodass Sie noch mehr Segen erfahren werden.

Verschaffen Sie sich selber Seelenfrieden. Sie verdienen, glücklich zu sein. Sie verdienen Freude.
HANNAH ARENDT

Mit welchen Investitionen bestücken Sie Ihren Traumfonds? Lassen Sie uns über drei Wege sprechen. Erstens, mit einer unerwarteten Zahlung, zum Beispiel dem Bonus von 10.000 Dollar, über den wir zuvor gesprochen haben. Oder mit einem Teil eines außergewöhnlich hohen Gewinns, den Sie mit Ihren riskanten, aber renditestarken Geldanlagen erzielt haben. So wie im Kasino von Las Vegas gilt auch hier, dass man gelegentlich etwas Risiko wegnehmen muss. Einen Ansatz, den viele meiner Studenten verwenden, besteht darin, diese Gewinne zu entnehmen, zu portionieren und sie in festen Proportionen zu reinvestieren – sagen wir, ein Drittel in sichere Geldanlagen, ein Drittel in renditestarke Anlagen und ein Drittel in Ihren Traumfonds.

Indem Sie ein Drittel der Gewinne, die Sie mit Ihren riskanteren, aber renditeträchtigen Investitionen erzielt haben, in sichere Geldanlagen investieren, können Sie das Wachstum Ihrer sichersten Investitionen beschleunigen und damit Ihre innere Ruhe stärken. Indem Sie ein Drittel der Gewinne in renditestarke Anlagen reinvestieren, gehen Sie weiterhin gewisse Risiken ein, um Ihre Gewinnchancen zu erhöhen, aber Sie riskieren dabei nur Gelder, die aus bereits erzielten Gewinnen stammen. Und indem Sie das letzte Drittel in Ihre Traumerfüllung investieren, erzeugen Sie einen Jackpot, den Sie schon heute knacken können. All das wird Sie anregen und in freudige Spannung versetzen, sodass Sie vermutlich noch mehr verdienen, noch mehr sparen und noch effektiver investieren wollen – wegen der Früchte, die Sie schon heute und nicht erst in der Zukunft ernten können.

Der dritte Weg, um in Ihren Traumfonds zu investieren, besteht darin, einen festen Prozentsatz Ihres Einkommens so lange fest anzusparen, bis Sie sich Ihre Träume erfüllen können – ob es sich dabei um Ihr erstes Haus, ein Auto, einen Urlaub oder diese kleinen Spielereien handelt, die das Leben versüßen. Aber entnehmen Sie dafür auf keinen Fall Geld aus dem Freiheitsfonds! Der Freiheitsfonds ist heilig und unantastbar! Sie können aber nach Wegen suchen, um die Beträge zu erhöhen, die Sie in den Freiheitsfonds *und* Ihren Traumfonds investieren. Hier eine kurze Erinnerung aus den Kapiteln 15 bis 19, in denen ich Ihnen Möglichkeiten vorgestellt habe, den Vermögensaufbau zu beschleunigen:

- Sparen Sie mehr und investieren Sie das zusätzlich gesparte Geld.
- Steigern Sie Ihr Einkommen und investieren Sie das zusätzliche Geld.

- Senken Sie die Gebühren und Steuern und investieren Sie das eingesparte Geld.
- Erzielen Sie höhere Renditen.
- Ändern Sie Ihren Lebensstil.

Einen Teil dieser zusätzlich erzielten Beträge investieren Sie in Ihre Zukunft und mit einem Teil erfüllen Sie sich heute oder in der nahen Zukunft einen Traum.

Mit welcher Strategie wollen Sie Ihren Traumfonds bestücken? Wollen Sie auf einen Bonus warten oder einen Treffer an der Börse? Wollen Sie, wie meine Freundin Angela, einen bestimmten Prozentsatz abzweigen? Angela glaubte zunächst, sie könne kein Geld entbehren, um es für ihre finanzielle Freiheit zu sparen. Nachdem sie sich durch dieses Buch gearbeitet hatte, erkannte sie, dass sie mit einem Umzug nach Florida so viel Steuern sparen konnte, dass sie 10 Prozent ihres Einkommens in ihren Freiheitsfonds und darüber hinaus zusätzliche 8 Prozent in ihre Traumerfüllung investieren konnte. Die Steuerersparnis machte es möglich. Ist das nicht cool? Zur Krönung lebt sie nun in einem angenehmeren Klima! Angela nahm ihre Konten unter die Lupe und fand weitere Möglichkeiten, Steuern zu sparen, um zusätzliche 2 Prozent in ihren Freiheitsfonds zu investieren, sodass sie nun abgesehen von den 8 Prozent, die sie für ihre Traumerfüllung sparte, weitere 12 Prozent mehr investiert.

Hätte ihr jemand am Anfang gesagt, sie würde eine Möglichkeit finden, 20 Prozent zu sparen, hätte sie denjenigen für verrückt erklärt. Inzwischen hat sie nicht nur ihre Zukunft gesichert, sondern spart auch für einige Traumziele in der nahen Zukunft, die ihr wichtig sind, wie zum Beispiel eine Trekkingtour im Himalaja und eine Ozeanüberquerung im Ruderboot. Angela ist Anthropologin und hat immer davon geträumt, Zeit mit der berühmten Steinzeitforscherin Louise Leakey in ihrem Institut in Kenia zu verbringen. Sie hatte sogar eine Einladung. Es mangelt ihr momentan nur am nötigen Geld. Aber wenn sie sich an ihren soliden Spar- und Investitionsplan hält, wird sie es schaffen. Ist es nicht cool, finanzielle Sicherheit zu genießen und gleichzeitig ein Leben voller Abenteuer zu leben? Erinnern Sie sich an die Strategie *Save More Tomorrow*? Sie können beschließen, zum Beispiel 3 Prozent Ihrer nächsten Gehaltserhöhung in Ihren Freiheitsfonds und vielleicht 1,5 bis 2 Prozent in Ihren Traumfonds zu investieren – vor allem, wenn Sie Träume haben, die Ihnen hier und jetzt wichtig sind, zum Beispiel für die Anzahlung eines Hauses oder eine besondere Reise zu sparen. Es gibt so viele Wege, das zu tun!

Ich will Ihnen ein Geheimnis verraten: Das Wichtigste ist, eine Liste Ihrer Träume zu erstellen. Ordnen Sie sie nach ihrer Bedeutung, Größe und ihrem Zeithorizont. Schreiben Sie auf, warum Sie sich diese Träume erfüllen wollen. Ich habe festgestellt, dass es nicht funktioniert, wenn Sie versuchen, sich auf einen Prozentsatz festzulegen, den Sie sparen wollen, ohne aber ein klares Ziel vor Augen zu haben. Das Geheimnis besteht darin zu wissen, was Sie wirklich wollen und warum, und dies dann in eine brennende Leidenschaft zu verwandeln. Plötzlich setzen Sie Kreativität frei und finden neue Wege, mehr zu verdienen, mehr zu sparen, einen größeren Mehrwert zu generieren oder Ihren Lebensstil so zu verändern, dass Sie sich schon heute einige Träume erfüllen können, und nicht erst in ferner Zukunft. Das ist der Schlüssel zu allem.

Die Entscheidung müssen Sie aber heute treffen! Nehmen Sie sich jetzt gleich einen Moment Zeit und erstellen Sie eine Liste Ihrer Träume. Schreiben Sie sie auf, damit sie reale Gestalt annehmen. Wie viel sind Sie bereit dafür zu sparen? Lassen Sie sich von Ihrer Begeisterung leiten und legen Sie los!

Jeder große Traum beginnt mit einem Träumer.
HARRIET TUBMAN

Was meinen Sie, wie hoch der Prozentsatz sein wird, den Sie in Ihren Traumfonds investieren sollten? Das muss nicht viel sein – vielleicht nur 5 oder 10 Prozent. Aber vergessen Sie nicht, sich selbst zu belohnen. Zwar ist es wichtig, dass Ihr Geld sicher angelegt ist und wächst, aber auch der Spaß und das Geben sollten nicht zu kurz kommen, damit Sie auf Ihrem Weg in die finanzielle Freiheit ein erfülltes Leben führen können. Um nichts anderes geht es. Heben Sie Ihren Traumfonds nicht für »Regentage« auf. Warum nicht hinausgehen und ein paar Sonnenstrahlen einfangen?

Wenn Sie das nicht tun, könnten Sie enden wie ein Paar, von dem mir ein Freund erzählte. Sie sparten und knauserten ihr Leben lang und schließlich beschlossen sie, nun hätten sie genug zusammengespart, um eine fantastische Karibikkreuzfahrt zu unternehmen – ein einwöchiges Inselhopping auf einem dieser gigantischen Kreuzfahrtschiffe. Sie können es sich vorstellen: Das Schiff hatte mehrere Swimmingpools, einen künstlichen Kletterfelsen und Dutzende von Restaurants und Discos. Unser Paar war so aufgeregt, wollte aber trotzdem vorsichtig mit seinem Geld umgehen, da sich beide ihr Leben lang so angestrengt hatten, um für ihren Ruhestand zu sparen. Sie wollten kein Geld für die teuren Mahlzeiten verschwenden, weil die Reise an sich ihnen schon als verschwenderischer Luxus erschien. Um Geld zu sparen, packten sie ihre Koffer voll mit Crackern und Käsepackungen, um während der Kreuzfahrt nicht die teuren Abendessen bezahlen zu müssen.

Das Wetter war perfekt und beide genossen die vielen Aktivitäten an Bord. Doch bei jeder Mahlzeit, als alle anderen schlemmten und sich an einem überbordenden Buffet mit Garnelen, Hummer, Filet, den unterschiedlichsten Desserts und erlesenen Weinen aus aller Welt bedienten, gingen sie in ihre Kabine und knabberten Käsecracker. Es machte ihnen nichts aus. Sie genossen die Reise ihres Lebens und waren auf ihre Sparsamkeit stolz. Am letzten Tag brach jedoch ihre Willenskraft und sie beschlossen, es sich richtig gut gehen zu lassen und im Restaurant zu essen! Dort häuften sie sich die Teller mit all den dargebotenen Köstlichkeiten voll und genossen das beste Abendessen ihres Lebens.

Nach mehreren Desserts und guten Weinen baten sie um die Rechnung. Der erstaunte Kellner fragte: »Welche Rechnung?« Sie antworteten: »Die Rechnung für dieses wunderbare Abendessen, den Wein, die Desserts, eben alles, was wir gerade verzehrt haben.«

Der Kellner fragte ungläubig: »Wussten Sie nicht, dass bei dieser Kreuzfahrt alles inklusive ist?«

Diese Geschichte ist eine gute Metapher. Geben Sie sich nicht mit Käsecrackern zufrieden, sondern nehmen Sie auf Ihrem Weg alles mit, was sich Ihnen bietet.

Und noch eine Erinnerung: Vieles von dem, was uns reich macht, ist kostenlos. Erinnern Sie sich, was Sir John Templeton uns verraten hat: Das Geheimnis des Reichtums ist Dankbarkeit. Es geht nicht allein darum, was wir erreichen oder leisten, sondern, was wir wertschätzen. Es ist nicht allein die Kreuzfahrt, sondern die Dinge, für deren Genuss wir uns die Zeit nehmen. Sie können Freude und Abenteuer in den Menschen finden, die Ihnen nahestehen, in den glänzenden Augen Ihrer Kinder oder den freudigen Gesichtern geliebter Menschen. Wenn Sie sich der Schönheit der Welt öffnen, entdecken Sie überall wahre Schätze. Also geloben

Sie nicht, irgendwann eines Tages aufzuhören zu knausern, tun Sie es heute. Machen Sie sich bewusst, wie viel Glück Sie haben und wie viel Reichtum Sie in Form von Liebe, Freude, Chancen, Gesundheit, Freunden und Familie besitzen. Werden Sie nicht reich, fühlen Sie sich reich.

Bisher haben wir gelernt, unsere Investitionen zwischen verschiedenen Assetklassen und Investitionsformen aufzuteilen und das Geld auf Basis von zwei grundlegenden Kategorien in zwei verschiedene Töpfe zu stecken – den Sicherheitstopf und den Risiko-Wachstums-Topf. Wir haben auch gelernt, dass wir einen Teil des Geldes in unseren Traumfonds investieren sollten, der uns während der Phase des Vermögensaufbaus das Leben versüßt und uns Anreize bietet, mehr für uns selbst und für andere zu tun. Jetzt bleibt uns noch ein abschließendes Kapitel, um drei einfache Fertigkeiten zu erwerben, mit denen Sie Ihre Rendite um 1 bis 2 Prozent pro Jahr steigern können und – was noch wichtiger ist – sicherstellen, dass Sie die Art von Fehler vermeiden, die viele Leute machen, wenn sie versuchen, den besten Handelszeitpunkt zu bestimmen (auch Markttiming genannt). Nun wollen wir von der Macht der Antizipation lernen ...

Kapitel 23
Der richtige Zeitpunkt ist alles?

Wir haben den Feind kennengelernt, und das sind wir selbst.
POGO

Wie lautet das Erfolgsgeheimnis von Anlegern und Komikern?

Das richtige Timing ist alles. Wohlgemerkt, wir sprechen hier von der richtigen Konjunkturlage für jede Assetklasse, nicht vom spekulativen Markttiming im Rahmen eines Handelstages.

Gute Komiker wissen genau, wann der richtige Zeitpunkt für eine Pointe ist. Und clevere Investoren wissen, wann der richtige Zeitpunkt für einen Markteinstieg ist, *außer wenn sie es nicht wissen!* Selbst die Besten der Besten irren sich gelegentlich. Für einen Komiker ist eine falsch gesetzte Pointe peinlich; sie löst einen Moment tödlicher Stille aus und vielleicht wirft man ihm faule Tomaten an den Kopf. Wenn Sie Anleger sind, kann der falsche Zeitpunkt dagegen Ihr Vermögen vernichten. Wir brauchen also eine Lösung, die uns davor bewahrt, uns in ein Nervenbündel zu verwandeln.

Wir haben bereits gesehen, dass Ihnen die Diversifizierung Ihres Portfolios über verschiedene Assetklassen und Märkte in einer schwankungsanfälligen Konjunktur Schutz bieten kann. Haben wir aber nicht alle schon erlebt, dass wir am richtigen Ort waren oder genau das Richtige gemacht haben ... nur zum falschen Zeitpunkt? Was ist, wenn ich auf dem Höhepunkt eines Börsenbooms in Aktien investiere und die Aktienkurse anschließend sinken? Oder wenn ich einen Anleihefonds kaufe und die Zinsen plötzlich steigen? Die Märkte werden immer fluktuieren und wir haben gelernt, dass niemand – und ich meine wirklich niemand – konsistent die zukünftige Entwicklung vorhersagen kann. Wie können wir uns also vor den Marktschwankungen schützen und wirklich erfolgreich investieren?

Die meisten Anleger folgen einer Herdenmentalität, die dazu führt, dass sie mit der Masse auf die Jagd nach Marktgewinnern gehen und vor Verlustbringern weglaufen. Investmentfondsmanager machen das Gleiche. Es liegt in der menschlichen Natur, der Meute zu folgen, um nichts zu verpassen. »Wir lassen uns von Gefühlen leiten und treffen wirklich dumme Investitionsentscheidungen«, erklärte mir Burton Malkiel, Wirtschaftswissenschaftler an der Princeton University. »Dann lassen wir uns dazu verleiten, zum falschen Zeitpunkt in den Markt einzusteigen oder auszusteigen.«

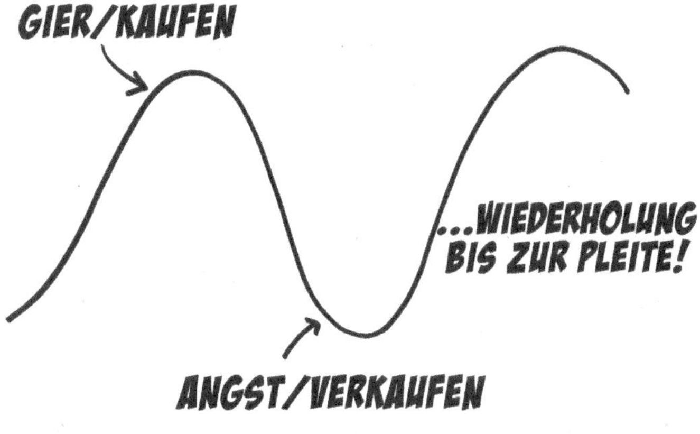

Er erinnerte mich an die Geschehnisse während der Hightech-Blase zur Jahrtausendwende: »Im ersten Quartal 2000, das sich als Höhepunkt der Internetblase herausstellte, floss so viel Geld in den Aktienmarkt, wie noch nie. Und im dritten Quartal 2000, als der Markt einbrach, zogen die Anleger massenweise ihr Geld ab.« Die Anleger, die in Panik alles verkauften, anstatt die Baisse auszusitzen, verpassten einen der größten Marktaufschwünge des Jahrzehnts!« Im dritten Quartal 2008, dem Höhepunkt der Finanzkrise, blutete der Markt förmlich aus. Noch nie flossen so viele Gelder ab«, erklärte Malkiel. »Wir werden Opfer unserer Emotionen, weil wir in Panik handeln.«

Wer hätte das während dieses epischen Erdbebens, das die Finanzmärkte weltweit erschütterte, nicht nachvollziehen können! Im Oktober 2009, nachdem der Aktienmarkt mehr als 2 Billionen Dollar an Wert verloren hatte und Hunderttausende von Amerikanern ihren Arbeitsplatz verloren, rief Matt Lauer, Moderator der NBC-Sendung *Today*, mich an und bat mich, am folgenden Morgen in seiner Sendung darüber zu sprechen, was die Zuschauer zu ihrer persönlichen Krisenbewältigung tun konnten. Ich sagte zu, und als ich im Studio ankam, sagte mir der Produzent: »Okay, Sie haben vier Minuten, um das Land optimistisch zu stimmen.« Ich dachte: »Macht der Witze?«

»Nun, das ist jetzt nicht gerade das, was ich mache«, antwortete ich. »Ich sage ihnen die Wahrheit.« Und genau das tat ich. Ich warnte die Zuschauer in zwei unterschiedlichen Segmenten, dass der Zusammenbruch der Aktienmärkte noch nicht beendet sei und das Schlimmste möglicherweise noch bevorstünde. Wie optimistisch kann sie das stimmen?

»Viele Aktien, die noch kurz vorher 50 Dollar wert waren, kosten nun 5 oder 10 Dollar, und hier die ganze Wahrheit: Einige könnten sogar auf 1 Dollar sinken«, sagte ich. Aber ich sagte den Zuschauern auch, dass sie nicht in Panik geraten, sondern ihre Ängste bekämpfen und sich über Anleger informieren sollten, die in Krisenzeiten erfolgreich investiert haben – so wie Sir John Templeton, der sein Vermögen während der Großen Depression gemacht hat. Ich sagte, wer die Geschichte studiere, wisse auf Basis der Ereignisse in den 1970er- und 1930er-Jahren, dass Aktien, deren Wert auf 1 Dollar geschrumpft war, in kurzer Zeit wieder an Wert gewinnen würden. Vielleicht würden sie für lange Zeit nicht wieder die Marke von 50 Dollar erreichen, aber historisch betrachtet, würden sie in wenigen Monaten auf 5 Dollar klettern. Das ist eine Rendite von 400 Prozent, und das könnte in nur vier Monaten passieren! »Wenn Sie stark bleiben und überlegt handeln und sich der Markt weiter erholt, könnten Sie eine Rendite von 1.000 Prozent und mehr erzielen! Das könnte die größte Investmentchance Ihres Lebens sein!«, sagte ich.

Das war zwar nicht genau die Botschaft, die die Macher der Sendung hören wollten, aber sie stellte sich als zutreffend heraus. Woher ich wusste, dass der Markt weiter fallen würde? Weil ich so brillant war? Wohl kaum. Ich wünschte, ich könnte das von mir behaupten. Die Wahrheit lautete, dass Paul Tudor Jones mich schon ein Jahr vor Ausbruch der Krise vor den dann eintreffenden Ereignissen gewarnt hatte. Er ist eine dieser

Ausnahmeerscheinungen, denen es tatsächlich gelingt, die Marktereignisse ziemlich konstant vorherzusagen. Das ist Teil seines außerordentlichen Erfolgsgeheimnisses, das ihn zu einem der besten Investoren der Geschichte und einer wahren Legende macht. Er sagte den Schwarzen Montag von 1987 voraus, und als alle Welt in Panik geriet, half er seinen Kunden, eine monatliche Rendite von 60 Prozent und eine Jahresrendite von 200 Prozent zu erzielen.

Sie können sich also vorstellen, wie dankbar ich für Pauls Hinweise war! Anfang 2008 sagte er mir, in Kürze würde es einen Aktien- und Immobiliencrash geben. Ich war so besorgt, dass ich meine Platinum Partners kontaktierte – eine exklusive Kundengruppe, mit denen ich drei bis viermal pro Jahr im kleinen Kreis in intensiven Sitzungen zusammenarbeite, um ihre Beziehungen, ihre Geschäfte und Finanzen zu optimieren. Ich berief eine Sonderkonferenz ein und bat alle zu einer Zusammenkunft im April 2008 in Dubai, um sie vor der bevorstehenden Krise zu warnen und ihnen bei den Schutzvorbereitungen zu helfen. Denken Sie daran, Antizipation ist Macht. Mit einem Wissens- und Handlungsvorsprung von vier bis sechs Monaten konnten viele meiner Kunden von einer der schlimmsten Wirtschaftskrisen der Geschichte sogar profitieren.

Sicher, die Aktienpreise brachen im letzten Quartal 2008 ein. Im März 2009 waren die Märkte in einem derart desolaten Zustand, dass die Aktien der Citigroup von ihrem Höchstkurs von 57 Dollar auf 97 Cent fielen. Eine Citigroup-Aktie kostete weniger als eine Geldabhebung an einem ihrer eigenen Bankautomaten!

Wie sollte sich ein Anleger in einer derart außergewöhnlichen Situation verhalten? Wenn Sie an Sir John Templetons Motto – *Die größten Chancen entstehen in Zeiten des größten Pessimismus!* – oder Warren Buffetts Credo – *Sorgen Sie sich, wenn andere gierig sind, und seien Sie gierig, wenn andere sich sorgen!* – glauben, war das ein ausgezeichneter Moment, um echte Schnäppchen zu machen. Warum? Weil der kluge, langfristig orientierte Anleger weiß, dass sich die Zeiten wieder ändern. Der Winter ist die richtige Saison, um zu kaufen – und die ersten Monate des Jahres 2009 waren tiefster Winter! Das ist der Zeitpunkt, an dem sich ein Vermögen verdienen lässt, denn selbst auf den tiefsten Winter folgt unweigerlich der Frühling.

Und wenn Sie sich gefürchtet hätten und meinten, Sie müssten inmitten der Krise verkaufen? Vielleicht sagen Sie: »Tony, und wenn ich 2008 meinen Job verloren und keine andere Einkommensquelle gehabt hätte? Oder die Studiengebühren meiner Kinder fällig geworden wären und mir keine Bank einen Kredit gewährt hätte?« Wenn Sie Ihre Aktien 2008 verkauft hätten, kann ich nur sagen, dass ich Ihre Schmerzen nachempfinden kann, aber ich wünschte, Sie hätten einen anderen Weg finden können, um über die Runden zu kommen. Einzelanleger, die auf der Höhe der Krise verkauften, erhielten eine bittere Lektion. Sie mussten mit schweren Verlusten verkaufen, und falls sie jemals wieder Aktien kaufen werden, dann nie wieder zu derart niedrigen Preisen, denn wie Sie wissen, erholten sich die Märkte wieder.

Mit ansehen zu müssen, wie so viele Menschen in so kurzer Zeit so viel Geld verloren und das Mitgefühl mit ihrem Leid gaben meiner Besessenheit von der Idee Nahrung, der breiten Bevölkerung die wichtigsten Investmentkenntnisse zu vermitteln. Das war buchstäblich der Auslöser für dieses Buch. Außerdem wollte ich wissen, ob sich die gleichen Finanzinformationen, die den Hochfrequenzhandel haben entstehen lassen (bei dem die Investoren wirklich von allen Vorteilen profitieren, ohne Nachteile in Kauf nehmen zu müssen), auf irgendeine Weise auch für den durchschnittlichen Einzelanleger nutzen lassen. Denn Hochfrequenzhändler machen praktisch nie Verluste.

Wie lautet die gute Nachricht? Im nächsten Teil dieses Buches werden Sie erfahren, dass es einen Weg gibt, immer im Markt präsent zu bleiben und dennoch nie Verluste zu erleiden. Denn es gibt Finanzinstrumente – Versicherungsprodukte, um genau zu sein –, bei denen Sie sich keine Gedanken über den richtigen Investitionszeitpunkt machen müssen. Sie verdienen Geld, wenn der Markt steigt und wenn er um 10, 20, 30 oder sogar 50 Prozent sinkt, machen Sie trotzdem keine Verluste (laut Garantien des emittierenden Versicherungsunternehmens). Das klingt zu schön, um wahr zu sein, aber in Wahrheit ist es die ultimative Lösung für Ihren Seelenfrieden. Einstweilen will ich Ihnen drei Instrumente vorstellen, die Ihnen dabei helfen können, zahlreiche Investmentrisiken zu begrenzen und Ihre Renditen in einem traditionellen Anlageformat zu maximieren.

Die Zukunft ist auch nicht mehr das, was sie mal war.
YOGI BERRA

Vorhersagen sind sehr schwierig, vor allem,
wenn es sich um die Zukunft handelt.
NIELS BOHR

Am 2. März 2009 sagte mir Paul Tudor Jones, der Markt habe seinen Tiefpunkt erreicht und die Kurse würden bald wieder steigen. Der Frühling stand vor der Tür. Also tweetete ich:

Das war übrigens das erste Mal, dass ich eine Information über die potenzielle Richtung tweetete, die der Aktienmarkt nehmen würde! Wie sich herausstellen sollte, bestätigten die US-Aktienmärkte die Prognose: Am 9. März erreichten sie ihren Tiefpunkt. Danach begannen sich die Kurse zu erholen und kletterten wieder in die Höhe. Die Citigroup-Aktie die am 9. März 2009 noch 1,05 Dollar kostete, schloss am 27. August desselben

Jahres mit 5 Dollar pro Aktie – ein Anstieg um 400 Prozent![1] Welch unglaubliche Rendite hätten Sie erzielen können, wenn Sie Ihre Ängste bezwungen und gekauft hätten, als alle in Panik aus dem Markt flohen!

Ich würde gerne sagen können, dass das vergangene Marktverhalten Hinweise auf das zukünftige Verhalten des Marktes geben kann, oder dass Paul Tudor Jones oder irgendjemand anderes, den ich kenne, kontinuierlich und zuverlässig diese Marktausschläge vorhersagen kann, aber das ist unmöglich. Auf Basis der Analysen dieser Experten gab ich 2010 in einem Video eine weitere vorsorgliche Warnung über einen möglichen plötzlichen Umschwung ab, als es so aussah, als überhitze sich der Markt und steuere auf eine erneute Marktkorrektur zu. Ich wollte, dass die Anleger eine informierte und bewusste Entscheidung darüber träfen, ob sie sich vor einer erneuten großen Erschütterung schützen wollten. Aber dieses Mal lagen wir falsch. Niemand konnte wissen, dass die US-Regierung etwas tun würde, was noch keine Regierung jemals getan hat – sie beschloss, die Märkte mit dem »Druck« von 4 Billionen Dollar zu stützen und teilte der Welt mit, sie würde so lange und unbegrenzt Geld in den Markt pumpen, bis sich die Wirtschaft erholt habe!

Indem die Federal Reserve mithilfe eines massiven Anleiherückkaufs (hypothekenbesicherte Anleihen und Schatzanleihen) von den großen Banken systematisch Geld ins System pumpte und ihre Bilanz auf magische Weise aufblähte, hielt sie die Zinssätze auf einem unnatürlich niedrigen Niveau. Das zwang die Anleger und alle anderen, die nach vernünftigen Renditen suchen, in den Aktienmarkt zu investieren. Die Fed hat

1 Wenn Sie die meisten der heutigen Aktiencharts betrachten, werden Sie feststellen, dass die Citigroup-Aktie am 9. März 2009 mit 10,50 Dollar und am 27. August 2009 mit 50,50 Dollar notierte. Das ist nicht ganz korrekt. Diese Charts wurden neu formatiert, um die Aktienzusammenlegung abzubilden, die die Citigroup am 6. Mai 2011 vornahm. Dabei wurden jeweils 10 Aktien, die am 5. Mai zum Kurs von 4,48 Dollar gehandelt wurden, zu einer Aktie im Wert von 44,80 Dollar zusammengefasst, die zum Handelsschluss bei 45,20 Dollar lag und einen kleinen Kursgewinn verzeichnete. Aus den 29 Milliarden Aktien der Citigroup wurden somit 2,9 Milliarden Aktien, um auf diese Weise den Preis pro Aktie anzuheben. Oder, wie das *Wall Street Journal* am 10. Mai 2011 konstatierte, »Citigroup erreichte zum ersten Mal seit 2007 einen Aktienkurs von 40 Dollar pro Aktie, wobei der Aktienkurs seit Handelsschluss am Freitag um mehr als 850 Prozent angestiegen zu sein schien. Der Haken an der Sache: Die Anleger haben keinen Cent dabei gewonnen.«

diese Politik bisher beibehalten. Kein Wunder, dass die US-Aktienkurse nie ihre luftigen Höhen verließen!

Bilanzsumme der FED (in Mio. US-Dollar) und S&P500 wöchentlicher Index

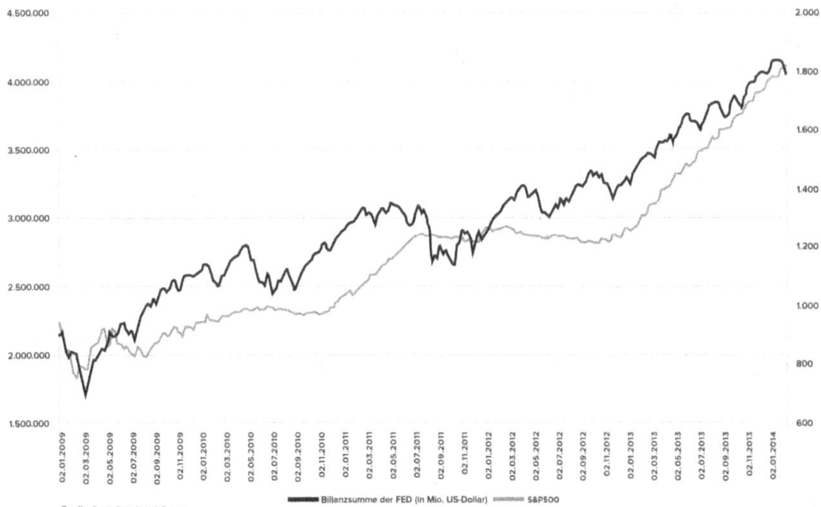

Wenn Sie glauben, Sie könnten den richtigen Zeitpunkt für einen Markt-ein- oder -ausstieg bestimmen, täuschen Sie sich. Selbst die besten Investoren der Welt täuschen sich gelegentlich, weil es immer Faktoren gibt, die sich nicht vorhersehen lassen. Wie für die Auswahl von Einzelaktien, gilt auch hier, dass man die Bestimmung des richtigen Zeitpunkts am besten den Finanzgenies überlässt, die eine Heerschar von Analysten beschäftigen – zum Beispiel Paul, der es sich wegen der Vielzahl an unterschiedlich ausgerichteten Investitionen, die er und sein Team tätigen, außerdem leisten kann, falsch zu liegen. Das bedeutet jedoch nicht, dass Sie das *Konzept* dahinter nicht für sich nutzen könnten – das heißt, die Chancen, die steigende und fallende Märkte bieten –, indem Sie einige einfache, aber hochwirksame Prinzipien anwenden, die Sie hier erfahren werden. Beides beinhaltet, die Bestimmung des Investitionszeitpunktes nicht den eigenen Emotionen zu überlassen, sondern einen regelmäßigen Investitionszeitplan festzulegen und zu automatisieren. »Sie können den Markt nicht kontrollieren, aber Sie können kontrollieren, was Sie bezahlen«, erklärte mir Burt Malkiel. »Sie müssen versuchen, auf Autopilot umzuschalten, damit Ihre Emotionen Ihnen keinen Streich spielen.«

Es wurde weitaus mehr Geld durch Anleger vernichtet, die sich auf Korrekturen vorbereitet haben oder versucht haben, Marktkorrekturen vorwegzunehmen, als durch die Korrekturen selbst vernichtet wurde.
PETER LYNCH

Wie lautet also die Antwort auf die Frage nach dem richtigen Zeitpunkt?

Eine der Techniken ist so alt wie Warren Buffetts ursprünglicher Lehrer, Benjamin Graham, der Doyen der modernen Geldinvestition. Graham, der Mitte des 20. Jahrhunderts an der Columbia Business School unterrichtete, favorisierte eine spannende Technik mit einem langweiligen Namen: *Durchschnittspreismethode.* (Tatsächlich schreibt Buffett Graham die Erfindung der berühmten Investitionsregel »kein Geld verlieren« zu.) Dabei handelt es sich um einen Effekt, der dann entsteht, wenn ein Anleger regelmäßig gleichbleibende Beiträge in Wertpapiere investiert. Die Wertschwankungen der Wertpapiere führen dazu, dass der Anleger weniger für seine Investitionen bezahlt, wenn er regelmäßig gleichbleibende Beträge investiert, als mit Einmalanlagen. Dieses System soll uns vor dem großen Fehler schützen, einen Vermögenswert zu kaufen, kurz bevor er abstürzt, oder einen Vermögenswert zu verkaufen, kurz bevor er deutlich an Wert gewinnt.

Wir haben bereits die ersten beiden Schlüssel der Vermögensaufteilung kennengelernt: die Diversifikation über verschiedene *Assetklassen* und *Märkte.* Vergessen Sie jedoch nicht, dass es noch einen dritten Schlüssel gibt: die Diversifikation über verschiedene *Zeithorizonte.* Und das erledigt die Durchschnittspreismethode für Sie. Mit ihr setzen Sie Ihre Vermögensaufteilung in die Tat um; die Vermögensaufteilung ist die Theorie, die Durchschnittspreismethode ist die Umsetzung. Das ist die Technik, mit der Sie vermeiden, dass Ihre Emotionen der geplanten Vermögensaufteilung einen Strich durch die Rechnung machen, indem Sie entweder auf einen günstigeren Einstiegskurs warten oder sich von Vermögenswerten trennen, weil sie sich im Moment nicht so entwickeln, wie Sie erhofft hatten.

Laut den zahlreichen Anhängern dieser Technik, darunter so geniale Finanzstrategen wie John C. Bogle und Burt Malkiel, ist das der Schlüssel zu einem erholsamen Nachtschlaf, weil Sie wissen, dass Ihre Investitionen nicht nur instabile Märkte überleben, sondern langfristig an Wert gewinnen, unabhängig von den wirtschaftlichen Rahmenbedingungen. Klingt das überzeugend? Alles was Sie tun müssen, ist, regelmäßig – monatlich oder vierteljährlich – einen gleichbleibenden Betrag in alle Ihre Geldanlagen zu investieren.

Leicht, oder?

Es gibt jedoch zwei Herausforderungen, vor denen ich Sie warnen muss. Erstens erscheint die Durchschnittspreismethode auf den ersten Blick unlogisch, und Sie könnten das Gefühl bekommen, Sie würden mit dieser Technik weniger Geld verdienen. Ich werde Ihnen jedoch demonstrieren, dass sie in Wahrheit zu Ihrem Vorteil wirkt. Erinnern Sie sich: Das Ziel lautet, Emotionen aus der Geldinvestition herauszuhalten, weil Emotionen – egal, ob es sich um Gier oder Angst handelt – oft zu Fehlentscheidungen führen. Zweitens hat es in jüngster Zeit Diskussionen über die langfristige Effektivität dieser Technik gegeben. Ich werde Ihnen die Argumente beider Seiten vorstellen. Zunächst wollen wir jedoch über die häufigste Anwendungsmethode sowie ihre potenziellen Auswirkungen sprechen.

Wenn Sie nach einem festen Zeitplan jede Woche oder jeden Monat immer die gleiche Summe investieren, entfalten die Marktschwankungen eine gewinnsteigernde und keine gewinnsenkende Wirkung. Wenn Sie jeden Monat 1.000 Dollar investieren können und diese zu 40 Prozent in sichere und zu 60 Prozent in riskantere Anlagen investieren, legen Sie immer 600 Dollar in riskantere Vermögenswerte und 400 Dollar in sichere Vermögenswerte an, egal wie sich die Kurse entwickeln. Die Preisschwankungen, denen diese Vermögenswerte ausgesetzt sind, können sich im Verlauf der Zeit zu Ihren Gunsten auswirken. Das mag jeder Intuition widersprechen, aber Burt Malkiel gab mir ein ausgezeichnetes Beispiel über die Wirkungsweise:

Nehmen Sie sich einen Moment Zeit und beantworten Sie nach bestem Wissen und Gewissen die folgende Frage: Nehmen wir an, Sie investieren über die nächsten fünf Jahre jedes Jahr 1.000 Dollar in einen Indexfonds. Welcher dieser beiden Indizes wäre Ihrer Meinung nach besser für Sie:

1. Beispiel

- Der Index verharrt im ersten Jahr bei 100 Dollar pro Anteilsschein.
- Im folgenden Jahr sinkt er auf 60 Dollar.
- Im dritten Jahr verharrt er bei 60 Dollar.
- Im vierten Jahr klettert er auf 140 Dollar.
- Im fünften Jahr schließt er bei 100 Dollar, Ihrem Ausgangspunkt.

2. Beispiel

- Im ersten Jahr verharrt der Markt bei 100 Dollar.
- Im zweiten Jahr steigt er auf 110 Dollar.
- Im dritten Jahr steigt er auf 120 Dollar.
- Im vierten Jahr steigt er auf 130 Dollar.
- Im fünften Jahr steigt er auf 140 Dollar.

Welcher Index wirft nach fünf Jahren Ihrer Meinung nach *höhere* Gewinne ab? Ihr Instinkt sagt Ihnen womöglich, dass Sie mit dem zweiten Szenario besser bedient wären, aber da liegen Sie falsch. Tatsächlich können Sie mit regelmäßigen Investitionen in volatile Märkte höhere Gewinne erzielen.

Denken Sie einen Moment darüber nach: Im ersten Beispiel erhalten Sie im zweiten und dritten Jahr, wenn die Kurse niedrig stehen, mehr Aktien für Ihr Geld. Wenn die Kurse anschließend wieder steigen, wirkt sich das positiv aus, weil Ihr Aktienbesitz angewachsen ist!

Hier Burt Malkiels Grafik, die das verdeutlicht:

Für beide Seiten gewinnbringend

Breit diversifiziertes Investmentfondsportfolio (mit jährlicher Umschichtung) im Vergleich zu einem reinen US-Aktienportfolio

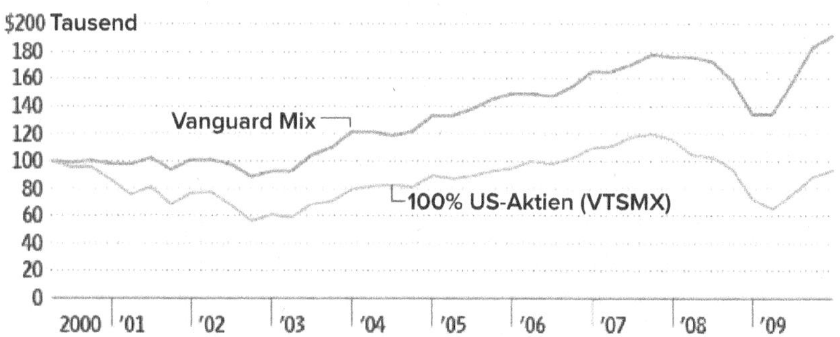

*33% festverzinslich (VBMFX), 27% US-Aktien, 14% entwickelte Auslandsmärkte (VDMIX), 14% Emerging Markets (VEIEX), 12% REITs (VGSIX)
Quelle: Vanguard und Morningstar

Nach fünf Jahren stetig steigender Märkte sind aus Ihrer Gesamtinvestition von 5.000 Dollar 5.915 Dollar geworden. Nicht schlecht.

In dem skizzierten stark schwankenden Markt würden Sie jedoch 14,5 Prozent mehr Gewinn realisieren und am Ende 6.048 Dollar haben! Das Problem, so Malkiel, sei, dass die meisten Leute das erste Szenario nicht für sich arbeiten lassen. »Wenn die Märkte nachgeben, sagen sie, ›Oh, mein Gott! Am besten verkaufe ich so schnell wie möglich!‹ Stattdessen sollten Sie Ruhe bewahren und unerschütterlich weiter investieren.«

Im ersten Jahrzehnt des 21. Jahrhunderts haben Anleger viel Geld an der Börse verloren; in Investorenkreisen gelten diese zehn Jahre als das »verlorene Jahrzehnt«. Wenn Sie zu Beginn des Jahres 2000 Ihr gesamtes Geld in den US-Aktienmarkt investiert haben, dann haben Sie alles verloren. Ein Dollar, den Sie am 31. Dezember 1999 in den S&P 500 investiert haben, war Ende 2009 90 Cents wert. Laut Malkiel hätten Sie jedoch Gewinne erzielt, wenn Sie Ihre Investitionen im selben Zeitraum mithilfe der Durchschnittspreismethode gestreut hätten!

Malkiel schrieb einen Artikel mit dem Titel »›Buy and Hold‹ Is Still a Winner«, der im *Wall Street Journal* veröffentlicht wurde. Darin erklärte er, wenn Sie zwischen Anfang 2000 und Ende 2009 in einen diversifizierten Korb aus Indexfonds, einschließlich US-Aktien, Auslandsaktien und Aktien aus aufstrebenden Märkten (Emerging Markets), Anleihen und Immobilien investiert hätten, wäre Ihre anfängliche Investition von 100.000 Dollar auf 191.859 Dollar angewachsen. Das sind mehr als 6,7 Prozent im Verlauf eines »verlorenen Jahrzehnts.«

»Mit der Durchschnittspreismethode können Sie die Marktvolatilität gewinnbringend für sich nutzen«, erklärte Malkiel.

Alle, von Warren Buffetts Mentor Benjamin Graham bis zu Burt Malkiel und zahlreichen angesehenen Wissenschaftlern, plädieren für die Durchschnittspreismethode, wenn Sie regelmäßig einen festen Prozentsatz Ihrer laufenden Einkünfte investieren. Wenn Sie jedoch eine Einmalinvestition tätigen, ist das unter Umständen nicht der beste Ansatz. Wenn das auf Sie zutrifft, lesen Sie den Kasten »Durchschnittspreismethode im Vergleich zur Einmalinvestition« in diesem Kapitel.

Die Durchschnittspreismethode beinhaltet, dass Sie regelmäßig eine gleichbleibende Summe in alle Anlagen Ihres Portfolios investieren, nicht nur in den Aktienanteil.

Denken Sie daran, dass Ihnen die Marktvolatilität bei dieser Methode in die Hände spielen kann. Außerdem ermöglicht sie eine weitere Technik, die dafür sorgt, dass Sie Ihrer festgelegten Vermögensaufteilung treu bleiben: die Umschichtung, auf die wir in Kürze zu sprechen kommen.

Auf welche Weise können Sie die Durchschnittspreismethode am besten für sich nutzen? Wenn Sie noch keinen automatisierten Investitionsplan haben, dann können Sie ihn ohne Weiteres einrichten. Ich habe eine Freundin, die als Freiberuflerin arbeitet und ihr eigenes steuerlich anerkanntes Rentenkonto bei Vanguard eröffnet hat. Sie hat es so eingerichtet, dass jeden Monat automatisch 1000 Dollar von ihrem Bankkonto abgezogen und in ihr diversifiziertes Indexfonds-Portfolio investiert werden. Sie weiß, dass sie nicht immer die nötige Disziplin aufbringt, zu kaufen, wenn ihr die Kurse zu hoch oder zu niedrig erscheinen, daher hat sie die Investitionen so automatisiert, dass diese Entscheidung von ihrer situationsbedingten Befindlichkeit unabhängig ist. Meine Freundin ist langfristig orientiert. Sie denkt nicht mehr über den kurzfristig »richtigen Zeitpunkt« nach, sondern hat die Investitionsentscheidung einfach automatisiert. Sie können die Durchschnittspreismethode ganz einfach anwenden, und zwar mit einem Konto bei Stronghold, das automatisch für Sie investiert.

Vergessen Sie nicht, dass ich Ihnen im nächsten Buchabschnitt ein außerordentliches Instrument vorstellen werde, das Ihnen in diesen schwankungsanfälligen Zeiten vollen Kapitalschutz bietet, sodass Sie selbst bei dem schlechtesten Timing keinen Cent am Aktienmarkt verlieren. Und wenn Sie richtig liegen, können Sie Ihre Gewinne substanziell steigern. Doch bevor wir uns näher damit beschäftigen, wollen wir einen Blick auf eine zweite sturmerprobte Technik werfen, die Ihre Ersparnisse schützt und Ihnen im Rahmen Ihres Vermögensaufbaus hilft, Ihren Freiheitsfonds zu maximieren.

Was Sie unbedingt vermeiden müssen: die Investitionsmethode des durchschnittlichen Einzelanlegers!

Gelegentlich verfolgen David Swensen und Burt Malkiel unterschiedliche Investitionsansätze. Es gibt jedoch eine Lektion, über die sie sich einig sind und die auch von allen anderen Experten, mit denen ich gesprochen habe, geteilt wird: Um dauerhafte Investmenterfolge zu erzielen, müssen Sie Ihr Portfolio regelmäßig umschichten.

Sie müssen Ihre beiden großen Investitionskategorien Sicherheit und Risiko-Wachstum regelmäßig überprüfen und sicherstellen, dass das Verhältnis zwischen beiden Kategorien, das Sie ursprünglich festgelegt haben, immer noch stimmt. Von Zeit zu Zeit nimmt der Inhalt einer der beiden Töpfe im Verhältnis zum anderen Topf möglicherweise überproportional zu und macht Ihr Portfolio unausgewogen.

Nehmen wir an, Sie hätten zunächst 60 Prozent in ertragsstarke, aber riskantere Anlagen investiert und 40 Prozent in sichere Anlagen. Nach sechs Monaten überprüfen Sie Ihre Konten und stellen fest, dass der Anteil Ihrer riskanten Anlagen nicht mehr 60 Prozent, sondern eher 75 Prozent Ihres Gesamtvermögens beträgt. Und Ihre sicheren Anlagen sind auf 25 Prozent geschrumpft. Das heißt, Sie müssen Ihr Portfolio umschichten, um die Balance wiederherzustellen.

Wie die Durchschnittspreismethode ist die Portfolioumschichtung eine Technik, die auf den ersten Blick einfach aussieht, aber viel Disziplin erfordert. Und wenn Sie sich nicht mahnend in Erinnerung rufen, wie wichtig und effektiv die Umschichtung für die Maximierung Ihrer Gewinne und den Schutz vor Verlusten ist, werden Sie Opfer der Dynamik momentaner Marktgewinner. Das heißt, Sie lassen sich von der Illusion leiten, Ihre gegenwärtigen Investmenterfolge würden ewig andauern und der gegenwärtige Markt (Aktien, Immobilien, Anleihen, Rohstoffe) kenne nur eine Richtung: steil nach oben.

Dieses Muster aus Emotionen und Psychologie verleitet Anleger dazu, zu lange an bestimmten Investitionen festzuhalten, sodass sie am Ende die Gewinne, auf die sie zunächst so stolz waren, wieder einbüßen. Es erfordert viel Disziplin, um ein Wertpapier zu verkaufen, dessen Wertpotenzial noch nicht ausgereizt ist, und in einen Vermögenswert zu investieren, dessen Wert sich eher langsam entwickelt oder derzeit gering ist. Diese geistige Disziplin zeichnet einen herausragenden Investor aus.

Ein eindrucksvolles Beispiel dieses Prinzips war mein Gespräch mit Carl Icahn. Soeben war publik geworden, dass er mit seinen Netflix-Aktien einen Gewinn von fast 800 Millionen Dollar erzielt hatte. Im Vorjahr hatte er die Mehrheit seiner Aktien zum Preis von 58 Dollar erworben, und nun notierten sie bei 341 Dollar. Sein Sohn Brett, der mit Carl arbeitet und ihn ursprünglich von dieser Investitionschance überzeugt hatte, war gegen den Verkauf. Er war sicher, Netflix besäße noch weiteres Wachstumspotenzial. Carl sagte, er habe die Auffassung seines Sohns geteilt, aber er habe sein Portfolio umschichten müssen. Mache er das nicht, könne er einen Teil der außerordentlichen Gewinne einbüßen, die er erzielt habe. Carl nahm seine 487 Prozent Gewinn und reinvestierte die Summe in andere Vermögenswerte seines Portfolios, wobei er 2 Prozent seiner Netflix-Aktien behielt, um das Wachstumspotenzial der Aktie weiter auszuschöpfen. Mit einem Teil des Geldes erwarb er Anteile an einem kleinen Unternehmen namens Apple, das er damals für unterbewertet hielt. Er kaufte bei niedrigen Kursen und verkaufte zu hohen Kursen. Die Umschichtung seines Portfolios war ein zentraler Teil dieses Prozesses.

Wenn Milliardäre es tun, sollten Sie es vielleicht auch tun!

Was machen Sie also, wenn Sie feststellen, dass Ihr Portfolio aus dem Gleichgewicht geraten ist? Ursprünglich hatten Sie 40 Prozent in sichere und 60 Prozent in riskantere Anlagen investiert. Dann sind die Aktienkurse in die Höhe geklettert und als Folge beträgt das Verhältnis zwischen sicheren und riskanten Anlagen nun 25 zu 75 Prozent. In diesem Fall verlangt die Umschichtung, dass Sie Ihre regelmäßigen Beiträge zum Risiko-Wachstums-Topf in den Sicherheitstopf umleiten, bis das Verhältnis wieder 40 zu 60 beträgt. Oder Sie müssen Ihre Gewinne umleiten oder sogar einige boomende Risiko-Wachstums-Investitionen verkaufen und die Erträge in Anleihen oder First Trust Deeds oder eine andere Kombination an sicheren Anlagen investieren. Das kann eine schwierige Entscheidung sein, vor allem, wenn zum Beispiel Ihre REITs rasant an Wert gewinnen oder Ihre internationalen Aktien plötzlich durch die Decke schießen. Wer will schon freiwillig die Siegerbahn verlassen? Alles was Sie wollen, ist: mehr! Dennoch müssen Sie einige Vermögenswerte abstoßen und umschichten, um Ihr Verlustrisiko zu senken und sicherzustellen, dass Sie einen Teil der erzielten Gewinne behalten.

Genau wie bei der Durchschnittspreismethode müssen Sie hier Ihre Emotionen aus dem Spiel lassen. Portfolioumschichtung bedeutet, dass Sie das Gegenteil von dem tun müssen, was Sie tun wollen. Im Investitionsgeschäft ist das üblicherweise das Richtige.

Betrachten wir ein Beispiel aus dem »wahren« Leben: Nehmen wir an, wir befänden uns im Sommer 2013 und der S&P 500 nähere sich wieder einem neuen Rekordniveau, während Anleihen mit Mühe magere Renditen abwerfen. Wollen Sie Ihre Aktien verkaufen und Anleihen kaufen?

Auf keinen Fall! Die Regeln der Umschichtung besagen jedoch, dass Sie genau das tun müssen, um Ihr ursprüngliches Verhältnis zu wahren, auch wenn Ihre innere Stimme schreit: »Hey, du Dummkopf! Warum investierst du in diese lahmen Enten?!«

Eine regelmäßige Umschichtung garantiert jedoch nicht, dass Sie damit immer Gewinn erzielen, sondern lediglich, dass Sie mehrheitlich davon profitieren. Sie steigern damit allerdings Ihre Erfolgschancen. Es sind die Wahrscheinlichkeiten über längere Zeiträume, die den Erfolg oder Misserfolg Ihrer langfristigen Investitionen bestimmen.

Raffinierte Investoren schichten auch innerhalb der Märke und Assetklassen um, und das kann eine noch schwierigere Entscheidung sein.

Nehmen wir an, im Juli 2012 hätten Sie viele Apple-Aktien besessen. Es wäre als Irrsinn erschienen, diese Aktien, die in den beiden vorhergehenden Quartalen um rund 44 Prozent zugelegt hatten und nun mehr als 614 Dollar pro Anteilsschein wert waren, zu verkaufen. Aber wenn Apple-Aktien Ihr Portfolio dominieren (denken Sie daran, dass ein Wertzuwachs einer Aktie um 44 Prozent die Balance Ihres Portfolios höchstwahrscheinlich durcheinanderbringt), besagen die Regeln der Umschichtung, dass Sie einen Teil Ihrer Apple-Aktien verkaufen müssen, um das ursprüngliche Verhältnis wiederherzustellen. Pech? Zum gleichen Datum im folgenden Jahr wären Sie sich selber allerdings dankbar für diese Entscheidung gewesen. Warum? Weil der Aktienkurs der Apple-Aktie eine wahre Achterbahnfahrt antrat: Im September 2012 notierte die Aktie bei 705 Dollar, fiel im April 2013 auf 385 Dollar und endete im Juli 2013 bei 414 Dollar – ein Verlust von 41 Prozent, den Sie durch rechtzeitige Umschichtung vermeiden konnten.

Wie oft sollen Sie umschichten? Die meisten Anleger tun das ein bis zwei Mal pro Jahr. Mary Callahan Erdoes von J.P. Morgan sagte mir, sie halte die Umschichtung für ein derart wirksames Instrument, dass sie »ständig« umschichte. Was heißt das? »So oft, wie Ihr Portfolio aus der Balance gerät und sich das ursprünglich festgelegte Verhältnis verschiebt oder nicht mehr dem Plan entspricht, den Sie auf Basis der weltweiten Ereignisse neu ausgerichtet haben. Das sollte nicht in Stein gemeißelt sein. Es sollte eine ständige, aber keine besessene Überprüfung sein.«

Burt Malkiel folgt dagegen gerne der Dynamik von Bullenmärkten. Er rät dazu, nur einmal pro Jahr umzuschichten. »Ich will keinen Aktionismus betreiben und etwas nur deswegen verkaufen, weil es sich gerade gut entwickelt«, sagte er. »Ich gebe meinen guten Assetklassen mindestens ein Jahr.«

Egal, wie oft Sie umschichten, kann diese Technik Sie nicht nur vor allzu hohen Risiken schützen, sie kann auch Ihre Renditen dramatisch steigern. Wie bei der Durchschnittspreismethode lassen Sie sich von Ihrer Disziplin zu einer Investition in unterbewertete Vermögenswerte leiten, deren Preis niedrig ist, sodass Sie entsprechend profitieren, wenn ihr Kurs steigt. Ihre Gewinne werden an andere Mitspieler Ihres Teams weitergeleitet, wie der Staffelstab von einem Läufer zum nächsten.

Wenn die Umschichtung ein wenig einschüchternd wirkt, dann lautet die gute Nachricht, dass Stronghold oder irgendein anderer treuhänderischer Finanzberater das für Sie übernehmen kann.

Denken Sie immer daran, mein Ziel ist, das Investieren für jedermann einfach zu gestalten, und dieser Abschnitt ist wahrscheinlich der anstrengendste. Daher herzlichen Glückwunsch, wenn Sie mir bis hierher gefolgt sind. Das klingt alles sehr technisch und die meisten Menschen scheuen trockene, technische Details wie der Teufel das Weihwasser. Wenn Sie sich von der Portfoliostrukturierung und den Konzepten Durchschnittspreismethode und Umschichtung leicht überfordert fühlen, sollen Sie wissen, dass sich das alles automatisieren lässt. Dennoch ist es hilfreich, diese Strategien zu kennen und zu verstehen und die wichtigsten Gründe zu kennen, die sie zu effektiven Instrumenten machen.

Prägen Sie sich aus diesem Buchabschnitt die folgenden Dinge ein:

1. **Die Vermögensaufteilung ist alles!** Sie müssen zwischen sicheren und riskanteren, aber ertragsstärkeren Anlagen diversifizieren, sowie über verschiedene Assetklassen, Märkte und Zeithorizonte.

2. **Sie wollen auf die Bestimmung des richtigen Zeitpunkts für einen Marktein- oder -ausstieg verzichten und stattdessen nach der Durchschnittspreismethode investieren und die Marktvolatilität für sich nutzen, die die Chance bietet, Vermögenswerte zu niedrigen Preisen zu erwerben.** Mit dieser Technik steigt der Wert Ihres Portfolios, wenn die Märkte wieder anziehen.

3. **Richten Sie einen Traumfonds ein, der Ihnen einen emotionalen Kick und Anreize gibt, sodass Sie bereits kurz- und mittelfristig von Ihren klugen Investitionen profitieren können** und nicht erst an einem fernen Tag in der Zukunft.

4. **Nutzen Sie die Umschichtung, um Ihre Renditen zu maximieren und Verluste zu minimieren.**

Als ich erstmalig erwähnte, dass ich den Lesern dieses Buches die Vermögensaufteilung und die Strategien zur Feinjustierung nahebringen wolle, meinten viele meiner Freunde aus der Finanzbranche, ich sei verrückt, das sei viel zu komplex, der durchschnittliche Anleger werde das nicht verstehen, und die meisten würden sich gar nicht erst die Zeit nehmen, das zu lesen. Meine Antwortet lautete schlicht: »Ich bin hier für die Wenigen, die etwas tun, im Gegensatz zu den vielen, die nur große Worte machen.« Man muss hungrig sein, um sich dazu zu zwingen, etwas Neues zu lernen und zu beherrschen. Was die Beherrschung der Investmentprinzipien angeht, lohnt sich der Aufwand wirklich. Selbst wenn Sie bestimme Textpassagen mehrmals lesen müssen, um sie zu verstehen, kann der Lohn immens hoch sein; es könnte bedeuten, dass Sie sich Jahre der Erwerbsarbeit sparen. Außerdem wird Ihnen die Beherrschung dieser Prinzipien das Gefühl der Macht und Unabhängigkeit sowie innere Ruhe geben.

Die Beherrschung der Investmentprinzipien ist so, als würde man lernen, ein Auto mit herkömmlicher Gangschaltung zu fahren. Was?! Ich soll lernen, das richtige Zusammenspiel von Gaspedal, Bremspedal, Kupplung, Gangschaltung, Lenkrad, Rückspiegel und Seitenspiegel lernen und zugleich auch noch auf die Straße achten? Soll das ein Witz sein? Sie brauchen nur ein wenig Übung, und nach einer Weile fahren Sie, ohne darüber nachzudenken.

Wir haben im Rahmen der 7 einfachen Schritte zu finanzieller Freiheit bereits eine lange Wegstrecke gemeinsam zurückgelegt. Lassen Sie uns kurz überprüfen, an welchem Punkt wir uns befinden:

1. **Sie haben die wichtigste Finanzentscheidung Ihres Lebens getroffen, indem Sie beschlossen haben, einen bestimmten Prozentsatz Ihres Einkommens automatisch in Ihren Freiheitsfonds zu investieren und**

von der Aufzinsung zu profitieren. Haben Sie diesen Entschluss in die Praxis umgesetzt und einen entsprechenden Dauerauftrag eingerichtet? Wenn nicht, dann tun Sie es jetzt!

2. **Sie haben die Investmentregeln kennengelernt und erfahren, wie Sie sich vor den sieben größten Marketing-/Investmentmythen hüten.** Sie werden Schachspieler, und nicht Schachfigur.

3. **Sie haben den dritten Schritt auf dem Weg in die finanzielle Freiheit unternommen, indem Sie das Spiel so gestaltet haben, dass Sie es gewinnen können.** Dieser Schritt besteht aus drei Phasen: Erstens haben Sie Ihre drei wichtigsten Finanzziele festgelegt. Für die meisten Menschen sind das finanzielle Sicherheit, Vitalität und Unabhängigkeit. Zweitens haben Sie einen Plan mit realen Zahlen erstellt. Und drittens setzen Sie die Möglichkeiten zur Beschleunigung Ihres Vermögensaufbaus um, um schneller ans Ziel zu kommen.

4. **In diesem Abschnitt haben Sie die wichtigste Investitionsentscheidung Ihres Lebens getroffen, indem Sie Ihr Vermögen in ein diversifiziertes Portfolio auf Basis eines vorab festgelegten Verhältnisses zwischen sicheren und riskanteren, aber ertragsstärkeren Anlagen investiert haben. Sie haben diversifiziert und Sie haben einen Plan, mit dem Sie Ihre finanziellen Träume füttern.**

Damit sind Sie vielen Anlegern bereits weit voraus, was das Verständnis und Management Ihrer Finanzen angeht. Aber jetzt sage ich Ihnen: Das ist noch gar nichts! Ich verspreche Ihnen, dass das Beste erst noch kommt. Und alles, was jetzt folgt, ist wesentlich einfacher als dieser Abschnitt!

Nun, da Sie denken und handeln wie ein Finanzexperte, zeige ich Ihnen, wie Sie wie ein echter Finanzexperte investieren. Wir wollen herausfinden, wie Sie unter allen Rahmenbedingungen erfolgreich sein und die Gewinnchancen realisieren können, ohne Verluste zu erleiden – kurzum, wie Sie einen lebenslangen, nie versiegenden Einkommensstrom erzeugen.

DURCHSCHNITTSPREISMETHODE IM VERGLEICH ZUR EINMALINVESTITION

Was machen Sie, wenn Sie plötzlich eine hohe Summe zur Verfügung haben, zum Beispiel den zuvor erwähnten Bonus von 10.000 Dollar? Oder wenn Ihnen eine Versicherungssumme in Höhe von 50.000 Dollar ausgezahlt wurde? Nutzen Sie die Durchschnittspreismethode, um das Geld in mehreren gleichmäßigen Beträgen über eine bestimmte Zahl an Monaten oder sogar Jahren zu investieren, oder investieren Sie den gesamten Betrag auf einmal?

Das ist ein umstrittenes Thema. Einige Investmentberater raten von der Durchschnittspreismethode ab, weil sie – wie Burt Malkiel zugibt – nicht die produktivste Strategie ist, um in den Aktienmarkt zu investieren, wenn dieser steil nach oben zeigt, so wie es in den Jahren nach der jüngsten Großen Rezession der Fall war.

In diesem Fall hätten Sie weitaus mehr verdient, wenn Sie »alles« zu Beginn des Bullenmarktes investiert hätten, anstatt Ihre Investitionen über fünf Jahre zu strecken. Das liegt auf der Hand, oder? Und jüngere Studien, einschließlich einer Studie von Vanguard aus dem Jahr 2012, haben gezeigt, dass sich mit Einmalinvestitionen in rollenden Zehnjahresperioden im Verlauf der letzten 80 Jahre in den Aktienmärkten Englands, Australiens und der USA in mehr als zwei Dritteln der Zeit höhere Renditen erzielen ließen als mit der Durchschnittspreismethode.

Warum? Weil Sie Ihr Geld früher und damit über einen längeren Zeitraum für sich arbeiten lassen und Ihre Trading-Gebühren senken. Einmalinvestitionen bieten Ihnen zudem die Chance auf ein höheres potenzielles Wachstum, bedeuten aber auch ein größeres Verlustrisiko, wenn die Märkte nachgeben. Vergessen Sie nicht die Statistiken über den Zeitraum zwischen 2000 und 2010 – das verlorene Jahrzehnt –, die Burt Malkiel uns gezeigt hat. In diesem Fall wäre 1 Dollar, den Sie am 31. Dezember 1999 in den S&P investiert hätten, zehn Jahre später nur noch 90 Cent wert gewesen. Wenn Sie im selben Zeitraum nach der

Durchschnittspreismethode investiert hätten, hätten Sie dagegen Gewinn erzielt. Was würden Sie tun? Würden Sie die gesamten 10.000 Dollar auf einmal oder verteilt über zehn Monate jeden Monat 1.000 Dollar investieren? Oder 50.000 Dollar über einen Zeitraum von zwei Jahren? Falls die Märkte stetig steigen, könnten Sie einige Gewinnchancen verpassen. Die verhaltensorientierte Ökonomie sagt uns jedoch, dass Sie in diesem Fall weniger bereuen würden, als wenn der Markt zwei Tage, nachdem Sie alles auf einmal investiert hätten, zusammengebrochen wäre!

Es liegt ganz bei Ihnen. Um es noch einmal zu wiederholen: Ich bin nicht hier, um meine Meinung kundzutun, sondern das beste Wissen der besten Experten zu vermitteln. Für die meisten Menschen sind Einmalinvestitionen sowieso kein großes Thema, weil sie über keine nennenswerten Summen verfügen, die sie investieren könnten! Wenn das auf Sie zutrifft, können Sie Ihre Renditen trotzdem maximieren, indem Sie mithilfe der Durchschnittspreismethode in ein diversifiziertes Portfolio investieren.

TEIL V
GEWINNCHANCEN OHNE VERLUSTRISIKO: ERSTELLEN SIE EINEN EINKOMMENSPLAN FÜRS LEBEN

Kapitel 24
Unschlagbar, unsinkbar, unbesiegbar: Die Allwetterstrategie

Die Unbesiegbarkeit liegt in der Verteidigung.
SUN TZU, Die Kunst des Krieges

Es gibt Ereignisse in unserem Leben, die unsere Weltsicht für immer prägen. Meilensteine auf unserem Weg, die – ob wir uns darüber bewusst sind oder nicht – die Brille färben, durch die wir das Leben betrachten. Unsere Entscheidung über die Bedeutung, die wir diesen Ereignissen beimessen, beeinflusst unser Verhalten und unsere weiteren Lebensentscheidungen.

Wenn Sie in den Goldenen Zwanzigern aufwuchsen, war Ihre Weltsicht unweigerlich von Wohlstand und Grandeur geprägt. Das war die Zeit des großen Gatsby. Wenn Sie dagegen während der Großen Depression aufwuchsen, war Ihr Leben von Existenzangst und Überlebenskampf geprägt. Wer die prägenden Jahre in einer großen Wirtschaftskrise verbracht hat, wurde automatisch zum Überlebenskünstler.

Die heutigen Generationen sind im Vergleich zu denen davor in einem unglaublichen Wohlstand aufgewachsen, selbst wenn sie mit ihrem Einkommen nicht zur privilegierten Schicht der Reichen gehören. Wir alle profitieren von den Vorteilen einer Welt, die uns auf Knopfdruck alles bietet. Wir können uns unsere Lebensmittel nach Hause liefern lassen, im Schlafanzug von zu Hause aus Überweisungen veranlassen und nach Belieben aus Hunderten von Fernsehkanälen auswählen. Meine Enkelin kann zwar ihre Schuhe noch nicht zubinden, aber sie kann mit vier Jahren ein iPad genauso gut bedienen wie ich, und sie weiß bereits, dass Google auf jede ihrer Fragen im Handumdrehen eine Antwort hat! Dies ist das Zeitalter der Möglichkeiten, in dem Startups wie WhatsApp mit nur rund 50 Mitarbeitern eine ganze Industrie aufmischen und sich für 19 Milliarden Dollar verkaufen lassen!

Zweifelsohne wird unser Leben von den Ereignissen und Konjunkturphasen geprägt, die wir erleben, aber noch mehr wird unser Leben von der Bedeutung geprägt, die wir diesen Ereignissen beimessen.

Die Siebziger Jahre

Ray Dalio, der heute 65 Jahre alt ist, wurde zu Beginn der 1970er-Jahre volljährig. Das war die Zeit der großen Konjunktureinbrüche und wahrscheinlich das schlimmste Wirtschaftsumfeld seit der Großen Depression. Hohe Arbeitslosenquoten wurden von einer ebenso hohen Inflation begleitet, was die Zinssätze in astronomische zweistellige Höhen trieb. Mein erster Hypothekenkredit während der Inflation der 1970er-Jahre ist mit satten 18 Prozent verzinst worden. Im Jahr 1973 kam es zur Ölkrise, als ein Embargo der OPEC-Staaten die USA auf dem falschen Fuß erwischte und die Ölpreise von 2,10 Dollar auf 10,40 Dollar pro Barrel ansteigen ließ. Darauf war niemand vorbereitet. Nur wenige Jahre später erließ die Regierung angesichts der Ölverknappung Gesetze zur drastischen Senkung des Ölverbrauchs, gemäß derer die Bürger nur noch an geraden beziehungsweise ungeraden Tagen tanken durften. Die Folge waren lange Schlangen an den Tankstellen. Das war auch die Zeit der Bürgerunruhen, als nach dem Vietnamkrieg und der Watergate-Affäre unser Vertrauen in die Regierung schwand. 1974 musste Richard Nixon zurücktreten. Sein Nachfolger, Gerald Ford, verzieh ihm alle Sünden (zwinker, zwinker) und erteilte ihm ein Generalpardon.

1971 war Ray Dalio frisch gebackener College-Absolvent und arbeitete an der Börse von New York. Er sah, wie Bullen- und Bärenmärkte in kurzen Abständen aufeinanderfolgten und die Notierungen verschiedener Assetklassen auf Achterbahnfahrt schickten. Die Kursausschläge ereigneten sich abrupt und unerwartet. Ray erkannte die riesigen Chancen unter diesen Rahmenbedingungen, war sich aber auch der enormen Risiken bewusst. Als Folge wurde er geradezu davon besessen, zu verstehen, wie all diese Szenarien und Bewegungen miteinander verwoben waren. Als er die Mechanismen verstand, die die »Wirtschaftsmaschinerie« insgesamt antreiben, und wusste, wie die einzelnen Rädchen ineinandergreifen, fand er schließlich heraus, wie er die katastrophalen Verluste vermeiden konnte, die so viele Anleger in den Ruin treiben.

Alle diese Ereignisse prägten den jungen Ray Dalio auf eine Weise, die ihn zum herausragendsten Hedgefondsmanager der Welt werden ließen. Der Moment der Erleuchtung, der seine Investmentphilosophie am meisten geprägt hat, ereignete sich jedoch an einem heißen Abend im August des Jahres 1971, als eine Überraschungsrede von US-Präsident Nixon die Finanzwelt auf den Kopf stellte.

Die Nixon-Nacht

Am 15. August 1971 unterbrachen die drei größten Fernsehgesellschaften plötzlich ihre Programmübertragung für eine Ansprache des Präsidenten der Vereinigten Staaten. Mit einem Mal stand Nixon via Bildschirm in allen Wohnzimmern Amerikas und verkündete der Bevölkerung in ernstem, aufgewühltem Zustand: »Ich haben den Minister [John] Connolly angewiesen, vorübergehend die Konvertierbarkeit des Dollars in Gold auszusetzen.« Mit einem kurzen Satz aus lediglich 15 Worten teilte er der Welt mit, dass der Dollar, wie wir ihn kannten, nie mehr derselbe sein würde. Der Wert des Dollars wäre nicht mehr direkt an Gold gebunden. Erinnern Sie sich an Fort Knox? Bis zu diesem Zeitpunkt musste die Regierung für jeden Dollarschein die gleiche Menge in Gold an einem sicheren Ort vorhalten. Durch Nixons Deklaration wurde aus dem Dollar einfach ein Stück Papier, dessen Nennwert durch keinen materiellen Wert mehr gedeckt war. Stellen Sie sich vor, Sie hätten eine mit Gold gefüllte Schatzkiste, und eines Tages machen Sie sie auf, und alles, was Sie finden ist ein Klebezettel, auf dem schlicht und einfach »Schuldschein« steht.

Nach Nixons Worten würde der Wert des Dollars von nun an davon abhängen, welchen Wert wir (der Markt) ihm beimessen. Diese Nachricht sandte Schockwellen durch die ausländischen Regierungen, die gewaltige Beträge in Dollar vorhielten, in dem Glauben, sie könnten sie jederzeit in Gold eintauschen. Über Nacht schaffte Nixon diese Option ab (und machte seinem Spitznamen »Tricky Dicky« wieder einmal alle Ehre). Außerdem verfügte er einen Importzoll von 10 Prozent auf alle Importe, um die USA wettbewerbsfähig zu halten. Wie ein Schneesturm im Oktober bedeutete Nixons Ankündigung eine Veränderung epischen Ausmaßes.

Dalio verfolgte Nixons Ansprache von seiner Wohnung aus und traute seinen Ohren nicht. Welche Auswirkungen würde Nixons Entscheidung haben, den Goldstandard abzuschaffen? Was würde das für die Märkte bedeuten? Was würde das für den US-Dollar und seine Stellung in der Welt bedeuten?

Eines, dachte er auf alle Fälle: »Es bedeutet, dass sich die Definition von Geld verändert. Ich dachte, vielleicht ist das eine Krise!« Er war sicher, dass der Markt einbrechen würde, sobald er am nächsten Morgen das Börsenparkett betrat.

Er irrte sich.

Zu seiner Verblüffung schloss der Dow Jones am nächsten Tag mit einem Tagesgewinn von fast 4 Prozent, als die Aktienkurse den höchsten Zuwachs an einem einzigen Handelstag in der Geschichte erzielten. Auch die Goldkurse schossen in die Höhe! Das widersprach völlig den Erwartungen der meisten Experten. Schließlich hatten wir gerade unser heiliges Versprechen gegenüber der ganzen Welt gebrochen, dass diese Papierfetzen mit den toten Präsidenten drauf tatsächlich einen Wert besaßen. Diese Neuerung würde das Vertrauen in die US-Wirtschaft und die Regierung gewiss nicht steigern. Es war das reinste Mysterium. Dieser Marktboom ging übrigens mit dem Namen »Nixon-Rallye« in die Geschichte ein.

Es war aber nicht alles eitel Sonnenschein. Indem Nixon die Bestimmung des Wertes des Dollars »der allgemeinen Einschätzung« überließ, schuf er die Voraussetzungen für eine gewaltige Inflation. Dalio erklärte: »Im Jahr 1973 waren das die Zutaten für die erste Ölkrise. Noch nie zuvor hatten wir eine Ölkrise erlebt. Noch nie hatten wir uns über eine Inflation sorgen müssen. Und all das kam ganz unerwartet. So habe ich den *modus operandi* entwickelt, immer mit Überraschungen zu rechnen.« Es sind diese Art Überraschungen, die wir uns nicht leisten und nicht verdauen können. Ein nächstes 2008. Die nächste Schockwelle, die irgendwann die Märkte erschüttern wird.

Die Nixon-Rallye hatte eine Katalysatorwirkung auf Dalio; sie markierte den Beginn einer lebenslangen Besessenheit, sich auf alles vorzubereiten – das Unbekannte, das hinter jeder Ecke lauern kann. Er machte es sich zur Mission, jede vorstellbare Marktsituation zu studieren und ihre Auswirkungen auf bestimme Investitionen zu untersuchen. Das ist sein zentrales Arbeitsprinzip, das ihm ermöglicht, den größten Hedgefonds der Welt erfolgreich zu managen: nicht davon auszugehen, dass er alles weiß. Ganz im Gegenteil. Ray ist unermüdlich darauf fixiert, die Dinge zu entdecken, die er noch nicht weiß. Denn das, was offensichtlich ist, ist offensichtlich falsch. Die allgemeinen Überzeugungen sind üblicherweise fehlgeleitete Überzeugungen. Und da sich die Welt ständig verändert und weiterentwickelt, ist Rays Vorhaben, das Unbekannte aufzudecken, eine nie enden wollende Mission.

Das ultimative Anlegerparadies

Was Sie jetzt hier lesen werden, könnte durchaus das wichtigste Kapitel des gesamten Buches sein. Wenn Sie nicht wie ein Insider denken, werden die allgemeinen Überzeugungen und die Herdenmentalität Sie dazu verurteilen, das Schicksal der Herde zu teilen. Und wenn Sie keinen festen Prozentsatz bestimmen, den Sie sparen wollen, und diese Ersparnisse nicht automatisieren, dann werden Sie nie vom Boden abheben. Ich bin davon überzeugt, dass nichts in diesem Buch Rays Strategie übertrifft, mit dem geringstmöglichen Risiko die höchstmöglichen Renditen zu erzielen. Das ist Rays Spezialität. Dafür ist er auf der ganzen Welt bekannt.

Das Portfolio, das Sie auf den folgenden Seiten kennenlernen werden, hätte Ihnen Folgendes beschert:

1. **Außerordentliche Renditen – fast 10 Prozent jährlich (9,88 Prozent gebührenbereinigt, um genau zu sein) über die letzten 40 Jahre (1974–2013)!**

2. **Außerordentliche Sicherheit – Sie hätten in den letzten 40 Jahren 85 Prozent der Zeit Gewinne erzielt! In diesen 40 Jahren gab es nur sechs Verlustjahre, und der durchschnittliche Verlust betrug lediglich 1,47 Prozent. Zwei der sechs Verlustjahre schlossen praktisch mit einer Null (die Verluste betrugen 0,03 Prozent oder weniger). Praktisch betrachtet, gab es also nur vier Verlustjahre in 40 Jahren.**

3. **Eine außerordentlich geringe Volatilität – der höchste Verlust, den Sie in den 40 Jahren erzielt hätten, betrug 3,93 Prozent.**

Erinnern Sie sich an Warren Buffetts ultimative Investitionsregel? Regel 1: Kein Geld verlieren. Regel 2: Siehe Regel 1. Die Anwendung dieser Regel ist Rays größter Geniestreich. Aus diesem Grund ist er der Leonardo da Vinci der Geldinvestition.

Jeder kann Ihnen (im Rückblick) ein Portfolio zeigen, mit dem Sie hohe Gewinne erzielt hätten, aber auch gewaltige Risiken eingegangen wären. Wenn Sie nicht eingeknickt wären wie eine Papiertüte, als dieses Portfolio Verluste von 50 bis 60 Prozent erzielte, hätten Sie am Ende hohe Gewinne eingestrichen. Dieser Rat ist zwar gutes Marketing, aber er entspricht nicht der Realität der meisten Menschen.

Ich hätte mir nicht vorstellen können, dass es eine Methode gibt, mit der Einzelanleger (wie Sie und ich) hohe Gewinne erzielen können und die gleichzeitig sowohl die Häufigkeit als auch die Höhe der Verluste in beinahe jeder vorstellbaren Marktlage senken kann. Können Sie sich ein Portfoliomodell vorstellen, das 2008 lediglich 3,93 Prozent einbüßte, als das weltweite Finanzsystem eine Art Kernschmelze erlebte und die Märkte um 50 Prozent ihres vorherigen Höchststands eingebrochen waren? Ein Portfolio, mit dem Sie höchstwahrscheinlich Ihre Schäfchen im Trocknen haben, wenn der nächste große Zusammenbruch kommt und Billionen amerikanische Sparkonten vernichtet? Das ist das Geschenk, das Sie auf den folgenden Seiten erhalten. (Achten Sie darauf, dass Ergebnisse aus der Vergangenheit kein Garant für zukünftige Ergebnisse sind. Ich liefere Ihnen die historischen Daten, um die zugrunde liegenden Prinzipien zu verdeutlichen.)

Bevor wir jedoch in dieses Thema eintauchen und Sie Dalios Ansatz wertschätzen können, wollen wir mehr über die Hintergrundgeschichte eines der unglaublichsten Finanzstrategen und Genies in der Portfoliostrukturierung erfahren und wissen, warum Regierungen und die größten Konzerne der Welt eine Kurzwahlnummer für Rays Telefon eingespeichert haben, damit sie ihre Renditen maximieren und ihre Verluste begrenzen können.

I'm lovin' it

1993 war ein schlechtes Jahr für Hühner. Das war das Jahr, in dem McDonald's beschloss, sein überaus erfolgreiches Produkt »Chicken McNuggets« auf den Markt zu bringen. Es entpuppte sich als ein solcher Hit, dass es einige Jahre dauerte, bis der Konzern alle Probleme in seiner Lieferkette gelöst hatte, weil die Zulieferer gar nicht genug Hühner rupfen konnten. Es war jedoch dem Genie von Ray Dalio zu verdanken, dass Chicken McNuggets überhaupt existierte.

Was hat die Hochfinanz mit einem Fast-Food-Clown zu tun? Als McDonald's das neue Produkt in sein Menü aufnehmen wollte, war der Konzern besorgt über die steigenden Preise für Hühnerfleisch und die eventuelle Notwendigkeit, diese über den Preis von »Chicken McNuggets« an seine Kunden weitergeben zu müssen.

Preisanhebungen sind keine gute Idee für ein Unternehmen, dessen Hauptzielgruppe kostenbewusste Kunden sind. Die Hühnerlieferanten wiederum waren nicht bereit, das Hühnerfleisch zum Festpreis zu verkaufen, weil sie wussten, dass nicht die Hühner an sich teuer waren, sondern die Kosten des Hühnerfutters (Mais und Sojamehl). Falls die Preise für Mais und Sojamehl stiegen, würden die Lieferanten bei einem festen Abnahmepreis diese Zusatzkosten vollständig auffangen müssen.

McDonald's wandte sich an Ray in dem Wissen, dass er einer der besten Experten auf dem Gebiet der Risikominimierung bei gleichzeitiger Gewinnmaximierung ist. Und er hatte die Lösung. Ray tüftelte einen maßgeschneiderten Terminkontrakt aus (eine Garantie gegen zukünftige Preissteigerungen für Mais und Sojamehl), der den Lieferanten ermöglichte, ihre Hühner zu einem Festpreis zu verkaufen. Bon appétit!

Rays außerordentliches Expertenwissen reicht weit über die Vorstandssäle großer Konzerne hinaus. Im Jahr 1997, als das US-Finanzministerium beschloss, inflationsgeschützte Anleihen zu emittieren (die heute als TIPS bekannt sind), wandte es sich an Rays Firma Bridgewater, um sich über die richtige Strukturierung dieser Papiere beraten zu lassen. Die aktuelle Struktur der TIPS geht auf Bridgewaters Empfehlungen zurück.

Ray ist mehr als nur ein Geldmanager. Er ist der Beherrscher der Märkte und des Risikos. Er weiß, wie man alle Teile so zusammenfügen muss, dass sich die Gewinnchancen drastisch zu seinen Gunsten und zum Vorteil seiner Kunden verändern.

Wie macht er das? Wie lautet sein Geheimnis? Lassen Sie uns zu seinen Füßen Platz nehmen und lauschen wir seinen Worten.

Eine intellektuelle Elite-Truppe

Erinnern Sie sich an die Dschungel-Metapher, die Ray Dalio in Kapitel 1 erwähnte? Seiner Sichtweise zufolge müssen wir einen Dschungel durchqueren, um das zu bekommen, was wir im Leben wirklich wollen. Im Dschungel lauern jede Menge unbekannte Gefahren; jede Bedrohung, die hinter dem nächsten Baum wartet, kann Ihnen zum Verhängnis werden. Um also sicher den Weg durch das Dickicht zu bahnen, müssen Sie sich mit den klügsten Begleitern umgeben, die Sie finden können und für ihre Fähigkeiten respektieren. Rays Unternehmen Bridgewater ist sein persönliches Begleitteam aus »Dschungelbezwingern.« Er hat mehr als 1.500 Mitarbeiter, die seine Besessenheit teilen herauszufinden, wie sich Renditen maximieren und Risiken senken lassen.

Wie erwähnt, ist Bridgewater mit einem verwalteten Vermögen von fast 160 Milliarden Dollar der größte Hedgefonds der Welt. Das ist eine äußerst erstaunliche Summe, wenn man bedenkt, dass die meisten »großen« Hedgefonds heute rund 15 Milliarden Dollar verwalten. Zwar mag der normale Einzelanleger noch nie von Ray Dalio gehört haben, bei den mächtigsten und einflussreichsten Institutionen ist er dagegen bekannt wie ein bunter Hund. Seine Beobachtungen und Kommentare sowie seine täglichen Berichte werden von den mächtigsten Persönlichkeiten der Finanzwelt, den Präsidenten der Zentralbanken ausländischer Regierungen und sogar vom Präsidenten der Vereinigten Staaten gelesen.

Es gibt einen Grund, warum die größten Investoren der Welt – von großen Pensionsfonds bis zu ausländischen Staatsfonds – Ray ihr Vertrauen schenken. Das liegt nicht an den »herkömmlichen Weisheiten.« Ray denkt außerhalb eingefahrener Bahnen. Besser gesagt, er zerstört sie. Und sein unersättlicher Hunger auf neues Wissen und neue Erkenntnisse und das Hinterfragen herkömmlicher »Wahrheiten« ist der Motor, der ihn von seinem ersten Büro (seine Wohnung) auf einen weitläufigen Campus in Connecticut versetzt hat. Sein »Dschungelteam« wurde als Gruppe intellektueller Navy SEALS – das ist die Eliteeinheit der US Navy – bezeichnet, denn die Mitarbeiter von Bridgewater sind kreativ, hochkompetent und couragiert und stets in der Lage, Ihre Position beziehungsweise Ihre Standpunkte mit überzeugenden Argumenten zu verteidigen. Ray verlangt aber auch, dass Sie bereit sind, alles zu hinterfragen. Die Mission lautet herauszufinden, was wirklich wahr ist, und dann den besten Weg zu skizzieren, um mit dieser Wahrheit umzugehen. Dieser Ansatz setzt eine »radikale Offenheit, radikale Wahrheit und radikale Transparenz« voraus. Davon hängt das Überleben (und der Erfolg) des gesamten Unternehmens ab.

Das Alpha-Tier

Ray Dalio positionierte sich mit dem außerordentlichen, kontinuierlichen Erfolg seiner Pure-Alpha-Strategie. Diese Strategie, die er 1991 entwarf, hat seitdem 80 Milliarden Dollar Gewinn und eine schwindelerregende Jahresrendite von 21 Prozent erwirtschaftet (vor Gebühren), und das bei relativ geringen Risiken. Zu den Investoren seines Hedgefonds gehören die reichsten Menschen der Welt, Regierungen und große Pensionsfonds – ein exklusiver Klub, der seit vielen Jahren für neue Investoren geschlossen ist. Die Pure-Alpha-Strategie wird aktiv gemanagt, was bedeutet, dass Ray und sein Team ständig nach gewinnträchtigen Investitionschancen suchen. Sie wollen zum richtigen Zeitpunkt ein- und aussteigen. Sie verlassen sich nicht darauf, einfach mit dem Markt zu gehen, was die Rendite von 17 Prozent (vor Gebühren) verdeutlichte, die Bridgewater 2008 erzielte, als viele Hedgefondsmanager ihre Türen schlossen oder ihre Investoren bekniefen, keine Gelder abzuziehen. Die Investoren der Pure-Alpha-Strategie wollen hohe Gewinne und sind bereit, dafür Risiken einzugehen – allerdings wollen sie diese Risiken möglichst gering halten.

Bei einem derartigen Erfolg ist es Ray natürlich gelungen, auch ein beachtliches persönliches Vermögen aufzubauen. Mitte der 1990er-Jahre begann er über sein Vermächtnis und das Vermögen nachzudenken, das er hinterlassen wollte, aber er fragte sich: »Welche Art Portfolio würde ich angewendet wissen wollen, wenn ich mal nicht mehr da bin?« Welche Art Portfolio würde seine eigenen Entscheidungen überleben und seine Kinder und seine philanthropischen Initiativen auch Jahrzehnte später noch unterstützen?

Ray wusste, dass herkömmliche Überzeugungen und ein konventionelles Portfoliomanagement ihn einem Modell ausliefern würden, das ständig seine mangelnde Krisenresistenz unter Beweis stellt. Also begann er sich damit zu beschäftigen, ein Portfolio zusammenzustellen, das in jedem zukünftigen wirtschaftlichen Szenario erfolgreich wäre, egal ob es sich um einen weiteren brutalen Winter wie 2008, eine Depression, eine Rezession oder irgendein anderes Krisenszenario handeln würde. Denn niemand weiß, was in fünf, geschweige in 20 der 30 Jahren passieren wird.

Das Ergebnis?

Eine völlig neue Betrachtungsweise der Vermögensaufteilung. Ein neuer Regelkatalog. Und erst nachdem die Portfoliostruktur bis zurück ins Jahr 1925 getestet worden war und zu ganz unterschiedlichen makroökonomischen Bedingungen brillante Ergebnisse für Rays persönlichen Familientrust produziert hatte, begann er, dieses Portfolio einer ausgewählten Gruppe an Investoren anzubieten – vorausgesetzt, sie konnten mindestens 100 Millionen Dollar investieren. Die neue Strategie, die als All-Weather-Strategie bekannt ist, hatte 1996 ihr öffentliches Debüt, nur vier Jahre, bevor eine massive Marktkorrektur sie dem ersten Stresstest unterzog. Sie bestand ihn mit Bravour.

Fragen sind die Antwort

Wir alle kennen die Maxime: »Stell Fragen, und du wirst Antworten erhalten!« Mit besseren Fragen werden Sie jedoch bessere Antworten erhalten! Das ist der gemeinsame Nenner aller überdurchschnittlich erfolgreicher Menschen. Bill Gates fragte nicht: »Wie kann ich die beste Software der Welt entwickeln?« Er fragte: »Wie kann ich die Intelligenz [das Betriebssystem] entwickeln, die alle Computer steuern wird?« Dieser Unterschied ist einer der zentralen Gründe, aus denen Microsoft nicht nur ein erfolgreiches Softwareunternehmen wurde, sondern praktisch die Computerindustrie weltweit dominiert! Was die Positionierung des Unternehmens im Internet angeht, war Gates jedoch zu langsam, weil sein Fokus auf dem Innenleben der Computer lag. Und so tauchten die »Google-Boys« Larry Page und Sergey Brin auf, die sich fragten: »Wie können wir das gesamte Wissen der Welt so organisieren, dass es für alle zugänglich und nützlich ist?« Das Ergebnis war eine Suchmaschine, die heute weltweit genutzt wird. Eine ausgefeilte Frage lieferte ihnen die noch ausgefeiltere Antwort und verschaffte ihnen nebenbei ein Vermögen. Um echte Ergebnisse zur produzieren, dürfen Sie das Fragenstellen aber nicht auf einen einmaligen Vorgang beschränken, sondern müssen ständig und alles hinterfragen; Sie müssen geradezu davon besessen sein, die besten Antworten zu finden.

Immer wieder stellen wir uns Fragen der folgenden Art: »Wie komme ich mit dieser Situation zurecht?« oder »Warum passiert mir das?« Einige stellen sich sogar destruktive Fragen, sodass sich ihre Gedanken auf Hindernisse konzentrieren, anstatt auf Lösungen. Fragen, wie, »Warum schaffe ich es nicht abzunehmen?« oder »Warum kann ich einfach nicht sparen?« führen nicht zu Lösungen, sondern zu einer Spirale von Selbstvorwürfen und Negativität.

Ich bin seit Langem von der Frage besessen, wie ich Dinge besser machen kann; wie ich Menschen dabei helfen kann, ihre Lebensqualität hier und jetzt signifikant zu verbessern. Ich versuche seit 38 Jahren, Strategien und Instrumente zu finden oder neu zu entwickeln, die eine unmittelbare Wirkung zeigen. Was ist mit Ihnen? Welche Fragen treiben Sie stärker um, als alle anderen? Worauf konzentrieren Sie sich am häufigsten? Von welchen Dingen sind Sie besessen? Liebe zu finden? Etwas zu bewirken? Zu lernen? Geld zu verdienen? Es jedem recht zu machen? Unannehmlichkeiten zu vermeiden? Die Welt zu verändern? Sind Sie sich Ihres Fokus, Ihres Hauptantriebs bewusst? Was immer es ist, es wird Ihr Leben prägen, formen und leiten. Dieses Buch beantwortet die Frage: »Was machen die besten Investoren, um beständig Erfolge zu erzielen?« Welche Entscheidungen treffen diejenigen, die mit nichts begonnen haben, aber denen es gelungen ist, für ihre Familien Wohlstand und finanzielle Freiheit zu erzielen?

Ray Dalio war davon besessen, Antworten auf eine Reihe äußerst kluger Fragen zu finden, auf deren Basis er schließlich seine Allwetterstrategie entwickelte, die das Potenzial besitzt, Ihre Finanzen ein für alle Mal positiv zu verändern. Diese Strategie werde ich Ihnen hier vorstellen.

»Mit welcher Art Investmentportfolio würde man garantiert in guten und schlechten Zeiten gleichermaßen gute Ergebnisse erzielen?«

Diese Frage liegt auf der Hand, und in der Tat würden viele »Experten« und Finanzberater behaupten, die von ihnen empfohlene Vermögensaufteilung nach der herkömmlichen Formel erfülle diese Kriterien. Die herkömmliche Formel hatte allerdings zum Ergebnis, dass die meisten Investmentprofis im Jahr 2008 Verluste von 30 bis 50 Prozent hinnehmen mussten. Wir wurden Zeuge, wie zahlreiche Zielfonds, die angesichts des zunehmenden Alters der Anleger eher konservativ hätten ausgerichtet sein müssen, ins Bodenlose abstürzten. Wir sahen, wie Lehman Brothers, das 158 Jahre alte Urgestein der Finanzindustrie, innerhalb weniger Tage kollabierte. Das war eine Zeit, in der sich die meisten Finanzberater unter ihrem Schreibtisch verkrochen und keine Kundenanrufe beantworteten. Die ganze modische Software, die die Finanzindustrie benutzt, die »Monte Carlo«-Simulationen, die angeblich alle möglichen potenziellen

Zukunftsszenarien testen, keine dieser angeblich so verlässlichen Techniken und Instrumente war in der Lage gewesen, den Zusammenbruch von 1987, das Platzen der New-Economy-Blase im Jahr 2000 oder den Beinahezusammenbruch des weltweiten Finanzsystems von 2008 vorauszusagen, geschweige die Anleger zu schützen. Und die Liste lässt sich fortsetzen.

Wenn Sie sich an 2008 erinnern, lauteten die ratlosen Standardsätze: »So etwas ist noch nie passiert«, »Das ist eine völlig neue Situation« oder »Dieses Mal ist alles anders.« Dalio bezweifelt das – tatsächlich sagte er die globale Finanzkrise von 2008 voraus und konnte in diesem verhängnisvollen Jahr Gewinne erzielen.

Täuschen Sie sich aber nicht. Die »Überraschungen«, auf die Ray versucht sich vorzubereiten, werden jedes Mal anders aussehen. Die Große Depression, die Ölkrise von 1973, die rasante Inflationsspirale Ende der 1970er-Jahre, die Krise des britischen Sterling im Jahr 1976, der Schwarze Montag von 1987, die Dotcom-Blase von 2000, die Immobilienblase von 2008 und der Einbruch des Goldpreises um 28 Prozent im Jahr 2013 – alle diese Überraschungen erwischten die meisten Investmentprofis auf dem falschen Fuß. Und die nächste Überraschung wird sie wieder unvorbereitet treffen. Darauf können Sie sich verlassen.

Als sich im Jahr 2009 der Rauch langsam verzog und die Markterholung einsetzte, hielten nur wenige Geldmanager inne, um sich zu fragen, ob ihre traditionelle Portfoliostrategie und ihr Risikomanagement vielleicht falsch ausgerichtet waren. Viele standen einfach auf, klopften sich den Staub von der Hose, stiegen wieder aufs Pferd und predigten, die Welt würde wieder zum »Normalzustand« zurückkehren. Denken Sie jedoch immer an Rays Mantra: »Machen Sie sich auf Überraschungen gefasst« und an die zentrale Frage: »Was weiß ich nicht?« Die Frage lautet nicht, *ob* es einen weiteren Zusammenbruch geben wird, sondern *wann*.

Markowitz: Das Geheimnis zur Maximierung der Renditen

Harry Markowitz gilt als Vater der modernen Portfoliotheorie. Das grundlegende Konzept hinter der Arbeit, für die er mit dem Nobelpreis ausgezeichnet wurde, lautet, dass die Investitionen in ein Portfolio nicht auf isolierter Basis, sondern aus der Gesamtperspektive betrachtet werden sollten. Für die Rendite ist die Diversifizierung des Portfolios und das

Zusammenspiel der einzelnen Bestandteile ausschlaggebend. Dieser Rat mag heute simpel klingen, aber 1952 war das eine bahnbrechende Denkweise. Bis zu einem gewissen Grad hat dieses Verständnis praktisch jeden Portfoliomanager von New York bis Hongkong beeinflusst.

Wie alle herausragenden Investoren stützte sich Ray Dalio bei der Entwicklung seiner Portfoliostruktur auf Markowitz' zentrale Erkenntnisse, wollte sie aber weiter verfeinern, indem er sie um einige weitere wichtige Merkmale – unter anderem den Einsatz von Hebeln – ergänzte, um seine eigene bahnbrechende Entdeckung zu machen. Auf Basis seiner Erfahrung von 40 Jahren im Investmentgeschäft versammelte er ein Team hoch kompetenter Experten um sich, um an diesem Projekt zu arbeiten. Dalio verbrachte buchstäblich Jahre damit, seine Recherchen zu verfeinern, bis er schließlich eine völlig neue Betrachtungsweise der Portfoliostruktur entwickelt hatte. Die ultimative Strategie zur Renditemaximierung bei gleichzeitiger Risikominimierung. Seine Entdeckungen haben ihm einen deutlichen Wettbewerbsvorteil beschert. Und von diesem Vorteil werden auch Sie bald profitieren.

Bis zur Veröffentlichung dieses Buches war Dalios unschlagbare Strategie einer exklusiven Kundengruppe vorbehalten: Regierungen, Pensionsfonds, Milliardäre – sie alle profitieren von den außerordentlichen Investmentvorteilen, die Dalios Allwetterstrategie bietet. Wie zuvor erwähnt, wendet er sie auch auf sein persönliches Vermögen an. Genau wie er investiere ich inzwischen auch einen Teil unseres Familienvermögens sowie das Vermögen meiner Stiftung in diese Strategie, weil sie in den letzten 85 Jahren in jeder wirtschaftlichen Großwetterlage Gewinne erwirtschaftet hat. Von Depressionen und Rezessionen bis zu Inflation und Deflation; in guten wie in schlechten Zeiten hat Ray mit dieser Strategie das Gewinnpotenzial von Investmentchancen ausgeschöpft. Die Erfolgshistorie dieser Strategie gibt zu der Vermutung Anlass, es könnte sich dabei um einen der bestmöglichen Ansätze zur Erfüllung meiner Wünsche handeln, und zwar noch lange nach meinem Ableben.

Das Märchen vom »ausgewogenen« Portfolio

Die Gelegenheit, mit einer der größten Investmentlegenden unserer Zeit sprechen zu dürfen, war ein echtes Geschenk. Ich verbrachte fast 15 Stunden damit, mich auf unser Gespräch vorzubereiten und alles über Ray zu recherchieren, was ich in die Hände bekam (das war gar nicht so einfach, da er äußerst medien- und öffentlichkeitsscheu ist). Ich grub einige seltene Vorträge aus, die er auf dem Wirtschaftsforum in Davos und vor dem Rat für Auswärtige Angelegenheiten gehalten hatte. Ich sah mir das Interview mit Charlie Rose der Nachrichtensendung *60 Minutes* an (einen seiner wenigen Medienauftritte). Ich sah mir ein animiertes Lehrvideo *How the Economic Machine Works – In Thirty Minutes* (www.economicprinciples.org) an. Das ist ein brillantes Video, und ich kann Sie nur dazu ermutigen, es sich anzusehen, um in kurzer Zeit eine Vorstellung davon zu erhalten, wie die Weltwirtschaft funktioniert. Ich durchkämmte alle Aufsätze und Artikel, die ich nur finden konnte. Ich las und unterstrich praktisch jede Seite seines berühmten Textes *Principles,* das von den Prinzipien handelt, die sein Leben und sein Management leiten. Das war eine einmalige Chance im Leben, und ich würde auf keinen Fall unvorbereitet zu unserem Gespräch erscheinen.

Das Gespräch, das ursprünglich auf eine Stunde angesetzt war, dauerte fast drei Stunden. Ich wusste nicht, dass Ray ein Fan meiner Arbeit war und meine Audioprogramme seit fast 20 Jahren hörte. Welche Ehre! Wir sprachen über alle Themen von Investment bis zur Funktionsweise der Wirtschaft. Ich begann mit einer einfachen Frage:

»Kann sich der normale Einzelanleger überhaupt noch erfolgreich am Spiel beteiligen?«

»Ja!«, antwortete Ray mit Nachdruck. Aber das wird Ihnen nicht gelingen, wenn Sie auf Ihren Finanzmakler hören. Und es wird Ihnen auch nicht gelingen, wenn Sie versuchen, Markttiming zu betreiben. Markttiming bedeutet im Wesentlichen, rund um die Uhr gegen die besten Spieler der Welt zu pokern, die über beinahe grenzenlose Ressourcen verfügen. Es gibt aber nur eine bestimmte Anzahl an Pokerchips zum Einsatz. »Das ist ein Nullsummenspiel«, bekräftigt Ray Dalio. Und wenn Sie meinen, Sie könnten Leuten wie Ray die Chips wegnehmen, dann träumen Sie. Das ist eine völlige Illusion. »Das ist ein weltweites Pokerspiel und nur eine Handvoll Genies verdient wirklich Geld. Und das machen sie, indem sie anderen, weniger guten Spielern Chips abknöpfen.« Wie lautet das alte Sprichwort: Wenn Sie schon eine Weile am Pokertisch sitzen und immer noch nicht wissen, wer der Verlierer ist: das sind Sie!

Ray sprach eine abschließende Warnung vor dem Markttiming aus: »An diesem Spiel wollen Sie sich nicht beteiligen!«

»Okay, Ray, wir wissen also, dass wir nicht versuchen sollten, die besten Spieler der Welt zu schlagen. Dann lassen Sie mich fragen, was ich alle meine Interviewpartner für dieses Buch gefragt habe: Wenn Sie Ihren Kindern nichts hinterlassen könnten, außer einer bestimmten Portfoliostruktur zusammen mit einer Liste an Leitprinzipien, wie würden diese aussehen?«

Ray lehnte sich zurück und ich konnte sehen, wie er einen Moment lang zögerte. Nicht, weil er es mir nicht verraten wollte, sondern weil wir in einer unglaublich komplexen Welt leben, die aus vielfältigen Risiken und Chancen zusammengesetzt ist. »Tony, das ist einfach zu komplex. Es fällt mir sehr schwer, das dem durchschnittlichen Kleinanleger in dieser Kürze zu vermitteln, und außerdem verändern sich die Dinge ständig.« Das stimmt natürlich. Man kann über 40 Jahre Erfahrung nicht in ein dreistündiges Interview quetschen. Aber ich drängte ihn dennoch ein wenig ...

»Ja, das ist natürlich richtig, Ray. Aber Sie haben mir gerade gesagt, dass der Einzelanleger mit einem traditionellen Vermögensmanager keinen Erfolg sehen wird. Also helfen Sie uns bitte zu verstehen, was wir tun können, um erfolgreich zu investieren. Wir alle wissen, dass die Portfoliostruktur das wichtigste Erfolgselement ist. Können Sie mir nicht einige Prinzipien verraten, die Sie anwenden würden, um mit einem möglichst geringen Risiko möglichst hohe Gewinne zu erzielen?«

Und nun begann Ray sich zu öffnen und mir einige erstaunliche Geheimnisse und Erkenntnisse zu verraten. Als Erstes erschütterte er meine herkömmliche Auffassung von einem ausgewogenen Portfolio und zeigte mir, dass das, was uns als »ausgewogen« verkauft wird, alles andere als ausgewogen ist.

Das Geheimnis des Sieges liegt in der Organisation der nicht offensichtlichen Dinge.
MARC AUREL

Die meisten Berater (und Werbespots) empfehlen Ihnen ein »ausgewogenes Portfolio.« Ausgewogen klingt gut, nicht wahr? Ausgewogen suggeriert uns, dass wir keine großen Risiken eingehen. Und dass unsere riskanteren Anlagen von konservativeren ausgeglichen werden. Es bleibt aber die Frage: Warum verloren die meisten »ausgewogenen« Portfolios in Börsenkrisen zwischen 25 und 40 Prozent an Wert?

Die herkömmlichen ausgewogenen Portfolios teilen sich zu 50 Prozent auf Aktien und zu 50 Prozent auf Anleihen auf (oder im Verhältnis 60/40 wenn Sie ein wenig aggressiver investieren, oder sogar im Verhältnis 70/30, wenn Sie sehr mutig sind). Für dieses Beispiel wollen wir aber bei einer hälftigen Aufteilung bleiben. Wenn Sie 10.000 Dollar zur Verfügung hätten, würden Sie also 5.000 Dollar in Aktien und 5.000 Dollar in Anleihen investieren.

Wenn Sie diesen Ansatz verfolgen, hoffen Sie auf drei Dinge:

1. Sie *hoffen*, dass sich die Aktien positiv entwickeln.

2. Sie *hoffen*, dass sich die Anleihen positiv entwickeln.

3. Sie *hoffen*, dass nicht beide beim nächsten Markteinbruch gleichzeitig die Talfahrt antreten.

Wie unschwer zu erkennen ist, basiert dieser Ansatz auf dem Prinzip *Hoffnung*. Experten wie Ray Dalio verlassen sich aber nicht auf die Hoffnung. Hoffnung ist keine Strategie, wenn es um das Wohlergehen Ihrer Familie geht.

Riskantes Geschäft

Bei einer hälftigen Aufteilung Ihres Vermögens auf Aktien und Anleihen (oder einer daraus abgeleiteten Variante) würden viele denken, sie seien diversifiziert und würden ihre Risiken streuen. Tatsächlich gehen Sie aber wesentlich höhere Risiken ein, als Sie glauben. Warum? Weil, wie Dalio im Verlauf unseres Gesprächs immer wieder betonte, Aktien dreimal so riskant (sprich, schwankungsanfällig) sind, wie Anleihen.

»Tony, wenn Sie Ihr Portfolio im Verhältnis 50 zu 50 aufteilen, dann beträgt Ihr Aktienrisiko eher 95 Prozent!« Nachfolgend zwei Kuchendiagramme eines solchen Portfolios. Das linke Diagramm zeigt die *prozentuale Aufteilung des Vermögens* in Aktien und Anleihen. Das rechte Diagramm zeigt dagegen, wie sich diese *Aufteilung aus der Risikoperspektive* darstellt.

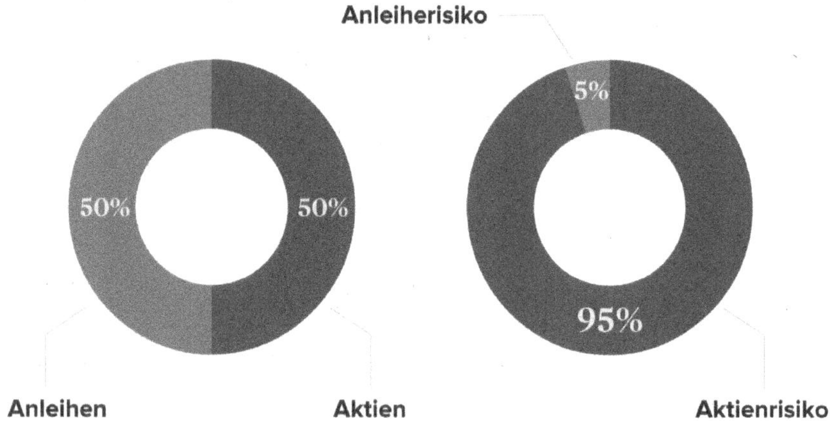

Ein 50-prozentiger Anteil Ihres »Geldes« an Aktien, scheint auf den ersten Blick relativ ausgewogen. Wie hier dargestellt, würde Ihr Risiko aufgrund des Volumens und der Volatilität Ihrer Aktien aber eher 95 Prozent betragen. Wenn Ihre Aktien einbrechen, bricht folglich Ihr gesamtes Portfolio ein. So viel zur Ausgewogenheit!

Wie stellt sich dieses Konzept im wahren Leben dar?

Von 1973 bis 2013 brach der S&P 500 neun Mal ein. Die kumulierten Verluste betrugen 134 Prozent! Im selben Zeitraum verloren Anleihen (repräsentiert durch den Barclays Aggregate Bond Index) nur drei Mal an Wert, und die kumulierten Verluste betrugen gerade einmal 6 Prozent. Wenn Ihr Portfolio also jeweils zur Hälfte aus Aktien und Anleihen bestand, machte der S&P 500 mehr als 95 Prozent Ihrer Verluste aus!

»Tony, bei der Betrachtung der meisten Portfolios werden Sie feststellen, dass sie eine starke Tendenz aufweisen, in guten Zeit gute Ergebnisse zu erzielen, und in schlechten Zeiten Verluste zu erzielen«, stellte Ray fest. Ihre De-facto-Strategie ist einfach die Hoffnung, die Aktien mögen steigen. Dieser herkömmliche Diversifizierungsansatz diversifiziert überhaupt nicht.

Und? Wie fühlen Sie sich jetzt mit Ihrem »ausgewogenen« Portfolio? Verändert das Ihre Sichtweise von der Bedeutung des Begriffs Diversifizierung? Ich hoffe es! Die meisten Menschen versuchen, sich zu schützen, indem sie die Summe Geld diversifizieren, die sie in bestimmte

Vermögenswerte investieren. Man könnte sagen, »Fünfzig Prozent meines Geldes steckt in ›riskanten‹ Aktien (die möglicherweise höhere Gewinne versprechen, wenn alles gut geht) und fünfzig Prozent sind in ›sichere‹ Anleihen investiert, die mich schützen sollen.« Ray Dalio demonstriert uns, dass eine gleichmäßige Aufteilung der Geldsumme keine Ausgewogenheit bietet, wenn die Risiken nicht gleichmäßig verteilt sind! Tatsächlich riskieren Sie nach wie vor viel Geld! Sie müssen Ihr Geld nach dem Chancen-Risiko-Verhältnis aufteilen, und nicht einfach in jede Assetklasse die gleiche Summe Geld investieren.

Jetzt wissen Sie etwas, das 99 Prozent der Anleger und auch die meisten Profis nicht wissen oder nicht umsetzen! Sie müssen sich aber nicht schlecht fühlen. Ray sagt, die meisten großen institutionellen Investoren, die über viele hundert Milliarden Dollar verfügen, machten denselben Fehler!

Regenmacher

Inzwischen war Dalio in seinem Element und nahm so gut wie alles auseinander, was man mir im Verlauf der Jahre beigebracht und verkauft hatte!

»Tony, die ›Theorie‹ des ausgewogenen Portfolios weist noch ein anderes großes Problem auf. Und das basiert auf einer weit verbreiteten, aber leider unrichtigen Annahme. Es geht um eine falsch verstandene Korrelation.«

Korrelation ist ein Modewort im Investmentgeschäft; es bedeutet, dass sich zwei Dinge im Gleichklang bewegen, woraus oft fälschlicherweise abgeleitet wird, sie bedingten sich gegenseitig.

Investmentprofis glauben oft an die gleiche Mythologie. Sie behaupten, bestimmte Investitionen korrelierten (bewegen sich im Gleichklang) oder korrelierten nicht (stehen in keiner vorhersagbaren Beziehung zueinander). Und ja, gelegentlich korrelieren sie vielleicht, aber oft ist das reiner Zufall.

Ray und sein Team haben demonstriert, dass alle historischen Daten auf die Tatsache hinweisen, dass viele Investitionen rein zufällige Korrelationen aufweisen. Der Wirtschaftseinbruch von 2008 bestätigte das, als alle Assetklassen unisono abschmierten. Die Wahrheit lautet, manchmal bewegen Sie sich im Gleichklang, manchmal nicht. Wenn Investmentprofis versuchen, Ausgewogenheit herzustellen, indem sie hoffen, die Aktien mögen sich in die entgegengesetzte Richtung entwickeln wie die Anleihen, dann ist das einfach ein Schuss in den Ofen. Diese fehlerhafte Logik liegt aber den Leitprinzipien der meisten Finanzprofis zugrunde.

Ray hat eindeutig einige gähnende Löcher im traditionellen Portfoliomodell entdeckt. Wäre er Professor an einer Elite-Universität und hätte seine Arbeit veröffentlicht, wäre er mit Sicherheit für den Nobelpreis nominiert worden! Ray fühlt sich aber im Schützengraben – im Dschungel – wohler.

Die vier Jahreszeiten

Als ich mit David Swensen, Investment Officer der Universitätsstiftung von Yale, sprach, sagte er mir, **»unkonventionelle Weisheit ist der einzige Weg, um erfolgreich zu investieren.«** Wenn Sie der Herde folgen, haben Sie keine Chance. Oft hören Anleger immer wieder den gleichen Rat und die gleichen Auffassungen und nehmen sie irgendwann als Wahrheit. Meistens sind es aber die unkonventionellen Ansichten, die zur Wahrheit führen und einen Wettbewerbsvorteil bieten.

Und hier kam Dalios zweite unkonventionelle Erkenntnis: »Tony, wenn man in die Geschichte zurückblickt, **kann man eines mit absoluter Gewissheit erkennen: Jede Investition hat eine ideale Umgebung, in der sie floriert. Mit anderen Worten, alles hat seine Saison.**«

Nehmen wir zum Beispiel Immobilien. Werfen Sie einen Blick zurück auf die ersten Jahre nach der Jahrtausendwende, als Amerikaner alles kauften, was ihnen zwischen die Finger kam. (Auch Leute, die kaum Geld hatten!) Sie kauften aber nicht nur, weil die Zinssätze niedrig waren. Sie kauften während dieses Booms, weil die Preise rasant anstiegen. Die Immobilienpreise stiegen jeden Monat, und diese Rallye wollten sie nicht verpassen. George Soros, Milliardär und Investmentikone, wies darauf hin, dass »die Amerikaner in den vergangenen sechs Jahren [bis 2007] mehr Hypothekenschulden angehäuft haben, als jemals zuvor im Hypothekenmarkt.« Das stimmt; in sechs Jahren wurden mehr Hypothekenkredite vergeben als in der gesamten Geschichte des Hypothekengeschäfts.

In Miami und zahlreichen anderen Gebieten in Südflorida mussten Sie lediglich eine Anzahlung auf eine Immobilie leisten. Aufgrund der inflationären Preissteigerungen konnten Sie Ihr Haus mit einem satten Profit wieder verkaufen, noch bevor es fertiggestellt war. Und was machten die Leute mit ihren überbewerteten Häusern? Sie benutzten sie als Bankautomaten, indem sie Kredite auf Ihre Häuser aufnahmen und das Geld mit vollen Händen ausgaben. Diese Konsumwut steigerte die Profitabilität der Unternehmen und heizte das Wirtschaftswachstum an. Soros zitierte einige schwindelerregende Zahlen: »Martin Feldstein, ehemaliger Präsident des Rats der Wirtschaftsberater, schätzte, dass die amerikanischen Haushalte zwischen 1997 und 2006 mehr als 9 Billionen Dollar an Bargeld aus dem Wert ihrer Häuser zogen.« Um das in die richtige Perspektive zu rücken, sei darauf hingewiesen, dass die Amerikaner in nur sechs Jahren (von 2001 bis 2007) mehr Hypothekenschulden angehäuft haben (*rund 5,5 Billionen Dollar*), als jemals zuvor im Hypothekenmarkt, der immerhin mehr als ein Jahrhundert alt ist. Natürlich war das kein nachhaltiger Lebensstil. Mit den Immobilienpreisen brachen dann auch der Konsum und die Wirtschaft ein.

Kurzum: Welche Saison beziehungsweise welche Rahmenbedingungen sind geeignet, um die Immobilienpreise ansteigen zu lassen? Inflation. Im Jahr 2009 erlebten wir allerdings eine Deflation. Die Preise befanden sich im freien Fall und viele Hypothekenkunden saßen plötzlich auf riesigen Schuldenbergen, die sie nicht abzahlen konnten, weil ihre Häuser plötzlich weitaus weniger wert waren, als die Kredite, für die die Immobilien als Sicherheit gedient hatten, und die Banken Nachschuss beziehungsweise die vorzeitige Kredittilgung verlangten. Deflation treibt die Preise dieser Assetklasse in den Keller.

Wie verhält es sich mit Aktien? Auch ihr Wert entwickelt sich gut in inflationären Zeiten, weil mit der Inflation die Preise steigen. Höhere Preise bedeuten, dass Unternehmen mehr Geld verdienen können (allerdings nur, wenn nicht gleichzeitig auch die Input-Kosten steigen). Und höhere Umsätze bedeuten einen Anstieg der Aktienkurse. Das hat sich im Verlauf der Zeit erwiesen.

Anleihen sind eine völlig andere Sache. Nehmen wir zum Beispiel US-Schatzanleihen. Wenn wir uns in einer Deflation befinden, die mit sinkenden Zinssätzen einhergeht, steigen die Preise der Anleihen.

Und dann verriet mir Ray die einfachste und zugleich wichtigste Unterscheidung überhaupt. Es gibt nur vier Dinge, die die Preise von Vermögenswerten bewegen:

1. **Inflation**
2. **Deflation**
3. **Wirtschaftswachstum**
4. **Wirtschaftsstagnation oder -rückgang**

	WACHSTUM	INFLATION
AUFSTIEG ↑	Das Wirtschaftswachstum ist höher als erwartet	Die Inflation ist höher als erwartet
ABSTIEG ↓	Das Wirtschaftswachstum ist geringer als erwartet	Die Inflation ist geringer als erwartet

Ray Dalio reduziert das Ganze auf vier mögliche Rahmenbedingungen oder Konjunkturlagen, die letztlich beeinflussen, wie sich der Preis von Vermögenswerten entwickelt. (Anders als in der Natur gibt es aber keine vorbestimmte Ordnung beziehungsweise Reihenfolge, in der sich diese Bedingungen entfalten.):

1. Die Inflation ist höher als erwartet (steigende Preise)
2. Die Inflation ist geringer als erwartet (oder sogar eine Deflation)
3. Das Wirtschaftswachstum ist höher als erwartet
4. Das Wirtschaftswachstum ist geringer als erwartet

Wenn Sie heute die Kurse von Aktien oder Anleihen betrachten, werden Sie feststellen, dass sie bereits die Markterwartungen über die Zukunft enthalten. »Die aktuellen Preise bilden buchstäblich die Zukunft ab«, bestätigte Dalio. Mit anderen Worten, der aktuelle Kurs der Apple-Aktie beinhaltet bereits die Erwartungen der Anleger, die glauben, dass das Unternehmen weiterhin in einem bestimmten Rhythmus wachsen wird. Und deshalb sinkt der Wert einer Aktie oft, wenn ein Unternehmen ankündigt, dass es seine angepeilten Gewinnziele verfehlt. »Es sind die Überraschungen, die letztlich bestimmen, welche Assetklasse sich gut entwickelt. Wenn wir ein unerwartet starkes Wachstum erleben, wäre das hervorragend für die Entwicklung der Aktienkurse, aber schlecht für Anleihen. Die wiederum entwickeln sich gut, wenn die Inflation sinkt.«

Wenn es letztlich nur vier potenzielle Wirtschaftslagen oder »Jahreszeiten« gibt, dann sollten Sie, so Ray, Ihr Risiko gleichmäßig (25 Prozent) über diese vier Kategorien verteilen. Ray erklärte: »Ich weiß, dass es gute und schlechte Rahmenbedingungen für jede Assetklasse gibt. Und ich weiß, dass die Rahmenbedingungen für jede dieser Assetklassen einmal im Leben katastrophal sind. Auch das hat sich im Verlauf der Geschichte als zutreffend erwiesen.«

Aus diesem Grund nennt er seinen Ansatz »All Weather« – Allwetterstrategie. In der Finanzwelt gibt es vier mögliche Großwetterlagen, und niemand weiß genau, wann welche eintrifft. Mit diesem Ansatz sind Sie für jede Rahmenbedingung gewappnet und geschützt. **»Ich stelle mir vier Portfolios vor, von denen jedes das gleiche Risiko beinhaltet. Das bedeutet, ich gehe in keiner Situation ein besonderes Risiko ein«**, führte Ray weiter aus. Ist das nicht cool? Wir versuchen nicht, die Zukunft vorherzusagen, weil das niemand kann. Stattdessen bereiten wir uns auf vier grundlegende Szenarien vor. Mit dieser Investmentstrategie sind wir immer auf der sicheren Seite und müssen uns nicht auf die Hoffnung verlassen. Und wir wissen, dass sich unsere Investitionen in jeder Situation gut entwickeln.

Bob Prince, zweiter Finanzvorstand von Bridgewater, beschreibt die Einzigartigkeit der Allwetterstrategie mit den folgenden Worten: **»Wir können ein Portfolio heute so strukturieren, dass es im Jahr 2022 Gewinne erzielt, obwohl wir nicht wissen, wie die Welt in 2022 aussehen wird.«**

»Wir kennen also die vier potenziellen Szenarien, aber welche Investitionen werden in jedem einzelnen Szenario positive Ergebnisse erzielen?« Ray beantwortete diese Frage, indem er sie jeder einzelnen Kategorie zuordnete. Nachfolgend eine Grafik zur Verdeutlichung.

	WACHSTUM	INFLATION
AUFSTIEG ↑	Aktien Unternehmensanleihen Rohstoffe / Gold	Rohstoffe / Gold TIPS (inflationsgeschützte Anleihen)
ABSTIEG ↓	Schatzanleihen TIPS (inflationsgeschützte Anleihen)	Schatzanleihen Aktien

Ein besonderes Geschenk

Auf den ersten Blick mag die Portfoliostrukturierung sehr komplex wirken, selbst wenn man die Prinzipien, die Ray erklärt hat, versteht. Eine Sache ist sicher: Komplexität ist der Feind der Umsetzung. Wenn Sie und ich tatsächlich diesen Prozess durchlaufen und den Lohn einstreichen wollen, musste ich einen Weg finden, diesen Rat *noch* stärker zu vereinfachen.

Also sagte ich zu Dalio: »Was Sie mir bisher verraten haben, ist von unschätzbarem Wert, weil es eine völlig andere Art und Weise ist, die Vermögensaufteilung zu betrachten. Wir wissen alle, dass die Vermögensaufteilung einer der wichtigsten Erfolgsfaktoren ist. Die Herausforderung für den durchschnittlichen Einzelanleger – und selbst für den erfahrenen Anleger – besteht darin, diese Prinzipien auf möglichst effektive Weise auf ein echtes Portfolio zu übertragen. Für 95 Prozent von uns ist das zu komplex. Es wäre ein großartiges Geschenk, wenn Sie die spezifischen Prozentsätze nennen könnten, die man in jede Assetklasse investieren sollte, um das Risiko richtig zu streuen!«

Dalio sah mich an und ich konnte buchstäblich sehen, wie es in seinem Gehirn arbeitete. »Tony, das ist nicht so einfach.« Ray erklärte mir, dass sein Unternehmen zur Renditesteigerung höchst ausgefeilte Investmentinstrumente und Hebel einsetze.

Ich verstand seine Botschaft, also bat ich ihn um eine vereinfachte Version: »Können Sie mir die Prozentsätze nennen, die der durchschnittliche Anleger ohne Hebel (Fremdkapital) anwenden kann, um bei geringstmöglichen Risiken die höchstmöglichen Renditen zu erzielen? Mir ist klar, dass das nicht die absolut perfekte Portfoliostruktur sein kann, weil ich Sie dränge, mir hier und jetzt konkrete Zahlen zu nennen. Aber Ihre besten Schätzwerte werden mit Sicherheit besser sein, als der Investmentplan der meisten Anleger. Könnten Sie mir eine Version Ihrer Allwetterstrategie liefern, die wir Durchschnittsanleger eigenständig oder mithilfe eines treuhänderischen Finanzberaters umsetzen können?«

Ray hat in den letzten zehn Jahren fast alle neuen Investoren abgelehnt. Das letzte Mal, dass er neue Kundengelder angenommen hat, akzeptierte er ausschließlich institutionelle Investoren mit einem Investitionsvermögen von 5 Milliarden Dollar und einer Mindestanfangsinvestition von 100 Millionen Dollar. Das sage ich, damit Sie verstehen, welch große Bitte ich an ihn richtete. Aber ich weiß, wie wichtig ihm »Otto Normalverbraucher«

ist. Er hat seine eigene Herkunft als Selfmade-Unternehmer aus bescheidenen Verhältnissen in Queens, New York, nicht vergessen.

»Ray, ich weiß, dass Sie ein sehr großes Herz haben und überaus hilfsbereit sind. Lassen Sie uns dem Normalbürger ein Erfolgsrezept an die Hand geben. Sie würden derzeit sowieso keine neuen Kunden annehmen, selbst wenn sie 5 Milliarden in der Tasche hätten. Helfen Sie Ihren Brüdern und Schwestern!«, sagte ich mit einem breiten Lächeln.

Und dann geschah etwas Magisches.

Ich blickte in Rays Augen und sah, wie sich ein Lächeln auf seinem Gesicht ausbreitete. »In Ordnung, Tony. Diese Zahlen sind weder perfekt noch exakt, aber ich werde Ihnen ein Musterportfolio nennen, das der durchschnittliche Anleger umsetzen kann.« Und dann begann er langsam die genaue Abfolge aufzuzeigen, die seiner Erfahrung nach in jeder Marktumgebung die Wahrscheinlichkeit auf hohe Renditen erhöht, und zwar so lange wir leben und bei geringstmöglichen Risiken.

Bitte einen Trommelwirbel

Sie werden jetzt die konkrete Vermögensaufteilung von einem Mann erfahren, der von vielen als bester Portfoliostrukturierer der Welt bezeichnet wird. Ein Selfmademan, der aus dem Nichts ein Nettovermögen von 14 Milliarden Dollar aufgebaut hat und der pro Jahr 160 Milliarden Dollar aktiv verwaltet und für seine Investoren Jahresrenditen von 21 Prozent (vor Gebühren) erzielt. Sie werden nun nicht nur erfahren, in welche Assetklassen Sie investieren, sondern auch, wie hoch der Prozentsatz pro Assetklasse sein sollte, damit Sie die höchstmöglichen Renditen einfahren können! Wenn Sie im Internet recherchieren, werden Sie feststellen, dass viele Menschen versucht haben, auf Basis seiner bisherigen Interviews eine Version seiner Strategie nachzubilden. Tatsächlich ist auf Basis von Dalios Innovationen eine ganz neue Kategorie an Investmentprodukten entstanden, die als »Risikoparität« bezeichnet werden. Viele Fondsmanager sagen, sie hätten sich in ihrer Strategie von Ray Dalios Ansatz »inspirieren« lassen, aber niemand hat die spezifische Vermögensaufteilung vom Großmeister persönlich erhalten. Zahlreiche dieser Imitationen brachen 2008 um 30 Prozent oder mehr ein. Wenn Sie mich fragen, klingt das mehr nach »irgendein Wetter« als nach »Allwetter.« Eine falsche Rolex wird nie das Original ersetzen. (Kurzer Hinweis: Die nachfolgend abgebildete Strategie ist natürlich *nicht* dasselbe wie Rays All-Weather-Strategie. Wie er schon sagte, verwendet sein Fonds höchst ausgefeilte Instrumente und setzt auch Hebel ein. Die Kernprinzipien sind aber die gleichen und die spezifischen Prozentsätze stammen direkt von Ray. Daher wollen wir diese Struktur hier als Allwetterportfolio bezeichnen.)

Die Zahlen

Ray skizzierte die folgende Aufteilung:

Erstens, so sagte er, brauchen wir 30 Prozent in Aktien (zum Beispiel, den S&P500 oder einen anderen Aktienindex zur weiteren Diversifizierung innerhalb dieser Assetklasse). Zunächst klang das nach einem ziemlich geringen Anteil, aber vergessen Sie nicht, dass Aktien dreimal so riskant sind wie Anleihen.

»Dann brauchen Sie langfristige Staatsanleihen. 15 Prozent in Anleihen mit mittlerer Laufzeit [US-Schatzanleihen mit einer Laufzeit von 7 bis 10 Jahren] und 40 Prozent in langfristigen Anleihen [US-Schatzanleihen mit einer Laufzeit von 20 bis 25 Jahren].«

»Warum ein derart hoher Prozentsatz?«, fragte ich.

»Weil Sie damit die Volatilität der Aktien ausgleichen.« Schnell fiel mir wieder ein, dass es um die Gewichtung der Risiken geht, nicht der absoluten Geldsummen. Durch das Gewicht auf längerfristige Anleihen birgt diese Aufteilung das Potenzial für höhere Renditen.

Dieses Portfolio vervollständigte er mit 7,5 Prozent in Gold und 7,5 Prozent in Rohstoffen. »Sie brauchen einen Anteil in Ihrem Portfolio, der bei einer höheren Inflation gute Ergebnisse erzielt, daher wollen Sie einen gewissen Prozentsatz in Gold und Rohstoffe investieren – beides stark schwankungsanfällige Assetklassen. Das ist empfehlenswert, weil es Marktlagen gibt, in denen sich eine hohe Inflation sowohl auf Aktien als auch auf Anleihen negativ auswirkt.«

Und schließlich muss das Portfolio regelmäßig auf seine Ausgewogenheit hin überprüft werden. Das bedeutet, wenn ein Segment stark anzieht, müssen Sie einen Teil verkaufen und den Ertrag so reinvestieren, dass die ursprüngliche Aufteilung wieder hergestellt ist. Das sollten Sie mindestens einmal pro Jahr machen, was einer der Gründe ist, warum ich Ihnen empfehle, sich an einen treuhänderischen Berater zu wenden, der diesen laufenden und überaus wichtigen Prozess für Sie managt.

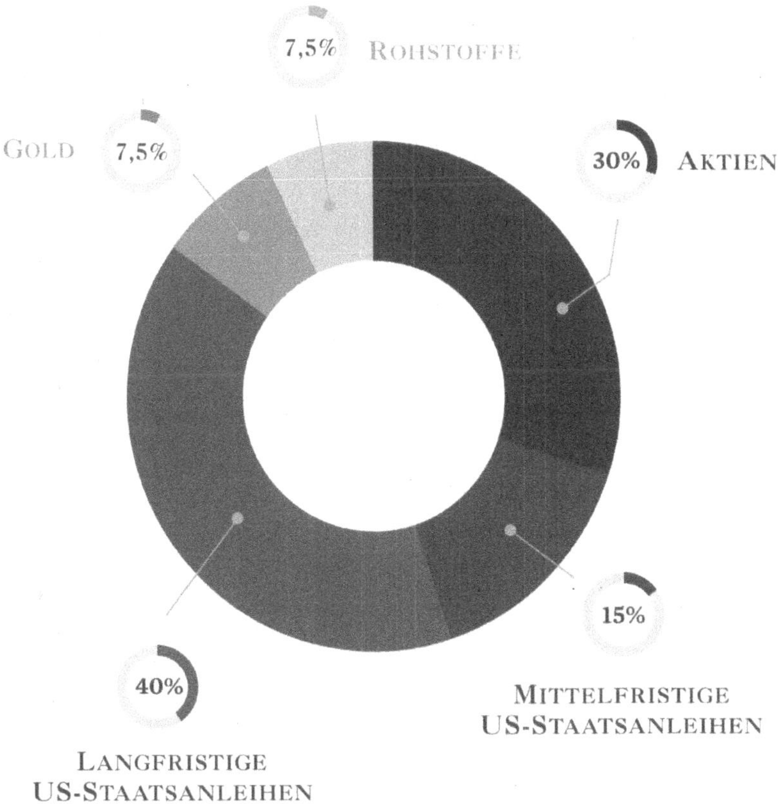

Dankbarkeit

Nun haben wir es schwarz auf weiß. Ray hat uns großzügig und meisterhaft ein Erfolgsrezept geliefert, das das Leben von vielen Millionen Bürgern verändern kann. Sind Sie sich darüber im Klaren, welche Großzügigkeit dieser Mann Ihnen und mir gegenüber gezeigt hat? Daher war ich auch nicht im Geringsten überrascht, als ich später erfuhr, dass Ray und seine Frau Barbara sich an der Initiative Giving Pledge beteiligt haben – eine Selbstverpflichtung der reichsten Menschen der Welt, zu denen unter anderem Bill Gates und Warren Buffett zählen, den Großteil ihres Vermögens für philanthropische Initiativen zu stiften.

Habe ich nun Ihre volle Aufmerksamkeit?

Als mir mein eigenes Investmentteam die Ergebnisse unseres Backtests (das ist eine Simulation auf Basis historischer Daten) dieser Allwetterstrategie vorlegte, war ich erstaunt. Ich werde das nie vergessen. Ich saß mit meiner Frau gerade beim Abendessen, als ich folgende Textnachricht von Ajay Gupta erhielt: »Haben Sie die E-Mail mit den Ergebnissen des Backtests gesehen? Unglaublich!« Normalerweise schickt mir Ajay abends keine Textnachrichten, daher wusste ich, dass er es nicht abwarten konnte, mir das mitzuteilen. Sobald wir zu Ende gegessen hatten, schnappte ich mir mein Smartphone und öffnete die E-Mail ...

Kapitel 25
Es ist Zeit durchzustarten: Sturmsichere Renditen und beispiellose Ergebnisse

Wenn du keinen Fehler gemacht hast, aber trotzdem verlierst, ...
solltest du ein anderes Spiel spielen.
YODA, Jedi-Meister

Die Probe aufs Exempel

Man kann berechtigterweise sagen, dass wir in den letzten 80 oder mehr Jahren jede mögliche Konjunkturlage und eine Reihe Überraschungen erlebt haben – von der Großen Depression bis zur Großen Rezession sowie alle Schattierungen dazwischen. Wie hat sich das Allwetter-Portfolio in diesen 80 Jahren bewährt? Wie erwähnt, präsentierte ich es einem Team von Analysten, die es einem Backtest unterzogen, der bis ins Jahr 1925 zurückreicht! Die Ergebnisse versetzten alle in Erstaunen.

Im vorhergehenden Kapitel haben wir bereits gesehen, wie sich die Allwetterstrategie im Zeitraum von 40 Jahren bewährt hat; jetzt wollen wir die Ergebnisse näher betrachten. Werfen wir einen Blick auf die Performance während der 30 Jahre von 1984 bis 2013 – den Zeitraum, den ich als »moderne Periode« bezeichne. Das Portfolio erwies sich als grundsolide:[1]

- **Eine Jahresrendite von knapp unter 10 Prozent (genauer gesagt, 9,72 Prozent nach Gebühren).** Hier ist der Hinweis wichtig, dass es sich um die tatsächliche Rendite und um keine künstlich aufgeblähte handelt.

---

[1] Ausgehend von einer jährlichen Umschichtung. Die Ergebnisse der Vergangenheit sind keine Garantie für zukünftige Ergebnisse. Wie zuvor erwähnt, liefere ich Ihnen hier die historischen Daten zur Verdeutlichung und Diskussion der zugrunde liegenden Prinzipien.

- **Zu 86 Prozent der Zeit hätten Sie Gewinne erzielt.** Das bedeutet, es gab nur vier Verlustjahre. Der durchschnittliche Verlust betrug 1,9 Prozent, und einer der vier Verluste betrug gerade einmal 0,03 Prozent (praktisch ein Break-even-Jahr). Effektiv hätten Sie also in 30 Jahren nur drei Verlustjahre erlebt.
- **Die schlechtesten Ergebnisse wurden 2008 erzielt: -3,9 Prozent (während der S&P 500 um 37 Prozent eingebrochen war!**
- Anlegeralarm! Die Standardabweichung betrug lediglich 7,63 Prozent (Das bedeutet ein extrem geringes Risiko und eine sehr geringe Volatilität.)

Wir wollen hier aber nicht nur über die positiven Aspekte sprechen. Lassen Sie uns untersuchen, wie sich das Portfolio in den schlimmsten Zeiten – den wirtschaftlichen »Winterperioden« – verhielt. Diese Analyse wird in der Branche als Stresstest bezeichnet.

Wenn Sie die – wie ich sie nenne – historische Periode von 1939 bis 2013 betrachten (75 Jahre), dann achten Sie auf die nachfolgenden beunruhigenden Statistiken. (Beachten Sie, dass wir bei unserer historischen Betrachtung verschiedene »Börsenmärkte« verwenden mussten, um die Vermögensaufteilung abzubilden, weil einige Indizes vor 1983 nicht existierten. Lesen Sie am Ende des Kapitels die vollständige Erklärung der verwendeten Methodologie.)

S&P versus Allwetter-Portfolio (historische Betrachtung über einen Zeitraum von 75 Jahren)

S&P	Allwetter-Portfolio
In 75 Jahren büßte der S&P 18 Mal an Wert ein.*	Im selben Zeitraum verlor das Allwetter-Portfolio nur zehn Mal Geld (etwas öfter als durchschnittlich einmal pro Jahrzehnt)**
Der höchste Einzelverlust betrug -43,3 Prozent	Der höchste Einzelverlust betrug lediglich -3,93 Prozent
Der durchschnittliche Verlust betrug -11,40 Prozent	Der durchschnittliche Verlust betrug nur -1,63 Prozent

*** Beinhaltet die Thesaurierung der Dividenden.**

**** In zwei der zehn Verlustjahre betrug der Verlust lediglich 0,03 Prozent (was praktisch einem Break-even entspricht. Aus praktischer Perspektive gab es in 75 Jahren also nur 8 Verlustjahre).**

Jetzt wollen wir noch weiter zurückgehen, und zwar bis 1927. Dieser Zeitraum enthält das schlimmste Jahrzehnt der Wirtschaftsgeschichte: die Große Depression:

S&P	Allwetter-Portfolio
In 87 Jahren (bis 2013) büßte der S&P 24 Mal an Wert ein (ungefähr 27 % der Zeit)*	Im selben Zeitraum verlor das Allwetter-Portfolio nur 14 Mal Geld (das bedeutet 73 Jahre positive Ergebnisse)
Auf dem Höhepunkt der Depression, den vier aufeinanderfolgenden Verlustjahren 1929–1932, verlor der S&P 64,40 % seines Wertes.	Im selben Vierjahreszeitraum (1929–1932) betrug der Gesamtverlust des Allwetter-Portfolios 20,55 % (um 59 % besser als der S&P)
Der durchschnittliche Verlust betrug -13,66 %	Der durchschnittliche Verlust betrug nur 3,65 %

*** Beinhaltet die Thesaurierung der Dividenden.**

Ob die Behauptung, ein Haus sei sturmsicher, stimmt, erweist sich erst im Verlauf der Zeit und nach mehreren überstandenen Stürmen. Nachfolgend eine Tabelle, in der die sieben schlimmsten Markteinbrüche seit 1935 abgebildet sind. Wie Sie sehen werden, erzielte das Allwetter-Portfolio in zwei der sieben »Winter« sogar positive Ergebnisse! Und die Verluste, die es in diesem Zeitraum erlitt, waren im Vergleich mit dem US-Aktienmarkt relativ gering. Ein klassisches Beispiel für Trendresistenz. Während dieser »Winter« allen anderen das Blut in den Adern gefrieren ließ, hätten Sie mit diesem Portfolio entspannt zum Skilaufen oder Snowboarden gehen und anschließend genussvoll eine heiße Schokolade trinken können!

Schlimmste Einbrüche seit 1935

Jahr	S&P*	Allwetter-Portfolio
1937	-35,03 %	-9,00 %
1941	-11,59 %	-1,69 %
1973	-14,69 %	3,67 %
1974	-26,47 %	-1,16 %
2001	-11,89 %	-1,91 %
2002	-22,10 %	7,87 %
2008	-37,00 %	-3,93 %

*** beinhaltet Thesaurierung der Dividenden**
Quelle: Jemstep

Wenn Sie betrachten, wie sich das Allwetter-Portfolio in der jüngsten Vergangenheit im Vergleich zum Markt verhalten hat, werden Sie einen noch größeren Unterschied feststellen! Vom 1. Januar 2000 bis 31. März 2014 ließ das Allwetter-Portfolio den Markt (S&P 500) weit hinter sich. In diesem Zeitraum erlebten wir alle möglichen »Überraschungen«, wie Ray Dalio sie nennt: die geplatzte Dotcom-Blase, die Kreditkrise, die europäische Schuldenkrise und den größten Einbruch des Goldpreises in einem Jahr (28 Prozent 2013) seit mehr als einem Jahrzehnt. Dieser Zeitraum beinhaltet das, was die Experten als »verlorenes Jahrzehnt« bezeichnen, in dem der S&P sich zehn Jahre lang praktisch nicht bewegte – er war »flat«, wie es im Börsenjargon heißt –, und zwar von 2000 bis Ende 2009. Werfen Sie einen Blick auf die unterschiedliche Entwicklung des Marktes und des Allwetter-Portfolios.

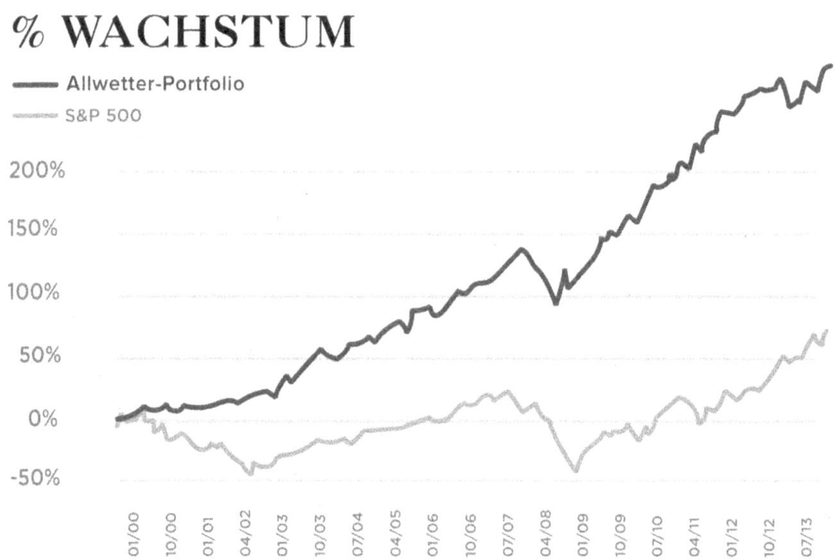

Am besten ignorieren

Es ist faszinierend und gleichzeitig ziemlich traurig, dass wir in einer Zeit leben, in der die Medien ganz versessen darauf sind, jeden niederzumachen, der als »Klassenprimus« gilt. Unsere Kultur scheint darauf ausgerichtet, herausragende Erfolgsmenschen zuerst in den Himmel zu jubeln und als Modell für Perfektion zu preisen, nur um anschließend zu hoffen, sie mögen mit Pauken und Trompeten von ihrem Podest herunterfallen. Ob es ein Spitzensportler, ein Vorstandsvorsitzender oder ein Investmentmanager ist, jede falsche Bewegung oder ein scheinbarer kleiner Kratzer in der strahlenden Ritterrüstung wird bis zum Gehtnichtmehr ausgeschlachtet. Dieselben Menschen, die gestern noch zu Ikonen hochstilisiert wurden, werden heute auf dem Marktplatz des Fernsehens und des Internets gesteinigt.

Ich fand es höchst irritierend, als Dalios Allwetterstrategie nach mehr als 30 Jahren absolut herausragender Ergebnisse heftige Kritik erntete, als sein Portfolio im August 2013 ungefähr 4 Prozent einbüßte. Ganze 4 Prozent. Nicht den Einbruch um 37 Prozent, den der S&P nur weniger Jahre zuvor verzeichnet hatte. Wie bereits gesagt, die Allwetterstrategie wird historisch betrachtet irgendwann Verlust machen, allerdings ist das Ziel, diese dramatischen Einbrüche zu minimieren. Seien wir ehrlich: Sie könnten sich in dieses Portfolio einkaufen und gleich im ersten Jahr einen Verlust erzielen. Dieses Portfolio macht sich nicht zum Ziel, auf alle Ewigkeit sensationelle Renditen zu erzielen. Es handelt sich dabei vielmehr um einen langfristigen Ansatz für eine möglichst schwankungsfreie Vermögensentwicklung. Es wäre falsch, diese Strategie auf Basis der Ergebnisse eines einzigen Jahres zu beurteilen. Vielmehr müssen wir die langfristige Performance betrachten – wie bei jeder anderen Geldanlage auch. Zum Zeitpunkt der Entstehung dieses Buches (Mitte 2014) sind die Medien wieder auf ihren alten Kurs der Lobeshymnen eingeschwenkt, nachdem Rays Allwetter-Fonds Ende Juni 11 Prozent Wertzuwachs verzeichnete.

Stellen Sie sich vor, dieser ganze Medienrummel wegen 4 Prozent? Vergessen, dass das Allwetter-Portfolio in den vergangenen fünf Jahren von 2009 bis 2013 im Schnitt 11 Prozent Rendite pro Jahr erzielte, selbst einschließlich dieses einen Verlustjahres! Die Tatsache, dass er einen, wenn auch nur geringen Verlust erlitt, während der Markt aufwärts tendierte, und dass er derart große Medienaufmerksamkeit erhielt, zeigt, dass seine unglaublichen Ergebnisse bereits zu einer festen Erwartung geworden sind. Finanzmedien sind gnadenlos kurzsichtig: Nach ihrer Meinung sind Sie nur so gut, wie Ihr letzter Treffer. Lächerlich. Vergessen die Tatsache, dass sich Rays Kunden Jahr für Jahr und Jahrzehnt um Jahrzehnt außerordentlicher Ergebnisse erfreuen konnten, wie das Magazin *New Yorker* in einem Artikel aus dem Jahr 2011 mit der Überschrift »Mastering the Machine« über Bridgewater berichtete:

»Im Jahr 2007 warnte Dalio, der Immobilienkredit-Boom würde ein schlechtes Ende nehmen. Später im selben Jahr warnte er die Regierung Bush, viele der größten Banken der Welt befänden sich am Rande der Insolvenz. Im Jahr 2008, für viele Wettbewerber von Bridgewater ein wahres Katastrophenjahr, realisierte das Flaggschiff des Unternehmens, der Pure Alpha-Fonds, einen Wertzuwachs von 9,5 Prozent nach Gebühren. Letztes Jahr betrug der Wertzuwachs 45 Prozent. Das ist die höchste Rendite, die ein großer Hedgefonds je erzielt hat.«

Der Punkt ist, dass es eine Reihe von Experten gibt, die sich immer zurücklehnen und meckern, *egal* welche Strategie Sie anwenden. Um es mit meinem Lieblingszitat von David Babbel zu sagen: »Lass sie kritisieren; gehen wir schlafen.«

Gute Fragen

Die häufigste Frage, die Blogger im Zusammenhang mit der Allwetterstrategie stellen, lautet: Was passiert, wenn die Zinssätze steigen? Werden die US-Staatsanleihen dann nicht nachgeben und einen Verlust im Portfolio verursachen, weil ein so hoher Anteil des Portfolios in Anleihen investiert ist?

Das ist eine berechtigte Frage, die allerdings mehr verdient als die pessimistischen Kommentare irgendwelcher Möchtegern-Experten. Zunächst müssen Sie sich in Erinnerung rufen, dass es keine reine Wette auf Anleihen bedeutet, wenn Sie einen großen Teil Ihres Portfolios in Anleihen investiert haben. Dieses Portfolio streut Ihre Risiken über die vier potenziellen Konjunkturlagen.

Ray hat uns gezeigt, dass es nicht darum geht, sich auf eine bestimmte Wirtschaftslage einzustellen oder zu wissen, welche Konjunkturlage uns als Nächstes erwartet. Denken Sie daran, dass es die Überraschungen sind, die die meisten auf dem falschen Fuß erwischen.

Tatsache ist, dass viele versucht haben, die folgende Wirtschaftssituation vorauszusagen, indem sie einen kurzfristigen schnellen Zinsanstieg prognostizierten. Schließlich befinden sich die Zinssätze auf einem historischen Tief. Dennoch sagt Michael O'Higgins, Autor von *Beating the Dow*, es könnte noch eine ganze Zeit dauern, bis eine nennenswerte Anhebung der Zinssätze erfolge, da die Fed dafür bekannt ist, die Zinssätze über lange Zeiträume niedrig zu halten, um die Kreditkosten zu drücken: »Die große Zahl an Anlegern, die glauben, dass die Zinssätze im kommenden Jahr (2014) unweigerlich steigen werden, mögen sich in Erinnerung rufen, dass die Fed die langfristigen Zinsen von 1934 bis 1956, das heißt, über einen Zeitraum von 22 Jahren, unter 3 Prozent hielt.«

Seit 2008 hält die Fed an ihrer Niedrigzinspolitik fest. Wer weiß, wie lange noch. Anfang 2014, als alle gebannt auf einen Zinsanstieg warteten, sanken sie stattdessen erneut und lösten einen sprunghaften Anstieg der Preise von US-Staatsanleihen aus. (Denken Sie daran, wenn die Zinsen sinken, steigen die Preise für Anleihen.)

Wie bewährte sich das Allwetter-Portfolio in einem Markt mit steigenden Zinsen?

Eine aufschlussreiche Übung ist der Blick zurück in die Geschichte in eine Zeit, in der die Zinssätze schwindelerregende Höhen erklommen. Nachdem die Zinsen über viele Jahrzehnte kontinuierlich gesunken waren, ereignete sich in den 1970er-Jahren eine rasante Inflation. Trotz der astronomischen Zinssätze verzeichnete das Allwetter-Portfolio in jenem Jahrzehnt nur in einem einzigen Jahr Verluste und erzielte über die gesamte Dekade eine durchschnittliche Jahresrendite von 9,68 Prozent. Das beinhaltet die Markteinbrüche von 1973 und 1974, als der S&P 14,31 Prozent seines Wertes verlor, sowie einen weiteren Einbruch um 25,90 Prozent, sodass der kumulierte Verlust 40,21 Prozent betrug.

Lassen wir uns also nicht von irgendwelchen Besserwissern einreden, sie wüssten, welches Szenario als Nächstes eintritt. Vielmehr wollen wir uns auf alle möglichen Szenarien und Überraschungen vorbereiten, die auf uns zukommen können.

Auf dem Boden der Tatsachen

Ein abschließender maßgeblicher Vorteil der Allwetterstrategie enthält ein eher menschliches Element. Viele Kritiker werden einwenden, wer eine hohe Risikotoleranz besitze, hätte die Allwetterstrategie womöglich sogar schlagen können. Und da hätten sie recht. Allerdings geht es bei der Allwetterstrategie nicht darum, die Märkte zu schlagen, sondern die Volatilität und die damit einhergehenden Risiken soweit wie möglich zu senken und gleichzeitig die höchstmögliche Rendite zu erzielen.

Wenn Sie noch relativ jung sind und einen langen Zeithorizont haben oder eine hohe Risikotoleranz besitzen, können Sie trotzdem von den Vorteilen dieser Strategie profitieren, aber das Verhältnis Aktien zu Anleihen leicht erhöhen, um – hoffentlich – die Rendite zu steigern. Vergessen Sie jedoch nicht, dass ein höherer Aktienanteil Risiko und Schwankungsanfälligkeit erhöht, weil Sie dann stärker auf ganz bestimmte Rahmenbedingungen wetten (in denen die Aktien hoffentlich einen Wertzuwachs erfahren). In der Vergangenheit hat das ziemlich gut funktioniert. Auf der Website von Stronghold können Sie sehen, dass das Portfolio mit einem etwas größeren Aktienanteil im Verlauf der Zeit eine höhere Rendite, in den schlechten Jahren aber auch höhere Verluste erzielt hätte. Hier aber ein unglaublich interessantes Detail: Im Vergleich zu einem Standardportfolio mit einer 60:40-Aufteilung zwischen Aktien und Anleihen (60 Prozent Investition in den S&P und 40 Prozent in den Barclays Aggregate Bond Index), schnitt **das Allwetter-Portfolio trotz eines höheren Aktienanteils besser ab. Außerdem hätten Sie mit der traditionellen 60:40-Aufteilung ein Risiko von 80 Prozent hingenommen (Standardabweichung), um Ergebnisse zu erzielen, die dennoch leicht hinter denen des Allwetter-Portfolios mit einem erhöhten Aktienanteil zurückgeblieben wären.**

Aber bedenken wir eines: Unser Nervenkostüm ist meist wesentlich dünner, als wir meinen. Das Research-Unternehmen Dalbar enthüllte die Wahrheit über unsere wahre Risikobereitschaft. **In den 20 Jahren vom 31. Dezember 1993 bis zum 31. Dezember 2013 erzielte der S&P 500 eine Jahresrendite von 9,2 Prozent, die Rendite des durchschnittlichen Anlegers in Investmentfonds betrug dagegen nur knapp über 2,5 Prozent, das heißt, sie übertraf mit Mühe die Inflationsrate.[2] Um das in die richtige Perspektive zu rücken: Sie hätten eine höhere Rendite erzielt, wenn Sie in US-Staatsanleihen mit dreimonatiger Laufzeit (entspricht beinahe einem Bargeld-Äquivalent) investiert und Ihre Nerven geschont hätten.**

2 Quelle: Richard Bernstein Advisors LLC, Bloomberg, MSL, Standard & Poor's, Russell, HFRI, Merrill Lynch, Dalbar, FHFA, FRB, FTSE. Gesamtrendite in US-Dollar.

Warum schöpften die durchschnittlichen Anleger das Gewinnpotenzial des Marktes nicht aus?

Louis Harvey, Präsident von Dalbar, zufolge »investieren und verkaufen sie zum falschen Zeitpunkt. Entweder sie geraten in Schwärmerei oder in Panik und schaden sich selbst.«

Eines der wirklich beunruhigenden Beispiele ist eine Studie, die Fidelity über die Performance seines Vorzeigeprodukts Magellan Investmentfonds durchgeführt hat. **Der Fonds wurde von der Investmentlegende Peter Lynch[3] gemanagt, der zwischen 1977 und 1990 beeindruckende durchschnittliche Jahresrenditen von 29 Prozent erzielte. Dennoch stellte Fidelity fest, dass der durchschnittliche Magellan-Anleger Geld verlor!!** Wie in aller Welt war das möglich? Fidelity machte deutlich, dass die Anleger massenweise verkauften, wenn der Fonds nachgab, aus Angst, sie könnten noch mehr verlieren. Und wenn er sich wieder erholte, kehrten sie in Scharen zurück.

Hier die ganze Wahrheit: Die meisten Menschen haben nicht die Nerven, ein weiteres 2008 durchzustehen, ohne einen Teil oder ihre gesamten Geldanlagen abzustoßen. Das liegt in der menschlichen Natur. Wenn sie also über bessere Renditen sprechen, sprechen sie im Wesentlichen über einen fiktiven Anleger – einen mit Nerven wie Drahtseile und einem extrem resistenten Magen. Ein Beispiel: Vor Kurzem las ich *MarketWatch* und stieß auf einen Artikel von Mark Hulbert. Seine Finanzpublikationen verfolgen und messen den Erfolg der konkreten Investitionsempfehlungen, die Abonnement-Newsletter den Anlegern geben. Der beste Newsletter gab Tipps, mit denen Sie über einen Zeitraum von 20 Jahren jährlich 16,3 Prozent Rendite erzielt hätten! Exzellente Leistung ist das Mindeste, was man sagen kann. Aber mit den Aufschwüngen gehen große Einbrüche einher. Hulbert erklärt: »Diese schwindelerregenden Renditen können für den Magen eine wahre Fahrt mit der Achterbahn bedeuten, denn die Ergebnisse, die man in den Abschwüngen der letzten drei Marktzyklen – seit 2000 – erzielt hätte, wenn man auf die Empfehlungen dieses Dienstes gehört hätte, zählten zu den schlechtesten unter den Vergleichsdiensten.

3 Ich hatte das Privileg, Peter Lynch während seines großen Siegeszuges über seine zentralen Investitionsprinzipien interviewen zu dürfen, als er Anfang der 1990er-Jahre im Rahmen meines Wealth-Mastery-Programms einen Vortrag hielt.

Während des Bärenmarktes von 2007 bis 2009, zum Beispiel, verlor das durchschnittliche Modellportfolio dieses Dienstes fast zwei Drittel seines Wertes.« Zwei Drittel?! Das sind 66 Prozent! Können Sie sich vorstellen, 100.000 Dollar zu investieren und kurze Zeit später nur noch 33.000 Dollar auf Ihrem Kontoauszug vorzufinden? Hätten Sie die Zähne zusammengebissen und durchgehalten?

Als Mark den Herausgeber des Newsletters fragte, ob Anleger diese Achterbahnfahrt wirklich durchhalten könnten, schrieb er in deutlicher Untertreibung zurück, sein Ansatz sei nicht für Anleger gemacht, »die ihre breit diversifizierten Portfolios bei der ersten Wolke am Himmel abstoßen.«

Ich würde einen Einbruch um 66 Prozent nicht als »Wolke am Himmel« bezeichnen. Seine Worte klangen, als würden wir Normalsterbliche zur Überreaktion neigen – als würden wir aus einem fahrenden Auto springen, sobald eine Warnanzeige aufleuchtet. Denken Sie daran, ein Verlust von 66 Prozent würde Gewinne von fast 200 Prozent erfordern, nur um wieder auf null zu kommen – um einfach nur den verlorenen Anteil an Ihrem Vermögen zurückzugewinnen, dessen Aufbau Sie vielleicht ein ganzes Leben gekostet hat!

Bei einem Verlust von	müssen Sie diese Gewinne erzielen, um die Verluste wieder gutzumachen
5 %	5 %
10 %	11 %
15 %	18 %
20 %	25 %
25 %	33 %
30 %	43 %
35 %	54 %
40 %	67 %
45 %	82 %
50 %	100 %
75 %	300 %
90 %	900 %

Die Finanzstrategen, die ich für dieses Buch interviewt habe, sind ausnahmslos davon besessen, jeglichen Verlust zu vermeiden. Sie wissen, dass man anschließend deutlich höhere Gewinne erzielen muss, um den Verlust wieder auszugleichen und die ursprüngliche Investitionssumme wiederherzustellen – um also einen Break-even zu erzielen.

Die Wahrheit lautet, wenn wir ganz ehrlich zu uns selber sind, dass wir alle emotionale Investitionsentscheidungen treffen. Wir sind emotionale Wesen, und selbst die besten Händler der Welt müssen stets ihre inneren Ängste bekämpfen. Das Allwetter-Portfolio schützt Sie nicht nur vor jedem potenziellen Verlustszenario, sondern auch vor sich selbst! Es bietet einen »emotionalen Schutzschild«, der Sie davon abhält, schlechte Entscheidungen zu treffen. Wenn Ihr schlechtestes Jahr in den letzten 75 Jahren einen Verlust von 3,93 Prozent bedeutete, wie hoch ist die Wahrscheinlichkeit, dass Sie in Panik geraten und alles verkaufen? Und wie ruhig hätten Sie sich im Jahr 2008 gefühlt, als Ihr Portfolio nur 3,93 Prozent Verlust gemacht hat, während alle anderen Opfer einer Beinahe-Kernschmelze des weltweiten Finanzsystems wurden?

Da haben Sie es! Das Allwetter-Rezept des Großmeisters Ray Dalio. Und anstatt zu warten, bis Sie über ein Nettovermögen von 5 Milliarden Dollar verfügen, haben Sie für das wenige Geld, das Sie für dieses Buch ausgegeben haben, Zugang zu seiner Anlagestrategie! Ray hat sie vereinfacht, indem er die Hebel herausgenommen und den Ansatz etwas passiver gestaltet hat (ohne den Versuch, mit der besten Einzelauswahl von Aktien den Markt zu schlagen oder die Zukunft vorherzusagen). Probieren Sie diese Vermögensaufteilung aus, aber wenn Sie das tun, lassen Sie mich einige Vorsichtshinweise hinzufügen:

- Die kostengünstigen Indexfonds oder ETFs, die Sie auswählen, werden die Performance ändern. Es ist wichtig, dass Sie die effizientesten und kosteneffektivsten Angebote für jeden Prozentsatz finden.
- Das Portfolio muss kontinuierlich beobachtet und einmal im Jahr umgeschichtet werden.

Krisenfeste lebenslange Einkünfte

Das Stronghold-Team (www.strongholdfinancial.com) bietet seinen Kunden derzeit das Allwetter-Portfolio als eine von vielen verfügbaren Optionen an. Einige Leser werden es auf eigene Faust umsetzen wollen, wohingegen andere das besser einem kompetenten treuhänderischen Finanzberater wie Stronghold überlassen. Werden Sie aktiv, aber gehen Sie so vor, wie es für Sie persönlich am besten ist.

Ergreifen Sie die Initiative

Der Ball befindet sich nun auf Ihrer Seite. Wenn Sie eine bessere Strategie haben, die erwiesenermaßen bei möglichst geringen Risiken hohe Renditen produzieren, dann sollten Sie vielleicht Ihren eigenen Hedgefonds auflegen. Sie sind nun mit dem Wissen gerüstet, um auf eigene Faust zu investieren, oder Sie wenden sich – wenn Ihnen das lieber ist – an einen kompetenten und vertrauenswürdigen Finanzberater, der die Strategie für Sie umsetzt und Ihr Portfolio überwacht.

Wenn Sie Ihren eigenen persönlichen Investitionsplan in fünf Minuten erstellen wollen, dann rufen Sie jetzt die Website www.strongholdfinancial.com auf, um zu sehen, wie sich Ihr derzeitiger Portfolioansatz gegenüber einer Reihe anderer Strategien behauptet, einschließlich der hier vorgestellten Allwetterstrategie.

Strongholds Gratisanalysen ermöglichen Ihnen, »hinter die Kulissen« zu blicken und herauszufinden, wie viel Sie wirklich an Gebühren zahlen und welche Rendite Ihre Geldanlagen wirklich erzielen. Außerdem werden sie Ihnen sagen, wie hoch das Risiko ist, das Sie derzeit eingehen, und Ihnen die wahre Rendite nennen, die Ihr Portfolio im Verlauf der letzten 15 Jahre erzielt hat – einem Zeitraum, in dem wir zwei Markteinbrüche um fast 50 Prozent erlebt haben (2000–2002 und 2008–2009)! Falls Sie sich entscheiden, aktiv zu werden und Ihre Konten auf Stronghold zu übertragen, können Sie das hier und jetzt online tun. Falls nicht, haben Sie alle notwendigen Informationen gratis erhalten.

Bare Münze

Was Sie nun in den Händen halten, ist ein Investmentplan mit einer Erfolgsbilanz aus »gleichmäßigen« Renditen, die ihresgleichen suchen. Sie können diesen Plan in wenigen Minuten umsetzen und sind nicht länger den nervenaufreibenden Kursschwankungen des Marktes ausgesetzt. Natürlich weiß niemand, was die Zukunft bringt, aber die Geschichte sagt uns, dass Sie mit diesem Portfolio die besten Voraussetzungen haben, gute Ergebnisse zu erzielen und in jedem Marktszenario geschützt zu sein.

Jetzt wollen wir zu unserer Investment-Metapher der »persönlichen Everest-Besteigung« zurückkehren. Mit der Allwetterstrategie sind Sie bestens für den Aufstieg auf den Gipfel gerüstet, ohne fürchten zu müssen, durch Schneestürme, Lawinen oder einen plötzlichen Wetterwechsel auf Abwege zu geraten. Natürlich wird es Überraschungen geben, aber Sie sind bestens gerüstet, um Ihren Aufstieg dennoch erfolgreich fortzusetzen. Sobald Ihr Vermögen eine kritische Masse erreicht hat, die Ihnen finanzielle Freiheit beschert, müssen Sie Ihre Investitionen in einen garantierten lebenslangen Einkommensstrom verwandeln. Das ist Ihr Plan für lebenslange Einkünfte – der monatliche Gehaltsscheck, der Ihnen ins Haus flattert, ohne dass Sie dafür arbeiten müssen; der Plan, der Ihnen die ersehnte finanzielle Freiheit bietet. Blättern wir um, um zu erfahren, wie sich die Formel »Krisenfeste Investitionen + lebenslange Einkünfte = echte finanzielle Freiheit« umsetzen lässt.

WIE MACHT ER DAS?

Wie gelingt es Ray Dalio, kontinuierlich derart außerordentliche Renditen zu erzielen? Dalio hat gelernt, dass die Weltwirtschaft eine gigantische Maschinerie ist, in der alles auf irgendeine Weise mit allem zusammenhängt. Manchmal stechen die Zusammenhänge ins Auge, und manchmal sind sie verborgen. Ray ist in der Lage, diese Maschinerie und ihre Funktionsweise zu betrachten und daraus frühzeitig bestimmte Muster abzuleiten, denen die Märkte folgen und die er zu seinem Vorteil nutzen kann. Die komprimierte Version seiner Erkenntnisse über die Funktionsweise der

Wirtschaftsmaschinerie findet sich in einem 30-minütigen Video, das meiner Ansicht nach Pflichtprogramm für jedermann sein sollte! Ray beschloss, ein Video zu produzieren, um jedem Interessierten die grundlegende Funktionsweise der Wirtschaft zu vermitteln, die die Welt antreibt, und Mythen zu beseitigen. Nehmen Sie sich die Zeit und sehen Sie sich dieses Video an: www.economicprinciples.org. Sie werden es nicht bereuen.

WIE HABEN WIR DIE RENDITEN BERECHNET?

Um die Genauigkeit und Glaubwürdigkeit der Ergebnisse zu gewährleisten, die das vorgestellte Allwetter-Portfolio erzielt hat, hat ein Analystenteam es – wo möglich – unter Verwendung der historischen Jahresrenditen kostengünstiger, breit diversifizierter Indexfonds umfangreichen Tests unterzogen. Warum ist das für Sie wichtig? Durch die Verwendung realer Fondsergebnisse anstelle theoretischer Daten eines konstruierten fiktiven Index enthalten alle in diesem Kapitel genannten Renditen die vollen jährlichen Fondsgebühren und alle Nachbildungsfehler in den zugrunde liegenden Fonds. Das hat den Vorteil, dass Sie die wahren historischen Renditen sehen, die das Allwetter-Portfolio erzielt hat (im Gegensatz zu theoretischen Renditen, die gelegentlich bei Backtests verwendet werden). Damit ist sichergestellt, dass die Geldanlagen und Zahlen, die bei dem Test dieses Portfolios verwendet wurden, jedem Normalbürger zur Verfügung stehen, und nicht nur den milliardenschweren Finanzinstituten der Wall Street. Wo keine realen Zahlen zur Verfügung standen, weil die entsprechenden Indexfonds im Untersuchungszeitraum nicht existierten, wurden breit diversifizierte Marktdaten für jede Assetklasse verwendet und die Renditen um die Fondsgebühren bereinigt. Beachten Sie, dass das Analystenteam bei den Berechnungen jährliche Umschichtungen berücksichtigte und von der Annahme ausginge, dass die Investitionen über ein steuerfreies Konto liefen und keine Transaktionskosten anfielen. Zum Abschluss möchte ich Cliff Schoeman, Simon Roy und dem gesamten Jemstep-Team für ihre profunde Analyse und Koordination mit Ajay Gupta von Stronghold Wealth Management bei diesem Projekt danken. (Die Ergebnisse der Vergangenheit sind keine Garantie für zukünftige Ergebnisse.)

Kapitel 26
Freiheit:
Wie Sie Ihren Einkommensplan fürs Leben erstellen

Lebenslange Einkünfte für einen glücklichen Ruhestand
TIME, 30. Juli 2012

Ich habe genug Geld, um den Rest meines Lebens bequem leben zu können. Das Problem ist, ich muss nächste Woche sterben.
ANONYM

Im Jahr 1952 leitete Edmund Hillary die erste erfolgreiche Expedition auf den Mount Everest – ein Vorhaben, das bis dahin als unmöglich galt. Die Königin von England schlug ihn daraufhin prompt zum Ritter, indem sie ihm für seine beeindruckende Pionierleistung den Titel »Sir« Edmund Hillary verlieh.

Trotz seiner großen Leistung glauben viele, dass Hillary möglicherweise nicht der erste Mensch gewesen ist, der den Mount Everest bezwungen hat. Es heißt, George Mallory sei womöglich der erste Mensch gewesen, dem der Aufstieg zum Gipfel gelungen sei, und zwar schon 30 Jahre früher!

Wenn George Mallory bereits 1924 den Mount Everest bestiegen hat, warum erntete dann Edmund Hillary den ganzen Ruhm, einschließlich des Ritterschlags durch die Queen? Weil er es nicht nur bis zum Gipfel schaffte, sondern auch den Abstieg erfolgreich bewältigte. George Mallory hatte weniger Glück. Wie der Mehrzahl der Bergsteiger, die auf dem Mount Everest ihr Leben ließen, wurde auch Mallory der Abstieg zum Verhängnis.

Investieren – für was eigentlich genau?

Oft frage ich Leute: »Wofür investieren Sie?«

Die Antworten könnten unterschiedlicher nicht sein.

»Renditen.«

»Wachstum.«

»Vermögenswerte.«

»Freiheit.«

»Spaß.«

Selten höre ich die Antwort, auf die es wirklich ankommt: *Einkünfte!*

Wir alle brauchen verlässliche Einkünfte. Einen beständigen Geldfluss, der jeden Monat wie ein Schweizer Uhrwerk auf unserem Konto eingeht. Können Sie sich vorstellen, sich nie mehr Sorgen darüber machen zu müssen, wie Sie Ihre Rechnungen bezahlen sollen, oder dass Ihnen womöglich das Geld ausgeht? Oder einfach nach Lust und Laune durch die Welt zu reisen? Nicht jeden Monat Ihre Kontoauszüge öffnen und beten zu müssen, dass die Märkte durchhalten? Den Seelenfrieden zu besitzen, großzügige Summen an die Kirche oder Ihre bevorzugte wohltätige Einrichtung zu spenden, ohne sich fragen zu müssen, ob Sie diese einmal selber in Anspruch nehmen müssen? Wir alle wissen intuitiv: *Einkünfte bedeuten Freiheit!*

Rufen Sie es von den Bergen, wie Mel Gibson in dem Film *Braveheart*: »Einkünfte bedeuten Freiheit!!«

Fehlende Einkünfte bedeuten Stress. Fehlende Einkünfte bedeuten einen ständigen Kampf. Fehlende Einkünfte sind für Sie und Ihre Familie keine Option. Machen Sie das zu Ihrem Leitmotiv.

Jeffrey Brown, Experte für Altersabsicherung und Berater des Weißen Hauses, drückte es in einem vor Kurzem erschienenen Artikel im Magazin *Forbes* prägnant aus: »Einkommen beschert Ihnen das nötige Auskommen für Ihre Sicherheit im Alter.«

Die oberen Zehntausend wissen, dass der Wert ihrer Vermögenswerte (Aktien, Anleihen, Gold und so weiter) ständig schwankt. Sie können aber keine Vermögenswerte »ausgeben«. Sie können nur Geld ausgeben. Das Jahr 2008 war eine Zeit, in der viele Menschen auf Vermögenswerten (vor allem Immobilien) saßen, die rasant an Wert verloren, die sie aber nicht loswurden, weil es keine Abnehmer gab. Sie waren »reich« an Vermögenswerten, aber »arm« an Liquidität. Diese Gleichung führt oft in den Bankrott. Denken Sie immer daran, dass Einkommen für Auskommen sorgt.

Am Ende dieses Buchabschnittes werden Sie die Gewissheit und das nötigen Instrumentarium besitzen, um sich genau die Einkünfte zu sichern, die Sie sich wünschen. Das nenne ich »Einkommensversicherung«. Eine garantierte Methode, die Ihnen die Gewissheit gibt, dass Sie für den Rest des Lebens feste Einkünfte haben, für die Sie nicht arbeiten müssen, und dass Ihnen nie das Geld ausgehen wird. Und wissen Sie was? Sie können entscheiden, wann die Auszahlung beginnen soll.

Es gibt so viele Wege, die nach Rom führen, dass wir eine Reihe an unterschiedlichen Methoden untersuchen wollen, mit denen Sie sich eine Einkommensversicherung beschaffen können, die für Sie sinnvoll sind. Eine der spannendsten Strukturen zur Sicherung des gewünschten Einkommens bietet auch noch andere große Vorteile. Es ist das einzige Finanzvehikel, das Ihnen Folgendes bieten kann:

- **100 Prozent Einlagensicherung.**[4] (Sie können kein Geld verlieren und behalten die vollständige Kontrolle)
- **Gewinnchancen ohne Risiken: Ihr Vermögenswachstum wird an den Markt gekoppelt. Wenn der Markt steigt, nehmen Sie an den Gewinnen teil. Wenn er nachgibt, verlieren Sie aber *keinen* Cent.**
- **Nachgelagerte Besteuerung Ihrer Gewinne.** (Erinnern Sie sich an das Beispiel mit der Dollarverdoppelung? Die Steuereffizienz machte den Unterschied zwischen 28.466 und 1 Million Dollar aus.)
- **Garantierte lebenslange Einkünfte, über die *Sie* Kontrolle haben und deren Beginn Sie bestimmen.**
- **Keine jährlichen Managementgebühren**

Sie können von allen diesen Vorteilen profitieren, indem Sie eine moderne Version eines 2.000 Jahre alten Finanzinstruments nutzen! Wie das möglich ist? Ich bin sicher, das klingt zu gut, um wahr zu sein, aber

[4] Versicherungsgarantiefonds bieten Inhabern und Begünstigten von Versicherungspolicen Schutz vor der Insolvenz des emittierenden Versicherungsunternehmens. Versicherungsgarantiefonds gibt es in allen US-Bundesstaaten, einschließlich des District of Columbia und Puerto Rico. Versicherungsgesellschaften sind in den Bundesstaaten, in denen sie eine Konzession besitzen, gesetzlich zur Einzahlung in den Versicherungsgarantiefonds verpflichtet. Jeder Bundesstaat definiert seine eigenen Obergrenzen für den Versicherungsschutz. In den meisten Staaten bewegt er sich bei 300.000 bis 500.000 Dollar pro Kunde.

glauben Sie mir: Das ist es nicht! Ich verwende diesen Ansatz selbst und freue mich sehr, Ihnen die Details verraten zu können.

Wie ich immer wieder hervorgehoben habe, gleicht die finanzielle Zukunft, die Sie sich vorstellen, dem Aufstieg auf den Mount Everest. Sie werden jahrzehntelang arbeiten, um die kritische Masse zu erreichen (den Gipfel zu bezwingen), aber das ist nur die halbe Story. Die kritische Masse zu erreichen, ohne einen Plan oder eine Strategie zu haben, wie Sie Ihr Vermögen so anlegen, dass es den Rest des Lebens Früchte trägt, macht aus Ihnen einen zweiten George Mallory: Tod beim Abstieg.

Ein neues Zeitalter

Wir navigieren zweifellos in unbekannten Gewässern. In den vergangenen 30 Jahren hat sich das Rentenkonzept in den westlichen Industrieländern völlig verändert. Noch Ende der 1980er-Jahre erhielten zum Beispiel 62 Prozent der amerikanischen Erwerbstätigen eine gesetzliche Rente. Heute ist die gesetzliche Rente ein Relikt, ein finanzieller Dinosaurier – es sei denn, Sie wären Regierungsbeamter und erhielten eine Pension. Ein ähnliches Bild zeigt sich in Deutschland. »Die Rente ist sicher«, rief noch Bundesarbeitsminister Norbert Blüm. Inzwischen wissen wir längst: Wer nicht privat vorsorgt, nagt im Rentenalter am Hungertuch. Inzwischen sind Sie der Kapitän Ihres eigenen Lebensschiffes, ob Ihnen das gefällt, oder nicht. Sie allein sind dafür verantwortlich, ob Ihnen Ihr Geld reichen wird, oder nicht. Das ist an sich schon eine ziemlich schwere Last. Nehmen Sie dann noch die Marktvolatilität, überhöhte Gebühren, Inflation und sonstige unwillkommene Überraschungen hinzu, und Sie werden verstehen, warum so viele Menschen vor einer massiven Rentenkrise stehen. Viele Menschen, darunter Ihre Nachbarn und Kollegen, werden mit der Situation konfrontiert werden, dass sie möglicherweise länger leben, als ihnen das Geld reicht – vor allem heute, wo die allgemeine Lebenserwartung gestiegen ist.

Sind 80-Jährige die neuen Best-Ager?

Ein langer, genussvoller Ruhestand ist ein Konzept, das gerade einmal wenige Generationen alt ist. 1935, als US-Präsident Franklin D. Roosevelt die Sozialversicherung ins Leben rief, betrug die Lebenserwartung nur 62 Jahre. Da die Rentenzahlungen erst ab 65 Jahre fällig wurden, kam nur ein geringer Prozentsatz der Menschen in den Genuss staatlicher Rentenzahlungen. Damals machte das Sozialversicherungssystem Sinn, weil auf einen Rentner 40 Erwerbstätige kamen. Das bedeutet, 40 Arbeitnehmer finanzierten eine Rente. Im Jahr 2010 ist diese Zahl auf 2,9 Beitragszahler pro Rentenempfänger gesunken. Diese Rechnung kann natürlich nicht mehr aufgehen, aber seit wann kratzt das die Regierung?

Heute beträgt die durchschnittliche Lebenserwartung von Männern 79 Jahre und von Frauen 81 Jahre. Bei einem verheirateten Paar hat mindestens ein Ehepartner eine Chance von 25 Prozent, 97 Jahre alt zu werden.

Aber das ist noch nicht alles! Sie könnten diese Schätzwerte noch weit übertreffen. Denken Sie nur daran, welche technologische Entwicklung in den letzten 30 Jahren stattgefunden hat. Von Floppy Disks zu Nanotechnologie. Die Wissenschaftler von heute verwenden 3-D-Druck, um aus dem Nichts neue Organe zu zaubern. Forscher können menschliche Zellen verwenden, die sie von Ihrer Haut gekratzt haben, um ein neues Ohr, eine Blase oder eine Luftröhre zu »drucken«![5] Science-Fiction ist bereits Realität. Später werden wir von Ray Kurzweil, dem modernen Thomas Edison und aktuellen Head of Engineering bei Google, hören, was er dazu zu sagen hat. Auf die Frage, wie sich die Fortschritte in den sogenannten Life Sciences auf die Lebenserwartung der Menschen auswirken werden, antwortete er:

»In den 2020er-Jahren werden die Menschen über die Mittel verfügen, ihre Gene zu verändern. Es werden nicht nur »Designer-Babys« möglich sein, sondern auch »Designer-Babyboomer«, und zwar mithilfe der Verjüngung des gesamten Körpergewebes und der Organe. Das geschieht durch die Verwandlung der Hautzellen in verjüngte Versionen aller anderen Zelltypen. Die Menschen werden in der Lage sein, ihre eigene Biochemie neu zu ›programmieren‹ – weg von Krankheit und Alter – und ihre Lebenserwartung drastisch steigern.«

Das sind aufregende Prognosen für uns Babyboomer! Weg mit den Falten! Womöglich trinken wir bald von dem buchstäblichen Jungbrunnen.

---

5 Anthony Atala, Direktor des Wake Forest Institute for Regenerative Medicine, erzeugt und implantiert seit mehr als einem Jahrzehnt Organe auf diese Weise.

Die Auswirkungen auf unseren Ruhestand sind allerdings nicht zu leugnen. Unser Geld muss länger reichen, als wir uns vielleicht vorstellen können. Können Sie sich vorstellen, dass Ray Kurzweil womöglich recht hat und wir Babyboomer 110 oder 120 Jahre alt werden? Dann wird nichts wichtiger sein, als ein garantiertes lebenslanges Einkommen. Ein garantierter monatlicher Geldfluss, der nie versiegt, wird dann Ihr bester Vermögenswert sein.

Als ich jung war, glaubte ich, Geld sei das Wichtigste im Leben;
nun, da ich alt bin, weiß ich es.
OSCAR WILDE

Die Vier-Prozent-Regel ist tot

Anfang der 1990er-Jahre erfand ein kalifornischer Finanzplaner die sogenannte Vier-Prozent-Regel, der zufolge Sie aus einem »ausgewogenen Portfolio« mit einer Vermögensaufteilung im Verhältnis von 60 zu 40 zwischen Aktien und Anleihen jährlich 4 Prozent entnehmen konnten, und dennoch Ihr Vermögen für den Rest des Lebens erhalten blieb. Diese Regel besagte zudem, dass Sie die Entnahmesumme jedes Jahr an die Inflation anpassen konnten.

»Das war eine gute Regel, solange sie anwendbar war«, hieß es in einem Artikel mit dem Titel »Goodbye to the 4 % Rule«, der 2013 im *Wall Street Journal* veröffentlicht wurde. Warum war diese Regel plötzlich obsolet? Als die Regel erfunden wurde, warfen die Staatsanleihen mehr als 4 Prozent Zinsen ab und die Aktienkurse zeigten steil nach oben! Wenn Sie im Januar 2000 in Rente gegangen und der traditionellen Vier-Prozent-Regel gefolgt wären, hätten Sie bis 2010 33 Prozent Ihres Vermögens verloren und laut T. Rowe Price Group lediglich eine Chance von 29 Prozent gehabt, dass Ihr Geld bis an Ihr Lebensende reicht. Kurzum: Das Risiko, dass Sie über Ihre Verhältnisse gelebt hätten, hätte 71 Prozent betragen. Altersarmut ist etwas, das niemand gerne erleben möchte.

Gegenwärtig leben wir in einer Zeit extrem niedriger Zinssätze. Und das ist eine Kampfansage an Sparer und Senioren. Wie kann man für den Ruhestand sparen, wenn die Zinsen bei fast null Prozent liegen? Die Anleger müssen riskante Investitionen wagen, um überhaupt noch eine halbwegs akzeptable Rendite zu erzielen – vergleichbar den durstigen Tieren, die keine andere Wahl haben, als sich an die Flussufer zu wagen, an denen es nur so von Krokodilen wimmelt. Die Anleger setzen sich Gefahren aus, die sie ansonsten gemieden hätten, und die Finanzsituation derjenigen, die auf gute Renditen angewiesen sind, um ihre Lebenshaltungskosten bestreiten zu können, wird immer zerbrechlicher.

Massenhafte Vermögensvernichtung

Egal, was Ihnen jemand einreden oder verkaufen will, es gibt nicht einen einzigen Portfoliomanager, Finanzmakler oder Finanzberater, der Kontrolle über den Faktor hat, der letztlich bestimmt, wie lange Ihr Geld reichen wird. Ich sprach darüber mit John C. Bogle, dem Gründer von Vanguard, der größten Investmentgesellschaft weltweit, und er äußerte sich dazu ohne Umschweife: »Einige Dinge sage ich nur ungern, aber das Ganze ist ein Stück weit Lotterie: Es hängt zum großen Teil davon ab, wann Sie geboren wurden, wann Sie in Rente gehen und wann Ihre Kinder aufs College gehen. Und darauf haben Sie keinen Einfluss.«

Über welche Lotterie spricht er?

Das Glück des richtigen Zeitpunkts: Wie werden sich die Märkte verhalten, wenn Sie in Rente gehen? Wer Mitte der 1990er-Jahre in Rente ging, konnte glücklich und zufrieden sein. Bogle sagte in einem CNBC-Interview, das Anfang 2013 ausgestrahlt wurde, wir sollten uns im Verlauf des kommenden Jahrzehnts auf zwei Markteinbrüche in Höhe von bis zu 50 Prozent gefasst machen. Aber vielleicht sollten wir gar nicht überrascht sein. Anfang der 2000er-Jahre haben wir bereits zwei Einbrüche in dieser Größenordnung erlebt. Und dabei wollen wir nicht vergessen, dass Sie 100 Prozent Rendite erzielen müssen, um 50 Prozent Verlust wiedergutzumachen.

Das Risiko, mit dem wir alle konfrontiert sind, ist das niederschmetternde Konzept der sogenannten *Sequence of Returns* (Abfolge der Renditen). Klingt kompliziert, ist es aber nicht. Im Wesentlichen besagt es, dass die ersten Jahre Ihrer Rente die späteren Rentenjahre bestimmen. Wenn Sie in den ersten Rentenjahren Verluste erleiden, was einfach eine Frage des Glücks ist, sind Ihre Chancen, dass Ihr Geld für den Rest des Lebens reicht, gleich null.

Sie können alles richtig machen: den richtigen Berater finden, Ihre Gebühren senken, steuereffizient anlegen und einen Freiheitsfonds einrichten. Aber wenn der Zeitpunkt für den Abstieg vom Gipfel gekommen ist – die Entnahmephase –, kann schon ein schlechtes Jahr gleich zu Beginn dieser Phase Ihren gesamten Finanzplan ins Trudeln bringen. Einige schlechte Jahre hintereinander, und Sie finden sich in einem Nebenjob wieder und verkaufen Ihr Ferienhaus. Klingt übertrieben dramatisch? Dann werfen Sie einen Blick auf ein hypothetisches Beispiel über die Auswirkungen der Risiken, die mit diesem Konzept einhergehen.

John hat den Hund gebissen

John bit the dog. The dog bit John. Dieselben vier Worte, aber ein völlig anderer Sinn, wenn man die Reihenfolge ihrer Anordnung vertauscht. Vor allem für John! John ist inzwischen 65 Jahre alt, hat ein Vermögen von 500.000 Dollar angehäuft und will nun in Rente gehen. Wie die meisten Amerikaner, die kurz vor der Rente stehen, hat John in ein »ausgewogenes« Portfolio mit der Aufteilung 60 Prozent Aktien und 40 Prozent Anleihen investiert, das – wie wir von Ray Dalio erfahren haben – alles andere als ausgewogen ist! John muss jedes Jahr 5 Prozent oder 25.000 Dollar von seinem Vermögen entnehmen, um seine grundlegenden Lebenshaltungskosten zu bestreiten. Diese Summe, zusammen mit seiner staatlichen Rente, »sollten« ihm ein Auskommen bescheren. Außerdem muss er die Entnahmesumme jedes Jahr um die Inflationsrate erhöhen, da die gleiche Summe jedes Jahr an Kaufkraft verliert.

Das Schicksal will, dass John in den ersten Jahren bereits Verluste erzielt. Tatsächlich sind es drei Verlustjahre, die ihn gleich zu Beginn treffen. Kein sehr glänzender Start.

Nach nur fünf Jahren hat sich Johns Vermögen von 500.000 Dollar bereits halbiert. Und die Entnahme bei fallenden Märkten beschleunigt die Vermögensvernichtung, da weniger Geld auf dem Konto zur Verfügung steht, wenn sich die Märkte erholen. Aber das Leben geht weiter und es gibt Rechnungen zu bezahlen.

John

Alter	Hypothetische Aktiengewinne oder -verluste in %	Jährliche Entnahme zum Jahresbeginn in $	Vermögen zum Jahresbeginn in $
64			500.000
65	-10,14	25.000	500.000
66	-13,04	25.750	426.839
67	-23,37	26.523	348.766
68	14,62	27.318	246.956
69	2,03	28.318	251.750
70	12,40	28.982	228.146
71	27,25	29.851	223.862
72	-6,56	30.747	246.879
73	26,31	31.669	201.956
74	4,46	32.619	215.084
75	7,06	33.598	190.084
76	-1,54	34.606	168.090
77	34,11	35.644	131.429
78	20,26	36.713	128.458
79	31,01	37.815	110.335
80	26,67	38.948	95.008
81	19,53	40.118	71.009
82	26,38	36.923	36.923
83	-38,49	0	0
84	3,00		
85	13,62		
86	3,53		
87	26,38		
88	23,45		
89	12,78		
Durchschnittliche Rendite 8,03%			**Gesamtentnahme $ 580.963**

Ab einem Lebensalter von 70 Jahren erlebt John viele solide Wachstumsjahre, aber der Schaden ist bereits entstanden. Die Break-even-Kurve ist einfach zu steil. Mit Ende 70 sieht John die drohenden Anzeichen und weiß, dass ihm das Geld ausgehen wird. Mit 83 Jahren ist sein Vermögen aufgebraucht. Am Ende kann er aus seinem ursprünglichen Vermögen von 500.000 Dollar nur 580.963 Dollar entnehmen. In anderen Worten: Nach 18 Jahren kontinuierlicher Investitionen hat er nur 80.000 Dollar Gewinn auf sein eingesetztes Kapital erwirtschaftet.

Hier aber das Verrückte daran: Während Johns Entnahmephase hat der Markt eine durchschnittliche Jahresrendite von 8 Prozent erzielt. Das ist ein sehr vorzeigbares Ergebnis!

Das Problem: Die durchschnittliche Rendite ist keine *reale* Jahresrendite. Sie bildet lediglich den *geglätteten* Durchschnitt über eine Reihe von Jahren ab. (Erinnern Sie sich daran, als wir in Kapitel 7 über den Unterschied zwischen der realen und der durchschnittlichen Rendite gesprochen haben?) Und darauf zu hoffen, dass Sie in den Jahren, in denen Sie es sich am wenigsten leisten können, keine Verluste erleiden, ist *keine* effektive Strategie zur Absicherung Ihrer finanziellen Zukunft.

Flipflop

Susan ist auch 65 Jahre alt und besitzt ebenfalls ein Vermögen von 500.000 Dollar. Wie John will sie 5 Prozent oder 25.000 Dollar jährlich entnehmen, und auch sie wird die Summe jedes Jahr um die Inflationsrate erhöhen. Um Ihnen das Konzept der Reihenfolge der Renditen zu verdeutlichen, haben wir dieselben Investmentrenditen verwendet, aber ihre Abfolge geändert, sodass aus dem ersten Jahr das letzte wurde, und umgekehrt.

Allein durch die Veränderung der Abfolge der Renditen, hat Susan eine völlig andere Erfahrung gemacht als John. Mit 89 Jahren hat sie aus ihrem Vermögen insgesamt 900.000 Dollar entnommen und hat immer noch 1.677.975 Dollar auf ihrem Konto! Sie genoss einen völlig sorgenfreien Lebensabend.

Zwei normale Bürger, das gleiche Vermögen für den Ruhestand, dieselbe Entnahmestrategie: einer endet in Armut, die andere genießt finanzielle Freiheit.

SUSAN

Alter	Hypothetische Aktiengewinne oder -verluste in %	Jährliche Entnahme zum Jahresbeginn in $	Vermögen zum Jahresbeginn in $
64			500.000
65	12,78	25.000	500.000
66	23,45	25.750	535.716
67	26,38	26.523	629.575
68	3,53	27.318	762.140
69	13,62	28.318	760.755
70	3,00	28.982	832.396
71	-38,49	29.851	827.524
72	26,38	30.747	490.684
73	19,53	31.669	581.270
74	26,67	32.619	656.915
75	31,01	33.598	790.788
76	20,26	34.606	991.981
77	34,11	35.644	1.151.375
78	-1,54	36.713	1.496.314
79	7,06	37.815	1.457.133
80	4,46	38.948	1.498.042
81	26,31	40.118	1.524.231
82	-6,56	41.321	1.874.535
83	27,25	42.551	1.712.970
84	12,40	48.383	2.125.604
85	2,03	45.153	2.339.923
86	14,62	46.507	2.341.297
87	-23,37	47.903	2.630.297
88	-13,04	49.340	1.978.993
89	-10,14	50.820	1.677.975
Durchschnittliche Rendite 8,03%			**Gesamtentnahme $911.482**

Und was noch Verwirrender ist: **Beide erzielten über den gleichen Zeitraum (25 Jahre) die gleiche durchschnittliche Jahresrendite von 8,03 Prozent!**

Wie ist das möglich? Das liegt daran, dass sich der »Durchschnitt« aus den Jahresrenditen geteilt durch die Anzahl der Jahre ergibt.

Niemand kann vorhersagen, was hinter der nächsten Ecke lauert. Niemand weiß, wann die Märkte steigen und wann sie fallen.

Stellen Sie sich nun vor, John und Susan hätten beide eine Einkommensversicherung. John hätte kein Magengeschwür bekommen, weil er gewusst hätte, dass er am Ende des Regenbogens trotz seines schrumpfenden Vermögens garantierte Einkünfte gehabt hätte. Und Susan hätte einfach noch mehr Geld gehabt, um zu tun und zu lassen, was sie möchte – vielleicht eine zusätzliche Reise, höhere Zuwendungen für ihre Enkelkinder oder Spenden an wohltätige Einrichtungen. Der Wert einer Einkommensversicherung kann gar nicht überbetont werden! In Kombination mit dem Allwetter-Portfolio haben Sie ein unschlagbares Investmentkonzept.

Erinnern Sie sich an Wharton-Professor David Babbel, den ich in Bezug auf zeitlich gestaffelte Annuitätenprodukte erwähnt habe. Er ist nicht nur einer der kultiviertesten Menschen, die ich je kennengelernt habe, sondern außerdem eine überaus freundliche und fürsorgliche Seele mit einem fest verankerten Glauben. Babbel hat sechs akademische Abschlüsse! Einen Abschluss in Wirtschaftswissenschaften, einen MBA in Internationalen Finanzen, einen Doktortitel in Finanzwissenschaften und Lebensmittel- und Ressourcenökonomik, ein PhD Certificate in tropischer Landwirtschaft und in Lateinamerikastudien. Seit mehr als 30 Jahren lehrt er auf dem Gebiet Finanzinvestitionen an der Universität von Berkeley, Kalifornien, und der Wharton School. Er war Director of Research der Sparte *Pension and Insurance* von Goldman Sachs. Er hat für die Weltbank gearbeitet und das US-Schatzministerium, die Federal Reserve und das Arbeitsministerium beraten. Zu sagen, er weiß, wovon er spricht, wäre so, als würde man sagen, Michael Jordan wüsste, wie man Basketball spielt.

Außerdem ist David Babbel Autor eines polarisierenden Berichts, in dem er seinen persönlichen Investmentplan für den Ruhestand offengelegt hat. Wenn er in Rente ginge, wollte er eine Strategie, die ihm Sorgenfreiheit und lebenslange garantierte Einkünfte bescheren würde. Er erinnerte daran, *dass Einkommen das Auskommen sichert*. Und klugerweise berücksichtigte er auch weitere Faktoren, zum Beispiel, dass er im vorgerückten Alter keine komplexen Investitionsentscheidungen mehr treffen wollte. Er wog alle Optionen gegeneinander ab und stützte sich dabei auf sein umfassendes Wissen über Märkte und ihre Risiken. Und er beriet sich mit Freunden und ehemaligen Kollegen an der Wall Street, um Strategien zu vergleichen. Am Ende beschloss David, dass er sein Geld am besten in Annuitätenprodukte anlegte.

Hoppla!?

Wie konnte Babbel etwas tun, was die Wall Street als »Annuizid« bezeichnet? Diesen Begriff prägten Finanzmakler erstmalig für einen Kunden, der sein Geld vom Aktienmarkt abzog und es in die Produkte jahrhundertealter Versicherungsgesellschaften investierte, um lebenslange Einkünfte zu erhalten. Für Makler ist das eine abschließende Entscheidung, die es ihnen unmöglich macht, weitere Umsätze mit Ihrem Vermögen zu erzielen. Das ist der Tod *ihrer* Profite.

Da wir gerade beim Thema sind, wann hat Ihr Makler zum letzten Mal darüber gesprochen, einen Plan zur Erzielung lebenslanger Einkünfte zu erstellen? Wahrscheinlich nie. Börsenmakler haben üblicherweise kein Interesse daran, Konzepte zu bewerben, die einen Abzug der Gelder beinhalten. So lange Sie Ihre Gelder nicht abziehen, sind Sie die Einkommensversicherung des Finanzmaklers.

Die amerikanischen Bürger sollten mindestens die Hälfte ihrer Altersvorsorge in Annuitätenprodukte investieren.
US-Schatzministerium

Jeffrey Brown kennt sich mit der Erstellung von Plänen für lebenslange Einkünfte aus. Er berät das US-Schatzministerium und die Weltbank und gehört zu den Experten, die China eingeladen hat, um die zukünftige Sozialversicherungsstrategie des Landes zu bewerten. Er ist zudem einer der sieben Auserwählten, die vom US-Präsidenten in das Social Security Advisory Board berufen wurden.

Jeff hat die meiste Zeit seiner beruflichen Laufbahn damit verbracht zu untersuchen, wie sich die Bürger lebenslange Einkünfte verschaffen können. Wie lautet seine Einschätzung? Dass Rentenversicherungen zu den wichtigsten Investmentvehikeln gehören, die uns zur Verfügung stehen.

Jeff und ich sprachen über das Thema Einkommensplanung und seine Verblüffung über den Umstand, dass das Einkommen in den meisten

Gesprächen über Finanzplanung ausgespart wird. Wie ist es möglich, dass die meisten Finanzplaner und auch die steuerlich geförderten privaten Altersvorsorgepläne dieses Instrument völlig ignorieren?

Ich fragte: »Wie können sich die Anleger schützen, damit sie auch in einem hohen Lebensalter noch Geld zur Verfügung haben? Heute hat ein Mensch, der mit 65 Jahren in Rente geht, noch gut und gerne 20 Jahre zu leben. Die Altersvorsorgepläne der meisten Bürger decken diese Zeitspanne aber nicht ab. Wie lautet die Lösung?«

»Die gute Nachricht ist, dass wir die Lösung für dieses Problem kennen«, antwortete Jeff. »Wir müssen nur die Art und Weise verändern, wie die Menschen über ihren Ruhestand nachdenken. Es gibt Produkte, die wir Ökonomen als Annuitätenprodukte (Leibrenten) bezeichnen und die Ihnen im Wesentlichen ermöglichen, Ihr Geld einer Versicherungsgesellschaft auszuhändigen und zu sagen, ›Wissen Sie was? Hier haben Sie mein Geld. Verwalten und vermehren Sie es, und im Gegenzug zahlen Sie mir für den Rest meines Lebens jeden Monat einen festen Betrag aus.‹ Am leichtesten ist dieses Konzept zu verstehen, wenn man es mit der gesetzlichen Rentenversicherung vergleicht. Das ist nämlich ungefähr das, was die Rentenversicherung macht, nur dass Sie dort statt einem Einmalbetrag monatlich einzahlen. Sie zahlen im Verlauf Ihres Lebens jeden Monat einen bestimmten Betrag ein, und wenn Sie in Rente gehen, erhalten Sie für den Rest Ihres Lebens jeden Monat einen bestimmten Betrag zurück. Dieses Konzept ist aber nicht auf die Rentenversicherung begrenzt; Sie können das auch selbst in die Hand nehmen und mit einem privaten Anbieter umsetzen.« (Dazu noch eine Anmerkung für deutsche Leser: Leibrenten sind in Deutschland geläufiger als in den USA. Gerade die staatlich geförderten Altersvorsorgeprodukte (Riester, Rürup) sehen eine lebenslange Leibrente vor. Das gilt übrigens auch dann, wenn ursprünglich ein ganz anderes Vorsorgeprodukt abgeschlossen wurde, etwa ein Riester-Fonds- oder -Banksparplan. Hier schließt der Anbieter notfalls zusätzlich noch eine Lebensversicherung über eine kleine Summe ab, damit die staatliche Vorgabe einer lebenslangen Rente erfüllt ist.)

Jeff und sein Team führten eine Studie durch, in der sie verglichen, wie Annuitätenprodukte beschrieben beziehungsweise »etikettiert« wurden und wie die strategische Gesprächsführung die Wahrnehmung der Kunden über ihre Bedürfnisse beziehungsweise ihren Wunsch nach Annuitätenprodukten veränderte.

Erstens wurden Annuitäten so dargestellt, wie es Aktienmakler eben tun: als »Sparkonten« mit langweiligen Renditen. Daher war es keine Überraschung, dass nur 20 Prozent der Anleger diese Produkte attraktiv fanden.

Wenn die Makler aber auch nur wenige Worte veränderten und die tatsächlichen Vorteile von Annuitätenprodukten nannten, veränderte sich die Einstellung der Kunden. Durch die Beschreibung der Annuitätenprodukte als Instrument, das den Kunden für den Rest des Lebens garantierte Einkünfte bieten würde, fanden 70 Prozent der Kunden sie plötzlich attraktiv! Wer würde keine Einkommensversicherung haben wollen, die genau dann einsetzt, wenn Ihre Ersparnisse aufgebraucht sind? Vielleicht waren Ihre Lebenshaltungskosten höher als gedacht. Vielleicht hatten Sie plötzlich unabwendbare hohe Ausgaben (zum Beispiel notwendige Sanierungsmaßnahmen am Haus). Oder der Markt machte Ihnen im ungünstigsten Moment einen Strich durch die Rechnung. Was für ein Geschenk, zu wissen, dass Ihre zukünftigen monatlichen Einkünfte nur einen Telefonanruf entfernt sind.

Inzwischen hat die revolutionierte Finanzindustrie eine ganze Reihe an neuen Annuitätenprodukten entwickelt. Viele dieser Produkte werfen Renditen ab, die die Performance der Aktienmärkte nachzeichnen, jedoch ohne deren Verlustrisiken. Annuitätenprodukte sind nicht mehr nur für Oma und Opa. Lassen Sie mich Ihnen fünf Arten an Annuitätenprodukten vorstellen, die Ihr Leben verändern könnten.

Kapitel 27
Zeit zu ernten:
Ihr Einkommen sichert Ihr Auskommen

Die Frage ist nicht, mit wie viel Jahren ich in den Ruhestand gehen will, sondern, mit wie viel Geld.
GEORGE FOREMAN

Rentenpolicen, die eine lebenslange Leibrente zahlen, sprich so genannte Annuitätenprodukte sind seit langem der Prügelknabe der Finanzindustrie. Als ich vor einigen Jahren erstmalig von dem Konzept hörte, Annuitätenprodukte zu verwenden, schnaubte ich nur verächtlich. Ich war darauf konditioniert, dass derartige Rentenversicherungen keine gute Investition sind. Als ich das aber begründen sollte, fand ich keinen soliden Grund, der gegen diese Produkte sprach. Ich hatte mir einfach ohne nachzudenken die allgemeine Überzeugung zu eigen gemacht.

Die Diskussion hat sich aber verändert. Stellen Sie sich meine Überraschung vor, als im Jahr 2011 eine Schlagzeile des Investmentmagazins *Barron's* lautete:

»Sorgenfreier Ruhestand mit Annuitäten – Sonderbericht: Mit ihren kontinuierlichen Auszahlungen sind Annuitätenprodukte plötzlich sehr beliebt.« (»Best Annuities – Special Report – Retirement: With Their Steady Income Payments, Annuities Are Suddenly Hot.«)

Dieses klassische Investmentmagazin schreibt einen Leitartikel über Annuitätenprodukte? Ich schlug die Seiten auf und da stand es schwarz auf weiß: »Nun, da sich die Babyboomer, denen die großen Marktverluste noch frisch in Erinnerung sind, der Rente nähern, empfehlen viele schlaue Finanzberater ein Annuitätenprodukt als wichtigen Teil des Einkommensplans.«

Um Annuitäten hat es in der letzten Zeit einen ziemlichen Werberummel gegeben. Aus den erzkonservativen Produkten unserer Großvätergeneration ist das angesagteste Produkt geworden, das von schlauen Finanzberatern empfohlen wird. Aber wissen Sie was? Annuitätenprodukte sind nicht mehr nur für Rentner gemacht. Auch jüngere Menschen verwenden sie in zunehmendem Maße – vor allem solche, deren Wachstum an einen Marktindex geknüpft ist (wie zum Beispiel den S&P) – als sichere Alternative.

Um es ganz klar zu sagen, Rentenversicherungen sind keine Alternative zu einer Investition in den Aktienmarkt oder eine Methode, um den Markt zu übertreffen. Wir haben bereits unmissverständlich festgestellt, dass niemand den Markt langfristig schlagen kann. Und wie John C. Bogle und so viele andere nicht müde werden zu betonen, ist ein kostengünstiger Indexfonds die beste Methode, um in die Märkte zu investieren. Bestimmte Rentenversicherungen, insbesondere solche, die an Marktrenditen geknüpft sind, können andere sichere Alternativen wie Zertifikate, Anleihen, Schatzbriefe und so weiter ersetzen. Außerdem bieten sie oftmals bessere Renditen.

Aber ich eile ein wenig voraus. Nehmen wir uns einen Moment Zeit für einen kurzen Überblick über die Produkte, die auf dem Markt sind, und solche, die in Kürze verfügbar sein werden.

Zuerst aber folgende Feststellung: Eigentlich gibt es nur zwei allgemeine Kategorien an Annuitätenprodukten: *die Sofortrente* und *die aufgeschobene Rentenversicherung*.

Sofortrente

Die Sofortrente eignet sich am besten für Menschen, die kurz vor der Rente stehen oder sich bereits im Ruhestand befinden. Einfach ausgedrückt, in Bezug auf garantierte lebenslange Einkünfte schlägt die Sofortrente jedes andere potenzielle Investmentvehikel, und das aus folgendem Grund: den *Sterblichkeitsüberschüssen*. Ich weiß, das klingt gruselig, ist es aber gar nicht. Erinnern Sie sich an die Ursprünge dieser Rentenversicherung vor gut 2.000 Jahren zu Cäsars Zeiten? Jahrhundertelang haben Versicherungsgesellschaften erfolgreich die Einkünfte von Millionen von Menschen garantiert. Wenn eine Reihe von Kunden Sofortrenten abschließen, werden einige früh sterben, während andere bis ins hohe Alter leben. Durch das »Poolen« des Langlebigkeitsrisikos, können die Kunden, die länger leben, finanziell davon profitieren, dass diejenigen, die früh sterben, keine Auszahlungen mehr verursachen. Doch bevor wir vor der Möglichkeit, auf diese Weise »Geld zu verschenken« zurückschrecken, lassen Sie uns die Wirkung der Sofortrente betrachten, wenn sie richtig gehandhabt wird.

Um 2.750 Prozent höhere Einkünfte

Mein Sohn Josh hat während seines gesamten bisherigen Berufslebens in der Finanzdienstleistung gearbeitet. Er erzählte mir die Geschichte eines seiner Kunden, der kurz vor der Rente stand. Er war soeben 65 Jahre alt geworden und hatte im Verlauf seines Lebens ein Vermögen von 500.000 Dollar angehäuft. Er brauchte sichere und verlässliche Einkünfte und fand Aktien zu riskant. Leider hatte sein früherer Finanzmakler ihm ein sehr aggressives Portfolio aufgeschwatzt, das bei dem großen Zusammenbruch von 2008 fast 50 Prozent an Wert verloren hatte. Damit waren mehrere hunderttausend Dollar vernichtet, die er im Verlauf eines arbeitsreichen Lebens zusammengespart hatte. Wie so viele andere Anleger war es ihm mit Mühe und Not gelungen, die Verluste auszugleichen. Und nun wollte er nichts mehr riskieren.

Er stellte sich eine sofortige Rentenzahlung vor. Also besprach Josh mit ihm seine begrenzten Optionen:

- Er konnte das Geld zu einer Bank tragen und Depositenzertifikate kaufen, die ihm 0,23 Prozent Zinsen pro Jahr einbringen würde (23 Basispunkte). Das heißt, für eine Investition von 500.000 Dollar würde er im Gegenzug 95,80 Dollar pro Monat voll versteuerbares Einkommen erhalten. Das sind ganze 1.149 Dollar jährlich – wohlgemerkt vor Steuern. Geben Sie das ja nicht alles auf einmal aus!
- Anleihen würden ihm knapp unter 3 Prozent oder rund 15.000 Dollar pro Jahr und vor Steuern einbringen, aber auch das Risiko, das mit Anleihen verbunden ist, wenn die Zinsen steigen. In diesem Fall würde der Wert seiner Anleihen (das Stammkapital) schrumpfen.
- Josh zeigte ihm, dass er mit einer einmaligen Einzahlung von 500.000 Dollar in eine Sofortrente für den Rest seines Lebens monatlich 2.725

> Dollar oder 32.700 Dollar pro Jahr erhalten würde! Das sind 2.750 Prozent mehr als das Depositenzertifikat abwirft und 118 Prozent mehr als die Erträge aus Anleihen – ohne deren Risiken!

Bei der heutigen allgemeinen Lebenserwartung hat dieser Kunde noch gut und gerne 14 Jahre oder mehr zu leben. Und wenn Ray Kurzweil recht hat, lebt er vielleicht noch viel länger! Mit den Zahlungen aus der Sofortrente in Kombination mit seinen gesetzlichen Rentenansprüchen hatte er mehr als genug zur Verfügung, um seinen Lebensstandard zu halten und konnte seine Zeit und Aufmerksamkeit auf die Dinge richten, die ihm am wichtigsten waren: Angeln und seine Enkel.

Erkennen Sie die Überlegenheit der Sofortrente? In Vergleich zu anderen »sicheren« Investitionen hat dieser Kunde sich mit der Einmalzahlung zwar finanziell entblößt, aber mit der Sofortrente, die eine Art Einkommensversicherung darstellt, genießt er Schutz für den Rest seines Lebens.

Kritiker werden einwenden, »Aber wenn Sie früh sterben, behält die Versicherung das Geld ein! Dann haben Sie nicht einmal das herausbekommen, was Sie eingezahlt haben.« Als ich David Babbel zu diesem Punkt befragte, gab er mir eine ebenso schnelle wie unverblümte Antwort: »Wenn Sie tot sind, was kümmert Sie es dann noch? Viel schmerzhafter ist, alt zu werden, aber kein Geld zu haben. Das verursacht wirklich Leid.«

»Erbenschutz« bieten die Unternehmen einerseits über die Vereinbarung einer Beitragsrückgewähr in der Ansparphase an. Dann werden die eingezahlten Beiträge an die Angehörigen ausgezahlt, wenn der Versicherte vor Rentenbeginn stirbt. Wer darauf verzichtet, kann seine garantierte Rente besonders bei lang laufenden Verträgen um 4 bis sogar 6 Prozent erhöhen. Würde er den Vertrag kündigen, käme er dann aber auch erst zum Ende der vorgesehenen Ansparzeit an sein Geld heran.

Versicherer bieten auch Rentengarantiezeiten von 5, 10 oder 15 Jahren ab Auszahlungsbeginn an. Stirbt der Kunde in der Frist, läuft die Rente mindestens so lange für die Erben weiter. Der Verzicht auf eine Rentengarantiezeit bringt meist auch zwischen 1 bis 4 Prozent mehr garantierte Rente. Sie können Ihre Hinterbliebenen auch mit einer kostengünstigen Risikolebensversicherung absichern.

Kontrolle ist eine Illusion

Wir alle lieben es, die Dinge unter Kontrolle zu haben. Kontrolle ist aber oft eine Illusion. Wir glauben, wir hätten Kontrolle über unsere Gesundheit, unsere Finanzen, unsere Kinder – okay, vielleicht nicht über unsere Kinder. Aber wir alle wissen, dass sich die Dinge ganz plötzlich verändern können. Ein schwerer Sturm kann Ihr Haus überfluten. Oder Sie könnten nach einer medizinischen Routineuntersuchung einen unerwarteten Anruf von Ihrem Arzt bekommen. Der Punkt ist, dass Kontrolle häufig eher Illusion als Realität ist.

Aktienmakler werden Ihnen sagen, wenn Sie Ihr Geld zu einem Versicherungsunternehmen tragen, um im Gegenzug ein lebenslanges Einkommen zu erhalten, würden Sie »die Kontrolle über Ihr Kapital verlieren«. Lassen Sie uns diese Behauptung näher untersuchen. Nehmen wir an, Sie seien 60 Jahre alt und hätten ein Vermögen von 1 Million Dollar angehäuft. Ihr Makler rät Ihnen zur traditionellen Aufteilung, das heißt, 60 Prozent Aktien und 40 Prozent Anleihen, und Sie wenden auf die jährliche Entnahme die Vier-Prozent-Regel an (was bedeutet, dass Sie pro Jahr 40.000 Dollar entnehmen können). Die Wahrheit ist, dass Sie jeden Cent dieser 40.000 Dollar brauchen werden, um Ihre Rechnungen zu bezahlen. Sie wissen, dass Sie Ihr Geld investieren müssen, also können Sie es sich gar nicht leisten, das Stammkapital anzutasten. Und was passiert, wenn der Markt einbricht? Sie wollen nicht verkaufen, wenn die Kurse am Boden liegen, aber gleichzeitig haben Sie das Gefühl, sich in Ihrer Lebensphase keine weiteren Verluste leisten zu können. Ein schönes Dilemma! Die sogenannte Kontrolle ist eine Illusion. Sich den Launen des Marktes auszuliefern und zu hoffen, dass sich das Schicksal zu Ihren Gunsten entwickelt, kann das Rezept für ein Finanzdebakel sein.

Erinnern Sie sich daran, dass Ihr Fokus nicht allein auf der Vermögensmehrung liegt. Unser Thema sind: garantierte lebenslange Einkünfte!

Es ist besser, permanente Einkünfte zu haben, als faszinierend zu sein.
OSCAR WILDE

Aufgeschobene Rentenversicherung

Wir haben gesagt, es gebe zwei grobe Kategorien an Annuitätenprodukten. Sie wissen nun, was eine Sofortrente ist: Sie zahlen einen Einmalbetrag an eine Versicherungsgesellschaft und erhalten umgehend und für den Rest Ihres Lebens garantierte monatliche Zahlungen.

Die zweite Kategorie ist die aufgeschobene Rentenversicherung. Sie können wählen zwischen einer aufgeschobenen Rentenversicherung gegen laufende Beträge oder gegen Einmalbeitrag. Bei dieser Variante erhalten Sie Ihre garantierten lebenslangen monatlichen Zahlungen aber nicht sofort, sondern zu einem von Ihnen bestimmten, vertraglich festgelegten Zeitpunkt in der Zukunft. So wie es viele verschiedene Versionen der Sofortrente gibt, von denen jede ihre eigenen Bedingungen und Vorteile hat, die von Versicherung zu Versicherung variieren, gibt es auch verschiedene Typen der aufgeschobenen Rentenversicherung. Hier jedoch eine gute Nachricht: Es gibt grob geschätzt nur drei Haupttypen. Wenn Sie sie kennen und sie mit der Sofortrente vergleichen können, haben Sie grundsätzlich verstanden, welche Optionen Ihnen zur Verfügung stehen. Dann werden Sie in der Lage sein, dieses sichere Investmentvehikel für sich zu nutzen.

Hier die zwei Versionen der aufgeschobenen Rentenversicherung:

1. **Klassische, festverzinsliche Rentenversicherung:** Sie bietet Ihnen jedes Jahr eine feste garantierte Mindestverzinsung auf den Sparanteil Ihrer Prämien (unabhängig von den Marktausschlägen). Das ist vergleichbar mit den festen Erträgen, die Sie mit einem Bankkonto oder einer Anleihe erhalten, nur dass deren Höhe anders ist.

2. **Fondsgebundene Rentenversicherung:** In diesem Fall ist die Höhe der Rendite an die Entwicklung des oder der Investmentfonds gebunden, in die der Versicherer Ihre eingezahlten Prämien investiert. Weil hier aber doppelte Gebühren anfallen (einmal für den Versicherer und einmal für die Fondsgesellschaft, in deren Fonds investiert wird), rate ich Ihnen davon eher ab.

Variable Annuitätenprodukte

Es gibt einen Typ an Annuitätenprodukten, den ich nicht erwähnt habe, und das sind variable Annuitätenprodukte. Der Grund ist, dass sich fast alle Experten, die ich für dieses Buch interviewt habe, einig waren, dass man um diese Produkte am besten einen großen Bogen macht. Sie sind extrem kostenintensiv und die zugrunde liegenden Werte sind in Investmentfonds investiert (auch als Unterkonten bezeichnet).

»Wenn Sie hart arbeiten und klug investieren, können Sie es sich an Ihrem 80. Geburtstag leisten, 65 Jahre alt zu werden.«

Sie bezahlen also nicht nur für aktiv gemanagte Investmentfonds (die, wie wir wissen, den Markt nicht schlagen, dafür aber 3 Prozent oder mehr jährliche Gebühren verlangen) und zahlen daneben Gebühren an das Versicherungsunternehmen (zwischen 1 und 2 Prozent jährlich). Diese Produkte können toxisch sein, aber dennoch schaffen es die Finanzmakler, jedes Jahr Neuverkäufe im Wert von rund 150 Milliarden Dollar zu erzielen. In Kapitel 10 haben wir ausführlicher über Annuitätenprodukte gesprochen.

Nun wollen wir jede der drei zuvor genannten Optionen näher betrachten.

Aufgeschobene klassische Rentenversicherung

Diese klassische Rentenversicherung bietet Ihnen je nach Abschlussjahr einen staatlich festgelegten Garantiezins. Der ist übrigens auch bei Riester- und Rürup-Verträgen gegeben. Diese Versicherung unterliegt der nachgelagerten Besteuerung, und am Ende der Laufzeit haben Sie meist mehrere Optionen. Sie können sich das angesammelte Kapital (oder zumindest einen Teil davon) sofort auszahlen lassen oder sich für eine garantierte lebenslange Rente entscheiden. Ich will Ihnen dazu etwas Interessantes verraten:

Je länger Sie den Auszahlungstermin aufschieben, desto mehr Geld erhalten Sie

Und wenn Sie jung sind und gerade erst damit beginnen, für Ihre finanzielle Zukunft vorzusorgen, oder wenn Sie sich in einer Lebensphase befinden, in der Sie aktuell keine weiteren Einkünfte benötigen, aber sich Sorgen machen, dass Ihre Ersparnisse nicht für den Rest Ihres Lebens reichen? Vergessen Sie nicht, wer heute mit 65 Jahren in Rente geht, lebt vielleicht noch 20 bis 30 Jahre. Der Versuch herauszufinden, wie es Ihnen gelingen kann, Ihr Geld bis zum letzten Atemzug zu strecken, kann eine echte Herausforderung sein. Das hat dazu geführt, dass sich ein neuer Ansatz mit der Bezeichnung *Langlebigkeitsversicherung* einer zunehmenden Beliebtheit erfreut. Die Produkte zu diesem Konzept bieten Ihnen eine Einkommensversicherung im hohen Alter, so dass Sie mit 80 oder 85 Jahren bis zu Ihrem Tod garantierte Einkünfte haben. Wenn sie richtig strukturiert und Teil eines Gesamtplans ist, ist sie ein überzeugendes Instrument, das die Langlebigkeitsrisiken und das Risiko, der eigenen Familie zur Last zu fallen, abdeckt. Bei meiner jährlichen Finanzveranstaltung in Sun Valley, Idaho, interviewte ich den Verleger Steve Forbes. Ich befragte ihn zu seiner eigenen Strategie und auch er bestätigte, er habe eine Langlebigkeitsversicherung!

Noch eine coole Sache? Diese Rentenform ist bei staatlich geförderten Verträgen (Riester, Rürup) steuerlich begünstigt. Bei Riester-Verträgen müssen Sie nur den Ertragsanteil versteuern, weil ein großer Teil der Zahlung als Rückzahlung Ihrer ursprünglichen Einzahlung betrachtet wird.

Bei Rürup-Verträgen hängt der Anteil der Auszahlungen, die zu versteuern sind, vom Jahr des Rentenbeginns ab. 2015 sind es 70 Prozent. Schrittweise steigt dieser Anteil dann an, bis bei einem Rentenbeginn ab 2040 dann 100 Prozent versteuert werden müssen. Nicht zu vernachlässigen ist bei beiden Vorsorgeformen aber der Steuervorteil, der sich durch die Absetzbarkeit der Einzahlungen in der Ansparphase ergibt. Bei Riester ist das manchmal der Fall (in der Regel bei Besserverdienenden), bei Rürup immer. Und das macht diese Produkte steuerlich erst richtig attraktiv.

TEIL VI
INVESTIEREN SIE WIE DIE 0,001 PROZENT: DIE STRATEGIEN DER MULTIMILLIARDÄRE

Kapitel 28
Lernen Sie die Meister kennen

Es gibt nicht mehr als fünf Grundfarben, aber in Kombination erzeugen sie mehr Schattierungen, als man sich je vorstellen kann.
SUN TZU, Die Kunst des Krieges

Vor vier Jahren machte ich mich an ein gewaltiges Vorhaben: die Suche nach einem Weg, mit dem der normale Einzelanleger in einem System die Kontrolle über seine Geldanlagen und seine Vermögensentwicklung behält, dessen Regeln und Mechanismen gegen ihn gerichtet zu sein scheinen. Ich nahm mir vor, Ihnen – meinen Lesern – die bestmöglichen Informationen der einfluss- und kenntnisreichsten Experten der Welt zur Verfügung zu stellen. Seitdem habe ich mit mehr als 50 Selfmade-Milliardären, Nobelpreisträgern, Investmenttitanen, Bestsellerautoren, Professoren und Finanzlegenden gesprochen und ihnen zum Teil dieselben Fragen gestellt, die Sie gestellt hätten, wenn Sie an diesen Gesprächen teilgenommen hätten. Hier ein Ausschnitt:

»Worin besteht Ihr Wettbewerbsvorteil im Investmentgeschäft? Wodurch unterscheiden Sie sich von Ihren Mitbewerbern? Auf welchen Erkenntnissen beruht Ihre jahrzehntelange Marktführerschaft?«

»Können Einzelanleger überhaupt noch erfolgreich investieren? Wie kann ein Kleinanleger in den heutigen stark schwankungsanfälligen Märkten überhaupt noch dauerhaft Gewinne realisieren?«

»Welches sind heute die größten weltweiten Herausforderungen und Investitionschancen?«

Und vielleicht die wichtigste Frage von allen: »Wenn Sie Ihren Kindern kein Geld vererben könnten, sondern lediglich eine bestimmte Portfoliostruktur oder einen Katalog an Finanzprinzipien, mit denen sie erfolgreich investieren könnten, wie würden diese lauten?«

Die Antworten, die ich erhielt, waren aufregend und spannend. Gelegentlich brachten sie mich zum Lachen, manchmal rührten sie mich auch zu

Tränen. Die Erkenntnisse, die ich aus diesen Gesprächen gewann, reichen weit über jede formale akademische Ausbildung hinaus. Sie entsprachen dem ultimativen Doktorgrad in Finanzinvestitionen – Wissen direkt von der »Front«, an der meine »Professoren« Märkte bewegten und die Weltwirtschaft prägten, *während* sie mir gleichzeitig ein persönliches Coaching gaben.

Ich sah es als meine Aufgabe an, aus dem Wissen und den Erkenntnissen, an denen sie mich teilhaben ließen, die wichtigsten Punkte zu destillieren und diese in eine integrierte Anleitung zu übersetzen, mit der Sie in sieben Schritten zu finanzieller Freiheit gelangen – eine praktische Anleitung, mit der Sie von Ihrer jetzigen finanziellen Ausgangsposition an Ihr Ziel gelangen.

Ich wünschte, ich könnte Ihnen die Großmeister der Finanzinvestition allesamt persönlich nahebringen, aber ihre Stimmen und Argumente werden hier vollständig wiedergegeben, sei es auf indirekte Weise oder durch direkte Zitate. Die Zeit, die ich mit ihnen verbracht habe, reicht von den mehr als 20 Jahren, die ich Paul Tudor Jones zu meinen Kunden und engen Freunden zähle, bis zu einem informellen 20-minütigen Treffen mit Warren Buffett, den ich im Rahmen eines gemeinsamen Auftritts in der Fernsehnachrichtensendung *Today* ansprach.

Die meisten dieser Interviews waren ursprünglich für eine Stunde angesetzt, entwickelten sich dann aber zu drei- bis vierstündigen Gesprächen. Warum? Weil alle diese Finanzgiganten tiefer in die Materie einsteigen wollten, als ihnen klar wurde, dass ich nicht einfach nur einige oberflächliche Fragen stellen würde. Meine Mission, Ihnen, dem Einzelanleger, zu Diensten zu sein, berührte sie. Und so schenkten sie mir in unglaublicher Großzügigkeit ihre kostbare Zeit.

Die Vielfältigkeit unserer Gespräche war außerordentlich. Ich kam in den Genuss des Privilegs, einige der brillantesten Finanzstrategen weltweit zusammenzubringen. Eines der besonders interessanten Zusammentreffen ereignete sich auf meiner Finanzkonferenz in Sun Valley, Idaho. Ich interviewte Larry Summers, ehemaliger US-Finanzminister, Direktor des Nationalen Wirtschaftsrats und Berater von US-Präsident Barack Obama inmitten der Weltwirtschaftskrise. Wir sprachen über die bereits erfolgten sowie die *nötigen* Maßnahmen zur Wiederbelebung der US-Wirtschaft. Der Verleger und ehemalige republikanische Präsidentschaftskandidat Steve Forbes lauschte Summers Worten und hob seine Hand, um eine Frage zu stellen. Sie können sich den respektvollen »Schlagabtausch« vorstellen, der daraufhin erfolgte.

Ein weiterer spannender Moment: als ich erfuhr, dass Carl Icahn jahrelang ein Fan von John C. Bogle gewesen war, die beiden sich aber nie persönlich kennengelernt hatten. Ich hatte das Privileg, sie einander vorstellen zu dürfen. Zusammengenommen besitzen diese beiden Titanen mehr als ein Jahrhundert an Investmenterfahrung. John lud mich zu ihrem Gespräch ein, aber ich befand mich zu dem Zeitpunkt außer Landes. Wäre es nicht beeindruckend gewesen, bei diesem Treffen der Giganten stiller Hintergrundbeobachter sein zu dürfen?

Das Verrückte ist, dass Sie nach all der Zeit, die ich mit jedem dieser Experten verbracht habe, sowie den Transkripten von durchschnittlich 75 Seiten pro Gespräch, nur fünf bis zehn Seiten Interview pro Gesprächspartner sehen werden. Damit dieser Buchabschnitt keine 9.000 Seiten umfasst, erhalten Sie hier die Highlights aus elf Interviews. Okay, elf plus ein Interview als Bonus. Zwar ist Sir John Templeton inzwischen verstorben, aber ich konnte das Gespräch mit diesem Mann, der zu den herausragendsten Investoren aller Zeiten gehört und ein ganz außergewöhnlicher Mensch war, unmöglich auslassen.

Wie alle Experten haben die Finanzstrategen, über die Sie auf den folgenden Seiten lesen werden, unterschiedliche Sichtweisen darüber, was die nahe Zukunft bringen wird, und sie vertreten unterschiedliche Auffassungen über die ihrer Meinung nach optimalen Investmentinstrumente für das jeweils von ihnen antizipierte Szenario. Einige von ihnen sind kurzfristig orientierte Trader, andere verfolgen eine langfristige Strategie. Einige glauben an die Aktienmärkte, andere schwören, man könne mit Arbitragegeschäften mehr Geld verdienen. Zwar sind sie sich nicht immer einig über die Taktik, aber es ist wirklich höchst beeindruckend, wie unterschiedliche Pfade zu den gleichen Zielen führen.

Und eines ist gewiss: Sie alle sind großartige Führungspersönlichkeiten. Nehmen Sie zum Beispiel Mary Callahan Erdoes, die 22.000 Finanzprofis – darunter einige der besten Portfoliomanager der Welt – befehligt und für J.P. Morgan Asset Management beeindruckende 2,5 Billionen Dollar an Vermögenswerten verwaltet. Oder Charles Schwab, der mit seinem leidenschaftlichen Engagement für die Interessen und den Schutz der Masse der individuellen Kleinanleger eine ganze Branche umgekrempelt und ein Unternehmen aufgebaut hat, das 8,2 Millionen Kundenkonten und 2,38 Billionen Dollar an Vermögenswerten verwaltet, die von 300 Niederlassungen weltweit betreut werden.

Die folgenden Seiten werden Ihnen zeigen, dass es viele Wege zum Sieg gibt – viele Wege zu Finanzerfolg und Wohlstand in der Welt, in der wir heute leben. Auch wenn jede der interviewten Finanzlegenden einen anderen Ansatz verfolgt, verbinden sie folgende gemeinsame Prinzipien:

1. **Unter allen Umständen Verluste vermeiden.** Alle der von mir interviewten Experten sind zwar auf hohe Renditen fokussiert, aber noch intensiver achten sie darauf, dass sie keine Verluste machen. Selbst die herausragendsten Hedgefondsmanager der Welt, von denen man annehmen könnte, dass sie nicht gerade risikoscheu sind, achten genau darauf, sich vor Verlusten zu schützen. Von Ray Dalio über Kyle Bass bis zu Paul Tudor Jones gilt die Devise: Nur wer nicht verliert, überlebt, um einen weiteren Tag zu kämpfen. Paul fasste das in die folgenden Worte: »Ich bin unbedingt darauf bedacht, Gewinne zu erzielen. Und ich will sicher sein, dass ich kein Geld verliere ... Die Verteidigung ist zehnmal wichtiger als der Angriff ... Man muss die ganze Zeit intensiv auf Verlustvermeidung achten.« Diese Aussage stammt von einem Mann, der in 28 aufeinanderfolgenden Jahren Gewinne für seine Kunden erzielt hat. Es ist ganz einfach, kann aber gar nicht überbetont werden. Warum? Wenn Sie einen Verlust in Höhe von 50 Prozent erleiden, müssen Sie anschließend einen Gewinn von 100 Prozent erzielen, um diesen Verlust wieder auszugleichen – soll heißen, um zu Ihrer Ausgangsposition zurückzukehren. Und das erfordert etwas, das unwiederbringlich ist: *Zeit*.

2. **Hohe Renditen bei möglichst geringen Risiken.** Während die meisten Anleger versuchen, einen Weg zu finden, »gute« Renditen zu erzielen, konzentrieren sich die Finanzgenies ausnahmslos auf etwas ganz anderes: auf die Suche nach einem echten Treffer! Sie leben und atmen für das Aufspüren von Investitionschancen, die ihnen bei geringen Risiken hohe Renditen bieten. Das wiederholt erwähnte asymmetrische Chancen-Risiko-Verhältnis. Wenn Sie Sir John Templetons Strategie betrachten, werden Sie feststellen, dass er sich nicht wild in den Markt stürzte, sondern – um es mit den Worten des britischen Adeligen Baron Rothschild auszudrücken – wartete, bis »Blut in den Straßen floss« und massenhafte Panikverkäufe stattfanden. In solchen Situationen können Sie die besten Schnäppchen machen. Paul

Tudor Jones dagegen folgt dem Markttrend. Aber, wie er mir in unserem Gespräch verriet, er investiert erst, wenn die potenzielle Rendite mindestens 5 Dollar für jeden eingesetzten Dollar beträgt. Diese Strategie, so seine Worte, ersetzt jeden sündhaft teuren MBA-Abschluss! Aus dem Gespräch mit Kyle Bass werden Sie erfahren, wie es ihm gelang, bei einem Risiko von 3 Prozent 100 Prozent Gewinn einzufahren. Und wie er es schaffte, diesen Sieg in eine Rendite von mehr als 600 Prozent zu verwandeln.

3. **Antizipieren und diversifizieren.** Die Besten der Besten antizipieren die kommenden Entwicklungen. Sie spüren Investitionen mit einem asymmetrischen Chancen-Risiko-Profil auf. Sie machen ihre Hausaufgaben, bis sie instinktiv wissen, dass sie richtig liegen. Und um sich für diesen seltenen Fall, dass sie sich irren, zu schützen, nehmen sie ihren möglichen Irrtum vorweg, indem sie diversifizieren. Denn letztlich müssen selbst die noch so erfolgreichen Investoren Entscheidungen auf Basis begrenzter Informationen treffen. Kyle Bass' früherer Partner Mark Hart sagte mir: »Viele brillante Leute sind ganz schlechte Investoren. Das liegt daran, dass sie nicht in der Lage sind, mit begrenzten Informationen Entscheidungen zu treffen. In dem Moment, in dem wirklich alle Informationen zur Verfügung stehen, kennt sie jeder, und Sie besitzen keinen Vorteil mehr.« T. Boone Pickens drückte es folgendermaßen aus: »Die meisten Leuten sagen, ›Anlegen, zielen, zielen und zielen ....‹, aber sie drücken nie ab.«

4. **Sich nie zurücklehnen.** Im Gegensatz zu dem, was die meisten Menschen erwarten würden, lehnen sich diese Finanzgenies nie zurück. Sie haben nie ausgelernt, nie genug verdient, hören nie auf, sich weiterzuentwickeln und zu wachsen, und hören nie auf, zu geben! Egal, wie herausragend ihre vergangenen Leistungen sind oder was sie auch weiterhin leisten, sie bleiben immer hungrig – das ist der innere Antrieb, der dem menschlichen Genie Flügel verleiht. Die meisten Menschen würden dagegen denken, »Wenn ich so viel Geld hätte, würde ich einfach aufhören. Warum weiterarbeiten?« Weil jeder dieser Finanzgenies tief im Inneren davon überzeugt ist, dass »von dem, dem viel gegeben ist, auch viel erwartet wird«. Ihre Arbeit ist ihre Leidenschaft.

Kapitel 29
Carl Icahn:
Master of the Universe

Der am meisten gefürchtete Mann der Wall Street

Frage: Wann ist ein einziger Tweet 17 Milliarden Dollar wert?
Antwort: Wenn Carl Icahn sagt, Apple sei unterbewertet, und ankündigt, dass er die Apple-Aktie kaufen wird.

Innerhalb einer Stunde, nachdem Icahn im Sommer 2013 diesen Tweet abgesetzt hatte, war der Kurs der Apple-Aktie um 19 Punkte gestiegen. Der Markt verstand die Botschaft: Immer wenn der milliardenschwere Geschäftsmann Interesse an einem Unternehmen zeigt, ist es Zeit, die Aktie zu kaufen. Vier Monate später bildete das Magazin *Time* sein Porträt auf der Titelseite ab. Darüber stand die Schlagzeile: »Master of the Universe.« Darunter stand, er sei »Amerikas wichtigster Investor«. Das stimmt. In den vergangenen vier Jahrzehnten haben Icahns Investitionen 50 Prozent mehr Gewinn erzielt, als die Warren Buffetts, der anderen Investmentikone. Eine jüngst veröffentlichte Analyse von *Kiplinger's Personal Finance* hat ergeben, dass die meisten Menschen zwar glauben, Buffett erziele die höchsten Renditen, aber wenn Sie 1968 mit Icahn investiert hätten, hätten Sie im Jahr 2013 eine Gesamtrendite von 31 Prozent erzielt, gegenüber »lediglich« 20 Prozent, die Buffetts Unternehmen Berkshire Hathaway im selben Zeitraum erzielte.

Icahns Geschäftssinn hat ihn zu einem der reichsten Männer der Welt gemacht – bei meiner letzten Überprüfung der *Forbes*-Liste stand er mit einem Nettovermögen von mehr als 23 Milliarden Dollar an 27. Stelle. Außerdem hat er weitere Milliarden für ganz normale Einzelanleger erzielt, die in seine diversifizierte Holdinggesellschaft Icahn Enterprises LP (NASDAQ: IEP) investiert haben oder Aktien der Unternehmen besitzen, auf die er es abgesehen hat. Sein Erfolgsgeheimnis? Selbst seine Kritiker sagen: Carl Icahn sucht nicht nur nach Gewinnchancen – er erzeugt sie.

Die meisten Nichteingeweihten betrachten ihn aber immer noch als eine Karikatur der Wall Street; als eine skrupellose »Heuschrecke«, als einen Finanzhai, der aus reiner Profitgier Unternehmen plündert. Wenn Sie bei Google den Suchbegriff *Corporate Raider* (Unternehmensplünderer) eingeben, taucht sein Name unweigerlich in allen Suchergebnissen auf.

Carl Icahn stellt dieses immer wieder strapazierte Klischee jedoch in Frage. Er sieht sich selber eher als »Shareholder-Aktivist«. Was heißt das? »Wir richten das Rampenlicht auf börsennotierte Unternehmen, die ihren Aktionären nicht den Wert bieten, den diese verdienen«, erklärte er mir. Seine Leidenschaft, so Icahn, bestehe darin, diesem Betrug an den Aktionären ein Ende zu setzen, indem er eine Verbesserung der Corporate Governance und der Rechenschaftspflicht der Unternehmensführung gegenüber den Aktionären erzwinge. Das stärke amerikanische Unternehmen und somit auch die amerikanische Wirtschaft.

Die *New York Times* beschreibt ihn mit folgenden Worten: »Indem er an den Vorstandsstühlen rüttelt, Übernahmen einfädelt und lauthals Veränderungen in den Unternehmen einfordert, hat er ein milliardenschweres Vermögen aufgebaut, Angst und Schrecken in den Führungsetagen verbreitet und die Bewunderung seiner Investorenkollegen gewonnen.«

Icahn kauft die Aktien kopflastiger oder unterbewerteter Unternehmen auf und setzt anschließend die Unternehmensführung unter Druck, den Wert des Unternehmens zu steigern – oder sich auf eine Schlacht um die Kontrolle des Vorstands und des Aufsichtsgremiums gefasst zu machen.

Er selber sieht sich im Kampf gegen Topmanager, die das Vermögen börsennotierter Unternehmen dazu verwenden, sich zu Lasten der Aktionäre die Taschen vollzustopfen. »Tony, die Menschen haben keine Vorstellung davon, wie sie hinters Licht geführt werden«, sagte er, und fügte hinzu, der durchschnittliche Anleger sei sich der Kungeleien, die hinter den verschlossenen Türen der Vorstandssäle stattfinden, gar nicht bewusst. Ein Teil des Problems besteht darin, dass die Aktionäre glauben, sie hätten gar nicht die Macht, die Dinge zu verändern, was wiederum daran liegt, dass sie nicht wie Eigentümer denken. Icahn weiß jedoch um die Macht des Fremdkapitals – und er hat keine Scheu, es einzusetzen.

24 Milliarden Dollar für Bonuszahlungen an die Topmanager von Coca-Cola?

Ein Beispiel für die Art von Entscheidungen, die Icahn in Rage bringen, ist seine Kritik an Coca-Cola. Der Getränkekonzern plante 2012 einen Aktiensplit im Verhältnis 2:1 im Wert von 24 Milliarden Dollar; das heißt, für jeden gehaltenen Anteilsschein erhielt ein Aktionär einen zweiten dazu. Der Grund? Mit den Einnahmen sollten die gigantischen Vergütungspakete der Spitzenführungskräfte finanziert werden. Das hätte die Rentenersparnisse der normalen Kleinanleger, wie zum Beispiel Lehrer und Feuerwehrleute, erheblich entwertet, weil viele Bürger im Rahmen ihrer privaten Altersvorsorgepläne in Coca-Cola-Aktien investiert haben.

Icahn schrieb im Magazin *Barron's* einen flammenden Artikel, in dem er den Konzern für sein Vorgehen scharf verurteilte, und forderte Warren Buffett – Coca-Colas größter Einzelinvestor und Mitglied des aufsichtsführenden Gremiums – auf, dagegen zu stimmen. »Viele Vorstände halten den Board für eine Art Studentenverbindung oder Klub, in dem man niemandem auf die Füße treten darf«, schrieb Icahn »Diese Haltung dient nur dazu, dass sich mittelmäßige Unternehmensführungen verschanzen.«

Buffett antwortete, er habe sich der Stimme enthalten, sei aber gegen den Plan gewesen, und habe im Stillen mit dem Management über eine Kürzung der übertriebenen Vergütungspakete gesprochen. Allerdings habe er deswegen »keinen Streit anzetteln« wollen.

Im Gegensatz dazu ist Carl Icahn stets kampfbereit. Er hat schon zahlreiche Schlachten geschlagen und so unterschiedliche Unternehmen wie US Steel, Clorox, eBay, Dell und Yahoo attackiert. Dieses Mal war es jedoch anders: Statt Icahn, kaufte ein junger Fondsmanager namens David Winters die Coca-Cola-Aktie auf und führte den Angriffskrieg gegen die Konzernführung. Zur Bestürzung überbezahlter CEOs weltweit führt eine neue Generation von »aktivistischen Investoren« den Kampf fort, den Icahn vor vielen Jahrzehnten begonnen hat.

Naturgemäß hat sich Carl Icahn in den Vorstandsetagen viele mächtige Feinde gemacht – Feinde mit großem Einfluss auf die Medien. Daher hört man seine Kritiker oft sagen, er sei nur hinter dem Geld her, oder er falle wie ein Schwarm Heuschrecken über ein Unternehmen her, nehme es aus und stoße es dann wieder ab und opfere langfristige Unternehmensziele für kurzfristige Profite. Icahn findet das lächerlich und weist darauf hin, dass er seine Beteiligungen oft wesentlich länger halte, als den Leuten klar sei – gelegentlich bis zu 10, 15 oder sogar 30 Jahre. Und wenn er in einem Unternehmen die Kontrolle übernimmt, steigt dessen Wert auch noch Jahre, nachdem er seine Beteiligung längst wieder verkauft hat. Diese Feststellung wurde im Rahmen einer Studie getroffen, die der Professor der Harvard Law School, Lucian Bebchuk durchgeführt hat, der dafür 2.000 Kampagnen zwischen 1994 und 2007 analysierte. Die Studie kam zu dem Schluss, dass »die operativen Ergebnisse nach Interventionen steigen«. Weiterhin ergab die Studie, dass diese Interventionen nicht nur keinerlei Langzeitschäden verursachten, sondern die betroffenen Unternehmen vielmehr auch fünf Jahre danach noch überdurchschnittliche Ergebnisse erzielten.

Carl Icahn fordert nicht den Kopf eines jeden CEO Amerikas. Oft erkennt er an, dass es einige außerordentlich gute Führungsmannschaften und Topmanager gibt, die die Unternehmensressourcen maximieren und das Unternehmen widerstandsfähiger machen. Aber er sucht ständig nach Wegen, um die Verantwortlichkeit des Managements – selbst der populärsten und bestgeführten Unternehmen – gegenüber seinen Aktionären zu steigern.

Nehmen wir zum Beispiel den Tweet über Apple. Icahn sagte mir, es sei nicht seine Absicht gewesen, den Kurs in die Höhe zu treiben, um anschließend die Aktie zu verkaufen. (Tatsächlich erwarb er am Tag unseres Interviews ein umfangreiches Aktienpaket des Unternehmens.) Und er habe auch nicht versucht, sich in die Unternehmensführung einzumischen, die er für solide hält. Dieser Tweet sei lediglich Teil einer Kampagne gewesen, mit der Druck auf Apple ausgeübt werden sollte, 150 Milliarden Dollar seiner Bargeldreserven als Dividenden an seine Aktionäre auszuzahlen. Am Ende erhöhte das Unternehmen sein Dividendenprogramm im April 2013 auf mehr als 130 Milliarden Dollar, einschließlich einer Erhöhung seines Aktienrückkaufprogramms von ursprünglich 60 Milliarden auf 90 Milliarden Dollar. Gleichzeitig kündigte Apple eine Erhöhung der Quartalsdividende und einen Aktiensplit im Verhältnis 7:1 an. Heute ist Apples Aktienkurs 50 Prozent höher als an dem Tag, an dem Carl Icahn den Tweet versendete.

Icahn, der zu 88 Prozent an dem börsennotierten Unternehmen Icahn Enterprises beteiligt ist, ist selber CEO. Die Aktie seines Unternehmens hat erstaunlich gute Ergebnisse erzielt, selbst während des sogenannten verlorenen Jahrzehnts. Hätten Sie zwischen dem 1. Januar 2000 und dem 31. Juli 2014 in Icahn Enterprises investiert, hätten Sie eine Gesamtrendite von 1.622 Prozent erzielt – verglichen mit 73 Prozent des S&P 500 im selben Zeitraum!

Carl Icahn wurde nicht in die Hochfinanz hineingeboren. Nach seinen Worten wuchs er in Queens »auf der Straße« auf. Seine Mutter war Lehrerin und sein Vater, ein ehemaliger Jurastudent und verhinderter Opernsänger, arbeitete als Kantor in einer lokalen Synagoge. Um sein Philosophiestudium an der Universität von Princeton zu finanzieren, spielte Icahn Poker. Nach einem kurzen Intermezzo an einer Medical School und einem kurzen Gastspiel in der Armee (und noch mehr Poker) erkannte er, dass sein größtes Talent im Geldverdienen bestand.

Icahn ist inzwischen 78 Jahre alt und denkt über sein Vermächtnis nach. Er schreibt Artikel und gibt ausgewählte Interviews über die Rechte der Investoren und Aktionäre. Aber ehrlich gesagt ist er es leid, ständig missverstanden und aus dem Kontext gerissen zitiert zu werden. Aus diesem Grund machte er – in Unkenntnis meiner Person und meiner Absichten – zur Bedingung, dass mein Videoteam unser Gespräch nicht filmen dürfe und sagte: »Ich gebe Ihnen ein paar Minuten.«

Zu meiner großen Erleichterung lockerte er sich nach den ersten unbehaglichen Momenten und zweieinhalb Stunden später stand ich mit ihm in der Halle, wo er mich seiner Ehefrau Gail vorstellte, mit der er seit 15 Jahren verheiratet ist. Privat ist Carl ganz anders als das Bild, das er in der Öffentlichkeit vermittelt. Er ist witzig und neugierig, ja sogar ein wenig großväterlich. Seine Freunde sagen, er sei weicher geworden. Aber er spricht immer noch mit dem typischen Akzent des New Yorker Stadtteils Queens und hat immer noch den wachen, scharfen Verstand eines New Yorker Straßenkämpfers. Icahn sagt, er sei jemand, der nicht loslasse, vor allem wenn er etwas gefunden habe, für das es sich zu kämpfen lohne.

TR: Sie stammen aus bescheidenen Verhältnissen und haben eine öffentliche Schule in einem eher rauen Teil von Queens besucht. Hatten Sie damals schon ein Ziel; hatten Sie sich damals schon vorgenommen, einer der größten Investoren aller Zeiten zu werden?

CI: Ich bin sehr wettbewerbsorientiert. Leidenschaftlich oder besessen, wie immer Sie es nennen wollen. Und es liegt in meiner Natur, in allem, was ich mache, zu versuchen, der Beste zu sein. Als ich mich an den verschiedenen Colleges bewarb, sagten meine Lehrer: »Versuch gar nicht erst, dich an einer Elite-Universität zu bewerben. Die nehmen niemanden aus dieser Gegend.« Ich habe mich an allen beworben und wurde von allen angenommen. Ich habe mich dann für Princeton entschieden. Mein Vater hatte mir angeboten, alle Kosten zu übernehmen, aber dann machte er einen Rückzieher und sagte, er würde nur die Studiengebühren bezahlen, die – wenn ich mich richtig erinnere – damals 750 Dollar pro Jahr betrugen. Ich sagte: »Und wo soll ich schlafen? Wie soll ich mein Essen bezahlen?« Meine Eltern antworteten: »Du bist so clever, du wirst schon einen Weg finden.«

TR: Und was haben Sie gemacht?

CI: Ich fand einen Job als Beachboy in einem Klub in den Rockaways. Ich war ein guter Beachboy! Die Besitzer der Strandumkleidehäuschen sagten immer: »Hey, Junge, mach mit in unserer Pokerrunde. Hier kannst du dein wöchentliches Trinkgeld verspielen.« Zuerst hatte ich keine Ahnung von Poker und sie nahmen mir alles ab. Daraufhin las ich in zwei Wochen drei Bücher über Poker und danach war ich zehnmal besser als jeder von ihnen. Für mich war das eine Riesensache, bei der es viel zu gewinnen gab. Jeden Sommer räumte ich rund 2.000 Dollar ab. Das waren damals in den 50ern so viel wie heute 50.000 Dollar.

TR: Wie sind Sie zu Finanzinvestitionen gekommen?

CI: Nach dem College ging ich zur Armee und spielte dort weiter Poker. Ich verließ die Armee mit Ersparnissen von ungefähr 20.000 Dollar und begann 1961, das Geld an der Wall Street zu investieren. Ich lebte gut, hatte eine tolle Model-Freundin und kaufte ein weißes Kabrio, Modell Galaxie. Dann brach 1962 die Börse zusammen und ich verlor alles. Ich weiß gar nicht mehr, was zuerst weg war, die Freundin oder das Auto!

TR: Ich habe gelesen, Sie seien anschließend an den Markt zurückgekehrt, hätten Optionen verkauft und seien dann ins Arbitrage-Geschäft eingestiegen.

CI: Ich lieh mir Geld, um einen Sitz an der New Yorker Börse zu erwerben. Ich war damals ein Hotshot. Meine Erfahrung lehrte mich, dass es gefährlich ist, den Markt zu traden, und dass es viel besser sei, meine mathematischen Fähigkeiten einzusetzen und auf bestimmten Gebieten ein Experte zu werden. Die Banken liehen mir 90 Prozent der Gelder, die ich für Arbitrage-Geschäfte brauchte, denn damals, als Arbitrage noch risikolos war, konnten Sie, wenn Sie gut waren, praktisch nicht verlieren. Und ich begann, *richtig viel* Geld zu machen – 1,5 bis 2 Millionen pro Jahr.

TR: Ich würde mit Ihnen gerne über asymmetrische Gewinnchancen sprechen. Haben Sie auch danach Ausschau gehalten, als Sie begannen, unterbewertete Unternehmen aufzukaufen?

CI: Ich begann, diese Unternehmen zu analysieren. Wenn Sie ein Unternehmen kaufen, kaufen Sie eigentlich seine Unternehmenswerte. Also sehen Sie sich diese Unternehmenswerte an und fragen sich: »Warum generieren sie nicht mehr Gewinn?« Zu 90 Prozent liegt der Grund in der Unternehmensführung. Wir hielten also nach Unternehmen Ausschau, die nicht gut geführt wurden, und ich hatte genug Geld, um einfach hineinzumarschieren und zu sagen: »Ich übernehme den Laden oder Sie verändern die Art und Weise, wie Sie das Unternehmen führen, oder der Vorstand macht X, Y oder Z.« Oftmals lenkten die Vorstände ein. Gelegentlich bekämpften sie uns und manchmal zogen sie vor Gericht. Doch nur wenige besaßen meine Hartnäckigkeit oder waren bereit, Geld zu riskieren. Wenn man das Ganze betrachtet, könnte man den Eindruck gewinnen, wir hätten viel Geld riskiert, das war aber nicht so.

TR: Ihnen erschien es nicht riskant, weil Sie den wahren Wert der Vermögenswerte kannten?

CI: Man sucht immer nach dem richtigen Chancen-Risiko-Verhältnis, nicht wahr? Alles kann man in Chancen und Risiken unterteilen. Sie müssen aber wissen, worin die Risiken bestehen, und Sie müssen verstehen, worin der Gewinn besteht. Die meisten Menschen sahen mehr

Risiken als ich. Aber die Zahlen lügen nicht, und das haben sie einfach nicht verstanden.

TR: Warum nicht?

CI: Weil es zu viele Variablen gab und zu viele Analysten, die einen Meinungsumschwung bewirken konnten.

TR: Sie machen es Ihnen heute schwerer, sie zu schlagen.

CI: Nicht wirklich. Das System ist so schlecht, dass Sie keine mittelmäßigen Führungsmannschaften loswerden. Hier ein Beispiel: Nehmen wir an, ich würde Weinfelder auf wunderschönen Ländereien erben. Sechs Monate später möchte ich sie verkaufen, weil sie keinen Cent Gewinn abwerfen. Aber ich habe ein Problem: Der Typ, der die Weinfelder betreut und verwaltet, ist nie da. Er spielt den ganzen Tag Golf. Aber er will unbedingt an seinem Job als Manager der Winzerei festhalten. Und er lässt niemanden einen Blick in die Karten werfen, weil er nicht will, dass sie verkauft wird. Sie könnten sagen: »Sind Sie verrückt? Rufen Sie doch die Polizei und werfen Sie ihn achtkantig hinaus!« Und das ist genau das Problem mit börsennotierten Unternehmen: Das geht nicht ohne einen ganz schwierigen Kampf.

TR: Die Regeln erschweren den Rauswurf von CEOs.

CI: Das ist das Problem: Die Aktionäre können sich kaum Gehör verschaffen, aber als Icahn Enterprises kämpfen wir und oft gewinnen wir auch. Wenn wir einmal die Kontrollmehrheit besitzen, stellen wir vielleicht fest, dass der CEO gar nicht so schlecht ist. Aber unterm Strich gilt: Die Art und Weise, wie börsennotierte Unternehmen geführt werden, ist wirklich schlecht für dieses Land. Es gibt so viele Regeln, die Sie davon abhalten, aktivistisch zu handeln. Es gibt zahlreiche Hindernisse, um eine Kontrollmehrheit zu erreichen. Wenn uns das aber gelingt, dann profitieren davon die Aktionäre, wie die Erfolgsbilanzen zeigen. Was wir tun, ist ganz nebenbei auch gut für die Wirtschaft, weil die Produktivität dieser Unternehmen steigt, und zwar nicht nur kurzfristig. Manchmal halten wir unsere Beteiligungen über 15 oder 20 Jahre!

TR: Wie lautet die Lösung?

CI: Man muss die Giftpillen [Abwehrstrategie gegen einen Übernahmeversuch] und die gestaffelte Wahl des Verwaltungsrats abschaffen, damit die Aktionäre entscheiden können, wie sie das Unternehmen geführt sehen wollen. Wir sollten diese Unternehmen rechenschaftspflichtig machen und echte Wahlen abhalten. Selbst in der Politik, so schlecht sie auch ist, können Sie den Präsidenten absetzen, wenn Sie wollen. Er kann immer nur für vier Jahre gewählt werden. In unseren Unternehmen gibt es jedoch kaum eine Möglichkeit, einen CEO loszuwerden, selbst wenn er oder sie einen ganz schlechten Job macht. Oft läuft es wie bei einer Studentenverbindung auf dem Campus – den Spitzenjob erhält nicht der Schlaueste, sondern der, der mit allen gut zurechtkommt. Und der wird dann immer eine Stufe höher gereicht.

Investment-Highlights

Die IEP-Aktie hat die Ergebnisse aller vergleichbaren Unternehmen um einiges übertroffen:

	Zeitraum	IEP	Berkshire	Leucadia	Loews	S&P 500	Dow Jones	Russell 2000
Bruttorendite auf Aktien-Investitionen	3 Jahre mit Ende am 31. Juli 2014	164%	69%	-22%	8%	59%	47%	47%
	5 Jahre mit Ende am 31. Juli 2014	215%	94%	8%	45%	117%	106%	115%
	7 Jahre mit Ende am 31. Jul 2014	37%	71%	-29%	-7%	55%	52%	59%
	1. April 2009[1] bis 31. Juli 2014	382%	117%	78%	97%	171%	151%	184%
	1. Januar 2000 bis 31. Juli 2014	1.622%	235%	264%	372%	73%	104%	168%
Jahresrendite	1. April 2009[1] bis 31. Juli 2014	34,3%	15,6%	11,5%	13,6%	20,5%	18,8%	21,6%
	1. Januar 2000 bis 31. Juli 2014	21,5%	8,7%	9,3%	11,2%	3,8%	5,0%	7,0%

[1] Ungefähr am 1. April 2009 begann der Wirtschaftsaufschwung.
Quelle: Bloomberg. Beinhaltet die Thesaurierung von Dividenden. Auf Basis der Aktienkurse vom 31. Juli 2014.

TR: Manchmal braucht man keine Proxy-Fights[1], um die Unternehmensführung umzukrempeln. Sie haben vor Kurzem eine umfangreiche Beteiligung an Netflix erworben – fast 10 Prozent – und haben in zwei Jahren 2 Milliarden Dollar verdient.

CI: Das waren mein Sohn Brett und sein Partner. Ich verstehe nicht viel von Technologie, aber er zeigte mir in 20 Minuten, warum das ein Riesengeschäft war. Und ich sagte einfach: »Kauf so viel, wie du kannst!« Das war eigentlich gar nicht aktivistisch.

TR: Was haben Sie gesehen? Was hat Brett Ihnen in diesen 20 Minuten gezeigt, das Ihnen die Gewissheit gab, das Unternehmen sei unterbewertet?

CI: Ganz einfach: Die meisten herausragenden Experten machten sich über die falschen Dinge Sorgen. Damals hatte Netflix jedes Jahr Einnahmen aus Gebühren in Höhe von 2 Milliarden Dollar. Aber diese Gebühren sind nicht in seiner Bilanz abgebildet. Und so fragten alle Experten: »Wie wird es ihnen gelingen, mit gebührenpflichtigen Inhalten Geld zu verdienen?« Nun, sie hatten ja die 2 Milliarden Einnahmen! Und im Allgemeinen sind Abonnenten länger treu, als Sie sich vorstellen können! Es würde viel länger dauern, als die meisten dachten, diesen gewaltigen Cashflow zu riskieren, egal was passierte.

TR: Sie haben aber nie versucht, Netflix zu übernehmen?

CI: Sie dachten, es würde einen Kampf geben. Aber ich sagte: »Reed [Hastings, Mitgründer und CEO von Netflix], ich habe nicht vor, mir mit Ihnen einen Machtkampf zu liefern. Sie haben soeben einen Volltreffer gelandet!« Dann fragte ich sie, ob sie die Icahn-Regel kennen würden. Sie fragten, wie die lauten würde? Und ich erwiderte: »Ich schlage niemanden ins Gesicht, der für mich 800 Millionen Gewinn in drei Minuten erzielt.«

TR: *[Lacht].* Sie haben Ende 2013 einen Teil Ihrer Aktien verkauft.

CI: Als die Aktie 350 Dollar kostete, beschloss ich, einige Gewinne mitzunehmen. Aber ich habe nicht alle verkauft.

TR: Wie lautet die größte Fehlannahme über Ihre Person?

CI: Ich glaube, die Leute verstehen meine Motivation nicht, oder vielleicht verstehe ich sie selbst nicht. Es mag zwar abgedroschen klingen, aber an diesem Punkt meines Lebens versuche ich wirklich, etwas zu tun, das Amerika weiterhin zu einem herausragenden Land macht. Ich möchte, dass mein Vermächtnis lautet, dass ich die Art und Weise verändert

[1] Kampf um Aktionärsstimmen, um die Kontrolle zu gewinnen, ohne Aktien dazukaufen zu müssen (A.d.Ü.)

habe, wie Unternehmen geführt werden. Es stört mich, dass so viele unserer großen Konzerne so schlecht geführt werden. Ich möchte die Regeln verändern, damit die Führungsriege und das Aufsichtsorgan den Aktionären gegenüber wirklich rechenschaftspflichtig sind.

TR: Sie und Ihre Frau haben sich an der Initiative Giving Pledge beteiligt. Welche weiteren philanthropischen Aktivitäten erfüllen Sie am meisten mit Leidenschaft?

CI: Ich gebe viel, aber ich mache das gerne auf meine eigene Weise. Ich habe gerade erst 30 Millionen Dollar für Charter Schools (eine besondere Schulform, A.d.Ü) gespendet, weil der Direktor und die Lehrer von Charter Schools rechenschaftspflichtig sind. Als Ergebnis erhalten unsere Kinder bei einer gut geführten Schule eine bessere Ausbildung, als sie üblicherweise in einer öffentlichen Schule erhalten würden. Wir sind ein herausragendes Land, aber traurigerweise ist die Art und Weise, wie wir unsere Unternehmen und unser Bildungssystem führen, vollkommen dysfunktional. Ich hoffe, dass ich mein Vermögen dazu nutzen kann, eine treibende Kraft für diese Veränderung zu sein. Wenn wir das nicht tun, begeben wir uns leider in den Abstieg zu einem zweitrangigen Land oder noch darunter.

INVESTMENT-HIGHLIGHTS

Nach Carl Icahns Auffassung hat es nie eine bessere Zeit für aktivistische Finanzinvestitionen gegeben als heute, wenn sie richtig gemacht wird.

- Dafür sind seiner Meinung nach mehrere Faktoren verantwortlich:
  - Niedrige Zinsen, die den Preis von Akquisitionen senken und diese somit attraktiver machen.
  - Die Fülle von Unternehmen mit prall gefüllten Kriegskassen, die von synergistischen Akquisitionen profitieren würden.
  - Das derzeitig ausgeprägte Bewusstsein großer institutioneller Investoren für die Notwendigkeit, der Vorherrschaft mittelmäßiger Unternehmensführungen und desinteressierter Vorstände in amerikanischen Unternehmen ein Ende zu setzen, wenn wir die hohe Arbeitslosenquote senken und international wettbewerbsfähig bleiben wollen.

- **Allerdings ist dafür oft ein aktivistischer Investor als Katalysator nötig**
- Wir von IEP sind seit Jahren als aktivistische Investoren tätig und davon überzeugt, dass dieses Modell der Katalysator ist, der wertsteigernde Unternehmensfusionen und -konsolidierungen vorantreibt.
- Als Nebeneffekt versetzen die niedrigen Zinsen die Unternehmen, an denen IEP eine Kontrollmehrheit besitzt, in die Lage, überlegte freundliche oder feindliche Übernahmen zu tätigen und sich dabei auf unser Expertenwissen zu stützen.

Nachweisliche Renditeerfolge

- **Die IEP-Aktienrendite seit dem 1. Januar 2000 beträgt 1.622 Prozent** [1]
  - Die Aktienmärkte S&P 500, Dow Jones Industrial und Russell 2000 erzielten im selben Zeitraum Renditen von ungefähr 73 Prozent, 104 Prozent und 168 Prozent.

- **Die Performance des Icahn Investment Fonds seit seiner Auflegung im November 2004**
  - Eine Gesamtrendite von ungefähr 293 Prozent[2] und eine durchschnittliche Jahresrendite von ungefähr 15 Prozent.[2]
  - Jahresrenditen von jeweils 33,3 Prozent, 15,2 Prozent, 34,5 Prozent, 20,2 Prozent[3], 30,8 Prozent und 10,2 Prozent in den Jahren 2009, 2010, 2011, 2012, 2013 und 2014.[4]

Jüngste Finanzergebnisse

- Der bereinigte Konzerngewinn von Icahn Enterprises in Höhe von 162 Millionen Dollar in den sechs Monaten, die am 30. Juni 2014 enden.
- Einen iNAV (indikativer Nettoinventarwert) von ungefähr 10,2 Milliarden Dollar zum 30. Juni 2014.
- Der bereinigte EBITDA der letzten zwölf Monate (zum 30. Juni 2014) der Icahn Enterprises beträgt ungefähr 2,2 Milliarden Dollar.

6,00 Dollar jährliche Ausschüttung (5,8 Prozent Ertrag zum 31. Juli 2014).

[1] Quelle: Bloomberg. Beinhaltet die Thesaurierung von Dividenden. Auf Basis der Aktienkurse vom 31. Juli 2014.

[2] Renditen kalkuliert zum 30. Juni 2014

[3] Renditen unter der Annahme, dass die Mehrheitsbeteiligung an CVR Energy, die IEP im Mai 2012 erwarb, während des gesamten Zeitraums Teil des Investmentfonds blieb. Die Fondsrendite betrug ungefähr 6,6 Prozent, ohne Berücksichtigung der Renditen, die CVR Energie nach seiner Konsolidierung erzielte.

[4] Für die sechs Monate bis zum 30. Juni 2014

DER WERT EINES AKTIVISTISCHEN BOARD-MITGLIEDS

Die folgende Grafik wurde von Icahn Enterprises erstellt und beantwortet die Frage nach der Effektivität des Sitzes eines aktivistischen Investors im aufsichtsführenden Organ börsennotierter Unternehmen.

Zwischen dem 1. Januar 2009 und dem 30. Juni 2014 (einem Zeitraum von fünfeinhalb Jahren) hatten Abgeordnete Carl Icahns einen Sitz im Verwaltungsrat der nachfolgend aufgeführten 23 Unternehmen. Wie sich der Grafik entnehmen lässt, hätte ein Anleger, der die Aktie eines dieser Unternehmen zu dem Datum gekauft hätte, an dem Icahn einen Vertreter in den jeweiligen Verwaltungsrat entsandte, und sie mit Ausscheiden dieses Vertreters (und Verkauf der Aktie durch Icahn Enterprises) wieder verkauft hätte (oder sie bis zum 30. Juni 2014 gehalten hätte, falls dieser Vertreter Mitglied des Board of Directors geblieben wäre), eine Jahresrendite von 27 Prozent erzielt.

	Unternehmensbezeichnung	Datum des Eintritts in den Verwaltungsrat	Datum des Ausscheidens (oder 30.6.2014 bei Verbleiben)	Jahresrendite eines hypothetischen Anlegers während des genannten Zeitraums
1	Amylin Pharmaceuticals, Inc.	09.06.2009	08.08.2012	38 %
2	Biogen Idec, Inc.	10.06.2009	30.06.2014	43 %
3	Chesapeake Energy Corp.	21.06.2012	30.06.2014	33 %
4	CIT Group, Inc.	18.12.2009	10.05.2011	38 %
5	Dynegy, Inc.	09.03.2011	01.10.2012	-81 %
6	Ebay, Inc.	17.06.2014	30.06.2014	76 %
7	Enzon Pharmaceuticals, Inc.	21.05.2009	30.06.2014	-10 %
8	Forest Laboratories, Inc.	05.08.2012	30.06.2014	77 %
9	Genzyme Corp.	16.06.2010	11.04.2011	61 %
10	Herbalife International, Ltd.	25.04.2013	30.06.2014	60 %
11	Hologic, Inc.	09.12.2013	30.06.2014	28 %
12	Mentor Graphics Corp.	18.05.2011	30.06.2014	13 %
13	MGM Studios	25.04.2012	15.08.2012	96 %
14	Motorola Mobility, Inc.	03.01.2011	22.05.2012	22 %
15	Motorola Solutions, Inc.	04.01.2011	01.03.2012	23 %
16	Navistar International Corp.	08.10.2012	30.06.2014	33 %
17	Nuance Communications, Inc.	07.10.2013	30.06.2014	2 %
18	Talisman Energy, Inc.	01.12.2013	30.06.2014	-15 %
19	Take-Two Interactive Software, Inc.	15.04.2010	26.11.2013	12 %
20	The Hain Celestial Group, Inc.	07.07.2010	19.11.2013	52 %
21	Transocean, Ltd.	17.05.2013	30.06.2014	-10 %
22	Voltari Corp.	17.06.2010	30.06.2014	-62 %
23	WebMD Health Corp.	24.07.2012	05.08.2013	124 %

Summe: 27 %

Kapitel 30
David Swensen: Eine 23,9 Milliarden Dollar schwere Leidenschaft

Investment Officer der Universitätsstiftung von Yale
und Autor des Buches
Unconventional Success: A Fundamental Approach to Personal Investment

David Swensen ist wahrscheinlich der bekannteste Investor, von dem Sie noch nie gehört haben. Er gilt als Warren Buffett des institutionellen Investments. Im Verlauf seiner Amtszeit als Finanzvorstand von Yale ist es ihm gelungen, aus 1 Milliarde Dollar ein Vermögen von 23,9 Milliarden zu machen und stolze durchschnittliche Jahresrenditen von 13,9 Prozent zu erzielen – ein Rekord, hinter dem viele der großen Hedgefonds, die in den vergangenen 27 Jahren versucht haben, ihn abzuwerben, zurückbleiben.

Sobald man mit Swensen spricht, wird klar, dass er seinen Job nicht des Geldes wegen macht. Er ist ein leidenschaftlicher Investor und sein Anliegen ist, sich in den Dienst einer herausragenden Universität zu stellen. Sein Gehalt ist der Beweis: In der Privatwirtschaft würde er deutlich mehr verdienen als in Yale.

Im Wesentlichen ist Swensen ein Erfinder und schöpferischer Zerstörer. Sein Yale-Modell, auch als Endowment Model (Stiftungsmodell) bekannt, hat er gemeinsam mit seinem Kollegen und ehemaligen Studenten Dean Takahashi erfunden. Dabei handelt es sich um eine Anwendung der modernen Portfoliotheorie. Sie basiert auf dem Konzept, ein Portfolio in fünf oder sechs ungefähr gleich große Portionen aufzuteilen und jede in vier unterschiedliche Assetklassen zu investieren. Das Yale-Modell verfolgt eine langfristige Strategie, die eine breite Diversifikation und eine starke Betonung auf Aktien beinhaltet; renditeschwächere Assetklassen wie Anleihen oder Rohstoffe sind eher unterproportional vertreten. Swensens Position in Bezug auf Liquidität gilt ebenfalls als revolutionär. Er vermeidet sie eher, und zwar mit dem Argument, sie wirke sich nachteilig auf die Vermögensrendite aus, die ansonsten effizienter investiert werden könnte.

Vor seinem großen Erfolg auf dem Gebiet institutionelle Investoren, arbeitete Swensen an der Wall Street für den gewichtigen Anleiheemittenten Salomon Brothers. Viele schreiben ihm die Strukturierung des ersten Währungsswaps der Welt zu – ein Handel zwischen IBM und der Weltbank, der zur Entstehung des Zinsmarktes und letztlich der CDS-Märkte (Kreditausfallversicherungen) führte, die heute mehr als 1 Billion Dollar ausmachen. Werfen Sie ihm das nicht vor!

Ich sprach mit ihm in seinem Büro in Yale, und bevor ich durch die Hallen dieser historischen Institution schritt, tat ich, was jeder gute Student tun würde: Ich verbrachte die Nacht vor unserem Gespräch damit, mich intensiv vorzubereiten, indem ich 400 Seiten seines Buches *Unconventional Success* verschlang, Swensens Manifest über private Geldanlagen und Diversifikation. Nachfolgend die bearbeitete und gekürzte Fassung unseres Gesprächs.

TR: Sie arbeiten für eine der größten Institutionen des Landes, dennoch zeigen Sie ein großes Interesse und Engagement für den Einzelanleger. Können Sie mir etwas dazu sagen?

DS: Ich bin eigentlich ein optimistischer Mensch, aber die Welt, mit der Einzelanleger konfrontiert sind, ist ein Chaos.

TR: Woran liegt das?

DS: Der Hauptgrund liegt darin, dass Einzelanleger nicht die Auswahlmöglichkeiten haben, die ihnen eigentlich zustehen, und das liegt wiederum an der Profitorientierung der Investmentfondsindustrie. Verstehen Sie mich nicht falsch. Ich bin Kapitalist und glaube an Gewinne. Aber hier haben wir einen grundlegenden Konflikt zwischen dem Gewinnmotiv und der treuhänderischen Verantwortung, denn je höher die Gewinne für den Finanzdienstleister sind, desto geringer fallen die Renditen für den Anleger aus.

TR: Wir sprechen von treuhänderischer Verantwortung, aber nicht alle Anleger wissen, was das bedeutet. Was wir eigentlich damit sagen wollen, ist, dass die Finanzdienstleister die Interessen der Anleger über ihre eigenen stellen müssen.

DS: Das Problem ist, dass die Fondsmanager umso mehr Geld verdienen, je mehr Gelder sie für ihre Fonds anlocken und je höher die Gebühren sind, die sie verlangen. Die hohen Gebühren stehen in einem direkten Konflikt mit dem Ziel, hohe Renditen zu erzielen. Und so siegen die Gewinninteressen regelmäßig zu Lasten der Rendite, die die Anleger erzielen. Es gibt nur zwei Unternehmen, die frei von Interessenskonflikten sind, und das sind Vanguard und TIAA-CREF[2]. Beide operieren auf Nonprofit-Basis. Sie achten auf die Interessen der Anleger und sind ausgesprochen treuhänderisch orientiert. Und die treuhänderische Verantwortung siegt immer über andere Interessen.

TR: Weil Investmentfonds spektakulär schlechtere Ergebnisse erzielen als der Markt. Ich habe gelesen, dass zwischen 1984 und 1998 nur rund 4 Prozent der Investmentfonds [mit einem verwalteten Vermögen von mehr als 100 Millionen Dollar] den Index Vanguard 500 übertreffen konnten. Und das sind nicht einmal jedes Jahr dieselben 4 Prozent. Einfacher

[2] Teachers Insurance and Annuity Association – College Retirement Equities Fund – einer der größten amerikanischen Finanzdienstleister und Non-Profit-Organisation. (A.d.Ü.)

ausgedrückt, könnte man sagen, dass 96 Prozent der Investmentfonds hinter dem Markt zurückbleiben.

DS: Diese Statistiken sind nur die Spitze des Eisbergs. Die Realität ist noch wesentlich schlimmer. Wenn Sie die Ergebnisse der Vergangenheit betrachten wollen, können Sie nur die Performance von Fonds überprüfen, die heute noch auf dem Markt sind.

TR: Das heißt, die überlebt haben.

DS: Genau. Diese Statistiken leiden unter einem sogenannten Survivorship Bias – einer Stichprobenverzerrung –, der dazu führt, dass die Anleger Fonds generell für langfristig erfolgreich halten, weil die Erfolge der wenigen Überlebenden eine entsprechende Sichtbarkeit haben. In den letzten zehn Jahren mussten aber Hunderte von Investmentfonds aufgrund ihrer schlechten Ergebnisse schließen. Natürlich werden keine Fonds mit guten Renditen in die Fonds mit schlechten Renditen integriert, sondern umgekehrt: Die Verlierer werden mit den guten Fonds verschmolzen.

TR: Dann stimmen die 96 Prozent nicht?

DS: Es sind mehr.

TR: Sehr interessant.

DS: Es gibt noch einen weiteren Grund, aus dem die Anlegerwirklichkeit schlechter aussieht, als die von Ihnen zitierten Zahlen. Und das liegt an unseren eigenen Verhaltensfehlern, die wir als Einzelanleger machen. Die Menschen neigen dazu, in Fonds mit einer guten Performance zu investieren und auf Renditejagd zu gehen. Und wenn die Fonds schlechte Ergebnisse erzielen, verkaufen sie sie wieder. Am Ende kaufen sie stets zu einem hohen Kurs und verkaufen zu einem niedrigen Kurs. So macht man kein Geld.

TR: Was steckt hinter der Jagd nach hohen Renditen?

DS: Das hat sehr viel mit Marketing zu tun. Niemand will sagen, »ich besitze eine Reihe Fonds, die mit einem oder zwei Sternen bewertet sind.« Alle wollen Vier- und Fünf-Sterne-Fonds – und damit im Büro angeben.

TR: Natürlich.

DS: Die Anleger vergessen dabei, dass die Ergebnisse der Vier- und Fünf-Sterne-Fonds lediglich eine Aussage über die Vergangenheit treffen, nämlich dass sie gute Renditen *erzielt haben*. Aber sie sagen nichts darüber aus, ob sie in Zukunft gute Renditen *erzielen werden*. Wenn Sie systematisch in Fonds investieren, die in der Vergangenheit gut abgeschnitten haben, und Fondsanteile verkaufen, die schlechte Ergebnisse erzielt haben, werden Sie am Ende schlechte Renditen erzielen. Wenn Sie nun Ihre Statistik hinzunehmen, dass mehr als 90 Prozent der Investmentfonds langfristig hinter dem Markt zurückbleiben und das klassische Anlegerverhalten dazu rechnen, dann kommen Sie zwangsläufig zu mickrigen Ergebnissen oder sogar Verlusten.

TR: Dann ist die Jagd auf hohe Renditen eine garantierte Methode, um schlechte Renditen oder sogar Verluste zu erzielen?

DS: Die Faktoren, die zufällig zu hohen Renditen führen, sind auch die, die sich mit größter Wahrscheinlichkeit ins Gegenteil verkehren und negative Renditen verursachen. Das nennt man Mean Reversion oder auch Mittelwertrückkehr.

TR: Okay, was können Anleger tun, um bessere Renditen zu erzielen?

DS: Es gibt nur drei Instrumente oder Hebel, die Anleger einsetzen können, um ihre Renditen zu steigern. Das erste ist die Vermögensaufteilung, im Fachjargon auch Asset Allocation oder Portfoliostruktur genannt. Welche Vermögenswerte wollen Sie in Ihr Portfolio aufnehmen? Das zweite ist die Bestimmung des richtigen Zeitpunkts für eine Investition. Wollen Sie darauf wetten, dass eine bestimmte Assetklasse kurzfristig besser abschneidet, als eine andere?

TR: Soll heißen, dass man zum Beispiel in Anleihen, Aktien oder Immobilien investiert?

DS: Ja, solche kurzfristigen Markttiming-Spekulationen. Und das dritte Instrument ist die Absicherung. Wie werden Sie Ihr Anleihe- oder Aktienportfolio strukturieren? Und das ist es. Das sind die einzigen drei Instrumente, die uns zur Verfügung stehen. Und die Vermögensaufteilung ist mit Abstand das wichtigste.

TR: Das habe ich in Ihrem Buch gelesen und es hat mich beeindruckt.

DS: Eines der Dinge, die ich meinen Studenten in Yale so gerne vermittle, ist, dass die Vermögensaufteilung für mehr als 100 Prozent der Investitionsrenditen verantwortlich ist! Wie kann das sein? Der Grund ist folgender: Wenn Sie auf Markttiming setzen, dann kostet das Geld; das ist nichts, was Sie kostenlos machen können. Jedes Mal, wenn Sie kaufen oder verkaufen, wird eine Maklergebühr fällig. Die Gebühren und Provisionen wirken sich nachteilig auf die Rendite aus. Und das Gleiche gilt für die Wertpapierauswahl.

TR: Das bringt uns zurück zu Indexfonds und einem passiven Investmentansatz.

DS: Richtig. Aktive Fondsmanager verlangen höhere Gebühren und versprechen, den Markt zu schlagen. Wir haben aber gesehen, dass das zumeist falsche Versprechungen sind. Sie können eine passive Investmentstrategie verfolgen und am gesamten Markt partizipieren. Und das zu ganz geringen Gebühren.

TR: Wie gering?

DS: Weniger als 40 Basispunkte. Und das können Sie mit einem ETF der einschlägigen Anbieter. Wenn Sie in einen kostengünstigen, passiv gemanagten Indexfonds investieren, werden Sie zu den Gewinnern gehören.

TR: Dann zahlen Sie praktisch keine Gebühren und versuchen nicht, den Markt zu übertreffen. Wie teilt man sein Investitionsvermögen am effizientesten auf?

DS: Jeder Erstsemesterstudent in Wirtschaftswissenschaften kennt wahrscheinlich das No-free-Lunch-Theorem, demzufolge alles seinen Preis hat. Harry Markowitz, der als Vater der modernen Portfoliotheorie gilt, sagt jedoch, »Diversifikation ist kostenlos.«

TR: Warum ist Diversifikation kostenlos?

DS: Weil Sie mithilfe der Diversifikation eine bestimmte Rendite bei möglichst geringen Risiken, oder mit einem bestimmten Risiko eine möglichst hohe Rendite erzielen können. Das ist also kostenlos. Mit Diversifikation verbessern Sie Ihr Portfolio.

TR: Welche Mindestdiversifikation braucht ein Anleger?

DS: Es gibt zwei Diversifikationsebenen. Eine hängt mit der Wertpapierauswahl zusammen. Wenn Sie sich entscheiden, einen Indexfonds zu kaufen, ist das eine maximale Diversifikation, weil Sie sich am gesamten Markt beteiligen, und eine kostengünstige noch dazu. Aus der Perspektive der Vermögensaufteilung sprechen wir hier jedoch über eine Investition in vielfältige Assetklassen. Meiner Ansicht nach gibt es sechs wirklich wichtige Assetklassen, und das sind US-Aktien, US-Schatzanleihen, inflationsgeschützte Staatsanleihen [TIPS], Auslandsaktien aus entwickelten Märkten, Auslandsaktien aus aufstrebenden Märkten [Emerging Markets] und REITs [Real Estate Investment Trusts].

TR: Warum gerade diese sechs? Und wie würde Ihre Portfolioaufteilung aussehen?

DS: Aktien sind das Herzstück eines jeden langfristig orientierten Portfolios. Sie sind natürlich riskanter als Anleihen. Wenn die Welt so funktioniert, wie sie sollte, werden Aktien höhere Renditen abwerfen. Das gilt nicht unbedingt für kurze Zeiträume und auch nicht für jedes Jahr, aber langfristig betrachtet sollten Aktien höhere Renditen erzielen. In meinem Buch ist ein fiktives Portfolio abgebildet, das zu 70 Prozent aus Aktien [oder aktienähnlichen Vermögenswerten] und zu 30 Prozent aus festverzinslichen Wertpapieren besteht.

TR: Lassen Sie uns mit dem Aktienanteil beginnen, den 70 Prozent. Eine Ihrer Diversifikationsregeln lautet, keinem Vermögenswert eine höhere Gewichtung als 30 Prozent beizumessen. Stimmt das?

DS: Ja.

TR: Dann investieren Sie die ersten 30 Prozent in welche Anlagen?

DS: US-Aktien. Eines der Dinge, die wirklich wichtig sind, ist, dass wir nie die Widerstandsfähigkeit der amerikanischen Wirtschaft unterschätzen sollten. Sie ist sehr leistungsstark. Und egal, wie sehr sich die Politiker auch bemühen, sie kaputt zu machen, besitzt sie eine ausgeprägte grundlegende Stärke. Ich werde nie dagegen wetten.

TR: Aus diesem Grund legen Sie mit 70 Prozent Aktienanteil eine so starke Betonung in Ihrem Portfolio auf Wachstum. Nicht nur auf das Wachstum der US-Wirtschaft, sondern der Weltwirtschaft.

DS: Und dann investiere ich wahrscheinlich 10 Prozent in Emerging Markets, 15 Prozent in Auslandsaktien aus entwickelten Märkten und 15 Prozent in REITs.

TR: Lassen Sie uns über die 30 Prozent festverzinslichen Wertpapiere sprechen.

DS: Ich habe sie alle in US-Schatzpapiere investiert. Die Hälfte sind traditionelle Staatsanleihen, und die andere Hälfte inflationsgeschützte Anleihen, sogenannte TIPS. Wenn Sie regelmäßig Staatsanleihen kaufen und die Inflation steigt, machen Sie am Ende Verluste.

TR: Leider verstehen das viele Anleger nicht.

DS: Ich erinnere mich, dass ich, als ich an der Wall Street begann, vor meinem ersten Kundengespräch immer wieder vor mir hersagte, »Zinsen steigen, Preise sinken«. Ich wollte das auf keinen Fall durcheinanderbringen. Das wäre schrecklich peinlich gewesen.

TR: Können Einzelanleger in den heutigen Märkten überhaupt noch Geld verdienen?

DS: Das ist das Schöne an einer langfristigen Investitionsstrategie. Aus diesem Grund diversifizieren Sie. Ich bin nicht klug genug, um im Voraus zu wissen, wie sich die Märkte entwickeln werden. Ende der 1990er-Jahre hieß es, »Warum soll man sich die Mühe machen und diversifizieren? Man muss nur ein Stück am S&P 500 besitzen.« Sie betrachteten einfach die Assetklasse mit den besten Ergebnissen, und das waren eben amerikanische Aktien. Und dann hieß es, »Alles, was Sie hier machen, ist Zeitverschwendung.« Das war die amerikanische Erfahrung. Aber das ist nicht die einzige Erfahrung auf der Welt. Wenn Sie Anfang der 1990er-Jahre ein japanischer Anleger waren, der sein gesamtes Vermögen in den japanischen Markt investiert hatte, dann waren Sie am Ende des Jahrzehnts ein armer Hund. Sie werden nie die Rendite der besten individuellen Assetklasse erzielen und nie wissen, wie diese sich entwickeln werden, bis die Fakten es Ihnen im Rückblick sagen.

TR: Was sagen Sie der Generation der Babyboomer, die in naher Zukunft in Rente gehen?

DS: Ich glaube, dass die meisten Bürger leider keine Vorstellung davon haben, wie viel sie für ihren Ruhestand sparen müssen. Ich befürchte, viele werden ihre privaten Altersvorsorgepläne betrachten und sagen: »Ich habe 50.000 oder 100.000 Dollar, das ist viel Geld.« Das ist aber nicht viel Geld, wenn Sie damit Ihren Lebensabend finanzieren müssen.

TR: Viele Menschen werden im Rentenalter weiterarbeiten müssen.

DS: Der einzige Weg, wie sie sich genügend Rücklagen für den Ruhestand verschaffen können, besteht darin, sich Wissen über Finanzinvestitionen anzueignen. Und es freut mich sehr, dass Sie versuchen, den Menschen dabei zu helfen, das Wissen zu erwerben, das sie brauchen, um intelligente Entscheidungen zu treffen.

TR: Wenn ich es richtig verstanden habe, hatten Sie eine gesundheitliche Krise. Was haben Sie in der Zukunft vor?

DS: Vor ungefähr einem Jahr wurde bei mir eine Krebserkrankung diagnostiziert. Ich hatte keine Liste mit Dingen, die ich unbedingt noch machen wollte. Ich wollte nicht hinschmeißen und um die Welt reisen, sondern einfach weiterhin alles tun, was in meiner Macht steht, um die Universität zu unterstützen – das Portfolio von Yale so lange zu managen, wie ich konnte. Und das mache ich. Ich liebe meinen Job.

TR: Das ist wirklich beeindruckend.

DS: Für mich ist Yale eine der besten Einrichtungen der Welt. Und wenn es mir gelingt, etwas dazu beizutragen, dass diese Universität noch besser und stärker wird, dann habe ich vielleicht etwas bewirkt.

TR: David, vielen Dank. Das war wirklich ein außerordentliches Gespräch. Ich habe das Gefühl, ich würde gerne nach Yale gehen und einen Kurs in Portfoliostrukturierung belegen.

DS: Nun, das haben Sie gerade gemacht.

Kapitel 31
John C. Bogle: Der Investmentavantgardist

Erfinder des Indexfonds; Gründer und ehemaliger CEO der Vanguard Group

Wenn Sie noch nie ein Buch von John C. Bogle gelesen und nie seine kompetenten Kommentare im Fernsehen gesehen oder gehört habe, dann haben Sie einen echten amerikanischen Schatz verpasst. Das Businessmagazin *Fortune* bezeichnete Bogle als einen der vier Investmentgiganten

des 20. Jahrhunderts. Aufgrund seines Ideenreichtums und seines Bürgersinns wurde er mit Benjamin Franklin verglichen. Einige Stimmen sagen, er habe mehr für Einzelanleger getan, als irgendjemand sonst in der Geschichte der Finanzinvestition.

Wie ist er zu diesem Ruf gekommen? Als Bogle 1974 die Vanguard Group gründete, waren Indexfonds nichts weiter als eine akademische Theorie. Bogle war jedoch bereit, sein Unternehmen für die Überzeugung zu riskieren, kostengünstige Investmentfonds, die die Entwicklung des Gesamtmarktes abbilden, würden langfristig bessere Ergebnisse erzielen als die meisten aktiv gemanagten Fonds. Mit dieser Idee mischte er die Branche auf. Zunächst wurden die Indexfonds herablassend als »Bogle's Folly« – Bogles verrückter Einfall – bespöttelt. Ein Wettbewerber bezeichnete sie sogar als unamerikanisch.

Bogle kümmerte sich jedoch nicht um die Kritik und machte aus Vanguard die größte Investmentfondsgesellschaft der Welt, mit einem verwalteten Fondsvermögen von 2,86 Billionen Dollar, was einer Wirtschaft von der Größe Großbritanniens entspricht! Laut der Agentur Morningstar repräsentieren amerikanische Indexfonds inzwischen mehr als ein Drittel aller Aktienfonds.

John C. Bogle wurde 1929 in New Jersey geboren, und zwar gleich zu Beginn der Großen Depression. Seine Familie war nicht wohlhabend, aber Bogle qualifizierte sich für ein Stipendium an der Universität von Princeton, wo er anderen Studenten in der Mensa das Essen servierte, um sich an der Finanzierung seines Studiums zu beteiligen. Seine Diplomarbeit in Wirtschaftswissenschaften schrieb er über das Thema Investmentfonds; in dieser Arbeit deutete er bereits einen Weg an, den er später gehen sollte. Und er vergaß nie, was ein Freund ihm während eines Sommerjobs als stock runner sagte: »Bogle, ich sage dir etwas, das du über die Aktienmärkte wissen solltest: *keiner hat irgendeine Ahnung.*«

Nachdem er sein Studium 1951 mit Magna Cum Laude abgeschlossen hatte, ging er zu Wellington Management Company in Philadelphia, wo er bis zum Präsident aufstieg. Mitte der 1960-Jahre fusionierte er mit einer Managementgruppe, von der er sich kräftige Wachstumsimpulse für sein Unternehmen erhoffte. »Das war der schlimmste Fehler meines Lebens«, sagte er mir. Die neuen Partner wirtschafteten die Investmentfonds in Grund und Boden und nutzten ihre Sitze im Verwaltungsrat, um Bogle zu feuern.

Was tat er als Nächstes? Anstatt sich geschlagen zu geben, verwandelte Bogle diese Niederlage in seinen größten Sieg – einen Sieg, der das Investmentgeschäft vollkommen umkrempelte. Aufgrund der rechtlichen Struktur von Investmentfonds war Bogle nach wie vor für die Fonds von Wellington verantwortlich, die nicht Teil des fusionierten Unternehmens darstellten und einem anderen aufsichtsführenden Gremium unterstanden. Er blieb Chairman der Fonds, durfte sie aber nicht managen. »Wie soll man im Investmentmanagement tätig sein, ohne Investmentmanager zu sein?«, sagte er in unserem Gespräch. »Sie können es sich vorstellen: Man legt einen nicht gemanagten Fonds auf. Wir haben das als Indexfonds bezeichnet; ich gab ihm den Namen Vanguard. Zunächst hielt jeder das für einen Witz.« Unglaublich! Wenn John Bogle nicht den Fehler mit der Fusion gemacht hätte, hätte er niemals Vanguard gegründet und viele Millionen Einzelanleger hätten womöglich nie die Chance erhalten, übertriebene Gebühren zu vermeiden und kollektiv ihre Renditen zu steigern.

Ich saß mit dieser lebenden Legende in seinem Büro auf dem Unternehmensgelände von Vanguard in Malvern, Pennsylvania, während ein Wintersturm über die Ostküste hinwegfegte.

Nachfolgend ein Ausschnitt aus unserem Gespräch.

TR: John, verraten Sie mir, woher Sie Ihre Energie nehmen?

JB: Seit ich mich erinnern kann, musste ich arbeiten. Mit neun Jahren begann ich Zeitungen im Viertel auszutragen. Das machte mir großen Spaß. Ich bin eher introvertiert und wenn man so viel gearbeitet hat, ist einem nicht unbedingt nach Geplauder zumute. Außerdem bin ich ausgesprochen wettbewerbsorientiert. Diese Art Kräftemessen oder Kampflust kompensiert vieles.

TR: Sie begannen Ihre Laufbahn in einer traditionellen Investmentfondsgesellschaft.

JB: Ich war jung und nicht weise genug, um die Lektionen aus der Geschichte zu lernen, die ich hätte lernen sollen, oder um nach ihnen zu handeln. Ich glaubte, es gebe dauerhaft gute Investmentmanager. Das gibt es aber nicht. Sie kommen und gehen.

TR: Woran liegt das?

JB: Das Glück überwiegt gegenüber den Fähigkeiten. Im Investmentgeschäft hängt der Erfolg zu 95 Prozent von Glück und zu 5 Prozent von Fähigkeiten ab. Vielleicht liege ich falsch und es sind sogar 98 zu 2 Prozent.

TR: Das soll natürlich keine Beleidigung der aktiven Fondsmanager sein!

JB: Sie können, sagen wir, 1.024 Leute in einen Raum stecken und Münzen werfen lassen. Es wird einer darunter sein, der zehnmal hintereinander Kopf wirft. Und dann sagen Sie: »Mensch, der hat aber Glück.« Richtig? Im Investmentgeschäft sagen Sie dagegen: »Was für ein Genie. *[Lacht]*. Sie können auch Gorillas Münzen werfen lassen, das Ergebnis ist genau das Gleiche!«

TR: Was meinen Sie mit dem Satz, »Es gibt einen großen Unterschied zwischen einer intelligenten Person und einem guten Anleger?«

JB: Nun, zunächst muss man sagen, dass alle Anleger durchschnittlich sind. Lassen Sie uns damit beginnen. Ganz einfach. Und die meisten Einzelanleger zahlen zu viel für das Privileg, durchschnittlich zu sein.

TR: Das müssen Sie mir erklären.

JB: Aktives Fondsmanagement kostet Sie bei einem durchschnittlichen Fonds insgesamt rund 2 Prozent (einschließlich 1,2 Prozent Durchschnittskosten, Transaktionskosten, Cash Drag und Verkaufsgebühren). Das bedeutet, dass Sie bei einer Marktrendite von 7 Prozent nur 5 Prozent erhalten. [Ein Indexfonds, dessen Kosten 0,05 Prozent beträgt, bedeutet dann eine Rendite von 6,95 Prozent.] Bei einer Rendite von 6,95 Prozent werden aus 1 Dollar in 50 Jahren ungefähr 30 Dollar. Bei einer Rendite von 5 Prozent werden daraus aber nur 10 Dollar. Was bedeutet das? Dass Sie 100 Prozent Ihres Geldes investieren, das komplette Risiko tragen und nur 30 Prozent der möglichen Rendite erhalten. Das ist das Ergebnis, wenn man die langfristige Rendite betrachtet. Das tun die Anleger nicht, dabei sollten sie es.

TR: Sie erkennen weder die Effekte der kumulierten Kosten noch der Aufzinsung.

JB: Die Anleger sollten sich wirklich darüber im Klaren sein, warum sie Aktien kaufen. Sie kaufen, weil sie Dividenden und Gewinnwachstum wollen. Tatsache ist, dass langfristig die Hälfte der Aktienrenditen aus Dividenden stammen. Und da kommen die ganzen Kosten der Fonds her. Denken Sie kurz darüber nach, Tony: Der Bruttoertrag des durchschnittlichen Aktienfonds beträgt 2 Prozent. Der durchschnittliche Investmentfonds hat eine Kostenquote von 1,2 Prozent. Die zieht die Investmentgesellschaft natürlich von den Erträgen ab. Sie erhalten also nur 0,8 Prozent. Der Fondsmanager zweigt die Hälfte Ihrer Dividenden in seine eigene Tasche ab! Diese Industrie verschlingt ganze 60 Prozent der Dividenden.

Manchmal sogar 100 Prozent und manchmal sogar noch mehr. Jetzt wird klar, dass ich der Industrie ein schmerzhafter Dorn im Auge bin.

TR: Dennoch gibt es immer noch 100 Millionen Anleger, die in aktiv gemanagte Fonds investieren?

JB: Nun, man darf die Macht des Marketings nicht unterschätzen. Im Jahr 2000 haben wir das einmal überprüft und festgestellt, dass der durchschnittliche im Anlegermagazin *Money* angepriesene Fonds damals eine Jahresrendite von 41 Prozent aufwies. Viele dieser Fonds – möglicherweise die meisten – gibt es längst nicht mehr. Die Anleger erwarten, dass ihre schlauen Fondsmanager bis in alle Ewigkeit schlaue Entscheidungen treffen, aber das wird nicht passieren. Sie gehen davon aus, dass ein Manager, der bisher 20 Prozent Rendite erzielt hat, auch weiterhin 20 Prozent erzielt. Das ist einfach lächerlich; das kann gar nicht passieren, und es passiert auch nicht.

TR: Vanguard wird im Interesse seiner Fonds-Shareholder gemanagt, die letztlich Eigentümer des Unternehmens sind. Sind Sie ein Befürworter des universellen Treuhänderstandards?

JB: Ich bin fordernd, und vielleicht bin ich einer der Allerersten. Das Investment Company Institute [die Organisation, die Branchenlobbying für die Investmentfondsindustrie betreibt] sagt: »Wir brauchen keinen nationalen Standard für treuhänderische Pflichten. Wir sind ein Treuhänder.« Nun, erstens: Warum wehren sie sich dann dagegen? Das ist eine interessante Frage. Zweitens verstehen sie nicht, dass es hier einen Konflikt zwischen zwei treuhänderischen Pflichten gibt. Die Manager einer börsennotierten Investmentgesellschaft – sagen wir BlackRock – haben zwei Arten von treuhänderischen Pflichten zu erfüllen. Eine ist die treuhänderische Pflicht gegenüber ihren Aktionären, möglichst hohe Unternehmensgewinne zu erzielen. Und die andere treuhänderische Pflicht besteht darin, für die Anteilseigner der BlackRock-Investmentfonds möglichst hohe Renditen zu erzielen. Damit befindet sich der CEO von BlackRock, Laurence D. Fink, in einem perfekten Dilemma. Um die Renditen der Fondskunden zu steigern, muss er die Gebühren senken. Um die Rendite der Aktionäre seines Unternehmens zu steigern, muss er die Gebühren erhöhen. Und so versuchen Investmentgesellschaften beides gleichzeitig und verdienen sich eine goldene Nase.

TR: Das ist eine Ironie.

JB: Wir sind doch eine großartige Nation, oder nicht?

TR: Welche Herausforderungen kommen Ihrer Meinung nach in den nächsten zehn Jahren auf uns zu?

JB: Ich denke, die amerikanischen Unternehmen werden weiter wachsen. Und vergessen Sie nicht, dass der Aktienmarkt ein Derivat ist – er leitet sich von dem Wert ab, den unsere Unternehmen generieren. Sie verdienen Geld und werden auch weiterhin Geld verdienen. Vielleicht werden sie etwas weniger verdienen, aber sie werden immer größer und immer effizienter. Sie werden weiter wachsen, wenngleich sich das Wachstum wahrscheinlich etwas verlangsamen wird, aber es werden immer noch gesunde Wachstumsraten sein.

TR: Weil der Konsum mit der zunehmenden Überalterung der Bevölkerung abnehmen wird, oder weil wir so verschuldet sind, dass wir zunächst unsere Finanzen konsolidieren müssen?

JB: Wir müssen Schulden abbauen. In diesem Land werden zu viele Schulden gemacht. Die Unternehmen sind gar nicht so hoch verschuldet; die Bilanzen sehen ziemlich gut aus. Aber die Regierungsbilanzen, und zwar auf kommunaler, bundesstaatlicher und nationaler Ebene, weisen gewaltige Verbindlichkeiten auf. Dagegen müssen wir etwas tun.

Eines der größten Risiken – das ist wirklich eine der ganz großen Fragen – ist der Umstand, dass die Federal Reserve inzwischen ungefähr 4 Billionen Dollar an Reserven hält. Das sind 3 Billionen mehr als üblich, wobei sich ungefähr diese Summe in den letzten fünf bis sechs Jahren angehäuft hat. Das muss zurückgeführt werden. Und wie das geschehen soll, ist niemandem so ganz klar. Aber jeder weiß, dass es früher oder später geschehen muss.

TR: Müssen wir uns Sorgen über eine neue Finanzkrise machen?

JB: Wenn Sie nicht wie ein durchschnittlicher Anleger, sondern wie eine Person denken, die in großen Mustern denkt, verlieren Sie nie Ihr Gefühl für geschichtliche Abläufe. Denken Sie nicht, dass sich die Ereignisse nicht wiederholen können. Mark Twain sagte: »Die Geschichte wiederholt sich vielleicht nicht, aber sie reimt sich.« Natürlich besteht die Möglichkeit einer neuen schweren weltweiten Finanzkrise, sogar einer weltweiten Depression. Wie hoch die Chancen sind? Ich würde sagen, eins zu zehn. Aber nicht eins zu tausend. Ich halte das Risiko nicht für wahrscheinlich, aber jeder, der behauptet, das könne nicht passieren, täuscht sich –

TR: – ignoriert die Geschichte.

JB: Benutzen Sie im Wesentlichen Ihren gesunden Menschenverstand. Lassen Sie sich nicht von momentanen Euphorien und Modewellen verführen. Und lassen Sie sich auch nicht von den momentanen Kapriolen der Aktien- oder Anleihemärkte leiten.

TR: In den 64 Jahren, die Sie nun im Geschäft sind, haben Sie jede vorstellbare Marktsituation erlebt. Wie schaffen Sie es, bei Ihren Investmententscheidungen die allzu menschlichen Emotionen auszublenden?

JB: Das schafft niemand, auch ich nicht. Ich versuche es aber. Die Leute fragen, »Wie fühlen Sie sich, wenn der Markt um 50 Prozent einbricht?« Ehrlich gesagt, fühle ich mich hundsmiserabel. Ich fühle mich, als hätte ich Knoten im Magen. Und was mache ich dann? Ich nehme einige Bücher aus dem Regal, die davon handeln, wie man »auf Kurs« bleibt, und versenke mich erneut in ihre Lektüre!

TR: Wenn Sie Ihren Kindern und Enkelkindern kein Geld, sondern nur einige Prinzipien vermachen könnten, wie würden diese lauten?

JB: Ich würde ihnen zunächst raten, sich genau zu überlegen, in welche Vermögenswerte sie investieren wollen, die Vermögensaufteilung so zu strukturieren, dass sie ihrer Risikotoleranz und ihren Zielen entspricht. Als zweites würde ich ihnen raten zu diversifizieren, und zwar über mehrere kostengünstige Indexfonds. Es gibt auch zahlreiche gebührenintensive Indexfonds. Das sollten wir nicht vergessen. Und nicht traden. Ich würde ihnen raten, sich passiv zu verhalten und einfach nichts zu machen! Egal was passiert! Sie werden der Versuchung, in schlechten Zeiten zu verkaufen, eher widerstehen, wenn der Anteil an Anleihen in Ihrem Portfolio ein wenig größer ist, als Sie für angemessen hielten.

TR: Welche weiteren Ratschläge haben Sie für Einzelanleger?

JB: Lesen Sie nicht das *Wall Street Journal*! Und sehen Sie keine Nachrichten auf CNBC! Wir witzeln oft darüber. Ich gebe CNBC viele Interviews, und ich frage mich, warum sie mich immer wieder anrufen. Ich halte nicht mehr als 40 oder 50 Sekunden von Jim Cramers Börsensendung *Mad Money* aus. Dieses ganze Geschrei und Getöse – kaufen Sie dies und verkaufen Sie jenes! Das ist nichts weiter als eine Ablenkung vom wahren Investmentgeschäft. Wir verplempern viel zu viel Zeit und Energie mit der Frage, wann und wie genau wir investieren sollten, um den Markt auszutricksen, wo wir doch eigentlich wissen, wie das Ergebnis am Ende aussehen wird. Sie erhalten die Marktrendite plus oder minus einen bestimmten Prozentsatz. Meistens minus. Warum also den ganzen Tag damit verbringen, den S&P 500 in Echtzeit zu traden, wie eine der ersten Marketingkampagnen für den ersten ETF suggerierte? Alle, die das machen, sollten sich auf ihr wahres Leben besinnen. Gehen Sie mit den Kindern in den Park, führen Sie Ihre Frau zum Essen aus. Und wenn gar nichts hilft, dann lesen Sie ein gutes Buch.

TR: Was bedeutet Ihnen Geld?

JB: Ich betrachte Geld als Mittel zum Zweck, aber nicht als Endzweck. Es gibt eine tolle Geschichte über die beiden Autoren Kurt und Joe. Die beiden treffen sich auf einer Party auf Shelter Island. Vonnegut sieht Heller an und sagt: »Dieser Typ, unser Gastgeber da drüben, hat heute 1 Milliarde Dollar verdient. Er hat an einem Tag mehr Geld gemacht, als du mit allen verkauften Exemplaren deines Buches *Catch-22*.« Heller sieht Vonnegut an und sagt: »Das ist okay, denn ich habe etwas, das er – unser Gastgeber – nie haben wird: genug.«

Ich hinterlasse meinen Kindern so viel, dass sie tun können, was sie möchten, aber nicht so viel, dass sie gar nichts tun. Ich sage ihnen oft: »Manchmal wünschte ich, ihr wärt mit all den Vorteilen aufgewachsen, die ich hatte.« Ihre erste Reaktion war: »Du meinst wohl Nachteile?« Und ich erwiderte: »Nein, meine Kinder, ich meine Vorteile. Im Leben klarzukommen, indem man sich selbst seinen Weg erarbeitet.«

TR: Es hat Jahre gedauert, bis sich das Konzept, Investmentfonds an einen Index zu koppeln, durchgesetzt hat. Inzwischen erobern sie die Branche im Sturm. Wie fühlt es sich an, den richtigen Riecher gehabt zu haben?

JB: Nun, die Leute sagen: »Sie müssen ziemlich stolz sein auf das, was Sie aufgebaut haben.« Und ich sage ihnen, irgendwann wird dafür Zeit sein. Aber nicht jetzt. Ich glaube, es war Sophokles, der sagte: »Man muss bis zum Abend warten, um sich über den prächtigen Tag zu freuen.« Und mein Abend ist noch nicht gekommen.

Ich muss Ihnen gestehen, dass ich schon lange hätte tot sein sollen. Vor meiner Herztransplantation habe ich acht Herzinfarkte erlitten. Mein Herz hörte einfach auf zu schlagen. Ich habe also eigentlich gar kein Recht mehr, hier zu sein. Aber es ist absolut großartig, am Leben zu sein.

TR: Ganz nebenbei, werden Sie irgendwann in den Ruhestand gehen?

JB: Das liegt wahrscheinlich eher in Gottes Händen, als in meinen. Ich bin zufrieden und freue mich über meine Mission, Anlegern ihren fairen Anteil bieten zu können.

Die Kernprinzipien des Portfolios von John C. Bogle

- Eine Vermögensaufteilung, die zu Ihren Zielen und Ihrer Risikotoleranz passt.
- Diversifikation über mehrere kostengünstige Indexfonds.
- Investieren Sie Ihr Lebensalter in Prozent in Anleihen. Ein »grober« Richtwert, sagt Bogle.
  John ist in den Achtzigern und hat 40 Prozent seines gesamten Portfolios in Anleihen investiert. Ein sehr junger Mensch könnte 100 Prozent in Aktien investieren.

Was mein Gesamtportfolio betrifft, einschließlich meiner persönlichen Konten und meiner Rentenkosten, habe ich 60 Prozent meines Vermögens in Aktien investiert, zum größten Teil in Vanguards Indexfonds. Der Rest ist aufgeteilt zwischen Vanguards Total Bond Market Index Fund und steuerbefreiten [Kommunalanleihe-]Fonds. Meine Kommunalanleihen sind aufgeteilt in zwei Drittel Vanguards Intermediate-Term Tax-Exempt Fund und ungefähr ein Drittel in Vanguards Limited-Term Tax-Exempt Fund [»limited« im Sinne einer kurzen bis mittleren Laufzeit; ein wenig länger für zusätzliche Erträge].

Ich werde, so hoffe ich, das Geld in meinem zu versteuernden Portfolio nicht brauchen. Und die steuerfreien Erträge sind durchaus ansehnlich, ungefähr 3 Prozent, was bei einer Person meines Steuersatzes ungefähr 5 Prozent entspricht, und mehr als das brauche ich nicht. Ich bin froh, dass ich das habe.

Ich mache mir allerdings schon ein wenig Sorgen über die Solidität des Marktes für Kommunalanleihen, aber ich habe beschlossen, dass ich angesichts unserer erstklassigen Analysten, die wir bei Vanguard haben, beruhigt sein kann. In meinem nachgelagert zu versteuernden Portfolio, das meinen größten Vermögenswert darstellt, ist mein Anleihevermögen zum größten Teil in Vanguards Total Bond Market Index Fonds investiert. Dieser Fonds beinhaltet Staats- und Unternehmensanleihen und Hypothekenanleihen mit langer, mittlerer und kurzer Laufzeit.

Ich bin sehr zufrieden mit den Renditen meines Gesamtportfolios. Nach einem schrecklichen Einbruch von 17 Prozent in 2008 [der S&P 500 verzeichnete in jenem Jahr einen Einbruch von 37 Prozent – mehr als das Doppelte], sind meine Renditen durchgehend positiv gewesen und betragen fast 10 Prozent jährlich. Ich bin zufrieden damit, einfach »auf Kurs« zu bleiben.

Kapitel 32
Warren Buffett:
Das Orakel von Omaha

Die Legende, die alles Wichtige gesagt hat; CEO von Berkshire Hathaway

Ich saß im Vorbereitungsraum der Fernsehsendung *Today* und wartete auf meinen Auftritt, als *The Man* höchstpersönlich hereinkam: Warren Buffett, einer der größten Investoren des 20. Jahrhunderts und mit 67,6 Milliarden Dollar Privatvermögen der drittreichste Mann der Welt.

Wir waren mit Spanx-Gründerin Sara Blakely und dem zukünftigen Minister für Wohnungsbau und Stadtentwicklung Julian Castro von dem Moderator Matt Lauer zu einem Runden Tisch eingeladen worden, Thema: Wirtschaftserfolg und unsere Prognosen über die zukünftige Entwicklung der US-Wirtschaft. Ich war schon immer ein großer Buffett-Fan. Wie viele Millionen von Anlegern auf der ganzen Welt inspirierte mich die Geschichte des bescheidenen Börsenmaklers aus Nebraska, der ein bankrottes Textilunternehmen in Neu-England mit dem Namen Berkshire Hathaway in das fünftgrößte börsennotierte Unternehmen der Welt verwandelte, das Vermögenswerte im Wert von fast einer halben Billion Dollar hält und in einer Vielzahl von Geschäftsfeldern aktiv ist, die von Erst- und Rückversicherungen (Schwerpunkt) bis zu Süßwaren reichen. Buffetts »öffentliches Erfolgsgeheimnis« lautet »Value Investing«: ein System, das er von seinem Mentor Ben Graham lernte und perfektionierte. Es besteht darin, unterbewertete Unternehmen aufzuspüren und Aktienanteile zu erwerben, in der Erwartung, dass der Unternehmenskurs langfristig steigen wird. Das ist eine der einfachsten Formen des asymmetrischen Chancen-Risiko-Profils, aber eine, die einen ungeheuren Rechercheaufwand, besondere Fertigkeiten und gewaltige Summen Bargeld erfordert – einer der Gründe, warum Buffett auf Versicherungsbeteiligungen aus war, die einen großen Cashflow und somit Investmentchancen boten.

Nicht nur, dass Buffett unglaublich erfolgreich in seinem Geschäft ist, er ist zudem einer der großzügigsten Philanthropen der Geschichte, der 99 Prozent seines gewaltigen Privatvermögens wohltätigen Zwecken stiftet, und zwar über die Stiftung von Bill und Melinda Gates. Außerdem ist er der wahrscheinlich zitierfähigste und auch meistzitierte Unternehmensführer.

Als ich mit ihm in einem Raum saß, konnte ich der Versuchung nicht widerstehen, die Gelegenheit zu nutzen, ihm von meinem Buchprojekt zu erzählen. Vielleicht würde ich ihn zu der Frage interviewen können, wie Einzelanleger in dieser volatilen Wirtschaft noch ein Vermögen aufbauen können?

Er sah mich mit einem Zwinkern an und sagte, »Tony, ich würde Ihnen wirklich gerne helfen, aber ich fürchte, ich habe schon alles gesagt, was man zu diesem Thema überhaupt sagen kann.«

Dagegen ließ sich kaum etwas einwenden. Seit 1970 gibt er alljährlich einen Aktionärsbrief heraus, der in einfachen, aber klaren Worten eine

Fülle von Investmentratschlägen und Kommentaren liefert. Außerdem wurden bereits fast 50 Bücher veröffentlicht, die alle seinen Namen tragen – einige hat er sogar selber geschrieben!

Dennoch gab ich nicht gleich auf.

»Aber nun, da Sie angekündigt haben, dass Sie fast Ihr ganzes Vermögen wohltätigen Zwecken vermachen, welche Art Portfolio würden Sie Ihrer Familie zum Schutz und Wachstum ihrer eigenen Investitionen empfehlen?«

Er lächelte erneut und fasste mich am Arm. »Das ist so einfach«, sagte er. »Indexfonds sind das Richtige. Investieren Sie in erstklassige amerikanische Unternehmen, ohne die ganzen Fondsgebühren bezahlen zu müssen, und behalten Sie diese Aktien langfristig in Ihrem Portfolio. Am Ende werden Sie gewinnen!«

Wow! Der berühmteste Stockpicker der Welt bezeichnet Indexfonds als beste und kosteneffektivste Investmentinstrumente.

Später, nachdem Steve Forbes und Ray Dalio sich für mich verwendet hatten, um Warren davon zu überzeugen, mir ein Interview zu geben, ließ er mich wissen, das sei nicht nötig. Warren sagte mir, alles Wichtige, das er zu sagen habe, sei bereits veröffentlicht. Alles, was er einem Einzelanleger raten würde, sei, in Indexfonds zu investieren, sodass man am Gesamtmarkt partizipiere, der die besten Unternehmen der Welt repräsentiere, und diese Anteile langfristig zu halten. Ich sehe schon, *Wiederholung macht den Meister*. Ich habe verstanden, Warren! In seinem diesjährigen Aktionärsbrief betonte er diese Empfehlung noch einmal! Wie sieht seine Vermögensaufteilung aus? Nachstehend die Instruktionen, die er für die Zeit nach seinem Ableben für seine Frau und ihren gemeinsamen Trust verfasst hat:

»Investiere 10 Prozent ... in kurzfristige US-Staatsanleihen und 90 Prozent in sehr kostengünstige S&P 500 Indexfonds. (Ich empfehle Vanguard.) Ich glaube, die langfristigen Ergebnisse des Trusts werden mit dieser Anlagestrategie höher ausfallen, als die der meisten Investoren – seien es Pensionsfonds, Institutionen oder Einzelinvestoren –, die sich teurer Fondsmanager bedienen.«

John C. Bogle ist sehr glücklich über diese Empfehlung! Amerikas meistrespektierter Investor unterstützt die Strategie, die John fast 40 Jahre lang beworben hat!

Erinnern Sie sich daran, dass Buffett eine Wette über 1 Million Dollar mit Protégé Partners aus New York eingegangen ist? Buffett behauptet, dass es Protégé nicht gelänge, fünf herausragende Hedgefondsmanager zu bestimmen, die gemeinsam über einen Zeitraum von 10 Jahren den S&P 500 schlagen würden. Im Februar 2014 war der S&P 500 um 43,8 Prozent gestiegen, die fünf Hedgefonds kamen auf 12,5 Prozent.

Das Orakel von Omaha hat gesprochen!

Kapitel 33
Paul Tudor Jones: Ein moderner Robin Hood

Gründer der Tudor Investment Corporation und Robin Hood Foundation

Paul Tudor Jones, der zu den erfolgreichsten Börsenhändlern aller Zeiten gehört, gründete mit 26 Jahren sein eigenes Unternehmen, nachdem er sich seine Sporen mit Baumwollhandel im Pit-Handel[3] verdient hatte.

---

[3] Im »Open Outcry« (Präsenzhandel) treffen sich die Händler bzw. Broker in einem Pit (meist achteckige Plattform; dem Parkett ähnlich), um die gewünschten Futures oder Optionen zu handeln. Jeder einzelne Kontrakt wird in einem gesonderten Pit gehandelt.

Mit 28 aufeinanderfolgenden Jahren stetig ansteigender Renditen hat er die Gesetze der Schwerkraft herausgefordert. Paul ist legendär für die Vorhersage des Schwarzen Montags von 1987, einem spektakulären Börsenzusammenbruch, an dem die Aktienmärkte innerhalb eines einzigen Tages um 22 Prozent einbrachen (das ist nach wie vor der größte prozentuale Einbruch an einem Tag in der gesamten Börsengeschichte). Zu einem Zeitpunkt, an dem die restliche Welt ein wahres Finanzdebakel erlebte, erzielten Paul und seine Kunden eine Monatsrendite von 60 Prozent und eine Jahresrendite von fast 200 Prozent!

Paul ist einer meiner engsten Freunde und außerdem einer meiner persönlichen Helden. Ich bin seit 1993 sein Spitzenleistungscoach – in 21 von 28 aufeinanderfolgenden Jahren beeindruckender Renditen, das heißt, den Großteil seiner Börsenkarriere. Was mir noch mehr imponiert als Pauls beeindruckender Finanzerfolg, ist seine ehrliche Besessenheit von dem Wunsch, ständig etwas zurückzugeben und Gutes zu bewirken. Als Gründer der Robin Hood Foundation hat Jones einige der cleversten und reichsten Investoren der Welt dafür gewinnen können, sich für die Beseitigung der Armut in New York zu engagieren. Paul und das Robin-Hood-Team machen diese Arbeit mit der gleichen analytischen Strenge, die Hedgefondsmilliardäre üblicherweise für Finanzinvestitionen reservieren. Seit 1988 hat Robin Hood mehr als 1,45 Milliarden Dollar in soziale Stadtprogramme investiert. Und so wie Jones unermüdlich auf der Suche nach asymmetrischen Renditen ist (er wird uns in Kürze etwas über die 5:1-Regel sagen), engagiert er sich über seine Stiftung auch unermüdlich im sozialen Bereich.

Jones selbst wird Ihnen sagen, er sei ein Händler, und kein traditioneller Investor, aber wie es auch bei seinem ehemaligen Arbeitgeber E. F. Hutton der Fall war, hören die Menschen zu, wenn er spricht. Als sogenannter Macro Trader sucht er nach breiten Trends. Anstatt sich auf einzelne Aktien zu konzentrieren, setzt er auf Trends, die die Welt bewegen – von den USA bis zu China, von Währungen über Rohstoffe bis zu den Zinssätzen. Sein Rat wird von einigen der einflussreichsten Führungspersönlichkeiten der Hochfinanz gesucht: Finanzminister, Zentralbankdirektoren und Thinktanks weltweit.

Ich traf Paul zu einem Gespräch auf dem Gelände von Tudor Investment in Greenwich, Connecticut. Während unseres Gesprächs arbeiteten wir uns bis zu den wertvollsten Investmentprinzipien vor, die er uns hier zu Ihrem Nutzen verrät. Auf den nachfolgenden Seiten stellt er uns sein »100.000-Dollar-MBA-Studium« vor, das er eigentlich nur seiner eigenen Händlerfamilie und einigen handverlesenen Studenten vermittelt. Hier haben Sie seine ganze Weisheit auf gerade einmal sechs Seiten.

TR: Paul, was du im Investmentgeschäft und im Börsenhandel geleistet hast, ist wirklich ganz außerordentlich: 28 aufeinanderfolgende Gewinnjahre, 28 Jahre ohne Verluste. Wie macht ein Sterblicher das?

PTJ: Wir sind alle Produkte unserer Umgebung. Ich begann 1976 als Rohstoffhändler. Das Tolle an diesem Job, also der Handel mit Baumwolle, Sojabohnen und Orangensaft, ist, dass diese Märkte stark wetterabhängig sind. In einer Zeitspanne von lediglich drei bis vier Jahren hatte man echte Boomjahre und ganz, ganz miserable Jahre. Ich lernte sehr schnell die Psychologie beider Marktsituationen kennen und erfuhr, wie schnell sie sich ins Gegenteil verkehren können. Wie es sich anfühlt, wenn die Märkte am Boden liegen. Ich habe erlebt, wie auf einen Schlag gewaltige Vermögen entstanden und ebenso schnell wieder vernichtet wurden. Ich saß da und beobachtete, wie Bunker Hunt 1980 aus einer Investition von 400 Millionen Dollar in Silber 10 Milliarden Dollar machte, womit er zum reichsten Mann der Welt aufstieg. Und dann reduzierte sich sein Vermögen innerhalb von gerade einmal fünf Wochen von 10 Milliarden auf 400 Millionen Dollar. Ich lernte, wie schnell man alles verlieren kann, und wie kostbar Geld ist, wenn man es hat. Die wichtigste Lektion, die ich daraus gezogen habe, ist, dass Verteidigung zehnmal wichtiger ist als Angriff. Der Reichtum, den man hat, kann so flüchtig sein; man muss ständig auf der Hut vor den Verlustrisiken sein.

Wenn du eine gute Investition getätigt hast, musst du nicht ständig nachsehen, ob alles in Ordnung ist; sie entwickelt sich von alleine. Worauf du aber wirklich achten musst, sind deine Verluste. Und das vermeiden die Menschen üblicherweise. Viele wollen ihren Kontoauszug dann nicht einmal öffnen. Ich habe im Verlauf der Jahre die Risikosteuerung zu meinem wichtigsten Fokus macht, und zwar jeden einzelnen Tag. Ich will ganz sicher sein, dass ich kein Geld verliere.

TR: Welches sind deiner Meinung nach die größten Mythen im Investmentgeschäft, denen wir aufsitzen? Was schadet uns am meisten?

PTJ: Du kannst langfristig investieren, aber du bist nicht automatisch langfristig wohlhabend, denn alles hat einen Preis und einen Kernwert, und beide können sich verändern. Man kann von einem durchschnittlichen

Einzelanleger aber nicht erwarten, dass er die Bewertungskennzahlen versteht. Die beste Methode, um sich gegen die Folgen mangelnder Informationen zu schützen – gegen die Tatsache, dass du vielleicht nicht in jeder Assetklasse die bestinformierte Person bist –, ist ein diversifiziertes Portfolio.

TR: Natürlich.

PTJ: Hier ist eine Geschichte, die ich nie vergessen werde. Es war 1976, ich war seit einem halben Jahr im Beruf und ging zu meinem Chef, dem Baumwollhändler Eli Tullis, und sagte, »Ich will handeln, ich will handeln.« Und er erwiderte, »Mein Sohn, du wirst jetzt noch nicht handeln. Vielleicht lasse ich dich in sechs Monaten.« Und ich sagte, »nein, nein, nein – ich will jetzt handeln.« Und er antwortete, »Jetzt hör mal gut zu: Die Märkte werden noch in 30 Jahren hier sein. Die Frage ist, bist du dann noch da?«

TR: Perfekt getroffen.

PTJ: Der Igel macht das Rennen gegen den Hasen, stimmt's? Ich glaube, das Wichtigste, das man machen kann, ist, das eigene Portfolio zu diversifizieren. Diversifikation ist das Entscheidende, eine defensive Strategie ist das Entscheidende, und wie gesagt, die eingegangenen Positionen lange halten.

TR: Um noch einmal auf die Diversifikation zurückzukommen, wie sollte ein defensives Portfolio strukturiert sein?

PTJ: Es wird nie einen Zeitpunkt geben, an dem man mit absoluter Gewissheit sagen kann, dies ist der Mix für die nächsten fünf oder zehn Jahre. Die Welt verändert sich in einem unglaublich rasanten Tempo. Wenn du die derzeitige Situation betrachtest, die Bewertung sowohl der US-Aktien als auch der US-Anleihen, wirst du feststellen, dass beide geradezu lächerlich überbewertet sind. Und Bargeld ist wertlos, wohin also mit dem Geld? Nun, es gibt eine Zeit, da tut sich nicht viel. Du wirst dich nicht immer in einer Situation befinden, in der es große Gewinnchancen gibt und du viel Geld verdienen kannst.

TR: Was tust du also?

PTJ: Manchmal muss man sagen: »Mensch, hier ist nicht viel zu holen. Ich gehe besser in die Defensive und strukturiere mein Portfolio so, dass ich keine großen Erwartungen habe; dass ich in einer Position bin, in der ich keine Verluste mache, und falls die Kurse anziehen, habe ich genug trockenes Pulver, um einige Treffer zu landen.«

TR: Okay, irgendwelche spezifischen Strategien zum Schutz deines Portfolios?

PTJ: Ich halte eine Vorlesung für Studenten im Grundstudium an der University of Virginia, denen ich immer sage: »Ich erspare euch die teure und mühselige Ausbildung an einer Business School. Hier bekommt ihr Unterricht im Wert von 100.000 Dollar, und den erhaltet ihr in Form von zwei Gedanken, okay? Ihr müsst keine Business School besuchen; ihr müsst euch nur zwei Dinge einprägen. Das Erste ist, ihr müsst immer mit dem herrschenden Trend gehen. Auf keinen Fall werdet ihr ein antizyklischer Investor. Wie haben die beiden reichsten Männer Amerikas – Warren Buffett und Bill Gates – ihr Vermögen verdient? Bill Gates wurde reich, weil er eine Aktie – Microsoft – besaß, deren Wert sich verachtfacht hat. Und Gates ging mit dem Trend. Warren Buffett sagte, ›Okay, ich werde erstklassige Unternehmen kaufen. Ich werde die Aktien dieser Unternehmen halten und sie nicht verkaufen – sehr richtig und sehr schlau –, weil das Gesetz der Aufzinsung zu meinen Gunsten wirkt, wenn ich an diesen Aktien festhalte.‹«

TR: Und so hat er sein Vermögen mit dem Cashflow all seiner Versicherungsgesellschaften gemacht.

PTJ: Er hat einen der größten Bullenmärkte der Menschheitsgeschichte ausgesessen und der Versuchung widerstanden, zu verkaufen.

TR: Meine nächste Frage: Wie bestimmt man den Trend?

PTJ: Meine Messgröße, die ich auf alles anlege, ist der gleitende 200-Tage-Durchschnitt[4] der Schlusskurse. Ich habe schon zu viel auf null sinken sehen – Aktien und Rohstoffe. Der ganze Trick im Investmentgeschäft lautet: »Wie verhindere ich, dass ich alles verliere?« Wenn du die Regel des gleitenden 200-Tage-Durchschnitts anwendest, kann dir nichts passieren. Dann investierst du defensiv und steigst rechtzeitig aus. Ich erkläre diese Übung, wenn ich Unterricht in technischer Analyse gebe. Dann zeichne ich eine hypothetische Kurve an die Tafel – so wie die nachstehende –, die bis zum oberen Tafelrand steil ansteigt.

---

4 Die 200-Tage-Linie glättet die Kursschwankungen von Aktien oder Indizes um den Trend sichtbar zu machen. Dazu werden einfach die Schlusskurse der letzten 200 Tage addiert, um daraus dann einen Durchschnittswert zu errechnen. D.h. die 200-Tage-Linie kann täglich berechnet werden, da jeweils der neueste Wert berücksichtigt wird und dafür der älteste Wert wegfällt. Deshalb »gleitender Durchschnitt«.

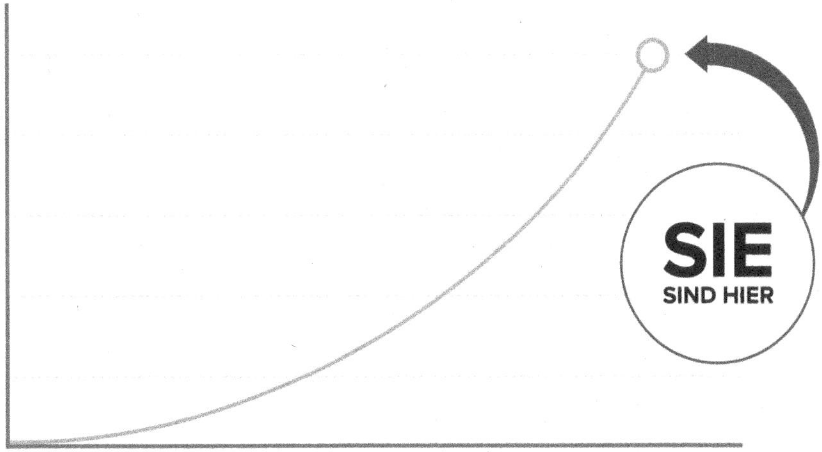

Und dann frage ich: »Okay, alles was ihr wisst, ist das, was ihr an diesem Punkt seht. Wie viele Menschen möchten in dieser Position an ihren Investitionen festhalten? Ungefähr 60 Prozent werden die Hand heben. Und wie viele wollen an diesem Punkt verkaufen? Nun melden sich ungefähr 40 Prozent. Und ich sage: »Ihr Vierzigprozentler, ihr solltet niemals in eurem ganzen Leben euer eigenes Geld investieren! Ihr habt diesen Gegenstrom-Virus, und das ist die beste Methode, um sich und andere zu ruinieren. Das bedeutet, ihr werdet alles kaufen – ihr werdet Dinge kaufen, die auf null sinken und Dinge verkaufen, die in den Himmel schießen, und eines Tages werdet ihr bankrott sein.«

TR: Das ist fantastisch und es macht wirklich Sinn. Du hast tatsächlich gesagt, einige deiner größten Siege waren Wendepunkte, stimmt's? Das hat dich von anderen unterschieden.

PTJ: Richtig, der Börsencrash von 1987. An dem Tag habe ich ein Vermögen gemacht.

TR: Darüber musst du mir mehr erzählen. Dieser Coup gilt als einer der drei größten Trades aller Zeiten! Die meisten Menschen wären über eine Rendite von 20 Prozent hellauf begeistert. Du hast allein in jenem Monat 60 Prozent erzielt. Hat dich deine Theorie über den gleitenden 200-Tage-Durchschnitt vor dem bevorstehenden Zusammenbruch gewarnt?

PTJ: Genau. Ich war unter die Marke des gleitenden 200-Tage-Durchschnitts geraten. Auf der Höhe des Börsenzusammenbruchs hatte ich alle Positionen geglättet.

TR: Dann hast du gewartet, bis sich die Lage beruhigte?

PTJ: Absolut.

TR: Dann hältst du dich selber nicht für risikofreudig, sondern konzentrierst dich darauf, wie du dich ständig schützen und gleichzeitig den Trend reiten kannst. Wie lautet die zweite Überlegung für deine Studenten?

PTJ: Fünf zu eins.

TR: Ein asymmetrisches Chancen-Risiko-Profil?

PTJ: Ganz genau. Fünf zu eins bedeutet, dass ich einen Dollar riskiere, um fünf Dollar zu gewinnen. Diese Regel ermöglicht eine Trefferquote von 20 Prozent. Sie gibt mir die Gelegenheit, Dummheiten zu machen. Ich kann mich 80 Prozent der Zeit irren und verliere trotzdem nichts – vorausgesetzt, meine Risikokontrolle funktioniert. Ich muss nur bei einer von fünf Wetten einen Treffer landen. Das Schwierige daran ist, dass das nicht der Art und Weise entspricht, wie der normale Mensch investiert. Die menschliche Natur will, dass wir nie wirklich unsere Gewinnchancen kalkulieren. Wir machen uns nicht genügend Gedanken darüber, was wir tatsächlich einsetzen und riskieren.

TR: Du irrst dich aber nicht zu 80 Prozent! Da die Portfoliostrukturierung eine so große Rolle spielt, möchte ich dich Folgendes fragen: Wenn du deinen Kindern kein Geld, sondern nur ein spezifisches Portfolio und eine Reihe Investmentprinzipien als Leitfaden vermachen könntest, wie würden sie lauten? Ich frage das, weil ich den Menschen ein Modell liefern möchte, mit dem der durchschnittliche Einzelanleger das Thema Geldinvestitionen aus deiner Perspektive betrachten kann.

PTJ: Der durchschnittliche Einzelanleger macht mich wirklich nervös, weil das Ganze in der Tat sehr komplex ist. Wenn es so leicht wäre und eine Patentformel gäbe, dann wären wir alle Multimilliardäre. Ein Prinzip wäre sicher, alles abzustoßen, was unter den gleitenden 200-Tage-Durchschnitt sinkt. Die Anleger sollten immer den Fünf-zu-eins-Fokus im Auge behalten, und Disziplin wäre eine weitere Empfehlung. Aber hier etwas, das ich wirklich weiß. Du musst mit Ray Dalio sprechen. Er weiß darüber besser Bescheid, als jeder andere. Wenn du etwas über Portfoliostrukturierung erfahren möchtest, sprich mit ihm. Niemand kennt sich da so gut aus wie er.

TR: Er ist der Nächste auf meiner Liste, danke! Okay, dann kommen wir zu einem anderen Thema. Du hast in deinem Leben phänomenalen Erfolg, erzähle mir doch bitte etwas über deine philanthropischen Aktivitäten: Was ist der Motor für dein Anliegen, der Gesellschaft etwas zurückzugeben und im Leben so vieler Menschen etwas zu bewirken?

PTJ: Als kleiner Junge war ich mit meiner Mutter einmal auf einem riesigen Gemüsemarkt in Memphis. Ich erinnere mich, dass ich plötzlich aufblickte und meine Mutter war weg. Wenn man vier Jahre alt ist, ist die Mutter alles im Leben. Und dann kam ein außerordentlich freundlicher, sehr alter, sehr großer schwarzer Mann auf mich zu und sagte: »Du musst dir keine Sorgen machen. Wir werden deine Mama finden. Weine nicht, wir finden sie. In einer Minute wirst du wieder lachen und fröhlich sein.« Er nahm mich bei der Hand und suchte mit mir die Gänge des Marktes ab und schließlich entdeckte er meine Mutter. Sie begann zu lachen, als sie mich so aufgelöst sah. So etwas vergisst man nicht. Jede Tat Gottes, alle diese kleinen Taten werden immer größer und multiplizieren sich irgendwann. Wir vergessen, wie wichtig die kleinen Taten sind. In meinem Fall ist es so eine Art lebenslange Aufgabe, zu versuchen, diesen kleinen Akt der Freundlichkeit zurückzugeben.

TR: Eine letzte Frage: Die meisten Menschen hegen die Illusion, wenn sie erst genug Geld hätten, würden jeglicher Stress und jede Belastung von ihnen abfallen. Stimmt das? Verschwinden die Sorgen um die eigenen Finanzen jemals?

PTJ: Der Tag muss erst noch kommen.

TR: Okay, Das wollte ich hören.

PTJ: Das Problem ist – wie mit allem –, dass es nie reicht. Für mich besteht der Finanzstress derzeit darin, dass es noch so viele Dinge gibt, an die ich glaube und die ich machen will. Mein Stress dreht sich darum, die Dinge finanziell unterstützen zu können, die wirklich aufregend sind, mich glücklich machen und mit Leidenschaft erfüllen. Es gibt ein riesiges Aufforstungsprojekt, das ich vor knapp einem Monat entdeckt habe und wahrscheinlich nicht bezahlen kann. Der Zeitrahmen beträgt mindestens 100 Jahre. Und ich denke mir, »Oh, mein Gott! Wenn ich das bezahlen könnte, damit sich die Natur regeneriert. In 100 Jahren wird das einer der atemberaubendsten und schönsten Plätze der Welt sein! Dort hätte Gott zu Adam gesprochen; das muss der Garten Eden sein.« Und dann denke ich, »Okay, ich kann es nicht bezahlen, aber ich will es wirklich tun. Dann sollte ich mich richtig anstrengen, weil das der beste Beitrag sein wird, den ich für die Menschen in 100 Jahren leisten kann. Sie werden nicht wissen, wer das gemacht hat, aber sie werden den Ort lieben und glücklich sein.

TR: Danke Paul.

Kapitel 34
Ray Dalio:
Ein Mann für alle Wetterlagen

Gründer und Co-Finanzvorstand von Bridgewater Associates

Von dem Moment an, an dem ich mich zum ersten Mal mit Ray Dalio in seinem Haus in Connecticut zusammengesetzt habe, ist er Teil der DNS dieses Buches geworden. Unser erstes Gespräch, in dem wir uns gegenseitig Ideen zuspielten und diese diskutierten – dabei ließen wir fast nichts aus; sie reichten von den Vorteilen der Meditation (»Sie gibt mir Ausgeglichenheit«, sagte Ray) bis zur Funktionsweise der Wirtschaft (»nichts weiter als eine Maschine«) –, dauerte fast drei Stunden. Ich kannte bereits die erstaunliche Erfolgsbilanz seines Hedgefonds, Bridgewater Associates, der mit 160 Milliarden Dollar an verwaltetem Vermögen der größte Hedgefonds der Welt ist. Ich wusste, dass Rays Risikomanagement besser ist als jedes andere auf der Welt und dass sich die wichtigsten Führungspersönlichkeiten der Welt und die ganz großen Finanzinstitutionen Rat bei ihm holen, wenn sie in einem volatilen Markt einen sicheren Hafen für ihr Geld suchen. Allerdings hatte ich nicht die geringste Ahnung, dass sich Rays Antwort auf die Frage, die ich allen in diesem Buch porträtierten Finanzgenies stellte – welche Portfoliostruktur würden Sie Ihren Kindern hinterlassen, wenn Sie ihnen kein Geld vererben könnten? –, als der Heilige Gral erweisen würde, nach dem ich von Anfang an gesucht hatte. Und was war es? Nichts weniger als ein Investmentplan für Einzelanleger wie Sie und ich, mit dem Sie ein Vermögen aufbauen können; ein Plan, der sich in allen Marktlagen bewährt und Ihre Lebensersparnisse nicht aufs Spiel setzt. Bisher hatten nur Ray Dalios Kunden Zugang zu seiner magischen Erfolgsformel für Investitionsgewinne in allen Großwetterlagen. Ich bin tief beeindruckt und dankbar für seine Großzügigkeit, mit der er diesen Platz und Zeitpunkt aussuchte, um die Welt an seinem Wissen teilhaben zu lassen.

Ich muss nicht mehr viel über Rays Hintergrund sagen. Sie sind mir von der ersten Seite bis hierher gefolgt und haben Kapitel 24 – »Unschlagbar, unsinkbar, unbesiegbar: Die Allwetterstrategie« und Kapitel 25 – »Es ist Zeit durchzustarten: Sturmsichere Renditen und beispiellose Ergebnisse« gelesen. Dort wurden die Grundlagen seiner Portfoliostrukturierung erklärt. Ich wollte sie hier noch mal aufführen, aber ohne den Kontext der beiden Kapitel ist es nicht so beeindruckend. Wenn Sie die beiden Kapitel überblättert haben, blättern Sie zurück und lesen Sie sie. Sie werden beeindruckt sein. Wenn Sie sie gelesen haben, ist es an der Zeit, das Wissen umzusetzen. Ray Dalio ist der Meister der Allwetterstrategie.

Kapitel 35
Mary Callahan Erdoes:
Die Billion-Dollar-Lady

CEO von J.P. Morgan Asset Management Division

Mary Callahan Erdoes verfügt als Vorstandsvorsitzende einer der größten Vermögensmanagementgesellschaften der Welt, die ihrerseits zur größten Bank der Welt gehört, über sehr viel Macht und Einfluss. Das Wirtschaftsmagazin *Forbes* hat sie als den »seltenen weiblichen Kometen am männerdominierten Firmament der Wall Street« bezeichnet und führt sie auf der Liste der 100 mächtigsten Frauen der Welt. Seit 2009, als sie die Sparte Vermögensmanagement bei J.P. Morgan übernahm, ist diese um *mehr als eine halbe Billion Dollar* gewachsen – ein Zuwachs von mehr als 30 Prozent! Heute ist Erdoes für ein verwaltetes Vermögen in Höhe von insgesamt rund 2,5 Billionen Dollar verantwortlich. Dabei handelt es sich um die Investitionen institutioneller und individueller Investoren, zum Beispiel Stiftungen, Zentralbanken, Pensionsfonds sowie einige der reichsten Menschen der Welt. In den Medien wird sie oft als mögliche Nachfolgerin von Jamie Dimon, CEO von JPMorgan Chase gehandelt.

Während die meisten Experten, die in diesem Buch zu Wort kommen, die Auffassung vertreten, ein passives, kostengünstiges Vermögensmanagement biete Einzelanlegern langfristig die besten Ergebnisse, argumentiert Erdoes, aktiv gemanagte Fonds, die von den besten Finanzstrategen der Branche betreut werden, seien ihre Gebühren wert. Erdoes zufolge sind die Loyalität ihrer zufriedenen Kunden sowie die ständigen frischen Mittelzuflüsse neuer Kunden der beste Beweis.

Das Vermögensmanagement liegt ihr im Blut. Sie war die Erstgeborene und das einzige Mädchen einer großen irisch-katholischen Familie in Winnetka, Illinois, 30 Kilometer nördlich von Chicago. Ihr Vater, Patrick Callahan, war dort Investmentbanker bei Lazard Frères. In der Highschool war Mary nicht nur ausgezeichnet in Mathematik, sie gewann nebenbei auch mehrere Medaillen als Reiterin und war die einzige Frau in ihrer Klasse an der Georgetown University, die Mathematik im Hauptfach studierte. Ihren Ehemann, Philip Erdoes, traf sie, während sie beide an der Harvard Business School ihren MBA-Abschluss machten.

Als Führungskraft im Bereich Finanzdienstleistungen hat Erdoes auf mehrere Weise das klassische Schema durchbrochen. In einem Geschäft, das für sein aggressives Management berüchtigt ist, beschreiben ihre Kollegen ihren Stil mit Worten wie »loyal«, »teamorientiert« und »fürsorglich«. Während ihres Karriereaufstiegs bei J.P. Morgan war sie bekannt dafür, quer durchs Land zu fliegen, um sich mit Kunden zu treffen, die bei ihrem Vermögensmanagement zusätzliche Unterstützung benötigten. Mit ihren 47 Jahren und als Mitglied des Spitzenmanagements eines Unternehmens mit 260.000 Mitarbeitern wird sie sowohl für ihre außerordentlichen Führungsqualitäten als auch ihre Brillanz auf dem Gebiet Finanzen geehrt.

Unser Gespräch fand in der Unternehmenszentrale von J.P. Morgan im klassischen Union-Carbide-Gebäude mit Blick auf die Park Avenue und die Wolkenkratzer von Manhattan statt. Während ich mit dem Aufzug zum Konferenzsaal fuhr, erzählte mir Darin Oduyoye, Direktor für Kommunikation von J.P. Morgan Asset Management, eine Geschichte, die mich tief berührte und den Charakter meiner Gesprächspartnerin deutlich machte. Oduyoye wollte immer TV-Produzent werden, nahm aber eine Stelle in der Investmentfondssparte von J.P. Morgan an, bevor er in den Bereich Öffentlichkeitsarbeit wechselte. Als Erdoes ihn bat, die Produktion einer morgendlichen Sendung für die Unternehmensmitarbeiter im Bereich Vermögensmanagement weltweit zu übernehmen, war er schockiert.

»Ich verstehe nicht genug von Finanzinvestitionen«, protestierte er.

»Nun, Sie haben mir gesagt, Sie wollten schon immer in der TV-Produktion arbeiten«, erwiderte Erdoes. »Nun werden Sie Talkshow-Produzent!«

»Sie sah mehr in mir, als ich selbst«, erzählte Darin.

Unabhängig von ihrer jeweiligen Position im Unternehmen, gibt sich Erdoes große Mühe, jeden einzelnen ihrer Mitarbeiter kennenzulernen. Und daneben schafft sie es immer noch, sich von Zeit zu Zeit mit ihren drei jungen Töchtern zum Mittagessen zu treffen und sie an den meisten Tagen der Woche von der Schule abzuholen. So funktioniert sie und das macht sie zu der außergewöhnlichen Führungskraft und Persönlichkeit, die sie ist.

TR: Sie führen eine der größten Vermögensmanagementgesellschaften der Welt. Erzählen Sie mir ein wenig über Ihren Weg, die Herausforderungen, die Sie bewältigen mussten und die Prinzipien, die Ihre Handlungen bestimmen.

ME: Ich glaube, man kann den Lebenspfad, der einen genau dahin führt, wo man hin möchte, nicht minutiös planen. Vieles geschieht zufällig oder durch die Umstände.

Ich erinnere mich an den Moment, als ich meine ersten Aktien erhielt; sie waren von Union Carbide. Das war ein Geburtstagsgeschenk meiner Großmutter. Ich glaube, ich war sieben oder acht – alt genug jedenfalls, um mich daran zu erinnern, und jung genug, um nicht zu wissen, was ich damit anfangen sollte. Das Erste, was mir meine Großmutter sagte, war: »Du darfst sie nicht verkaufen.« Ich bin nicht sicher, ob ich damit heute noch einverstanden bin! Aber sie sagte, »Mit diesen Papieren profitierst du von der Aufzinsung. Wenn du diese Aktien behältst, werden sie im Verlauf der Zeit hoffentlich an Wert gewinnen und dann wirst du etwas viel Wertvolleres besitzen.« Auf diese Weise verinnerlichte ich schon in jungen Jahren die Bedeutung von Ersparnissen und begann, über Vermögensmanagement nachzudenken. Ich wusste, dass ich gut mit Zahlen umgehen konnte. Das Konzept Sparen statt Ausgeben überzeugte mich daher.

Vorteilhaft war zudem, dass mein Vater in der Finanzindustrie arbeitete. An den Wochenenden verbrachte ich viel Zeit mit ihm in seinem Unternehmen und spielte »Büro«. Ich saß an seinem Schreibtisch und meine Brüder saßen am Schreibtisch seiner Sekretärin! Wir hatten viel Spaß in unserer Kindheit. Ich glaube, diese Erfahrungen vermittelten mir, wie interessant und aufregend Finanzdienstleistungen sein können und dass man sich davor überhaupt nicht fürchten muss. Das hat schon in jungen Jahren sehr zu meinem späteren Werdegang beigetragen.

TR: Sie arbeiten in einer männerdominierten Branche. Welches waren die größten Herausforderungen, mit denen Sie auf Ihrem Weg konfrontiert wurden?

ME: Vermögensmanagement ist eine Industrie, in der die Ergebnisse für sich selber sprechen. Das ist ein positiver Kreislauf: Wenn Sie für Ihre Kunden gute Renditen erzielen, investieren sie mehr, und ihr Geld wird noch mehr Geld produzieren – hier wiederholt sich das Konzept der Aufzinsung, das mich meine Großmutter gelehrt hatte. Aufgrund der Ergebnisfokussierung ist das Vermögensmanagement ein Geschäft, das die Gleichheit fördert. Wer Ergebnisse produziert, wird erfolgreich sein.

TR: Wie würden Sie Führung definieren?

ME: Es ist wichtig, dass man nicht Management mit Führung verwechselt. Für mich bedeutet Führung, dass man niemanden um Dinge bittet, zu denen man selbst nicht bereit wäre. Es bedeutet, jeden Morgen aufzuwachen und zu versuchen, die eigene Organisation zu einem besseren Ort zu machen. Ich bin tief davon überzeugt, dass ich für die Menschen von J.P. Morgan Asset Management arbeite, und nicht umgekehrt. Und deswegen versuche ich, weiter zu blicken, als die Menschen selbst.

Als ehemalige Portfoliomanagerin, Kundenberaterin und Geschäftsspartenleiterin weiß ich, was wir für unsere Kunden leisten können. Daher betrachte ich meinen Job nicht nur als Führung unseres Teams, sondern als eine Aufgabe, bei der ich Seite an Seite mit ihnen für die Erreichung unserer Ziele kämpfe.

Ich glaube, dass man in vielerlei Hinsicht als Führungskraft geboren wird, aber das heißt nicht, dass man nicht ständig an sich arbeiten muss, um die eigenen Führungsqualitäten zu verbessern und herauszufinden, was sich bewährt und was nicht. Der Führungsstil ändert sich mit den jeweiligen Personen oder Situationen, aber die grundlegenden Leitprinzipien bleiben dieselben.

TR: Vor Kurzem sprach ich mit Robert Shiller, der gerade mit dem Nobelpreis ausgezeichnet wurde. Er sprach über all die positiven Dinge, die Finanzdienstleister bewirken und die die Menschen für selbstverständlich nehmen. Warum haben Finanzdienstleister Ihrer Meinung nach heute einen so schlechten Ruf, und was lässt sich tun, um das zu ändern?

ME: Nach der großen Finanzkrise ist es verständlich, dass einige Menschen das Vertrauen in die Branche verloren haben. Im Rückblick kann man sagen, dass es Dinge gab, die einer Änderung bedurften – zum Beispiel Produkte, die viel zu komplex oder zu verwirrend waren. Aber insgesamt betrachtet, leistet die Finanzdienstleistungsindustrie einen großen Beitrag zur Funktionsweise der Weltwirtschaft. Wir bieten Unternehmen das nötige Kapital, um wachsen zu können, und das sorgt wiederum für Beschäftigung. Wir helfen Einzelanlegern dabei, zu sparen und ihr hart verdientes Geld so anzulegen, dass sie sich ein Haus kaufen, die Studiengebühren für ihre Kinder finanzieren oder sorgenfrei in den Ruhestand gehen können. Wir unterstützen lokale Gemeinden sowohl finanziell als auch mithilfe des geistigen und physischen Kapitals unserer Mitarbeiter.

Ich bin unglaublich stolz darauf, Teil dieser Industrie zu sein, und noch stolzer darauf, Teil von J.P. Morgan zu sein. Wir haben 260.000 Mitarbeiter, die jeden Tag hart für unsere Kunden arbeiten und immer danach streben, das Richtige zu tun. Wir haben hier ein Unternehmenssprichwort, das lautet, wenn Sie nicht wollen, dass Ihre Großmutter ein bestimmtes Produkt kauft, dann sollten wir es auch nicht unseren Kunden anbieten. Das ist eine stark vereinfachte, aber wichtige Art und Weise, die Dinge zu betrachten.

TR: Ich bin sicher, das ist ein heikles Thema, aber wenn man Ray Dalio hört oder John C. Bogle, David Swensen oder Warren Buffett – sie alle vertreten den Standpunkt, aktives Management bewähre sich langfristig nicht; 96 Prozent der aktiv gemanagten Fonds würden den Markt langfristig nicht schlagen. Ich würde gerne Ihren Standpunkt dazu hören, weil Ihre Performance außerordentlich gut ist.

ME: Eine der größten Herausforderungen besteht darin, dass es kein Patentrezept für Investmenterfolg gibt. Aber wenn Sie die erfolgreichsten Portfoliomanager der Welt betrachten, werden Sie feststellen, dass viele von ihnen eine aktive Strategie verfolgen, indem sie auf Basis ihres Expertenwissens Aktien kaufen und verkaufen. Ihre Erfolgsbilanzen haben gezeigt, dass das aktive Management mithilfe des Aufzinsungseffekts langfristig große Unterschiede in Ihrem Portfolio bewirken kann. Was ein aktiver Manager tun kann, ist, zwei ähnlich erscheinende Unternehmen zu betrachten und auf Basis umfassender Recherchen zu entscheiden, welche der beiden Aktien langfristig gesehen die bessere Investition ist. Bei J.P. Morgan Asset Management arbeiten wir mit Managern, die langfristige Erfolge vorweisen können. Aus diesem Grund verwalten wir 2,5 Billionen Dollar für Menschen und Einrichtungen, die uns bitten, ihre Vermögen zu managen.

TR: Herausragende Investoren suchen systematisch nach asymmetrischen Gewinnchancen, richtig? Die Multimilliardäre haben das schon immer getan. Aber wie kann der durchschnittliche Einzelanleger, der noch gar nicht vermögend ist, heute noch risikolos, oder zumindest mit einem geringen Risiko, ein Vermögen aufbauen?

ME: Es geht dabei gar nicht um die Größe des Vermögens, sondern darum, ausgewogen zu investieren, gute Beratung zu erhalten und sich diszipliniert an den Investitionsplan zu halten. Oft beginnen Anleger mit einem diversifizierten Investitionsplan, aber dann verändern sich die Marktbedingungen und sie versuchen, den besten Investitionszeitpunkt zu bestimmen, um höhere Gewinnchancen auszuschöpfen oder sich in ungünstigen Marktsituationen besser gegen Verluste abzusichern. Aber das ist eine sehr gefährliche Strategie, weil es unmöglich ist, jedes denkbare Szenario vorherzusagen.

Ein gut diversifiziertes Portfolio hilft Ihnen, die sogenannten Tail Risks [seltene, aber große Risiken, die aber auch hohe Gewinnchancen beinhalten] aufzufangen, und wenn Sie sich an Ihren Plan halten, können Sie langfristig ein großes Vermögen aufbauen.

TR: Welches sind die größten Herausforderungen, mit denen Anleger heute konfrontiert sind, und welches sind die größten Gewinnchancen?

ME: Ich glaube, wir werden irgendwann auf die heutige Zeit zurückblicken und sagen: »Das war eine großartige Zeit, um zu investieren.« Wir haben so viel Liquidität im System, um eine Menge Dinge zu korrigieren, die falsch gelaufen sind. Wenn man aber in den kommenden fünf Jahren investiert – und das gilt vor allem für Anleger mit einem langfristigen Investitionshorizont –, gibt es einige interessante Chancen. Die meisten Anleger wollen Einkommen, eine geringe Volatilität und Liquidität. Die Krise von 2008 hat noch ihre Nachwirkungen; viele Menschen fragen sich, ob ihnen das Geld im Notfall sofort zur Verfügung stünde. Wenn Sie es nicht antasten müssen, dann investieren Sie es. In den kommenden Jahren werden Sie Geld verdienen, und im Rückblick werden Sie sehr froh sein, dass Sie Ihr Geld investiert haben.

Außerdem hat die Finanzdienstleistungsindustrie zahlreiche Veränderungen an den Regeln und Regulierungen vorgenommen, um zukünftig für bessere Bedingungen zu sorgen. Das soll natürlich nicht heißen, dass es nie wieder Marktanomalien geben wird, aber das System ist nun besser und sollte daher auch sicherer sein.

TR: Die folgende Frage habe ich jedem der von mir interviewten Multimilliardäre gestellt, die mit nichts angefangen haben: Hören die Finanzsorgen jemals auf?

ME: Sie hören nie auf, und das ist hat nichts mit Reichtum oder Erfolg zu tun.

TR: Woran liegt das?

ME: Das liegt daran, dass Sie unabhängig von Ihren persönlichen Umständen sichergehen wollen, dass Sie Ihr Geld so effektiv wie möglich nutzen, ob es sich um die Krankenversicherung Ihrer Familienmitglieder handelt oder die richtige Investition im Hinblick auf die nachfolgenden Generationen oder die Erfüllung philanthropischer Ziele.

TR: Gibt es ein Gegenmittel gegen diesen Stress? Welches ist Ihres?

ME: Mein Gegenmittel besteht darin, die Dinge immer in der richtigen Perspektive zu sehen und mich auf die Dinge zu konzentrieren, auf die ich Einfluss habe, zum Beispiel, indem ich jeden Tag mein Bestes gebe. Wenn man seine Arbeit professionell verrichtet, sich um seine Familie und seine Freunde kümmert, seinen Geist und seinen Körper pflegt, dann kann man eigentlich nicht aus dem Gleichgewicht geraten. Natürlich kann es passieren, dass die Dinge gelegentlich aus dem Gleis geraten, aber das darf kein Dauerzustand werden.

TR: Wenn Sie Ihren Kindern nichts anderes vermachen könnten, als einige Regeln und/oder eine Portfoliostrategie, wie würde sie lauten?

ME: Langfristig investieren und nur dann Geld entnehmen, wenn man es wirklich braucht. Die spezifische Portfoliostruktur wird für jeden Menschen anders aussehen. Ich habe zum Beispiel drei Töchter in unterschiedlichem Alter. Sie verfügen über unterschiedliche Fertigkeiten, die sich im Lauf der Zeit verändern werden. Eine gibt vielleicht mehr Geld aus als die andere. Eine ist vielleicht sparsamer. Eine möchte vielleicht in einem Bereich arbeiten, in dem sie viel Geld verdienen kann. Die andere möchte vielleicht eher einer gemeinnützigen Tätigkeit nachgehen. Eine heiratet womöglich, die andere nicht. Eine bekommt Kinder, die andere nicht – ihre jeweilige Situation bestimmt ihre jeweiligen Bedürfnisse. Die einzelnen Faktoren werden sich im Verlauf der Zeit verändern. Aus diesem Grund würde ich die Portfoliostruktur für jede meiner Töchter immer wieder verändern müssen, selbst wenn ich schon bei ihrer Geburt angefangen hätte, für sie zu investieren.

TR: Wie alt sind Ihre Töchter?

ME: Elf, zehn und sieben. Ich habe viel Spaß mit ihnen.

TR: Nach allem, was ich gelesen habe, glauben Sie an »Work-Life-Integration«. Erzählen Sie mir ein wenig mehr darüber.

ME: Ich habe das große Glück, dass ich in einem Unternehmen arbeite, das Familien unterstützt und seinen Mitarbeitern große Flexibilität in der Gestaltung ihrer Arbeit bietet, damit sie diese bestmöglich mit ihren Familienanforderungen vereinbaren können. Das kann heißen, dass man etwas früher aufhört, um zu einem Fußballspiel der Kinder zu gehen, und später am Abend die Arbeit wieder aufnimmt, um ein Projekt zu beenden, oder dass man die Kinder am Wochenende mit ins Büro nimmt. Jeder hat hier die Option, seine Arbeit familienfreundlich zu gestalten.

TR: Wie es Ihr Vater gemacht hat! Und dann setzen sich Ihre Töchter hinter Ihren Schreibtisch, um sich auf die Zukunft vorzubereiten.

ME: Genau. Mein Arbeitsleben und mein Familienleben sind eine Einheit, und ich bin fest entschlossen, beides immer maximal auszuschöpfen.

Kapitel 36
T. Boone Pickens: Prädestiniert zum Milliardär und Philanthropen

Chairman und CEO von BP Capital Management

T. Boone Pickens, von CNBC auch »Öl-Orakel« getauft, ist seiner Zeit stets voraus gewesen. Anfang der 1980er-Jahre galt er als ursprünglicher Unternehmensplünderer – wenngleich er den Ausdruck »Shareholder-Aktivist« vorzieht. Sein früher Fokus auf die Maximierung des Shareholder Value, ein Konzept, das damals praktisch unbekannt war, ist seitdem ein

Standard der amerikanischen Unternehmenskultur. Das Wirtschaftsmagazin *Fortune* schrieb, »Boones einst revolutionäre Ideen sind heute so selbstverständlich, dass sie zu den Dreh- und Angelpunkten der Wirtschaft geworden sind.«

Anfang der 2000er-Jahre wurde Pickens Hedgefondsmanager, der seine erste Milliarde *nach* seinem 70. Geburtstag machte, und zwar mit Investitionen in die Energieindustrie. In den folgenden eineinhalb Jahrzehnten hat er aus dieser 1 Milliarde 4 Milliarden Dollar gemacht – davon hat er 2 Milliarden wieder verloren und 1 Milliarde gespendet.

Boone, der unverbesserliche Optimist, hat vor Kurzem zum fünften Mal geheiratet und erfreut sich mit 86 Jahren einer enormen Präsenz in den sozialen Medien und zeigt keinerlei Anzeichen von Müdigkeit. Nachdem er letztes Jahr aus der Liste *Forbes* 400 herausfiel, versandte er ein berühmtes Tweet, in dem er erklärte, »Keine Sorge. Mit 950 Millionen Dollar geht es mir gut. Witzig, meine 1-Milliarden-Dollar-Spende für wohltätige Zwecke übersteigt mein Privatvermögen.« Als ich mit ihm über sein Vermögen sprach, sagte er, »Tony, du kennst mich; in den nächsten Jahren hole ich mir die 2 Milliarden wieder zurück«.

Boone, der während der Großen Depression geboren wurde, begann mit nichts. Mit zwölf trug er Zeitungen aus und erweiterte seine Route schnell von 28 auf 156 Zeitungen. Später zitierte er seinen Jugendjob als eine frühe Einführung in das Thema »Wachstum durch Akquisition«. Nach seinem Studium an der Oklahoma State University (damals als Oklahoma A&M bekannt), das er 1951 mit einem Diplom in Geologie abschloss, baute Pickens ein Energie-Imperium in Texas auf. Im Jahr 1981 war sein Unternehmen Mesa Petroleum Corporation eines der größten unabhängigen Ölförderunternehmen der Welt. Die spektakulären Firmenübernahmen in den 1980er-Jahren, zu deren berühmtesten die Akquisition von Gulf Oil, Phillips Petroleum und Unocal gehörten, waren Stoff für Legenden.

Aber Pickens' Fortüne (und Vermögen) erfuhren ein ständiges Auf und Ab. Als er Mesa 1996 nach stetig sinkenden Unternehmensgewinnen verließ, hatten ihn viele im Geiste schon ausgezählt – bald darauf hatte er 90 Prozent seines Investitionskapitals verloren. Aber Pickens fädelte eines der größten Comebacks der Geschichte ein, indem er aus den letzten 3 Millionen Dollar seines Investmentfonds 1 Milliarde Dollar machte.

Während praktisch jeder namhafte Finanzstratege in erster Linie auf zwei Assetklassen fokussiert – Aktien und Anleihen –, investiert Boones BP Capital Fonds anders: Er wettet auf die Richtung, die die Märkte für Energie-Terminkontrakte und -Derivate nehmen. Und während dieses Buch es sich zur Aufgabe gemacht hat, Ihnen dabei zu helfen, finanzielle Unabhängigkeit zu erlangen, sagt Boone, die Abhängigkeit Amerikas von ausländischem Öl sei die größte Bedrohung nicht nur für die nationale Sicherheit des Landes, sondern auch für die amerikanische Wirtschaft. Boone, der stets einen Schritt voraus ist, befindet sich auf einem Kreuzzug, um das Land aus seiner Abhängigkeit von den OPEC-Ländern[5] zu befreien und es mit seinem Pickens-Plan in eine neue Energiepolitik zu geleiten.

Ich bin, so lange ich denken kann, Boones Fan. Er ist so freundlich, auf meinen Vermögensseminaren Vorträge zu halten. Nachfolgend ein Auszug aus unserem letzten Gespräch über Vermögensbildung, den Schutz der energetischen Zukunft Amerikas und seine bescheidenen Anfänge.

TR: Das Erste, was ich erwähnen möchte, ist die unglaubliche Geschichte Ihrer Geburt. Sie sagen oft, Sie seien der »Mensch mit dem größten Glück auf der Welt«, und das meinen Sie auch so. Erzählen Sie mir mehr darüber.

TBP: Meine Mutter wurde 1927 schwanger und ich wurde im Mai 1928 in einer Kleinstadt im ländlichen Oklahoma geboren. Der Doktor sagte zu meinem Vater: »Tom, du wirst eine schwere Entscheidung treffen müssen – deine Frau oder dein Kind, denn nicht beide werden überleben.« Mein Vater antwortete, »Das kannst du mir nicht antun. Du findest bestimmt einen Weg, das Baby auf die Welt zu bringen, ohne dass einer von beiden stirbt.« Das große Glück war, dass von den beiden Ärzten im Ort der Arzt meiner Mutter ein Chirurg war. Und er sagte: »Nun, Tom, du verlangst von mir letztlich einen Kaiserschnitt. Das habe ich aber noch nie gemacht. Ich habe gesehen, wie es gemacht wird; ich habe darüber gelesen, und ich werde dir zeigen, wie viel ich darüber gelesen habe. Er führte ihn durch den Raum und zeigte ihm eineinhalb Buchseiten, die er über Kaiserschnitte besaß. »Tom, das ist alles, worauf ich mich stützen kann!« Mein Vater las den Text und sah ihn an. »Ich glaube, du kannst es.« Dann knieten sich beide Männer hin und beteten. Und anschließend

[5] Organisation erdölexportierender Länder, der unter anderem Saudi Arabien, Iran, Irak und Kuwait angehören.

überredete er diesen Arzt dazu, mich an jenem Tag im Jahr 1928 per Kaiserschnitt zur Welt zu bringen.

TR: Unglaublich!

TBP: Das war 30 Jahre, bevor in demselben Krankenhaus der nächste Kaiserschnitt durchgeführt wurde.

TR: Wirklich unglaublich, dass Ihr Vater den Mut hatte, die Prognose eines Facharztes über Leben und Tod zweier geliebter Menschen in Frage zu stellen. Er hatte den Mut, darauf zu bestehen, dass es einen anderen Weg geben müsse. Das hat doch sicher Ihr Leben beeinflusst, Boone? Sie geben sich wahrscheinlich auch nicht mit einem nein zufrieden, oder?

TBP: Nein, das tue ich tatsächlich nicht.

TR: Ihr Vater ist das ultimative Rollenmodell eines Menschen, der die Kraft hatte, eine schwere Entscheidung zu treffen. Sie sind hier und Ihre Mutter überlebte auch. Was für eine wunderschöne Geschichte! Jetzt verstehe ich die Anspielung, Sie seien die Person »mit dem größten Glück im Leben«.

TBP: Genau.

TR: Auch der Begriff Ehrlichkeit hat einen tiefen Eindruck bei Ihnen hinterlassen, der für viele Menschen in der Finanzdienstleistungsindustrie leider kein Kernprinzip ist. Erzählen Sie mir mehr darüber.

TBP: Während einer meiner Routen als Zeitungsausträger entdeckte ich im Gras eine Brieftasche. Ich erkannte sie wieder; sie gehörte dem Nachbarn eines meiner Zeitungskunden. Also klopfte ich bei ihm an die Tür und sagte: »Mr. White, ich habe Ihre Brieftasche gefunden.« Und er antwortete, »Oh, mein Gott, sie ist sehr wichtig für mich, vielen Dank. Ich möchte dich belohnen.« Und dann gab er mir einen 1-Dollar-Schein. Ich traute meinen Augen nicht; das war 1940 viel Geld. Ich war damals elf Jahre alt. Anschließend ging ich sehr glücklich nach Hause und erzählte meiner Mutter, meiner Tante und meiner Großmutter die Geschichte und dass Mr. White mir 1 Dollar geschenkt habe. Alle schüttelten ihre Köpfe. Ich merkte, dass ihnen die Geschichte nicht gefiel. Ich sagte: »Versteht ihr nicht? Er war glücklich, dass ich seine Brieftasche gefunden und sie ihm zurückgebracht habe.« Meine Großmutter sah mich an und sagte: »Mein Sohn, Ehrlichkeit ist nichts, wofür man extra belohnt werden sollte.« Und so wurde beschlossen, dass ich Mr. White den Dollarschein zurückbringen sollte.

TR: Das ist beeindruckend! Harte Entscheidungen und Ehrlichkeit sind demnach die beiden Werte, die Sie besonders geprägt haben. Ich erinnere mich, ein Zitat von Ihnen gelesen zu haben, das mich als Kind inspiriert hat. Ich war immer von den Dingen fasziniert, die einen Menschen zu einer Führungsfigur im Gegensatz zu einem reinen Mitläufer machen. Sie sagten, Sie hätten Ihr Leben stets nach Ihren eigenen Bedingungen gelebt. Und ich glaube mich daran zu erinnern, dass Sie sagten, das Geheimnis der Führung sei Entscheidungsfreudigkeit.

TBP: Im Jahr 1984 versuchten wir Gulf Oil zu übernehmen. Ich hielt deren Unternehmensführung für sehr schwach und sagte: »Die können einfach nie abdrücken. Sie zielen, zielen und zielen, aber feuern nie!«

TR: Dann sind Sie in der Lage, schnell zu feuern?

TBP: Viele Menschen werden in Führungspositionen gehievt, und das macht mich ganz verrückt, weil sie keine Entscheidungen treffen. Sie wollen es nicht; sie hätten gerne, dass das jemand anderes für sie macht. Ich denke immer, die Entscheidungen, die ich treffe, werden sich als richtig erweisen, und ich werde gute Ergebnisse sehen.

TR: Was sich bislang als wahr erwiesen hat. Ihr Wissen über Energie, das Sie sich zunutze gemacht haben, hat Sie zum Milliardär gemacht.

TBP: 19 von 21 meiner Vorhersagen über Ölpreise haben bisher zugetroffen. Prognosen, die ich bei CNBC getroffen habe.

TR: Sie haben auch den Preis von 4 Dollar pro Gallone Benzin richtig vorhergesagt, nicht wahr? Niemand hielt 2011 für möglich, dass er so hoch steigen würde.

TBP: Als ich 2011 auf Ihrer Veranstaltung in Sun Valley sprach, habe ich mich weit aus dem Fenster gelehnt, als ich sagte, wir würden bis zum Wochenende des 4. Juli einen Preis von 20 Dollar pro Barrel Öl sehen, was dann auch eintraf. Ich erinnere mich, dass ich sagte, die weltweite Nachfrage würde auf 90 Milliarden Barrel pro Tag steigen und der Preis entsprechend der Nachfrage ebenfalls.

TR: In Anbetracht Ihrer Erfolgsbilanz kann ich nur sagen, dass eines der großen Themen, die ich bei zahlreichen Spitzeninvestoren immer wieder festgestellt habe, die Fokussierung auf asymmetrische Gewinnchancen ist. Wie denken Sie über die Risikominimierung nach, beziehungsweise wie stellen Sie sicher, dass das Ergebnis den Einsatz lohnt? Wie lautet Ihre Philosophie zu diesem Thema?

TBP: In der MBA-Ausbildung lernen Sie Folgendes: Risiken minimieren und Gewinnchancen steigern, und das wird sich bezahlt machen. Das ist aber nicht meine Investitionsstrategie.

TR: Wirklich?

TBP: Hören Sie, einige Investitionen sind besser als andere und ich glaube, dass wir eine gute Risikoanalyse machen. Aber ich kann Ihnen nicht genau sagen, wie ich zu einer Entscheidung komme. Ich weiß, dass ich Unsummen verdiene, wenn ich richtig liege. Aber ich kann auch völlig danebenliegen. Ich bin bereit, große Risiken einzugehen, um hohe Gewinne zu erzielen.

TR: Okay, verstanden. Dann lassen Sie mich Ihnen eine andere Frage stellen: Wenn Sie Ihren Kindern kein Vermögen, sondern nur eine Investmentphilosophie oder eine Portfoliostrategie hinterlassen könnten, wie würde sie lauten? Wie würden Sie sie ausrüsten, damit sie langfristig ein Vermögen aufbauen könnten?

TBP: Ich glaube, wenn man eine wirklich gute Arbeitsethik hat, gibt man sie wahrscheinlich weiter. Und wenn Sie daneben eine gute Ausbildung besitzen und bereit sind, hart zu arbeiten und sich anzustrengen, dann glaube ich, können Sie es schaffen. Ich glaube, diese Arbeitsethik habe ich aus einer Kleinstadt in Oklahoma mitgebracht. Ich sah, wie meine Großmutter, meine Mutter und mein Vater hart arbeiteten. Alle Menschen in meiner Umgebung arbeiteten hart. Und ich sah, dass diejenigen, die eine gute Ausbildung besaßen, mehr Geld verdienten als andere.

TR: Das klingt so, als würden Sie Ihren Kindern eher eine Mentalität oder eine Arbeitsethik ans Herz legen, anstatt einer Portfoliostruktur.

TBP: Das stimmt.

TR: Sie haben Milliarden gewonnen und verloren. Was bedeutet Ihnen Geld? Was ist Reichtum?

TBP: Ich kann Ihnen sagen, wann ich wusste, dass ich reich war.

TR: Wann war das?

TBP: Als ich zwölf Jagdhunde für Federwild hatte.

TR: Wie alt waren Sie da?

TBP: Fünfzig. Ich hatte immer Jagdhunde und war schon immer ein Wachteljäger. Mein Vater hat das auch schon gemacht. Ich hielt einen Jagdhund im Hinterhof unseres Hauses, und wenn ich mehr Geld hatte, hatte ich zwei. Aber als ich zwölf Jagdhunde hatte, hatte ich einen großen Zwinger. Und eines Tages sagte ich: »Mensch, ich bin reich. Ich habe zwölf Jagdhunde!«

TR: Und diesen Reichtum haben Sie dazu genutzt, viel für dieses Land zu tun. Ich weiß, dass Sie einer der großzügigsten Unterstützer der Universität aller Zeiten sind. Sie haben Ihrer Alma Mater, der Oklahoma State University, 500 Millionen Dollar vermacht, eine absolut unglaubliche Summe.

TBP: Mein Ziel war schon immer, diese Universität wettbewerbsfähiger zu machen, und zwar im akademischen und im sportlichen Bereich. Ich bin privilegiert, weil ich meiner Alma Mater etwas geben kann.

TR: War Ihre Spende, die Sie 2005 dem Universitätssport der Oklahoma State University gemacht haben, nicht die höchste in der Geschichte des NCAA?[6]

TBP: Das ist korrekt.

TR: Das ist beeindruckend. Und ich weiß, dass das nur ein Teil Ihrer Spenden und Unterstützungsleistungen sind, für die ich Sie so bewundere. Lassen Sie uns noch über etwas anderes sprechen, und zwar die Unabhängigkeit auf dem Gebiet Energie. Sie haben in der Ölindustrie ein Vermögen verdient. Das prädestiniert Sie nicht gerade zum Kandidaten, um für die Ölunabhängigkeit dieses Landes zu plädieren. Dennoch ist das in den letzten sieben Jahren Ihre Mission gewesen. Erzählen Sie mir etwas über den Pickens-Plan.

TBP: Das ist so. Amerika ist ölabhängig. Und diese Abhängigkeit ist eine Gefahr für unsere Wirtschaft, unsere Umwelt und unsere nationale Sicherheit. Mit jedem Jahrzehnt ist die Abhängigkeit weiter gestiegen. 1970 importierten wir 24 Prozent unseres Ölbedarfs. Heute sind es fast 70 Prozent mit steigender Tendenz.

TR: Und Sie versuchen, uns von davon wegzubringen.

TBP: Nun, wir haben unsere Sicherheit in die Hände potenziell feindlicher und instabiler Nationen gelegt. Wenn wir für 70 Prozent unseres Ölbedarfs auf ausländische Quellen angewiesen sind, befinden wir uns in einer wenig vorhersagbaren Welt in einer prekären Lage. Außerdem werden die Kosten in den kommenden zehn Jahren bei 10 Billionen Dollar liegen – das wird einer der größten Vermögenstransfers der Menschheitsgeschichte sein.

TR: Wie lautet Ihre Lösung?

[6] Freiwilligenverband, über den viele Colleges und Universitäten in USA und Kanada ihre Sportprogramme organisieren.

TBP: Wir können sehr viel gewinnen, wenn wir auf erneuerbare Energien umstellen, aber das löst nicht unser OPEC-Problem. Die OPEC hat nichts mit erneuerbaren Energien zu tun; Wind- und Solarenergie sind keine transportablen Brennstoffe. Und hier kommt das Naturgas ins Spiel. 70 Prozent des täglichen weltweiten Ölverbrauchs entfällt auf Transportzwecke. Wir müssen entweder unser eigenes Gas oder unser eigenes Öl fördern, um uns aus der Abhängigkeit von der OPEC zu lösen.

TR: Und was machen wir?

TBP: Wir importieren rund 12 Millionen Barrel pro Tag, davon stammen fünf von der OPEC. Wir müssen hier in den USA mehr Naturgas fördern, um uns von der OPEC unabhängig zu machen. Und wir besitzen die nötigen Ressourcen. Wir sitzen hier auf Naturgasreserven für mehr als 100 Jahre. Wir haben mindestens 4 Billionen Barrel BOE (Barrels of Oil Equivalent). Das ist das Dreifache der Ölreserven Saudi Arabiens. Wenn wir diese Reserven nicht nutzen, werden wir Opfer unserer eigenen Dummheit. Und Naturgas ist derzeit äußerst billig. Ein Barrel Öl zum Preis von 100 Dollar entspricht ungefähr 16 Dollar für ein Barrel Naturgas. Ob es für Transportzwecke oder zur Energieerzeugung verwendet wird, heute muss jeder, der Energie nutzt, über Naturgas nachdenken.

TR: Ich weiß, dass Sie Unmengen an Zeit, Energie und Geld in den Pickens-Plan investiert haben. Sie haben Ihre Argumente der amerikanischen Öffentlichkeit vorgetragen und eine nationale Kampagne sowie eine Medien-Blitzkampagne initiiert. Glauben Sie, dass das überzeugen wird?

TBP: Ich habe diesen Plan 2008 in Washington, D.C., gestartet und 100 Millionen Dollar meines Privatvermögens investiert. Ich habe das Gefühl, alles getan zu haben, was in meiner Macht steht, und ja, wir werden einen Energieplan für Amerika bekommen.

TR: Ich spreche in diesem Buch viel über Vermögensaufteilung. Praktisch Ihr gesamtes Vermögen ist in Energie investiert. Das haben Sie schon immer so gemacht, richtig?

TBP: Stimmt. Aber es gibt viele verschiedene Energiesektoren. Wir investieren in das gesamte Spektrum, aber nicht darüber hinaus.

TR: Dann ist das Ihre Version der Portfoliostrukturierung. Wenn Sie heute Einzelanleger wären und – sagen wir – 50.000 Dollar investieren könnten, wie würden Sie Ihr Geld anlegen?

TBP: An einem Ende der Produktionskette – wir bezeichnen das als »downstream« – haben wir die Förderunternehmen und die Raffinerien. Und am oberen Ende – upstream – stehen die Produktion und Ähnliches. Zumeist haben wir uns auf diese Seite der Gleichung konzentriert. Derzeit ist Naturgas aber sehr billig. Es ist ein sehr interessantes Gebiet, da sollte man investiert sein. Insgesamt glaube ich, dass sowohl die Öl- als auch die Gasindustrie aufgrund der technologischen Fortschritte eine große Zukunft haben. Die technische Weiterentwicklung ist wirklich unglaublich. Was natürliche Ressourcen betrifft, steht unser Land heute weitaus besser da als noch vor zehn Jahren. Dieses Gefühl und diese Zuversicht, die ich heute habe, hatte ich damals nicht.

TR: Was treibt Sie an, Boone?

TBP: Wissen Sie, was mich heute antreibt, ist, dass ich gerne Geld verdiene. Und ich verschenke es gerne – nicht ganz so gerne, wie ich es verdiene, aber beinahe. Ich glaube fest daran, dass einer der Gründe für meine Existenzberechtigung darin besteht, erfolgreich zu sein, Geld zu verdienen und es großzügig zu verschenken. Eines meiner Ziele lautet, 1 Milliarde zu spenden, bevor ich sterbe. Sie kennen Warren Buffetts und Bill Gates' Giving Pledge? Sie riefen mich an und baten mich, mich anzuschließen. Und ich sagte, »Wenn ihr euch das Magazin *Fortune* von 1983 anseht, warum schließt ihr euch nicht *meinem Klub* an, über den ich damals sagte, dass ich 90 Prozent spenden würde?

TR: Das ist spektakulär.

TBP: Ich gehe jeden Tag ins Büro und ich freue mich darauf. So ist das mein ganzes Leben lang gewesen. Meine Arbeit bedeutet mir alles. Sie sagen dagegen: »Nein, meine Familie bedeutet mir alles.« Das ist doch alles ein großer Spaß. Wenn ich mit meiner Familie zusammen bin, habe ich Spaß. Wenn ich arbeite, habe ich Spaß. Die Ergebnisse sind nicht perfekt, aber sie sind gut genug, um zu glauben, dass man am folgenden Tag einen Riesentreffer landet. Vielleicht passiert das am Ende nicht, aber ich glaube jeden Tag daran.

Kapitel 37
Kyle Bass:
Der Beherrscher des Risikos

Gründer von Hayman Capital Management

Als passionierter Taucher kennt Kyle die Gesetze der Physik. Er weiß, dass das, was steigt, wieder sinken muss. Aus diesem Grund begann er 2005, den Boom des amerikanischen Immobilienmarktes kritisch zu beleuchten. Er stellte damals Fragen, die sonst niemand stellte, zum Beispiel:

»Was geschieht, wenn die Immobilienpreise nicht ständig weiter steigen?« Diese Fragen und die Antworten, die er darauf fand, veranlassten ihn zu einer der größten Wetten der Welt, und zwar auf den bevorstehenden Zusammenbruch, der im Jahr 2008 dann auch tatsächlich stattfand, sowie die schwere wirtschaftliche Rezession, die im Anschluss einsetzte. Diese Wette brachte ihm seine erste Milliarde ein. Bass erzielte in nur 18 Monaten 600 Prozent Rendite auf seine Investitionen, was ihm den Ruf als einer der brillantesten und vorausblickendsten Hedgefondsmanager seiner Zeit eintrug.

Kyle gibt nur selten Interviews, aber wie sich herausstellte, hatte ihn meine Arbeit bereits während des Studiums inspiriert, daher gewährte er mir das Privileg, nach Texas zu fliegen und mit ihm in seinem Büro in einem Wolkenkratzer mit Blick über die großartige Stadt Dallas zu sitzen. Bass ist eines der wenigen Finanzgenies, die seine räumliche Distanz zu New York als Wettbewerbsvorteil empfinden. »Wir werden nicht von dem ganzen Marketinggetöse erstickt«, erklärte er.

Bass ist ein bescheidener und sehr zugänglicher Mensch. Als ich ihn über seine kritische Haltung befragte, die ihn 2005 dazu veranlasst hatte, auf ein abruptes Endes des Immobilienbooms zu setzen, antwortete er: »Tony, das war keine Geheimwissenschaft, sondern nur ein kleines Licht aus Dallas, das Fragen stellte.«

Bass hat Familie und sitzt im Aufsichtsgremium der University of Texas Investment Management Co., das mit mehr als 26 Milliarden Dollar eines der größten öffentlichen Finanzvermögen des Landes überwacht. Sie haben bereits von Kyle und seinen Nickel-Münzen gelesen: Er ist derjenige, der seinen Kindern die Lektion über asymmetrische Gewinnchancen vermittelte, indem er Nickel-Münzen im Wert von 2 Millionen Dollar aufkaufte und am Tag Eins seiner Investition eine Rendite von 25 Prozent erzielt. Wenn er genügend Münzen auf dem Markt fände, würde er sogar sein gesamtes Vermögen in Nickels investieren!

Abgesehen davon hat ihm sein unermüdlicher Fokus auf asymmetrische Gewinnchancen zwei der größten Wettsiege des Jahrhunderts eingetragen: die Vorhersage des Zusammenbruchs der amerikanischen Immobilienblase im Jahr 2008 und die anschließende europäische Staatsschuldenkrise. Derzeit bereitet er eine Investition vor, die nach seinen Worten eine noch größere Wette auf eine Trendumkehr darstellt.

TR: Erzählen Sie mir ein wenig über sich.

KB: Ich war ein Sprungbrett- und Plattform-Taucher, zwei Disziplinen, die allgemein als Frage größter Körperbeherrschung gelten, tatsächlich ist es aber zu 90 Prozent geistige Disziplin. Im Wesentlichen tritt man gegen sich selbst an. Ich habe viel daraus gelernt – Selbstdisziplin und die Fähigkeit, aus meinen Fehlern zu lernen. Was einen als Mensch definiert, ist, wie man mit Niederlagen umgeht. Ich habe liebevolle Eltern, die aber nie Geld gespart haben. Ich schwor mir, dass ich es anders machen würde. Meine Eltern waren beide Raucher. Ich schwor mir, dass ich nie rauchen würde. Mir haben die negativen Dinge im Leben immer einen größeren Antrieb gegeben, als die positiven. Zwischen meinem Leben und Ihren Lehren gibt es viele Inkongruenzen.

TR: Absolut. Der einzige gemeinsame Nenner aller erfolgreichen Menschen, abgesehen von einer guten formalen Ausbildung, ist der Erfolgshunger.

KB: Hunger und Schmerz.

TR: Der Erfolgshunger ist die Folge des Schmerzes. Wenn einem alles in den Schoß fällt, ist es schwierig, Erfolgshunger zu entwickeln.

KB: Das stimmt.

TR: Dann hat Ihr Erfolgshunger Sie dazu bewogen, Ihren eigenen Hedgefonds aufzulegen. Das war 2006, richtig?

KB: Korrekt.

TR: Was mich so beeindruckt hat, ist das Tempo, mit dem Sie diese gewaltigen Renditen eingefahren haben.

KB: Das war Glück.

TR: Im ersten Jahr waren es 20 Prozent und im folgenden Jahr 216 Prozent, stimmt's?

KB: Richtig. Es war wirklich ein Glück, dass ich schon früh erkannte, was sich im Hypothekenmarkt zusammenbraute. Ich glaube an den Spruch: »Glück ist, wenn gute Vorbereitung auf eine Chance trifft.« Kann sein, dass ich das in einem Ihrer Bücher gelesen habe, als ich noch am College studierte. Nun, ich war vorbereitet. Ich denke, dass ich Glück hatte und zur richtigen Zeit am richtigen Ort war, weil ich damals meine gesamten Ressourcen in diese Wette investiert hatte.

TR: Vielen Menschen war das Immobilienproblem bewusst, aber sie handelten nicht auf Basis ihrer Erkenntnis. Was haben Sie anders gemacht? Was hat Ihnen letztlich den Erfolg auf diesem Gebiet beschert?

KB: Wenn Sie sich erinnern, war Geld damals praktisch »kostenlos« zu haben. In den Jahren 2005 und 2006 konnten Sie unglaublich billige Kredite bekommen. Jeder konnte mit wenig Eigenkapital und viel geliehenem Geld jedes beliebige Unternehmen kaufen. Ich telefonierte damals mit meinem Freund und Kollegen Alan Fournier; wir versuchten herauszufinden, wie wir am besten und ohne großes Verlustrisiko gegen den Immobilienmarkt wetten konnten. In Expertenkreisen hieß es unverändert: »Der Immobilienboom ist das Produkt der Entstehung neuer Arbeitsplätze und steigender Löhne.« Dieser Satz basiert auf der Annahme, solange neue Arbeitsplätze entstünden und die Einkommen wüchsen, würden die Immobilienpreise weiter steigen. Das war aber eine völlig falsche Denkweise.

TR: Wie wir dann alle feststellen mussten.

KB: Im September 2006 hatte ich ein Meeting bei der Federal Reserve. Dort sagte man mir, »Kyle, Sie sind neu in diesem Geschäft. Sie müssen wissen, dass ein allgemeiner Lohnanstieg die Immobilienpreise nach oben treibt.« Und ich sagte, »Moment, seit 50 Jahren bewegen sich die Immobilienpreise im perfekten Gleichklang mit dem mittleren Einkommen. Nur in den letzten vier Jahren driften beide Trends auseinander: Die Immobilienpreise sind um 8 Prozent angestiegen, die Löhne aber nur um 1,5 Prozent, also haben wir hier Standardabweichungen von fünf oder sechs.[7] Um das Verhältnis zwischen Lohnanstieg und Preisanstieg bei Immobilien wieder in Einklang zu bringen, müssten die Löhne um fast 35 Prozent steigen oder die Immobilienpreise um 30 Prozent sinken. Anschließend rief ich alle Investmenthäuser an der Wall Street an und sagte: »Ich will eure Modelle sehen. Zeigt mir, was passiert, wenn die Immobilienpreise nur um 4, 2 oder 0 Prozent pro Jahr ansteigen.« Es gab im Juni 2006 nicht eine Firma an der Wall Street – nicht eine einzige –, die ein Modell für die Situation eines Nullwachstums besaß.

TR: Sie machen Witze.

KB: Leider nein.

---

7 Im Finanzwesen wendet man die Standardabweichung auf die Jahresrendite einer Investition an, um die Volatilität der Investition zu messen. Die Standardabweichung ist auch als historische Volatilität bekannt und wird von Investoren zur Bestimmung der erwarteten Volatilität verwendet.

TR: Diese Jungs haben sich die Zukunft mit ihren eigenen Zahlen schöngeredet.

KB: Im November 2006 bat ich die UBS, ein Modell vorzulegen, das auf stagnierenden Immobilienpreisen basierte. Ihre Modelle besagten, in diesem Fall würde der Verlust auf den Hypothekenpool 9 Prozent betragen. [Ein Hypothekenpool ist ein Bündel aus Hypotheken mit ähnlichen Laufzeiten und Zinssätzen, die zu einem Paket beziehungsweise einem Wertpapier mit der Bezeichnung *hypothekenbesichertes Wertpapier* geschnürt werden. Diese Wertpapiere bekamen dann den Stempel einer ausgezeichneten Kreditbewertung und wurden in Erwartung hoher Renditen an Anleger verkauft. Unter der Annahme steigender Immobilienpreise, sollten diese Papiere immer höhere Renditen abwerfen.] Falls die Preise aber irgendwann aufhörten zu steigen, und wenn sie einfach nur stagnierten, würden diese Papiere einen Verlust von 9 Prozent erleiden. Ich rief daraufhin Alan Fournier von Pennant Capital Management an, [zuvor hatte er für David Teppers Appaloosa Management gearbeitet], und sagte, »Das ist es.« Und dann gab ich meinem Subprime-Fonds den Namen AF GP – nach Alain Fournier, und zwar aufgrund unseres Telefonats. Für mich gab dieses Telefonat den Ausschlag.

TR: Können Sie mir sagen, wie das Chancen-Risiko-Verhältnis dieser Wette für Sie und Alain aussah?

KB: Im Wesentlichen konnte ich gegen einen weiteren Anstieg der Immobilienpreise wetten und dafür nur 3 Prozent pro Jahr zahlen. Hätte ich 1 Dollar gesetzt und die Immobilienpreise wären weiter gestiegen, hätte ich lediglich 3 Cents verloren!

TR: Das Risiko, also der Preis, den die Wette gegen einen weiteren Anstieg der Immobilienpreise kostete, stand also in keinem Verhältnis zu den Gewinnchancen.

KB: Genau. Es kostete mich lediglich 3 Prozent.

TR: Weil alle anderen glaubten, der Boom gehe ewig weiter. Und die Gewinnchancen?

KB: Würden die Immobilienpreise stagnieren oder fallen, würde ich den ganzen Dollar gewinnen.

TR: Das heißt, 3 Prozent Verlust, falls Sie aufs falsche Pferd gesetzt hätten, und 100 Prozent Gewinn, falls Sie richtig lagen.

KB: Ja. Gut, dass ich nicht auf all die Hypothekenexperten gehört habe, mit denen ich damals gesprochen habe. Alle sagten: »Kyle, du weißt nicht, wovon du sprichst. Das ist nicht dein Markt. Was du sagst, kann einfach nicht passieren.« Und ich sagte: »Okay. Aber das ist für mich kein überzeugendes Argument, weil ich gründliche Recherchen zu diesem Thema betrieben habe, auch wenn ich vielleicht nicht alles weiß, was Sie wissen«. Ich konnte in den Bäumen jedoch den Wald erkennen, während die Hypothekenexperten den Wald vor lauter Bäumen nicht sahen.

TR: Sie haben den Kern des asymmetrischen Chancen-Risiko-Profils erkannt.

KB: Ich hörte auch oft den Satz: »Nun, das kann gar nicht passieren, denn dann würde das ganze Finanzsystem zusammenbrechen.« Dieses Argument hat mich auch nicht überzeugt – diese Haltung, dass nicht sein kann, was nicht sein darf, die wir alle von Natur aus haben. Wenn man keine Lebenszuversicht hätte, würde man morgens gar nicht aufstehen, oder? Wir Menschen haben nun einmal von Natur aus eine optimistische Grundhaltung, die eben auch dazu führen kann, dass man bestimmte Dinge einfach verleugnet.

TR: Sie hilft uns überall weiter, nur nicht im Finanzgeschäft.

KB: So ist es.

TR: Was mich noch mehr beeindruckt, ist der Umstand, dass Sie nach der Vorwegnahme des Platzens der Immobilienblase auch die Ereignisse in Europa und Griechenland richtig vorhergesehen haben. Wie haben Sie das gemacht? Ich versuche, die psychologische Seite Ihrer Denkweise zu erfassen.

KB: Mitte 2008, nach dem Zusammenbruch von Bear Stearns und vor der Lehman-Pleite, saßen mein Team und ich zusammen und sagten: »Was diese Krise auszeichnet, ist, dass die Risiken, die bisher die Menschen im Einzelnen betrafen, nun die souveränen Staaten als solche treffen. Lasst uns an der Tafel die Staatsbilanzen der Nationen rekonstruieren. Sehen wir uns Europa an, sehen wir uns Japan und die USA an. Wir wollen alle Länder untersuchen, die hohe Staatsschulden haben und versuchen zu verstehen, was diese Krise für sie bedeutet.« Und ich dachte, »Wenn ich Ben Bernanke [damaliger Präsident der US-Notenbank] oder Jean-Claude Trichet [damaliger Präsident der Europäischen Zentralbank] wäre und mit diesem Problem konfrontiert wäre, was würde ich tun? Wie würde ich vorgehen? Nun, ich würde Folgendes tun: Ich würde meine eigene Schuldenbilanz als Land ansehen. Und dann müsste ich wissen, wie groß mein Bankensystem im Verhältnis zu zwei Dingen ist: meinem Bruttoinlandsprodukt und meinen Einnahmen als Staat.«

Also sahen wir uns eine Reihe Länder an und fragten, »Wie groß ist das Bankensystem des Landes? Wie viele offene Kredite gibt es?« Anschließend versuchten wir herauszufinden, wie hoch die Quote der faulen Kredite sein würde und welche Auswirkungen das auf unsere Wirtschaft hätte. Ich sagte meinem Team, sie sollten herumtelefonieren und herausfinden, wie groß die Bankensysteme der betrachteten Länder seien. Was meinen Sie, wie viele Investmenthäuser Mitte 2008 über diese Daten verfügten?

TR: Wie viele?

KB: Null. Kein einziges. Und wir haben wirklich alle angerufen.

TR: Unglaublich!

KB: Also wühlte ich in den Weißbüchern über Staatsschulden und las sie alle durch. Sie konzentrieren sich zumeist auf aufstrebende Länder, weil es historisch betrachtet immer diese Ländergruppe gewesen ist, die ihre Staatsschulden umstrukturieren musste.

TR: Die entwickelten Länder mussten nur nach den Weltkriegen umstrukturieren.

KB: Richtig. Zwei Länder geben ein Vermögen für Kriegsführung aus, türmen Schulden auf und der Sieger erhält Reparationen, während der Verlierer am Boden liegt. So funktioniert die Welt. In diesem Fall hatten wir die größte Anhäufung von Staatsschulden in Friedenszeiten der gesamten Weltgeschichte.

TR: Beeindruckend.

KB: Noch einmal: Das ist keine Geheimwissenschaft, Tony. Das ist nichts weiter als ein kleiner Trottel in Dallas, der sich fragt: »Wie kann ich dieses Problem begreifen und richtig darauf reagieren?« Und so machten wir unsere Hausaufgaben und ich zeichnete Grafiken und sagte, »Lasst uns eine Rangliste der Länder nach ihrer Gefährdung erstellen.« Und welches Land stand ganz oben?

TR: Irland?

KB: Richtig, Irland stand an erster Stelle. Und wer stand an zweiter Stelle? Wie gesagt, das war keine hohe Wissenschaft.

TR: Griechenland?

[Kyle nickt.]

KB: Wir machten also unsere Arbeit und als ich die Analyse betrachtete, sagte ich: »Das kann nicht stimmen. Wenn das stimmt, wissen wir alle, was als Nächstes passiert.«

TR: Korrekt.

KB: Dann fragte ich: »Wo stehen die Kreditausfallversicherungen von Irland und Griechenland?« Und mein Team sagte, »Griechenland steht bei elf Basispunkten.« Elf Basispunkte! Das sind 11 Hundertstel von einem Prozent. Ich sagte, »Okay, wir müssen eine Milliarde davon kaufen.«

TR: Das ist unglaublich!

KB: Denken Sie daran, dass das im dritten Quartal 2008 stattfand.

TR: Die Zeichen standen auf Sturm.

KB: Ich rief Professor Kenneth Rogoff[8] an der Universität von Harvard an, der mich nicht kannte. Ich sagte: »Ich habe mehrere Monate damit verbracht, eine Weltbilanz zu erstellen und die derzeitige Entwicklung zu begreifen. Die Ergebnisse unserer Recherchen und Analysen sind mir zu negativ.« Ich sagte buchstäblich: »Ich muss sie irgendwie falsch interpretiert haben. Dürfte ich zu Ihnen kommen und Ihnen die Ergebnisse meiner Arbeit vorlegen?« Und er sagte, »Auf jeden Fall.«

Im Februar 2009 führten wir ein zweieinhalbstündiges Gespräch. Ich werde es nie vergessen: Er nahm die Seite mit der Zusammenfassung und den Grafiken, die wir auf Basis der Daten erstellt hatten, lehnte sich zurück, setzte seine Brille auf und sagte: »Kyle, ich kann kaum glauben, dass die Situation wirklich so schlimm ist.« Und ich dachte sofort, »Oh Shit! Der Vater der Analyse von Staatsbilanzen bestätigt meine schlimmsten Befürchtungen.« Wenn ihm der Ernst der Lage nicht bewusst war, glauben Sie, Bernanke und Trichet war es bewusst? Niemand hielt das für möglich; es gab keinen umfassenden, integrierten Plan zum Umgang mit einer solchen Situation.

TR: Das ist einfach unglaublich. Ich muss Sie jetzt über Japan befragen, weil ich weiß, dass das derzeit Ihr Fokus ist.

KB: Derzeit stellt Japan die größte Investmentchance der Welt dar, weitaus besser als die Subprime-Wette. Der Zeitpunkt ist weniger gewiss, aber die Gewinnchancen betragen ein Vielfaches des Subprime-Marktes. Ich glaube, der weltweite Stresspunkt ist Japan und die Investition in eine Art Kreditausfallversicherung ist derzeit so günstig wie noch nie.

---

8 Kenneth Rogoff war von 2001 bis 2003 Chefökonom des Internationalen Währungsfonds und ist Co-Autor des 2010 erschienenen Buches »Dieses Mal ist alles anders: Acht Jahrhunderte Finanzkrisen«, einer umfassenden Analyse der Geschichte der Finanzkrisen, in dem er unter anderem die Staatsschuldenkrisen prognostizierte, die als Folge der Finanzkrise 2008 dann auch eintraten. (A.d.Ü.)

TR: Und was kostet Sie das?

KB: Die beiden Faktoren, die man bei dem Optionspreismodell berücksichtigen muss, sind (1) der risikofreie Zinssatz und (2) die Volatilität der zugrundeliegenden Vermögenswerte. Stellen Sie sich vor, ein Truthahn würde diese Theorie anwenden. Würde er das Risiko [im Ofen zu landen] auf Basis der historischen Volatilität seiner Lebenserwartung betrachten, würde das Risiko null betragen.

TR: Richtig.

KB: Bis zum amerikanischen Erntedankfest, dem Thanksgiving Day.

TR: Bis es zu spät ist.

KB: Wenn Sie Japan betrachten, sehen Sie, dass wir seit zehn Jahren deflationäre Preise und eine geringe Volatilität haben; sie befindet sich im mittleren einstelligen Bereich und ist damit so niedrig wie bei kaum einer Assetklasse auf der Welt. Der risikofreie Zinssatz beträgt ein Zehntel von einem Prozent. Wenn Sie sich nach dem Preis einer Option erkundigen, sagt Ihnen die Formel, dass es hier kein Risiko gibt.

TR: Richtig.

KB: Das heißt, sobald die japanischen Anleihen um 150 der 200 Basispunkte [1,5 bis 2 Prozent] ansteigen, ist es vorbei. Nach meiner Ansicht wird dann das ganze System in die Luft fliegen. Meine Theorie lautet aber, und das habe ich meinen Investoren immer gesagt: »Wenn sie sich um 200 Basispunkte bewegen, bewegen sie sich auch um 500 Basispunkte.«

TR: Richtig.

KB: Entweder sie bewegen sich gar nicht, oder das Ganze fliegt auseinander.

TR: Das hat alles mit Ihrem Konzept der sogenannten Tail Risks zu tun. Erklären Sie mir, was das ist. Nicht viele Anleger achten darauf.

KB: Wenn Sie betrachten, was ich mache, werden Sie sehen, dass ich 3 oder 4 Basispunkte pro Jahr auf Japan setze. Das sind vier Hundertstel von einem Prozent, richtig? Wenn ich mit meiner Vermutung über die binäre Natur des potenziellen Ergebnisses dieser Situation richtig liege, werden diese Anleihen Erträge in Höhe von 20 Prozent oder mehr erzielen. Ich zahle also Vier Hundertstel eines Prozents für eine Option, die 2.000 Prozent wert sein könnte! Tony, noch nie in der Geschichte hat es eine derart übersehene Preisoption gegeben. Nun, das ist zumindest meine Meinung. Ich könnte mich irren. Bisher habe ich mich übrigens getäuscht.

TR: Sie haben sich in Bezug auf den Zeitpunkt geirrt.

KB: Und ich sage Ihnen etwas: Ich könnte mich zehn Jahre lang irren, und wenn ich in zehn Jahren richtig liege, war es immer noch zu 100 Prozent richtig, vor dem Eintreffen dieses Moments investiert zu haben. Die Leute sagen: »Wie können Sie darauf wetten, wenn das noch nie zuvor passiert ist?« Und ich sage: »Nun, wie können Sie ein umsichtiger Treuhänder sein, wenn ich Ihnen das soeben zitierte Szenario präsentiere und Sie werden nicht aktiv? Vergessen Sie, ob Sie glauben, dass ich recht oder unrecht habe. Wenn ich Ihnen die Kosten zeige, wie können Sie dann untätig bleiben? Wenn Ihr Haus in einer brandgefährdeten Gegend steht und es vor 200 Jahren einen Riesenbrand gab, dem alle Häuser der Gegend zum Opfer fielen, würden Sie dann keine Brandschutzversicherung abschließen?

TR: Meine nächste Frage: Halten Sie sich für einen extrem risikofreudigen Investor?

KB: Nein.

TR: Das dachte ich mir, deshalb habe ich gefragt. Warum halten Sie sich nicht für risikofreudig?

KB: Lassen Sie es mich anders sagen. Jemand, der sehr risikofreudig ist, ist bereit, sein gesamtes Vermögen aufs Spiel zu setzen. Ich habe mich diesem Risiko nie ausgesetzt.

TR: Verraten Sie mir eines: Wenn Sie Ihren Kindern kein Geld, sondern nur eine Portfoliostruktur und einige Regeln vermachen könnten, wie würden diese lauten?

KB: Ich würde ihnen Nickel-Münzen im Wert von einigen hundert Millionen Dollar geben, weil sie sich dann überhaupt keine Sorgen machen müssten.

TR: Damit haben sie alles, was sie brauchen, einschließlich ihres Investmentportfolios. Oh, mein Gott, das ist verrückt. Was macht Ihnen in diesem Leben am meisten Freude?

KB: Meine Kinder.

TR: Kyle, vielen Dank für dieses Gespräch. Ich habe viel gelernt!

Kapitel 38
Marc Faber:
Man nennt ihn Dr. Doom

Direktor von Marc Faber Limited und Herausgeber
des Finanznewsletters *Gloom, Boom & Doom*

Der Titel von Marc Fabers Investment-Newsletters sollte Ihnen Hinweis genug auf seine Sicht der Märkte sein! Dieser Schweizer Milliardär ist aber kein durchschnittlicher Marktpessimist. Marc Faber ist ein schillernder Contrarian-Investor, der kein Blatt vor den Mund nimmt und dem Rat des Investors Baron Rothschild aus dem 18. Jahrhundert folgt: »Der beste Zeitpunkt zu kaufen, ist, wenn Blut in den Straßen fließt.« Und wie Sir John Templeton macht er Jagd auf Schnäppchen, die alle anderen übersehen oder meiden. Aus diesem Grund konzentriert sich Marc Faber in seinen wachstumsorientierten Investitionen fast ausschließlich auf Asien, während alle anderen auf den US-Markt fokussieren. Er ist zudem ein unverblümter Kritiker aller Zentralbanken, vor allem aber der amerikanischen Federal Reserve, der er die Schuld an der Destabilisierung der Weltwirtschaft gibt, weil sie mit ihren »Druckerpressen« Billionen von Dollar in das System gepumpt hat.

Marc hat sich durch seine ständigen Vorhersagen, die populärsten Vermögenswerte seien überbewertet und steuerten auf einen Kollaps zu, den Beinamen »Dr. Doom« erarbeitet. Die britische *Sunday Times* schrieb, »Marc Faber sagt Dinge, die niemand hören will.« Oft liegt er mit seinen Unkenrufen aber richtig, insbesondere im Jahr 1987, als er ein riesiges Vermögen mit der Antizipierung des Zusammenbruchs des amerikanischen Aktienmarktes verdiente.

Fabers Vater war Chirurg der Orthopädie und seine Mutter entstammte einer Schweizer Hoteliersfamilie. Er selber erlangte die Promotion in Wirtschaftswissenschaften an der Universität von Zürich und begann seine Finanzkarriere bei der globalen Investmentgesellschaft White Weld & Company. Im Jahr 1973 ging er für immer nach Asien. Von seinem Büro in Hongkong und seiner Villa im thailändischen Ort Chiang Mai aus hat Marc bei der Transformation Chinas von einem kommunistischen Sumpf zu einem weltweiten Wachstumsmotor, der die ganze asiatische Region beflügelt, in der ersten Reihe gesessen. Heute gilt er als einer der führenden Experten für asiatische Märkte.

Marc ist bekannt für seine Exzentrik – er bekennt sich fröhlich zu seinem Ruf, ein »Kenner des weltweiten Nachtlebens« zu sein – und ist ein beliebter Vortragsredner auf Finanzforen und bei privaten Nachrichtensendern. Außerdem ist er Mitglied von Barron's Roundtable, einer jährlichen Zusammenkunft ausgesuchter Top-Investmentexperten. Die Empfehlungen, die Faber in diesem erlauchten Kreis aussprach, erzielten laut unabhängigen Beobachtern die höchsten Renditen – fast 23 Prozent jährlich in zwölf aufeinanderfolgenden Jahren. Marc ist zudem Autor mehrerer Bücher über Asien und Direktor von Marc Faber Limited, Investmentfonds und Beratungsgesellschaft mit Sitz in Hongkong. Er spricht

Englisch mit dem typischen Schweizer Akzent und nimmt sich selber nie allzu ernst. Hier ein Ausschnitt aus unserem Bühnengespräch im Rahmen meiner Wirtschaftskonferenz in Sun Valley im Jahr 2014.

TR: Welches sind Ihrer Meinung nach die drei größten Investmentlügen, die heute immer noch verbreitet werden?

MF: Nun, ich glaube, alles ist eine Lüge! Es ist immer ganz einfach! Sehen Sie, ich habe zahlreiche sehr ehrliche Menschen kennengelernt und so weiter, aber leider trifft man im Verlauf des Lebens auf mehr Finanzberater vom Typ Teppichverkäufer. Man sollte wirklich mit ehrlichen Leuten arbeiten. Aber eines kann ich Ihnen aus Erfahrung sagen: Jeder will Ihnen immer die Trauminvestition verkaufen. Meine Erfahrung als Chairman vieler verschiedener Investmentfonds ist jedoch, dass die Kunden damit üblicherweise sehr wenig Geld verdienen, die Fondsmanager und Werbestrategen jedoch mit vollen Taschen davonspazieren. Alle.

TR: An wen sollen sich Anleger wenden?

MF: In der Investmentwelt existieren mehrere Theorien. Da sind die Verfechter der Theorie der effizienten Märkte. Diese Theorie besagt im Wesentlichen, dass Sie aufgrund der Markteffizienz am besten in einen Indexfonds investieren und die Einzelauswahl von Aktien letztlich keinen Sinn macht. Ich kann Ihnen aber sagen, dass ich viele Fondsmanager kenne, die die Märkte tatsächlich langfristig um einiges übertroffen haben. Ich glaube, dass einige Menschen einfach ausgezeichnete Unternehmensanalysten sind, weil sie entweder gute Buchhalter sind oder einfach Talent haben.

TR: Was denken Sie über die derzeitigen Märkte?

MF: Ich glaube, die aufstrebenden Ökonomien bergen noch immer Risiken; es ist immer noch viel zu früh, ihre Währungen und Aktien zu erwerben – und es ist zu spät, US-Aktien und Dollar zu kaufen. Ich habe kein Interesse, in den S&P zu investieren, nachdem er 1.800 Punkte erreicht hat. Ich kann darin keinen Wert erkennen. Am besten geht man also trinken und tanzen und macht nichts! Verstehen Sie? Es war Jesse Livermore [ein berühmter Börsenspekulant des beginnenden 20. Jahrhunderts], der sagte: »Das meiste Geld wird damit verdient, einfach nichts zu tun und nur dazusitzen.« Nichtstun und dasitzen bedeutet, dass man viel Bargeld hat.

Das Wichtige im Leben ist, kein Geld zu verlieren. Wenn man keine wirklich guten Chancen sieht, warum sollte man dann hohe Risiken eingehen? Einige richtig gute Gewinnchancen bieten sich alle drei, vier oder fünf Jahre, und dann will man das Geld. Ende 2011 boten die Preise von US-Immobilien großartige Chancen. Darüber habe ich übrigens geschrieben. Ich flog nach Atlanta und sah mir Häuser an, dann ging ich nach Phoenix. Da will ich nicht leben, aber dort gab es Chancen. Dieses Fenster hat sich aber sehr schnell geschlossen, wobei sich die Einzelanleger im Nachteil befanden, weil sich die Hedgefonds mit viel Geld auf diesen Markt stürzten – die Private-Equity-Jungs; sie kauften die Häuser gleich zu Tausenden auf.

TR: Sehen Sie eine Deflation oder Inflation kommen?

MF: Die Inflation-Deflation-Debatte ist meiner Ansicht nach völlig fehlgeleitet, weil Inflation als Anstieg der Geldmenge definiert werden sollte. Wenn die im Umlauf befindliche Geldmenge steigt und als Folge die Kreditvergabe ansteigt, dann haben wir eine monetäre Inflation. Das ist der wichtige Punkt: eine monetäre Inflation. Dann haben wir die entsprechenden Symptome, die sehr vielfältig sein können. Das kann ein Anstieg der Verbraucherpreise sein oder ein Lohnanstieg. Aber so einfach ist das auch wieder nicht, weil wir in den USA in zahlreichen Sektoren seit den letzten 20 bis 30 Jahren sogar einen Rückgang der inflationsbereinigten Reallöhne verzeichnen. Aber was ist mit den Löhnen in Vietnam und China? In China sind die Löhne jährlich um 20 bis 25 Prozent gestiegen, und das gilt auch für andere aufstrebende Länder.

Um Ihre Frage zu beantworten, wir können in einem System in bestimmten Bereichen, Vermögenswerten, Gütern, Preisen und sogar Dienstleistungen eine Deflation erleben, und in anderen erleben wir eine Inflation. Es kommt nur sehr selten vor, dass die Preise aller Dinge im selben Rhythmus ansteigen oder einbrechen. In einem Währungssystem, das auf Papiergeld beruht und in dem sich beliebig Geld drucken lässt, kann das Geld gar nicht verschwinden – es fließt nur woanders hin. Was verschwinden kann, ist Kredit. Aus diesem Grund kann es passieren, dass das Preisniveau insgesamt zurückgeht.

Aber wir Investoren wollen im Wesentlichen wissen, welche Preise anziehen werden, zum Beispiel, »Wird der Ölpreis steigen oder fallen?« Wenn er steigt, investiere ich vielleicht in Ölaktien, und wenn er sinkt, investiere ich lieber in etwas anderes.

TR: Mit welcher Portfoliostruktur kann man Ihrer Meinung nach in dem derzeitigen Umfeld Gewinn erzielen und sich gegen Risiken absichern?

MF: Meine Aufteilung war bisher immer 25 Prozent Aktien, 25 Prozent Gold, 25 Prozent Bargeld und Anleihen und 25 Prozent Immobilien. Inzwischen habe ich meinen Aktienanteil am Portfolio reduziert. Derzeit halte ich mehr Bargeld vor, als normalerweise. Ich habe meine Immobilieninvestitionen und auch mein Aktienportfolio in Vietnam erhöht.

TR: Aus reiner Neugier: Wie würde das in Prozenten ausgedrückt aussehen?

MF: Nun, das ist schwer zu sagen, weil es so viel ist.

TR: Sprechen Sie von Ihrem Portfolio oder meinen Sie etwas anderes?

MF: [lacht] Nein, die Sache ist die: ich weiß es nicht! Ich zähle nicht jeden Tag alles.

TR: Wie sieht die Aufteilung ungefähr aus?

MF: Grob geschätzt sind es derzeit wahrscheinlich rund 30 bis 35 Prozent Bargeld und Anleihen. Aktien machen vielleicht 20 Prozent aus und Immobilien – ich weiß nicht – vielleicht 30 Prozent und Gold 25 Prozent. Das sind mehr als 100 Prozent, aber was soll's? Ich bin das US-Schatzamt!

TR: Wir wissen, warum Sie gerne Bargeld haben. Was ist mit Anleihen? Viele Menschen befürchten, sie seien so unattraktiv wie noch nie?

MF: Die Anleihen, die ich üblicherweise halte, sind Anleihen aufstrebender Märkte. Die Unternehmensanleihen sind zumeist in Dollar und Euro. Aber ich will das ganz klar sagen, diese Anleihen aus Emerging Markets haben ausgesprochen den Charakter von Aktien. Wenn die Aktienmärkte zurückgehen, sinkt auch der Wert dieser Anleihen. Beispiel 2008, da sind sie abgestürzt wie Schrottanleihen. Sie sind also eher so etwas wie Aktien als Schatzpapiere. Davon habe ich auch einige. Auch wenn ich nur einen geringen Aktienanteil von 20 Prozent halte, beträgt mein Anteil an riskanteren Papieren aufgrund dieser Anleihen über 20 Prozent – wahrscheinlich eher um die 30 Prozent.

Ich glaube, als Investoren machen wir manchmal den Fehler, dass wir unserer eigenen Einschätzung zu stark vertrauen, denn meine Einschätzung ist für den Gesamtmarkt irrelevant. Verstehen Sie, was ich sagen will? Der Markt bewegt sich unabhängig von meiner Einschätzung. Ich bin vielleicht nicht so optimistisch in Bezug auf Schatzpapiere, aber ich könnte Marktbedingungen sehen, unter denen Schatzpapiere sogar für einige Jahre durchaus eine gute Investition sein könnten. Man erzielt höchstens 2,5 bis 3 Prozent. Aber in einer Welt, in der die Preise der Vermögenswerte sinken, kann das eine relativ hohe Rendite sein. Wenn der

Aktienmarkt in den nächsten drei Jahren um – sagen wir – 5 oder 10 Prozent jährlich sinkt und Sie können eine Rendite von 2 bis 3 Prozent erzielen, sind Sie der King.

TR: Wie sieht es mit anderen Assetklassen aus?

MF: Es gibt viel Spekulation über Luxusimmobilien. Das Preisniveau dieser Immobilien ist unglaublich aufgebläht. Ich glaube, alle diese astronomischen Preise – nun, ich sage nicht, dass sie nicht noch weiter steigen können, aber ich denke schon, dass es eines Tages eine deutliche Marktkorrektur geben wird. Und dann wollen Sie Investitionen haben, die Ihnen Schutz bieten.

TR: Sie haben ein Viertel Ihres Portfolios in Gold investiert, warum?

MF: Was daran übrigens interessant ist, ist Folgendes: Als ich das vor 2011 [als die Preise zurückgingen] vor verschiedenen Publikumsforen sagte, wurde ich gefragt: »Marc, wenn Sie so optimistisch in Bezug auf Gold sind, warum haben Sie dann nur 25 Prozent investiert?« Ich sagte, »Nun, vielleicht irre ich mich und ich möchte diversifiziert sein, weil der Goldpreis sich bereits stark verändert hat und reif für eine Konsolidierung ist.« Gold bietet einen gewissen Schutz, aber wenn man es in physischer Form besitzt, ist es in einem Szenario, in dem die Preise für Vermögenswerte sinken, kein perfekter Schutz. Allerdings ist es dann wahrscheinlich eine bessere Investition als viele andere illiquide Vermögenswerte. Wahrscheinlich wird auch der Goldpreis in diesem Fall sinken, aber vermutlich in einem geringeren Maße als die Preise anderer Vermögenswerte. Schatzanleihen sollten zumindest für einige Jahre in einem solchen Deflationsszenario gute Renditen abwerfen – zumindest bis die Regierung pleite ist!

TR: Eine letzte Frage. Wenn Sie Ihren Kindern nichts außer einigen Prinzipien zur Portfoliostrukturierung hinterlassen könnten, wie würden sie lauten?

MF: Ich glaube, die wichtigste Lektion, die ich einem Kind oder einer sonstigen Person vermitteln würde, lautet: Es ist nicht wichtig, was du kaufst; du musst auf den Preis deiner Investition achten. Du musst dich davor hüten, Dinge zu einem hohen Preis zu kaufen. Denn wenn dieser anschließend sinkt, ist das sehr demotivierend. Du musst einen kühlen Kopf bewahren und Geld haben, wenn deine Nachbarn und alle anderen mit leeren Händen dastehen. Du solltest kein Geld haben, wenn alle anderen Geld haben, denn dann steigt die Nachfrage nach Vermögenswerten, und das bedeutet, dass deren Preise anziehen.

Ich würde auch sagen, sieh mal, ich persönlich glaube, dass wir im Großen und Ganzen keine Ahnung haben, was in den nächsten fünf oder zehn Minuten geschieht, geschweige in einem oder in zehn Jahren. Wir können bestimmte Annahmen treffen und manchmal erweisen sie sich als zutreffend, manchmal liegen wir aber auch total daneben. Eine echte Gewissheit gibt es nicht. Aus diesem Grund sollte ein Anleger immer diversifizieren.

Das kann allerdings nicht jeder Investor, weil einige in ihr eigenes Unternehmen investieren. Wenn ich ein Unternehmen habe, wie Bill Gates, dann investiere ich mein ganzes Geld in Microsoft. Und das war zumindest eine Zeit lang eine sehr gute Investition. Für die meisten Menschen ist es wahrscheinlich das Beste, ihr eigenes Unternehmen zu besitzen und in etwas zu investieren, in dem sie einen Wettbewerbsvorteil gegenüber den anderen Marktteilnehmern haben, weil sie über Expertenwissen verfügen. Das würde ich tun. Oder mein Geld einem Portfoliomanager anvertrauen. Wenn man sehr viel Glück hat, wird er das Geld nicht verlieren, aber dafür muss man schon wirklich sehr viel Glück haben.

Kapitel 39
Charles Schwab:
Der Broker für jedermann

Gründer und Chairman der Charles Schwab Corporation

Vielleicht haben Sie schon einmal den Werbespot gesehen: ein gut aussehender weißhaariger Mann blickt Ihnen durch die Kamera direkt ins Gesicht und drängt Sie, »Eigentümer Ihrer Zukunft« zu werden. Vielleicht erinnern Sie sich auch an die Werbespots, in denen Zeichenfiguren Fragen zu Ihren Geldanlagen stellen und dann erscheint eine Sprechblase, die Sie auffordert: »Sprich mit Chuck«. Mit diesem Stil des persönlichen Engagements und der Offenheit hat sich Charles Schwab in den letzten

40 Jahren zum Marktführer der Discountbroker entwickelt und konnte ein Finanzimperium aufbauen, das Kundengelder im Wert von 2,38 Billionen Dollar verwaltet und darüber hinaus 9,3 Millionen Brokerage-Konten, 1,4 Millionen Teilnehmer an betrieblichen Altersvorsorgeplänen, 965.000 Bankkonten und ein Netzwerk von 7.000 eingetragenen Investmentberatern zählt.

Bevor Chuck Schwab auftauchte, musste ein Anleger, der Aktien kaufen wollte, einem Kartell an traditionellen Börsenmaklern oder Maklergesellschaften einen Auftrag erteilen, die für jede Transaktion exorbitante Gebühren kassierten. Im Jahr 1975, als die amerikanische Börsenaufsicht Securities and Exchange Commission (SEC) die Industrie zur Deregulierung zwang, gründete Schwab eine der ersten Discountbroker-Firmen und erfand eine ganz neue Geschäftsmethode. Er ermöglichte es Einzelanlegern, ohne Finanzvermittler direkt in die Märkte zu investieren. Während die elitären Maklergesellschaften wie Merrill Lynch ihre Transaktionsgebühren erhöhten, senkte Charles Schwab die Gebühren – oder schaffte sie ganz ab – und entwickelte eine Palette an Basisleistungen, die sich an den Kundenbedürfnissen orientierten. Auf diese Weise etablierte er ein Modell für einen ganz neuen Branchenzweig. Später führte er das Online-Trading ein. Schwab lässt sich auch weiterhin Innovationen einfallen, die Anlegern Finanzwissen vermitteln und in die Lage versetzen, ihre eigenen Investmententscheidungen zu treffen.

Mit seinen 76 Jahren wirkt Chuck Schwab unglaublich bescheiden und integer. »Die Menschen scheinen uns zu vertrauen«, sagte er mir. »Wir versuchen, jedem Kunden das Gefühl zu vermitteln, dass wir vertrauenswürdig sind und im Umgang mit seinem Geld besondere Sorgfalt walten lassen.«

Möglicherweise ist Chucks Bescheidenheit und sein ruhiges Selbstvertrauen das Ergebnis eines Lebens der ständigen Herausforderungen, angefangen mit dem Kampf gegen seine Legasthenie – eine Lernbehinderung, die er mit einer erstaunlichen Zahl an äußerst erfolgreichen Unternehmensführern teilt, von Richard Branson der Virgin Group bis zu John Chambers von Cisco Systems. Trotz dieser Lese-Rechtschreib-Schwäche machte Chuck seinen Abschluss an der Stanford University und erwarb einen MBA-Abschluss an der Stanford Business School. Im Jahr 1963 startete er seine Karriere im Finanzwesen mit einem Investment-Newsletter. Chuck nutzte seinen Status als Wall-Street-Außenseiter und hisste seine

Flagge in dem Bundesstaat, in dem er geboren wurde, nämlich Kalifornien. 1973 gründete er seine Maklerfirma in San Francisco. Seitdem hat die Charles Schwab Corporation die wilden Bullen- und Bärenmärkte der vergangenen 40 Jahre erfolgreich bewältigt, die Börsenzusammenbrüche 1987, 2001 und 2008 überstanden, die kleinere Maklerfirmen vom Markt fegten, Unternehmen in ihre Schranken verwiesen, die ihm mit einer Imitation seines Geschäftsmodells Marktanteile wegnahmen, und hat dabei immer Wege gefunden zu innovieren und in jedem Marktumfeld zu wachsen.

Zwar zog sich Chuck 2008 aus der Unternehmensführung zurück, blieb als Chairman und größter Einzelaktionär seines Unternehmens aber aktiv am Geschehen beteiligt. Laut dem Magazin *Forbes* beträgt sein privates Vermögen 6,4 Milliarden Dollar. Mit seiner Frau und seiner Tochter Carrie Schwab-Pomerantz unterstützt er mit seiner privaten Familienstiftung Organisationen, die auf den Gebieten Bildung, Armutsbekämpfung, Human Services und Gesundheit tätig sind. Außerdem ist er Chairman des San Francisco Museum of Modern Art.

Chuck Schwab und ich haben beide überbordende Terminkalender, aber schließlich gelang es uns, einen Termin für ein Gespräch in seinem Büro in San Francisco zu finden, und zwar genau zu dem Zeitpunkt, als dieses Buch schon fast im Druck war. Hier einige Ausschnitte meines Gesprächs mit Chuck Schwab in seinem Büro in San Francisco:

TR: Jeder kennt den Namen Charles Schwab, jeder kennt das Unternehmen. Aber die meisten Menschen kennen Ihre Geschichte nicht. Würden Sie uns einige Glanzpunkte daraus nennen? Wenn ich richtig informiert bin, haben Sie sich schon mit 13 Jahren für Investments interessiert.

CS: Das stimmt. Als ich 13 war, war gerade der Zweite Weltkrieg zu Ende und die Menschen waren nicht sehr wohlhabend. Mein Vater arbeitete als ein Kleinstadtanwalt in Sacramento Valley und unsere Familie war gewiss nicht wohlhabend. Ich dachte, mir würde es im Leben besser gehen, wenn ich mehr Geld hätte, also musste ich mir überlegen, wie ich Geld verdienen konnte. Ich sprach mit meinem Vater darüber, und er empfahl mir, die Biografien berühmter Amerikaner zu lesen. Sie schienen alle irgendetwas mit Investment zu machen. Und so sagte ich mir, Mann, das ist meine Sache!

Als ich 13 war, gründete ich eine Hühnerfarm. Ich züchtete Hühner und so weiter. Daneben machte ich noch eine Reihe weiterer kleinerer

Geschäfte. Ich kannte mich also schon ganz gut mit Unternehmen und Geschäften aus und begann, mich damit zu beschäftigen, wie Unternehmen arbeiten und funktionieren.

TR: Wie lautete Ihre ursprüngliche Vision? Und welches waren Ihre ersten praktischen Schritte? Nennen Sie mir doch einige Highlights, damit die Leute ein Gefühl für Ihren Karriereweg bekommen.

CS: Nun, ich habe schon früh auf diesem Weg Glück gehabt. Ich begann als Finanzanalyst und erlebte in diesem Job einige Höhen und Tiefen. Als ich mein Unternehmen im Jahr 1973 gründete, war ich ungefähr 35 und verfügte über eine Menge Erfahrung. Daher kannte ich die Schwächen des Finanzgeschäfts, einschließlich der Gründe, warum Maklerhäuser ihre Kunden nicht gut behandelten. Das lag nämlich daran, dass sie in erster Linie darauf aus waren, *selbst* Geld zu verdienen, aber den Anlegern nicht ihren fairen Anteil gaben. Sie dachten immer zuerst an ihr Unternehmen und ihren eigenen Verdienst. Ich sagte mir, es muss doch noch einen anderen Weg geben!

TR: Welches war in den ganzen Jahren der Wettbewerbsvorteil von Charles Schwab? Der nordamerikanische Investmentmarkt hat, glaube ich, ein Volumen von rund 32 Billionen Dollar. Und Sie halten daran einen beachtlichen Anteil.

CS: Wir halten wahrscheinlich ungefähr 5 bis 10 Prozent des Retailgeschäfts. Ungefähr in dieser Größenordnung. Aber wissen Sie, als ich in dieses Geschäftsfeld einstieg, wollte ich jedes Produkt und jede Dienstleistung, die wir unseren Kunden bieten, *durch die Brille der Kunden* betrachten. Wir entwarfen ein Produkt wie den No-load-Investmentfonds ohne Ausgabeaufschlag. Und das haben wir in großem Stil betrieben. Schon vor Jahren haben wir Kunden angeboten, über unser Unternehmen in No-load-Fonds zu investieren.

Die Leute fragten: »Und wie verdienen Sie damit Geld?« Also überlegten wir uns einen Weg, damit Geld zu verdienen. Wir arbeiteten mit Investmentfondsgesellschaften und überredeten sie, uns eine kleine Gebühr von Ihren Managementgebühren abzugeben. Davon profitierten unsere Kunden. Und das Geschäft blühte. Die Einzelanleger profitierten von einem gewaltigen Vorteil, indem sie in eine ganze Palette an No-load-Investmentfonds ohne jede Gebühren investieren konnten. Die gleiche Art Analyse machten wir auch bei anderen Produkten und Dienstleistungen. Wir versetzten uns immer zuerst in die Lage der Kunden.

Die Maklerfirmen der Wall Street machten genau das Gegenteil. Sie überlegten immer zuerst, wie viel Geld sie selbst verdienen konnten. »Können wir damit Geld machen? Okay, dann lasst es uns machen. Gehen wir auf den Markt und verkaufen wir es.« So haben sie ihre Entscheidungen getroffen. Wir haben das genau umgekehrt gemacht.

TR: Hat sich das inzwischen verändert, oder ist das immer noch so?

CS: Da hat sich nichts geändert. Aus diesem Grund ist das ein ziemlich interessanter Markt für uns. Ich glaube, wir haben so eine Art grenzenlose Bestimmung, unsere Kunden stets als König zu betrachten und dafür zu sorgen, dass alles, was wir tun, zuallererst in ihrem Interesse ist. Natürlich wollen wir dabei auch ein wenig Geld verdienen. Und das tun wir auch.

TR: Welches sind Ihrer Meinung nach die zwei oder drei Mythen, auf die Sie Ihre Kunden aufmerksam machen, damit sie ihnen nicht zum Opfer fallen?

CS: Das ist so einfach. Ich habe die Wall Street so oft beobachtet. Man sieht den Missbrauch schon von Weitem. Da taucht ein raffinierter Börsenmakler auf und sagt: »Meine Dame, möchten Sie nicht etwas Geld verdienen?« Natürlich rufen alle: »Ja!« Und dann verwickelt er sie ins Gespräch und preist seine Aktie an. »Dieses Unternehmen entwickelt die besten Geräte, *die Sie in Ihrem ganzen Leben gesehen haben!* Das wird das nächste Apple!« Und alle lauschen dieser Story beeindruckt und irgendwann sagen sie: »Einverstanden, ich kaufe diese Aktie.« Die Wahrscheinlichkeit, dass dabei etwas herauskommt, ist 1 zu 10.000. Genauso gut können Sie zum Pferderennen gehen oder einen Lottoschein kaufen. Damit haben Sie wenigstens Ihre spekulative Ader befriedigt. Legen Sie Ihr Geld besser in Indexfonds an, bei denen Sie wissen, dass die Ergebnisse vorhersagbar und die Renditen vorzeigbar sind.

TR: Viele Anleger erleiden Verluste, weil sie nicht Bescheid wissen und keine Fragen stellen. Und Sie sind einer der Ersten, die sagen: »Fragen Sie.«

CS: Richtig.

TR: Aber nur sehr wenige Menschen wissen, was sie überhaupt fragen müssen. Sie sehen einen Investmentfonds und sehen die Renditen. Und dann denken sie, dass das die Renditen sind, die sie erhalten. Aber das stimmt natürlich nicht.

CS: Es stimmt nie. Nichts aus der Vergangenheit ist jemals ein Versprechen für die Zukunft. Es gibt aber Gründe, warum wir Broschüren über

Indexfonds drucken. Wir sprechen über die Gründe, aus denen Aktien tatsächlich langfristig die beste Investition sind. Der Grund dafür ist, dass Unternehmen im Geschäft sind, um zu wachsen. In jedem Board, in dem ich jemals Mitglied war – und ich war in sechs oder sieben Boards von Unternehmen der Fortune 500 –, drehten sich alle Vorstandskonferenzen immer um Wachstum. Was können wir tun, damit das Unternehmen wächst? Wenn es nicht wächst, wird die Unternehmensführung gefeuert und ein neues Managementteam geholt.

Dieses Gebäude dort drüben ist ein sehr schönes Gebäude. Aber in 100 Jahren wird es immer noch dieselbe Größe haben. Oder es wird abgerissen. Aber es wächst nicht. Nur Unternehmen wachsen. Und das ist der Grund, warum es eine hervorragende Idee ist, in Aktien zu investieren. Was uns betrifft, versuchen wir die Anleger davon zu überzeugen, in Indexfonds zu investieren, damit sie eine breite Mischung an Industrien und Aktien besitzen. Dann haben sie –

TR: – die geringsten Kosten.

CS: Die geringsten Kosten und ein hohes Maß an Gewissheit, dass sie so gute Ergebnisse erzielen wie der Index. Egal, welche Industrie Sie über die vergangenen 100 Jahre betrachten, werden Sie feststellen, dass sie sich außerordentlich gut entwickelt und ihren Investoren hohe Renditen eingebracht hat.

TR: Wenn man John C. Bogle von Vanguard oder jemand wie David Swensen von Yale hört, sagen alle, passives Management sei die richtige Strategie. Weil 96 Prozent aller Investmentfonds über einen Zeitraum von zehn Jahren hinter den Ergebnissen des Marktes zurückbleiben. Was würden Sie jedoch dem durchschnittlichen Einzelanleger empfehlen: eine passive oder eine aktive Strategie?

CS: Ich persönlich bevorzuge eine Mischung. Ich investiere viel in Einzelaktien. Allerdings können sich 98 Prozent der Menschen nicht darauf konzentrieren, weil sie im Leben andere Dinge zu tun haben, als sich im Detail mit Geldanlagen zu beschäftigen. Sie sind Ärzte, Anwälte oder haben sonstige Berufe. Wir brauchen all diese Leute für eine erfolgreiche Gesellschaft. Vielleicht kennen sich 2 Prozent wirklich mit Finanzinvestitionen aus. Der Rest braucht Beratung und Unterstützung. Das habe ich schon früh gelernt und das tun wir heute. Und diese 98 Prozent sollten meiner Ansicht nach hauptsächlich in Indexfonds investieren. Diese Fonds bieten die berechenbarsten Renditen. Das ist vorteilhafter, als wenn sie versuchen, auf eigene Faust Einzelinvestitionen zu tätigen, was eine komplizierte Angelegenheit ist. Sie müssen ja auch noch ihren eigenen Job machen. Sie können nicht beides erfolgreich machen.

TR: Das andere ist, dass die Anleger die wahren Kosten nicht erkennen, wie John Bogle sagt. Für jedes Prozent an Gebühren, das sie im Verlauf Ihrer Investitionslaufbahn bezahlen, verzichten sie auf 20 Prozent ihres Geldes.

CS: Ja, das ist weg.

TR: Wenn sie 2 Prozent zahlen, sind es 40 Prozent, bei 3 Prozent sind es 60 Prozent.

CS: Das ist sehr viel. Und wenn sie das nach Steuerabzug zahlen müssen, macht das eine gehörige Summe aus.

TR: Jeder große Investor, mit dem ich gesprochen habe, erwähnt die Tatsache, dass die Vermögensaufteilung mit Abstand die wichtigste Investmententscheidung ist, die ein Anleger treffen kann. Sie haben mit so vielen unterschiedlichen Anlegertypen zu tun. Welche Philosophie soll Ihr Team Ihrer Meinung nach anwenden, um den Anlegern zu vermitteln, wie ihre Vermögensaufteilung beschaffen sein sollte?

CS: Das ist heute eigentlich ziemlich einfach. Vor 40 Jahren war das anders. Heute haben wir die erwähnten Indexfonds. Und ETFs. Sie können in unterschiedliche Marktsegmente investieren und auf diese Weise breit diversifizieren. Sie wollen Energieaktien? Dann können Sie Energie-ETFs kaufen. Sie wollen medizinische Dienstleistungen? Können Sie auch haben. Ich glaube allerdings, dass Sie über die zehn größten Industriegruppierungen diversifizieren sollten. Und das bietet Ihnen ein allgemeiner Indexfonds. Investieren Sie in alle, für alle Fälle. Manchmal boomen elektronische Geräte, während Öl sich nicht so gut entwickelt. Aber nächstes Jahr? Öl hat eine große Nachfrage, also steigen die Preise. Und so weiter. Mit dieser Art Investition erhalten Sie eine ausgewogene Mischung der Vorteile jedes einzelnen Sektors.

TR: Wie betrachten Sie bei der Portfoliozusammenstellung Investitionen in amerikanische versus ausländische Vermögenswerte?

CS: Das ist eine andere Ebene der ausgefeilten Strukturierung, die meiner Ansicht nach jeder im Portfolio haben sollte. Ein gewisser Anteil in internationalen Aktien ist anzuraten, aus dem einfachen Grund, dass Amerika nur 2 bis 3 Prozent jährlich wächst. Es gibt aber viele andere Länder, die – von China über Indonesien bis Japan – ein höheres Wirtschaftswachstum verzeichnen. Diese Länder bieten Ihnen, ehrlich gesagt, die besseren Renditen.

TR: Wohin steuert die Welt Ihrer Meinung nach in den nächsten zehn Jahren? Welche Chancen und Herausforderungen sehen Sie für Anleger?

CS: Ich glaube, dass gewaltige Chancen vor uns liegen. Trotz des schleppenden Tempos, mit dem sich die Dinge derzeit entwickeln. Diese Chancen werden sich in dem Moment auf einen Schlag eröffnen, in dem wir die richtigen wirtschaftspolitischen Maßnahmen treffen, zu denen wir am Ende wohl zurückkehren werden. Das amerikanische Wachstum lässt sich nicht ersticken. Die Innovation in diesem Land ist beeindruckend. Ich lebe in der Region von San Francisco, wo Innovationen nur so aus dem Boden sprießen. Das kann man überall beobachten.

TR: Befinden wir uns in einer Marktblase, in der die Fed die Zinssätze künstlich niedrig hält? Einer Marktsituation, in der man schon sehr hohe Risiken eingehen müsste, um überhaupt noch eine angemessene Rendite zu erzielen? Der Aktienmarkt scheint der einzige Ort zu sein, in den es sich überhaupt noch zu investieren lohnt. Wie lange wird das noch anhalten?

CS: Ich bin kein großer Anhänger der derzeitigen Politik der Fed. Ich glaube, eine derart anhaltende Manipulation der Zinssätze ist nicht die richtige Entscheidung. Und ich glaube auch, dass man damit das Potenzial und die Möglichkeit für eine Blasenbildung schafft. Aber das wird nicht für immer so bleiben. Wir werden dafür wahrscheinlich einen Preis bezahlen müssen; es ist aber kein dauerhaftes Problem. Es wird einige Hochinflationsphasen und einige depressive Marktlagen geben. Das, was wir derzeit tun, wird Konsequenzen haben. Aber auch damit werden wir fertig werden. Wie immer, wenn die politischen Entscheider schlechte Entscheidungen treffen.

TR: Jeder bezeichnet das anders, aber einer der ganz großen Wettbewerbsvorteile aller großen Investoren der Welt sind asymmetrische Gewinnchancen, das heißt, sie gehen geringe Risiken ein, die aber hohe Gewinnchancen bieten. Wie kann der durchschnittliche Anleger das heutzutage machen? Verfügen Sie über Erkenntnisse, die Sie mit ihnen teilen können?

CS: Ich glaube, das führt alles zu der Antwort auf eine Frage zurück: Wo erhält man das höchste Wachstum? Maßgeblich für langfristig gute Renditen ist, dass man die Grundlagen des Wachstums versteht. Warren

Buffett hat das schon in jungen Jahren gelernt. Er kauft Unternehmensaktien und behält sie langfristig. Warum? Weil Unternehmen wachsen. Sie wachsen einfach immer weiter. Und Buffett wird dabei immer reicher.

TR: Er zahlt keine Steuern.

CS: Richtig. Wenn man nicht verkauft, zahlt man keine Kapitalertragssteuer. Das ist sein Mysterium. Dieser Schleier ist gelüftet: *Er verkauft nicht!*

TR: Ich glaube, Sie haben fünf Kinder.

CS: Und zwölf Enkel.

TR: Sagen Sie mir eines: Wenn Sie Ihren Kindern kein Geld, sondern nur einen Katalog an Investmentprinzipien und vielleicht ein Portfolio vermachen könnten, wie würde Ihre Empfehlung lauten?

CS: Nun, als Erstes sollte man sein eigenes Geld verdienen und erfolgreich in seinem Job sein. Und natürlich einen Teil des Einkommens beiseitelegen.

- Stellen Sie sicher, dass Sie die richtige Ausbildung machen. Und hoffentlich passt sie zum Arbeitsmarkt, wo die Arbeitsplätze entstehen.
- Sie brauchen einen gut bezahlten Job, von denen es heutzutage nicht viele gibt.
- Dann investieren Sie in einen steuerlich anerkannten privaten Altersvorsorgeplan. Das bedeutet, dass Sie auf einige Dinge verzichten müssen, zum Beispiel ein neues Auto oder einen Urlaub. Sie brauchen Rücklagen.
- Und nun können Sie beginnen, in die richtigen Geldanlagen zu investieren. Das Ganze ist eine ziemlich einfache Formel. Viele erkennen das nicht, aber ich hoffe, Sie können es ihnen vermitteln.

Wissen Sie, ich glaube daran, ein Vermächtnis zu hinterlassen. Dafür zu sorgen, dass die Kinder eine gute Ausbildung erhalten, aber keine großen Summen Geld. Man darf ihnen nicht das Gefühl für ihre eigenen Chancen nehmen, die Entwicklung ihres Egos, für ihre eigenen Dinge im Leben, die ihnen Erfüllung bieten. Man muss ein wissbegieriger Mensch sein. Wecken Sie Neugier und Wissbegier in Ihren Kindern. Und das hat nicht unbedingt mit Geld zu tun.

Da ich aus einer Familie stamme, die weder reich noch wohlhabend war, kenne ich diesen Unterschied ganz genau. Und natürlich hatte ich in den letzten 20 Jahren den großen Vorteil, erfolgreich zu sein, was mir unglaubliche Möglichkeiten eröffnet hat. Meine Frau und ich machen Urlaub, ohne über die Kosten nachzudenken. Wir genießen das Leben. Ich liebe Sport, ich liebe Golf. Und so weiter. Wir wollen diesen Erfolg natürlich perpetuieren. Und wir wollen, dass die nachfolgende Generation das hat, was wir haben, und mehr.

TR: Sie gehen mit so vielen erfolgreichen Menschen um. Sie haben erfolgreiche Unternehmen und Individuen studiert, die ihr eigenes Wachstum und ihre Entwicklung in die Hand nehmen. Welches ist Ihrer Meinung nach der wichtigste Wachstumsfaktor?

CS: Vielleicht ist es zu 99 Prozent Notwendigkeit. Viele Menschen brauchen tatsächlich mehr Ressourcen. Aber sie besitzen weder Bildung noch Ausbildung, um mehr Geld zu verdienen. Und irgendwie fehlt ihnen die Motivation, sich das nötige Wissen anzueignen. Vielleicht erkennen sie die Chancen nicht, die vor ihnen liegen. Wie nimmt man diese Chancen wahr? Man sieht sich die wirklich erfolgreichen Menschen an und denkt, »das kann ich auch«. Wie Sie dieses Gefühl entwickeln? Ich weiß es nicht.

TR: Sie sind inzwischen 76 Jahre alt und wussten bis in Ihre Vierziger nicht, dass Sie Legastheniker sind, richtig?

CS: Richtig.

TR: Viele Menschen glauben, das würde sie in ihrem Leben völlig einschränken. Wie kommt es, dass Sie sich davon nie haben einschränken lassen?

CS: Vielleicht weil ich – Gott sei Dank – als Kind nichts davon wusste! Mein Sohn war gerade in der ersten Klasse, als wir ihn testen ließen [und feststellten, dass er Legastheniker ist]. Ich sagte, »Oh, mein Gott. Alles das, womit ich im Alter von sieben, acht und neun Jahren fertig werden musste, muss er jetzt bewältigen!« Es war völlig klar, dass ich auch Legastheniker bin, und das war die Lösung zu vielen Problemen, wenn ich an meine ersten Schuljahre zurückdenke. Das Alphabet war eine unüberwindliche Hürde für mich. Meine Lesefähigkeiten sind schlecht – bis zum heutigen Tag lese ich keine Romane. Ich lese nur Sachliteratur.

TR: Was hat Ihnen dann den Erfolg im Finanzgeschäft ermöglicht?

CS: Ich war ziemlich gut in Mathematik. Und ich konnte gut mit Leuten umgehen. Ich konnte mich schriftlich nicht gut ausdrücken, aber ich hatte Leute in meiner Umgebung, die das konnten. Und so lernt man sehr schnell: *Man kann nicht alles alleine machen.* Man braucht Leute um sich, die in vielen anderen Dingen besser sind, als man selbst. Sie müssen aber in der Lage sein, diese Leute zu inspirieren, gemeinsam mit Ihnen auf ein Ziel hinzuarbeiten. Und das ist mir all diese Jahre gelungen.

TR: Was ist Ihre Leidenschaft?

CS: Ich bin ein leidenschaftlicher Verfechter der These, dass Menschen gut verdienen, sparen und ein Vermögen aufbauen müssen, und zwar wegen der Verantwortung, die wir alle für unseren eigenen Ruhestand tragen. Und mit ein wenig Glück werden wir alle ziemlich alt. Ich bin in den Siebzigern. Aber heute beträgt die Lebenserwartung fast 90 Jahre. Das ist ein *sehr langer Ruhestand.* Sie müssen genügend Geld beiseitelegen, um bequem leben zu können.

TR: Die Menschen, mit denen ich gesprochen habe und die Sie seit 20 Jahren kennen, sagen, dass Ihre Leidenschaft heute genauso groß oder sogar größer ist als damals.

CS: Wahrscheinlich größer. *[Lacht.]*

TR: Woran liegt das? Wie haben Sie sich diese Leidenschaft bewahrt? Was hat dazu geführt, dass sie eher noch zugenommen hat?

CS: Ich habe zum Beispiel gesehen, was man mit Philanthropie erreichen kann. Und wie man Menschen wirklich helfen kann. Das geht nur, wenn Sie erfolgreich sind. Ich könnte das alles nicht tun, wenn ich nicht erfolgreich wäre. Dann hätte ich gar nicht die Mittel, um anderen zu helfen. Aber ich kann auf unterschiedliche Weise etwas bewirken. Ob es durch Legasthenie bedingte Probleme sind, ob ich Kindern helfen kann, oder ob es um die spezielle Schulform der Charter Schools geht – wir können Kindern helfen. Oder ob es Museen sind – wir können dazu beitragen, größere und schönere Museen zu bauen, damit die Menschen Kunst erleben können. Ich glaube, eine der großen Erfüllungen, die großer Erfolg bereithält, ist die Fähigkeit, im Leben etwas zurückzugeben. Das bereichert das eigene Leben und das Leben anderer.

TR: Welchen Rat würden Sie jemandem geben, der am Anfang seines Erwachsenenlebens steht und ein Unternehmen aufbauen will? Wie verwandeln Sie die Vision eines jungen Menschen, wie Sie einst einer waren, der sagte, »Ich möchte dazu beitragen, dass der Kunde im Mittelpunkt steht«, in ein Multi-Billionen-Dollar-Unternehmen? Was würden Sie den Menschen sagen, worauf sie sich wirklich konzentrieren sollten?

CS: Nun, eine gute Ausbildung zu machen und praktische Erfahrung zu sammeln. Und dann die Geduld aufzubringen, tagein, tagaus auf seine

Ziele hinzuarbeiten. Tagein, tagaus. Das ist wie ein Sternekoch, der bei jedem einzelnen Gericht erstklassige Qualität bieten muss. Das ist nicht leicht. Aber nur so werden Sie ein hervorragendes Restaurant bekommen. Nur so werden Sie ein hervorragendes Autohaus bekommen – indem Sie jeden Tag erstklassigen Service bieten. Sie dürfen nie den Ball fallen lassen. Sie müssen ihn jeden Tag weit aus dem Feld schlagen. Mit Service. Und das Gleiche gilt für Technologie. Wir haben viele Unternehmen erlebt, die bankrott gegangen sind, weil sie nicht zur Innovation in der Lage waren. Oder sie haben sich kein Produkt beziehungsweise keine Dienstleistung einfallen lassen, die wirklich die Bedürfnisse der Kunden erfüllt. Und so haben sie ihre Kunden verloren. *Verliere nie einen Kunden.* Das ist ganz wichtig.

TR: Letzte Frage. Ich bin sicher, das wird in den nächsten 20 bis 30 Jahren kein Thema sein, weil Sie sehr auf sich und Ihre Gesundheit achten und diese große Leidenschaft besitzen, aber wie und für was wollen Sie den Menschen im Gedächtnis bleiben? Was ist Ihr persönliches und unternehmerisches Vermächtnis?

CS: Nun, ich habe natürlich mehrere Vermächtnisse, für meine Familie und so weiter. Was den beruflichen Aspekt betrifft, bin ich wirklich stolz auf die Tatsache, dass es mir gelungen ist, die Praktiken der Wall Street völlig umzukrempeln. Die Wall Street, das heißt die großen Maklerhäuser, sind eine jahrhundertealte Institution. Und wir, das kleine Unternehmen an der Westküste, wir haben ihr Geschäft auf den Kopf gestellt. Das hat ihren Umgang mit Kunden grundlegend verändert. Heute bieten sie einen wesentlich besseren Service. Aber natürlich nicht so gut wie wir. *[Lacht.]* Sie machen heute in der Tat einen wesentlich besseren Job und nehmen den Umgang mit ihren Kunden ernster.

TR: Sie haben ihnen als Beispiel gedient.

CS: Vielen Dank.

Kapitel 40
Sir John Templeton:
Der herausragendste Investor des 20. Jahrhunderts

Gründer von Templeton Mutual Funds, Philanthrop und Begründer des mit 1 Million Dollar dotierten Templeton-Preises

Sir John Templeton war nicht nur einer der größten Finanzinvestoren, sondern auch ein sehr außergewöhnlicher Mensch. Und ich hatte die Ehre, ihn zu meinen Mentoren zählen zu dürfen. Sein Motto, »Wie wenig wissen wir, so eifrig lernen wir«, leitete ihn während seines gesamten Lebens als Investmentpionier, Rebell, spiritueller Sucher und Philanthrop.

Sir John war für seine Fähigkeit bekannt, die schwierigsten Situationen der Welt zu betrachten und einen Weg zu finden, sie zum übergeordneten Gemeinwohl zu nutzen.

John Templeton war nicht immer »Sir John«. Er wuchs in einer Kleinstadt in Tennessee in sehr bescheidenen Verhältnissen auf, wo er dazu erzogen wurde, Sparsamkeit, Selbstgenügsamkeit und Selbstdisziplin wertzuschätzen. Er erarbeitete sich seinen Weg über die Elite-Universitäten Yale und Oxford und bekam 1937 seinen ersten Job an der Wall Street, auf dem Höhepunkt der Großen Depression. Er war der originale antizyklische Investor, der davon überzeugt war, dass der beste Zeitpunkt für einen Aktienkauf »der Punkt des maximalen Pessimismus« war. Als alle anderen dachten, das Ende der Welt sei gekommen, dachte John, es sei der richtige Zeitpunkt, um zu investieren. Als alle anderen dachten: »Oh, mein Gott! Das ist die beste Zeit in der Geschichte!«, war für ihn der Zeitpunkt gekommen, zu verkaufen.

Das erste Mal, dass er seine Theorie auf ihre Gültigkeit hin überprüfte, war im Herbst 1939. Zu einem Zeitpunkt, da die Depression nach wie vor Verheerungen anrichtete und Hitlers Truppen zu Beginn des Zweiten Weltkriegs in Polen einmarschierten, kaufte John Templeton von seinen gesamten Ersparnissen samt einigem geliehenen Geld (rund 10.000 Dollar) je 100 Aktien von 104 Unternehmen, die damals für 1 Dollar oder weniger gehandelt wurden. Dieses Portfolio wurde zur Grundlage eines gewaltigen Privatvermögens und die Basis eines ebenso gewaltigen Imperiums in der Vermögensverwaltung. Zudem wurde John Templeton zu einem Pionier im internationalen Investmentgeschäft. Während die übrigen Amerikaner nicht über die eigenen Landesgrenzen hinausblickten, graste John die Welt nach Investitionschancen ab.

In dem Maße, wie sein Vermögen wuchs, nahm auch sein soziales Engagement zu. Im Jahr 1972 stiftete er mit dem Templeton-Preis die größte jährliche Auszeichnung – die sogar den Nobelpreis übertrifft –, mit der Menschen für besondere spirituelle Leistungen geehrt werden. Mutter Teresa war die erste Preisträgerin. Seine Stiftung finanziert zudem Forschung in Wissenschaft und Technologie. Im Jahr 1987 schlug ihn Königin Elisabeth von England für seine herausragenden Leistungen für die Menschheit zum Ritter.

Bis er im Jahr 2008 mit 95 Jahren starb, hielt er Vorträge, schrieb Artikel und inspirierte Millionen von Menschen mit seiner bescheidenen

Botschaft über Integrität, Unternehmertum und Glaube. (Ganz nebenbei hatte er in seinem Todesjahr noch exakt das Platzen der Immobilienblase vorhergesagt.) Nachfolgend ein Auszug aus einem Interview, das ich mit ihm einige Monate vor seinem Tod führte.

Seine Freundlichkeit scheint in jeder Antwort durch, mit der er mich an seiner Philosophie teilhaben ließ, dass dieselbe Qualität, die jemanden zu einem herausragenden Investor macht, ihn auch zu einem besonderen Menschen macht.

TR: Sir John, die meisten Menschen scheinen entweder geldorientiert oder spirituell orientiert zu sein, Sie scheinen einen Weg gefunden zu haben, beides in Ihrem Leben miteinander in Einklang zu bringen. Können Menschen beides sein?

JT: Auf jeden Fall! Da gibt es keine Diskrepanz. Würden Sie mit einem Geschäftsmann verhandeln wollen, dem Sie nicht vertrauen? Natürlich nicht! Wenn ein Mensch den Ruf hat, nicht vertrauenswürdig zu sein, dann wird man einen Bogen um ihn machen. Sein Geschäft wird bankrott gehen. Wahrt ein Mensch hohe ethische Standards und spirituelle Prinzipien, wird er versuchen, die Erwartungen seiner Kunden und Mitarbeiter zu übertreffen. Er wird angesehen sein, mehr Kunden haben und mehr Geld verdienen. Außerdem wird er mehr Gutes tun und davon auch selbst profitieren, denn er wird mehr Freunde haben und einen größeren Respekt genießen. Man muss also immer damit beginnen, die Erwartungen anderer zu übertreffen und seinen Nächsten wirklich gerecht zu behandeln. Das ist das Geheimnis des Erfolgs. Nutzen Sie nie andere Menschen aus oder behindern ihren Fortschritt. Je mehr Sie anderen helfen, desto reicher sind Sie selbst.

TR: Welches war Ihre erste Investition? Was hat Sie dazu bewogen, und wie war das Ergebnis?

JT: Ich begann ungefähr zum Ausbruch des Zweiten Weltkriegs im September 1939 zu investieren. Wir hatten gerade erst die schwerste Depression der Welt überwunden und viele Unternehmen waren bankrott. Aber ein Krieg heizt die Nachfrage nach praktisch allen Produkten an, und davon profitieren fast alle Unternehmen. Ich erteilte einem Börsenmakler den Auftrag, für jeweils 100 Dollar Aktien an beiden Börsenmärkten zu kaufen, deren Kurs 1 Dollar oder weniger betrug, und davon gab es 104. Von diesen 104 Aktien erzielte ich mit 100 Gewinne; nur vier waren Verlustbringer.

Als meine Frau und ich drei Jahre später die Chance hatten, das kleine Geschäft eines Investmentberaters zu übernehmen, der sich zur Ruhe setzen wollte, hatten wir die nötigen Ersparnisse! Wir begannen in Radio City in New York ohne einen einzigen Kunden, und arbeiteten dort 25 Jahre, in denen wir weiterhin von jedem Dollar 50 Cent sparten, sodass wir ein Vermögen für unseren Ruhestand und für wohltätige Zwecke aufbauen konnten.

TR: Und mit dem so Ersparten haben Sie beträchtliche Renditen erzielt, Sir John. Die meisten Menschen würden heute sagen: »Das ist unmöglich! Ich kann von meinem Geld keine 50 Prozent einsparen und investieren.« Aber so haben Sie aus dem Nichts etwas aufgebaut, und das auch noch während der Depression! Ich habe zudem gelesen, dass ein Anleger, der [1940] 100.000 Dollar bei Ihnen investiert hätte, die Geldanlage »vergessen« und nie weiteres Geld investiert hätte, im Jahr 1999 ein Vermögen von 55 Millionen Dollar gehabt hätte. Ist das korrekt?

JT: Ja, vorausgesetzt, er hätte seine Gewinne reinvestiert.

TR: Ich möchte Ihnen eine Frage zu Ihrer Investmentphilosophie stellen: In der Vergangenheit haben Sie mir gesagt, »Man muss nicht nur am absoluten Tiefpunkt kaufen, sondern auch verkaufen, wenn der Optimismus am größten ist.« Stimmt das nach wie vor?

JT: Ja. Es gibt hier ein gutes Sprichwort, Tony. »Bärenmärkte beginnen mit dem Pessimismus. Sie entwickeln sich in Zeiten der Skepsis. Sie reifen in der Zeit des Optimismus, und sie enden in Zeiten der Euphorie!« Das passiert in jedem Bullenmarkt und hilft Ihnen, Ihren Standort zu bestimmen. Wenn Sie mit genügend Anlegern sprechen, um ihre Psychologie zu erfassen, können Sie bestimmen, ob der Markt noch sicher ist oder bereits ein gefährliches Niveau erreicht hat.

TR: Welches ist Ihrer Meinung nach der größte Fehler, den Anleger machen?

JT: Die überwältigende Mehrheit der Menschen baut kein Vermögen auf, weil ihnen die Selbstdisziplin fehlt, jeden Monat einen Teil ihres Einkommens wegzulegen. Aber abgesehen davon, müssen Sie auch klug investieren, sobald Sie genügend gespart haben. Das ist nicht leicht. Es ist sehr schwierig für eine Person, die sich nur in ihrer Freizeit mit diesem Thema befassen kann, die richtige Investmententscheidung zu treffen. Sie wollen ja auch nicht Ihr eigener Arzt oder Rechtsanwalt sein. Das gilt auch für Investitionen – Sie sollten nicht versuchen, Ihr eigener Investmentmanager zu sein. Es ist besser, Sie suchen sich einen erstklassigen Profi, den klügsten Wertpapieranalysten, damit er Sie dabei unterstützt.

TR: Als ich auf den Bahamas mit einigen Ihrer Mitarbeiter gesprochen habe, fragte ich sie: »Worin investiert er?« Und sie sagten: »Einfach alles! Er würde einen Baum kaufen, wenn er glaubt, dass er damit ein gutes Geschäft macht.« Daraufhin fragte ich: »Wie lange wird er diese Vermögenswerte halten?« Und sie antworteten: »Für immer! Im Wesentlichen, bis sie mehr wert sind!« Sir John, wie lange halten Sie Vermögenswerte in Ihrem Portfolio, bis Sie wissen, dass es Zeit für einen Verkauf ist? Woher wissen Sie, ob Sie einen Fehler gemacht haben? Woher wissen Sie, wann es Zeit ist, sich von einem Wertpapier zu trennen?

JT: Das ist eine der wichtigsten Fragen überhaupt! Viele Menschen sagen, sie wüssten, wann sie kaufen sollten, aber nicht, wann der richtige Zeitpunkt für einen Verkauf sei. In den 54 Jahren, die ich Anlegern bereits bei ihren Entscheidungen helfe, habe ich aber – so glaube ich – die Antwort gefunden, und sie lautet folgendermaßen: Verkaufen Sie einen Vermögenswert nur, wenn Sie glauben, einen anderen Vermögenswert gefunden zu haben, der ein um 50 Prozent besseres Geschäft ist. Sie suchen immer nach günstigen Investitionschancen und vergleichen sie mit Ihrem aktuellen Portfolio. Wenn sich in Ihrem Portfolio ein Vermögenswert befindet, der um 50 Prozent geringere Gewinnchancen bietet, als der neue Vermögenswert, den Sie gefunden haben, dann verkaufen Sie den bestehenden und kaufen den neuen. Aber selbst dann irren Sie sich gelegentlich.

TR: Sir John, warum sollten Amerikaner mit einem guten Gefühl in ausländische Aktien investieren?

JT: Überlegen Sie sich Folgendes: Wenn unsere Aufgabe darin besteht, die besten Investitionschancen aufzuspüren, finden wir mit Sicherheit mehr solcher Chancen, wenn wir uns nicht auf eine Nation beschränken. Wir werden bessere Chancen finden, wenn wir auf allen Märkten suchen. Wichtig ist vor allem, dass wir auf diese Weise unser Risiko senken, weil jede Nation ihre Bärenmärkte hat. Üblicherweise gibt es in den großen Volkswirtschaften alle zwölf Jahre zwei Mal einen ausgeprägten Bärenmarkt. Allerdings treten diese nicht alle gleichzeitig auf. Wenn Sie also über viele Länder diversifiziert haben, werden Sie den Bärenmarkt in einem bestimmten Land weniger spüren, als ein Anleger, der sein ganzes Vermögen auf einen einzigen Markt gesetzt hat.

Wir empfehlen unseren Anlegern immer zu diversifizieren, und zwar nicht nur über mehrere Unternehmen und mehrere Industrien, sondern auch über mehrere Länder. Das bietet eine größere Sicherheit und höhere potenzielle Renditen.

TR: Welches Merkmal unterscheidet Sie Ihrer Meinung nach von allen anderen Investoren? Was hat Sie zu einem der größten Investoren gemacht?

JT: Vielen Dank. Ich sehe mich selber nicht so. Wir haben nicht immer richtig gelegen. Das kann niemand, aber wir haben stets versucht, ein wenig besser als unsere Mitbewerber zu sein und die Erwartungen zu übertreffen. Außerdem haben wir uns immer bemüht, unsere Methoden zu optimieren und neue Methoden anzuwenden, um unseren Wettbewerbsvorsprung beizubehalten. Wenn es irgendein Geheimnis gibt, dann dieses: Versuchen Sie nie, anderen das Geld aus der Tasche zu ziehen. Seien Sie jemand, der mehr gibt, als von ihm erwartet wird!

TR: Sir John, auf zahlreichen Ebenen unserer Gesellschaft herrscht heute Angst. Wie gehen wir mit dieser Angst um?

JT: Die beste Methode, um Ängste zu überwinden, ist die Dankbarkeit. Wenn Sie jeden Morgen aufwachen und an fünf neue Dinge denken, für die Sie dankbar sind, dann werden Sie wahrscheinlich weniger ängstlich sein, einen größeren Optimismus und eben diese Dankbarkeit ausstrahlen. Dann wird Ihnen mehr gelingen, und so werden Sie mehr Menschen anziehen. Ich denke daher, eine dankbare Haltung schützt vor Lebensängsten.

TR: Eines würde ich gerne von Ihnen selber hören: Wer ist Sir John Templeton? Was gibt Ihnen Lebenssinn? Wie möchten Sie, dass man sich eines Tages an Sie erinnert?

JT: Ich bin ein Lernender; ich versuche immer zu lernen. Und ich bin ein Sünder. Das sind wir alle. Ich habe versucht, mich jeden Tag ein wenig zu bessern. Und vor allem frage ich mich immer wieder, »Welches sind Gottes Absichten? Warum hat Gott dieses Universum geschaffen? Was erwartet er von seinen Kindern?« Und die größte Annäherung, die man in wenigen Worten finden kann, lautet: Er will, dass wir spirituell wachsen. Er lädt uns Prüfungen auf, so wie die Prüfungen, die wir einst in der Schule gemacht haben, weil sie uns helfen, ein besserer Mensch zu werden. Das Leben ist eine einzige Herausforderung. Das Leben ist ein Abenteuer. Es ist ein wunderbares, aufregendes Abenteuer. Wir alle sollten unser Bestes geben, solange unser Schöpfer uns erlaubt, auf diesem Planeten zu verweilen.

TEIL VII
TUN SIE ES, GENIESSEN SIE ES UND TEILEN SIE MIT ANDEREN!

Kapitel 41
Die Zukunft strahlt heller, als Sie glauben

Der Sinn des Lebens besteht darin zu glauben,
dass das Beste noch vor einem liegt.
PETER USTINOV

Warum wollen die meisten Menschen ein Vermögen aufbauen? Weil sie eine höhere Lebensqualität erlangen wollen. Und eine Sache, die ich zweifellos weiß, ist, dass jeder Mensch selbst die größten Probleme bewältigen kann, wenn er das Gefühl hat, die Zukunft verspreche Besserung.

Wir alle brauchen überzeugende Zukunftsperspektiven.

Wenn Sie sich also fragen, warum wir in einem Buch über Finanzen über die Zukunft und technologische Durchbrüche sprechen, liegt das daran, dass die Technologie ein versteckter Vermögenswert ist, der Ihr Leben mit jedem Tag mehr bereichern wird.

Gegenwärtig und in der nahen Zukunft wird es Durchbrüche geben, die Ihre Lebensqualität und das Leben aller Menschen substanziell verbessern werden. Die Flut der technologischen Neuerungen bietet Chancen, von denen alle profitieren.

In Bezug auf Finanzfragen bedeutet das unter anderem, dass die Kosten der Technologie ständig sinken, während die Möglichkeiten ständig steigen! Was bedeutet das für Sie? Es bedeutet, dass Sie selbst dann Aussicht auf eine hohe zukünftige Lebensqualität haben – und zwar für weniger Geld, als Sie denken –, wenn Sie erst spät im Leben mit dem Vermögensaufbau beginnen.

Wenn Sie sich mit den Trends in der Technologie befassen, hat das zudem den Nebeneffekt, dass Sie ein Bewusstsein für einige der großartigsten Investmentchancen Ihres Lebens entwickeln. Die Weiterentwicklung dieser Technologien potenziert sich ständig. Der Zeitpunkt, aktiv zu werden, ist hier und jetzt.

Ich hoffe, dass dieses Kapitel Sie dazu inspirieren wird, sich besser um sich selbst und Ihre Familie zu kümmern, und zwar nicht nur in finanzieller, sondern auch in gesundheitlicher Hinsicht. Ohne Gesundheit kein Wohlstand. Ein langes Leben, das Ihnen die Möglichkeit eröffnet, von einigen der herausragenden Vorteile, die die Technologien bieten, zu profitieren, sollte eine Ihrer Prioritäten sein – vor allem, nachdem Sie von einigen der Veränderungen erfahren haben, die zu diesem Zeitpunkt ihre Wirkung entfalten.

Wir wollen daher einen kurzen Ausflug in die technologische Zukunft unternehmen und die neuesten Entwicklungen betrachten. Ich muss vorwegnehmen, dass dieses Kapitel ganz klar eine positive Denkweise voraussetzt. Sie basiert aber nicht allein auf meinem persönlichen Enthusiasmus, sondern spiegelt vielmehr die Ergebnisse der Arbeit einiger der herausragendsten Wissenschaftler der Welt wider, und zwar nicht derjenigen, die sich darauf beschränken, Prognosen zu treffen, sondern die auch die Ergebnisse ihrer Prognosen liefern. Menschen, die für großartige Durchbrüche verantwortlich gewesen sind, zum Beispiel die Entzifferung des menschlichen Genoms, die Entwicklung des ersten digitalen Spracherkennungssystems und der Entwicklung kommerzieller Weltraumfähren, die Menschen zur Weltraumstation ISS bringen und wieder zurück.

Ich weiß, dass viele Menschen die Technologie mit großer Skepsis betrachten. Und vielleicht haben sie recht. Einige sehen eine Zukunft, in der Roboter im Stile eines Terminators die Herrschaft übernehmen und befürchten genetisch veränderte »technologische« Lebensmittel. Andere stellen sich fliegende Autos oder androide Helfer vor, wie sie in Science-Fiction-Filmen vorkommen, oder Lebensmittel, die aus einer einzigen Zelle gezüchtet und mit denen die Hungernden der Welt ernährt werden können. Keines dieser extremen Szenarien ist bisher Wirklichkeit geworden. Ich ziehe es vor, mich auf die Art und Weise zu konzentrieren, wie technologische Neuerungen unsere Lebensqualität verbessern können. Dabei ist mir durchaus klar, dass viele Menschen technologische Neuerungen fürchten und sich Sorgen machen, dass wir uns als Menschen mit dem Tempo der technischen Innovationen überfordern.

All diese Fortschritte haben zugegebenermaßen auch Kehrseiten gehabt, die zumeist darin bestanden, dass die Technik menschliche Arbeitskraft ersetzte und damit Arbeitsplätze überflüssig machte, bis es gelang, neue Formen der Beschäftigung zu entwickeln. Der einflussreiche

Finanzier und Kolumnist Steven Rattner wies in der *New York Times* einst darauf hin, dass sich Königin Elisabeth I. von England im 16. Jahrhundert weigerte, eine Strickmaschine zu patentieren, weil diese Maschinen ihre »armen Untergebenen« um ihre Arbeit bringen würden. Laut Rattner besteht »der Trick jedoch nicht darin, obsolete Arbeitsplätze zu schützen, sondern neue zu erschaffen. Und das hat seit der Erfindung des Rads stattgefunden«.

Zumeist wurden neue Erfindungen zur Verbesserung der Lebensqualität der Menschen verwendet. Einige der größten weltweiten Herausforderungen unserer Zeit, vom Kohlenstoffdioxid-Ausstoß über Wassermangel bis zur Verknappung von Agrarland, werden unter Einsatz neuer Technologien bekämpft. Und all das scheint praktisch über Nacht zu geschehen. Im Verlauf der Geschichte hat es aber auch immer eine Minderheit gegeben, die jedes neue Instrument und jede neue Entwicklung als Waffe eingesetzt hat. Strom kann eine Stadt beleuchten, aber auch töten. Es gibt allerdings unendlich mehr Straßenlaternen als elektrische Stühle. Ein Flugzeug kann uns über den Ozean tragen, oder sich in eine Bombe verwandeln. Es gibt jedoch unendlich mehr Flüge als Flugzeugentführungen und Versuche, Flugzeuge in Massenvernichtungswaffen zu verwandeln.

Es liegt in der menschlichen Natur, Unbekanntes zu fürchten und sich die schlimmsten Folgen auszumalen. Unsere Gehirne sind von der Evolution auf Überleben programmiert, was dazu führt, dass alles Unbekannte zunächst als Gefahr angesehen wird. Unsere Befürchtungen können aber auch eine schädliche Bremswirkung entfalten. Science-Fiction hat bei vielen Menschen Ängste vor futuristischen Technologien, wie zum Beispiel künstlicher Intelligenz, ausgelöst. Zeitgenössische Wissenschaftler und Futuristen wie Ray Kurzweil, Peter Diamandis oder Juan Enriquez betrachten zukunftsweisende Technologien jedoch als Chance für die Weiterentwicklung der Menschheit und auf eine Veränderung zum Besseren.

Wenn Sie sich von einer optimistischen Zukunftsbetrachtung irritiert fühlen, sollten Sie besser zum nächsten Kapitel vorblättern! Wenn Sie jedoch ernsthaft daran interessiert sind zu erfahren, wie Technologien unser Leben beeinflussen, wird Ihnen dieses Kapitel dabei helfen zu verstehen, was derzeit möglich ist und welche Neuerungen auf uns zukommen werden. Sie können mit Optimismus oder mit Pessimismus in die Zukunft blicken, Tatsache ist, Sie werden sie nicht verändern. Warum? Weil die Zukunft bereits Gegenwart ist.

Die beste Methode zur Vorhersage der Zukunft besteht darin, sie zu erfinden.
ALAN KAY

Alle zehn Minuten erleidet ein amerikanischer Bürger schwere Verbrennungen. Die Opfer werden unter unerträglichen Schmerzen ins Krankenhaus gebracht (Brandwunden verursachen die schlimmsten Schmerzen, die man sich vorstellen kann). Dort werden die Brandwunden gereinigt und desinfiziert und das tote Gewebe entfernt, nötigenfalls chirurgisch. Anschließend werden die Wunden mit besonderen Verbänden abgedeckt. Bei sehr tief gehenden Verbrennungen muss unter Umständen Spenderhaut transplantiert werden. Wenn das Brandopfer überlebt, kann die Verheilung und Narbenbildung brutal schmerzhaft sein. Ich bin sicher, Sie haben schon einmal die Brandopfer gesehen, deren Gesichter und Gliedmaßen bis zur Unkenntlichkeit verbrannt waren. Manchmal sind zahlreiche Operationen zur Rekonstruktion nötig, und der Heilungsprozess kann viele Jahre dauern.

Stellen Sie sich also vor, wie der 40 Jahre alte State Trooper[1] Matt Uram plötzlich zu einer weiteren Zahl in dieser furchtbaren Statistik wurde. Auf einen Schlag veränderte sich sein Leben für immer. Wie das geschah? Er stand neben einem Lagerfeuer, als jemand eine Tasse Benzin in die Flammen schüttete. Die Flammen, die daraufhin in die Höhe schossen, verbrannten Matt den rechten Arm und die gesamte rechte Kopf- und Gesichtshälfte. Die Ärzte und Krankenschwestern entfernten in Windeseile die verbrannten Hautreste und desinfizieren Matts Wunden, indem sie entsprechende Wundverbände anlegten. Normalerweise hätte Matt für Wochen oder sogar Monate in der Abteilung für Brandverletzungen gelegen und zweimal pro Tag den gleichen äußerst schmerzhaften Reinigungs- und Desinfektionsprozess durchlitten. Stattdessen machte sich ein Spezialistenteam unter Einsatz einer neuen Technik an die Arbeit. Von Matts unverbrannter Haut kratzten sie eine Schicht gesunder Hautzellen ab. Die gesunden Hautzellen wurden kultiviert, und bald darauf wurde mit einer Art Spritzpistole eine Lösung aus seinen eigenen Stammzellen auf die Brandwunden aufgetragen.

Drei Tage später waren seine Arme und sein Gesicht komplett verheilt. (Sie müssen dieses Wunder sehen, um es zu glauben! Rufen Sie

[1] Die Polizei des jeweiligen US-Bundesstaates (A.d.Ü.).

www.youtube.com/watch?v=eXO_ApjKPal auf.) Es sind kaum Narben zu erkennen. Ich weiß, das klingt wie aus einem Science-Fiction-Film, hat sich aber vor wenigen Jahren in Pittsburgh zugetragen.

Die Technik, die Matt Uram geheilt hat, befindet sich in den USA zwar noch in der klinischen Testphase, in Australien und Europa werden ähnliche Stammzellenverfahren aber bereits bei Hunderten von Brandopfern angewendet. Inzwischen gibt es sogar einen »3-D-Bio-Stift«, mit dem Chirurgen lebende Zellen direkt auf Knochenfrakturen auftragen können. Diese Zellen vervielfältigen sich und entwickeln sich zu Nerven, Muskeln und Knochen und heilen den beschädigten Bereich. Mit dieser neuen Technologie können Chirurgen nach Belieben augenblicklich Zellen platzieren. Und das ist nur eine der unglaublichen neuen Therapien, die heute zur Verfügung stehen und mit ihrer Weiterentwicklung für jedermann erschwinglicher werden.

Die Welt, in der wir heute leben, ist ein Ort der täglichen Wunder, an dem sich die Veränderungen in einem Tempo vollziehen, dass wir sie gelegentlich nicht einmal wahrnehmen. Vielleicht nehmen wir sie aber auch als selbstverständlich hin.

Wenn Sie im Jahr 1980 jemandem die Welt von 2015 beschrieben hätten, hätte diese Person gedacht, Sie fantasieren. Dabei sind gerade einmal 35 Jahre vergangen! Wir sind daran gewöhnt, die Zukunft vorherzusagen, indem wir uns ansehen, was heute oder gestern passiert ist. Das hilft uns aber nicht mehr weiter. Bis in die jüngere Vergangenheit waren umwälzende Neuerungen eher selten, und sie vollzogen sich so langsam, dass sie in Zeitaltern gemessen wurden: Bronzezeitalter, Eisenzeitalter etc. Heute vollziehen sich grundlegende Veränderungen in rasantem Tempo. Das bedeutet, dass in kürzerer Zeit größere Quantensprünge erzielt werden. Der durchschnittliche Mensch hat heute Möglichkeiten, von denen der reichste ägyptische Pharao nur träumen konnte. Stellen Sie sich vor, was er darum gegeben hätte, sich in einem Stuhl oder einem Bett in die Luft erheben zu können, um in wenigen Stunden den Ozean zu überqueren, anstatt sich viele Monate den Unbilden eines unberechenbaren Meeres auszusetzen?

Selbst ein Pharao konnte keine 200 Millionen Dollar ausgeben, um zu seiner und anderer Leute Unterhaltung einen Film zu drehen. Heute erscheint jede Woche eine Vielzahl neuer Filme, die wir uns für wenig Geld im Kino (oder noch günstiger bei Netflix) ansehen können.

Seien wir ehrlich, wir leben in einer der außerordentlichsten Zeiten der Welt. Wir haben erlebt, wie die Lebenserwartung der Menschen in den letzten 100 Jahren von rund 31 auf 67 Jahre gestiegen ist und sich somit mehr als verdoppelt hat. In derselben Zeit hat sich das durchschnittliche (inflationsbereinigte) Pro-Kopf-Einkommen der Menschen weltweit verdreifacht. Vor 100 Jahren verbrachte die Mehrheit der Amerikaner 43 Prozent des Tages nur damit, zu arbeiten, um essen zu können. Dank der Fortschritte in Landwirtschaft und Verteilung sind es heute nur noch 7 Prozent.

Sie haben Post!

Als ich Anfang der Neunzigerjahre zum ersten Mal den damaligen US-Präsidenten Bill Clinton traf, erinnere ich mich lebhaft, dass wir zusammensaßen und ich sagte: »Mr. President, vielleicht gibt es eine Möglichkeit, dass wir elektronisch kommunizieren können.« Er blickte mich so verwirrt an, dass ich hinzufügte: »Ich habe gerade begonnen, eine neue Sache namens E-Mail auszuprobieren. Ich habe ein AOL-Konto. Haben Sie auch eines?« Darauf antwortete er: »Oh, ich habe davon gehört!« Damals hatten US-Präsidenten aber keine E-Mail-Konten. Das Mobiltelefon, das ein Stammesangehöriger aus Amazonien im Dschungel mit sich herumträgt, verfügt über mehr Rechenkapazität, als Clinton damals als Führer der freien Welt zur Verfügung hatte. Der Eingeborene kann damit online Futter für seine Kühe kaufen oder die Schulgebühren für seine Kinder bezahlen. Er kann Sprachen übersetzen und wenn er will, hat er Zugang zu Wirtschaftskursen der Universität von Yale und zu Mathematikkursen des MIT. Wir leben heute in einem völlig veränderten Universum, und das ist nur der Anfang vom Anfang.

»Das verhindert, dass ich alle zwei Sekunden auf mein Handy schaue.«

Und die Dynamik des Wandels nimmt Tag für Tag zu. »Die Zukunft wird um einiges besser sein, als wir uns vorstellen«, sagt mein Freund Peter Diamandis, Gründer der X Prize Foundation, Luftfahrtingenieur, Arzt und Unternehmer. »Die Menschheit tritt in ein Zeitalter der radikalen Transformationen ein, das sich dadurch auszeichnet, dass die Technologie das Potenzial besitzt, den grundlegenden Existenzstandard aller Menschen auf diesem Planeten zu verbessern.«

Was heißt das für Sie? Es heißt, dass Sie in der Zukunft eine höhere Lebensqualität genießen werden, als Sie sich je vorgestellt haben, selbst wenn Sie alles falsch machen und das, was Sie in diesem Buch gelernt haben, nicht beherzigen.

Der Schlüssel zu Fülle und Überfluss besteht darin, begrenzten Umständen mit unbegrenzten Gedanken zu begegnen.
MARIANNE WILLIAMSON

Die Technologie wird verändern, wie wir Mangel wahrnehmen. Mangel ist der gemeinsame Nenner, der uns Furcht einflößt. Die Vorstellung, dass von den Dingen, die wir brauchen und die wir wertschätzen, nicht genug da ist: Wasser, Lebensmittel, Geld, Ressourcen, Zeit, Raum, Freude und Liebe. Warum streben die Menschen nach Wohlstand? Weil sie glauben, dass sie keinen Mangel erleiden werden, wenn sie reich sind. Diese Angst vor Mangel ist tief in unser Gehirn einprogrammiert. Mangel muss aber kein dauerhafter Zustand sein. Die Technologien können das ändern. Wussten Sie, dass es eine Zeit gab, in der das knappste und kostbarste Metall der Welt ... Aluminium war? Ja, richtig! Dieses Element aus Tonerde zu lösen, war damals unglaublich schwierig und teuer. Im Frankreich des 19. Jahrhunderts galt Aluminium als das ultimative Statussymbol. Bei einem kaiserlichen Bankett ließ Napoleon III. dem König von Siam Aluminiumbesteck auflegen, anstatt dem üblichen Goldbesteck. Ende des Jahrhunderts fanden Wissenschaftler jedoch eine Methode zur Massengewinnung von Aluminium, mit der Folge, dass das leichte, nun billige Metall den Markt überschwemmte.

Peter Diamandis erzählt diese Geschichte gerne, um deutlich zu machen, dass Mangel beziehungsweise Verknappung eine Funktion unserer Fähigkeit – beziehungsweise Unfähigkeit – ist, uns Zugang zu Ressourcen zu verschaffen. Peter schrieb ein außergewöhnliches Buch mit dem Titel *Überfluss: Die Zukunft ist besser, als Sie denken*, das auf rund 300 Seiten ausführlich behandelt, was ich hier auf wenigen Seiten zusammenzufassen versuche. Hier eine großartige Metapher zur Überwindung von Verknappung mithilfe der Technologie, die ich seinem Buch entnommen habe: »Stellen Sie sich einen riesigen Orangenbaum voller Orangen vor«, schreibt Peter. »Wenn ich alle Orangen von den unteren Ästen pflücke, habe ich meine Reichweite erschöpft – Orangen sind nun knapp. Sobald aber jemand eine Technologie namens Leiter erfand, hatte ich wieder Zugang zu Orangen. Problem gelöst. Die Technologie ist ein Mechanismus, der Ressourcen freisetzt.«

Angesichts des rasanten Bevölkerungswachstums, müssen wir schneller Ressourcen freisetzen als je zuvor. Die exponentielle Veränderung, über die wir gesprochen haben? Hier ein Beispiel:

- Es dauerte wenig mehr als 200.000 Jahre – genauer gesagt bis 1804 –, bis sich die Weltbevölkerung auf 1 Milliarde Menschen vermehrt hatte.
- Es dauerte nur 123 Jahre (bis 1927), bis sich die Weltbevölkerung auf 2 Milliarden Menschen verdoppelt hatte.

- Es hat aber nur 33 Jahre gedauert (bis 1960), bis die Weltbevölkerung auf 3 Milliarden Menschen angewachsen war!
- Und es hat nur 14 Jahre gedauert (bis 1974), bis sie um eine weitere Milliarde zugenommen hat.

Dieses Wachstum hat sich nicht verlangsamt. Trotz der Ein-Kind-Politik, die China seiner 1,3 Milliarden Menschen umfassenden Bevölkerung verordnet hatte, sowie aller möglichen weiteren Anstrengungen, das Wachstum der Weltbevölkerung zu bremsen, hat diese allein in den vergangenen 40 Jahren um mehr als 3 Milliarden Menschen zugenommen! In diesen vier Jahrzehnten ist sie um 300 Prozent schneller gewachsen, als in den 200.000 Jahren bis zum Jahr 1804. Heute leben 7,2 Milliarden Menschen auf der Erde! Wenn die Weltbevölkerung in diesem Tempo weiterwächst, wird sie nach wissenschaftlichen Schätzungen im Jahr 2050 9,6 Milliarden Menschen betragen.

Wie kann die Erde so vielen Menschen ein Auskommen bieten? Wenn wir unsere natürlichen Ressourcen weiterhin in diesem Tempo verbrauchen, »konsumieren wir 50 Prozent mehr Ressourcen, als die Erde nachhaltig produziert, und wenn wir keine radikale Veränderung einleiten, wird diese Zahl schnell zunehmen – im Jahr 2030 werden selbst zwei Planeten nicht mehr ausreichen«, so das Zitat von Jim Leape des World Wide Fund for Nature International im *Wall Street Journal*.

Der menschliche Einfallsreichtum in Kombination mit Technologie kann erreichen, dass das Angebot mit der Nachfrage mithalten kann.

Ich erinnere mich an eine Zeit, in der wir glaubten, das Öl würde knapp. Anfang der 1970er-Jahre – damals ging ich noch zur Highschool – gab es eine Ölkrise im Nahen Osten. Wer sich erinnert, weiß, dass damals das Benzin rationiert wurde und Fahrverbote für bestimmte Wochentage erlassen wurden. Ich fragte mich damals, ob uns das Öl ausgehen würde, bevor ich überhaupt den Führerschein bekäme! Eines Tages sagte mein Lehrer des Faches Technik: »Ich will euch einen Artikel vorlesen.« Ich hatte bereits in der Zeitschrift *Times* einen Bericht des Club of Rome gelesen, in dem behauptet wurde, unsere Ölvorkommen würden nur noch für wenige Jahre reichen und die gesamte Wirtschaft würde zusammenbrechen. Der Artikel, den unser Lehrer vorlas, war im gleichen Ton gehalten, Angst und Schrecken verbreitend. Dann zeigte uns der Lehrer, was er genau vorgelesen hatte: einen Zeitungsartikel aus den 1850er-Jahren, der von einer Ölkrise handelte ... Walöl!

Im 19. Jahrhundert wurde das Öl, mit dem in Amerika Lampen befeuert wurden, hauptsächlich aus Walöl gewonnen. Ohne Walöl kein Licht. Wale waren aber überfischt, daher sorgten sich die Menschen über eine Ölverknappung und infolgedessen schossen die Ölpreise durch die Decke. Doch was passierte 1859? In Pennsylvania wurde Rohöl entdeckt und damit ein ganze neue Ölquelle verfügbar. Bald darauf hatten wir Kerosinlampen und dann Verbrennungsmotoren. Die Ölkrise von 1973? Die Technologie hatte die Verknappung bereits erleichtert. Mit neuen Ölförder- und Extraktionsverfahren konnten gewaltige Mengen fossiler Brennstoffe gewonnen werden. Und mit dem neuen Fracking-Verfahren haben wir nun mehr Gas, als Saudi Arabien Öl hat! Solche Technologien können nicht nur eine Wirtschaft verändern, sondern auch das geopolitische Machtgefüge. Zum ersten Mal in fast einem Jahrzehnt produzieren die USA im Jahr 2013 mehr Öl aus heimischen Quellen, als sie aus dem Nahen Osten importieren.

Die Zukunft liegt in erneuerbaren Energien wie Windkraft, Biobrennstoffen und – der große Sieger – Solarenergie. Laut dem Erfinder und Futuristen Ray Kurzweil lässt sich der weltweite Energiebedarf mit 1/10.000stel des Sonnenlichts decken, das täglich auf die Erde fällt. Die Herausforderung besteht bisher darin, die Sonnenenergie zu wettbewerbsfähigen Preisen zu gewinnen und zu speichern. Rays Prognosen zufolge werden die Kosten pro Watt Solarenergie in wenigen Jahren niedriger sein als die Kosten von Öl und Kohle.

Was wir brauchen, sind Leute, die sich auf das Unmögliche spezialisieren.
THEODORE ROETHKE

Legen wir eine kurze Pause ein und überlegen uns Folgendes: Woher werden all diese neuen Technologien kommen? Sie sprudeln bereits aus den bekannten Orten: Silicon Valley, NASA, der Defense Advanced Research Projects Agency (DARPA) sowie den herausragendsten Universitäten und Laboratorien der Welt. In zunehmendem Maße nutzen aber auch individuelle Erfinder die gewaltigen Ressourcen, die das Internet bietet, um Wege zu finden, die Dinge schneller, besser und kostengünstiger zu machen.

Ich will Ihnen von einem Teenager erzählen, den ich kennengelernt habe und der die Welt der Prothesen von einem Heimlabor – seinem Schlafzimmer – aus revolutioniert! Easton LaChappelle entwickelte mit

17 Jahren ein Roboterprogramm für die NASA, und dafür musste er kein technisches Studium an einer renommierten Universität absolvieren – er hatte das Internet.

Easton wuchs in einer Kleinstadt im Südwesten des Bundesstaats Colorado auf, wo es für einen Jugendlichen nicht viel zu tun gab. Also vertrieb er sich die Zeit damit, Haushaltsgeräte zu zerlegen und wieder zusammenzubauen. Mit 14 beschloss er, seine eigene Roboterhand zu bauen. Hey, warum nicht? Im Ort gab es keine nennenswerte Bibliothek, es gab auch keine Universität in Reichweite, also arbeitete er sich durch Webseiten wie Instructables und Hack It!, um sich Wissen in Elektronik, Programmierung und Mechanik anzueignen. Mit den Gegenständen, die er zur Verfügung hatte – Lego, Angelschnur, Isolierband, kleine Hobbymotoren und ein Nintendo Power Glove – baute er einen Prototyp.

Als er 16 war, hatte er sein Design ausgefeilt, indem er mithilfe eines 3-D-Druckers eine mechanische Hand aus verschiedenen Kunststoffschichten herstellte. Er bewarb sich mit seiner Erfindung bei einer Wissenschaftsmesse, wo er seinen persönlichen »Aha-Moment« erlebte. Dort traf er nämlich ein siebenjähriges Mädchen mit einer Armprothese, die seine Eltern 80.000 Dollar gekostet hatte. Im Verlauf ihres Lebens würde sie zwei weitere Prothesen brauchen. Easton dachte, »wer soll sich das leisten können?« Außerdem verfügte die mechanische Hand, die an der Armprothese befestig war, lediglich über einen Sensor und eine Bewegung. Eastons Gerät war technisch wesentlich ausgefeilter, da es über fünf flexible Finger verfügte. Auf der Stelle beschloss er, eine einfache, funktionelle und erschwingliche Prothese zu entwickeln, um amputierten Menschen wie diesem kleinen Mädchen zu helfen.

Easton ging wieder in sein Schlafzimmerlabor und baute einen ganzen Roboterarm, der die Bewegungen und die Kraft eines menschlichen Arms replizierte. Noch erstaunlicher war, dass er ein EEG-Headset entwickelte, das elektronische Hirnwellen in Bluetooth-Signale verwandeln konnte, mit denen sich der Roboterarm steuern ließ. (Ja, diese Dinge gibt es nicht nur in Science-Fiction-Filmen.) Der Arm wog weniger als die 80.000-Dollar-Version und hatte viel mehr Kraft. Eine Person konnte mit diesem Roboterarm mehr als 150 kg anheben! Eine gewaltige Verbesserung der bisherigen Technologie. Und was glauben Sie, hat diese Erfindung im Vergleich zur 80.000-Dollar-Version gekostet? 20.000 Dollar? 5.000 Dollar? 1.500 Dollar? Wie wäre es mit 250 Dollar?

Nachdem Easton im Sommer vor seinem 18. Geburtstag mit US-Präsident Barack Obama zusammengetroffen war, machte er ein Praktikum im NASA-Zentrum Johnson Space Center in Houston. Ende August dachte er sich bereits, »Ich muss hier weg. Die sind hier einfach zu langsam!« Er vermisste das Konstruieren der Geräte, die er selbst entworfen hatte, außerdem war ihm die NASA zu bürokratisch. Also kehrte er nach Hause zurück, um an der Entwicklung eines Roboter-Exoskeletts für einen querschnittsgelähmten Jungen seiner Highschool zu arbeiten. Easton hatte sich vorgenommen, dass dieser Junge auf eigenen Beinen zu seinem Abschluss gehen sollte.

Als ich über Eastons Exoskelett-Projekt las, wusste ich, dass ich zu ihm Kontakt aufnehmen musste. Ich hatte mit Überlebenden von Amokläufen gearbeitet, einschließlich der Massaker in Newton, Connecticut und Aurora, Colorado. Ich habe vielen von ihnen geholfen, nach den unvorstellbaren Verlusten wieder zum Leben zurückzufinden, einschließlich einer jungen Frau namens Ashley Moser, die als schwangere Mutter mitansehen musste, wie ein durchgeknallter Mörder vor ihren Augen ihre sechsjährige Tochter erschoss, bevor er die Waffe auf sie richtete. Die zwei Kugeln, die Ashley trafen, töteten ihr ungeborenes Baby und führten dazu, dass Ashley querschnittsgelähmt wurde. Als ich sie kennenlernte, trug sie sich mit Selbstmordgedanken. Ich flog sie und ihre Familie zu unserer Veranstaltung Unleash The Power Within, und wir arbeiteten gemeinsam darauf hin, eine Umgebung zu schaffen, in der diese bemerkenswerte junge Frau ihren emotionalen Heilungsprozess beginnen konnte.

Ich wollte, dass Ashley wieder laufen konnte! Also rief ich Easton an und schlug ihm vor, sein Projekt zu finanzieren. Seitdem sind wir Geschäftspartner und arbeiten gemeinsam daran, kostengünstige Prothesen zu entwickeln, die sich auf der ganzen Welt einsetzen lassen und das Leben der Betroffenen völlig verändern können – egal wo sie leben oder wie viel Geld sie haben. Das ist Eastons Mission. (Übrigens wird Eastons Freund aus der Highschool dieses Jahr – 2015 – seinen Abschluss machen. Easton berichtet, er sei auf dem besten Wege, auf eigenen Füßen zum Podium zu gehen. Eastons Ziel ist die Entwicklung eines so dünnen und flexiblen Exoskeletts, dass man es unter der Kleidung tragen kann! Womöglich würde es gar nicht auffallen, wenn jemand ein solches Skelett trüge.)

Eastons andere Mission besteht darin, jungen Leuten auf der ganzen Welt mitzuteilen, dass auch sie Technologien erfinden können, anstatt sich auf die Rolle von Konsumenten zu beschränken. »Jeder kann ein Erfinder sein«, sagte Easton. »Mit einem Internetzugang und 3-D-Technologie können Jugendliche alles tun, was sie wollen. Sie müssen sich nicht selbst mit der Einstellung beschränken, ›Wenn ich erfolgreich sein will, muss ich studieren. Einen anderen Weg gibt es nicht.‹ Es gibt wirklich andere Optionen.«

Zweifellos ist Easton LaChappelle eine außergewöhnliche Person. Ich würde ihn sogar als Genie bezeichnen. Aber wie viele weitere Eastons gibt es wohl – in Ländern wie Indien, Tansania, Australien, Dagestan, Uruguay, Singapur –, die sich in ihre Computer einloggen und sich Wege ausdenken, um die Welt, in der wir leben, zu verbessern? Easton benutzte Open-Source-Software-Technologie, um sein erstes Design einer Roboterhand mit allen Menschen auf der Welt zu teilen, damit sie es kopieren und verbessern, falls sie es möchten. Wir alle können inzwischen unsere eigenen Verleger und Erfinder werden und unsere Ideen per Internet mit allen Menschen teilen. Die Schleusentore sind geöffnet und laden zu einer der größten Revolutionen unserer Zeit ein, die auch als MakerBot-Zeitalter beziehungsweise Maker-Revolution bezeichnet wird. Easton LaChappelle ist einfach einer der vielen, die an vorderster Front einer Do-it-yourself-Innovationsbewegung stehen, die von der unbegrenzten Weiterentwicklung der Technologien angetrieben wird. Chris Anderson, CEO von 3-D-Robotics, bezeichnet das als die »neue Industrierevolution«. Heute kann jedermann lernen, was Studenten in Harvard, am MIT oder in Stanford lernen. Sie können mit den besten Dozenten in einen Austausch treten, Ideen, Konzepte und Techniken mit anderen teilen und Geräte konstruieren und Dienstleistungen für ein paar hundert Dollar entwickeln, die einst viele Millionen Dollar kosteten.

Jedes Jahr finden in ganz Amerika Kreativmessen – sogenannte »Maker Faires« – statt, die Erfinder, Hobbytechniker, Ingenieure, Studenten, Dozenten, Künstler und Unternehmer zu einer Veranstaltung zusammenbringen, die als »Greatest Show (and Tell) on Earth« bezeichnet wird. Im Jahr 2013 nahmen mehr als 540.000 Menschen an 100 Maker Faires weltweit teil. Am 18. Juni 2014 holte der damalige US-Präsident Obama eine Maker Faire ins Weiße Haus, wo er von einer riesigen Robotergiraffe begrüßt wurde. Der Präsident besichtigte ein kleines tragbares Haus und spielte auf einem Keyboard aus Bananen. Außerdem traf er Marc Roth aus

San Francisco, der in einem Obdachlosenasyl lebte, als er begann, einen lokalen »TechShop« zu besuchen, in dem er lernte, 3-D-Drucker und Lasercutter zu bedienen. Sechzehn Monate später gründete er sein eigenes Laser-Cutter-Geschäft und leitet inzwischen ein Programm, um anderen, die einen Neuanfang suchen, Hightech-Fertigkeiten zu vermitteln.

Außerdem sprach Obama zwei jungen Mädchen aus North Carolina öffentlich seinen Dank aus, die ein Roboterunternehmen gründeten, anstatt klassisch Zeitungen auszutragen. Ihr Motto: »Wenn du es dir vorstellen kannst, kannst du es auch machen – egal was es ist.«

»Das ist ein ziemlich gutes Motto für Amerika«, rief Obama der Menge zu. »Dies ist ein Land, das sich eine interkontinentale Eisenbahnlinie vorgestellt hat; das sich vorgestellt hat, dass unsere Städte mit Strom versorgt werden; das sich Wolkenkratzer vorgestellt hat, die in den Himmel ragen, und ein Internet, das uns alle näher zusammenbringt.« Obama forderte alle Unternehmen, Universitäten und Gemeinden auf, die Maker zu unterstützen. »Wenn wir das tun, werden wir in der Lage sein, in den kommenden Jahren mehr gut bezahlte Arbeitsplätze zu schaffen. Es werden Industrien entstehen, die wir uns heute noch nicht vorstellen können.«

Diese Maker-Revolution wird möglich, weil sich neue Technologien explosionsartig vermehren und über das Internet ausbreiten. Vor zehn Jahren verband das Internet 500 Millionen Menschen; heute sind es 2 Milliarden. Experten schätzen, dass in sechs Jahren insgesamt 5 Milliarden Menschen per Internet vernetzt sind. Stellen Sie sich die geballte Macht dieser weltweit vernetzten, ungebremsten Kreativität vor! Das erste Internet war ein Kommunikationsnetz für Militärbehörden und Universitäten. Dann wurde es zum virtuellen Tummelplatz der Dotcom-Unternehmen. Anschließend war es das Internet der Ideen, und dann hat es sich mithilfe der sozialen Medien zum Internet der Beziehungen gewandelt. Derzeit ist es das Internet der Dinge, aller Dinge. Heute sind in die alltäglichsten Gegenstände Computer und Sensoren eingebaut, die Signale und Botschaften versenden und untereinander kommunizieren. Maschinen verbinden sich mit anderen Maschinen, die sich wiederum mit uns verbinden und alle in einem einzigen mächtigen globalen Netzwerk verknüpfen. Mit 3-D-Druck wird das Internet über unsere kühnsten Träume hinaus transformiert und erweitert.

3-D-Druck: von Science-Fiction zu wissenschaftlichen Fakten

Kennen Sie die »Replikatoren«, die in den *Star-Trek*-Filmen verwendet werden, um im Raumschiff Enterprise Hamburger und Kaffee aus dem Nichts herbeizuzaubern? Nun, Wissenschaftler behaupten, wir seien nicht mehr weit davon entfernt! Wir haben bereits viel über 3-D-Druck gesprochen, aber das Potenzial dieser Technologie ist nur schwer zu erfassen, wenn man sie nicht praktisch erlebt hat. 3-D-Druck ist eigentlich ein Schlagwort für digitale Fertigung, wobei die »3-D-Drucker« so etwas wie Minifabriken sind, die Computerdateien als Blaupausen nutzen, um Schicht für Schicht dreidimensionale Objekte zu erstellen. Die Drucker können mindestens 200 unterschiedliche verflüssigte oder pulverisierte Materialen verarbeiten, darunter Plastik, Glas, Keramik, Titan, Nylon, Schokolade und sogar lebende Zellen. Was man damit machen kann? Eigentlich sollte die Frage lauten: Was kann man *nicht* damit machen?! Bisher wurde dieses Verfahren genutzt, um Laufschuhe herzustellen, Goldarmbänder, Flugzeugteile, Geschirr, Bikinis, Gitarren und Solarpanels, von menschlichen Luftröhren, Ohren und Zähnen ganz zu schweigen. Es gibt 3-D-Drucker, die so klein sind, dass sie in ein Jugendzimmer passen und Schichten aus Kunststoff in eine funktionierende Arm- oder Beinprothese verwandeln. Und dann gibt es die 3-D-Drucker in China, die die Größe von einem Flugzeughangar haben und mit denen man am Tag zehn Häuser aus Schichten aus Beton gemischt mit recycelten Baumaterialen drucken kann. Die Kosten? Gerade einmal 5.000 Dollar pro Haus, und es ist fast keine menschliche Arbeitskraft nötig!

Noch beeindruckender ist vielleicht die Partnerschaft, die die NASA mit America Makes eingegangen ist, einem Netzwerk aus Unternehmen für 3-D-Druck, mit dem Ziel, einen weltweiten Wettbewerb zu sponsern, um eine der großen Herausforderungen der Menschheit zu bewältigen: den Bedarf an Unterkünften, vor allem Notunterkünften im Fall von Naturkatastrophen. Stellen Sie sich vor, wie sich mit 3-D-Druckern an Ort und Stelle in wenigen Stunden – nicht Monaten – Unterkünfte aus lokalen Materialien erzeugen lassen. Die Einsatzmöglichkeiten dieser Technologie sind, wenn sie effektiv genutzt wird, beinahe grenzenlos.

Eines Tages werden Sie möglicherweise Jeans in Ihrer individuellen Passform drucken können, ohne das Haus verlassen zu müssen, während die Einwohner abgelegener Dörfer im Himalaja aus der Cloud Muster herunterladen und Werkzeuge, Wasserpumpen und Schulmaterialien – einfach alles, was sie brauchen – drucken. Und das werden auch Raumfahrttouristen tun können. Natürlich werden alte Technologien verschwinden, in dem Maße, wie sich Technologien wie 3-D-Druck im Internet ausbreiten. Und damit werden möglicherweise auch einige Unternehmen von der Bildfläche verschwinden. Es wird keinen Bedarf mehr an Ersatzteillagern geben. Und noch weniger Bedarf für Transport. Großartig für den Planeten, aber nicht so großartig, wenn Sie Lkw-Fahrer sind. Experten vermuten, dass allein in den USA rund 3,5 Millionen Lkw-Fahrer ihren Job verlieren werden, weil es unbemannte Roboterfahrzeuge geben wird, die 24 Stunden am Tag ausliefern – im Vergleich zu den acht Stunden, die ein Mensch fahren kann, bis er eine Pause machen muss. Und nachdem Sie einmal in einen solchen robotergesteuerten Lieferwagen investiert haben, brauchen Sie keine Gehälter mehr zu zahlen.

In dem Maße, wie alte Industrien untergehen, werden neue entstehen. Wir brauchen nur die richtige Ausbildung und Schulung und die richtige Mentalität, um mit dem Wandel zu gehen und die Nachfrage in dieser neu entstehenden Wirtschaft erfüllen zu können.

3-D-Druck ist aber nur eine der Technologien, die Teil der außerordentlichen Weiterentwicklung sind, die unsere Lebensqualität dauerhaft verändern wird. Nanotechnologie, Robotertechnik und Geweberegeneration sind drei weitere Bereiche, die es zu beobachten lohnt. Und wenn Sie sich fragen, warum wir über all das sprechen: Wir wissen, dass ständig technologische Fortschritte gemacht werden, die Lösungen für unsere dringendsten Probleme bieten, unabhängig von der Konjunkturlage, von Inflation oder Deflation, Krieg oder Frieden.

Haben Sie schon einmal von der demografischen Kurve gehört? Die Konsumausgaben von 77 Millionen Babyboomern befeuern seit Jahrzehnten die US-Wirtschaft. Doch nun erreichen jeden Tag 10.000 Babyboomer ihren 65. Geburtstag. Und daraus ist eine potenzielle Rentenkrise geworden, da die meisten weder Geld gespart haben noch eine ausreichende Altersversorgung besitzen.

Wir schieben in diesem Land einen Schuldenberg vor uns her, der größer ist, als je zuvor in der Menschheitsgeschichte: 17 Billionen Dollar Schulden und Verbindlichkeiten in Höhe von 100 Billionen Dollar, denen keine Finanzierung gegenübersteht, und zwar in Form der beiden Krankenversicherungen für Alte und Bedürftige, Medicare und Medicaid, der Sozialversicherung sowie weiterer Verpflichtungen.

Es gibt auch eine Umweltkurve, selbst wenn Sie nicht an den Klimawandel glauben. Und ganz eindeutig betreiben wir eine zu intensive Landwirtschaft. Doch egal wie groß die Problemwelle auch sein mag, die Technologiewelle ist ihr überlegen. Sie verspricht, alle Boote anzuheben und die gesamte Welt in eine Zukunft des Wohlstands und Überflusses zu führen.

»Ich glaube, diese Technologietrends sind jeder Krise überlegen«, sagte der Futurist und Risikokapitalgeber Juan Enriquez auf einer meiner jüngsten Wirtschaftskonferenzen. »Während sich alle über den Koreakrieg und den Kalten Krieg Sorgen machten, bauten die Menschen Transistoren. Während sich alle über den Zweiten Weltkrieg Sorgen machten, erfanden andere Antibiotika. Die meisten dieser Fortschritte hatten größere Auswirkungen auf unser aller Leben, als irgendwelche Kriege oder Auf- und Abschwünge.«

Unsere Probleme entstehen wellenartig – ihre Lösungen aber auch.

Ich surfe auf der gigantischen Welle des Lebens.
WILLIAM SHATNER

Niemand versteht diese Vorstellung besser als Ray Kurzweil, Erfinder, Autor und Unternehmer. Kurzweil, einer der brillantesten Köpfe, die ich kenne, wurde schon als Thomas Edison unseres Zeitalters bezeichnet. Wahrscheinlich haben Sie noch nie von ihm gehört, es sei denn, Sie sind ein TED Talk-Junkie oder studieren die Mannschaftsbesetzung von Google, wo Ray für Technik und Entwicklung verantwortlich ist. Dennoch hat er Ihr Leben auf vielfache Weise beeinflusst. Wenn Sie mit Ihrem Mobiltelefon oder im Internet Musik hören, haben Sie das Ray zu verdanken. Er hat die erste digitale Musik erfunden. Wenn Sie jemals eine E-Mail per Siri oder einem der anderen Voice-to-text-Systeme diktiert haben, dann dank Ray.

Ich erinnere mich an unsere Begegnung vor fast 20 Jahren und dass ich tief beeindruckt seiner Zukunftsbeschreibung lauschte. Damals klang das wie eine Utopie, aber heute gibt es das alles. Autos ohne Fahrer, die sich wie von Geisterhand bewegen; einen Computer, der den Schachweltmeister besiegen kann. Ray hatte damals bereits ein System zur optischen Buchstabenerkennung erfunden, mit dem er das erste Lesegerät für Blinde entwickelte – Stevie Wonder war sein erster Kunde. Heute möchte er Blinden dabei helfen, Verkehrsschilder zu lesen und sich ohne Hilfe ihren Weg durch die Stadt zu bahnen, in Restaurants zu gehen und mit einem Lesegerät von der Größe einer Zigarettenschachtel die Speisekarte zu lesen. Ray nannte mir auch das Jahr, in dem das geschehen sollte: 2005.

»Woher weißt du das, Ray?«, fragte ich.

»Tony, du verstehst das nicht. Die Technologie speist sich aus sich selbst heraus und wird immer schneller. Sie wächst exponentiell.«

Er erklärte, dass Moores Gesetz – ein Prinzip, demzufolge sich die Rechnerkapazität von Computern alle zwei Jahre verdoppelt, während sich die Kosten gleichzeitig halbieren – nicht nur für Mikrochips gilt. Es lässt sich auf alle Informationstechnologien anwenden und letztlich auf alle Aspekte unseres Lebens.

Was bedeutet das? Wenn Dinge exponentiell zunehmen, anstatt linear oder in einem arithmetischen Muster zu wachsen (1, 2, 3, 4, 5, 6 …), verdoppeln sie sich ständig (2, 4, 8, 16, 32 und so weiter). Ihre Wachstumsgeschwindigkeit nimmt ständig weiter zu. Wie wir aber festgestellt haben, ist dieses Konzept schwer zu erfassen. Wir Menschen sind nicht auf eine solche Denkweise programmiert.

»Erstens unterscheidet sich exponentielles Wachstum radikal von unserer Intuition«, erklärt Ray. »Unsere intuitive Erfassung der Zukunft ist durch die Evolution tief in unserem Gehirn verankert. Als wir vor 1.000 Jahren durch die Savanne liefen und im Augenwinkel ein Tier auf uns zukommen sahen, trafen wir lineare Vorhersagen darüber, wo sich das Tier 20 Sekunden später befinden und wie wir darauf reagieren würden.« Exponentielle Fortbewegung würde in diesem Fall bedeuten, dass das Tier zunächst einige langsame Schritte machen, dann plötzlich beschleunigen und im nächsten Augenblick schon auf einem anderen Kontinent sein würde.

Peter Diamandis verwendet eine andere Metapher: »Wenn ich dir sage, ›mach 30 lineare Schritte‹, befindest du dich anschließend ungefähr in 30 Meter Entfernung. Wenn ich dir aber sage, ›Mach 30 exponentielle Schritte‹, wo würdest du dann landen? Wie wäre es mit 1 Milliarde Metern? Das sind 26 Erdumrundungen!«

Wenn Sie das Konzept des exponentiellen Wachstums einmal verstanden haben, so Ray, ist sein Verlauf vorhersagbar. Ray weiß, wann die Technologie soweit ist, dass seine Vision Wirklichkeit wird. Auf diese Weise konnte er das Datum der Einführung seines ersten Lesegeräts in Taschengröße für Blinde und anderer Produkte vorhersagen. Ray spricht oft auf meinen Seminaren. Vor Kurzem erzählte er uns, wie er eine der unglaublichsten Entdeckungen unserer Zeit exakt vorhersagte: die Kartografierung des menschlichen Genoms.

»Ich sagte voraus, dass das Genomprojekt, das im Jahr 1990 begonnen wurde, innerhalb von 15 Jahren abgeschlossen sein würde, weil ich erkannte, dass die Fortschritte exponentiell sein würden«, sagte Ray. Die Skeptiker glaubten jedoch, es würde ein ganzes Jahrhundert dauern, bis man in der Lage wäre, den komplexen menschlichen Code aufzubrechen. Nach siebeneinhalb Jahren war erst 1 Prozent des Projekts fertigstellt. Laut Ray, »waren die Skeptiker immer noch stark überzeugt. Sie sagten, ›Ich habe Ihnen doch gesagt, dass das nicht funktionieren würde. Die halbe Projektzeit ist schon herum und das Projekt ist nur 1 Prozent vorangekommen. Das ist ein Misserfolg.‹ Ray beharrte jedoch darauf, dass es kein Misserfolg sei, sondern der bisherige Fortschritt seine These eher bestätige! »Exponentielles Wachstum ist zunächst alles andere als bemerkenswert. Die niedrige anfängliche Wachstumsrate verdoppelt sich. Zunächst sieht es so aus, als würde nichts passieren. Zu dem Zeitpunkt, da der Fortschritt 1 Prozent beträgt, ist man nur sieben Verdoppelungen von 100 Prozent entfernt! Im Jahr 2003 wurde das Genom erfolgreich entschlüsselt – lange vor dem anvisierten Zeitplan.

Was kommt als Nächstes? Wir haben bereits gesehen, wie man aus Stammzellen schmerzlos und narbenfrei menschliche Haut gewinnen kann und wie sich Sonnen- und Windenergie nutzen lassen. Aber wie sieht es mit anderen großen Herausforderungen aus?

Der Trinkwassermangel ist eine der größten Sorgen in Ländern mit einem rasanten Bevölkerungswachstum und geringen Niederschlägen. Das Wasser ist überall knapp – von Kalifornien bis Nigeria. Laut den Vereinten Nationen sterben jedes Jahr 3,4 Millionen Menschen an Krankheiten, die auf Wassermangel beziehungsweise mangelnde Wasserqualität zurückgehen. Es gibt aber inzwischen neue Entsalzungstechnologien, mit denen Meerwasser in Trinkwasser verwandelt werden kann, und zwar von Australien bis Saudi Arabien. Ein Unternehmen namens Water-Gen aus Israel ist bereits dabei, eine Anlage herzustellen, die sauberes Wasser aus der Luft gewinnt – ein Verfahren, das pro Liter gewonnenes Wasser lediglich für 2 Cent Strom verbraucht. In abgelegenen Dörfern, die nicht ans Stromnetz angeschlossen sind, gibt es einen neuartigen Wasserturm, der allein mithilfe seiner Form und den natürlichen Baumaterialien die Feuchtigkeit aus der Luft aufsaugt und in Trinkwasser verwandelt.

Der Erfinder des Segway-Scooters Dean Kamen ist eine Partnerschaft mit Coca-Cola eingegangen, um eine energieeffiziente Maschine von der Größe eines kleinen Hotelkühlschranks zu produzieren, der Abwasser verdampft und daraus sauberes Trinkwasser gewinnt. Dieses Gerät heißt Slingshot in Anlehnung an Davids Kampf gegen Goliath: die einfache, kleine Lösung für ein Mammutproblem.

Wie sieht es mit Nahrungsmitteln aus? Ray Kurzweil sagt, es entstünden neue Lebensmitteltechnologien, mit denen sich die doppelte Herausforderung fehlender kultivierbarer Ackerflächen bei gleichzeitiger Agrarverschmutzung bewältigen ließen, und zwar indem vertikal statt horizontal angebaut wird. Ray sieht eine Welt, die in den nächsten 15 Jahren »vertikale Landwirtschaft betreibt und Fleisch züchtet, ohne Tiere schlachten zu müssen, und zwar mithilfe des In-vitro-Klonens von Muskelgewebe in computergesteuerten Fabriken. Und all das zu ganz geringen Kosten, mit einem hohen Nährwert und ohne Auswirkungen auf die Umwelt.«

Keine Insektizide, keine Nitrogenkontamination. Kein Schlachten, um tierisches Eiweiß zu gewinnen. Das klingt unmöglich, aber Ray sagt, das sei sehr real, diese Dinge seien bereits im Entstehen begriffen. Wenn die grundlegenden menschlichen Bedürfnisse erfüllt werden können, werden die Menschen ein erfüllteres Leben haben, vor allem, wenn es uns gelingt, die anderen Herausforderungen zu bewältigen, die wir nach Rays Auffassung lösen können: Gesundheit und Älterwerden.

Älterwerden ist eine Frage des geistigen Siegs über die Materie.
Wenn sich der Geist nicht fürchtet, spielt die Materie keine Rolle.
MARK TWAIN

Alle die Veränderungen, über die wir hier gesprochen haben, sind revolutionär, aber laut Juan Enriquez werden die technologisch bedingten Veränderungen auf dem Gebiet der Gesundheitsfürsorge dramatischer sein als alles andere. Wie kann das sein? Nun, wir wissen, dass unsere DNS aus einer Sequenz chemischer Basen beseht, die als A, C, T und G bezeichnet werden. Die Bausteine des Lebens lassen sich folglich in einem Code ausdrücken, und Codes kann man verändern. Oder erzeugen. So wie man künstliches Leben erzeugen kann. Und das ist genau das, was Craig Venter, der Pionier auf dem Gebiet des menschlichen Genoms, im Jahr 2010 getan hat. Juan Enriquez gehörte zu seinem Team.

Als Juan auf einem meiner jüngsten Seminare sprach, fragte ich ihn: »Wie sind Sie und Craig Venter auf die Idee der Erzeugung künstlichen Lebens gekommen?«

Er kicherte und antwortete: »Wir saßen mit ein paar Leuten aus dem Team in einer Bar in Virginia und nach dem vierten Scotch sagte einer von uns, ›Wäre es nicht cool, wenn man eine leere Zelle programmieren könnte, so wie man einen neuen, leeren Computerchip programmiert? Was würde wohl passieren?‹« Juan machte eine Pause. »Das herauszufinden hat dann nur fünf Jahre und 30 Millionen Dollar gekostet!« Als Erstes entnahmen sie aus einer Mikrobe den gesamten genetischen Code. Dann setzten sie einen neuen Gencode ein und daraufhin entstand eine neue Spezies. Ganz nebenbei ist es die erste Lebensform, in deren genetischem Code eine Website eingebettet ist. Als Craig Venter den Durchbruch publik machte, sagte er: »Das ist die erste sich selbst reproduzierende Spezies der Welt, deren Eltern ein Computer ist.«

Wie Ray Kurzweil erklärt, sind unsere Gene wie Softwareprogramme, die sich verändern lassen, um Verhaltensänderungen herbeizuführen. Was bedeutet das? Es bedeutet, dass wir Zellen als Minimaschinen benutzen und sie so programmieren können, dass sie andere Dinge erzeugen, unter anderem, dass sie sich reproduzieren. »Diese Software produziert ihre eigene Hardware. Egal wie ich ein ThinkPad programmiere, werde ich morgen früh nach wie vor nur ein ThinkPad haben, und keine tausend. Wenn ich 1 Bakterie programmiere, werde ich morgen 1 Milliarde Bakterien haben«, erklärte Juan.

Das klingt völlig verrückt; man möchte meinen, es handele sich um einen Science-Fiction-Film, aber – wie ich mir selbst immer wieder in Erinnerung rufe – es ist Realität. Diese Technik wird bereits verwendet, um Kleidung zu produzieren. »All das Zeug, das Sie heute tragen – diese atmungsaktiven, funktionellen Stretchgewebe wie die Sportbekleidung von Under Armour? Sie werden heute bereits aus Bakterien gewonnen, und nicht aus Petrochemie«, sagte Juan. In Japan erzeugen Bakterien synthetische Seide, die fester ist als Stahl. Und genetisch modifizierte Nutztiere werden bereits als Medizinfabriken eingesetzt. In Neu-England gibt es einen Hersteller von Milchprodukten, dessen Kühe Milch produzieren, mit denen sich möglicherweise Krebs bekämpfen lässt.

Was immer sich der menschliche Geist vorstellen und glauben kann, kann er auch umsetzen.
NAPOLEON HILL

Ich habe Ihnen gesagt, dass wir auf eine ganz neue Welt zusteuern, und sie wird aufregend sein. Die Fortschritte in der Nanotechnologie und im 3-D-Druck bedeuten, dass medizinische Geräte in der Größe von Blutzellen womöglich eines Tages durch Ihren Körper wandern und Parkinson oder Demenz von innen bekämpfen. Nano-Implantate werden die von der Krankheit zerstörten biologischen Nervenzellen ersetzen. Und mikroskopisch kleine Cochlea-Implantate werden nicht nur den Gehörsinn wiederherstellen, sondern ihn auch verbessern, sodass die Menschen so viele Frequenzen wahrnehmen können, wie ein Wal von sich geben kann. Laut Ray wird aktuell bereits daran gearbeitet, genetisch modifizierte rote Blutkörperchen zu erzeugen, die eines Tages möglicherweise in der Lage sein werden, so viel Sauerstoff zu transportieren, dass ein Taucher mit einem einzigen Atemzug 40 Minuten unter Wasser bleiben kann.

Wissenschaftler arbeiten daran, eine Methode zu finden, mithilfe derer 3-D-Drucker individuelle Organe und andere Körperteile erzeugen können. Anthony Atala, Direktor des Wake Forest Institute für Regenerative Medizin sagt: »Theoretisch kann alles, was im Körper wächst, auch außerhalb des Körpers wachsen.« Atala hat bereits voll funktionsfähige menschliche Blasen im Labor erzeugt und sie transplantiert. In den vergangenen 15 Jahren wurde kein aus Stammzellen gewonnenes Gewebe von dem Körper eines Empfängers abgestoßen. Atala und andere arbeiten bereits an der Erzeugung komplexerer Organe, zum Beispiel Herz, Niere und Leber. Eines Tages werden die Ärzte in der Lage sein, ein neues Herz für Sie zu bestellen, falls ein Infarkt oder ein Virus Ihre Herzklappen beschädigt. Vielleicht wird aber auch ein neues Herz aus Ihren eigenen Hautzellen erzeugt!

Wenn Sie die Mittel haben, sind einige dieser Wunderheilmethoden bereits verfügbar, so zum Beispiel die »extrazelluläre Matrix« oder EZM, die aus den Zellen einer Schweineblase gewonnen wird. Wenn dieses Gewebe auf verletztes menschliches Gewebe aufgetragen wird, veranlasst diese Matrix unsere eigenen Stammzellen dazu, Muskeln, Sehnen und sogar Knochen nachwachsen zu lassen. Mit dieser Technik wurden bereits erfolgreich Fingerkuppen wiederhergestellt! Diese Technik ist bisher noch sehr teuer und daher nicht jedem zugänglich, aber das wird sich ändern.

Das Konzept hinter der regenerativen Therapie ist einfach: Unser Körper weiß bereits, wie er seine einzelnen Bestandteile nachwachsen lassen kann. Wir müssen nur lernen, die Stammzellen zu aktivieren, die in uns leben. Wir wissen, dass uns nach dem Ausfall der Milchzähne neue Zähne wachsen. Aber wussten Sie auch, dass – wie Stephen Badylak von der University of Pittsburgh erklärte – wenn ein neugeborenes Baby einen Finger verliert, dieser bis zum Alter von zwei Jahren nachwachsen kann? Echsen können bei Gefahr ihren Schwanz abwerfen, der anschließend nachwächst. Warum sollten menschliche Gliedmaßen oder Wirbelsäulen nicht nachwachsen können? Wenn es uns gelingt herauszufinden, wie wir das Potenzial der Stammzellen ausschöpfen können, werden die medizinischen und ästhetischen Möglichkeiten grenzenlos sein.

Ray Kurzweil zufolge sollten wir besser hier und jetzt damit beginnen, für unsere Zukunft vorzusorgen, wenn wir diese medizinischen Durchbrüche nutzen und unsere Lebenserwartung verlängern wollen. Die Idee ist, lange genug zu leben, um der Technologie Zeit zu geben, sich entsprechend zu entwickeln. Wenn Sie um die Jahrtausendwende geboren sind, werden Sie das vielleicht erleben. Wenn Sie zur Generation der Babyboomer gehören, ist es Zeit, auf dem Stepper zu trainieren und sich richtig zu ernähren. Ray hat mit verschiedenen Ärzten sogar ein Team gebildet, das gemeinsam ein Buch mit dem Titel *Transcend: Nine Steps to Living Well Forever* herausgebracht, das Strategien zur Optimierung Ihrer Gesundheit enthält, damit Sie lange genug leben, um die Technologien nutzen zu können, die Ihre Lebenserwartung weiter erhöhen.

Sein unmittelbares Ziel lautet, lange genug zu leben, um den Tag zu erleben, an dem Computer die intelligenteren Menschen werden. Und dieser Tag wird bald kommen.

Computers »R« Us

Dinge, für die wir Stunden brauchen, erledigt ein Computer in wenigen Sekunden. Im Jahr 2020, so Ray, wird ein Computer für 1.000 Dollar aber bereits die volle Kapazität eines menschlichen Gehirns besitzen. Im Jahr 2030 wird er in der Lage sein, das *kombinierte* Wissen aller Menschen weltweit zu verarbeiten.

Zu diesem Zeitpunkt wird sich kein Unterschied zwischen menschlicher und künstlicher Intelligenz mehr feststellen lassen, so Ray. Aber wir hätten nichts zu befürchten. Warum? Weil Computer zu einem Teil unseres Selbst geworden sein werden, der uns intelligenter, leistungsfähiger, gesünder und glücklicher macht. Sie glauben nicht, dass das passieren kann? Wie fühlen Sie sich, wenn Sie Ihr Mobiltelefon nicht in der Nähe haben? Ein wenig verloren? Das liegt daran, dass Technologie und Vernetzung bereits Teil unseres Lebens geworden sind. Das Smartphone ist eine Art externes Gehirn – unsere tragbare geistige Speicherkapazität, die so viel persönliche Information speichern kann, dass sie für uns unverzichtbar wird. Im Verlauf der kommenden 20 Jahre werden wir von Mobiltelefonen über sogenannten *Wearables* – in Kleidung integrierte Computer – zu Implantaten kommen.

Denken Sie also ein wenig weiter. Stellen Sie sich eine Welt vor, in der Sie dieses Buch nicht zu lesen brauchen. Sie können den Inhalt einfach in Ihr Gehirn laden. (Ich nehme an, Sie wünschen sich bereits, diese

Zukunft wäre bereits Realität, vor allem angesichts des Umfangs dieses Buches.) Stellen Sie sich eine Welt vor, in der Sie Ihre Gedanken, Ihren Geist und Ihre Persönlichkeit in die Cloud laden können, damit sie dort für immer gespeichert sind. Das ist ungefähr der Zeitpunkt, an dem laut Ray Kurzweil und anderen großen Denkern und Futuristen Menschen und Maschinen verschmelzen werden. Dieser Moment wird in dem Science-Fiction-Roman *The Rapture of the Nerds* von Cory Doctorow und Charles Stross als »Singularität« bezeichnet. Wann das passieren wird, falls das geschieht? Ray glaubt, im Jahr 2045 werde es so weit sein.

Diejenigen, die ein »warum« für ihr Leben finden,
können fast jedes »wie« ertragen.
VICTOR FRANKL

Wenn Technologie die Probleme löst, die unsere Ressourcen verknappen, werden wir dann sicherer, freier und glücklicher sein? Darauf können Sie wetten. Mangel und Verknappung bringen den Überlebensinstinkt des Menschen zum Vorschein. Sie aktivieren das sogenannte Reptilienhirn, das nur eins kennt: ***du*** oder ***ich***. Dieser Flucht-oder-Angriff-Mechanismus kann uns helfen zu überleben, aber oft fördert er die schlimmsten Seiten des Menschen zutage, die einer »zivilisierten« Gesellschaft Hohn sprechen. Das menschliche Gehirn ist zwei Millionen Jahre alt und hat sich in dieser Zeit nicht besonders weiterentwickelt. Aggression und Krieg werden also immer eine große Herausforderung bleiben. Wenn der Mangel und die Ressourcenverknappung beseitigt werden können, wird die Gefahr von Gewalt sinken.

Es gibt statistische Hinweise, die zeigen, dass ein verbesserter Zugang zu Technologie die Menschen zufriedener machen kann. Die Umfrage World Values Survey hat ergeben, dass die Zufriedenheit in 45 von 52 untersuchten Ländern zwischen 1981 und 2007 gestiegen ist. Und was hat sich in diesem Zeitraum ereignet? Die digitale Revolution. Die Technologiewelle breitete sich über den Globus aus – was der Bericht als »Übergang von Industrie- zu Wissensgesellschaften« bezeichnet. Sozialwissenschaftler haben diesen Index in dem Sinne interpretiert, dass »die Wirtschaftsentwicklung, die Demokratisierung und die steigende gesellschaftliche Toleranz so weit vorangeschritten sind, dass die Menschen echte freie Wahlmöglichkeiten empfinden, was wiederum weltweit zu einer gestiegenen Lebenszufriedenheit geführt hat«. Dieselbe Studie wies allerdings auch darauf hin, dass mehr Geld die Menschen nicht automatisch glücklicher mache. Einige der glücklichsten Menschen stammen aus den ärmsten Ländern; zum Beispiel empfinden sich die Menschen auf den Philippinen glücklicher als die Amerikaner. Glück und Zufriedenheit haben mehr mit Werten als mit dem Bruttoinlandsprodukt zu tun.

Wir alle wissen, dass Erwerbstätigkeit zur Existenzsicherung uns das kostbarste Gut überhaupt raubt: Zeit. Erinnern Sie sich, dass ich erwähnte, dass die meisten Amerikaner vor nicht allzu langer Zeit Landwirte waren und 80 Prozent ihrer Zeit damit verbrachten, dem Boden Nahrungsmittel abzuringen. Heute verbringen wir gerade einmal 7 Prozent unserer täglichen Zeit damit, Geld für Lebensmittel zu verdienen. Mehr Technologie bedeutet Zeitgewinn, und das bedeutet, dass wir mehr Möglichkeiten zur Weiterbildung, zur Weiterentwicklung, zur Vernetzung und für karitative Werke haben – alles Dinge, die uns als Menschen erfüllen.

Das Geschenk der Zeit hat aber auch eine Kehrseite.

Künstliche Intelligenz und Roboter werden immer mehr Tätigkeiten übernehmen, die derzeit noch von Menschen ausgeführt werden. Eine Studie der Universität von Oxford ergab, dass 47 Prozent der aktuellen Arbeitsplätze in den USA von einer zukünftigen Mechanisierung bedroht sind. Im Wesentlichen sagen die Experten von Oxford, dass die Hälfte der Erwerbstätigen eines Tages womöglich von Robotern ersetzt werden! Das bedeutet, dass die Gesellschaft umdenken und sinnvolle Tätigkeiten für alle schaffen muss. Wir alle werden uns neue Fertigkeiten aneignen müssen. Das wird zweifellos ein sehr schwieriger Transformationsprozess werden.

Was wird in der Zukunft passieren, wenn die Arbeit, so wie wir sie kennen, verschwindet und Computer alle physische Arbeit und den Großteil der Denkarbeit verrichten? Wenn wir nichts weiter zu tun haben, als in robotergesteuerten Autos umherzufahren und darauf zu warten, dass Drohnen uns die Lebensmittel nach Hause liefern? Wenn es keine Schwierigkeiten mehr zu bewältigen gibt, an denen wir wachsen und Kraft gewinnen können? Das ist eine interessante Frage.

Vor mehr als einem Jahrzehnt diskutierte ich über diese Frage mit Ray Kurzweil. Er erzählte mir daraufhin eine Geschichte über eine Folge der Serie *Twilight Zone*, die er als Kind gesehen hatte. Ich weiß nicht, ob Sie alt genug sind, um sich an die Originalserie zu erinnern, aber sie war hochinteressant und die Folgen endeten immer mit einer äußerst merkwürdigen Wendung. In einer Folge stirbt ein Typ, der gerne zockt, und wacht mit einem freundlichen »Führer« an seiner Seite auf, der einen weißen Anzug trägt. Dieser Führer, sein Schutzengel, der eigentlich eher einem Butler gleicht, nimmt ihn mit in ein Luxuskasino – für den Zocker die reinste Verkörperung des Paradieses. Der Engel geleitet ihn in eine beeindruckende Suite, und als er die Schränke öffnet, findet er dort Unmengen von teuren Anzügen und eleganten Schuhen vor. Alle passen wie maßgeschneidert. Dann öffnet der Engel eine Schublade, die vor Bargeld überquillt; sie enthält mehr Geld, als der Zocker jemals gesehen hat. Also zieht er sich um und geht nach unten zu den Spieltischen, an denen jeder seinen Namen kennt. Alle lächeln ihm zu. Er ist von wunderschönen Frauen umgeben. Sein ultimativer Traum! Er spielt Blackjack und trifft beim ersten Mal die 21. Er gewinnt. Das ist fantastisch! Er sammelt die Chips ein. Ein zweites Mal 21. Und wieder 21 – zehn Mal hintereinander. Das ist absolut unglaublich! Der Zocker geht zum nächsten Tisch und auch dort erwartet ihn ein Gewinn nach dem anderen. Vor ihm türmen sich die Chips auf. Er muss nichts weiter tun, als um Steaks, Getränke und Frauen zu bitten, und schon erscheinen sie. Er bekommt alles, was er schon immer haben wollte. Dann geht er schlafen ... nun, nicht ganz alleine und sehr zufrieden.

So geht das Tag für Tag. Es vergehen einige Monate und er sitzt wieder einmal am Blackjack-Tisch und der Croupier sagt, »Blackjack!«

Der Zocker schreit, »Natürlich ist es Blackjack!«

Der Croupier antwortet, »Einundzwanzig. Sie gewinnen!«

»Natürlich! Ich gewinne immer! Ich bin es leid! Ich gewinne immer, egal was passiert!« Der Zocker blickt seinen Engel im weißen Anzug an und bittet darum, mit dem Chefengel sprechen zu dürfen. Als dieser erscheint, lässt der Zocker eine Tirade los: »Ich langweile mich so, dass ich noch verrückt werde! Ist dir das klar? Hier muss es einen Irrtum geben. Ich bin kein so guter Mensch gewesen und sollte gar nicht hier sein. Ich verdiene es nicht, im Himmel zu sein!«

Darauf verwandelt sich das Lächeln des Engels plötzlich in ein Stirnrunzeln, und er fragt: »Und was veranlasst dich zu der Annahme, du befändest dich im Himmel ...?«

Was wird also geschehen, wenn wir ohne jede Mühe alles haben können, was wir wollen? Nach einer Weile wäre es die Hölle, nicht wahr?

Dann hätten wir ein neues Problem: Wie finden wir in einer Welt des Überflusses einen Lebenssinn? Daher wird unser Problem in der Zukunft womöglich keine Ressourcenverknappung sein. Und die Lösung wäre infolgedessen auch kein Überfluss an materiellen Dingen. Peter Diamandis sagt: »Überfluss bedeutet nicht, allen Menschen ein Leben im Luxus zu bieten, sondern allen ein Leben voller Möglichkeiten zu eröffnen.«

In unseren letzten beiden gemeinsamen Kapiteln wollen wir daher einen Blick auf die zentralen Dinge werfen, die einen dauerhaften Lebenssinn stiften. Etwas, das Ihnen Freude bereitet, ob Sie gewaltige Herausforderungen bewältigen müssen oder sich Ihnen außerordentliche Chancen bieten; eine Quelle der Kraft in wirtschaftlichen Krisenzeiten wie in Boomzeiten. Lassen Sie uns den ultimativen Schatz der Erfüllung und Sinnstiftung heben. Wir wollen lernen, den Reichtum der Leidenschaft zu erschließen.

Kapitel 42
Leidenschaft bedeutet Reichtum

Der Mensch ist nur großartig, wenn er aus Leidenschaft handelt.
BENJAMIN DISRAELI

Gemeinsam haben wir einen langen Weg zurückgelegt, nicht wahr? Das ist ein unglaubliches Abenteuer gewesen und ich fühle mich geehrt und bin sehr dankbar, dass Sie sich entschlossen haben, diesen Weg mit mir zu gehen.

Bisher haben Sie die Mythen entlarvt, die Sie auf Ihrem Weg zu finanzieller Freiheit behindert haben, Sie haben große Anstrengungen unternommen, um zu sparen und das Ersparte zu investieren, um sich Ihre finanziellen Träume erfüllen zu können, und Sie haben neue Wege kennengelernt, die Ihnen eine sichere Zukunft eröffnen, in der Sie nur arbeiten werden, weil Sie es möchten, aber nicht mehr, weil Sie es müssen.

Sie haben einige bemerkenswerte Finanzgenies und großartige Philanthropen kennengelernt; zum Beispiel Ray Dalio, Paul Tudor Jones, Mary Callahan Erdoes, Carl Icahn, David Swensen, Jack Bogle, Charles Schwab und Dutzende anderer, die Ihnen auf Ihrem Weg Anleitung und Orientierung bieten. Ich hoffe, Sie werden in Ihrem Leben immer wieder zu den hier vorgestellten 7 einfachen Schritten zurückkehren, um nicht von Ihrem Kurs abzukommen. Außerdem biete ich Ihnen am Ende dieses Buchteils eine Handlungsliste, die Sie dabei unterstützen soll, Ihren Fortschritten Nachhaltigkeit zu verleihen. Nutzen Sie es als Möglichkeit, um zu gewährleisten, dass Sie den einfachen Prinzipien treu bleiben, die Ihnen Freiheit verschaffen werden. Denken Sie immer daran: Nicht Wissen ist Macht, sondern das Handeln auf Basis des erworbenen Wissens! Das konkrete Handeln siegt jeden Tag aufs Neue über das reine Wissen!

Für mich ist dieser gemeinsame Weg die Kulmination eines jahrzehntelangen Lern- und Lehrprozesses, und dieses Buch ist wahrhaft ein Werk der Liebe. Es ist ein Geschenk für Sie, das ich von ganzem Herzen gebe. Ich hege die Hoffnung, dass Sie damit so erfolgreich werden, dass Sie dieses Geschenk an andere Menschen weiterreichen können. Denn das größte Geschenk des Lebens besteht darin, für eine Sache zu leben, die über unsere vergängliche Existenz hinausreicht: ein bleibendes Vermächtnis.

Und nun, da wir diesen gemeinsamen Weg beenden, möchte ich nicht, dass wir auseinandergehen, ohne dass ich Sie daran erinnert habe, worum es bei all dem, worüber wir gesprochen haben, eigentlich geht.

Glück und Zufriedenheit ist nichts, was einem zufällt.
Es entsteht aus deinen eigenen Handlungen.
DALAI LAMA XIV

Ich genieße das große Privileg, mit Leuten aus allen Lebensbereichen zu arbeiten: Führungspersönlichkeiten aus den Bereichen Politik, Finanzen, Unterhaltung und Sport, aber auch aus der religiösen und spirituellen Welt. Ich habe im Nahen Osten gearbeitet, wo ich im Westjordanland junge Israelis und Palästinenser in einem Leadership-Programm zusammenbrachte. Zu Beginn begegneten sie sich mit tiefem Hass, aber innerhalb einer Woche wurde daraus eine große Freundschaft. (In den folgenden neun Jahren arbeiteten sie weiter zusammen an verschiedenen Friedensprojekten, um sich gegenseitig zu unterstützen.)

In der Folge kam der Dalai Lama zu uns nach Hause in Sun Valley und lud mich später zu einer glaubensübergreifenden Friedenskonferenz im Jahr 2006 in San Francisco ein. Diese Konferenz fand während einer Aprilwoche statt, in der die drei monotheistischen Religionen einen ihrer höchsten Feiertage begehen: Ostern für die Christen, Pessach zum Gedanken an den Auszug aus Ägypten für die Juden und Mawlid an-Nabi, der Geburtstag Mohammeds, für die Moslems. Der Zeitpunkt der Konferenz war bedeutend, da die Veranstaltung darauf abzielte, für Mitgefühl und ein besseres Verständnis zwischen allen großen Religionen zu werben.

Der Dalai Lama, in tiefrote und safrangelbe Roben gehüllt, begrüßte mich im Ballsaal des Mark-Hopkins-Hotels mit einer herzlichen Umarmung und einem tiefen Lachen. Er strahlte Wärme und Freude aus – die lebendige Verkörperung der »Kunst des Glücklichseins«, die er predigt. An der Konferenz waren 1.000 Menschen zugegen; mir wurde die Ehre zuteil, an einer intimen Zusammenkunft teilzunehmen, zu der der Dalai Lama 25 der herausragendsten Theologen und spirituellen Führer der Welt geladen hatte: Hinduisten, Buddhisten, Angehörige der Episkopalkirche und der indigenen Religionsgemeinschaften Amerikas, Katholiken, Juden, Sunniten, Schiiten – um nur einige zu nennen.

Das war eine faszinierende Erfahrung, weil sie begann, wie die meisten Konferenzen beginnen, das heißt, alle waren freundlich, zuvorkommend und nett zueinander. Aber als wir auf die Details des Lebens der Menschen und historische Konflikte zu sprechen kamen, kochten die Dogmen und Ideologien hoch. Die Diskussion wurde erhitzt, alle sprachen gleichzeitig und niemand hörte mehr dem anderen zu.

Schließlich hob der Dalai Lama die Hand wie ein kleiner Junge im Schulunterricht. Er war überhaupt nicht verärgert, sondern schwang seine Hand hin und her, wobei er ein heiteres, amüsiertes Lächeln auf den Lippen trug. Einer nach dem anderen nahm ihn schließlich wahr, und alle waren ein wenig verlegen, weil sie so heftig gestritten und ihren Gastgeber ignoriert hatten. Als irgendwann Stille einkehrte, ließ er seinen Arm fallen.

»Meine Damen und Herren, auf eines können wir uns hier alle einigen«, sagte der Dalai Lama. »Die großen Glaubensrichtungen dieser Welt sind in diesem Raum repräsentiert und viele von uns gelten als Führer ihrer jeweiligen Religion. Wir alle sind sehr stolz auf unsere individuellen Traditionen. Aber ich denke, wir sollten den Zweck der Religionen nicht aus den Augen verlieren, und was die Menschen, die wir repräsentieren, wirklich wollen.« Er machte eine effektvolle Pause und fuhr fort: »Alle wollen glücklich sein!« Welches ist der gemeinsame Nenner eines Ziegenhirten in Afghanistan und eines Finanzmaklers in New York; eines Stammeshäuptlings in Afrika und der Mutter von zehn Kindern in Argentinien; eines Modedesigners in Paris und eines Webers in Peru? *»Sie alle wollen glücklich sein.«*

»Das ist die Essenz von allem«, sagte Seine Heiligkeit. »Wenn das, was wir tun, mehr Unglück stiftet, dann haben wir versagt.«

Aber was erzeugt Glück und Zufriedenheit?

Ich habe immer gelehrt, dass Erfolg ohne Erfüllung das ultimative Versagen ist.

Es ist wichtig, sich daran zu erinnern, wonach man wirklich und wahrhaftig strebt: dem Gefühl der Freude, der Freiheit, Sicherheit oder Liebe – wie immer Sie es nennen wollen. Jeder von uns findet einen Weg, von dem wir glauben, dass er uns Glück, Zufriedenheit, Erfüllung oder Sinnstiftung bringt. Und es gibt unendlich viele Wege. Einige suchen nach dem Glück mithilfe von Religion, der Natur oder in Beziehungen. Andere glauben, ein toller Körper, Geld, eindrucksvolle Titel, Kinder oder geschäftliche Leistungen würden sie glücklich machen. Aber der wahre Reichtum, wie Sie und ich tief in unserem Herzen wissen, lässt sich nicht allein anhand der Höhe des Kontostands oder der Zahl der angehäuften Vermögenswerte messen.

Wie lautet also das abschließende Geheimnis, der Schlüssel zu einem reichen, erfüllten Leben? Genießen Sie es und teilen Sie es mit anderen Menschen! Zunächst müssen Sie aber handeln. Wie heißt es so schön? Wenn das, was man gelernt hat, zu Wissen führt, wird man ein Narr. Aber wenn das, was man gelernt hat, zu Handlung führt, kann man reich werden. Denken Sie daran, dass der Lohn mit der Arbeit kommt, nicht mit den Worten.

Bevor Sie dieses Buch also beiseitelegen, lesen Sie die abschließende Checkliste durch und stellen Sie sicher, dass Sie die 7 einfachen Schritte eingeleitet haben und sich auf dem besten Wege befinden, sich das Leben aufzubauen, das Sie sich wünschen und das Sie verdienen.

Anschließend holen Sie tief Luft und rufen sich in Erinnerung, worum es wirklich geht.

Reichtum ist die Fähigkeit, das Leben in seiner ganzen Fülle zu erleben.
HENRY DAVID THOREAU

Wir alle wissen, dass es viele Formen des Reichtums gibt: emotionalen Reichtum, Beziehungsreichtum, intellektuellen Reichtum, physischen Reichtum in Form von Energie, Kraft und Vitalität, und natürlich spirituellen Reichtum – das Gefühl, dass unser Leben eine tiefere Bedeutung hat; dass es einer höheren Berufung folgt. Einer der größten Fehler, die wir Menschen machen können, besteht darin, uns auf eine einzige Form des Reichtums zu konzentrieren, und zwar zu Lasten aller anderen.

In diesem Buch geht es nicht allein um Geld. In Wahrheit geht es darum, eine außergewöhnlich hohe Lebensqualität zu erreichen, ein Leben zu Ihren eigenen Bedingungen. Bisher haben wir uns darauf konzentriert, wie wir das Spiel der Geldvermehrung und der finanziellen Unabhängigkeit beherrschen können, weil Geld bedeutende Auswirkungen auf alles haben kann, angefangen bei unserer Psyche über unsere Gesundheit bis zu unseren intimen Beziehungen. Es ist aber wichtig, sich in Erinnerung zu rufen, dass es nicht möglich ist, ein außergewöhnliches Leben zu leben, wenn man nicht gleichzeitig auch das Spiel der Beziehungen, der Erfüllung und der Gesundheit beherrscht.

Der reichste Mensch auf dem Friedhof zu sein, ist nicht das Ziel.

Ich werde nie vergessen, wie ich mit meinen Kindern eine Vorstellung des Cirque du Soleil besuchte, als die Artistengruppe vor fast 30 Jahren zu uns nach Del Mar in Kalifornien kam. Wir hatten das Glück, VIP-Karten zu bekommen und saßen direkt an der Bühne. Man konnte die Artisten fast berühren.

Kurz bevor die Show begann, fiel mir auf, dass drei VIP-Plätze neben uns immer noch frei waren, und ich dachte, »Wow, da verpasst jemand eine beeindruckende Show.« Zwei Minuten später kam jedoch ein unglaublich fettleibiger Mann herein, der mithilfe eines Stocks und gestützt von zwei Helfern die Treppen hinabstieg. Er muss mindestens 200 Kilo gewogen haben. Als er sich setzte, nahm er alle drei Plätze ein und keuchte und schwitzte von dem kurzen Gang bis zur ersten Reihe. Ich empfand tiefes Mitgefühl mit diesem Mann – und mit meiner Tochter, die von seiner überbordenden Leibesfülle fast begraben wurde, die sich über den dritten Sitz bis zu ihr ergoss! Ich hörte, wie jemand hinter mir flüsterte, das sei der reichste Mann Kanadas. Wie sich herausstellte, war er *einer* der reichsten Menschen Kanadas – finanziell betrachtet. Ein Milliardär, um genau zu sein! Dennoch konnte ich in jenem Augenblick an nichts anderes denken als an die Schmerzen, mit denen er wohl leben musste – weil er sich ausschließlich auf Geld konzentriert und dabei seine Gesundheit und sein physisches Wohlbefinden ignoriert hatte. Er brachte sich auf Raten ums Leben. Und indem es ihm nicht gelang, mehr als einen einzigen Aspekt seines Lebens zu meistern, konnte er das, was er sich leisten konnte, nicht genießen – nicht einmal einen einfachen, aber magischen Abend im Theater.

Wir können nur in jenen Momenten als lebendig gelten, in denen unsere Herzen sich unserer Schätze bewusst sind.
THORNTON WILDER

Worin liegt der Sinn großer Errungenschaften, wenn sich Ihr Leben nicht im Gleichgewicht befindet? Und worin liegt der Sinn, Reichtümer anzuhäufen, wenn Sie sich nie die Zeit genommen haben, sie zu feiern und das Leben, das Sie haben, wertzuschätzen? Es gibt nichts Schlimmeres als einen reichen Menschen, der chronisch wütend oder unglücklich ist. Dafür gibt es eigentlich keine Entschuldigung, und dennoch beobachte ich dieses Phänomen häufig. Es ist das Ergebnis eines extrem unausgewogenen Lebens, in dem die Erwartungen zu hoch sind und die Wertschätzung für das Vorhandene zu gering ist. Ohne Dankbarkeit und Wertschätzung für das, was wir haben, werden wir nie wahre Erfüllung finden. Wie sagte Sir John Templeton? »Wenn Sie eine Milliarde Dollar haben und undankbar sind, sind Sie arm. Wenn Sie wenig haben, aber dankbar für das sind, was Sie haben, sind Sie wahrhaft reich.« Wie kultivieren Sie Ihre Dankbarkeit? Beginnen Sie damit, die Kräfte zu betrachten, die Ihre Gefühle und Gedanken kontrollieren.

Unsere Entscheidungen kontrollieren letztlich die Qualität unseres Lebens. In all den Jahren, in denen ich mit Menschen gearbeitet habe, habe ich festgestellt, dass es drei zentrale Entscheidungen gibt, die wir in jedem Moment unseres Lebens treffen. Wenn wir diese Entscheidungen ohne nachzudenken treffen, enden wir wie so viele Menschen, die körperlich unfit, emotional ausgelaugt und von ihren intimen Beziehungen oft gelangweilt sind oder sie als selbstverständlich betrachten – ganz zu schweigen von finanziellen Problemen. Wenn Sie diese drei Entscheidungen jedoch ganz bewusst treffen, können Sie Ihr Leben buchstäblich innerhalb eines Augenblicks verändern! Wie lauten diese drei Entscheidungen, die über Ihre Lebensqualität bestimmen? Die bestimmen, ob Sie sich in jedem beliebigen Augenblick reich oder arm fühlen?

1. Entscheidung: Worauf konzentrieren Sie sich?

In jedem Augenblick unseres Lebens gibt es Millionen Dinge, auf die wir uns konzentrieren können. Wir können uns auf die Dinge konzentrieren, die hier und jetzt passieren, oder auf die, die wir in der Zukunft tun wollen, oder wir können unseren Fokus auf die Vergangenheit richten. Wir können ihn darauf richten, eine große Herausforderung zu meistern oder die Schönheit dieses Augenblicks wertzuschätzen, oder auf unser Selbstmitleid über eine enttäuschende Erfahrung. Wenn wir unseren Fokus nicht ganz bewusst steuern, wird die Umgebung ständig versuchen, unsere Aufmerksamkeit zu erheischen.

Viele hundert Milliarden Dollar werden in Werbung investiert, in dem Versuch, dieses kostbare Gut – Ihre Aufmerksamkeit – zu gewinnen. Die Nachrichten versuchen, Ihren Fokus zu vereinnahmen, indem Sie Ihnen die furchterregendsten Geschichten erzählen. Warum? Je sensationsheischender, desto höher die Aufmerksamkeit, lautet eine Medienweisheit. Und als würde das noch nicht ausreichen, leben wir in einer Welt der sozialen Medien, in der das Vibrieren Ihres Smartphones ständig nach Ihrer Aufmerksamkeit verlangt. Aber hier ist der Schlüssel: Ihre Energie fließt in das, worauf Sie sich konzentrieren. Worauf Sie in Ihrem Leben fokussieren, wird Ihr Leben prägen.

Wir wollen zwei dieser Muster betrachten, die Ihre Lebensfreude, Ihre Zufriedenheit, Ihre Frustration, Ihren Ärger, Ihren Stress oder auch Ihre Erfüllung bestimmen und augenblicklich verändern können. Die erste Frage lautet:

Worauf konzentrieren Sie sich tendenziell stärker – auf das, was Sie haben, oder auf das, was Ihnen im Leben fehlt?

Ich bin sicher, Sie denken über beide Seiten der Medaille nach, aber wenn Sie Ihre üblichen Gedanken überprüfen, worüber denken Sie am häufigsten nach?

Selbst diejenigen von uns, die sich in extrem schwierigen Situationen befinden, haben vieles im Leben, das sie wertschätzen können. Wenn Sie Finanzprobleme haben, könnte es Ihnen helfen, sich in Erinnerung zu rufen, dass Sie selbst mit einem Gehalt von lediglich 34.000 Dollar im Jahr zu dem 1 Prozent der bestverdienenden Menschen weltweit gehören. Ja, das durchschnittliche Einkommen weltweit beträgt lediglich 1.480 Dollar pro Monat. Tatsächlich lebt die Hälfte der Weltbevölkerung – das sind mehr als 3 Milliarden Menschen – von weniger als 2,50 Dollar pro Tag, was knapp über 900 Dollar pro Jahr sind. Der durchschnittliche Preis eines Getränks von Starbucks beträgt 3,25 Dollar. Wenn Sie sich das leisten können, geben Sie mit dem Kauf einer Tasse Kaffee mehr aus, als die Hälfte der Weltbevölkerung täglich zum Leben hat.

Das rückt die Dinge in die richtige Perspektive, nicht wahr? Wenn Sie also die Wall Street besetzen wollen, weil Sie aufgebracht über die sogenannten 1 Prozent der Multimilliardäre sind, dann halten Sie vielleicht kurz inne und denken darüber nach, dass 99 Prozent der übrigen Welt vielleicht gerne Ihr »schreckliches« Leben besetzen würde!

Aber ganz im Ernst: Anstatt ständig an Dinge zu denken, die wir nicht haben, und einen Groll auf all diejenigen zu kultivieren, denen es finanziell besser geht, sollten wir vielleicht anerkennen, dass es in unserem eigenen Leben so vieles gibt, für das wir dankbar sein können, und das nichts mit Geld zu tun hat. Wir können für unsere Gesundheit dankbar sein, für unsere Freunde, unsere Möglichkeiten, unseren Verstand und die Tatsache, dass wir auf Straßen fahren können, die wir nicht selber bauen mussten; dass wir Bücher lesen können, die wir nicht in jahrelanger mühevoller Kleinarbeit selber schreiben mussten, und dass wir das Internet nutzen können, das wir nicht selber erfinden mussten.

Worauf konzentrieren Sie sich üblicherweise? Auf das, was Sie haben, oder den vermeintlichen Mangel?

Wenn Sie lernen, das wertzuschätzen, was Sie haben, können Sie ein größeres emotionales Wohlbefinden und einen immateriellen Reichtum empfinden. Ich gehe davon aus, dass Sie, wenn Sie dieses Buch lesen, zu den Menschen gehören, die bereits wissen, was sie alles haben. Die wahre Frage lautet jedoch, ob Sie sich die Zeit nehmen, in Ihren Gedanken, Ihrem Körper, Ihrem Herzen und Ihrer Seele tiefe Dankbarkeit zu empfinden? Das sind die Orte, an denen Sie wahre Freude und Geschenke finden. Sie finden sie nicht in einer intellektuellen Wertschätzung, die aus einer rationalen Anstrengung resultiert, oder dem Erwerb eines weiteren Dollars oder weiterer 10 Milliarden Dollar.

Nun wollen wir ein zweites Konzentrationsmuster betrachten, das die individuell empfundene Lebensqualität beeinflusst:

Neigen Sie eher dazu, sich auf Dinge zu konzentrieren, *die Sie kontrollieren können*, oder auf Dinge, *auf die Sie keinen Einfluss* haben?

Ich weiß, dass die Antwort kontextabhängig ist, da sich das je nach Situation verändert, aber meine Frage ist allgemein gemeint: Zu welcher Haltung neigen Sie eher? Seien Sie ehrlich.

Wenn Sie sich auf die Dinge konzentrieren, auf die Sie keinen Einfluss haben, werden Sie in Ihrem Leben eine größere Belastung verspüren. Sie können zahlreiche Aspekte Ihres Lebens beeinflussen, aber nicht die Märkte, die Gesundheit Ihnen nahestehender Menschen oder das Verhalten Ihrer Kinder – wie jeder weiß, der ein zweijähriges Kind oder einen pubertierenden Teenager als Sohn oder Tochter hat!

Ja, wir können vieles beeinflussen, aber wir können die Dinge nicht kontrollieren. Je ohnmächtiger wir uns fühlen, desto frustrierter werden wir. In der Tat lässt sich die Selbstachtung daran messen, wie sehr wir das Gefühl haben, die Ereignisse in unserem Leben steuern zu können versus Ohnmachtsgefühle. Nun, da Sie beginnen, sich auf einen wichtigen Aspekt Ihres Lebens zu konzentrieren, muss Ihr Gehirn eine zweite Entscheidung treffen.

2. Entscheidung: Was bedeutet Ihnen das?

Letztlich hat unser allgemeines Lebensgefühl nichts mit den äußeren Ereignissen, unserer finanziellen Situation oder den Dingen zu tun, die uns widerfahren oder nicht widerfahren sind. Die individuell empfundene Lebensqualität wird von der Bedeutung bestimmt, die wir den Ereignissen beimessen. Die meiste Zeit ist uns die Bedeutung der Entscheidungen, die wir unbewusst treffen, gar nicht klar. Wenn etwas geschieht, das Ihr Leben erschüttert – ein Autounfall, eine Krankheit, der Verlust des Arbeitsplatzes –, neigen Sie dann dazu zu glauben, das sei das Ende, oder sehen Sie darin eher die Chance für einen Neuanfang? Wenn jemand Sie kritisiert, empfinden Sie das als »Beleidigung«, »Beratung« oder echte »Sorge« um Sie? Bedeutet dieses niederschmetternde Problem, dass Gott Sie bestraft oder auf die Probe stellt, oder könnte es sein, dass es sich dabei um ein Geschenk Gottes handelt? Ihr Leben ist das, was Sie darin sehen. Denn an jede Bedeutung, die Sie den Ereignissen beimessen, sind bestimmte Gefühle geknüpft. Und Lebensqualität ist in erster Linie eine persönliche Empfindung.

Die Bedeutung der Dinge beeinflusst nicht nur unsere Empfindungen, sie beeinflusst unsere gesamten Beziehungen und den zwischenmenschlichen Austausch. Einige Menschen glauben, die ersten zehn Jahre einer Beziehung seien nur der Anfang, und je besser man sich kennenlerne, desto aufregender würde die Beziehung. Sie sehen darin die Chance für ein beiderseitiges tieferes Verständnis. Andere, die nach den ersten zehn Tagen einen Streit haben, glauben, das sei das Ende.

Wenn Sie glauben, das sei der Beginn einer Beziehung, verhalten Sie sich dann genauso, als wenn Sie davon überzeugt wären, es sei das Ende? Dieser kleine Unterschied in der Wahrnehmung, in der Bedeutung, die Sie den Dingen beimessen, kann Ihr gesamtes Leben in einem einzigen Augenblick verändern. Zu Beginn einer Beziehung sind Sie bis über beide Ohren verliebt und fühlen sich unwiderstehlich zu Ihrem Partner oder Ihrer Partnerin hingezogen. Was würden Sie nicht alles für Ihren Partner tun! Wenn er oder sie Sie bittet, den Müll hinauszubringen, werden Sie aufspringen und sagen: »Alles, was dich glücklich macht, mein Liebling!« Aber nach sieben Tagen, sieben Jahren oder sogar 70 Jahren, sagen dieselben Menschen vielleicht: »Was zur Hölle glaubst du, das ich bin? Dein Laufbursche?!« Und sie fragen sich, was aus ihrer Leidenschaft geworden ist. Oft habe ich Paaren, die Beziehungsprobleme hatten, gesagt, wenn Sie das tun, was Sie zu Beginn der Beziehung getan haben, wird sie nie enden! Weil Sie zu Beginn der Beziehung aus vollem Herzen gegeben und nicht wie ein Buchhalter jede Handlung aufgerechnet haben. Sie haben nicht ständig darüber gewacht, wer von beiden mehr gibt. Ihr gesamter Fokus lag darauf, Ihren Partner oder Ihre Partnerin glücklich zu machen, und das wiederum hat Sie glücklich gemacht.

Wir wollen nun betrachten, wie sich diese ersten beiden Entscheidungen – Fokus und Bedeutung – oft verbünden, um eine der größten Belastungen der modernen Gesellschaft zu erzeugen: Depression. Ich bin sicher, Sie fragen sich, wie es sein kann, dass so viele »reiche« und berühmte Menschen, die alles besitzen, was man sich nur wünschen kann, unter Depressionen leiden. Wie ist es möglich, dass sich so viele der Menschen, die von Millionen bestaunt und bewundert werden und über ein Vermögen in Millionenhöhe verfügen, umgebracht haben? Immer wieder haben wir erlebt, dass sich außergewöhnlich intelligente Menschen – Geschäftsleute, Filmstars und Komiker – das Leben genommen haben. Wie ist das möglich, vor allem heute, wo es so viele Behandlungsmethoden gibt?

In meinen Seminaren frage ich immer: »Wer von Ihnen kennt eine Person, die Antidepressiva einnimmt und trotzdem Depressionen hat?« Überall, egal wo auf der Welt meine Seminare stattfinden, sehe ich in einem Saal mit 5.000 bis 10.000 Teilnehmern, dass 85 bis 90 Prozent die Hand heben. Wie ist das möglich? Schließlich erhalten die Patienten ein Medikament, das ihre Stimmung aufhellen soll.

Nun, auf dem Beipackzettel dieser Antidepressiva wird davor gewarnt, dass Selbstmordgedanken eine der möglichen Nebenwirkungen sein können. Die wahre Herausforderung besteht aber womöglich darin, dass Sie nie aus Ihrer Verzweiflung herausfinden, wenn Sie sich immer nur auf die Dinge konzentrieren, auf die Sie keinen Einfluss haben – egal wie viele Medikamente Sie nehmen. Wenn Sie das mit einer Bedeutung kombinieren, die sich darin ausdrückt, dass »sich das Leben nicht lohnt«, dann erhalten Sie einen emotionalen Cocktail, den kein Antidepressivum der Welt dauerhaft bekämpfen kann.

Ich kann Ihnen jedoch ohne jeden Zweifel sagen: Wenn es derselben Person gelingt, das Leben mit einer neuen Bedeutung aufzuladen – einem Grund, der das Leben lebenswert macht, oder einer höheren Bedeutung –, dann wird sie jede Widrigkeit im Leben meistern. Wenn ein Mensch beständig darauf fokussiert, wer ihn braucht, will und liebt und was er selbst dieser Welt geben will, dann verändert sich die gesamte Lebensperspektive. Woher ich das weiß? Weil ich in den 38 Jahren, in denen ich mit Menschen arbeite, von den vielen tausend, mit denen ich aktiv Kontakt hatte, nie auch nur einen Menschen durch Selbstmord verloren habe. Und das wird auch hoffentlich nie passieren (da klopfe ich auf Holz). Wenn man einen Menschen dazu bewegen kann, seinen Fokus neu auszurichten und den Dingen eine positivere Bedeutung beizumessen, kennt das Leben keine Grenzen mehr.[2]

Eine Neuausrichtung Ihres Fokus und eine Veränderung der Sichtweise und der Bewertung der Dinge, kann Ihre Biochemie auf einen Schlag verändern. Wie sonst lässt sich die Kraft und die Schönheit von Menschen wie dem großen Neurologen und Psychiater Viktor Frankl und vieler anderer erklären, die den Horror von Auschwitz überlebt haben? Es gelang ihnen, in ihrem unvorstellbaren Leid eine Bedeutung zu finden – eine höhere, tiefere Bedeutung, die ihnen die Kraft zum Weiterleben gab. Und nicht nur zum Weiterleben, sondern auch zur Rettung vieler anderer in der Zukunft, indem sie einfach sagen: »Das darf nie wieder geschehen.« Wir alle können Sinn und Bedeutung selbst im Schmerz finden. Und wenn uns das gelingt, werden wir zwar die Schmerzen immer noch empfinden, aber das Leid wird weniger.

Übernehmen Sie also das Steuer und denken Sie immer daran: Bedeutung heißt Gefühle und Gefühle bedeuten Leben. Entscheiden Sie sich bewusst und weise. Finden Sie die stärkende Bedeutung in allem, und Sie werden im tiefsten Sinn des Wortes ein reicher Mensch sein.

3. Entscheidung: Wie reagiere ich?

Wenn wir den Ereignissen eine Bedeutung geben, entsteht als Folge ein Gefühl, und dieses Gefühl löst eine Entscheidung aus: Wie reagiere ich auf die Ereignisse? Die Handlungen, zu denen wir uns entscheiden, werden von den Gefühlen bestimmt, die uns in diesem Augenblick leiten. Wenn wir wütend sind, werden wir uns anders verhalten, als wenn wir heiter und zufrieden sind.

Wenn Sie Ihre Handlungen bewusst bestimmen wollen, besteht der schnellste Weg darin, den eigenen Fokus neu auszurichten und die Bedeutung, die Sie den Dingen geben, in eine positive Richtung zu kanalisieren.

---

[2] Wenn Sie Interesse haben, besuchen Sie die Website www.tonyrobbins.com, um sich über einige dieser Interventionen zu informieren. Wir haben den Weg einiger Menschen drei oder fünf Jahre im Anschluss nachverfolgt, um zu zeigen, dass eine nachhaltige Veränderung eingetreten ist. Das wird Ihnen eine Vorstellung davon geben, wie Sie lernen können, die Bedeutung, die Sie den Dingen beimessen, selbst zu bestimmen.

Doch selbst zwei wütende Menschen werden nicht gleich reagieren. Einige ziehen sich zurück, wenn sie verärgert sind, andere preschen vor und werden aggressiv. Einige werden laut oder sogar gewalttätig, andere äußern ihre Wut still und leise. Einige unterdrücken sie, um nach einer passiv-aggressiven Gelegenheit zu suchen, sich zu rächen, andere kanalisieren ihren Ärger, indem sie sich im Fitnessstudio oder im Sport austoben.

Woher stammen diese Muster? Wir neigen dazu, unsere Verhaltensweisen den Menschen in unserer unmittelbaren Umgebung abzugucken, die wir lieben und respektieren. Und die Menschen, die uns ärgern und frustrieren? Oft lehnen wir ihr Verhalten ab, aber noch viel öfter ahmen wir unbewusst ihre Verhaltensmuster nach, die wir im Verlauf unserer Kindheit und Jugend immer wieder erlebt haben, auch wenn sie uns noch so wütend gemacht haben.

Es ist sehr wichtig, sich die eigenen Verhaltensmuster bewusst zu machen, wenn Sie sich wütend, frustriert, traurig oder einsam fühlen, denn Sie können diese Muster nicht verändern, wenn Sie sich selbst diese Muster nicht klar vor Augen führen. Nun, da Sie sich der Macht dieser drei Entscheidungen bewusst sind, können Sie nach Rollenmodellen Ausschau halten, die das vorleben, was Sie sich wünschen. Ich verspreche Ihnen, Menschen, die leidenschaftliche Beziehungen führen, haben einen völlig anderen Fokus und bewerten die Herausforderungen, die sich in einer Beziehung stellen, ganz anders als Menschen, die ständig miteinander im Clinch liegen, oder die sich gegenseitig ständig Vorwürfe machen. Das ist keine Geheimwissenschaft. Wenn Sie sich der Unterschiede gewahr werden, die Menschen in Bezug auf die vorgenannten drei Entscheidungen machen, haben Sie eine Route, die Ihnen dabei helfen kann, in jedem Lebensbereich positive Veränderungen herbeizuführen.

Mit achtzehn beschloss ich, nie wieder im Leben einen schlechten Tag zu erleben. Ich tauchte in ein endloses Meer an Dankbarkeit ein, aus dem ich nie wieder aufgetaucht bin.
DR. PATCH ADAMS

Wie können Sie mithilfe dieser drei Entscheidungen Ihre Lebensqualität steigern? Tatsächlich lassen sich die Dinge, auf die wir fokussieren, unsere grundlegenden emotionalen Befindlichkeiten und Reaktionen, mit einer einfachen Routine konditionieren. Schließlich wollen Sie sich nicht darauf beschränken, einfach darauf zu hoffen, dass sich positive Gefühle einstellen. Sie wollen sich selber ganz bewusst auf eine positive Haltung programmieren. Das lässt sich mit einem Athleten vergleichen, der seine Muskeln ganz bewusst trainiert, damit sie wachsen. Sie müssen sich selbst trainieren, wenn Sie eine herausragende Lebensqualität erreichen möchten, die angefüllt ist mit Freude, Zufriedenheit, Erfüllung und persönlichem, beruflichem und privatem Erfolg. Sie müssen sich ganz bewusst darauf trainieren, Ihren Fokus und Ihre Gefühle auf die positivsten Bedeutungen zu richten.

Diese Praxis wurzelt in einem Konzept aus der Psychologie, dem »Priming«. Das heißt, unsere Sprache, Gedanken und sensorischen Empfindungen färben unsere Wahrnehmung der Welt und beeinflussen unsere Gefühle, Motivationen und Handlungen. Und wenn Sie feststellen, dass viele Ihrer Gedanken, die Sie für Ihre eigenen, *originären* Gedanken hielten, tatsächlich von externen Auslösern bestimmt sind oder bewusst von Dritten manipuliert werden, die die Macht des Primings verstehen? Ich will Ihnen ein Beispiel geben.

Zwei Psychologen führten eine Studie[3] durch, in deren Rahmen ein Fremder der jeweiligen Testperson entweder eine Tasse heißen Kaffee oder eine Tasse Eiskaffee reichte. Die Testperson sollte anschließend nach ihrer Wahrnehmung den hypothetischen Charakter und die wahre Natur der fremden Person beschreiben. Die Ergebnisse waren verblüffend! Diejenigen, die den heißen Kaffee erhielten, beschrieben den Charakter der Person als »warmherzig« und »großzügig«, wohingegen die Testpersonen, die den Eiskaffee erhielten, ihr Gegenüber als »kalt« und »egoistisch« beschrieben.

In einer Studie der Universität von Washington wurden Frauen asiatischer Herkunft einem Mathematiktest unterzogen. Vor dem Test mussten sie einen kurzen Fragebogen ausfüllen. Die Frauen, die nach ihrer ethnischen Herkunft gefragt wurden, schnitten im anschließenden Mathematiktest um 20 Prozent höher ab, als die Frauen, die zuvor nach ihrer Geschlechtszugehörigkeit befragt worden waren. Das ist die Macht des Priming in Form von kultureller Konditionierung. Sie beeinflusst

3 Diese Studie wurde von National Institutes of Health finanziert und unter Beteiligung von John A. Bargh (Yale) und Lawrence Williams (Universität von Colorado) konzipiert.

unser Unterbewusstsein, indem sie unser wahres Potenzial entweder einschränkt oder steigert.

Wir alle können dieses Phänomen nutzen, indem wir es uns zur täglichen Routine machen, zehn Minuten am Tag darauf zu verwenden, unser Denken und unser Fühlen auf Dankbarkeit zu programmieren. Dankbarkeit ist ein Gefühl, das Ängsten und Wut entgegenwirkt. Denken Sie daran, wenn Sie dankbar sind, können Sie nicht gleichzeitig wütend sein. Sie können auch nicht dankbar und ängstlich zugleich sein. Das ist einfach unmöglich!

Ich beginne jeden Tag mit einer Meditation, die mindestens zehn Minuten dauert. Ich halte inne, schließe die Augen und denke ungefähr drei Minuten darüber nach, wofür ich dankbar bin: den Wind, der mir über das Gesicht streicht, die Liebe, die ich gebe und erhalte, die Chancen und Segnungen, die ich erfahre. Dabei konzentriere ich mich nicht auf große Dinge, sondern achte darauf, dass ich vor allem die kleinen Dinge wertschätze, die das Leben bereichern. Die folgenden drei Minuten bitte ich um Gesundheit und Segen für die Menschen, die ich liebe, kenne und mit denen ich in Kontakt trete: meine Familie, meine Freunde, Kunden und die Fremden, die ich an diesem Tag treffen werde. Ich sende Liebe, Segen, Dankbarkeit und Wünsche der Fülle und des Überflusses an alle Menschen aus. So abgedroschen wie es auch klingen mag, ist das der wahre Lebenskreislauf.

Den Rest der Zeit verbringe ich mit den drei Dingen, die ich unbedingt erreichen will. Ich stelle sie mir so bildlich vor, als hätte ich sie bereits erreicht und empfinde ein Gefühl der inneren Feier und Dankbarkeit darüber, dass sie mir zuteilwerden. Priming ist ein wertvolles Geschenk, das Sie sich selber machen können. Wenn Sie es zehn Tage lang machen, werden Sie nicht mehr darauf verzichten wollen. (Hier der Link, wenn Sie damit beginnen wollen: www.tonyrobbins.com.)

Diese einfache Übung ist wichtig, weil viele Menschen sagen, sie seien dankbar, aber sie nehmen sich nicht die Zeit, diese Dankbarkeit wirklich tief in ihrem Inneren zu empfinden. Es ist so leicht, das Gefühl für die Schönheit und Anmut der Dinge zu verlieren, die wir bereits besitzen! Wenn wir nicht jeden Tag ganz bewusst die richtige Saat in unseren Gedanken legen, wird das »Unkraut des Lebens« – Wut, Frustration, Ärger, Stress und Einsamkeit – überhand nehmen. Wie das Unkraut im Garten wächst und wuchert auch das Lebensunkraut ganz von alleine. Mein

Lehrer Jim Rohn lehrte mich ein einfaches Prinzip: Seien Sie jeden Tag der Wächter, der den Eingang zu Ihren Gedanken kontrolliert. Sie allein entscheiden, welche Gedanken und Überzeugungen Sie in Ihr Leben lassen. Denn sie werden bestimmen, ob Sie sich reich, arm, verdammt oder gesegnet fühlen.

Wenn wir wirklich glücklich sein wollen, müssen wir aus uns selbst heraustreten.

Das menschliche Gehirn ist wirklich beeindruckend. Es ist ein reiner Überlebensmechanismus, der stets auf der Suche nach Fehlern, vermeidbaren Bedrohungen und potenziellen Gefahren ist, die unser Überleben in Frage stellen könnten. Zwar hat sich der Mensch im Verlauf der Geschichte weiterentwickelt, aber unser Gehirn weist immer noch dieselbe grundlegende Struktur auf wie vor zwei Millionen Jahren. Sich glücklich und erfüllt zu fühlen, ist einfach keine von Natur aus einprogrammierte Priorität des menschlichen Gehirns. Sie müssen sich aktiv darauf konzentrieren. Und der schnellste Weg dahin ist – neben Priming – die Verwirklichung der höchsten Stufe der sechs menschlichen Bedürfnisse, die beiden spirituellen Bedürfnisse, aus denen Menschen Erfüllung ziehen: Wachstum und sozialer Beitrag.

Der Hauptgrund, aus dem wir meiner Ansicht nach den Wunsch hegen zu wachsen, ist, dass wir dann etwas zu geben haben. Darin liegt der tiefere Sinn des Lebens. Dinge zu bekommen, macht kurzfristig zufrieden, aber nichts vergleicht sich mit dem paradiesischen Gefühl, etwas geben zu können, von dem Sie wissen, dass es andere Menschen tief berührt.

Jeder kann herausragend sein, weil jeder dienen kann.
MARTIN LUTHER KING JR.

Wenn es wirklich stimmt, dass Geben uns das Gefühl größter Lebendigkeit verleiht, dann ist der ultimative Beweis für diese Theorie vielleicht die Bedeutung, die das Leben für Menschen hat, die bereit sind, ihr Leben für ihre Überzeugungen zu geben. Einer meiner größten Helden des vergangenen Jahrhunderts war der Bürgerrechtler Martin Luther King Jr. Vor Kurzem kam sein ältester Sohn und Namensträger, Martin Luther King III, auf die Fidschi-Inseln zu meiner Veranstaltung *Date with Destiny*. Ich hatte die Gelegenheit, mit ihm darüber zu sprechen, wie sehr mich sein Vater inspiriert hatte, weil er ein Leben reiner Leidenschaft lebte. Er kannte seine Bestimmung. Selbst als Kind erinnerte ich mich an seine Worte: »Ein Mensch, der nichts gefunden hat, wofür er sterben würde, hat nichts, wofür es sich zu leben lohnt.«

Wahren Reichtum erleben Sie in Ihrem Leben in dem Moment, in dem Sie etwas finden, das Ihnen so wichtig ist, dass Sie bereit sind, dafür alles zu geben – falls nötig, sogar Ihr Leben. Das ist der Moment, in dem Sie sich wirklich von der Tyrannei Ihrer eigenen Gedanken, Ängste und Ihren Gefühlen der Selbstbeschränkung befreien. Ich weiß, das ist ein schwerer Brocken. Aber ich weiß auch, dass die meisten von uns ihr Leben für ihre Kinder, ihre Partner oder Eltern geben würden. Diejenigen, die eine Mission gefunden haben, von der sie besessen sind, haben den unvergleichlichen Reichtum der Energie und Sinnstiftung gefunden.

Der Reichtum, der in der Leidenschaft liegt

Sie haben wahrscheinlich von dem pakistanischen Mädchen Malala Yousafzai gehört. Taliban-Terroristen schossen ihr in den Kopf, weil sie den Wagemut besaß, auf dem Recht der Mädchen auf Schulbildung zu bestehen. Eine Kugel drang in ihre Augenhöhle ein und wanderte durch ihren Kopf; Malala entging nur knapp dem Tod. Sie hat ihre furchtbaren Verletzungen aber überlebt und ist zur internationalen Aktivistin für die Rechte von Frauen und Mädchen geworden. Der Mann, der die Schüsse auf sie abgab, läuft frei herum, und die Taliban drohen nach wie vor damit, sie zu töten. Malala stellt sich ihnen jedoch mutig entgegen. Zu ihrem 16. Geburtstag sagte sie in einer Rede vor den Vereinten Nationen, dass sie sich nicht fürchte. »Sie haben gedacht, dass die Kugeln uns zum Schweigen bringen würden, aber sie sind gescheitert. Denn aus der Stille kamen tausende Stimmen. Die Terroristen dachten, sie könnten meine Ziele verändern und meinen Ehrgeiz stoppen. Aber in meinem Leben hat sich nichts verändert mit einer Ausnahme: Schwäche, Angst und Hoffnungslosigkeit sind verschwunden, Stärke, Kraft und Mut sind geboren.«

In einem Interview mit Malala fragte die CNN-Reporterin Christiane Amanpour die junge Frau, ob sie um ihr Leben fürchte. Malala antwortete: »Sie können mich natürlich umbringen. Aber sie können nur Malala töten. Das bedeutet aber nicht, dass sie die Sache, für die ich kämpfe, umbringen können – meine Anliegen Bildung, Frieden und Menschenrechte.

Mein Anliegen der Gleichheit wird überleben [...] Sie können nur einen Körper totschießen, aber nicht meine Träume.«

Diese 16-jährige junge Frau hat diese drei Entscheidungen gemeistert. Sie konzentriert sich auf die Dinge, auf die es ankommt. Sie hat eine Mission gefunden, die über ihre eigene Person hinausreicht und ihrem Leben einen Sinn und eine Bedeutung verleiht. Und das gibt ihr die Freiheit, angstfrei zu handeln.

Nun, wir müssen vielleicht nicht wie Malala unser Leben riskieren, aber wir können dennoch die Entscheidung treffen, angstfrei, voller Leidenschaft und in grenzenloser Dankbarkeit zu leben. Blättern wir also um und beenden unseren gemeinsamen Weg zu echtem Reichtum mit der wichtigsten Lektion überhaupt: dem abschließenden Geheimnis.

Kapitel 43
Das abschließende Geheimnis

Was wir bekommen, bestimmt unseren Lebensunterhalt.
Was wir geben, bestimmt unser Leben.
WINSTON CHURCHILL

Während dieses letzten Abschnitts unseres gemeinsamen Wegs möchte ich Sie dazu einladen, darüber nachzudenken, was Sie in diesem Leben wirklich mit Leidenschaft erfüllt. Was ist Ihnen am allerwichtigsten? Was könnten Sie heute tun, das Sie mit Stolz erfüllen würde? Welche Handlungen würden Ihrem Geist signalisieren, dass Sie Ihr Leben sinnvoll leben? Und wenn Sie wirklich inspiriert wären, was würden Sie gerne erschaffen oder geben?

Alle diese Fragen bringen uns dem abschließenden Geheimnis des wahren Reichtums näher. Allerdings könnte die Antwort auf den ersten Blick zum Teil unlogisch erscheinen. Wir haben viel Zeit damit verbracht, darüber zu sprechen, wie man das Thema Geld beherrscht, Geld spart und investiert und eine kritische Masse aufbaut, die einem Freiheit verschafft und die Lebensqualität steigert. Gleichzeitig haben wir aber auch gelernt, dass man mit Geld keine Zufriedenheit kaufen kann. Wie eine Studie bestätigt, glauben die meisten Menschen, dass sich mit ihrem Einkommen auch ihre Zufriedenheit erhöht. Die Ergebnisse dieser Studie offenbarten jedoch auch, dass die Zufriedenheit der Menschen, deren Einkommen von 25.000 Dollar auf 55.000 Dollar pro Jahr stieg, nur um 9 Prozent angestiegen war. Eine der am häufigsten zitierten Studien ergab zudem, dass ab einem soliden Mittelschichtsgehalt – das sind in Amerika ungefähr 75.000 Dollar – ein weiterer Einkommenszuwachs zu keinem messbaren Anstieg der persönlichen Zufriedenheit mehr führt.

»Was soll das Ganze?«, mögen Sie sich fragen.

Die Wahrheit lautet: Jüngere Studien haben ergeben, dass Geld uns glücklicher machen kann. Wissenschaftler haben bewiesen, dass »schon eine Ausgabe von 5 Dollar pro Tag die persönliche Zufriedenheit erheblich verändern kann.« Wie? Weil es nicht auf die Summe ankommt, die man ausgibt, sondern auf die Entscheidung, wofür Sie das Geld ausgeben wollen. »Die täglichen Ausgabeentscheidungen lösen eine Kaskade an biologischen und emotionalen Effekten aus, die bis zur Speichelbildung reichen«, berichten die Harvard-Wissenschaftler Elizabeth Dunn und Michael Norton in ihrem brillianten Buch, *Happy Money: The Science of Smarter Spending*, das 2013 erschien. »Zwar kann viel Geld uns zu allen möglichen wunderbaren Dingen verhelfen – von besserem Essen bis zu besseren Wohnvierteln –, seine wahre Macht liegt jedoch in dem Zweck, den wir mit dem Geld verfolgen, nicht der Höhe der Ausgaben.«

Die beiden Autoren wiesen wissenschaftlich nach, dass es viele Wege gibt, Geld auszugeben, die alle zu einer höheren Zufriedenheit führen. Ich werde sie hier nicht alle im Einzelnen aufführen, sondern es Ihnen überlassen, das erwähnte Buch zu lesen, aber ich will hier die drei wichtigsten erwähnen:

1. **Investieren Sie in Erfahrungen** – zum Beispiel Reisen, das Erlernen neuer Fertigkeiten oder andere Formen der Weiterbildung, anstatt mehr Besitztümer anzuhäufen.

2. **Kaufen Sie sich Zeit** – »Wann immer wir unliebsame Arbeiten delegieren können (vom Badputzen bis zum Zäune schrubben), können wir mit Geld bestimmen, wie wir unsere Zeit verbringen wollen und uns die Freiheit verschaffen, unsere Leidenschaften zu verfolgen!«

Finden Sie heraus, was das Beste ist, das Sie mit Ihrem Geld machen können und das Ihnen die größte Zufriedenheit verschafft.

3. **In andere Menschen investieren** – Ja, richtig. Geld zu verschenken verschafft uns die größte Zufriedenheit!

Untersuchungen zeigen, dass die Lebenszufriedenheit umso größer ist, je mehr man anderen Menschen gibt. Und je mehr Sie haben, desto mehr können Sie geben. Das ist ein positiver Kreislauf. Dunn und Norton demonstrieren mithilfe ihrer wissenschaftlichen Studien, dass die Menschen eine größere Zufriedenheit empfinden, wenn sie Geld für andere ausgeben, als wenn sie das Geld für sich selbst ausgeben. Der Nutzen dieser Einstellung »erschöpft sich nicht nur in subjektivem Wohlbefinden, sondern reicht bis zu einer objektiv besseren Gesundheit«. Mit anderen Worten: Geben macht gesünder und glücklicher.

Anderen Autoren zufolge erstreckt sich dieses Phänomen über Kontinente und Kulturen, reiche und arme Länder, Jung und Alt sowie Menschen aus den höchsten und den niedrigsten Einkommensstufen, »von einer kanadischen Studentin, die einen Schal für ihre Mutter kauft, bis zu einer Frau aus Uganda, die für eine Freundin lebensrettende Medikamente gegen Malaria kauft«. Auch hier zeigen die Daten, dass der Geldwert des Geschenks keine Bedeutung hat.

Im Rahmen einer ihrer Studien gaben die Autoren den Teilnehmern entweder 5 oder 20 Dollar, die sie bis zum Abend ausgeben sollten. Die Hälfte wurde aufgefordert, das Geld für sich selbst auszugeben. Die andere Hälfte sollte mit dem Geld jemand anderes beglücken. »Am Abend waren die Teilnehmer, die die Aufgabe hatten, das Geld für eine andere Person auszugeben, nach eigenen Angaben [deutlich] zufriedener als die Teilnehmer, die das Geld für sich selbst ausgegeben hatten«, schrieben die Autoren.

Ihre Kollegin, die Psychologin Lara Aknin der Simon Fraser University, führte eine weitere Studie durch, in deren Rahmen die Teilnehmer Starbucks-Geschenkgutscheine im Wert von 10 Dollar erhielten.

- Einige sollten zu Starbucks gehen und den Gutschein für sich selbst ausgeben.
- Einige Teilnehmer sollten mit dem Gutschein jemanden auf einen Kaffee einladen.
- Einige Teilnehmer sollten den Gutschein verschenken, durften aber selbst nicht mit dieser Person zu Starbucks gehen.
- Einige Teilnehmer sollten mit einer anderen Person zu Starbucks gehen, durften den Gutschein aber nur für sich selbst verwenden.

Was glauben Sie, welche Studienteilnehmer am Ende des Tages am zufriedensten waren? Sie haben ins Schwarze getroffen, wenn Sie die Gruppe ausgewählt haben, die jemanden auf einen Kaffee einluden. Den Autoren der Studie zufolge sind die Menschen am glücklichsten, wenn sie zu den Menschen, denen sie helfen, eine emotionale Verbindung knüpfen und »sehen können, dass ihre großzügigen Handlungen etwas bewirken«.

Die Zufriedenheit, die wir empfinden, wenn wir etwas für andere tun, ist nicht nur intensiver, sondern hält auch länger an. Als ich in meinem Interview mit dem renommierten Experten für Verhaltensökonomie, Dan Ariely, das Thema Geld und Zufriedenheit anschnitt, sagte er: »Wenn Sie die Menschen fragen, ›Was würde Sie glücklich und zufrieden machen, etwas für sich selbst zu kaufen, oder für andere?‹, antworten sie, »›Oh, etwas für mich selbst.‹ Das stimmt aber nicht. Die Untersuchungen zeigen, dass Menschen üblicherweise einige Minuten bis Stunden ein Glücksgefühl empfinden, wenn sie sich selbst beschenken. Wenn sie aber einer anderen Person etwas schenken, und sei das Geschenk auch noch so klein, hält die Zufriedenheit des Schenkenden mindestens für den Rest des Tages an, oft sogar für mehrere Tage oder Wochen.«

Dan erzählte mir auch von einem »schönen Experiment«, in dessen Rahmen die Mitarbeiter eines bestimmten Unternehmens einen Bonus von ungefähr 3.000 Dollar erhielten. Einige bekamen das Geld, um es für sich selber auszugeben. Andere wurden aufgefordert, das Geld zu verschenken. Raten Sie, wer am Ende glücklicher war?

»Sechs Monate später ergab die erneute Befragung der Teilnehmer, die das Geld verschenkt hatten, dass sie wesentlicher zufriedener waren, als die Teilnehmer, die das Geld für sich ausgeben sollten«, berichtete Dan. »Überlegen Sie sich, was Geben bedeutet. Es ist eine ganz erstaunliche Sache, die emotionale Verbindungen zu anderen Menschen entstehen lässt [...] und das setzt einen Nutzenkreislauf in Gang.«

Wenn Sie Ihr Geld verschenken, vor allem, wenn Sie etwas für einen fremden Menschen versus einem geliebten Menschen tun, multipliziert sich der Zufriedenheitsgewinn um ein Vielfaches – das ist so, als würde sich Ihr Gehalt verdoppeln oder verdreifachen.

Ich selber habe zahlreiche erstaunliche Dinge passieren sehen, die aus Geben entstanden sind. Wenn man die eigenen Überlebens- und Erfolgsmechanismen hinter sich lässt und sich in eine Welt begibt, in der man für höhere Ziele lebt als nur für die eigene Existenz, lösen sich plötzlich alle Ängste, Frustrationen, Schmerz und Unzufriedenheit im Wohlgefallen auf. Ich glaube wahrhaft, wenn wir von ganzem Herzen geben, Gott, die Gnade – oder wie immer Sie es nennen wollen – eintritt und uns leitet. Denken Sie daran, *das Leben unterstützt, was mehr Leben unterstützt.*

Ich will Ihnen ein Beispiel geben, wie das Leben eines Jungen mit neuem Feuer erfüllt wurde, nachdem sein Herz und seine Seele nach einem schrecklichen Amoklauf in einer Schule in Newtown, Connecticut, beinahe stumpf und tot waren. Seine Geschichte handelt davon, wie man durch Geben und Schenken Sinn und Inspiration findet und sich von Schmerz befreien kann.

Die Kraft überwindet den Schmerz

JT Lewis wird den 14. Dezember 2012 nie vergessen. An jenem Morgen drang ein geistesgestörter Amokläufer in die Sandy Hook Elementary School ein und erschoss sich und 26 andere Menschen, darunter 20 Schulkinder im Alter zwischen fünf und zehn Jahren. An irgendeinem Punkt während der Schießerei bemerkte JTs sechsjähriger Bruder Jesse, dass die Waffe des Amokläufers klemmte und schrie seine Klassenkameraden an, sie sollten weglaufen. Der tapfere kleine Junge rettete an jenem Morgen viele Leben, aber leider nicht sein eigenes. Der Amokläufer drehte sich zu Jesse um und schoss ihm in den Kopf.

Stellen Sie sich vor, Jesse wäre Ihr Sohn oder Ihr Bruder gewesen. Ich lernte den dreizehnjährigen JT und seine und Jesses Mutter Scarlett kennen, als ich am ersten Jahrestag des Massakers nach Newtown flog, um einer Gruppe von Überlebenden dabei zu helfen, die furchtbaren Ereignisse zu verarbeiten. Wie erwartet waren viele der betroffenen Familien von Schmerz und Leid zerfressen. Ich war allerdings erstaunt, als ich mit JT sprach und erfuhr, wie es ihm gelungen war, seinen Schmerz mithilfe eines einzigen Austausches mit einer Gruppe außergewöhnlicher Waisenkinder aus Ruanda zu überwinden. Diese Jungen und Mädchen hatten von JTs Verlust erfahren und wollten eine heilende Botschaft über den Globus senden.

Alle diese Waisen waren Überlebende einer der schlimmsten Tragödien der Geschichte. Im Jahr 1994 fielen in Ruanda mehr als 1 Million Tutsi einem Genozid zum Opfer, als Angehörige der Hutu-Ethnie in rund 100 Tagen ein furchtbares Massaker anrichteten. In einem Skype-Videotelefonat sprach Chantal, eines der ruandischen Mädchen, mit JT und sagte ihm, wir sehr ihr der Tod seines Bruders leid tue. Aber sie wollte auch, dass er wisse, dass niemand ihm die Lebensfreude nehmen könne, außer er selbst; der Amokläufer habe keine Macht über ihn.

Anschließend erzählte sie ihm ihre eigene Geschichte: Mit nur acht Jahren musste sie mitansehen, wie ihre Eltern von fremden Männern mit Macheten zerhackt wurden. Als Nächstes wandten sich die Killer an sie, hackten ihr in den Nacken und warfen ihren kleinen Körper in ein Massengrab. Begraben unter Toten, blutend und unter Todesängsten, aber dennoch mit eisernem Lebenswillen, gelang es Chantal, aus dem Massengrab zu kriechen und in die Freiheit zu entkommen. Sie versteckte sich in einem Wald in den Bergen, von wo aus sie auf das Dorf hinunterblicken konnte, das einst ihr Zuhause gewesen war und sich nun in ein Flammenmeer verwandelt hatte, aus dem die verzweifelten Schreie von Menschen drangen, die sie liebte. Einen Monat lang ernährte sie sich von Gras und verharrte versteckt im Wald, bis die Massaker ein Ende fanden.

Man würde erwarten, dass ein Kind, das gezwungen wird, der brutalen Ermordung seiner Eltern zuzusehen, emotional fürs Leben gezeichnet wäre. Man würde erwarten, dass dieses Mädchen in Angst und Schrecken leben würde, aber das ist nicht so. Chantal ist Meisterin der drei Entscheidungen, die unser Leben prägen.

Sie sagte zu JT: »Ich weiß, dass du das im Moment nicht glauben kannst, aber du kannst sofort heilen und ein schönes, glückliches Leben führen. Du musst nur jeden Tag üben, dankbar, verzeihend und mitfühlend zu sein. Dankbar zu sein für das, was du hast, anstatt dich in die Dinge zu verbeißen, die du nicht hast. Du musst dem Amokläufer und seiner Familie vergeben und einen Weg finden, anderen zu dienen. Und dann wirst du von deinem Schmerz befreit.« Ihr Gesicht war von einer Freude erfüllt, wie sie JT noch nie gesehen hatte. So schlimm, wie sein Leben auch war, war der Horror, von dem Chantal ihm berichtet hatte, größer, als alles, was er sich vorstellen konnte. Wenn sie sich von ihrem Schmerz befreien konnte, dann konnte er es auch. Und nun war der Zeitpunkt dafür.

Aber wie sollte er es anstellen? JT beschloss, einen Weg zu finden, dieser jungen Seele aus dem entfernten Land, die ihm in einer Zeit der Not so viel Liebe gesendet hatte, etwas zurückzugeben. Chantal fand ihren Lebenssinn, ihre Leidenschaft und ihre Lebensaufgabe darin, sich um die jüngeren Waisenkinder zu kümmern, die ebenfalls Opfer der Massenmorde waren. Das wurde ihre Mission und befreite sie davon, sich auf ihr eigenes Leid und ihren Verlustschmerz zu konzentrieren.

Ihr Beispiel, anderen zu dienen, berührte JT zutiefst, und er wurde besessen von der Idee, anderen etwas zurückzugeben. Und so beschloss er, es sich zur Mission zu machen, etwas zur besseren Zukunft dieses außergewöhnlichen Mädchens beizutragen. Er begann Tag und Nacht zu arbeiten, um Geld für ihr Studium zu sammeln. Innerhalb von einigen Monaten konnte der dreizehnjährige Junge via Skype im ruandischen Waisenhaus anrufen und verkünden, er habe 2.100 Dollar an Spenden gesammelt, sodass Chantal ein Jahr lang das College besuchen könne! Sie war tief gerührt. Wie bei vielen jungen Leuten, vor allem in einem sehr unterentwickelten Land, war ein Universitätsstudium aber einfach keine praktikable Option für sie, insbesondere, weil sie bereits einen kleinen Laden besaß. (Und wie Sie sich vorstellen können, war eine Frau mit ihrer Einstellung eine ziemlich erfolgreiche Unternehmerin!) In ihrer anhaltenden Bereitschaft zu geben, verschenkte Chantal dieses großartige Geschenk an ihre beste Freundin Betty, auch eine Waise, die sie bei ihrem ersten Telefonat mit JT unterstützt hatte.

Ich war von JTs Engagement so beeindruckt, dass ich augenblicklich beschloss, Betty die weiteren drei Collegejahre zu bezahlen und Chantal finanziell zu unterstützen, damit sie ein weiteres Geschäft eröffnen und eine dauerhafte Bleibe für den Rest ihrer adoptierten Waisenfamilie bauen konnte. Inzwischen arbeiten wir alle zusammen daran, die verfügbaren Ressourcen für eine wachsende Gruppe der rund 75.000 Waisenkinder zu erhöhen, die den Genozid überlebten.[1]

Die Lektion aus dieser Geschichte lautet, dass Menschen Leid und Schmerz überwinden können, wenn sie die Schönheit des Lebens erkennen und einen Weg finden, anderen Menschen etwas zu geben. Das ist ein heilendes Geschenk. Der Schlüssel liegt darin, etwas zu finden, das uns dazu inspiriert, geben zu *wollen*. Das Gefühl, eine Mission zu verfolgen, ist die ultimative Antriebskraft im Leben, die einem Menschen zu wahrem Reichtum verhilft.

---

[1] Wir schulen Psychologen und professionelle Coaches in zentralen praktischen und psychologischen Kompetenzen, um in derartigen Krisen helfen zu können. Wenn Sie qualifiziert sind und sich für einen freiwilligen Kriseneinsatz melden möchten, wenden Sie sich an die Anthony Robbins Foundation (www.anthonyrobbinsfoundation.org).

Geben hat eine heilende Wirkung

Natürlich bedeutet Geben mehr, als nur Geld zu geben. Geben bedeutet auch, Zeit und Gefühle zu geben; den eigenen Kindern und der Familie, dem Lebenspartner, den Freunden und Geschäftspartnern Anwesenheit und Aufmerksamkeit zu schenken. Auch unsere Arbeit ist ein Geschenk. Ob das Geschenk ein Lied, ein Gedicht, der Aufbau eines transnationalen Unternehmens, therapeutische Arbeit, Gesundheitsfürsorge oder Unterricht ist, wir alle haben etwas zu geben. Tatsächlich ist Arbeit nach der Liebe das größte und heiligste Geschenk, das wir machen können. Und freiwilliges Engagement, der Einsatz unserer Zeit sowie die Vermittlung und Weitergabe von Fähigkeiten, bietet ebenfalls hohe »Renditen«.

Arianna Huffington zitiert in ihrem Buch *Thrive* (dt. *Die Neuerfindung des Erfolgs: Weisheit, Staunen, Großzügigkeit – Was uns wirklich weiter bringt*, München 2014) Studien, die demonstrieren, das der Akt des Gebens die körperliche und geistige Gesundheit fördert. Ein Beispiel, das ich ganz besonders liebe, ist die Studie der britischen Medical School der University of Exeter aus dem Jahr 2013, die zeigt, dass ein Zusammenhang zwischen freiwilligem Engagement und niedrigen Depressionsraten, einem gesteigerten Wohlbefinden und einer um 22 Prozent reduzierten Sterbequote besteht! Die Autorin schreibt: »Freiwilliges Engagement an einem Tag pro Woche führt zu einer Steigerung des Wohlbefindens, die sich mit einer Gehaltssteigerung von 20.000 auf 75.000 Dollar vergleichen lässt!« Wie lautet also das abschließende Geheimnis des Reichtums? *Geben*, in welcher Form auch immer, führt schneller zu Reichtum, als jede Form des *Empfangens*. Es ist mir egal, wie mächtig und einflussreich jeder von uns als Individuum ist – ob Sie ein Unternehmenstitan, ein politischer Führer, ein Finanzmogul oder eine Ikone der Unterhaltungsbranche sind –, das Geheimnis eines erfüllten Lebens liegt nicht nur darin, dass es einem gut geht, sondern auch darin, dass man Gutes tut.

Ich bin nicht daran interessiert, der reichste Mensch auf dem Friedhof zu sein. Abends schlafen zu gehen und sagen zu können, dass man etwas Wunderbares geleistet hat, das ist mir wichtig.
STEVE JOBS

Vor dem 19. Jahrhundert wurden die meisten karitativen Werke von religiösen Einrichtungen verrichtet – bis der Stahlmagnat Andrew Carnegie auftauchte. Könige und Aristokraten und die reichsten Familien hatten kein Interesse daran, ihren Gemeinden etwas zurückzugeben. Die meisten wachten eifersüchtig über ihr Geld, damit es nur ihnen selbst und ihren Erben zugutekäme. Viele Geschäftsmänner teilten diese Überzeugung.

Doch Carnegie bewegte die Räuberbarone seiner Zeit zu Philanthropie, wie wir sie heute kennen.

Carnegie war ein skrupelloser Geschäftsmann, der den Stahl für die Eisenbahngleise und die Wolkenkratzer herstellte, die Amerika revolutionierten. Um profitabel zu sein, musste er Mehrwert generieren, von dem die Gesellschaft und auf diese Weise auch er selber profitierte. Zu seinen Lebzeiten war er der reichste Mann der Welt. Doch dann trat eine Phase in seinem Leben ein, in der er alles besaß, was man sich vorstellen konnte, und er so viel Geld hatte, dass er erkannte, dass all sein Geld keinen Sinn hatte, es sei denn, er machte damit etwas Sinnvolles. Und so kam es, dass Carnegie die erste Hälfte seines Lebens damit verbrachte, Geld anzuhäufen, und die zweite Hälfte damit, es zu verschenken. Seine Transformation beschrieb er in einem Aufsatz (aus dem später ein Buch wurde) mit dem Titel *The Gospel of Wealth* (dt. *Die Wahrheit über Reichtum und Geld*), das sich nach wie vor zu lesen lohnt. Der Nobelpreisträger und Professor für Wirtschaftswissenschaften in Yale, Robert Shiller, besteht darauf, dass seine Studenten dieses Buch lesen, weil er ihnen vermitteln möchte, dass der Kapitalismus eine Quelle für positive Dinge sein kann. Carnegies Aufsatz veränderte die Gesellschaft, übte einen großen Einfluss auf ähnlich eingestellte Geschäftsleute aus und stellte den unvorstellbaren Reichtum seines größten Rivalen, John D. Rockefeller, in Frage. Rockefeller, der äußerst wettbewerbsorientiert war, begann daraufhin, große Summen an einige der größten Stiftungen der Nation zu übertragen. Carnegie schuf einen neuen Standard, demzufolge die Bedeutung einer Person sich nicht nach ihrem Besitz maß, sondern danach, wie viel sie spendete. Carnegies Fokus lag auf Bildung. Im Verlauf seines Lebens verdoppelte sich mithilfe seiner Spenden die Zahl der Bibliotheken in den USA, und das trug lange vor der Existenz des Internets zum intellektuellen Kapital und dessen Wachstum in Amerika bei.

Chuck Feeney wurde, wie schon erwähnt, zu einem modernen Carnegie, indem er fast sein gesamtes Vermögen in Höhe von 7,5 Milliarden Dollar verschenkte – nur dass er das bis vor Kurzem verschwieg.

Als ich Chuck traf, war er 83 und befand sich am Ende seines Lebens. Er hatte Schwierigkeiten, länger zu sprechen, aber seine schiere Gegenwart strahlte eine Erfahrung aus, die tiefer ging als tausend Worte. In seiner Gegenwart spürte man die Macht eines gut gelebten Lebens. Man konnte in seinen Augen und dem Lächeln, das so leicht und oft über sein Gesicht huschte und seiner Freundlichkeit, die von Herzen kam, die Lebensfreude erkennen, die ihn erfüllte. Chuck Feeney inspirierte eine weitere Generation. Viele sagen, Ted Turner sei der nächste gewesen, der mit seinem 1 Milliarde Dollar schweren Engagement für die Vereinten Nationen ein ähnlich gewichtiges philanthropisches Engagement gezeigt habe. Seitdem haben sich Bill Gates und Warren Buffett zusammengetan, um die Initiative Giving Pledge zu gründen, um die Multimilliardäre der Welt dazu zu bewegen, mindestens die Hälfte ihres Vermögens für wohltätige Zwecke zu stiften. Bei der letzten Zählung hatten sich mehr als 120 Milliardäre dieser Initiative angeschlossen, darunter einige der in diesem Buch porträtierten ultrareichen Finanzstrategen, zum Beispiel Ray Dalio. T. Boone Pickens, Sara Blakely, Carl Icahn und Paul Tudor Jones. (Besuchen Sie die Website http://givingpledge.org, um einige der bewegenden Briefe zu lesen, die ihre Spenden begleiteten.)

T. Boone Pickens sagte mir, er habe es mit seiner Philanthropie etwas weit getrieben. Vor Kurzem spendete er seiner Alma Mater, der Oklahoma State University, fast eine halbe Milliarde Dollar, womit sich die Gesamthöhe seiner Spenden auf mehr als 1 Milliarde Dollar beläuft. Allerdings hat er vor Kurzem einige Verluste erlitten, die sein Vermögen auf 950 Millionen Dollar verringert haben – etwas weniger als die Milliarde, die er gespendet hat! Aber Boone macht sich keine Sorgen. Schließlich ist er 86 Jahre alt. »Keine Sorge, Tony«, sagte er. Ich plane, in den nächsten Jahren weitere zwei Milliarden zu verdienen.« Boone empfindet keinen Verlust, weil die Freude, die ihm das Geben bereitet, von unschätzbarem Wert ist.

In unseren modernen Zeiten haben sich die reichsten Männer und Frauen der Welt der Lösung der größten Probleme der Welt gewidmet. Carnegie konzentrierte sich auf Bildung. Bill und Melinda Gates konzentrieren sich auf Stipendien und die Vorbeugung von Epidemien. Bonos Leidenschaft gilt dem Kampf für einen Erlass der Schulden, die die Länder der Dritten Welt im Klammergriff halten. Müssen Sie jedoch Milliardär oder Rockstar sein, um einen Beitrag zur Lösung der größten Probleme der Welt zu leisten? Nicht in der heutigen vernetzten Welt. Wenn wir mithilfe der Technologie zusammenarbeiten, kann jeder von uns einen kleinen Beitrag leisten und damit Großes bewirken.

Hunger, Krankheiten und Sklaverei beseitigen

Ich weiß nicht, was Sie mit Leidenschaft erfüllt, aber was mich mit großer Empathie erfüllt, sind Kinder und Familien in Not. Man muss schon aus Eis sein, um kein Mitgefühl mit einem leidenden Kind zu empfinden. Lassen Sie uns also einen kurzen Blick auf drei der größten Probleme werfen, unter denen Kinder und ihre Familien heute leiden, sowie die unmittelbaren, konkreten Schritte untersuchen, die jeder von uns leicht unternehmen kann, um einen Beitrag zu ihrer Linderung zu leisten.

Das erste Problem ist Hunger. Wer geht Ihrer Meinung nach jeden Abend im reichsten Land der Welt hungrig ins Bett? Es klingt unglaublich, aber dem US Census Bureau zufolge lebt jedes vierte Kind unter fünf Jahren in Amerika in Armut und fast jedes zehnte Kind in *extremer* Armut (die als Jahreseinkommen unter 11.746 Dollar oder 32 Dollar pro Tag für eine vierköpfige Familie definiert ist). 50 Millionen Amerikaner, einschließlich fast 17 Millionen Kinder, leben in Haushalten, in denen die Ernährung nicht gesichert ist – oder wie Joel Berg von New Yorks Koalition gegen Hunger Theresa Riley von der Interview- und Talkshow *Moyers & Company* mitteilte, »Haushalte, in denen kein Geld da ist, um eine regelmäßige Ernährung der Familienmitglieder zu gewährleisten«, die »das Essen rationieren und Mahlzeiten auslassen; in denen Eltern keine Nahrungsmittel kaufen können, um ihre Kinder zu ernähren«. Gleichzeitig hat der Kongress die jährlichen Ernährungsbeihilfen – einst Essensmarken genannt – um 8,7 Milliarden Dollar gekürzt und damit einer halben Million amerikanischer Familien jeden Monat *die Mahlzeiten von mehr als einer Woche* genommen.

Ich bin in einem dieser Haushalte aufgewachsen, unsere Familie gehörte zu den Betroffenen. Daher stammt meine Leidenschaft, auf diesem Gebiet Abhilfe zu schaffen. Ich weiß, dass das sich hinter den Statistiken Menschen aus Fleisch und Blut verbergen. Ich habe Ihnen bereits erzählt, wie sich mein Leben im Alter von elf Jahren an einem Erntedankfest veränderte. Und wie ich schon sagte, war es nicht das Essen, das mein Leben veränderte, sondern die Tatsache, dass ein Fremder Mitgefühl mit uns gezeigt hatte. Dieser einfache Akt hat eine ungeheure Wirkung auf mich ausgeübt. In den letzten 38 Jahren habe ich dieses Geschenk versucht zurückzugeben, indem ich zur Ernährung von insgesamt 42 Millionen Menschen beigetragen habe. Maßgeblich ist, dass ich nicht gewartet habe, bis ich dieses immense Problem in großem Umfang lösen konnte. Ich bin das Problem einfach in dem Maße angegangen, wie es mir möglich war – mit dem wenigen, was ich hatte.

Zunächst war es schon eine finanzielle Belastung, zwei Familien zu ernähren, aber dann fühlte ich mich inspiriert und verdoppelte mein Ziel – auf vier Familien. Im folgenden Jahr waren es acht, dann 16. In dem Maße, wie mein Unternehmen und mein Einfluss wuchsen, wuchs auch die Zahl der Menschen, die ich unterstützte – zunächst wurden es 1 Million, dann 2 Millionen Menschen. So wie sich Geldinvestitionen aufzinsen, geschieht das auch mit Investitionen in andere Menschen, nur dass die »Rendite« um ein Vielfaches höher ist. Das Privileg, in der Lage zu sein – wie es heute der Fall ist –, 50 Millionen Mahlzeiten zu spenden und in Partnerschaft mit Ihnen und anderen diese Zahl auf 100 Millionen Mahlzeiten erhöhen zu können, lässt sich mit Worten nicht beschreiben. Einst war ich derjenige, dem Mahlzeiten gespendet wurden, und nun habe ich durch Gnade und Engagement die Ehre, andere ernähren zu können und das Gute zu multiplizieren, das mir und meiner Familie einst zuteilwurde.

Es gibt nichts, das mit der Kraft einer vor Leidenschaft brennenden Seele vergleichbar wäre. Auf meinem Weg gab es zwei Dinge, die mich berührten: Fürsorge für andere und Bücher. Bücher versetzten mich von einer Welt der Einschränkungen in ein Leben voller Möglichkeiten, wenn ich mich in die Köpfe der Autoren versetzte, die ihr Leben bereits verändert hatten. In dieser Tradition wandte ich mich an den Verlag Simon & Schuster und teilte ihnen mit, ich wolle nicht nur Körpern, sondern auch Köpfen Nahrung bieten. Sie haben mich auf dieser Mission begleitet, indem sie mein einfaches Selbsthilfebuch *Notes from a Friend* gespendet haben, das ich schrieb, um Menschen in schwierigen Lebenssituationen zu helfen, ihr Leben mit praktischen Ratschlägen, Strategien und inspirierenden Geschichten zu verändern. Als Gegenleistung für den Kauf eines Exemplars dieses Buches hat sich mein Verlag verpflichtet, jeweils ein Exemplar des Buches *Notes from a Friend* über meine Partner von Feeding America an eine Person in Not zu verschenken. Feeding America ist die größte Suppenküche Amerikas und gilt als effektivste karitative Organisation in den USA, was die Speisung Armer und Obdachloser betrifft.

Und nun möchte ich Sie gerne bitten, sich mir bei dieser Aufgabe anzuschließen, damit wir diese wohltätige Arbeit in den nächsten Jahren gemeinsam fortsetzen können. Es handelt sich um eine einfache Strategie, mit der nicht nur dieses, sondern jedes Jahr hungrigen Familien in Not 100 Millionen Mahlzeiten geboten werden können. Das erfordert keine hohen Spendenbeträge. Der Plan, den ich Ihnen vorschlage, bietet Ihnen eine Möglichkeit, Leben zu retten und zu verändern, indem Sie Ihr überschüssiges Kleingeld spenden.

Verändern Sie mit Ihrem Kleingeld die Welt

Und hier mein Angebot. Das Ziel, das ich mit diesem Buch verfolge, lautet, Ihnen die Fertigkeiten und das Wissen über Finanzinvestitionen zu vermitteln und Ihnen einen Plan an die Hand zu geben, mit dem Sie die Möglichkeit haben, finanzielle Sicherheit, Unabhängigkeit oder Freiheit für sich und Ihre Familie zu erlangen. Mein großes Ziel ist es, Wege zu finden, einen größeren Mehrwert für Ihr Leben zu generieren, als Sie sich jemals hätten vorstellen können, und zwar aus einem einzigen Buch (zugegebenermaßen einem äußerst umfangreichen). Ich möchte Sie dazu inspirieren, Mangel und Verknappung zu überwinden und hier und jetzt reich zu werden! Und das geschieht an dem Tag, an dem Sie von ganzem Herzen geben – *egal, wie Ihre finanzielle Situation aussieht* –, und zwar nicht, weil Sie das müssen oder weil Sie Schuldgefühle haben oder es jemand von Ihnen fordert, sondern weil Sie den inneren Drang verspüren.

Laut dem Bureau of Labor Statistics, das zum amerikanischen Arbeitsministerium gehört, geben 124 Millionen amerikanische Haushalte pro Jahr durchschnittlich 2.604 Dollar für Unterhaltung aus. Das sind insgesamt mehr als 320 Milliarden Dollar – nur für Unterhaltung! Stellen Sie sich vor, ein Teil dieses Geldes würde darauf verwendet, zuvor unüberwindliche Probleme wie Hunger, Menschenhandel und Zugang zu sauberem Trinkwasser zu lösen. In den USA kann man mit einem Dollar zehn Mahlzeiten für bedürftige Menschen bezahlen. Stellen Sie sich vor, Sie könnten pro Jahr 100.000.000 Mahlzeiten mitfinanzieren! Das sind knapp 10 Millionen Dollar – gerade einmal 0,0034 Prozent des Betrags, den wir für Unterhaltung ausgeben! Das ist das Kleingeld, das sich in Hosentaschen ansammelt! Ich habe eine Partnerschaft mit einigen herausragenden Unternehmern und Marketingstrategen gebildet, darunter Bob Caruso (Sozialkapitalist und ehemaliger geschäftsführender Gesellschafter und Vorstand für das operative Geschäft von Highbridge Capital Management, einem der hundert größten Hedgefonds der Welt) und Marc Benioff (Philanthrop, Gründer und Vorstandsvorsitzender von Salesforce.com), um eine Technologie zu entwickeln, mit der Sie dieses eingesparte Kleingeld leicht und unaufwendig einsetzen können, um Leben zu retten.

In weniger als einer Minute können Sie online gehen und auf der Website von SwipeOut (www.swipeout.com) die Opt-in-Funktion aktivieren, sodass bei jedem Kauf, den Sie irgendwo auf der Welt mit Ihrer Kreditkarte tätigen, der Kaufpreis immer automatisch auf den nächsten Dollar aufgerundet wird.[2] Diese Beträge gehen direkt an eine geprüfte, effektive wohltätige Organisation, die Ihnen im Gegenzug für Ihr Engagement Geschichten über die Leben liefert, zu deren Verbesserung Sie beigetragen haben. Und so funktioniert es: Wenn Sie zum Beispiel 3,75 Dollar für einen Kaffee von Starbucks bezahlt haben, gehen 0,25 Cent an ausgewählte gemeinnützige Einrichtungen. Für den durchschnittlichen Verbraucher bedeutet das pro Monat knapp unter 20 Dollar. Sie können die Summe, die Sie geben wollen, begrenzen, aber wir bitten darum, den Mindestbetrag von 10 Dollar nicht zu unterschreiten.

Wollen Sie wissen, was Sie mit rund 20 Dollar pro Monat bewirken können?

- Sie können 200 Mahlzeiten für hungrige Amerikaner (das sind 2.400 Mahlzeiten pro Jahr!) spenden, oder
- Zehn Kindern in Indien Zugang zu einer sauberen und nachhaltigen Wasserquelle bieten. Das sind 120 Kinder pro Jahr, die Sie persönlich vor Krankheiten als Folge von verunreinigtem Wasser schützen, oder
- Sie können zur Rettung und Rehabilitation eines junges kambodschanischen Mädchens beitragen, das Opfer von Menschenhandel und Sklaverei geworden ist.

Das sind die drei großen Probleme, mit denen Kinder und Familien konfrontiert sind. In Amerika ist es der Hunger. Aus diesem Grund liegt unser Schwerpunkt auf der Beseitigung von Hunger mithilfe unserer Partner von Feeding America.

---

[2] Unter Verwendung einer patentierten Technologie, die dem Sicherheitsstandard von Online-Banktransaktionen entspricht.

Für die Kinder dieser Welt ist der Kampf gegen Krankheiten jedoch die größte Herausforderung. Wussten Sie, dass Krankheiten, die auf verunreinigtes Wasser zurückgehen, laut der Weltgesundheitsorganisation mit 3,4 Millionen Opfern pro Jahr für die meisten Todesfälle weltweit verantwortlich sind? Alle 20 Sekunden stirbt irgendwo auf der Welt ein Kind an einer wasserbedingten Krankheit. Insgesamt sind seit dem Zweiten Weltkrieg mehr Menschen an Krankheiten gestorben, die auf verschmutztes Wasser zurückgehen, als in allen bewaffneten Konflikten weltweit.

Aus diesem Grund lautet die zweite Mission von SwipeOut, so vielen Kindern wie möglich auf der ganzen Welt Zugang zu sauberem Trinkwasser zu bieten und auf diese Weise die Krankheiten, die durch verschmutztes Wasser übertragen werden, auszurotten. Es gibt eine ganze Reihe von Organisationen, die nachhaltige Lösungen bieten, von denen einige nur 2 Dollar pro Person kosten, mit denen Familien und ihre Kindern Zugang zu sauberem Trinkwasser ermöglicht wird.

Wie hoch ist der Preis der Freiheit?

Im Verlauf dieses Buches haben wir darauf hingearbeitet, dass Sie die Möglichkeit erhalten, finanzielle Freiheit zu erlangen. Wären Sie nicht bereit, einen Bruchteil Ihrer monatlichen Ausgaben dafür aufzuwenden, einen Beitrag zur Befreiung eines der 8,4 Millionen Kinder weltweit zu leisten, die in Sklaverei leben? Im Jahr 2008 recherchierte der Korrespondent des Nachrichtensenders ABC News, Dan Harris, verdeckt, wie lange es dauern und was es kosten würde, einen Kindersklaven zu kaufen. Er reiste von New York nach Haiti und verhandelte über den Kauf eines Kindes für 150 Dollar. Seinen Worten zufolge kostet es in der modernen Welt weniger, ein Kind zu kaufen als einen iPod.

Man kann sich überhaupt nicht vorstellen, dass dieses Schicksal unseren eigenen Kindern oder den Kindern unser Freunde und Verwandten widerfährt. Versuchen Sie aber, sich die Wirkung Ihres Beitrags zur Befreiung eines menschlichen Lebens vorzustellen, einer Seele, die über Jahre versklavt gewesen ist. Dafür gibt es keine Worte. Und auch hier wissen Sie, dass Ihr Beitrag denjenigen zugutekommt, die diesen Kampf jeden Tag gewinnen, ohne dass Sie dafür große Opfer erbringen müssen.
Wie können wir diese gewaltigen Herausforderungen angehen? Indem jeder von uns einen kleinen, überschaubaren Beitrag leistet. Dieses Jahr

werden Sie und ich und einige unserer Freunde gemeinsam 100 Millionen Menschen ernähren. Wäre es nicht unglaublich, *jedes* Jahr auf nachhaltige Weise 100 Millionen Menschen ernähren zu können? Ich versorge pro Tag 100.000 Menschen in Indien mit sauberem Trinkwasser – eine meiner Leidenschaften. Wäre es nicht wunderbar, wenn wir gemeinsam 3 Millionen Menschen jeden Tag sauberes Wasser bieten und diese Errungenschaft stetig weiter steigern könnten? Oder wie wäre es mit der gemeinsamen Befreiung von 5000 versklavten Kindern und ihrer Unterstützung, damit sie zur Schule gehen und ein gesundes Leben führen können?

Das ist die Macht, die schon 100.000 von uns besitzen. So, wie ich meine Stiftung errichtet habe, könnte auch diese Mission geometrisch wachsen. Wenn wir im Verlauf eines Jahrzehnts oder mehr einen Weg finden könnten, eine Million Mitglieder zu gewinnen, dann könnten daraus eine Milliarde Mahlzeiten pro Jahr entstehen. Diese Zahlen wären geradezu schwindelerregend, aber Tatsache ist, dass schon die Rettung eines einzigen Kindes die ganze Mühe lohnt.

Wie lautet Ihre Vision? Die meisten Menschen überschätzen, was sie in einem Jahr leisten können, und unterschätzen oft, was sie in ein oder zwei Jahrzehnten erreichen können. Als ich meine eigene Mission startete und zwei Familien ernährte, war ich bereits ganz aufgeregt. Mein Ziel war, 100 bedürftigen Familien zu helfen. Dann wuchs diese Zahl auf 1.000 Familien, dann auf 100.000 Familien und dann auf 1 Million. Je mehr wir wachsen, desto mehr erkennen wir, was alles möglich ist. Das liegt ganz an uns. Machen Sie mit? Lassen Sie Ihr Kleingeld arbeiten und verändern Sie die Welt.

Ich habe festgestellt, dass Geben, neben anderem Nutzen, die Seele des Gebers befreit.
MAYA ANGELOU

Ob Sie sich SwipeOut oder einer anderen Organisation anschließen, treffen Sie die Entscheidung, einen kleinen Prozentsatz Ihres Einkommens oder Ihrer Zeit auf Dinge zu verwenden, aus denen Sie keinen direkten persönlichen Nutzen ziehen, sondern die einem bedürftigen Menschen zugutekommen. Diese Entscheidung hat nichts damit zu tun, ob Sie das Richtige oder Falsche tun oder ob es Ihr Prestige steigert. Bei dieser

Entscheidung geht es um wahren Reichtum – darum, sich lebendiger zu fühlen und echte Erfüllung zu verspüren.

In ihrem Buch *Happy Money: So verwandeln Sie Geld in Glück* schrieben Elizabeth Dunn und Michael Norton, »wenn sich das Geben als freie Entscheidung anfühlt, wenn es uns mit anderen in Verbindung bringt und wenn es eine eindeutige Wirkung zeigt, können selbst kleine Geschenke unsere Zufriedenheit steigern und möglicherweise einen Dominoeffekt der Großzügigkeit auslösen.«

Bewegt von der Kraft der gemeinnützigen Ausgaben (Spenden und Geschenke an wohltätige Einrichtungen) setzten Dan Ariely und seine Frau ein einfaches System um, das sie und ihre beiden Söhne als Familie ohne großen Aufwand befolgen konnten. Immer wenn ihre Kinder Taschengeld erhielten, mussten sie es auf drei Töpfe aufteilen.

Der erste Topf ist für sie selbst.

Der zweite Topf ist für eine Person, die sie kennen.

Der dritte Topf ist für eine unbekannte Person.

Achten Sie darauf, dass zwei Drittel der Gesamtsumme auf gemeinnützige Ausgaben entfallen, weil es diese zwei Drittel sind, die ihre Kinder glücklich machen. Alle drei Töpfe haben ihre Berechtigung, aber die Familie Ariely achtete darauf, dass sie den gleichen Anteil für unbekannte Menschen reservieren. Geld für Freunde und Verwandte auszugeben, ist etwas sehr Schönes, weil man geliebten Menschen gibt, aber echte Philanthropie ist die Spende an fremde Menschen, und das kann die befriedigendste und wichtigste Form des Gebens sein.

Ich kann Ihnen sagen, dass es einige außerordentlich positive Folgen hat, wenn man gibt, obwohl es ein echtes Opfer darstellt. Das prägt unser Gehirn, indem es uns darauf konditioniert zu wissen, dass mehr als genug für alle vorhanden ist. Wenn unser Gehirn davon überzeugt ist, empfinden wir das auch so.

Sir John Templeton sagte mir vor fast 30 Jahren, er kenne niemanden, der im Verlauf eines Jahrzehnts 8 oder 10 Prozent seines Einkommens karitativen oder religiösen Einrichtungen gespendet und anschließend sein Vermögen nicht drastisch habe vermehren können. Das Problem ist jedoch, dass alle sagen: »Ich werde spenden, sobald ich mehr Geld habe.« Das war auch einmal meine Denkweise. Ich kann Ihnen jedoch aus eigener Erfahrung sagen, machen Sie es sich zur Angewohnheit zu geben, selbst wenn Sie glauben, Sie könnten es sich noch nicht leisten; selbst wenn Sie glauben, Sie könnten nichts erübrigen. Warum? Weil Sie – wie ich im ersten Kapitel schon gesagt habe – niemals 1 Million von 10 Millionen oder 10 Millionen von 100 Millionen geben werden, wenn Sie nicht bereit sind, 10 Cent eines Dollars zu spenden.

In welcher Form werden Sie gemeinnützige Spenden leisten? Werden Sie Ihre Zeit und Energie investieren? Werden Sie einen Teil Ihrer Einkünfte spenden? Oder werden Sie damit beginnen, indem Sie eine Minute Ihrer Zeit opfern, die Website von SwipeOut aufrufen und sich dort als Spender registrieren, damit Sie mit Ihrem Wechselgeld Leben verändern können? Wenn Sie sich hier und jetzt inspiriert fühlen, dann machen Sie es jetzt gleich, während Sie diesen Enthusiasmus empfinden. Und vergessen Sie nicht: Die Person, die am meisten davon profitiert, könnten Sie selbst sein. Ein Leben als Philanthrop beginnt mit einem einzigen kleinen Schritt. Lassen Sie uns diesen Schritt gemeinsam machen.

Ich denke nicht an all das Elend, sondern an die Schönheit,
die trotz allem verbleibt.
ANNE FRANK

Ich war mir übrigens nicht immer der Bedeutung von Dankbarkeit und Freigebigkeit bewusst. Ich war an Mangel und Verknappung gewöhnt. Im Rückblick kann ich sagen, dass mein Leben nicht immer einfach war, aber es war immer gesegnet. Ich habe das damals nur nicht erkannt. Da ich in finanzieller Not aufwuchs, habe ich mich immer bemüht, Höchstleistung zu erbringen. Aber ich erkannte nicht, dass der Lohn dieser Anstrengungen zeitversetzt und in Sprüngen kommt. Es dauert lange, bis man etwas gelernt hat und wirklich beherrscht, bis man es so verinnerlicht hat, dass es zu einem integralen Bestandteil der eigenen Persönlichkeit geworden ist. Am Anfang meiner Karriere erlitt ich einige Rückschläge. Wie ich darauf reagierte? Sagen wir, nicht unbedingt mit der Anmut einer erleuchteten Seele! Ich war ständig wütend und frustriert, weil nichts so funktionierte, wie ich es wollte. Außerdem ging mir das Geld aus.

Eines Nachts gegen Mitternacht fuhr ich auf dem 57. Freeway nahe der Ausfahrt Temple Avenue in der Nähe von Pomona, Kalifornien, und fragte mich, »Was läuft hier schief? Ich strenge mich so an. Was fehlt? Warum gelingt es mir einfach nicht, das zu erreichen, was ich möchte? Warum funktioniert es nicht?« Plötzlich standen mir die Tränen in den

Augen und ich fuhr an den Straßenrand. Ich holte mein Notizbuch hervor, das ich immer bei mir trug und bis heute aufbewahre, und begann im Dämmerlicht der Innenbeleuchtung meines Autos wie wild Notizen zu machen. Ich schrieb in Riesenbuchstaben auf eine einzige Seite eine Botschaft an mich selbst:

»DAS GEHEIMNIS EINES ERFÜLLTEN LEBENS IST FREIGEBIGKEIT.«

Ja! Ich erkannte, dass ich vergessen hatte, worum es im Leben geht. Ich hatte vergessen, dass die wahre Lebensfreude im Geben liegt; dass es im Leben nicht nur um mich selbst geht, sondern um das *Wir*. Als ich wieder losfuhr, fühlte ich mich inspiriert und von einem neuen Gefühl für meine Mission erfüllt. Danach liefen die Dinge eine Zeit lang gut. Aber leider waren die Notizen, die ich in jener Nacht gemacht hatte, nicht mehr als ein Konzept – eine Erkenntnis, die ich noch nicht vollständig verinnerlicht hatte. Ich wurde mit weiteren Problemen und Herausforderungen konfrontiert und sechs Monate später hatte ich mein ganzes Geld verloren. Es dauerte nicht lange, und ich befand mich am Tiefpunkt meines Lebens, hauste in einem kleinen Single-Apartment in Venice, Kalifornien, und war voller Groll gegen die Welt. Ich war in die Falle der Schuldzuweisungen getappt. Ich kam zu dem Schluss, ich sei von verschiedenen Leuten manipuliert worden, die mich ausgenutzt hätten. »Wenn sie nicht gewesen wären«, so redete ich mir ein, »hätte ich Erfolg gehabt!« Und so badete ich in Selbstmitleid. Je wütender und frustrierter ich mich fühlte, desto unproduktiver wurde ich.

Als Folge begann ich, mich aus Frust mit Essen vollzustopfen – mit diesem schrecklichen, schlechten Fast Food. In wenigen Monaten nahm ich fast 20 Kilo zu. Das ist gar nicht so einfach; man muss wirklich Tonnen in sich hineinstopfen, um in kurzer Zeit so viel zuzunehmen! Und ich tat Dinge, über die ich mich bei anderen stets lustig gemacht hatte, zum Beispiel tagsüber alberne Fernsehserien zu sehen. Wenn ich nicht aß, sah ich Seifenopern. Ich wurde süchtig nach der Serie *General Hospital*. Wenn Sie alt genug sind, um sich daran zu erinnern, wie Luke und Laura heirateten, das war meine Zeit!

Es ist komisch (und auch ein wenig demütigend) zurückzublicken und zu sehen, wie tief ich gesunken war. Ich hatte nur noch 19 Dollar und ein wenig Kleingeld und keinerlei Perspektiven. Außerdem war ich ganz besonders sauer auf einen Freund, der sich 1.200 Dollar von mir geliehen hatte, als es mir finanziell gut ging, und sie nie zurückgezahlt hat. Nun war ich pleite, aber als ich ihn um mein Geld bat, zeigte er mir die kalte Schulter. Er beantwortete nicht einmal meine Anrufe! Ich war wütend und dachte, »Was zur Hölle soll ich jetzt machen? Wie soll ich mir zumindest was zu Essen beschaffen?«

Allerdings erinnerte ich mich an meine pragmatische Seite. Ich dachte, »Okay, was habe ich gemacht, als ich 17 und obdachlos war?« Ich ging in ein Buffet-Restaurant und lud mir bei einem All-you-can-eat-Buffet für möglichst wenig Geld den Teller voll. Und da kam mir eine Idee. Meine Wohnung war nicht weit entfernt von einem sehr schönen Ort namens Marina del Rey, einem Jachtanleger für die Reichen von Los Angeles. Dort gab es ein Restaurant, El Torito, das für 6 Dollar ein großartiges Buffet bot. Ich wollte kein Geld für Benzin oder einen Parkplatz verschwenden, also ging ich die drei Meilen zu dem Restaurant, das sich direkt am Jachthafen befand, zu Fuß. Ich setzte mich an einen Tisch am Fenster und lud mir einen Teller nach dem anderen mit Essen voll. Ich aß und aß, als gebe es kein Morgen – was auch durchaus hätte sein können!

Während ich mein Essen verschlang, beobachtete ich, wie die Segelboote ein- und ausliefen und träumte davon, wie das Leben aussehen könnte. Mein innerer Zustand begann sich zu verändern und ich konnte förmlich spüren, wie meine Wut und mein Frust allmählich von mir abfielen. Als ich satt war, fiel mir ein kleiner Junge im Anzug auf – er war vielleicht sieben oder acht –, der seiner jungen Mutter die Tür aufhielt. Er führte sie stolz zum Tisch und rückte ihr den Stuhl zurecht, damit sie Platz nehmen konnte. Dieser Junge hatte eine ganz besondere Präsenz. Er strahlte etwas Reines, Gutes aus. Seinem respektvollen, liebenswerten Umgang mit seiner Mutter konnte man entnehmen, dass er ein Geber war. Ich war tief gerührt.

Nachdem ich gezahlt hatte, ging ich zu dem Tisch, an dem Mutter und Sohn saßen und sagte zu dem Junge: »Entschuldige, ich möchte dir nur meine Anerkennung dafür aussprechen, dass du so ein außerordentlicher Gentleman bist. Es ist wirklich beeindruckend, wie du diese Dame behandelst.«

»Das ist meine Mutter«, verriet er mir.

»Oh, mein Gott!«, sagte ich. »Das ist ja noch besser! Es ist wirklich toll, dass du sie zum Essen ausführst!«

Er machte eine Pause und antwortete dann mit ruhiger Stimme: »Nun, das kann ich nicht, weil ich erst acht Jahre alt bin und noch nicht arbeite.«

»Doch, du lädst sie ein«, sagte ich. Und in dem Moment griff ich in mein Portemonnaie, nahm mein letztes Geld heraus – ungefähr 13 Dollar und einige Münzen – und legte es auf den Tisch.

Er sah mich an und sagte: »Das kann ich nicht annehmen.«

»Doch, das kannst du«, antwortete ich.

»Warum?«

Ich sah ihn an und sagte mit einem breiten Lächeln: »Weil ich größer bin als du.«

Er starrte mich schockiert an und dann begann er zu kichern. Ich drehte mich um und verließ das Restaurant. Ich ging nicht einfach nur, ich flog buchstäblich nach Hause. Ich hätte völlig aufgelöst sein sollen, weil ich keinen Cent mehr besaß, aber stattdessen fühlte ich mich völlig befreit!

Das war nach jenem Thanksgiving-Tag der zweite lebensverändernde Tag in meinem Leben.

Das war der Moment, in dem ich reich wurde.

Irgendetwas in meinem Inneren überwand in diesem Moment das Gefühl des Mangels. Ich hatte mich aus der Sklaverei des Geldes befreit. Ich war in der Lage, angstfrei zu geben. Etwas in mir wusste, dass ich – dass wir alle – geführt werden. Dieser Moment war vorbestimmt. So wie es vorbestimmt war, dass Sie in diesem Augenblick diese Worte lesen. Mir wurde klar, dass ich so damit beschäftigt gewesen war, Dinge *zu bekommen*, dass ich vergessen hatte, zu *geben*. Aber nun hatte ich mich wiedergefunden und meine Seele neu entdeckt.

Ich verabschiedete mich von meinen Ausreden, den Schuldzuweisungen und plötzlich verrauchte meine Wut, und meine Frustration löste sich in Wohlgefallen auf. Man könnte natürlich auch sagen, dass das nicht sehr clever von mir gewesen war! Immerhin hatte ich in dem Moment keine Idee, woher ich meine nächste Mahlzeit nehmen sollte. Aber dieser Gedanke kam mir gar nicht. Stattdessen empfand ich eine überwältigende Freude darüber, dass ich einen Albtraum überwunden hatte – den Albtraum, mein Leben sei verdammt wegen der Dinge, die andere »mir angetan« hätten.

An diesem Abend leistete ich mir selber gegenüber das Versprechen, aktiv zu werden. Ich entschied ganz genau, was ich machen wollte und wie ich Arbeit finden würde. Ich war mir sicher, dass mir das gelingen würde.

Allerdings wusste ich immer noch nicht genau, wann mein nächstes Gehalt eintreffen und – noch dringlicher – wann ich meine nächste Mahlzeit einnehmen würde.

Und dann geschah ein Wunder. Am nächsten Morgen traf die gute alte Schneckenpost ein und brachte mir einen besonderen Brief. Es war eine handgeschriebene Notiz meines Freundes, der sich dafür entschuldigte, dass er meine Anrufe nicht beantwortet hatte. Ich sei für ihn dagewesen, als er mich gebraucht hatte, und er wisse, dass ich in Nöten sei. Daher zahle er mir das geliehene Geld plus ein wenig mehr zurück. Ich blickte in den Umschlag und fand einen Scheck über 1.300 Dollar. Damit würde ich mindestens einen Monat auskommen! Vor Erleichterung fing ich an zu weinen. Und dann dachte ich, »Was bedeutet das?«

Ich weiß nicht, ob es Zufall war, aber ich möchte glauben, dass es zwischen diesen beiden kleinen Episoden eine Verbindung gab und dass ich belohnt wurde, weil ich nicht nur etwas gegeben hatte, sondern es obendrein von ganzem Herzen tat. Nicht aus Verpflichtung oder Angst, sondern weil ich mit Leib und Seele einer anderen jungen Seele etwas gegeben hatte.

Ich kann Ihnen ganz aufrichtig sagen, dass ich in meinem Leben – wie wir alle – viele finanzielle und emotionale Krisen erlebt habe, aber nie wieder das Gefühl von Mangel zugelassen habe, und das werde ich auch nie wieder tun.

Die ultimative Botschaft dieses Buches ist ganz einfach. Sie besteht in dem Satz, den ich in jener Nacht am Straßenrand in mein Notizbuch geschrieben habe. Das ultimative Geheimnis des Reichtums lautet:

Das Geheimnis eines erfüllten Lebens ist Freigebigkeit.

Geben Sie von Herzen, mit Leichtigkeit, Großzügigkeit und Freude. Geben Sie selbst dann, wenn Sie meinen, Sie könnten nichts erübrigen, und Sie werden feststellen, dass in Ihrem Inneren und in der äußeren Umgebung Fülle herrscht. Das Leben ist etwas, das Sie aktiv gestalten, und nichts, was Ihnen widerfährt. Bringen Sie diesem Geschenk Wertschätzung entgegen und Sie werden jetzt und für den Rest Ihres Lebens ein reicher Mensch sein.

Das Verständnis dieser Wahrheit führte mich zu meinem eigentlichen Lebenszweck zurück, eigentlich unser aller Zweck: eine Quelle des Guten zu sein. Ich besann mich auf ein Leben des tiefen Lebenssinns, in dem ich ständig darauf achte, mein Versprechen zu erfüllen. Und das besteht darin, jeden Tag eine Segnung für das Leben all der Menschen zu sein, die ich kennenlerne und mit denen ich Verbindung aufnehme.

Selbst wenn Sie und ich uns nicht persönlich kennengelernt haben, habe ich dieses Buch aus derselben inneren Einstellung heraus geschrieben und darum gebeten und dafür gebetet, dass jedes Kapitel, jede Seite und jedes Konzept ein wichtiger Schritt sein möge, der Ihnen dabei hilft, den Segen zu verspüren, Sie selbst und gleichzeitig in der Lage zu sein, etwas zu erschaffen und mit anderen Menschen zu teilen.

Mein Herzenswunsch und der Zweck dieses Buches bestehen darin, Ihnen einen weiteren Weg aufzuzeigen, mit dem Sie Ihre Lebensqualität erweitern und steigern und das Leben all der Menschen verbessern können, die Ihnen nahestehen und mit denen Sie in Berührung kommen. In dieser Hinsicht ist es ein Privileg, Ihnen dienen zu dürfen.

Ich freue mich darauf, dass sich eines Tages hoffentlich unsere Wege kreuzen werden. Entweder weil ich Ihnen irgendwo auf der Welt auf einer meiner Veranstaltungen zu Diensten sein kann, oder weil wir uns einfach auf der Straße treffen. Ich werde mit größtem Vergnügen hören, wie Sie diese Prinzipien zur Bereicherung Ihres Lebens umgesetzt haben.

Und so möchte ich mich mit dem Wunsch von Ihnen verabschieden, dass Ihr Leben für immer mit Fülle und Überfluss gesegnet sein möge. Ich wünsche Ihnen ein Leben voller Freude, Leidenschaft, Herausforderungen, Chancen, Wachstum und Freigebigkeit. Ich wünsche Ihnen ein außerordentliches Leben.

Mit Liebe und Segnung,
TONY ROBBINS

Führen Sie ein erfülltes Leben, solange Sie auf Erden verweilen. Machen Sie möglichst viele Erfahrungen. Kümmern Sie sich um sich selbst und um Ihre Freunde. Haben Sie Spaß, seien Sie verrückt und anders. Wagen Sie Dinge und machen Sie Fehler! Das wird sowieso passieren, daher können Sie das genauso gut ganz bewusst tun und den Prozess genießen. Nutzen Sie die Gelegenheit, aus Ihren Fehlern zu lernen; packen Sie die Probleme bei den Wurzeln und lösen Sie sie. Versuchen Sie nicht, perfekt zu sein; seien Sie einfach ein großartiges Beispiel für Menschlichkeit.

TONY ROBBINS

7 einfache Schritte: Ihre Erfolgscheckliste

Nachfolgend erhalten Sie eine kurze Checkliste, die Sie jederzeit verwenden können, um zu überprüfen, wo Sie stehen und was Sie auf Ihrem Weg in die finanzielle Freiheit noch machen müssen. Werfen Sie einen Blick auf die 7 einfachen Schritte und achten Sie darauf, dass Sie sie nicht nur verstehen, sondern auch in die Tat umsetzen.

Erster Schritt: Treffen Sie die wichtigste Finanzentscheidung Ihres Lebens

1. Haben Sie die Entscheidung getroffen, ein Investor und nicht nur ein Verbraucher zu werden?

2. Haben Sie einen konkreten Prozentsatz Ihrer Einkünfte festgelegt, den Sie in Ihren persönlichen Freiheitsfonds investieren?

3. Haben Sie diesen Spar- und Investitionsplan automatisiert? Wenn nicht, dann tun Sie es jetzt: Richten Sie bei Ihrer Haus- oder Depotbank einen Fonds- oder Banksparplan ein. Dann werden automatisch monatlich bestimmte Beträge für Spar- bzw. Anlagezwecke abgebucht.

4. Wenn Ihr Sparbetrag eher gering ist, haben Sie mit Ihrem Arbeitgeber über vermögenswirksame Leistungen gesprochen? Und über die Möglichkeit, etwa eine Direktversicherung als betriebliche Altersvorsorge für Sie abzuschließen?

Zweiter Schritt: Werden Sie zum Insider: Lernen Sie die Regeln, bevor Sie mitmischen

1. Kennen Sie die sieben Finanzmythen und sind nun gerüstet? Hier ein Kurztest:

a. Wie viel Prozent der Investmentfonds schlagen den Markt (oder ihre Vergleichswerte) kontinuierlich über einen beliebigen Zehnjahreszeitraum?
b. Sind Gebühren wichtig, und wie hoch sind die durchschnittlichen Investmentfondsgebühren?
c. Welche Wirkung haben 1 gegenüber 3 Prozent Gebühren auf Ihr Endvermögen?
d. Haben Sie Ihren Makler auf Herz und Nieren geprüft? Haben Sie online überprüft, wie hoch Ihre derzeitigen Kosten sind, welche Risiken Sie mit Ihren aktuellen Investitionen eingehen und wie die Ergebnisse Ihrer Investmentstrategie in den vergangenen 15 Jahren im Vergleich mit anderen einfachen und kostengünstigen Alternativen aussehen?
e. Kennen Sie den Unterschied zwischen den in Hochglanzbroschüren publizierten und den realen Renditen?
f. Kennen Sie den Unterschied zwischen einem Finanzmakler und einem treuhänderischen Berater?
g. Müssen Sie hohe Risiken eingehen, um hohe Gewinne zu erzielen? Welche Instrumente ermöglichen Ihnen, von den Vorteilen eines steigenden Marktes zu profitieren, ohne an möglichen Verlusten teilzunehmen?
h. Haben Sie irgendwelche selbstbeschränkenden Geschichten oder Emotionen identifiziert, mit denen Sie sich in der Vergangenheit selber ausgebremst oder sabotiert haben? Haben Sie das Muster durchbrochen, mit dem diese Geschichten und Emotionen Ihr Leben bestimmt haben?

2. Haben Sie einen treuhänderischen Finanzberater, der Ihre Interessen wahrnimmt und Sie anleitet?

3. Falls Sie ein Unternehmen besitzen oder Angestellter mit einem betrieblichen und steuergeförderten Rentenplan sind, haben Sie sich 30 Sekunden Zeit genommen, um zu überprüfen, wie hoch die Gebühren sind, die Sie im Vergleich zum übrigen Markt zahlen?

Dritter Schritt: Gestalten Sie das Spiel so, dass Sie es gewinnen können

1. Haben Sie das Spiel so gestaltet, dass Sie gewinnen können?
   a. Kennen Sie Ihren wahren Bedarf in Zahlen? Wissen Sie, wie viel Geld Sie wirklich für Ihre finanzielle Sicherheit, Vitalität und Unabhängigkeit brauchen? Haben Sie Ihren Bedarf errechnet?
   b. Wenn nicht, machen Sie es jetzt. Wenn Sie eine neue Rechnung aufstellen wollen, dann kalkulieren Sie Ihren Bedarf erneut. Die Rechnung dauert nur wenige Minuten.
   c. Denken Sie immer daran: Klarheit ist Macht.

2. Wenn Sie Ihren konkreten Bedarf je nach dem formulierten Finanzziel errechnet haben, haben Sie den Vermögensrechner verwendet und einen Plan erstellt, der Aufschluss darüber gibt, wie viele Jahre es mit einem konservativen, moderaten oder aggressiven Investitionsplan dauert wird, bis Sie finanzielle Sicherheit oder Unabhängigkeit erreicht haben? Wenn nicht, machen Sie sich dieses Geschenk.

3. Haben Sie die fünf Elemente betrachtet und die entsprechenden Entscheidungen zur Beschleunigung Ihres Vermögensaufbaus getroffen?
   a. Sparen Sie mehr
      - Haben Sie sich überlegt, an welchen Stellen Sie Geld einsparen können? Bei Ihrer Hypothek? Bei Ihren täglichen Ausgaben?
      - Haben Sie einen Plan umgesetzt, mit dem Sie Ihre Sparbeträge an zukünftige Einkommenssteigerungen anpassen können?
      - Haben Sie Ausgaben gefunden, auf die Sie leicht verzichten können, um Ihre Ersparnisse zu erhöhen? Pizzaservice? Mineralwasser in Flaschen? Coffeeshop-Besuche? Haben Sie errechnet, um wie viel schneller Sie Ihre Finanzziele erreichen können, wenn Sie auf diese Dinge verzichten? Denken Sie daran, dass sich 40 Dollar pro Woche im Verlauf ihrer lebenslangen Investitionen zu 500.000 Dollar anhäufen. Sie müssen keinen dieser Vorschläge umsetzen, wenn Sie bereits genug sparen; es sind einfach Möglichkeiten, die Sie bei Bedarf nutzen können.

b. Steigern Sie Ihr Einkommen. Haben Sie Wege gefunden, um für andere einen höheren Mehrwert zu erzeugen? Müssen Sie sich beruflich neu ausrichten und neue Fertigkeiten erwerben und in eine andere Branche wechseln? Auf welche Weise können Sie einen höheren Mehrwert generieren, sodass Sie mehr Geld zur Verfügung haben, um anderen zu helfen?
c. Sparen Sie Steuern und Gebühren. Haben Sie sich einen Weg überlegt, wie Sie Ihre Steuern und Gebühren senken können?
d. Erzielen Sie höhere Renditen. Haben Sie einen Weg gefunden, wie Sie Ihre Renditechancen erhöhen können, ohne unangemessene Risiken eingehen zu müssen? Haben Sie jedes der hier vorgestellten Portfolios untersucht, die Ihre Renditen steigern und Sie gleichzeitig vor schmerzhaften Verlusten schützen können?
e. Ändern Sie Ihr Leben – steigern Sie Ihre Lebensqualität. Haben Sie in Erwägung gezogen, an einen anderen Ort zu ziehen, um Ihre Lebensqualität zu verbessern? Haben Sie sich überlegt, an einen Ort zu ziehen, an dem Sie günstiger leben, sodass Sie das eingesparte Geld in Ihren Vermögensaufbau investieren können?

Vierter Schritt: Treffen Sie die wichtigste Investmententscheidung Ihres Lebens

1. Haben Sie entschieden, wie Sie Ihr Vermögen aufteilen wollen, sodass Sie nicht zu viel Geld in eine Assetklasse investieren und hohe Verluste riskieren? (Man legt nicht alle Eier in ein Nest, stimmt's?)

2. Haben Sie festgelegt, welchen Anteil Sie auf sichere Anlagen verwenden und in welche konkreten Investmentinstrumente Sie investieren wollen, um bei geringem Risiko eine sichere Rendite zu erzielen?

3. Haben Sie festgelegt, welchen Anteil Sie in riskantere, aber renditeträchtigere Anlagen investieren und welche konkreten Vermögenswerte Sie auswählen, um bei einem überschaubaren Risiko möglichst hohe Renditen zu erzielen? Haben Sie ausreichend diversifiziert?

4. Haben Sie Ihre wahre Risikotoleranz bestimmt? Haben Sie den Rutgers-Test gemacht (http://njaes.rutgers.edu/money/riskquiz)?

5. Haben Sie Ihre Lebensphase in Betracht gezogen und sich überlegt, ob Sie angesichts der Zeit, die Ihnen bleibt, etwas aggressiver sparen und investieren wollen? (Wenn Sie noch jung sind, können Sie sich eher Verluste leisten, weil Sie mehr Zeit haben, um diese wieder auszugleichen; wenn Sie sich dem Rentenalter nähern, bleibt Ihnen weniger Zeit, sodass Sie mehr Geld in sichere Anlagen investieren sollten.)

6. Haben Sie Ihren Cashflow analysiert und sich überlegt, welche Rolle er bei der Entscheidung spielt, eher konservativ oder eher aggressiv zu investieren?

7. Haben Sie das Verhältnis sichere zu riskantere Anlagen festgelegt und die Risikogewichtung (!) in Prozentsätzen ausgedrückt? Wird es 50/50, 60/40, 70/30, 30/70, 40/60 der 80/20 sein?

8. Haben Sie eine Liste mit kurz- und langfristigen Zielen für Ihren Traumfonds erstellt, die Sie mit Enthusiasmus erfüllt? Müssen Sie bis zu einem fernen Tag in der Zukunft warten, oder gibt es Dinge, die Sie sich schon jetzt erfüllen können?

9. Haben Sie einen Weg gefunden, Ihren Traumfonds entweder mit einem kleinen Teil Ihrer Ersparnisse zu füttern oder einem Anteil unerwartet hoher Gewinne, die Ihre riskanteren Anlagen abwerfen?

10. Umschichtung und Durchschnittskostenmethode:
    a. Haben Sie sich auf regelmäßige und gleichbleibende Investitionen verpflichtet, unabhängig davon, ob der Markt steigt oder fällt? Denken Sie daran, dass Markttiming nicht funktioniert.
    b. Schichten Sie Ihr Portfolio regelmäßig um, oder haben Sie einen treuhänderischen Finanzberater, der das für Sie macht, damit Ihr Portfolio nicht aus dem Gleichgewicht gerät, sondern stets die einmal getroffene Risikogewichtung widerspiegelt?

Fünfter Schritt: Erstellen Sie einen Einkommensplan fürs Leben

1. Die Macht der Allwetterstrategie:
   a. Haben Sie sich die Zeit genommen, die überzeugenden Erkenntnisse, die Ray Dalio uns mit seiner Allwetterstrategie vermittelt hat, zu lesen, zu verstehen und in die Tat umzusetzen? Zu 85 Prozent der Zeit hat Ray positive Renditen erzielt und in 30 Jahren nur viermal Verluste gemacht, von denen der höchste bisher 3,93 Prozent betrug!
   b. Haben Sie die Website von Stronghold aufgerufen und sich fünf Minuten Zeit genommen, um die Renditen, die Sie mit Ihren derzeitigen Investitionen erzielen, mit den Renditen zu verglichen, die die Allwetterstrategie (und andere Portfolios) ermöglicht, oder um sich zu informieren, wie Sie in wenigen Minuten ein Allwetter-Portfolio einrichten können?

2. Einkommensversicherung:
   a. Haben Sie das Allerwichtigste gemacht? Haben Sie sichergestellt, dass Ihnen an Ihrem Lebensabend nicht das Geld ausgeht? Haben Sie einen Plan für ein garantiertes lebenslanges Einkommen erstellt?
   b. Kennen Sie den Unterschied zwischen einer Sofortrente und einer aufgeschobenen Rentenversicherung? Haben Sie entschieden, welche in Anbetracht Ihrer Lebensphase die richtige ist?
   c. Haben Sie hybride Rentenversicherungen geprüft und möglicherweise eine solche abgeschlossen, oder ein Produkt ausgewählt, mit dem Sie von Marktgewinnen profitieren, aber nicht an den Verlusten beteiligt werden? Sie sind ja inzwischen verfügbar, unabhängig von Ihrem Alter und ohne die Anforderung einer hohen Einmalzahlung.
   d. Haben Sie im Internet recherchiert, welches zukünftige Einkommen Sie für bereits 300 Dollar im Monat erhalten können? Falls nicht, rufen Sie www.lifetimeincome.com auf oder wenden Sie sich an einen der Spezialisten für Rentenprodukte (z.B. Allianz oder Axa).

Sechster Schritt: Investieren Sie wie die 0,001 Prozent

1. Haben Sie sich die Zeit genommen, sich in einige der Kurzinterviews mit den zwölf cleversten Finanzstrategen der Welt und den zugleich herausragendsten Investoren der Geschichte zu vertiefen?

2. Wer gilt in der Finanzindustrie als »Beherrscher des Universums«? Welche Renditen hat er im Vergleich zu allen anderen herausragenden Investoren, einschließlich Warren Buffett, erzielt, und wie können Sie sich an seinen Investitionen beteiligen, wenn Sie es möchten?

3. Was haben Sie von der Portfoliostruktur gelernt, die David Swensen, Vermögensverwalter der Universität von Yale, anwendet? Oder der Portfoliostruktur, die Mary Callahan Erdoes, CEO von J.P. Morgan verfolgt?

4. Was haben Sie vom Großmeister der Indexfonds, John C. Bogle, gelernt? Oder von Marc Faber, der auch als Dr. Doom bezeichnet wird?

5. Haben Sie die einfache Strategie verstanden, die Warren Buffett jedem Anleger empfiehlt, einschließlich seiner Frau und ihrem Legacy Trust?

6. Ist Ihnen die Bedeutung asymmetrischer Gewinnchancen klar geworden?

7. Haben Sie den MBA-Schnelldurchlauf im Wert von 100.000 Dollar verstanden, den Paul Tudor Jones Ihnen vermittelt hat, indem er Sie darauf hingewiesen hat, niemals eine Investition zu tätigen, deren Gewinnchancen nicht mindestens 5 : 1 betragen, und stets die Trends auszureiten?

8. Haben Sie sich Ray Dalios Video *How the Economic Machine Works – In Thirty Minutes* angesehen? Falls nicht, tun Sie es: www.economicprinciples.org

9. Haben Sie die Konzepte von Kyle Bass verinnerlicht, der nur investiert, wo er nichts verlieren kann? Erinnern Sie sich an die Nickel-Münzen? Eine Investition, die auf ewig von der US-Regierung ga-

rantiert wird und bei der Ihnen Gewinnchancen zwischen 20 und 30 Prozent winken?

10. Haben Sie die Kernlektionen von Charles Schwab und Sir John Templetons Geschenk verstanden, dass die größten Krisen zugleich die größten Chancen bieten? Dass man den Optimismus nicht verlieren darf, wenn die Welt »untergeht«, wie es während des Zweiten Weltkriegs der Fall war oder der Inflationskrise in Südamerika oder der Großen Depression oder in Japan in den Nachkriegsjahren? Haben Sie seine zentrale strategische Philosophie verstanden, die Sir Templeton zum ersten internationalen Investmentmilliardär der Geschichte gemacht hat?

11. Was können Sie heute konkret tun, um so zu investieren, wie die Multimilliardäre?

Siebter Schritt: Tun Sie es, genießen Sie es und teilen Sie mit anderen!

1. Ihr versteckter Vermögenswert:
   a. Sind Sie davon überzeugt, dass die Zukunft großartig wird?
   b. Sie wird aufregende Herausforderungen mit sich bringen. Es gibt immer Chancen und Probleme, aber ist Ihnen bewusst, dass eine Technologiewelle im Entstehen begriffen ist, die mit ständigen Neuerungen uns als Individuen neue Möglichkeiten zur Lebensgestaltung bietet und die Lebensqualität der Menschen auf der ganzen Welt verbessert?

2. Haben Sie sich selbst das ultimative Geschenk gemacht – die Selbstverpflichtung und das Engagement, hier und jetzt reich zu sein, und nicht erst irgendwann in der Zukunft – indem Sie es sich zur täglichen Angewohnheit gemacht haben, die Dinge zu wertschätzen, die Sie bereits besitzen, und auf diesem Erfolg aufzubauen?

3. Würden Sie Erwartungen gegen Wertschätzung und Dankbarkeit eintauschen? Haben Sie sich auf ein Leben der ständigen Fortschritte verpflichtet? Fortschritt bedeutet Glück und Zufriedenheit. Leben bedeutet Wachstum, Weiterentwicklung und Geben.

4. Haben Sie herausgefunden, wem oder was Sie in diesem Leben dienen sollen und wie Ihr höherer Lebenszweck lautet? Haben Sie begonnen, über Ihr Vermächtnis nachzudenken?

5. Haben Sie beschlossen, mit Ihrem Kleingeld einen massiven Beitrag zur Veränderung der Welt zu leisten? Falls ja, besuchen Sie die Website www.swipeout.com und beginnen Sie hier und jetzt, Leben zu retten, während Sie gleichzeitig Ihr eigenes Leben in vollen Zügen genießen.

6. Verkörpern Sie die Wahrheit, die Sie in diesem Moment reich macht: das Geheimnis, dass leben geben bedeutet?

Dies ist eine kurze Checkliste zur Wiederholung der wichtigsten Botschaften dieses Buches. Wenn es irgendetwas gibt, das Sie ausgelassen haben, machen Sie sich selbst das Geschenk, zu diesem Punkt zurückzukehren, die Botschaft erneut zu lesen und zu verinnerlichen. Denken Sie daran: Wiederholung macht den Meister. Die wahre Macht liegt im Handeln.

Meine lieben Freunde, nun wissen Sie, dass Sie nicht alleine sind. Sie können sich ganz auf Ihre eigenen Ressourcen verlassen, oder eine der Ressourcen anzapfen, die ich Ihnen zu Ihrer Unterstützung genannt habe: die Websites, private Altersvorsorgepläne und die Einkommensversicherung für Ihren Lebensabend. Was immer Sie tun, handeln Sie und achten Sie darauf, dass die Menschen, denen Sie das Management Ihrer Finanzen anvertrauen, Ihre besten Interessen verfolgen. Den richtigen treuhänderischen Berater auszuwählen, ist ein guter Ausgangspunkt. Er oder sie kann Ihnen dabei helfen, einen auf Ihre Bedürfnisse abgestimmten Investmentplan zu erstellen oder feinzujustieren.

Diese Liste ist nicht erschöpfend; sie will Sie schlicht dazu anhalten, Ihr Ziel konsequent zu verfolgen und dementsprechend zu handeln. Vergessen Sie nicht:

Die Macht liegt nicht allein im Wissen, sondern in der Umsetzung.

Wenn Sie jeden Tag und jede Woche kleine Fortschritte machen, erreichen Sie Ihre finanziellen Ziele, ehe Sie es sich versehen.

Ich freue mich darauf, Sie irgendwann persönlich kennenzulernen. Bis dahin, raffen Sie sich auf, seien Sie zielstrebig, beherrschen Sie das Spiel und leben Sie Ihr Leben mit Leidenschaft.

Danksagung

Als ich mich hinsetzte, um die Namen all derer aufzuschreiben, denen ich wirklich dankbar bin, war ich völlig überwältigt. Ich hatte soeben ein voluminöses Buch fertiggestellt! Vor mir lag nun noch die gewaltige Aufgabe, all denen meinen Dank auszusprechen, die mir dabei geholfen hatten. Wo sollte ich beginnen? Es fühlt sich so an wie ein Kinoabspann, bei dem Tausende von Namen im Eiltempo über die Leinwand huschen. Es gibt so viele Menschen, die auf unterschiedlichste Weise zu diesem wahrhaft erfüllenden Moment beigetragen haben.

Wenn ich mein vierjähriges Projekt und die vergangenen 30 Jahre betrachte, tauchen unzählige Gesichter vor meinem geistigen Auge auf, und ich empfinde die Gnade, zahlreiche außergewöhnliche Menschen kennengelernt zu haben. Ich werde nicht allen meinen Dank aussprechen können, aber ich möchte bei den Menschen anfangen, die mein Leben am tiefsten berührt und geprägt haben.

Zunächst ist da meine Familie. Das beginnt natürlich mit der Liebe meines Lebens, meiner großartigen Frau Bonnie Pearl – »Sage«, wie ich sie nenne. »Mein Mädchen.« Sie ist die Quelle meiner unendlichen Lebensfreude und Zufriedenheit. Ich habe das Gefühl, das SIE der ultimative Lohn für »das gute Karma« ist, das im Verlauf der Jahrzehnte aus dem Dienst an Millionen Menschen entstanden ist. Sie sagt mir, sie sei geboren, um mich zu lieben, und alles was ich sagen kann, ist, dass Gott mich wirklich mit der Liebe dieser schönen Seele gesegnet hat. Ich danke ihren Eltern Bill und Sharon – Mom und Dad – dafür, dass sie diese wunderbare Frau gezeugt und aufgezogen haben. Ihr habt mir das größte Geschenk meines Lebens gemacht: eure Tochter, die größte Quelle der Liebe, die ich je kennengelernt habe oder mir je hätte vorstellen können. Danke für all die Liebe, die ihr ihr habt zuteilwerden lassen, und auch dafür, dass ihr mich liebt, als wäre ich euer eigener Sohn. Ihr beide achtet stets darauf, viel für andere zu tun, und ihr inspiriert mich jeden Tag. Meinem lieben Schwager Scotty (der für mich eigentlich so etwas wie ein Bruder ist) möchte ich für seinen kriegerähnlichen Mut und seinen beständigen Fokus danken, die Messlatte stets ein wenig anzuheben und dafür zu sorgen, dass wir in der Lage sind, etwas für andere zu tun und ständig die Zahl der Menschen zu steigern, denen wir dienen. Danke auch an meine vier Kinder Jairek, Josh, Jolie und Tyler, die in mir in jeder Phase meines Lebens Inspiration, Liebe und einen Grund geboten haben, mich ständig zu verbessern. Außerdem danke ich der Gnade meines Schöpfers. Und meiner leidenschaftlich engagierten Mutter, die sehr hohe Standards setzte, sowie meinen vier Vätern, die jeder auf ihre unvergleichliche Weise Einfluss auf mein Leben hatten. Danke an meinen Bruder Marcus und meine Schwester Tara und allen weiteren Familienmitgliedern. Ich liebe euch.

Herzlichen Dank an mein Kernteam von Robbins Research International, das mir jeden Tag das Privileg gewährt, neue Erkenntnisse, Instrumente, Strategien und Pfade zu erkunden, zu gewinnen, zu integrieren und ständig auf den Prüfstand zu stellen, um die Lebensqualität der Menschen weltweit zu verbessern. Danke an Sam Georges und Yogesh Babla, meinen Vertrauten, die sich um mich und alle unsere Unternehmen kümmern, während ich um die Welt reise. Vielen Dank an meine lieben Freunde und Protektoren Mike Melio und »General Jay« Garrity. Danke an Sahri, Rich, Marc, Brook, Terri und den Rest unserer beeindruckenden, loyalen und missionsgetriebenen Führungsriege. Ein ebenso herzliches Dankeschön an mein herausragendes Kreativteam, vor allem die beeindruckende Managerin und Kreativpartnerin Diane Adcock – du bist große Klasse – sowie einen großen Dank an unser helles Licht Katie Austin. Ich liebe euch. Danke an alle Mitarbeiter von San Diego HQ und darüber hinaus an alle, die jeden Tag mit mir bei RRI abteilungsübergreifend zusammenarbeiten, sowie alle unsere Partner der Anthony Robbins Companies. Ich danke jedem Einzelnen von euch für alles, was ihr in unserem gemeinsamen Streben nach neuen Durchbrüchen unternehmt, damit Menschen ihre Lebensqualität in geschäftlicher, finanzieller, gesundheitlicher und emotionaler Hinsicht, in Bezug auf ihr Zeitmanagement und ihre persönlichen Beziehungen steigern können. Gemeinsam sind wir dazu da, Leben zu verändern. Wir sind dazu aufgerufen, neue Herausforderungen zu bewältigen. Wir treiben Finanzen, Unternehmen und letztlich die menschliche Weiterentwicklung an. Wir sind die Katalysatoren des Geistes – das ist das Geschenk, für das wir alle gemacht sind. Ich fühle mich sehr privilegiert, mit euch daran zu arbeiten, das Leben der Menschen auf der ganzen Welt zu verändern. Ganz besonderen Dank an unsere Freiwilligen und unsere gesamte Mannschaft und vor allem unsere »Straßenkämpfer«, die ständig um die Welt reisen und hinter den Kulissen dafür sorgen, dass alles funktioniert. Unsere Veranstaltungen könnten ohne euch nicht stattfinden; unser gesamtes Team dankt euch für dieses Geschenk. Einen ganz herzlichen Dank auch an alle Ehefrauen und Ehemänner, die auf einen Teil ihrer Familie verzichten, während wir die Welt umspannen, sowie an Joseph McClendon III, Scott Harris, Joe Williams, Michael Burnett, Richard und Veronica Tan und Salim für die Hebelwirkung, die sie uns geboten haben, damit wir weltweit noch mehr Menschen erreichen.

Mein Leben wurde von intensiven Freundschaften zu vier Männern tief geprägt. Ich danke meinem lieben Freund und Bruder Paul Tudor Jones – danke für die mehr als 21 Jahre, in denen du mein Rollenmodell für die erfolgreiche Suche nach einem Weg zum Ziel gegen alle Hindernisse und Widerstände gewesen bist! Das Einzige, das noch größer ist als Pauls legendäre Fähigkeiten als Börsenhändler, ist die Tiefe seiner Liebe und Großzügigkeit. Er ist davon getrieben, die Welt zu verändern, und das tut er jeden Tag. Großen Dank an Peter Guber, der einer meiner engsten Freunde und eine kreative Naturgewalt ist. Auch seine Großzügigkeit ist grenzenlos. Peter, du bringst mich immer wieder dazu, zu sehen, was alles möglich ist! Danke für unser gemeinsames Gelächter, für dein Coaching, deine Zuneigung und das Privileg, in all den Jahrzehnten dein Freund sein zu dürfen. Ebenso großen Dank an Marc Benioff, meinen Bruder und Wegbegleiter. Dein beeindruckender Verstand, dein unbesiegbares Herz, deine konstanten Geschäftsinnovationen und deine bemerkenswerten philanthropischen Initiativen erfüllen mich und Millionen andere, die sich darauf verpflichtet haben, die von dir so erfolgreich gesetzten Standards bei Salesforce.com hochzuhalten, mit Begeisterung. Ich bin stolz darauf, gemeinsam mit dir Leben zu verändern. Du bist mein Herzensfreund. Großen Dank an Steve Wynn – danke für deine Zuneigung und dafür, ein unermüdlicher, brillanter Schöpfer zu sein, den nichts auf der Welt aufhalten kann! Du bist wirklich ein Genie und dabei so bescheiden. Du kümmerst dich immer um die Menschen, die dir nahestehen. Die Art und Weise, wie du eine Vision in Wirklichkeit verwandelst, erfüllt alle in deiner Umgebung mit Begeisterung. Deine Freundschaft ist ein großes Geschenk. Jeder Tag, den ich mit dir verbringen darf, ist ein weiterer Tag, an dem ich mich inspiriert fühle, meine Arbeit ständig zu verbessern.

Durch meine Veranstaltungen und Auftritte habe ich die Gelegenheit, jedes Jahr viele Hunderttausend Menschen zu treffen, und sie alle haben mein Leben berührt. Dieses Buch wurde in seinem Kern jedoch auf einzigartige Weise von mehr als 50 außergewöhnlichen Menschen geprägt, deren Erkenntnisse und Strategien tiefen Eindruck auf mich gemacht haben, und auf alle, die dieses Buch lesen, machen werden. All denjenigen, die mir in unseren Interviews ihre Zeit geschenkt und die Arbeit eines ganzen Lebens nahegebracht haben, bin ich ewig dankbar. Ich danke Ray Dalio für das einzigartige Geschenk, das er mir in diesem Buch gemacht hat, indem er dem durchschnittlichen Kleinanleger ein Portfolio präsentiert hat, dessen Zusammensetzung auf den Erkenntnissen seiner berühmten Allwetterstrategie beruht. Ray hat uns das Geschenk eines vereinfachten Systems gemacht, das – zumindest historisch betrachtet – Anlegern einen unvergleichlich gleichmäßigen Pfad zu dauerhaftem Investmenterfolg geboten hat. Rays »Geheimrezept« ist von unschätzbarem Wert; in ihm spiegelt sich seine naturgegebene Großzügigkeit wider.

Herzlichen Dank an John C. Bogle für seine 64 Jahre Finanzinvestitionen und seinen unermüdlichen Fokus auf die Bedürfnisse der Anleger: Ihr Engagement für die Erschaffung von Indexfonds hat die Welt der Finanzinvestitionen völlig umgekrempelt. Danke für die vier Stunden, die Sie mir zugestanden haben, und in denen wir eines der ehrlichsten, erkenntnisreichsten und intensivsten Gespräche geführt haben, die ich je das Privileg hatte, zu genießen.

Meinen Dank an T. Boone Pickens dafür, dass er die absolute Verkörperung des ehrlichen amerikanischen Individualismus und des Mutes eines klassischen Cowboys ist. Danke an Kyle Bass dafür, dass er uns gezeigt hat, dass hohe Renditen nicht zwangsläufig hohe Risiken bedeuten. Danke an Sir John Templeton, gesegnet sei seine Seele, für die vielen Jahrzehnte, in denen er mich mit seinen Erkenntnissen inspirierte, dass sich in Zeiten des »größten Pessimismus« die größten Chancen bieten. Danke an Marc Faber für seine stets innovativen Investmentratschläge und vor allem seinen ausgelassenen Überschwang. Danke an den furchtlosen Carl Icahn für seine unerschütterliche Kühnheit, seinen Wagemut und seine Leidenschaft und dafür, dass er stets den Status quo in Frage stellt und für seine Anleger außerordentliche Renditen erzielt. Ich danke Mary Callahan Erdoes, der Billionen-Dollar-Lady von J.P. Morgan dafür, dass sie ein derart außergewöhnliches Beispiel für die Macht der Führung im Dienste ihrer Mitarbeiter ist und als leuchtendes Beispiel dient, dass wir alle außerordentliche Geschäftsleute sein und dabei stets auf die Dinge achten können, auf die es wirklich ankommt.

Mein Dank geht an all die außerordentlichen, weisen Wissenschaftler und Geschäftsleute, von Nobelpreisträgern wie Robert Shiller und Harry Markowitz bis zu Dan Ariely (MIT) und das Tandem Shlomo Benartzi und Richard Thaler, deren »Save More Tomorrow«-Programm Menschen ermöglicht, die kognitiven und emotionalen Grenzen zu überwinden, in denen die meisten Menschen gefangen sind. Dank an David Babbel – Ihr Fokus auf lebenslange Einkünfte und Ihr eigenes Beispiel haben dazu beigetragen, einen Großteil dieses Buches zu prägen. Burton Malkiel, Sie sind für dieses Land ein echter Schatz. Ihr ursprünglicher Fokus auf die Koppelung von Vermögenswerten an einen Index war der Wegbereiter für eine Welt der finanziellen Auswahlmöglichkeiten, und Ihre unverhohlenen, klaren Worte sind ein der gelegentlich dunklen und undurchsichtigen Finanzwelt ein heller Fleck. Danke an Alicia Munnell (Boston College), Teresa Ghilarducci (New School), Dr. Jeffrey Brown und Dr. David Babbel (Wharton): Ihnen allen sei Dank für die scharfsichtigen Erkenntnisse über unser Rentensystem; Sie sind die Revolutionäre. Danke an US-Schatzminister Larry Summers dafür, dass er uns eine zweistündige außerordentliche und lebendige Debatte beschert und uns gezwungen hat, einen umfassenden Blick auf die Entwicklungen zu werfen, die uns dahin gebracht haben, wo wir heute stehen, und auf die Dinge, die Amerika tun muss, um das Ruder herumzuwerfen. Danke an David Swensen, dem Rockstar der institutionellen Finanzinvestition, dafür, dass er Yales heilige Pforten geöffnet und mich über seine außerordentlich erfolgreiche Investmentstrategie aufgeklärt hat – vor allem aber dafür, dass er ein leuchtendes Beispiel für Arbeit aus Leidenschaft ist. Seine Arbeit ist ein Geschenk und sein beständiger persönlicher Fokus auf das, was er geben kann, berührt mich bis heute zutiefst.

Danke an Warren Buffett, der für uns alle eine Bresche geschlagen hat. Danke, dass Sie so ein direkter und unkomplizierter und treffsicherer Schütze sind. Zwar hätte ich sehr gerne mehr Zeit mit Ihnen verbracht, aber schon unser kurzes Zusammentreffen bei der Fernsehsendung *Today* hat tief in mir etwas zum Klingen gebracht. Wenn das Orakel von Omaha sagt, Indexfonds sind der Weg, dann bleibt wenig Raum für Widerspruch!

Danke an Elliot Weissbluth für seine Bereitschaft, die Herausforderung anzunehmen, und zwar lange bevor mit diesem Thema eine Bresche geschlagen wurde. Sie haben hart daran gearbeitet, vermögenden Kunden umfassende Transparenz und wahrhaft neutrale Beratung zu bieten, und nun führen Sie einen Kreuzzug für die Demokratisierung der Investmentchancen, damit durchschnittliche Einzelanleger, unabhängig von ihren wirtschaftlichen Möglichkeiten, die gleichen Investmentoptionen haben. Elliot ist ein echtes Beispiel an Integrität, Mut und intrinsischem Engagement für das, was richtig ist. Danke für Ihre Partnerschaft.

Mein Dank richtet sich an alle, die gesprächsbereit waren oder bei meinen Platinum Partnership Veranstaltungen für Vermögensaufbau ihre Zeit geopfert haben, sowie für all diejenigen, die im Verlauf der Jahre ihre Erkenntnisse mit mir geteilt und als Beispiel für all das gedient haben, was möglich ist. Sie alle inspirieren mich; Ihre Weisheit spricht auf vielfältige Weise aus diesen Seiten.

Mein Dank und meine Dankbarkeit richten sich an meinen lieben Freund John Paul DeJoria, (der auch einmal im Auto gelebt hat!). Danke an den Einzelkämpfer Marc Cuban, an Charles Schwab, Sara Blakely, Reid Hoffman, Sir Richard Branson, Chuck Feeney, Evan Williams, Peter Lynch, Ray Chambers, David Walker, Eddie Lampert, Tony Hsieh, Tony Tan, Michael Milken, Mark Hart, Mitch Kaplan, Luca Padulli, Harry Dent, Robert Prechter, Michael O'Higgins, Jim Rodgers, James Grant, Eric Sprout, Mike Novogartz, Stanley Druckenmiller, George Soros, Sir Roger Douglass, Domingo Cavallo, Daniel Cloud, Geoffrey Batt, Joshua Copper Ramo, Russel Napier, Emad Mostaque, Dr. Donny Epsetin, Tom Zgainer und natürlich Ajay Gupta! Besonderen Dank an Adam Davidson, Alex Blumberg und Helen Olin für die erkenntnisreichen Ansichten über Ungerechtigkeit und was mit dieser verrückten, vernetzten und volatilen Finanzwelt getan werden muss, die heute unser Leben beherrscht.

Mein tiefer Dank geht an meine Partner des Verlagshauses Simon & Schuster, die Himmel und Erde in Bewegung versetzt haben, um diesen völlig wahnwitzigen Zeitplan für dieses Buchprojekt einzuhalten. Ich habe alles getan, um das Buch pünktlich fertigzustellen, wobei der Umfang mit der zunehmenden Zahl an Interviews mit den weltbesten Finanzstrategen exponentiell zunahm. Mein Dank geht zuallererst an Jonathan Karp, Präsident und Verleger, für seine Vision und die Bereitschaft, mich bei diesem Vorhaben zu unterstützen, sowie dafür, das Verlagsteam anzuführen, das uns dabei unterstützt hat, dieses mächtige Projekt in Rekordzeit zu redigieren und zu drucken. Ich bin sicher, dass wir irgendeinen Rekord gebrochen haben. Dieses gewaltige Vorhaben gelang nur mit der Hilfe der Lektoren Ben Loehnen und Phil Bashe.

Danke an alle, die uns geholfen haben, die Botschaft über diese Arbeit aus Leidenschaft zu verbreiten. Von Heidi Krupp zu Jennifer Connelly, Jan Miller und Shannon Marven, Suzanne Donahue und Larry Hughes, Mark Thompson, Mat Miller, Frank Luntz und sein beeindruckendes Team, David Bach und mein lieber Freund Dean Graziosi, neben allen meinen Marketingpartnern, darunter Brendon Burchard, Jeff Walker, Frank Kern, Joe Polish, Brett Ratner, Mike Koenigs, Tim Ferriss, Gary Vaynerchuck, Eben Pagan, Russell Brunson, Dean Jackson, Marie Forleo, Chris Brogan, Jay Abraham, Jason Binn, David Meerman Scott, Scott Klosoky und so viele andere. Mein tiefster Dank geht an Praveen Narra, Cliff Wilson und alle Partner der App-Entwicklung für den Aufbau unserer beeindruckenden Smartphone-App.

Herzlichen Dank an die Medienikonen, die mit so viel Liebe unsere Botschaft verbreitet haben, insbesondere Oprah Winfrey, Ellen DeGeneres und Dr. Oz. Danke an alle meine engen Partner – die sich eher wie Familienmitglieder anfühlen – bei Impact Republic für die nächtelangen Marathons, in denen wir Buchcover und Ähnliches gestalteten. Einen besonderen Dank an Kwaku und meine lieben Brüder »PMF« Chris Jennings und Bob Caruso. Danke, Jarrin Kirksey, Sybil Amuti und danke an das gesamte Team von Impact Republic, und zwar nicht nur für eure Hingabe und das Engagement für dieses Buch, sondern auch dafür, dass ihr uns geholfen habt, uns stetig zu verbessern und jedes Jahr mehr Menschen zu erreichen. Ich liebe und schätze euch!

Die Mission dieses Buches besteht nicht nur darin, denen zu dienen, die es lesen werden, sondern auch den vielen Menschen, die von der Gesellschaft ignoriert werden. Daher geht mein tiefer Dank an alle Mitarbeiter der Anthony Robbins Foundation und unsere strategischen Partner, vor allem Brian Berkopec und alle unsere Partner von SwipeOut, sowie Dan Nesbit von Feeding America für ihre Unterstützung bei der Koordinierung dieses nie dagewesenen Versuchs, 100 Millionen Mahlzeiten für bedürftige Menschen zu spenden: die Verteilung meiner anfänglichen Spende von 50 Millionen Mahlzeiten und die Anstrengungen aller Beteiligten, die unermüdlich daran arbeiten, weitere Spender zu gewinnen, um weitere 50 Millionen Mahlzeiten zu ermöglichen. Mein tief empfundener Dank geht an meinen Partner Cody Foser und das gesamte Team von Advisors Excel dafür, dass er einer der ersten war, der die Initiative ergriff – nicht nur, um neue und andere Einkommenslösungen für Menschen zu entwickeln, sondern auch für ihr beispielloses Engagement, 10 Millionen Mahlzeiten zu stiften, bevor es irgendjemand anderes tat.

Des Weiteren möchte ich meinen lieben visionären Freunden Peter Diamandis und Ray Kurzweil meinen tiefen Dank für ihre Einsichten in und Erkenntnisse über Technologie und unsere Zukunft aussprechen. Es ist stets ein großes Privileg, Zeit mit einem dieser außergewöhnlichen Männer zu verbringen. Sie öffnen ein Fenster in die Zukunft und zeigen uns, dass einmal Realität werden wird, was sich heute nur wenige vorstellen können. Beide arbeiten Tag und Nacht daran, diese Zukunftsvisionen Wirklichkeit werden zu lassen. Ray und Peter, ihr beide seid einfach umwerfend, und es ist eine Ehre, euer Partner im Rahmen der Singularity University und des neuen Global Learning X Prize sein zu dürfen. Ich bin über die Dinge, wir gemeinsam erschaffen werden, völlig begeistert. Noch einmal herzlichen Dank für die Erkenntnisse, die wir in diesem Buch vermitteln konnten. Danke auch an Easton LaChappelle dafür, dass er uns gezeigt hat, wie das, was wir als »Leben« bezeichnen, in eine neue Chance verwandelt werden kann.

Vielen Dank an all diejenigen, die sich um die vielen Details kümmern, die am Ende Großes bewirken: Liebe Ms. Sarah, Steph und Stephanie. *Bula vinaka* an meine Familie auf den Fidschis. Und vielen Dank an Andrea, Maria und Tony, die dazu beitragen, ein heiliges Refugium inmitten eines verrückten Lebens zu bewahren.

Zum Abschluss möchte ich dem harten Kern meines Rechercheteams, ohne dessen Arbeit dieses Buch nicht möglich gewesen wäre, meinen intensiven Dank aussprechen. Ich habe unsere mitternächtlichen Brainstorming-Sitzungen genossen, in denen wir versucht haben herauszufinden, wie wir Einzelanlegern einen höheren Mehrwert bieten können. Unsere gemeinsame Zeit hat mir mehr Freude und Begeisterung bereitet, als ich mir je hätte vorstellen können. Nicht nur in Bezug auf das, was wir gemeinsam erschaffen konnten, sondern auch im Hinblick auf die großartige Zeit, die wir im Rahmen dieses gemeinsamen Projekts miteinander verbracht haben.

Meinen tief empfundenen Dank an die weiteren Menschen, ohne die dieses Buch nicht möglich gewesen wäre: Jenn Dawes, deren übermenschliche Fähigkeit, meine Gedanken augenblicklich zu erfassen, sobald ich sie ausspreche, dafür sorgt, dass die Kommunikation reibungslos funktioniert und die Einheit des Ganzen gewahrt bleibt! Ich stehe ewig in deiner Schuld – meine tiefste Wertschätzung!

Und schließlich auch Danke an Maryanne Vollers und Jodi Glickman für ihre stete Fürsorge und Bereitschaft, viele schlaflose Nächte durchzuarbeiten, um dieses Manuskript zu redigieren und ihm den letzten Schliff zu geben.

Danke an Mary Buckheit, deren Engagement und Aufmerksamkeit mich in einigen Augenblicken der größten Erschöpfung aufgrund dieses langen, anstrengenden Prozesses aufrecht hielt, sodass wir gemeinsam »Schätze« heben konnten, von denen wir beide wissen, dass sie das Leben unzähliger Menschen verbessern werden. Mary, du bist mir sehr wichtig und hast meine ewige Wertschätzung.

Danke für die Gnade, die diesen gesamten Prozess geleitet hat und für die Dinge – was auch immer es ist –, die Gott schon in meinen jungen Jahren in mir freigesetzt hat, was dazu geführt hat, dass ich mich nie mit dem Status quo abfinden kann und auf wahnwitzige Weise davon besessen bin, anderen Menschen bestmöglich zu dienen. Danke für die stete Erinnerung, dass es nicht nur die großen, sondern auch die kleinen Dinge sind, auf die es ankommt. Und danke für das Privileg, so viele Leser und Anhänger zu haben, die mir vertrauen und auf Basis dieses Vertrauens in ein Produkt oder eine Dienstleistung investieren oder eine meiner Veranstaltungen besuchen, auf denen sie mir ihre kostbarsten Ressourcen anvertrauen: ihren Glauben, ihr Vertrauen und ihre Zeit. Danke für die Chance, mit ihnen an einem Strang zu ziehen, mit dem Ziel, ihnen die Kontrolle über ihr eigenes Leben zurückzugeben, damit sie es so gestalten können, wie sie es verdienen.

Danke an alle Freunde und Lehrer, die mich auf meinem Lebensweg begleitet haben. Es sind zu viele, um jeden einzelnen namentlich zu nennen, und einige sind mir namentlich nicht einmal bekannt. Aber ihre Erkenntnisse, Strategien und Beispiele, ihre Liebe und Sorge sind Fundamente, auf denen ich aufbauen durfte. Heute möchte ich Ihnen allen meinen Dank aussprechen. Ich werde auch weiterhin unermüdlich mein Ziel verfolgen, jeden Tag ein Segen für das Leben all derjenigen zu sein, die ich kennenlernen und lieben und denen ich dienen darf.

ANTHONY ROBBINS COMPANIES

ANTHONY ROBBINS FOUNDATION

Die Anthony Robbins Foundation ist eine Nonprofit-Organisation, die gegründet wurde, um Individuen und Organisationen in die Lage zu versetzen, die Lebensqualität der Menschen zu steigern, die von der Gesellschaft an den Rand gedrängt wurden: unsere Jugend, die Obdachlosen, Hungrigen, Gefängnisinsassen und die älteren Menschen. Die internationale Koalition der Stiftung, die aus engagierten Freiwilligen besteht, liefert die Vision, Inspiration, modernste Ressourcen und die spezifischen Strategien, die nötig sind, um diese wichtigen Mitglieder der Gesellschaft in die Lage zu versetzen, ihr Leben eigenverantwortlich in die Hand zu nehmen.

Was vor fast 40 Jahren als Ein-Mann-Initiative begann, um zwei Familien zu ernähren, hat sich inzwischen zu einer richtigen Bewegung entwickelt. Die Stiftung wurde auf der Überzeugung gegründet, dass unabhängig von der Position im Leben nur denjenigen tiefste Lebensfreude und wahre Erfüllung zuteilwird, die die Macht der ehrlichen und selbstlosen Hilfe für andere gespürt und gelernt haben. Eine internationale Koalition aus engagierten Spendern und Freiwilligen sorgt dafür, dass die Stiftung weltweit etwas bewirken kann.

Die gesamten Autorenhonorare aus dem Verkauf dieses Buches wurden vorab an die Initiative Tony Robbins 100 Million Meal Challenge gespendet, die Unternehmen und philanthropisch gesinnte Individuen einlädt, sich daran zu beteiligen, die Spende des Autors im Gegenwert von 50 Millionen Mahlzeiten für bedürftige Familien zu verdoppeln. Seit mehr als 38 Jahren hat

Tony seine Zeit und seine Ressourcen eingesetzt, um 42 Millionen Menschen in Amerika und der übrigen Welt zu ernähren. Inspiriert durch die Großzügigkeit eines Fremden, der einst seiner eigenen Familie eine Festmahlzeit spendete, ist Tony eine Partnerschaft mit der Initiative Feeding America und SwipeOut (www.swipeout.com) und Salesforce.com eingegangen, um innerhalb eines Jahres mehr als 100 Millionen Mahlzeiten stiften zu können. Damit ist dieses Vorhaben das erste Programm dieser Art.

SWIPEOUT

Verändern Sie mit Ihrem Kleingeld die Welt. Wie würde es sich anfühlen, wenn wir mit jedem Kauf einem Menschen helfen könnten? Wenn unsere kleinen, alltäglichen Einkäufe dazu beitragen könnten, große Veränderungen auf der ganzen Welt zu bewirken? Wenn Ihre Kreditkarte eine Waffe gegen weltweite Ungerechtigkeit wäre? In weniger als einer Minute können Sie mit der App von SwipeOut ihre Kredit-/Debitkarte bei dem patentierten System registrieren, sodass jeder Kauf, den Sie mit der Kreditkarte tätigen, automatisch auf den nächsten Dollar aufgerundet wird. Das auf diese Weise gesammelte Wechselgeld kommt zu 100 Prozent der Lösung der dringendsten Probleme der Welt zugute, unter denen vor allem Kinder und Menschen in extremer Armut leiden: Hunger, Krankheit und Sklaverei. Zu unseren Partnern gehören Tony Robbins und Marc Benioff, Gründer von Salesforce.com.

www.swipeout.com

INTERNATIONAL BASKET BRIGADE

The International Basket Brigade baut auf dem einfachen Credo auf: »Ein kleiner Akt der Großzügigkeit eines Samariters kann das Leben Hunderter verändern.« Aus Tonys individueller Anstrengung, bedürftige Familien zu ernähren, ist inzwischen die Anthony Robbins Foundation's International Basket Brigade geworden, die Lebensmittelkörbe, ergänzt um grundlegende Haushaltsartikel, für weltweit mehr als zwei Millionen Menschen jährlich spendet.

GLOBAL YOUTH LEADERSHIP SUMMIT

Der Anthony Robbins Foundation Global Youth Leadership Summit ist ein fünftägiges Programm, das Teilnehmern zwischen 14 und 17 Jahren eine Umgebung bietet, in der sie Führungsrollen austesten können, die das Potenzial besitzen, ihr Leben und ihre jeweiligen Gemeinden zu verändern. Diese Veranstaltung beinhaltet Diskussionen in Kleingruppen, praktische Lernerfahrungen, Rollenspiele zur Simulation von Führungssituationen sowie Übungen, mit denen die Teilnehmer ihre individuellen Führungsstärken bestimmen sollen.

THE CHALLENGE

Das Leben ist ein Geschenk, und wir alle sind dazu aufgerufen, uns in Erinnerung zu rufen, dass wir die Verantwortung haben, etwas zurückzugeben. Diese Beiträge können Großes bewirken. Bitte schließen Sie sich uns an und engagieren Sie sich dafür, den weniger Privilegierten zu einer größeren Lebensfreude zu verhelfen.

Mit diesen und ähnlichen Programmen erfüllt die Anthony Robbins Foundation ihre Mission. Interessierte können weitere Informationen unter www.anthonyrobbinsfoundation.org erhalten.

STRONGHOLD
— WEALTH MANAGEMENT —

STRONGHOLD WEALTH MANAGEMENT

Stronghold Wealth Management LLC und Stronghold Financial LLC sind Investmentberatungsgesellschaften, die der Regulierung der amerikanischen Börsenaufsicht SEC unterstehen. Sie bieten treuhänderische Finanzberatungsleistungen unter dem Kernprinzip vollständiger Transparenz. Die Leistungen beider Gesellschaften sind gebührenfrei. Stronghold, das über einen herausragenden Service mit persönlicher Note und beispiellose Lösungsangebote verfügt, hat es sich zum Ziel gesetzt, Menschen bei der Investition in ein breites Spektrum an Vermögenswerten zu unterstützen. Als weitere Leistung bietet Stronghold mit seiner proprietären Webplattform eine kostenlose Portfolioanalyse. Sie können Stronghold erreichen unter

www.StrongholdFinancial.com

ANTHONY ROBBINS

DIE ANTHONY ROBBINS COMPANIES

The Anthony Robbins Companies (ARC) ist eine Allianz aus diversifizierten »ergebnisfokussierten« Organisationen, die außergewöhnliche Weltklasse-Events, Programme, Produkte und Serviceleistungen bietet, die die Lebensqualität von Individuen weltweit steigern und Organisationen dabei helfen, eben dieses zu tun. ARC, die von Amerikas größtem Geschäftsstrategen und Experten in Lebensfragen gegründet wurde, besteht aus mehr als zwölf Unternehmen, die zusammen mehr als 5 Milliarden Dollar Umsatz pro Jahr erzielen. Zwar sind die einzelnen Unternehmen, was ihren Charakter und ihre Geschäftsfelder angeht, ganz unterschiedlich, aber alle verbindet die gemeinsame Mission, nämlich der menschlichen, unternehmerischen und finanziellen Weiterentwicklung und Verbesserung.

HUMAN ELEVATION COMPANIES

ROBBINS RESEARCH INTERNATIONAL (RRI)

Mit einer Reichweite von mehr als 100 Ländern, führt RRI auf der ganzen Welt Seminare für Unternehmen und die breite Öffentlichkeit durch, deren Themen von Spitzenleistung und Lebenstransformation bis zu

Geschäftswachstum und Finanzexpertentum reichen. Tony Robbins führt seine Live-Veranstaltungen **Unleash the Power Within** durch, die in sieben Sprachen übersetzt wird. Eine der gefragtesten Erfahrungen, die RRI anbietet, sind Robbins ganzjährig stattfindenden Programme **Mastery University**, **Business Mastery** und **Platinum Partners**. Auf der Basis von 38 Jahren Coaching der erfolgreichsten Persönlichkeiten aus den Bereichen Geschäftswelt und Spitzenleistungen, bieten diese Kurse spezifische Strategien zur Erzielung echter Durchbrüche und Handlungslinien, die das Leben der Teilnehmer transformieren und Unternehmern helfen, ihre Unternehmen in den ersten zwölf Monaten um 30 bis 130 Prozent zu vergrößern. RRI bietet eine Reihe Einzelcoachings und Total-Immersion-Coachings an, die Individuen und Organisationen zu bahnbrechenden Ergebnissen verhelfen. RRI hat die Ehre, im Rahmen seiner Veranstaltungen, Kurse und Coaching-Programme mit international bekannten Persönlichkeiten aus Politik, Kunst, Sport und Musik zu arbeiten: der ehemalige US-Präsident Bill Clinton, Serena Williams, Hugh Jackman, Oprah Winfrey, Melissa Etheridge, Quincy Jones, Anthony Hopkins, Pat Riley, Usher, Pitbull, Mark Burnett, Brett Ratner, Derek Hough und Donna Karan und zahlreichen Sportteams, von Basketballmannschaften des NBA bis zu Footballmannschaften des NFL haben von den Ergebnissen Tony Robbins' Arbeit profitieren können.

Namale

THE FIJI ISLANDS RESORT AND SPA

NAMALE RESORT AND SPA

Dieses exklusive Urlaubsresort im Südpazifik dient Tony Robbins seit mehr als 25 Jahren als persönlicher Rückzugsort. Eingerahmt von einem natürlichen Korallenriff und kristallklarem, türkisfarbenem Wasser, verspricht dieser idyllische Ort seinen Gästen aus der ganzen Welt Romantik und Entspannung. Im Jahr 2013 wählte Oprah Winfey Namale als beste Urlaubsdestination weltweit. Unsere Gäste wählen dieses zwei Quadratkilometer große private Inselparadies, um sich zurückzuziehen und zu erholen, verwöhnt von der einzigartigen Kombination aus heiterer Gelassenheit und Enthusiasmus. Namale befindet sich regelmäßig unter den Top-Ten der Wellness-Resorts im gesamten Südpazifik. Aufgrund seines intimen Charmes zählt es zu den fünf besten Flitterwochen-Resorts der Welt. Ein tropisches Paradies, das unter anderem drei Meilen Strand, tropische Regenwälder, Wasserfälle und außerordentliche Eindrücke für Schnorchelfans zu bieten hat. Namale Resort und Spa bietet immer nur jeweils 20 Paaren Unterkunft, die von 125 Servicemitarbeitern betreut werden. Kein Wunder, dass zahlreiche Prominente in Namale Erholung und Entspannung suchen, darunter die Schauspieler Russell Crowe, Edward Norton, Anthony Hopkins und Meg Ryan; der Unternehmer Jeff Bezos; der Musikproduzent Quincy Jones; die Modeikone Donna Karan und der NBA-Trainer Pat Riley – um nur einige zu nennen. Die Mitarbeiter des Resorts, die es sich zur Mission gemacht haben, den Gästen eine authentische Fidschi-Erfahrung zu bieten, erfüllen allerhöchste internationale Ansprüche. In Namale wird jede Bitte erfüllt, jeder Wunsch antizipiert und jede Erwartung übertroffen. Für nähere Informationen wenden Sie sich bitte telefonisch an die internationale Rufnummer 1-858-381-5177 oder besuchen die Website www.namalefiji.com.

ROBBINSMADANES
Center for Strategic Intervention

ROBBINS-MADANES: CENTER FOR STRATEGIC INTERVENTION

Anthony Robbins und Cloé Madanes haben gemeinsam diese Initiative gegründet, um Therapeuten und professionelle Coaches in den effektivsten integrierten Instrumenten zur Erzeugung von Durchbrüchen in den Bereichen persönliches Leben, Familie und Organisation zu schulen. Gemeinsam haben sie mehr als 15.000 Therapeuten und Coaches weltweit geschult. Therapeuten werden in der genauen Methodologie der Interventionsstrategien von Tony Robbins geschult und werden über den Verlauf eines Jahres auf ihre Effektivität getestet – oder im Falle eines fortgeschrittenen Mentorings – über drei Jahre. Die Mission dieses Zentrums lautet, Lösungen für

zwischenmenschliche Konflikte zu finden, um Gewalt vorzubeugen und zur Schaffung einer Zivilgemeinde mit einem engen Zusammenhalt beizutragen. Ein strategischer Interventionsexperte wird in einer Reihe von Szenarien aktiv, die von individuellen bis zu Familienproblemen, Peer-Groups und der Organisationsebene bis zum breiten Gesellschaftssystem reichen.
www.robbinsmadanes.com

Fortune Management
extraordinary practice.
extraordinary life.

FORTUNE PRACTICE MANAGEMENT

Fortune Management ist das landesweit führende Praxismanagement-Unternehmen. Mithilfe der Kombination von Tony Robbins Fachwissen und dem unternehmerischen Wissen von Fortune Management lernen Kunden, die Marke ihrer Praxis zu verbessern, das empfehlungsbasierte Geschäft zu steigern, das Patientenvolumen zu steigern, die Kundenbindungsrate zu erhöhen und dem Wettbewerb stets voraus zu sein. Fortune bietet mit seinen maßgeschneiderten Seminaren, persönlichen Coachingprogrammen und Unterstützungssystemen, die darauf ausgerichtet sind, das berufliche, persönliche und finanzielle Leben von Dienstleistern der Gesundheitsindustrie mithilfe einer unvergleichlichen Kombination aus Coaching, Beratung und Schulung zu steigern. Unsere Mission besteht darin, professionellen Teams auf dem Gebiet Gesundheitsfürsorge Managementwissen, Ressourcen und Lösungen anzubieten, die ihre Arbeit erheblich verbessern werden.
www.fortunemgmt.com

UNLIMITED TOMORROW

UNLIMITED TOMORROW

Unlimited Tomorrow, ein Unternehmen für Technologie und Innovation, das von Easton LaChappelle gegründet wurde, stellt Produkte her, die Menschen in die Lage versetzen, das Unmögliche möglich zu machen. Derzeit konzentriert sich das Unternehmen auf die Konstruktion erschwinglicher, leichter und unauffälliger »Exosuits« und »Exoskelette« (Roboterarme und -beine). Diese künstlichen Gliedmaßen ermöglichen Gelähmten, wieder zu gehen. Im Alter von 14 Jahren konstruierte Unternehmensgründer Easton LaChappelle seine erste Roboterhand aus Legosteinen, Angelschnur und Elektrokabeln. Durch stetige Verbesserungen wurde daraus ein Arm und schließlich eine im 3-D-Verfahren gedruckte geistige Erfindung. Die Begegnung auf einer Wissenschaftsmesse mit einem siebenjährigen Mädchen, dessen Armprothese 80.000 Dollar gekostet hatte (und im Laufe ihres Wachstums würde ersetzt werden müssen), inspirierte LaChappelle zur Weiterentwicklung seines Prototyps zu einer praktischen und erschwinglichen Prothese. Seine Entwürfe waren nicht nur beeindruckend effektiv, sondern konnten die Kosten für Prothesen auf unter 1.000 Dollar senken. US-Präsident Barack Obama lud LaChappelle ins Weiße Haus ein und schüttelte einem seiner Roboterarme die Hand. La Chappelle reist um die ganze Welt, um die Botschaft einer grenzenlosen Zukunft, die vor uns allen liegt, zu verbreiten, unter anderem in Form einer TED-Konferenz. Easton hat sogar bei der NASA an einem Robonautenprojekt mitgearbeitet und eine neue Teleroboter-Schnittstelle entwickelt.

http://theroboarm.com

UNTERNEHMEN ZUR GESCHÄFTLICHEN UND FINANZIELLEN WEITERENTWICKLUNG

cloudcoaching international

CLOUDCOACHING INTERNATIONAL

CloudCoaching International ist ein dynamischer, preisgekrönter Service auf dem Gebiet Behavioral Integration. Mithilfe der Cloud erzielen wir für Organisationen auf betrieblicher Ebene gezielte maximale Absatzsteigerungen bei nachhaltigem Wachstum. Durch die Kombination der effektivsten CRM-Instrumente und optimierten Verkaufs- und Verkaufsmanagementprozessen, sorgen wir für eine schnelle und nachhaltige Steigerung der Unternehmensabsätze. Im Jahr 2013 gewann CloudCoaching International die Auszeichnung »Best of Elearning! Award for Sales Training« der Zeitschrift *Elearning!* Wir verfügen über mehr als drei Jahrzehnte nachweislicher Erfahrung und konnten bisher mehr als 50 Prozent der Fortune 500-Unternehmen zu unseren Kunden zählen.

www.CloudCoachingInternational.com

ADVISORS EXCEL

ADVISORS EXCEL

Die Mission von Advisors Excel, das 2005 gegründet wurde, lautet, den besten unabhängigen Finanzberatern aus allen 50 US-Bundesstaaten grenzenlosen Wert zu bieten. Mit einem Fokus auf die Planung des Renteneinkommens ist ARC eine Partnerschaft mit Advisors Excel eingegangen, um zusätzliche Produkte und Serviceleistungen zu entwickeln und zu bewerben, die Millionen von Amerikanern, die sich über ihre zukünftigen Renteneinkünfte Sorgen machen, dabei unterstützen, einen Plan für garantierte lebenslange Einkünfte zu erstellen. Heute ist Advisors Excel der größte Großhändler für Annuitätenprodukte der USA.

www.AdvisorsExcel.com

LIFETIME INCOME

Lifetime Income, ein weiteres Jointventure mit Advisors Excel, ist eine erprobte Quelle, die individuelle Kunden dabei unterstützt, einen persönlichen Plan für garantierte lebenslange Einkünfte zu erstellen. Mithilfe innovativer Rentenprodukte und neuer Formen der Langlebigkeitsversicherung hilft das Online-System seinen Kunden, einen »persönlichen Rentenplan« zu erstellen, der passgenau auf ihre Bedürfnisse abgestimmt ist und stets die Produkte mit den höchsten verfügbaren Auszahlungen auswählt. Lifetime Income verfügt über ein Netzwerk aus mehr als 500 Spezialisten für Renteneinkommen in allen 50 US-Bundesstaaten.

www.LifetimeIncome.com

myPowerCFO
A ROBBINS SUCCESS SYSTEM

MYPOWERCFO

Seit mehr als drei Jahrzehnten unterstützt Tony Robbins Unternehmer bei der Kostensenkung und Wachstumssteigerung. Vor kurzem ist ARC eine Partnerschaft mit einigen der weltweit renommiertesten Wirtschaftsprüfungsgesellschaften eingegangen, um virtuelle CFO-Leistungen für einen Bruchteil der FTE-Kosten anzubieten. MyPowerCFO wurde gegründet, um Unternehmen dabei zu unterstützen, ihre Profitabilität zu maximieren, Ineffizienzen und unnötige Geldabflüsse aufzuspüren, um mit professioneller Unterstützung sofortige Schritte zur Bewältigung der Herausforderungen zu unternehmen. MyPowerCFO bietet Unternehmen in den USA, Großbritannien und Australien eine kostenlose, steuereffiziente Analyse.

www.MyPowerCFO.com
Zu MyPowerCFO gehört

MARCUM
ACCOUNTANTS ▲ ADVISORS

MARCUM LLP

Marcum LLP, im Jahr 1951 gegründet, ist eine der größten unabhängigen öffentlichen Wirtschaftsprüfungs- und Beratungsgesellschaften der USA. Das Unternehmen, das in den USA zu den 15 größten Gesellschaften seiner Branche zählt, ist eine Partnerschaft mit Tony Robbins eingegangen, um seinen Kunden die Ressourcen von 1.300 Profis, darunter 160 Partner in 23 Niederlassungen in den USA, den Cayman-Inseln und China, zu bieten. Das Unternehmen hat seinen Hauptstandort in New York und ist mit seinen Full-Service-Büros strategisch in allen großen Unternehmensmärkten vertreten.

www.MarcumLLP.com

HW FISHER & COMPANY

HW Fisher & Company, Tony Robbins' britischer Partner, ist eine Organisation mit Sitz in London, die kleinen und mittleren Unternehmen, Großunternehmen und vermögenden Privatkunden persönliche, partnerbasierte Serviceleistungen bietet. Das Unternehmen, das 1933 gegründet wurde, besteht aus 29 Partnern und rund 260 Mitarbeitern und bietet ein breites Spektrum an Serviceleistungen auf den Gebieten Audit, Unternehmensbesteuerung, Privatkundenservice, Mehrwertsteuer, Geschäftsbelebung und Forensic Accounting an.

www.hwfisher.co.uk

HALL CHADWICK

Hall Chadwick ist Tony Robbins' australischer Partner und die fünftgrößte Wirtschaftsprüfungsgesellschaft in Australien mit Kunden aus allen wichtigen Hauptstädten. Seit 1886 entwickelt Hall Chadwick für seine Kunden überlegene Lösungen und genießt einen erstklassigen Ruf für seinen herausragenden Kundenservice. Hall Chadwick ist Mitglied des Wirtschaftsprüfungsverbands AGN International, ein Zusammenschluss unabhängiger Wirtschaftsprüfungsgesellschaften weltweit. Das AGN-Netzwerk wird von mehr als 500 Niederlassungen in mehr als 83 Ländern und insgesamt mehr als 9.500 Partnern und Mitarbeitern vertreten.

www.hallchadwick.com.au

Eine Anmerkung zu den Quellen

Die Bibliografie wurde aus Effizienzgründen ins Internet gestellt. Sie ist unter www.tonyrobbins.com/masterthegame abrufbar.

Genehmigungen

Ariely Tabellen: Dan Ariely
Mutual Funds True Costs: Robbie Hiltonsmith, Dēmos
Debt Mountain Cartoon: Mit freundlicher Genehmigung von Michael Ramirez und Creators Syndicate, Inc.
Durchschnittliche US-Verbraucherausgaben: US Census Bureau
I Had To Make Some Adjustments: Gary Varvel Editorial Cartoon, mit freundlicher Genehmigung von Gary Varvel und Creators Syndicate. Alle Rechte vorbehalten.
David-Bach-Grafik: David Bach
Eggs in Basket With Grenade: Kurt Snibbe
Raymond James TIPS: www.raymondjames.com
Malkiel-Volatitätsgrafik: Dr. Burton Malkiel
Investment Highlights: Berkshire Hathaway: Icahn Enterprises L.P., August 2014
Investment Highlights: Icahn Enterprises, L.P., August 2014
Icahn-Grafk: Icahn Enterprises L.P., August 2014
Foto David Swensen: Michael Marsland, Yale University
Foto Warren Buffett: Kristoffer Triplaar/Sipa USA
Foto Ray Dalio: Mike McGregor
Foto T. Boone Pickens: The Milken Institute
Foto Marc Faber: Getty Images
Foto Charles Schwab: Getty Images, Chip Somodevilla
Foto Sir John Templeton: Getty Images, Ron Bull
Ramirez Occupy Cartoon: Mit freundlicher Genehmigung von Michael Ramirez und Creators Syndicate, Inc.

Über den Autor

TONY ROBBINS ist Bestsellerautor, Unternehmer und Philanthrop. Seit mehr als 38 Jahren konnten Millionen von Menschen von der menschlichen Wärme, dem Humor und der transformationalen Macht von Tony Robbins' Geschäftsseminaren und Lifecoach-Veranstaltungen profitieren. Robbins ist die Nummer eins unter den amerikanischen Experten für Lebens- und Geschäftsstrategien. Er hat als Coach für Spitzenleistungen mit einigen der weltbesten Athleten, Entertainern, Führungskräften aus Unternehmen der Fortune 500 und sogar US-Präsidenten gearbeitet.

Robbins ist Gründer und/oder Partner von mehr als einem Dutzend Unternehmen in den unterschiedlichsten Geschäftsfeldern, u.a. einem Fünf-Sterne-Urlaubsresort auf den Fidschi-Inseln und einem Unternehmen zur Erzeugung von Arm- und Beinprothesen mithilfe von 3-D-Druckern. Mithilfe der Anthony Robbins Foundation und ihren Mitteln ernährt Tony Robbins jedes Jahr Millionen von Menschen in 56 Ländern. Zudem hat er Programme in mehr als 1.500 Schulen, 700 Gefängnissen und 50.000 Serviceorganisationen und Obdachlosenheimen initiiert. Tony Robbins lebt in Palm Beach, Florida.

Stichwortverzeichnis

B

C

D

T

U

V

Rich Dad Poor Dad

Robert Kiyosaki

Warum bleiben die Reichen reich und die Armen arm? Weil die Reichen ihren Kindern beibringen, wie sie mit Geld umgehen müssen, und die anderen nicht! Die meisten Angestellten verbringen im Laufe ihrer Ausbildung lieber Jahr um Jahr in Schule und Universität, wo sie nichts über Geld lernen, statt selbst erfolgreich zu werden.

Robert T. Kiyosaki hatte in seiner Jugend einen »Rich Dad« und einen »Poor Dad«. Nachdem er die Ratschläge des Ersteren beherzigt hatte, konnte er sich mit 47 zur Ruhe setzen. Er hatte gelernt, Geld für sich arbeiten zu lassen, statt andersherum. In *Rich Dad Poor Dad* teilt er sein Wissen und zeigt, wie jeder erfolgreich sein kann.

240 Seiten I Broschur I 14,99 € (D) I ISBN 978-3-89879-882-2

Elon Musk

Ashlee Vance | Elon Musk

Elon Musk ist als Unternehmer der da Vinci des 21. Jahrhunderts. Seine Firmengründungen lesen sich wie das Who's who der zukunftsträchtigsten Unternehmen der Welt. Mit PayPal revolutionierte er das Zahlen im Internet, mit Tesla schreckte er die Autoindustrie auf und sein Raumfahrtunternehmen SpaceX ist aktuell das weltweit einzige Unternehmen, das ein Raumschiff mit großer Nutzlast wieder auf die Erde zurückbringen kann.

Dies ist die Geschichte hinter einem der größten Unternehmer seit Thomas Edison, Henry Ford oder Howard Hughes. Das Buch erzählt seinen kometenhaften Aufstieg von seiner Flucht aus Südafrika mit 17 Jahren bis heute. Es ist die gleichsam inspirierende, persönliche und spannende Geschichte eines der erfolgreichsten Querdenker der Welt. Ashlee Vance hat für diese Biografie mehr als 40 Stunden persönlich mit Elon Musk verbracht und exklusiven Zugang zu Musks familiärem Umfeld erhalten.

368 Seiten | Hardcover mit Schutzumschlag | 19,99 € (D) | ISBN 978-3-89879-906-5